21 世纪高等院校电气工程及其自动化专业系列教材

电力工程基础

主　编　张雪君　吴　娜
副主编　孙轶男
参　编　孙晓波

机 械 工 业 出 版 社

本书是从培养应用型创新人才的目标出发，结合学生就业的具体需求而编写的。本书除了包括电力系统的基本知识、电力负荷的计算方法、短路电流分析及其计算、电气设备的选择与校验、供电系统保护及供电自动化之外，还包括电力网、新能源发电等知识，使得本书知识点更加全面。另外，本书还增加了供配电系统的仿真介绍，可以改善强电实验课程开设比较难的现状，通过 MATLAB 仿真软件的使用，学生可以进行实用供配电系统的设计和开发，并对实际效果进行模拟实验，提高学生的思维能力和动手能力。每章配有习题，以指导读者深入地进行学习。

本书较好地平衡了工程应用与基础理论之间的关系，既可作为本科电类专业学生的专业课教材，也可用作工程技术人员的参考用书，还可供电力企业考试复习与培训使用。

本书配套授课电子课件，需要的教师可登录 www. cmpedu. com 免费注册，审核通过后下载，或联系编辑索取（QQ：308596956，电话：010-88379753）。

图书在版编目（CIP）数据

电力工程基础/张雪君，吴娜主编．—北京：机械工业出版社，2016. 8
(2022. 5 重印)
21 世纪高等院校电气工程及其自动化专业系列教材
ISBN 978-7-111-54148-6

Ⅰ. ①电…　Ⅱ. ①张…　②吴…　Ⅲ. ①电力工程-高等学校-教材
Ⅳ. ①TM7

中国版本图书馆 CIP 数据核字（2016）第 164442 号

机械工业出版社（北京市百万庄大街 22 号　邮政编码 100037）
策划编辑：汤　枫　　责任编辑：汤　枫
责任校对：张艳霞　　责任印制：单爱军
北京虎彩文化传播有限公司印刷

2022 年 5 月第 1 版 · 第 4 次印刷
184mm×260mm · 22 印张 · 540 千字
标准书号：ISBN 978-7-111-54148-6
定价：65. 00 元

凡购本书，如有缺页、倒页、脱页，由本社发行部调换
电话服务
服务咨询热线：（010）88379833
读者购书热线：（010）88379649
网络服务
机 工 官 网：www. cmpbook. com
机 工 官 博：weibo. com/cmp1952
教育服务网：www. cmpedu. com
金 书 网：www. golden-book. com

前　言

随着科学技术的不断进步，电气工程与自动化技术正以令人瞩目的速度发展，改变着我国工业的整体面貌。随着与信息科学、计算机科学和能源科学等相关学科的交叉融合，它越来越向智能化、网络化和集成化的方向发展。

电力工程课程涵盖了电力技术和电力科学的基本内容，本书通过对传统课程内容的整合、交融和改革，以满足各类学校特色办学的需要。根据培养应用型人才的要求，在内容编排上注意加强理论教学与工程实际的有机联系，在编写时注重基本概念、定性分析、基本计算方法和实际应用，删除了一些理论的推导和证明。在叙述上力求深入浅出，通过实例加强对概念的理解和应用技术的掌握。本书图文并茂，文字通顺易懂，便于复习和自学。

本书在介绍电力系统基本知识的基础上，系统地讲解了电力工程的基础理论及实用计算方法。全书共 9 章，主要内容包括：绪论，电力负荷计算，短路电流及其计算，供配电一次系统，供配电线路，供电系统的二次接线，电力网的运行分析，继电保护基础，电力系统的 MATLAB/SIMULINK 建模与仿真等。每章后附有小结、思考与习题。根据教学要求，教学时数建议不少于 56 学时。

本书由张雪君、吴娜主编。山东科技大学的吴娜编写了第 2 章、第 3 章和第 5 章；哈尔滨理工大学的孙轶男编写了第 7 章和第 8 章，孙晓波编写了第 4 章第 1 节、第 4 节及第 6 章，其余内容由张雪君编写并统稿。全书承蒙哈尔滨理工大学王哈力教授和邹文学教授审阅，并提出了宝贵的修改意见与建议。本书的顺利出版得到了哈尔滨理工大学和山东科技大学领导的关心和支持，还有各位同仁和机械工业出版社给予的大力支持和帮助，谨在此一并表示衷心感谢。同时也要感谢书中所引用的参考资料的各位作者。

由于时间仓促及编写水平有限，书中可能存在不少缺点甚至错误，请读者原谅，并提出宝贵意见，也敬请各位同行批评指正。

编　者

目　　录

第1章　绪　　论

本章概述电力系统的相关概念和问题，为学习本课程建立基础。首先简要介绍电力系统的发展概况，然后介绍发电厂及变电所的类型，并扼要介绍部分新能源发电的知识，接着重点讲述电力系统的基础概念、电能质量指标、电力系统的额定电压及电力系统的中性点运行方式。

1.1　电力系统发展概述

电力行业作为国民经济发展的先行部门，为国民经济其他部门提供发展的基本动力。电能是一种优质资源，具有易于由其他形式的能量转换而来，也易于转换成其他形式的能量以供使用的特点。另外电能还具有转换效率高、便于输送和分配、有利于实现自动化等方面的优点。从厂到用户的送电过程示意如图1-1所示。

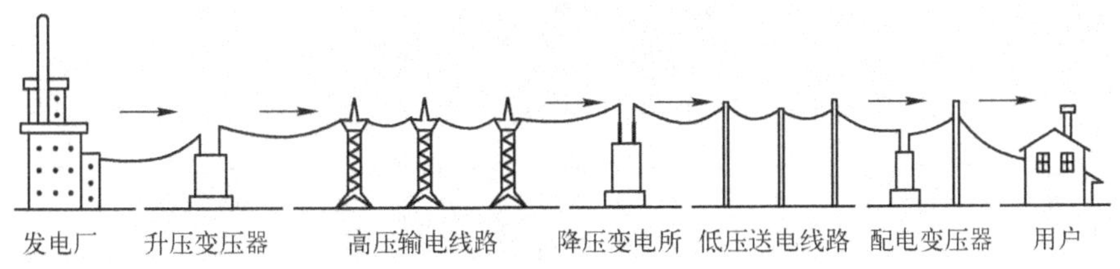

图1-1　从厂到用户的送电过程示意图

电能作为最基本的能源，已广泛地应用到社会生产和生活的各个方面。随着我国国民经济的快速发展和技术的不断进步，对电能的需求将会进一步增大，电能的应用将会更加广泛，因此，做好电能的生产和供应就显得尤为重要。

1820年奥斯特通过实验证明了电流的磁效应，1831年法拉第发现了电磁感应定律，这些很快促成了电动机和发电机的发明。随之开启人们对电能的开发与应用。

在电能应用的初期，由小容量发电机单独向灯塔、轮船和车间等照明系统供电，可看作是简单的住户式供电系统。白炽灯发明后，出现了中心电站式供电系统，例如1882年托马斯·阿尔瓦·爱迪生在纽约主持建造的珍珠街电站，它装有6台直流发电机（总容量约670 kW），用110 V电压供1300盏电灯照明。19世纪90年代，三相交流输电系统研制成功，并很快取代了直流输电，成为电力系统大发展的里程碑。

20世纪以后，人们普遍认识到扩大电力系统的规模可以在能源开发、工业布局、负荷调整、系统安全和经济运行等方面带来显著的社会经济效益。于是，电力系统的规模迅速增长。世界上覆盖面积最大的电力系统是苏联的统一电力系统，它东西横越7000 km，南北纵贯3000 km，覆盖了约1000万 km^2 的土地。

1.2 发电厂及变电所类型

电能的生产、输送、分配和使用的全过程，实际上是在同一瞬间实现的，彼此相互影响，因此除了了解供配电系统的概况外，还需要了解发电厂和电力系统的一些基本知识。

1.2.1 发电厂类型及新能源发电简介

发电厂（Power Plant）又称发电站，是将自然界蕴藏的各种一次能源转换为电能（二次能源）的工厂。

发电厂按照其所利用的能源不同，主要分为以下几种类型：

（1）火力发电厂（见图1-2）

火力发电就是利用煤、重油和天然气为燃料，使锅炉产生蒸汽，以高压高温蒸汽驱动汽轮机，由汽轮机带动发电机来发电。

（2）水力发电厂（见图1-3）

水力发电就是利用自然水力资源作为动力，通过水库或筑坝截流的方式提高水位，利用水流的位能驱动水轮机，由水轮机带动发电机来发电。

图1-2 火力发电厂

图1-3 水力发电厂

（3）核电厂（见图1-4）

原子能发电就是利用核燃料裂变所产生的热能，驱动汽轮机再带动发电机来发电，原子能发电又称核发电。

（4）风力发电厂（见图1-5）

风力发电就是利用自然风力作为动力，驱动可逆风轮机，再由风轮机带动发电机来发电。

（5）潮汐发电（见图1-6）

潮汐发电就是利用潮汐的水位差作为动力，驱动可逆水轮机，再由可逆水轮机带动发电机来发电。

（6）沼气发电（见图1-7）

沼气发电就是以工业、农业或城镇生活中的大量有机废弃物（例如酒糟液、禽畜粪、城市垃圾和污水等)，经厌氧发酵处理产生的沼气，驱动沼气发电机组来发电。

图 1-4　核电厂

图 1-5　风力发电

图 1-6　潮汐发电

图 1-7　沼气发电

（7）地热发电（见图 1-8）

地热发电就是把地下的热能转变为机械能，然后再将机械能转变为电能。

（8）太阳能热电（见图 1-9）

太阳能热电就是利用汇聚的太阳光，把水烧至沸腾变为水蒸气，然后用来发电。

图 1-8　地热发电

图 1-9　太阳能热电

1.2.2 变配电所类型

1. 变配电所的任务

变电所担负着从电力系统受电，经过变压然后配电的任务。配电所担负着从电力系统受电，然后直接配电的任务。

2. 变配电所的类型

企业变电所分为总降压变电所和车间变电所，一般中小型企业不设总降压变电所。

（1）总降压变电所

总降压变电所是企业电能供应的枢纽。它由降压变压器高压配电装置（35～110 kV）和低压配电装置（6～10 kV）等主要配电设备组成。总降压变电所的作用是将35～110 kV 的电源电压降为6～10 kV 的电压，再由6～10 kV 配电装置分别将电能送到企业内部各个配电所或高压用电设备。为保证供电的可靠性，总降压变电所一般应设置两台变压器。图1-10 所示是具有总降压变电所的企业供配电系统示意图。

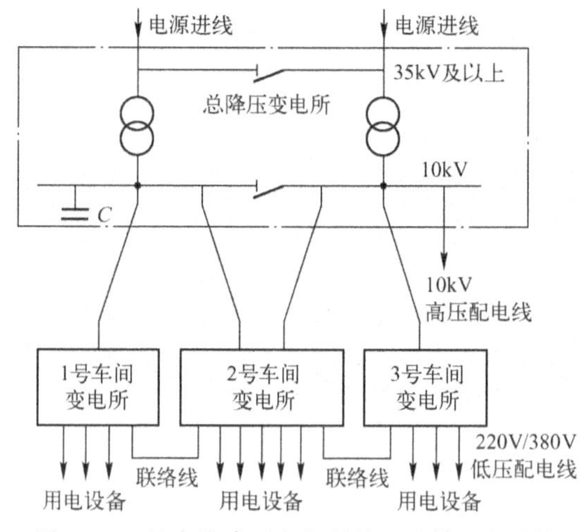

图1-10 具有总降压变电所的企业供配电系统

对于当地供电电压为35 kV，企业环境条件和设备条件也允许采用35 kV 架空线路和较经济的电气设备时，则可采用35 kV 作为高压配电电压，35 kV 线路直接引入靠近负荷中心的车间变电所，经电力变压器直接降为用电设备所需要的电压，如图1-11 所示。这种方式被称为高压深入负荷中心的供配电系统。需要指出的是，这种供配电方式企业内部必须满足具有35 kV 架空线路的“安全走廊”，以确保供电安全。

（2）配电所

对于大中型企业，由于厂区范围大，负荷分散，常设置一个或一个以上配电所。配电所的作用是在靠近负荷中心处集中接受总降压变电所6～10 kV 电源供来的电能，并把电能重新分配，送至附近各个车间变电所或高压用电设备。所以高压配电所是企业内部电能的中转站，企业配电所的设置起到了减少厂区高压线路，降低初期建设投资的作用。在运行管理上还起到了分区控制的作用。图1-12 所示是具有高压配电所的企业供配电系统示意图。

（3）车间变电所

车间变电所的设置应根据车间负荷的大小和车间负荷分布情况来决定，一个车间可设置

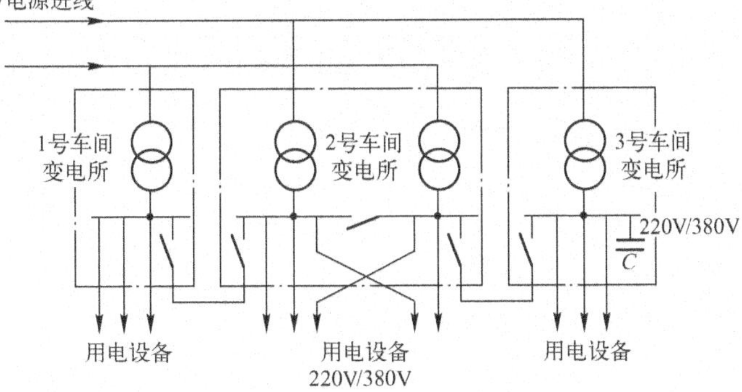

图 1-11　高压深入负荷中心的供配电系统

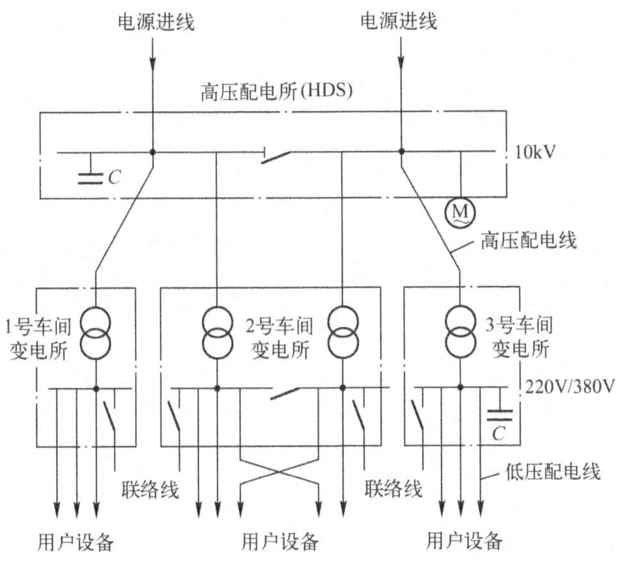

图 1-12　具有高压配电所的企业供配电系统

一个或多个变电所，几个相邻车间的负荷都不大时也可以共用一个车间变电所。车间变电所的作用是将 6～10 kV 的电源电压变换为 220 V/380 V 的电压，由 220 V/380 V 低压配电装置分别送至各个低压用电设备，如图 1-10～图 1-12 所示。

车间变电所按其主变压器的安装位置来分，有下列类型：

1）车间附设变电所　变电所变压器室的一面墙或几面墙与车间建筑的墙共用，变压器室的大门朝车间外开。如果按变压器室位于车间的墙内还是墙外，还可进一步分为内附式（见图 1-13 中的 1、2）和外附式（见图 1-13 中的 3、4）。

2）车间内变电所　变压器室位于车间内的单独房间内，变压器室的大门朝车间内开，处于负荷中心，损耗小（见图 1-13 中的 5）。

3）露天（或半露天）变电所　变压器安装在车间外面抬高的地面上（见图 1-13 中的 6）。

4）独立变电所　变电所设在与车间建筑有一定距离的单独建筑物内（见图 1-13 中的 7）。

5）杆上变电台　变压器安装在室外的电杆上，常用于居民区以及用电负荷较小的单位，如油田井场，亦称杆上变电所（见图 1-13 中的 8）。

6）地下变电所　整个变电所设置在地下（见图 1-13 中的 9）。

7）楼上变电所　整个变电所设置在楼上（见图 1-13 中的 10）。

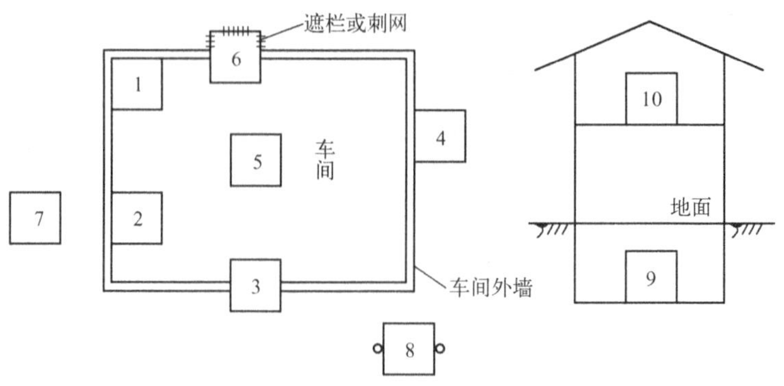

图 1-13　车间变电所的类型

1、2—内附式　3、4—外附式　5—车间内式

6—露天或半露天式　7—独立式　8—杆上式　9—地下式　10—楼上式

8）成套变电所　由电器制造厂按一定接线方案成套制造、现场装配的变电所。

9）移动式变电所　整个变电所装设在可移动的车上。

其中车间附设变电所、车间内变电所、独立变电所、地下变电所和楼上变电所，均属于室内型（户内式）变电所。露天（或半露天）变电所及杆上变电台，则属室外型（户外式）变电所。成套变电所和移动式变电所，则室内型和室外型均有。

在负荷较大的多跨厂房、负荷中心在厂房中央且环境许可时，可采用车间内变电所。车间内变电所位于车间的负荷中心，可以缩短低压配电距离，从而降低电能损耗和电压损耗，减少有色金属消耗量，因此这种变电所的技术经济指标比较好。但是变电所建在车间内部，要占一定的生产面积，因此对一些生产面积比较紧凑和生产流程要经常调整、设备也要相应变动的生产车间不太适合；而且其变压器室门朝车间内开，对安全生产有一定的威胁。这类车间内变电所在大型冶金企业中较多。

生产面积比较紧凑和生产流程要经常调整、设备也要相应变动的生产车间，宜采用附设变电所的形式。至于是采用内附式还是外附式，要视具体情况而定。内附式要占一定的生产面积，但离负荷中心比外附式稍近一些，且从建筑外观来看，内附式一般也比外附式好。而外附式不占或少占车间生产面积，而且变压器室处于车间的墙外，比内附式更安全一些。因此，内附式和外附式各有所长。这两种形式的变电所在机械类工厂中比较普遍。

露天或半露天变电所，经济简单，通风散热好，因此只要周围环境条件正常，无腐蚀性、爆炸性气体和粉尘的场所均可以采用。这种形式的变电所在工厂的生活区及小企业中较为常见。但是这种形式的变电所的安全可靠性较差，在靠近易燃易爆的厂房附近及大气中含有腐蚀性爆炸性物质的场所不能采用。

独立变电所的建筑费用较高，因此除非各车间的负荷相当小而分散，或需远离易燃易爆和有腐蚀性物质的场所可以采用外，一般不宜采用。电力系统中的大型变配电站和工厂的总变配电所，则一般采用独立式。

杆上变电台最为经济简单，一般用于容量在 315 kV · A 及以下的变压器，而且多用于生活区供电。

地下变电所的通风散热条件较差，湿度较大，建筑费用也较高，但相当安全且美观。这种形式的变电所常在一些高层建筑、地下工程和矿井中采用。

楼上变电所适于高层建筑。这种变电所要求结构尽可能轻型、安全，其主变压器通常采用干式变压器，也有采用成套变电所。

移动式变电所主要用于坑道作业及临时施工现场供电。

工厂的高压配电所，应尽可能与邻近的车间变电所合建，以节约建筑费用。

（4）小型企业供配电系统

对于某些小型企业（用电量不大于 1000 kV·A），一般只设一个将 10 kV 电压降为低压的降压变电所，如图 1-14 所示。

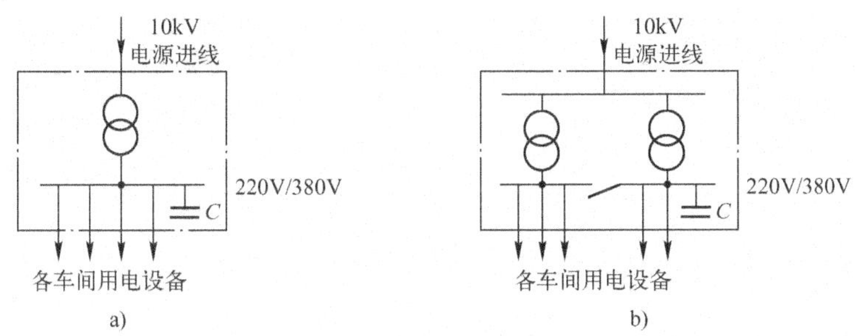

图 1-14　小型企业的供配电系统

a）装有一台变压器　b）装有两台变压器

1.3　电力系统基础

1.3.1　电力系统的基本概念

为了充分利用动力资源，减少燃料运输，降低发电成本，有必要在有水力资源的地方建造水电站，在有燃料资源的地方建造火电厂。但这些有动力资源的地方，往往离用电中心较远，所以必须用高压输电线路进行远距离的输电，如图 1-15 所示。

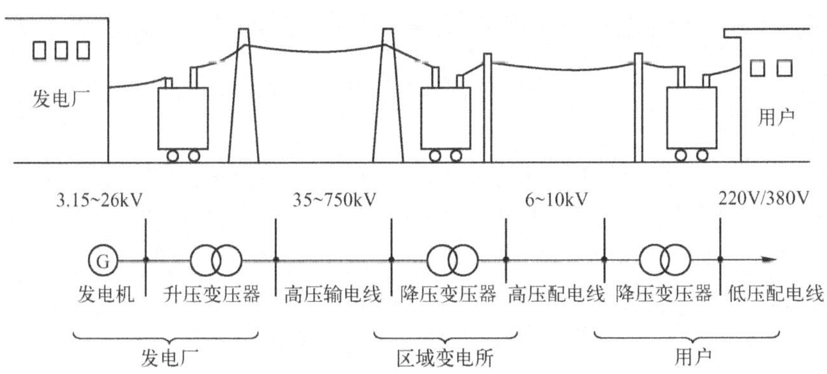

图 1-15　从发电厂到用户的送电过程示意图

1. 电力系统

按对象描述，由各级电压的电力线路将一些发电厂、变电所和电力用户联系起来，组成的统一整体称为电力系统（Power System）。

按过程描述，电力系统是由发电、输电、变电、配电和用电等设备组成的将一次能源转换成电能的统一系统。

图 1-16 所示是一个大型电力系统的简图。

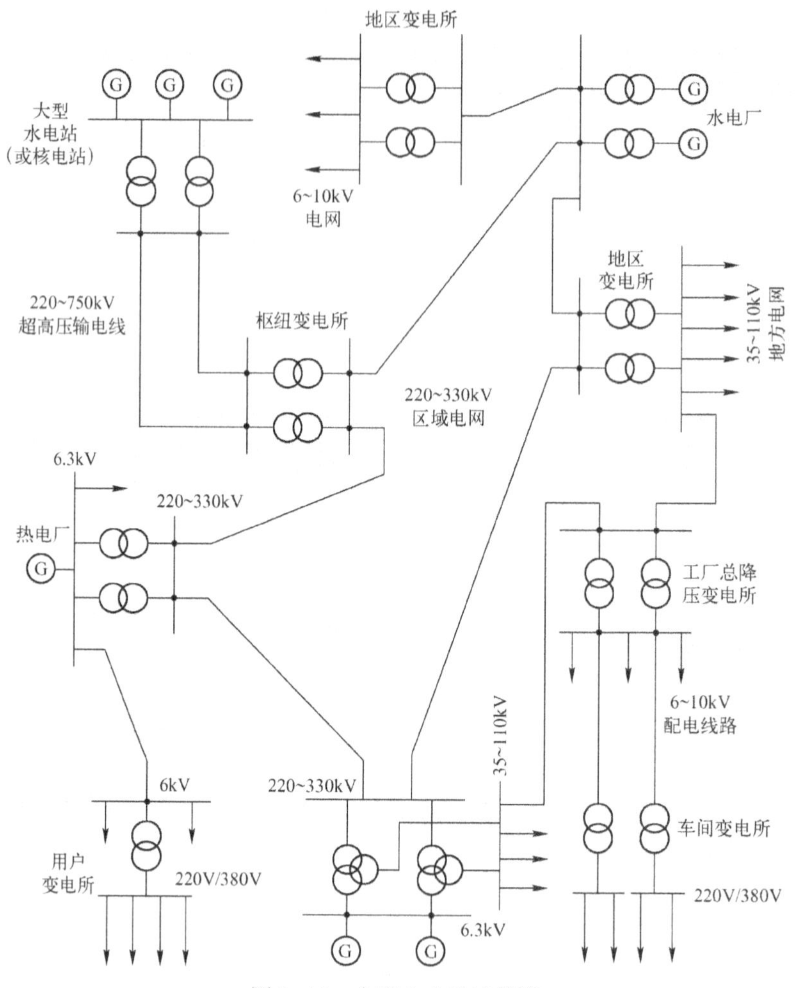

图 1-16 大型电力系统简图

2. 电力网

电力系统中各级电压的电力线路及其联系的变电所，称为电力网或电网（Power Net-work）。但习惯上，电网和系统往往以电压等级来区分，如 35 kV 电网或 10 kV 系统。这里所指的电网或系统，实际上是指某一电压等级相互联系的整个电力线路。

按电压高低和供电范围大小，电网可分为区域电网和地方电网。区域电网的范围大，电压一般在 220 kV 及以上。地方电网的范围较小，最高电压一般不超过 110 kV。

3. 动力系统

电力系统加上发电厂的动力部分及其热能系统和热能用户，就称为动力系统。

其中动力部分指火力发电厂的锅炉、汽轮机、热力网等；水力发电厂的水库、水轮机等；原子能发电厂的核反应堆、蒸发器等。

动力系统、电力系统和电力网三部分的关系如图 1-17 所示。从图中可见电力网是电力系统的组成部分；电力系统是动力系统的组成部分。

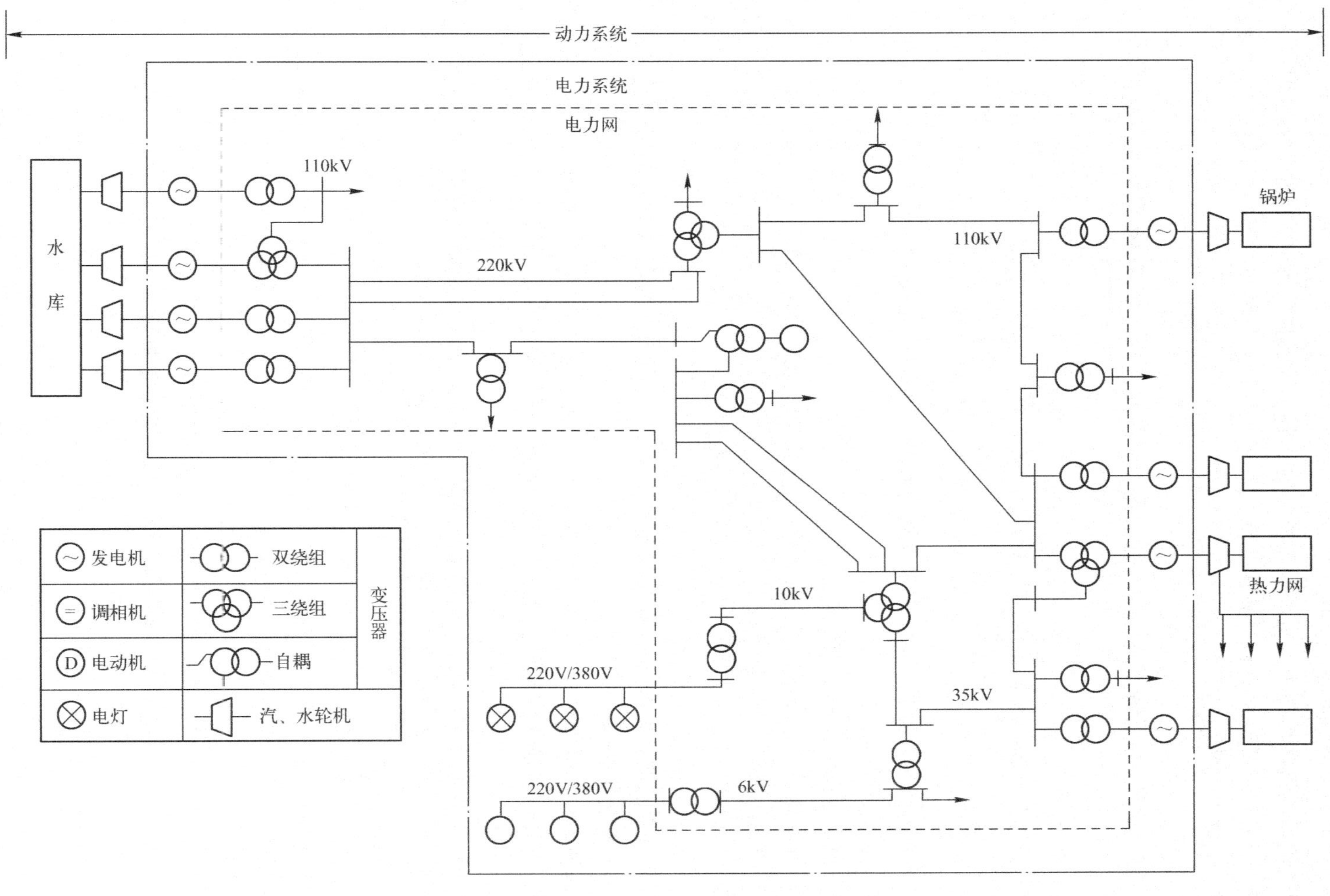

图1–17　动力系统、电力系统和电力网三部分的关系示意图

1.3.2 电能的质量指标

电能质量的指标是频率、电压和交流电的波形。当三者在允许的范围内变动时，电能质量合格；当上述三者的偏差超过容许范围时，不仅严重影响用户的工作，而且对电力系统本身的运行也有严重的危害。

1. 电压

电压质量是以电压偏离额定电压的幅度（电压偏差）、电压波动与闪变和电压波形来衡量的。

（1）电压偏差

电压偏差是电压偏离额定电压的幅度，一般以百分数表示，即

$$\Delta U\% = \frac{U - U_N}{U_N} \times 100\% \tag{1-1}$$

式中，$\Delta U\%$ 为电压偏差百分数；U 为实际电压（kV）；U_N 为额定电压（kV）。

（2）电压波动与闪变

电压波动是指电压的急剧变化。

电压波动程度以电压最大值与最小值之差或其百分数表示，即

$$\delta U = U_{max} - U_{min} \tag{1-2}$$

$$\delta U\% = \frac{U_{max} - U_{min}}{U_N} \times 100\% \tag{1-3}$$

式中，δU 为电压波动；$\delta U\%$ 为电压波动百分数；U_{max}、U_{min} 为电压波动的最大值和最小值（kV）；U_N 为额定电压。

电压波动将影响电动机正常起动，甚至使电动机无法起动；对同步电动机还可能引起转子振动；将使电子设备和计算机无法工作；将使照明灯发生明显的闪烁，严重影响视力，使人无法正常生产、工作和学习。

电压闪变是人眼对灯闪的一种直观感觉。电压闪变对人眼有刺激作用，甚至使人无法正常工作和学习，严重的电压闪变还会增加事故的概率。

（3）电压波形

波形的质量是以正弦电压波形畸变率来衡量的。

在理想情况下，电压波形为正弦波，但电力系统中有大量非线性负荷，使电压波形发生畸变，除基波外还有各项谐波，电力系统中主要以 3 次、5 次等奇次谐波为主。

2. 频率

频率的质量是以频率偏差来衡量的。我国一般交流电力设备的额定频率为 50 Hz，此频率通称“工频”（工业频率）。不同情况下对频率的要求见表 1-1。

表 1-1　各种情况下允许的频率偏差

运行情况		允许频率偏差
正常运行	300 万 kW 及以上	±0.2
	300 万 kW 及以下	±0.5
非正常运行		±1.0

1.3.3 电力系统的额定电压

所谓额定电压，是指电气设备正常运行且能获得最佳技术性能和经济效果的电压。通常是指线电压，在电气设备铭牌上标出。

电力系统电压是有等级的。

电压分级的原因：

由于 $S=\sqrt{3}UI$，当输送功率 S 一定时，U 越高，I 越小，导线等载流部分的截面积越小，投资也就越小；但电压 U 越高，对设备绝缘要求也就越高，变压器、杆塔和断路器等设备的绝缘投资也就越大。

综合考虑上述因素，对于一定的输送功率和输送距离总会有一最为合理的线路电压，此时最为经济，主要分成 220 V、380 V、3 kV、6 kV、10 kV、35 kV、110 kV、220 kV和500 kV 等。

输电电压一般分为高压、超高压和特高压。高压通常指 35 ~ 220 kV 的电压；超高压通常指 330 kV 及以上、1000 kV 以下的电压；特高压指 1000 kV 及以上的电压。

为了使电力设备生产实现标准化和系列化，方便运行、维修，各种电力设备都规定有额定电压。由于各种用电设备以及发电机、变压器都是按照额定电压设计和制造的，因此它们在额定电压下运行时，技术、经济性能指标都将得到最好的发挥。

在电力系统中同一电压等级下，不同的电气设备具有不同的额定电压规定。下面对用电设备、电力线路、发电机以及变压器的额定电压分别予以介绍。

1. 电力线路的额定电压

电力线路的额定电压也称为网络的额定电压。网络的额定电压等级是国家根据国民经济发展的需要和电力工业发展的水平，经全面的技术经济分析后确定的。它是确定各类电力设备额定电压的基本依据。

2. 用电设备的额定电压

用电设备的额定电压与同级电网的额定电压相同。

3. 发电机的额定电压

发电机的额定电压比网络的额定电压高 5%。这是因为发电机总是接在电力网的首端，电力线路首端到末端的电压损耗一般为网络额定电压的 10%，通常线路首端电压比网络额定电压高 5%，而线路末端电压比网络额定电压最多低 5%。

4. 电力变压器的额定电压

电力变压器额定电压的规定情况较为复杂，需视所处位置来确定，而且需明确一次绕组和二次绕组的定义。

一次绕组：规定变压器接受功率的一侧，相当于用电设备。

二次绕组：规定变压器输出功率的一侧，相当于电源设备。

（1）变压器一次绕组的额定电压

变压器一次绕组接电源，相当于用电设备。与发电机直接相连的变压器一次绕组的额定电压与发电机额定电压相同；不与发电机直接相连，而是连接在线路上的变压器一次绕组的额定电压应与线路的额定电压相同。

（2）变压器二次绕组的额定电压

变压器二次绕组向负荷供电，相当于发电机。如果变压器二次侧的供电线路较长，则变压器二次绕组的额定电压要考虑补偿变压器二次绕组本身5%的电压降和变压器满载时输出的二次电压仍高于电网额定电压的5%，所以这种情况的变压器二次绕组额定电压要高于二次侧电网额定电压的10%；如果变压器二次侧供电线路不长，直接向高低压用电设备供电，则变压器二次绕组额定电压，只需高于二次侧电网额定电压的5%，仅考虑补偿变压器内部的5%。如图1-18所示。

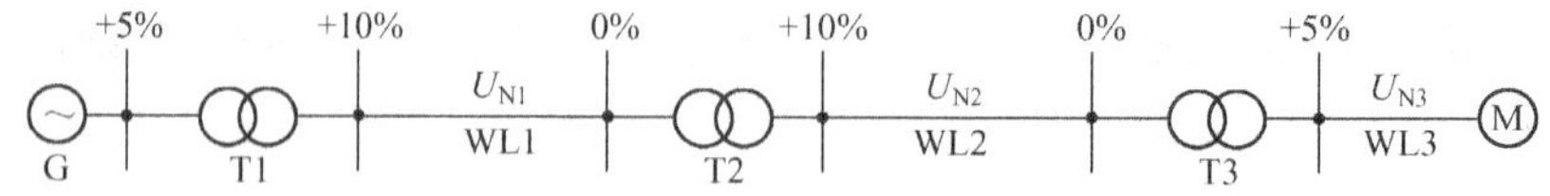

图1-18　电力变压器额定电压

1.3.4　电力系统的中性点运行方式及低压配电系统接地形式

1. 电力系统的中性点运行方式

电力系统中性点指系统中星形联结的变压器或发电机的中性点。

电力系统的中性点运行方式是一个综合的问题，对于电力系统的运行特别是在系统发生单相接地故障时，有明显的影响。

电力系统的中性点运行方式与电压等级、单相接地电流、过电压水平、保护配置等有关。中性点的运行方式直接影响电网的绝缘水平、系统供电的可靠性、主变压器和发电机的运行安全以及通信线路的抗干扰能力等。

电力系统中性点的运行方式有三种：中性点不接地（中性点绝缘）、中性点经消弧线圈接地（又称非有效接地）和中性点直接接地（又称有效接地）。前两种接地系统称为小接地电流系统，后一种接地系统又称为大接地电流系统。这种区分方法是根据系统中发生单相接地故障时接地电流的大小来划分的，现分别予以讲述。

（1）中性点不接地的电力系统

图1-19所示是中性点不接地的电力系统正常运行时的电路图和相量图。假设三相对称系统的电源、线路和负载参数都是对称的，把每相导线的对地分布电容用集中参数C来表示，X_C表示其容抗，并忽略极间分布电容。

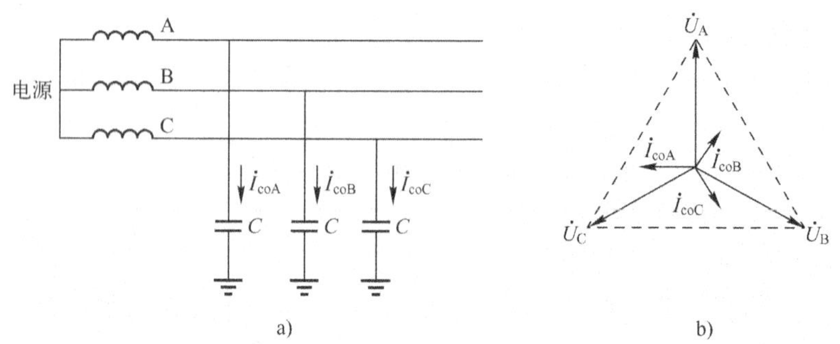

图1-19　中性点不接地系统正常运行时的电路图和相量图

1）系统正常运行　由于在正常运行时三相电压 $\dot{U}_A$、$\dot{U}_B$、$\dot{U}_C$ 是对称的，三相的对地电容电流 $\dot{I}_{coA}$、$\dot{I}_{coB}$、$\dot{I}_{coC}$ 也是对称的，如图 1-19b 所示。三相对地分布电容电流分别为

$$\dot{I}_{coA}=\frac{\dot{U}_A}{X_{CA}},\quad \dot{I}_{coB}=\frac{\dot{U}_B}{X_{CB}},\quad \dot{I}_{coC}=\frac{\dot{U}_C}{X_{CC}} \tag{1-4}$$

接地电流为

$$\dot{I}_o=\dot{I}_{coA}+\dot{I}_{coB}+\dot{I}_{coC}=0 \tag{1-5}$$

三相的电容电流之和为零，说明没有电流在地中流过。各相对地电压均为相电压。

2）系统发生单相接地短路（如 C 相接地）　如图 1-20 所示，如果发生一相（如 C 相）接地故障，则 C 相对地电压为零，中性点对地电压不为零。而非故障相 A、B 相的对地电压在相位上和数值上均发生变化（变为线电压），如图 1-20b 所示。各相对地电压的表达式如下：

A 相对地电压为

$$\dot{U}'_A=\dot{U}_A+(-\dot{U}_C)=\dot{U}_{AC} \tag{1-6}$$

B 相对地电压为

$$\dot{U}'_B=\dot{U}_B+(-\dot{U}_C)=\dot{U}_{BC} \tag{1-7}$$

由相量图可知，C 相接地时，A 相和 B 相对地电压数值上由原来的相电压变为线电压，即升高为原对地电压的$\sqrt{3}$倍。因此，这种系统的设备的相绝缘，不能只按相电压来考虑，而要按线电压来考虑。

由相量图还可以看出，该系统发生单相接地故障时三相线电压仍然保持对称。因此，与该系统相接的三相用电设备仍可正常运行，这是中性点不接地系统的最大优点。但只允许短时间运行，因为此时非故障相对地电压升高到$\sqrt{3}$倍，容易发生对地闪络接地故障，可能会造成两相短路，其危害性较大。

对地电容电流的变化情况如图 1-20b 所示。C 相接地时，系统的接地电流（对地电流）I_C 应为 A、B 两相对地电容电流之和，即将接地点作为广义节点，列出 KCL 方程为

$$\dot{I}_C+\dot{I}_{CA}+\dot{I}_{CB}=0 \tag{1-8}$$

$$\dot{I}_C=-(\dot{I}_{CA}+\dot{I}_{CB}) \tag{1-9}$$

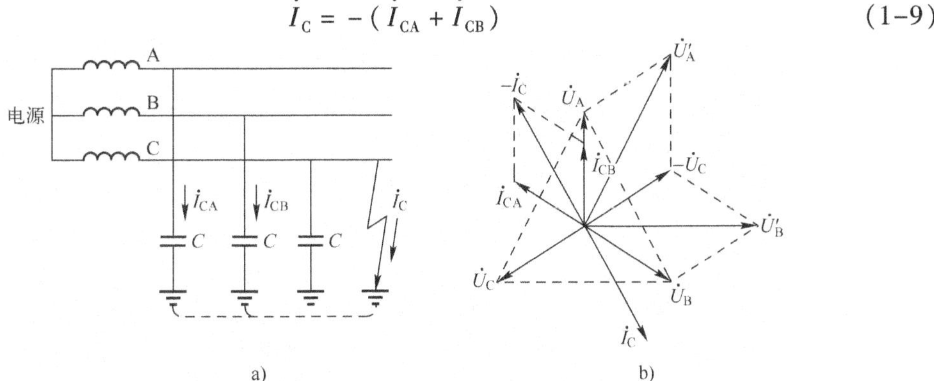

图 1-20　中性点不接地系统发生单相接地故障

由图 1-20b 所示的相量图可知，I_C 在相量上正好超前 C 相电压 90°。而 I_C 的量值上：$I_C=\sqrt{3}I_{CA}$，并且$I_{CA}=\dfrac{U'_A}{X_C}=\dfrac{\sqrt{3}U_A}{X_C}=\sqrt{3}I_{C0}$，得$I_C=3\ I_{C0}$。

结论：一相接地的电容电流为正常运行时每相对地电容电流的 3 倍。中性点不接地系统仅仅适用于单相接地电容电流不大的电网。

① 3～10 kV 电网中，单相接地电流：$I_d<30A$；

② 35～60 kV 电网中，单相接地电流：$I_d<10A$。

（2）中性点经消弧线圈接地的系统

中性点不接地系统具有发生单相接地故障时仍继续供电的突出优点，但也存在产生间歇性电弧而导致过电压的危险，由于电力线路中含有电阻、电感和电容，因此在单相弧光接地时，可能会形成串联谐振，出现过电压（幅值可达 2.5～3 倍相电压），导致线路上绝缘薄弱点出现绝缘击穿，因此不适用于单相接地电流较大的系统。为了克服这个缺点，可将电力系统的中性点经消弧线圈接地。

消弧线圈是一个具有铁心的可调电感线圈，通常将它装在变压器或发电机中性点与地之间，如图 1-21 所示。当电网发生单相接地故障时，流过接地点的总电流是接地电容电流 I_C 与流过消弧线圈的电感电流 I_L 之和。由于 I_C 超前于 U_C 90°，而 I_L 滞后于 U_C 90°，如图 1-21b所示，流过接地点的电流的方向相反，在接地点形成相互补偿，假如电感电流与电容电流基本相等，则可使接地处的电流变得很小或等于零，从而消除了接地处的电弧以及由此引起的各种危害。另外，当电流过零，电弧熄灭后，消弧线圈能减小故障相电压的恢复速度，从而减小了电弧重燃的可能性，有利于单相接地故障的消除。

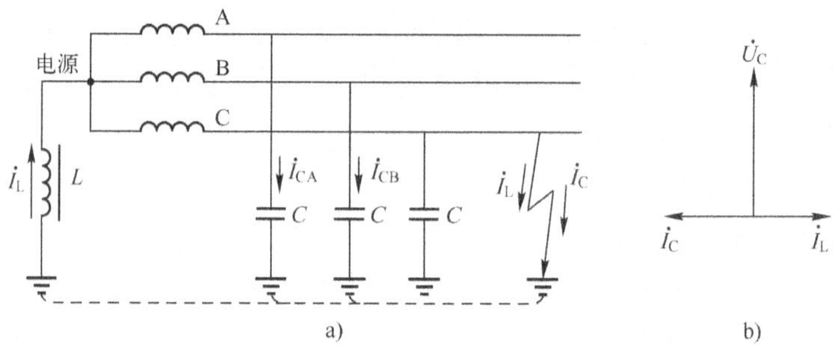

图 1-21　中性点经消弧线圈接地系统发生单相接地故障

如果调节消弧线圈抽头使之满足 $I_L=I_C$，则可实现完全补偿。但是，正常运行时并不进行完全补偿，因为感抗等于容抗时，电网将发生串联谐振。假如三相导线对地电容不对称而使中性点有位移电压，那么串联谐振电路中将产生很大电流，该电流在消弧线圈上形成很大电压降，使中性点对地电位大大升高，甚至使设备绝缘损坏。

如果调节消弧线圈抽头，使 $I_L<I_C$，这时接地处将有未被补偿的电容电流，称为欠补偿运行方式。若 $I_L>I_C$，则在接地处将有残余的电感电流，称为过补偿运行方式，也是供电系统中多采用的一种运行方式。

过补偿方式的消弧线圈留有一定裕度，以保证将来电网发展而使对地电容增加后，原有消弧线圈仍可继续使用。如果采用欠补偿方式，当电网运行方式改变而切除部分线路时，整个电网的对地电容减小，有可能变得接近于完全补偿状态，从而出现上述严重后果。另外欠补偿方式容易引起铁磁谐振过电压等问题，所以很少采用。

按我国有关规程规定，在 3 ~ 10 kV 电力系统中，若单相接地时的电容电流超过 30 A；或 35 ~ 60 kV 电力系统单相接地时电容电流超过 10 A，其系统中性点均应采取经消弧线圈接地方式。

在电源中性点经消弧线圈接地的三相系统中发生单相接地故障时，与中性点不接地的系统一样，相间电压没有变化，因此，三相设备仍可照常运行。但不允许长期运行（一般规定 2 h），必须装设单相接地保护或绝缘监视装置，在发生单相接地时给予报警信号或指示，提醒运行值班人员及时采取措施，查找或消除故障，并尽可能地将重要负荷通过系统切换操作转移到备用线路上去。如发生单相接地会危及人身和设备安全时，则单相接地保护应动作跳闸，切除故障线路。

（3）中性点直接接地的电力系统

中性点直接接地的电力系统可解决如下问题：

1）高压灭弧困难　220 kV 及以上电压的电网，除存在对地电容外，还存在较大的电晕损耗和泄漏损耗，因而在接地电流中既有有功分量又有无功分量，而消弧线圈只能补偿无功分量，接地点仍有较大的有功电流流过；电压等级越高，该值越大，达到 100 ~ 200 A 之上时，电弧无法熄灭。

2）高压绝缘投资大　在中性点直接接地系统中，发生单相接地故障后，中性点电位不变化，致使非故障相对地电压即相电压基本不变化，所以可以有效克服线路及高压设备高压绝缘投资问题。

3）低压单相设备运行需要　在 220 V/380 V 系统中，为了设备可靠接地以及单相设备的工作需要，也通常采用中性点直接接地运行方式。

图 1-22 所示为中性点直接接地的电力系统示意图，这种系统中性点始终保持为零电位。正常运行时，各相对地电压为相电压，中性点无电流通过；如果该系统发生单相接地故障，因系统中出现了除中性点外的另一个接地点，构成了单相接地短路，如图 1-22 所示，单相短路用符号 $k^{(1)}$ 表示，线路上将流过很大的单相短路电流 $I_k^{(1)}$，各相之间电压不再是对称的。但未发生接地故障的两完好相的对地电压不会升高，仍保持为相电压。因此，中性点直接接地的系统中的供用电设备的相绝缘只需按相电压来考虑，从而降低了工程造价。由于这一优点，我国 110 kV 及以上的电力系统基本上都采用中性点直接接地的方式。在低压配电系统中，三相四线制的 TN 系统和 TT 系统也都采取中性点直接接地的运行方式。

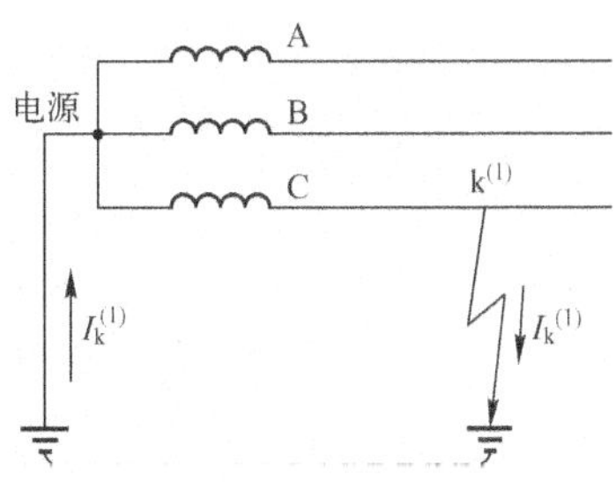

图 1-22　中性点直接接地系统发生单相接地故障图

对于中性点直接接地的电力系统，其优点首先是安全性好，因为系统单相接地时即为单相短路，短路电流较大，保护装置立即动作切除故障；其次是经济性好，因中性点直接接地系统在任何情况下，中性点电压不会升高，且不会出现系统单相接地时电网过电压问题，这样可按相电压考虑电力系统的绝缘水平，使其经济性好。其缺点是该系统供电可靠性差，因为系统发生单相接地时由于继电保护作用使故障线路的断路器立即跳闸，所以降低了供电可靠性（为了提高其供电可靠性可以采用自动重合闸装置等措施）。

2. 低压配电系统的接地形式

目前我国低压配电系统按其对电气设备保护接地的形式不同，可分为 TN 系统、TT 系统和 IT 系统。

(1) TN 系统

TN 系统属于中性点直接接地的系统，它从电源的中性点引出中性线（N 线)、保护线（PE 线）或将中性线与保护线合二为一的保护中性线（PEN 线)，而该系统中电气设备的外露可导电部分接 PE 线或 PEN 线。过去我国习惯上把这种接地形式称为“接零”。

由电源中性点引出 N 线或 PEN 线的三相系统称为三相四线制系统，没有 N 线或 PEN 线的系统称为三相三线制系统。

中性线（N 线）的主要作用：一是用来连接额定电压为相电压的单相用电设备，如照明灯等；二是用来传导三相系统中的不平衡电流和单相电流；三是用来减小负荷中性点的电位位移。

保护线（PE 线）是为保障人身安全、防止触电事故的公共接地线。系统中设备外露可导电部分通过 PE 线接地后，当设备发生单相接地故障时可降低触电危险。

保护中性线（PEN 线）是 N 线与 PE 线合二为一的导体，兼有 N 线和 PE 线的功能。

TN 系统按其从电源中性点引出导线的形式，可分为 TN－C、TN－S 和 TN－C－S 系统如图 1-23 所示。

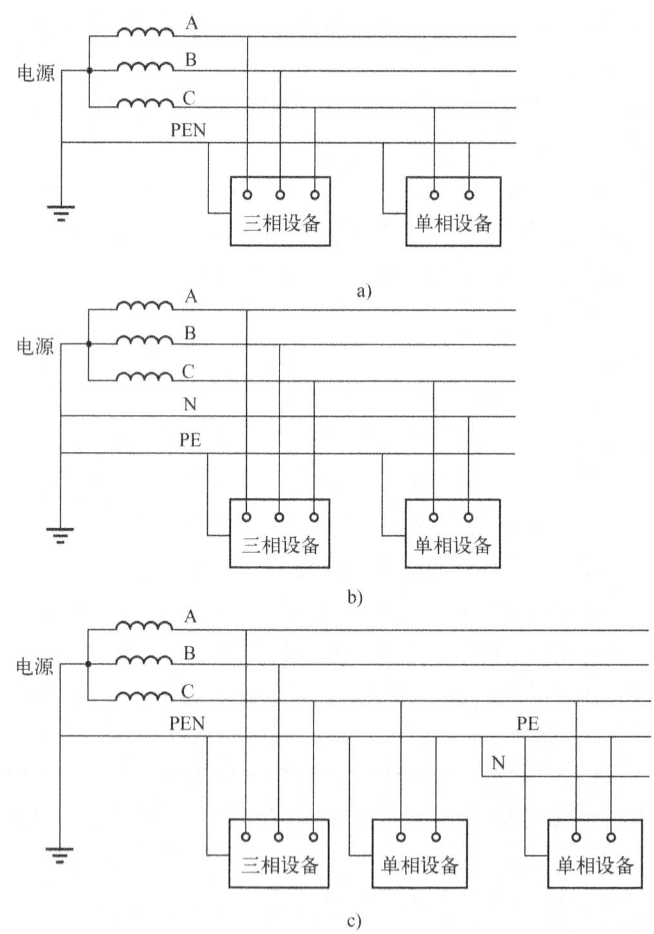

图 1-23　低压配电的 TN 系统

a）TN－C 系统　b）TN－S 系统　c）TN－C－S 系统

1）TN－C 系统（见图 1-23a）　该系统属于三相四线制系统，其特点是 N 线 与 PE 线合二为一，节约了导线材料，比较经济，发生单相接地故障时，保护装置动作，迅速切除故障，防止事故扩大。但由于 PEN 线中有电流流过，因而对接 PEN 线的某些设备会产生电磁干扰，此外，如果 PEN 线断线还可能造成接 PEN 线的设备外露可导电部分带电而造成人身触电危险。因此，TN－C 系统不适于安全要求较高的场所。

2）TN－S 系统（见图 1-23b）　该系统属于三相五线制系统，其特点是 N 线与 PE 线分开，系统中设备的外露可导电部分接 PE 线，由于 PE 线和 N 线分开，在正常情况下，PE 线没有电流流过，因此不会对设备产生电磁干扰。但在 PE 线断线时，如果发生设备碰壳故障，会使其他所有接 PE 线的设备外露可导电部分带电，造成触电危险。如果发生单相短路，由于短路电流较大，保护装置会迅速动作，切除故障。但由于 PE 线与 N 线分开，从而使有色金属的消耗量和初期投资费用增加。因此该系统适用于对安全和抗电磁干扰要求较高的场所，如潮湿易触电的浴池等地及居民居住场所和对抗干扰要求较高的数据处理及精密检测等实验场所。

3）TN－C－S 系统（见图 1-23c）　该系统为 TN－C 和 TN－S 系统的结合形式，其系统前面线路为 TN－C 系统，后面线路为 TN－S 系统，系统中设备的外露可导电部分分别接 PEN 线或 PE 线，该系统比较灵活，对安全和抗干扰要求较高的设备或场所采用 TN－S 系统，而其他情况下采用 TN－C 系统。因此 TN－C－S 系统具有灵活和经济实用的特点，在供配电系统中应用比较广泛。

（2）TT 系统（见图 1-24）

该系统属于三相四线制中性点直接接地系统，从电源中性点引出中性线（N 线），但没有公共 PE 线。系统中电气设备的外露可导电部分均经各自的 PE 线接地。由于各自的 PE 线之间没有电气联系，相互之间无电磁干扰，因此这种系统适用于对电磁干扰要求较高的场所。但这种系统若出现设备的绝缘不良或损坏造成外露可导电部分带电时，由于漏电电流较小，不足以使保护装置动作，从而使漏电设备长期带电，增加人体触电危险。为保证人身安全，此种系统应装设灵敏的漏电保护装置。

（3）IT 系统（见图 1-25）

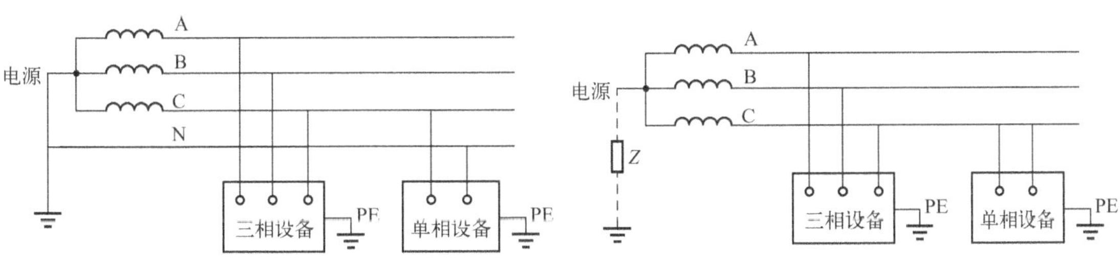

图 1-24　低压配电的 TT 系统　　图 1-25　低压配电的 IT 系统

IT 系统是电源中性点不接地或经高阻抗（约 1000 Ω）接地的三相三线制系统。该系统中电气设备的外露可导电部分均经各自的 PE 线接地，相互之间不会产生电磁干扰。而且由于该系统中性点不接地（或经高阻抗接地），故当系统发生一相接地故障时，三相用电设备和接至线电压的单相用电设备仍能继续正常运行。但需装设单相接地保护，以便在发生单相接地故障时及时给出报警信号。

该系统通常用于连续供电要求较高及易燃易爆的场所，如矿山、井下等场所。

本章小结

本章主要介绍电能的特点及对供配电的基本要求、电力系统的概念、电力系统的电压和电力系统中性点的运行方式等问题。这些内容是学习本课程的预备知识。在学习本章的内容时，应将重点放在对基本概念的认识和理解上。

（1）对供配电的基本要求是：保证供电的安全可靠、保证良好的电能质量、保证灵活的运行方式和具有经济性。

（2）电力系统通常由发电厂、电力网和电力负荷组成。发电厂的类型按其所使用的一次能源划分主要有：火力发电厂、水力发电厂和核能发电厂；电力网主要是指电力系统中的变电设备和电力线路。

（3）电能生产、传输、分配和使用的特点表现在：①电能的生产、传输、分配和使用是同时进行的，也就是说电能无法贮存（准确地说是不能大量贮存）；②电力系统中的瞬态过程非常短暂；③电能的应用范围非常广泛，影响很大。

（4）企业供配电系统主要由外部电源系统和企业内部变配电系统组成。

（5）评价电能质量的主要参数是：电压和频率。

（6）额定电压是指电力网或电力设备在正常运行时能获得最好技术和经济效果的电压。

（7）电力系统的中性点运行方式有：中性点不接地、中性点经消弧线圈接地和中性点直接接地。

（8）低压配电系统的接地方式有：TN 系统（TN－C、TN－S、TN－C－S）、TT 系统和 IT 系统。

习题与思考题

1-1　电能具有什么特点？

1-2　水电站、火电厂和核电站各利用什么能源？风力发电、地热发电和太阳能发电各有何特点？

1-3　变配电所的任务是什么？类型有哪些？

1-4　什么叫电力系统、电力网和动力系统？

1-5　衡量电能质量的指标是什么？

1-6　电压质量的衡量指标是什么？

1-7　什么叫电压偏差？什么叫电压波动？

1-8　我国规定的“工频”是多少？对其频率偏差有何要求？

1-9　什么是额定电压？在电力系统中同一电压等级下用电设备、电力线路、发电机以及变压器的额定电压是如何规定的？

1-10　三相交流电力系统的电源中性点有哪些运行方式？

1-11　低压配电系统中的中性线（N 线）、保护线（PE 线）和保护中性线（PEN 线）各有哪些功能？

1-12　什么叫 TN－C 系统、TN－S 系统、TN－C－S 系统、TT 系统和 IT 系统？各有哪些特点？各适于哪些场合应用？

第2章 电力负荷计算

在供配电系统设计中，负荷计算是正确选择供配电系统中导线、电缆、开关电器和变压器等电气设备的基础，也是保障供配电系统安全可靠运行必不可少的环节，因此本章内容是供配电系统运行分析和设计计算的基础。

2.1 负荷计算的意义及计算目的

2.1.1 电力负荷的概念及分类

1. 电力负荷的概念

在供配电系统设计中，所谓电力负荷（Electric Power Load）是指电气设备（发电机、变压器、电动机等）和线路中流过的功率或电流（因电压一定时，电流与功率成正比），而不是指它们的阻抗。例如，发电机、变压器的负荷是指它们输出的电功率（或电流），线路的负荷是指通过线路的电功率（或电流）。

2. 电力负荷的分类

工厂的电力负荷，按GB50052－1995《供配电系统设计规范》规定，根据其对供电可靠性的要求不同分为三个等级。

（1）一级负荷

一级负荷若供电突然中断将造成生命危害，或造成重大设备损坏且难以修复，或打乱复杂的生产过程并使大量产品报废，给国民经济带来极大损失。

一级负荷对供电可靠性的要求最高，绝对不允许停电，因此必须由两回独立的电源供电。

（2）二级负荷

二级负荷若突然停电，将造成生产设备局部损坏，或生产流程紊乱且恢复较困难，企业内部运输停顿，或出现大量减产，给国民经济造成一定的损失。

二级负荷一般允许短时停电几分钟，在工业企业中占的比例最大。因此也应由两回线路供电，而且两回线路应尽可能取自不同的变压器或母线段。

（3）三级负荷

不属于一、二级负荷的用电设备称为三级负荷。

三级负荷为不重要的一般负荷，对供电无特殊要求，允许较长时间停电，因此可用单回线路供电。

2.1.2 负荷曲线

1. 负荷曲线的概念及作用

负荷曲线（Load Curve）是表征电力负荷随时间变化的曲线，它反映了用户用电的特点和规律。负荷曲线绘制在直角坐标系中，纵坐标表示负荷值，横坐标表示对应的时间。

负荷曲线按负荷对象分，有工厂的、车间的或某类设备的负荷曲线，按负荷性质分为有功和无功负荷曲线，按所表示的负荷变动时间分，有年的、月的、日的或工作班的负荷曲线。

负荷曲线对供电系统的运行是非常重要的，它是安排供电计划、设备检修和确定系统运行方式的重要依据。由于负荷曲线是用电设备负荷的真实记录，一是可以利用负荷曲线来计算设备或电网的总消费电量；二是可以根据负荷的峰谷情况及供电部门的要求合理安排设备的工作时间，获得最佳用电效率。

2. 负荷曲线的种类与绘制方法

（1）日负荷曲线

日负荷曲线表示一日 24 h 内负荷变化的情形，如图 2-1 所示。绘制方法如下：

1）以某个监测点为参考点，在 24 h 中各个时刻记录有功功率表的读数，逐点绘制而成折线形状，故称为折线形负荷曲线，如图 2-1a 所示。

2）通过接在供电线路上的电度表，每隔一定的时间间隔（一般为半小时）将其读数记录下来，求出 0.5 h 的平均功率，再依次将这些点画在坐标上，把这些点连成阶梯状，故称为阶梯形负荷曲线，如图 2-1b 所示。

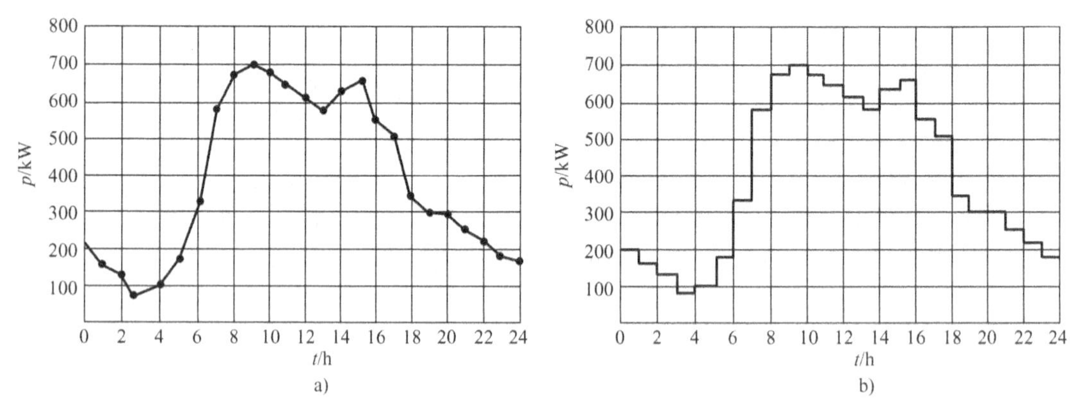

图 2-1　日有功负荷曲线

a）依点连成的负荷曲线　b）依点绘成的负荷曲线

为了便于计算，负荷曲线多绘制成梯形，横坐标一般按半小时分格，以便确定半小时最大负荷。当然，其时间间隔取得越短，曲线越能反映负荷的实际变化情况。

（2）年负荷曲线

年负荷曲线反映一年（8760 h）内负荷变化的情况。

年负荷曲线又分为年运行负荷曲线和年负荷持续时间曲线。年运行负荷曲线可根据全年日负荷曲线间接制成；年负荷持续时间曲线的绘制，要借助一年中有代表性的冬季日负荷曲线和夏季日负荷曲线。通常用年负荷持续时间曲线来表示年负荷曲线。绘制方法如图 2-2 所示。

其夏日和冬日在全年中所占的天数，应视地理位置和气温情况核定。一般在北方，近似认为冬季 200 天，夏季 165 天；在南方，近似认为冬季 165 天，夏季 200 天。假设绘制南方某厂的年负荷曲线，如图 2-2c 所示，其中 P_1 在年负荷曲线上所占的时间 $T_1 = 200t_1 + 165t_2$。

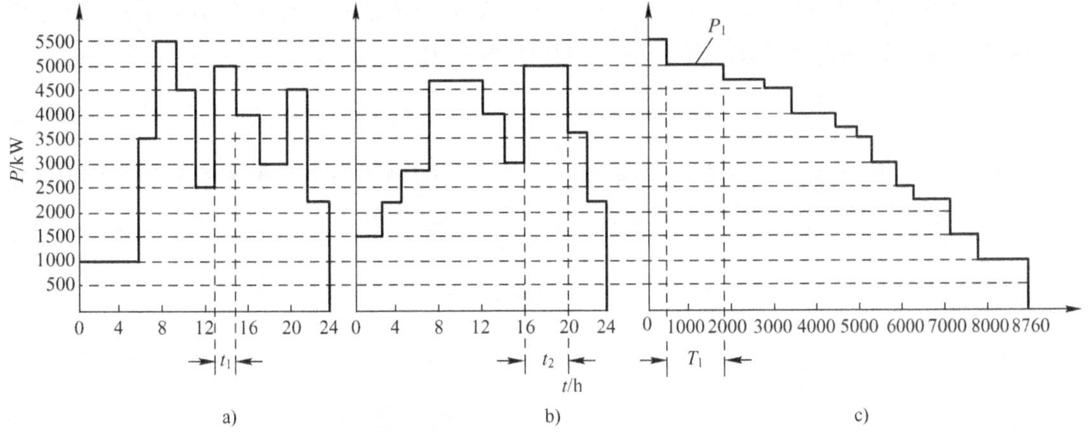

图 2-2　年负荷持续时间曲线的绘制

a）夏日负荷曲线　b）冬日负荷曲线　c）年负荷持续时间曲线

年负荷曲线的另一种形式，是按全年每日的最大负荷（通常取每日最大负荷的半小时平均值）绘制，称为年每日最大负荷曲线，如图 2-3 所示。横坐标依次以全年 12 个月的日期来分格，这种年最大负荷曲线，可以用来确定拥有多台电力变压器的变电所在一年内的不同时期宜于投入几台运行，即所谓经济运行方式，以降低电能损耗，提高供电系统的经济效益。

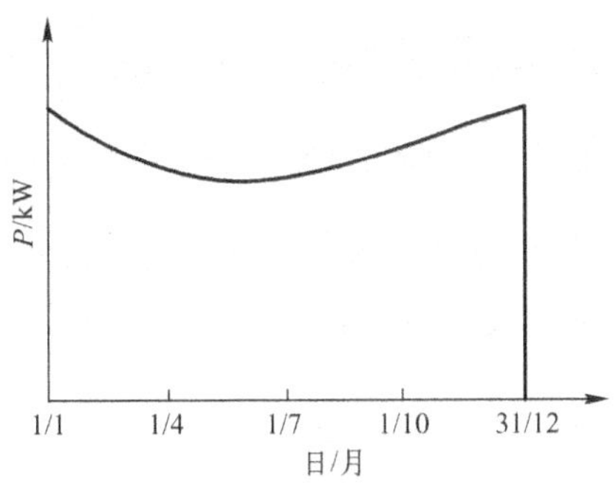

图 2-3　年每日最大负荷曲线

注意：日负荷曲线是按时间的先后绘制的，而年负荷曲线是按负荷的大小和累积时间绘制的。

3. 与负荷曲线和负荷计算有关的物理量

（1）年最大负荷和年最大负荷利用小时

1）年最大负荷（Annual Maximum Load）（P_{max}）　年最大负荷是全年中负荷最大工作班内（该工作班的最大负荷不是偶然出现的，而是在负荷最大的月份内至少出现过 2 ~ 3 次）消耗电能最大的半小时的平均功率，又叫半小时最大负荷 P_{30}。

2）年最大负荷利用小时（Utilization Hours of Annual Maximum Load）（T_{max}）　年最大负荷利用小时是一个假想时间，在此时间内，电力负荷按年最大负荷 P_{max} 或 P_{30} 持续运行所消耗的电能，恰好等于该电力负荷全年实际消耗的电能，如图 2-4 所示。

年最大负荷利用小时为

$$T_{max} = \frac{W_a}{P_{max}} \tag{2-1}$$

式中，W_a 为全年实际消耗的电能量（kW · h）。

年最大负荷利用小时是反映电力负荷特征的一个重要参数，与工厂的生产班制有明显的关系。例如，一班制：$T_{max} = 1800 \sim 3600$ h；两班制：$T_{max} = 3500 \sim 4800$ h；三班制：

$T_{max}=5000\sim7000\ \text{h}$。

（2）平均负荷和负荷系数

1）平均负荷（Average Load）P_{av}　平均负荷是电力负荷在一定时间 t 内平均消耗的功率，也就是电力负荷在该时间 t 内消耗的电能 W_a 除以时间 t 的值，即

$$P_{av}=\frac{W_a}{t} \tag{2-2}$$

年平均负荷 P_{av} 的说明如图 2-5 所示。年平均负荷的横线与两坐标轴所包围的矩形截面积等于负荷曲线与两坐标轴所包围的面积 W_a，即年平均负荷 P_{av} 为

$$P_{av}=\frac{W_a}{8760\ \text{h}} \tag{2-3}$$

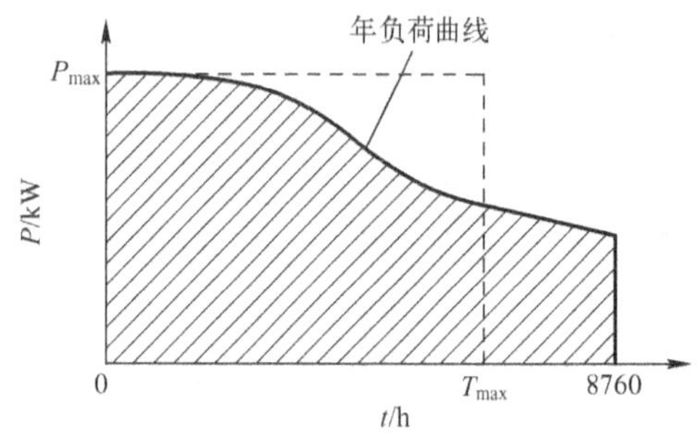

图 2-4　年最大负荷和年最大负荷利用小时

图 2-5　年平均负荷

2）负荷系数（Load Coefficient）　负荷系数又称负荷率，它是用电负荷的平均负荷与其最大负荷的比值，分有功负荷系数和无功负荷系数两种，即

$$\left.\begin{aligned} K_{aL}&=\frac{P_{av}}{P_{max}} \\ K_{rL}&=\frac{Q_{av}}{Q_{max}} \end{aligned}\right\} \tag{2-4}$$

对负荷曲线来说，负荷系数也称负荷曲线填充系数，它表征负荷曲线不平坦的程度，即表征负荷起伏变化的程度。从充分发挥供电系统的能力、提高供电效率来说，希望此系数越高即越接近于 1 越好。从发挥整个电力系统的效能来说，应尽量使不平坦的负荷曲线“削峰填谷”，提高负荷系数。

对于单个用电设备或用电设备组，负荷系数就是设备的输出功率 P 与设备额定容量 P_N 的比值，即

$$K_L=\frac{P}{P_N} \tag{2-5}$$

负荷系数通常以百分值表示。有的情况下，有功负荷率用 α、无功负荷率用 β 表示。

对于不同性质的用户，负荷曲线是不同的。一般来说，负荷曲线的变化规律取决于负荷的性质、企业生产发展情况及作息制度、用电地区的地理位置、当地气候条件和人民生活习惯等。三班制连续生产的重工业，例如钢铁工业的日负荷曲线如图 2-6a 所示，曲线比较平坦，最小负荷系数达到 0.85。一班制生产的轻工业，如食品工业的日负荷曲线如图 2-6b 所示，负荷变化比较大，最小负荷系数只有 0.13。非排灌季节的农业日负荷曲线如图 2-6c 所示，

农村加工用电每天仅 12 h。市政生活负荷曲线中存在明显的照明用电高峰，如图 2-6d 所示。

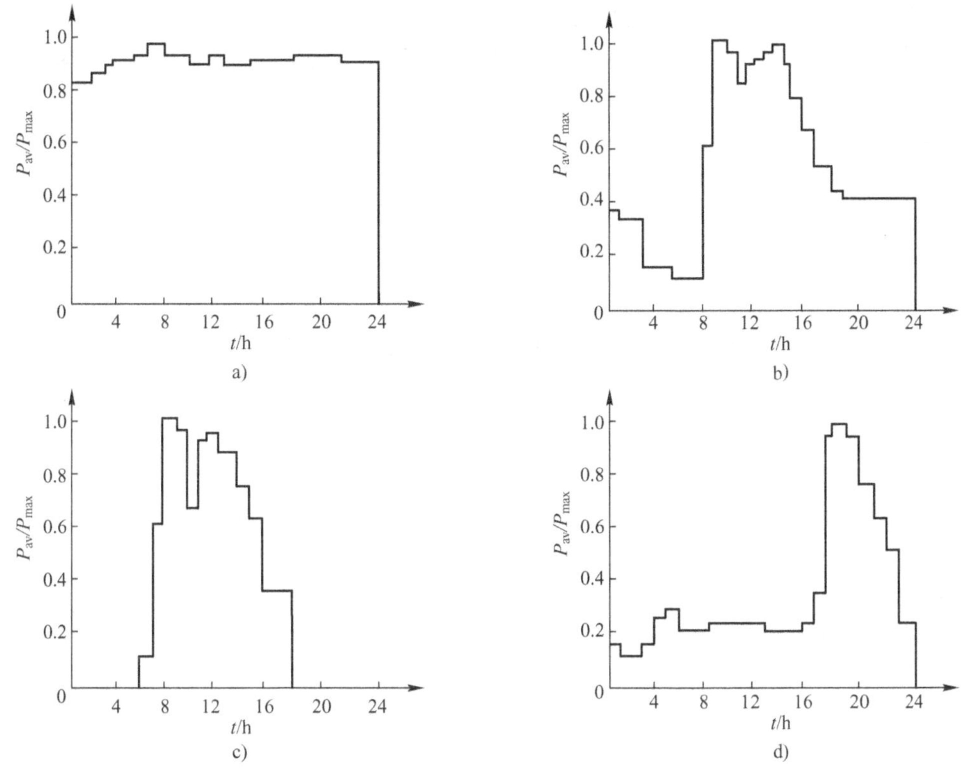

图 2-6　不同行业的有功功率日负荷曲线

a）钢铁工业负荷　b）食品工业负荷　c）农村负荷　d）市政生活负荷

2.1.3　负荷计算的意义及目的

进行供电系统设计时，首先遇到的问题是全单位要多大的供电量，即负荷大小问题。由于各种用电设备运行特性不同，其用电方式各有特点，一般各用电设备的最大负荷一般不会同时出现，甚至不同时工作。因此，精确地计算企业的用电负荷是非常困难的。若负荷统计过大，则所选导线截面及电气设备的额定容量就大，将造成投资和设备的浪费；若负荷统计过小，则所选导线截面及电气设备的额定容量就小，将造成导线及电气设备过热，使线路及各种电气设备的绝缘老化，寿命缩短，甚至无法正常工作。因此，负荷统计是重要的。通过负荷的统计计算求出的、用来按发热条件选择供电系统中各元件的负荷值，称为计算负荷（Calculation Load）。根据计算负荷选择的电气设备和导线电缆，如果以计算负荷连续运行，其发热温度不会超过允许值。

由于导体通过电流达到稳定温升的时间大约需要(3～4)τ，τ 为发热时间常数。截面积在 16 mm^2 及以上的导体，其 $\tau \geqslant 10$ min，因此载流导体大约经 30 min 后可达到稳定温升值。由此可见，计算负荷实际上与从负荷曲线上查得的 30 min 最大负荷 P_{30}（亦年最大负荷 P_{max}）是基本相当的，所以计算负荷也可以认为就是半小时最大负荷。

求计算负荷的这项工作称为负荷计算。负荷计算的意义在于能为合理地选择供电系统中的导线、开关电器和变压器等设备，使电气设备和材料既能得到充分利用又能满足电网的安全运行提供理论根据。另外，也是选择仪表量程、整定继电保护的重要依据。并作为按发热条件选择导线、电缆和电气设备的依据。

求计算负荷时必须考虑用电设备的工作特征，其中工作制与负荷计算的关系较大，因为不同工作制下，导体的发热条件是不同的。

用电设备的工作制可以分为：

1）连续运行工作制　工作时间较长（长到足以达到热平衡状态），连续运行的用电设备，绝大多数设备属于此工作制。如通风机、空气压缩机、各种泵类、各种电炉、电解电镀设备、电动发电机组和照明等。

2）短时运行工作制　工作时间很短（短于达到热平衡所需的时间），停歇时间相当长（长到足以使设备温度冷却到周围介质的温度）的用电设备。如金属切削机床用的辅助机械（横梁升降、刀架快速移动装置等）、控制闸门用的电动机等，这类设备数量很少。求计算负荷时一般不考虑短时工作制的设备。

3）断续周期工作制　有周期性地时而工作，时而停歇，反复运行的用电设备，而每个工作周期不超过10 min，无论工作或停歇，都不足以使设备达到热平衡。如吊车用电动机、电焊变压器等。

断续周期工作制的设备，可用“负荷持续率”（Duty Cycle，又称暂载率）来表示其工作特征。负荷持续率为一个工作周期内工作时间与工作周期的百分比值，用 ε 来表示，即

$$\varepsilon=\frac{t}{T}\times 100\%=\frac{t}{t+t_0}\times 100\% \tag{2-6}$$

式中，T 为工作周期；t 为工作周期内的工作时间；t_0 为工作周期内的停歇时间。

吊车电动机的标准暂载率有15%、25%、40%和60%共4种；电焊设备的标准暂载率有50%、65%、75%和100%共4种。

断续周期工作制设备的额定容量（铭牌功率）P_N，是对应于某一标称负荷持续率 ε_N 的。如果实际运行的负荷持续率 $\varepsilon\neq\varepsilon_N$，则实际容量 P_e 应按同一周期内等效发热条件进行换算。由于电流 I 通过电阻 R 的设备在时间 t 内产生的热量为 I^2Rt，因此在设备产生相同热量的条件下，$I\propto 1/\sqrt{\varepsilon}$，即设备容量与负荷持续率的平方根值成反比。由此可知，如果设备在 ε_N 下的容量为 P_N，则换算到实际 ε 下的容量 P_e 为

$$P_e=P_N\sqrt{\frac{\varepsilon_N}{\varepsilon}} \tag{2-7}$$

2.2　用电设备计算负荷的确定

2.2.1　三相用电设备组计算负荷的确定

我国目前普遍采用的确定用电设备计算负荷的方法有需要系数法和二项式法。需要系数法是国际上普遍采用的确定计算负荷的方法，最为简便。二项式法的应用局限性较大，但在确定设备台数少而容量差别很大的分支干线的计算负荷时，较之需要系数法合理，且计算也较简便。本书只介绍这两种方法。

1. 需要系数法

(1) 基本公式

用电设备组的计算负荷，是指用电设备组从供电系统中取用的 30 min 最大平均负荷 P_{30}。用电设备组的设备容量 P_e，大多数情况下是指用电设备组所有用电设备（不含备用设备）的额定容量之和，即 $P_e=\sum P_N$（见图 2-7）。而设备的额定容量 P_N，是设备在额定条件下的最大输出功率（出力）。但是用电设备组的设备实际上不一定都同时运行，运行的设备也不太可能都满负荷，同时设备本身和配电线路还有功率损耗，因此用电设备组的有功计算负荷应为

$$P_{30}=\frac{K_{\sum}K_L}{\eta_e\eta_{WL}}P_e \tag{2-8}$$

式中，$K_{\sum}$ 为设备组的同时系数，即设备组在最大负荷时运行的设备容量与全部设备容量之比；K_L 为设备组的负荷系数，即设备组在最大负荷时输出功率与运行的设备容量之比；η_e 为设备组的平均效率，即设备组在最大负荷时输出功率与取用功率之比；η_{WL} 为配电线路的平均效率，即配电线路在最大负荷时的末端功率（即设备组取用功率）与首端功率（即计算负荷）之比。

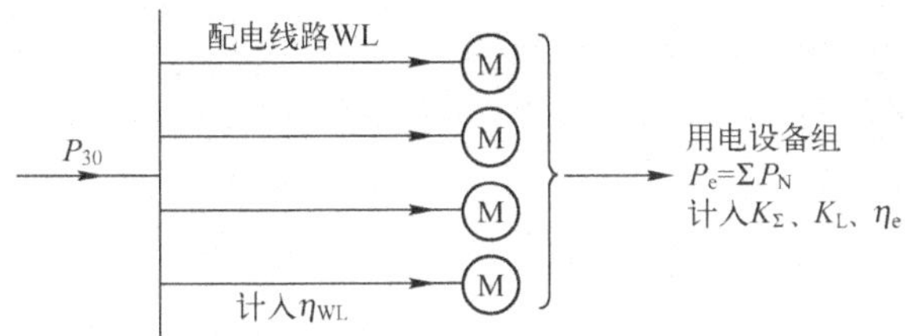

图 2-7　用电设备组的计算负荷说明

令式（2-8）中的 $\frac{K_{\sum}K_L}{\eta_e\eta_{WL}}=K_d$，这里 K_d 称为需要系数（Demand Coefficient）。可知需要系数的定义式为

$$K_d=\frac{P_{30}}{P_e} \tag{2-9}$$

即用电设备组的需要系数，为用电设备组的 30 min 最大负荷与其设备容量的比值。

由此可得按需要系数法确定三相用电设备组有功计算负荷的基本公式为

$$P_{30}=K_dP_e \tag{2-10}$$

实际上，需要系数 K_d 不仅与用电设备组的工作性质、设备台数、设备效率和线路损耗等因素有关，而且与操作人员的技能和生产组织等多种因素有关，因此应尽可能地通过实测分析确定，使之尽量接近实际。

表 2-1～表 2-4 列出了各种用电设备组的需要系数值，供参考。

表 2-1　各用电设备组的需要系数 K_d 及功率因数 $\cos\varphi$

用电设备组名称	K_d	$\cos\varphi$	$\tan\varphi$
单独传动的金属加工机床：			
1. 小批量生产的冷加工车间	0.16～0.2	0.50	1.73
2. 大批量生产的冷加工车间	0.18～0.25	0.50	1.73

（续）

用电设备组名称	K_d	$\cos\varphi$	$\tan\varphi$
3. 小批量生产的热加工车间 4. 大批量生产的热加工车间	0.25～0.3 0.3～0.35	0.60 0.65	1.33 1.17
压床、锻锤、剪床及其他锻工机械	0.25	0.60	1.33
连续运输机械： 1. 联锁的 2. 非联锁的	 0.65 0.60	 0.75 0.75	 0.88 0.88
轧钢车间反复短时工作制的机械	0.3～0.40	0.5～0.6	1.73～1.33
通风机： 1. 生产用 2. 卫生用	 0.75～0.85 0.65～0.70	 0.8～0.85 0.80	 0.75～0.62 0.75
泵、活塞式压缩机、鼓风机、电动发电机组、排风机等	0.75～0.85	0.8	0.75
透平压缩机和透平鼓风机	0.85	0.85	0.62
破碎机、筛选机、碾沙机等	0.75～0.80	0.80	0.75
磨碎机	0.80～0.85	0.80～0.85	0.75～0.62
铸铁车间造型机	0.70	0.75	0.88
搅拌器、凝结器、分级器等	0.75	0.75	0.88
水银整流机组（在变压器一次侧）： 1. 电解车间用 2. 起重机负荷 3. 电气牵引用	 0.90～0.95 0.30～0.50 0.40～0.50	 0.82～0.90 0.87～0.90 0.92～0.94	 0.70～0.48 0.57～0.48 0.43～0.36
感应电炉（不带功率因数补偿装置）： 1. 高频 2. 低频	 0.80 0.80	 0.10 0.35	 10.05 2.67
实验室用的小型电热设备（电阻炉、干燥箱等）	0.7	1.0	0
小容量试验设备和试验台： 1. 带电动发电机组 2. 带试验变压器	 0.15～0.40 0.1～0.25	 0.70 0.20	 1.02 4.91
起重机： 1. 锅炉房、修理、金工、装配车间 2. 铸铁车间、平炉车间 3. 轧钢车间、脱锭工部等	 0.05～0.15 0.15～0.30 0.25～0.35	 0.50 0.50 0.50	 1.73 1.73 1.73
电焊机： 1. 定位焊与缝焊用 2. 对焊用	 0.35 0.35	 0.60 0.70	 1.33 1.02
电焊变压器： 1. 自动焊接用 2. 单头手动焊接用 3. 多头手动焊接用	 0.50 0.35 0.40	 0.40 0.35 0.35	 2.29 2.68 2.68
焊接用电动发电机组： 1. 单头焊接用	 0.35	 0.60	 1.33

（续）

用电设备组名称	K_d	cosφ	tanφ
2. 多头焊接用	0.70	0.75	0.80
电弧炼钢变压器	0.90	0.87	0.57
煤气电气滤清机组	0.80	0.78	0.80

注：本表参考《工矿企业电气设计手册》（上册）编制。

表 2-2　3～10 kV 高压用电设备需要系数及功率因数

序号	高压用电设备组名称	K_d	cosφ	tanφ
1	电弧炉变压器	0.92	0.87	0.57
2	铜炉	0.90	0.87	0.57
3	转炉鼓风机	0.70	0.80	0.75
4	水压机	0.50	0.75	0.88
5	煤气站、排风机	0.70	0.80	0.75
6	空气站压缩机	0.70	0.80	0.75
7	氧气压缩机	0.80	0.80	0.75
8	轧钢设备	0.80	0.80	0.75
9	试验电动机组	0.50	0.75	0.88
10	高压给水泵（感应电动机）	0.50	0.80	0.75
11	高压给水泵（同步电动机）	0.80	0.92	-0.43
12	引风机、送风机	0.8～0.9	0.85	0.62
13	有色金属轧机	0.15～0.20	0.70	1.02

注：本表参考《电气负荷计算系数》编制。

表 2-3　各种车间的低压负荷需要系数及功率因数

序号	车间名称	K_d	cosφ	tanφ
1	铸钢车间（不包括电炉）	0.3～0.4	0.65	1.17
2	铸铁车间	0.35～0.4	0.7	1.02
3	锻压车间（不包括高压水泵）	0.2～0.3	0.55～0.65	1.52～1.17
4	热处理车间	0.4～0.6	0.65～0.7	1.17～1.02
5	焊接车间	0.25～0.3	0.45～0.5	1.98～1.73
6	金工车间	0.2～0.3	0.55～0.65	1.52～1.17
7	木工车间	0.28～0.35	0.6	1.33
8	工具车间	0.3	0.65	1.17
9	修理车间	0.2～0.25	0.65	1.17
10	落锤车间	0.2	0.6	1.33
11	废钢铁处理车间	0.45	0.68	1.08
12	电镀车间	0.4～0.62	0.85	0.62
13	中央实验室	0.4～0.6	0.6～0.8	1.33～0.75
14	充电站	0.6～0.7	0，8	0.75
15	煤气站	0.5～0.7	0.65	1.17
16	氧气站	0.75～0.85	0.8	0.75
17	冷冻站	0.7	0.75	0.88
18	水泵站	0.5～0.65	0.8	0.75
19	锅炉房	0.65～0.75	0.8	0.75
20	压缩空气站	0.7～0.85	0.75	0.88
21	乙炔站	0.7	0.9	0.48
22	试验站	0.4～0.5	0.8	0.75

（续）

序号	车间名称	K_d	$\cos\varphi$	$\tan\varphi$
23	发电机车间	0.29	0.60	1.32
24	变压器车间	0.35	0.65	1.17
25	电容器车间（机械化运输）	0.41	0.98	0.19
26	高压开关车间	0.30	0.70	1.02
27	绝缘材料车间	0.41～0.50	0.80	0.75
28	漆包线车间	0.80	0.91	0.48
29	电磁线车间	0.68	0.80	0.75
30	线圈车间	0.55	0.87	0.51
31	扁线车间	0.47	0.75～0.78	0.88～0.80
32	圆线车间	0.43	0.65～0.70	1.17～1.02
33	压延车间	0.45	0.78	0.80
34	辅助性车间	0.3～0.35	0.65～0.70	1.17～1.02
35	电线厂主厂房	0.44	0.75	0.88
36	电瓷厂主厂房（机械化运输）	0.47	0.75	0.88
37	电表厂主厂房	0.40～0.50	0.80	0.75
38	电刷厂主厂房	0.50	0.80	0.75

注：本表参考《工矿企业电气设计手册》及《电气负荷计算系数》编制。

表 2-4　某些工厂的全厂需要系数及功率因数

工厂类别	需要系数		最大负荷时功率因数	
	变动范围	建议采用	变动范围	建议采用
汽轮机制造厂	0.38～0.49	0.38		0.88
锅炉制造厂	0.26～0.33	0.27	0.73～0.75	0.73
柴油机制造厂	0.32～0.34	0.32	0.74～0.84	0.74
重型机械制造厂	0.25～0.47	0.35		0.79
机床制造厂	0.13～0.3	0.2		
重型机床制造厂	0.32	0.32		0.71
工具制造厂	0.34～0.35	0.34		
仪器仪表制造厂	0.31～0.43	0.37	0.8～0.82	0.81
滚珠轴承制造厂	0.24～0.34	0.28		
量具刃具制造厂	0.26～0.35	0.26		
电机制造厂	0.25～0.38	0.33		
石油机械制造厂	0.45～0.5	0.45		0.78
电线电缆制造厂	0.35～0.36	0.35	0.65～0.8	0.73
电器开关制造厂	0.3～0.6	0.35		0.75
阀门制造厂	0.38	0.38		
铸管厂		0.5		0.78
橡胶厂	0.5	0.5	0.72	0.72
通用机器厂	0.34～0.43	0.4		

需要系数值与用电设备的类别和工作状态关系极大，因此在计算时，首先要正确判明用电设备的类别和工作状态，否则将造成错误。

求出有功计算负荷后，可按下式分别求出其余的计算负荷：

无功计算负荷为

$$Q_{30}=P_{30}\tan\varphi \tag{2-11}$$

式中，$\tan\varphi$ 为对应于用电设备组 $\cos\varphi$ 的正切值。

视在计算负荷为

$$S_{30}=\frac{P_{30}}{\cos\varphi} \tag{2-12}$$

式中，$\cos\varphi$ 为用电设备组的平均功率因数。

计算电流为

$$I_{30}=\frac{S_{30}}{\sqrt{3}U_N} \tag{2-13}$$

式中，U_N 为用电设备组的额定电压。

如果为一台三相电动机，则其计算电流应取为其额定电流，即

$$I_{30}=I_N=\frac{P_N}{\sqrt{3}U_N\eta\cos\varphi} \tag{2-14}$$

负荷计算中常用的单位：有功功率为“千瓦”（kW），无功功率为“千乏”（kvar），视在功率为“千伏·安”（kV·A），电流为“安”（A），电压为“千伏”（kV）。

【例 2-1】 已知某机修车间的金属切削机床组，有电压为 380 V 的三相电动机，其中 7.5 kW 5 台，3 kW 12 台，1.5 kW 15 台。试求其计算负荷。

解：此机床组电动机的总容量为

$$P_e=7.5\times5+3\times12+1.5\times16\text{ kW}=97.5\text{ kW}$$

查表 2-1 中“小批量生产的冷加工车间的机床”项，得 $K_d=0.16\sim0.2$（取 0.2 计算），$\cos\varphi=0.5$，$\tan\varphi=1.73$。由此可求得

有功计算负荷 $P_{30}=0.2\times97.5\text{ kW}=19.5\text{ kW}$

无功计算负荷 $Q_{30}=19.5\times1.73\text{ kvar}=33.74\text{ kvar}$

视在计算负荷 $S_{30}=19.5\div0.5\text{ kV}\cdot\text{A}=39\text{ kV}\cdot\text{A}$

计算电流 $I_{30}=\dfrac{39}{\sqrt{3}\times0.38}\text{A}=59.25\text{ A}$

（2）设备容量的计算

需要系数法基本公式 $P_{30}=K_dP_e$ 中的设备容量 P_e，不含备用设备的容量，而且要注意，此容量的计算与用电设备组的工作制有关。

1）一般连续工作制和短时工作制的用电设备组　设备容量就是所有设备的铭牌额定容量之和。

2）断续周期工作制的用电设备组　设备容量是将所有设备在不同负荷持续率下的铭牌额定容量换算到一个规定的负荷持续率下的容量之和。

① 吊车电动机组。若负荷持续率 $\varepsilon\neq25\%$，则应统一换算为 $\varepsilon=25\%$ 时的设备容量。即

$$P_e=P_N\sqrt{\frac{\varepsilon_N}{\varepsilon_{25}}}=2P_N\sqrt{\varepsilon_N} \tag{2-15}$$

式中，P_N 为吊车电动机的铭牌容量；ε_N 为与铭牌对应的负荷持续率；ε_{25}为其值等于 25% 的负荷持续率（计算中用 0.25）。

② 电焊机组。若负荷持续率 $\varepsilon \neq 100\%$，则应统一换算为 $\varepsilon = 100\%$ 时的设备容量。即

$$P_e = P_N \sqrt{\frac{\varepsilon_N}{\varepsilon_{100}}} = P_N \sqrt{\varepsilon_N} \tag{2-16}$$

式中，P_N 为电焊机的铭牌容量；ε_N 为与铭牌对应的负荷持续率；ε_{100} 为其值等于 100% 的负荷持续率（计算中用 1）。

3）照明设备。

① 不用镇流器的照明设备的设备容量指灯头的额定功率，即

$$P_e = P_N \tag{2-17}$$

② 用镇流器的照明设备（如荧光灯、高压水银灯）的设备容量要包括镇流器中的功率损失，即

$$P_e = K_{b1} P_N \tag{2-18}$$

式中，K_{b1} 为功率换算系数。荧光灯采用普通电感镇流器取 1.25，采用节能型电感镇流器取 1.15～1.17，采用电子镇流器取 1.1；高压钠灯和金属卤化物灯采用普通电感镇流器取 1.14～1.16，采用节能型电感镇流器取 1.09～1.1。

③ 照明设备的设备容量还可按建筑物的单位面积容量法估算，即

$$P_e = \omega S/1000 \tag{2-19}$$

式中，ω 为建筑物的单位面积照明容量（W/m^2）；S 为建筑物的面积（m^2）。

（3）多组用电设备计算负荷的确定

确定拥有多组用电设备的干线上或车间变电所低压母线上的计算负荷时，应考虑各组用电设备的最大负荷不同时出现的因素。因此在确定多组用电设备的计算负荷时，应结合具体情况对其有功负荷和无功负荷分别计入一个同时系数 $K_{\sum p}$ 和 $K_{\sum q}$。

对车间干线，取

$$K_{\sum p} = 0.85 \sim 0.95$$
$$K_{\sum q} = 0.90 \sim 0.97$$

对低压母线，分两种情况：

1）由用电设备组计算负荷直接相加来计算时，取

$$K_{\sum p} = 0.80 \sim 0.90$$
$$K_{\sum q} = 0.85 \sim 0.95$$

2）由车间干线计算负荷直接相加时，取

$$K_{\sum p} = 0.90 \sim 0.95$$
$$K_{\sum q} = 0.93 \sim 0.97$$

总的有功计算负荷为

$$P_{30} = K_{\sum p} \sum P_{30(i)}$$

其中 $\sum P_{30(i)}$ 为各组设备的有功计算负荷之和。

总的无功计算负荷为

$$Q_{30} = K_{\sum q} \sum Q_{30(i)} \tag{2-20}$$

其中 $\sum Q_{30(i)}$ 为各组设备的无功计算负荷之和。

总的视在计算负荷为

$$S_{30} = \sqrt{P_{30}^2 + Q_{30}^2} \tag{2-21}$$

总的计算电流为

$$I_{30}=\frac{S_{30}}{\sqrt{3}U_{N}} \tag{2-22}$$

注意：由于各组用电设备的功率因数不一定相同，因此总的视在计算负荷和计算电流一般不能用各组的视在计算负荷或计算电流之和来计算，总的视在计算负荷也不能按式（2-12）来计算。

【例2-2】 某机修车间的380 V线路上，接有金属切削机床电动机：7.5 kW 1台，4 kW 3台，3 kW 5台，2.2 kW 10台；另接通风机1.5 kW 4台，电阻炉2 kW 1台。试求计算负荷（设同时系数 $K_{\Sigma p}$ 和 $K_{\Sigma q}$ 均为0.9）。

解：（1）金属切削机床（属于冷加工机床）

此机床组电动机的总容量为

$$P_{e(1)}=7.5\times1+4\times3+3\times5+2.2\times10\text{ kW}=56.5\text{ kW}$$

查表2-1，可得 $K_{d1}=0.2$，$\cos\varphi_1=0.5$，$\tan\varphi_1=1.73$。

$$P_{30(1)}=0.2\times56.5\text{ kW}=11.3\text{ kW}$$

$$Q_{30(1)}=11.3\times1.73\text{ kvar}=19.55\text{ kvar}$$

（2）通风机

$$P_{e(2)}=1.5\times4\text{ kW}=6\text{ kW}$$

查表2-1，可得 $K_{d2}=0.8$，$\cos\varphi_2=0.8$，$\tan\varphi_2=0.75$。

$$P_{30(2)}=0.8\times6\text{ kW}=4.8\text{ kW}$$

$$Q_{30(2)}=4.8\times0.75\text{ kvar}=3.6\text{ kvar}$$

（3）电阻炉

查表2-1，可得 $K_{d3}=0.7$，$\cos\varphi_3=1.0$，$\tan\varphi_3=0$。

$$P_{30(3)}=0.7\times2\text{ kW}=1.4\text{ kW}$$

$$Q_{30(3)}=0$$

（4）总的计算负荷

$$P_{30}=K_{\Sigma p}\sum_{i=1}^{3}P_{30(i)}=0.9\times(11.3+4.8+1.4)\text{ kW}=15.75\text{ kW}$$

$$Q_{30}=K_{\Sigma q}\sum_{i=1}^{3}Q_{30(i)}=0.9\times(19.55+3.6+0)\text{ kW}=20.84\text{ kvar}$$

$$S_{30}=\sqrt{P_{30}^2+Q_{30}^2}=\sqrt{15.75^2+20.84^2}\text{ kV}\cdot\text{A}=26.12\text{ kV}\cdot\text{A}$$

$$I_{30}=\frac{S_{30}}{\sqrt{3}U_{N}}=\frac{26.12}{\sqrt{3}\times0.38}\text{ A}=39.73\text{ A}$$

2. 二项式法

二项式法是考虑用电设备的数量和大容量用电设备对计算负荷影响的经验公式。一般应用在机械加工和热处理车间中用电设备数量较少和容量差别大的配电箱及车间支干线的负荷计算，弥补需要系数法的不足之处。但是，二项式系数过分突出最大用电设备容量的影响，其计算负荷往往较实际偏大。

（1）对同一工作制的单组用电设备

基本公式

$$\left.\begin{aligned} P_{30} &= bP_{e} + cP_{x} \\ Q_{30} &= P_{30}\tan\varphi \\ S_{30} &= \sqrt{P_{30}^{2} + Q_{30}^{2}} \\ I_{30} &= \frac{S_{30}}{\sqrt{3}\,U_{N}} \end{aligned}\right\} \tag{2-23}$$

式中，P_x 为该用电设备组中 x 台容量最大用电设备的额定容量之和；P_e 为该用电设备组的设备容量总和；b、c 为二项系数，随用电设备组类别而定（见表 2-5）；cP_x 为由 x 台容量最大用电设备所造成的使计算负荷大于平均负荷的一个附加负荷；bP_e 为该用电设备组的平均负荷。当用电设备的台数 n 等于最大容量用电设备的台数 x，且 $n=x\leqslant 3$ 时，一般将用电设备的额定容量总和作为计算负荷。

表 2-5　用电设备组的二项系数 b 及 c

用电设备组名称	b	c	x	$\cos\varphi$	$\tan\varphi$
小批生产金属冷加工机床	0.14	0.4	5	0.5	1.73
大批生产金属冷加工机床	0.14	0.5	5	0.5	1.73
大批生产金属热加工机床	0.26	0.5	5	0.5	1.73
通风机、泵、压缩机及电动发电机组	0.65	0.25	5	0.8	0.75
连续运输机械（联锁）	0.6	0.2	5	0.75	0.88
连续运输机械（不联锁）	0.4	0.4	5	0.75	0.88
锅炉房、机修、装配、机械车间的吊车（$\varepsilon=25\%$）	0.06	0.2	3	0.5	1.73
铸工车间的吊车（$\varepsilon=25\%$）	0.09	0.3	3	0.5	1.73
平炉车间的吊车（$\varepsilon=25\%$）	0.11	0.3	5	0.5	1.73
轧钢车间及脱锭脱模的吊车（$\varepsilon=25\%$）	0.18	0.3	3	0.5	1.73
自动装料的电阻炉（连续）	0.7	0.3	2	0.95	0.33
非自动装料的电阻炉（不连续）	0.5	0.5	1	0.95	0.33
实验室用的小型电热设备（电阻炉、干燥箱等）	0.7	0	—	1.0	0

（2）对不同工作制的多组用电设备

$$\left.\begin{aligned} P_{30} &= \sum(bP_{e})_{i} + (cP_{x})_{\max} \\ Q_{30} &= \sum(bP_{e}\tan\varphi)_{i} + (cP_{x})_{\max}\tan\varphi_{\max} \\ S_{30} &= \sqrt{P_{30}^{2} + Q_{30}^{2}} \\ I_{30} &= \frac{S_{30}}{\sqrt{3}\,U_{N}} \end{aligned}\right\} \tag{2-24}$$

式中，$(cP_x)_{\max}$为各用电设备组附加负荷 cP_x 中的最大值；$\sum(bP_e)_i$ 为各用电设备组平均负荷 bP_e 的总和；$\tan\varphi_{\max}$为与$(cP_x)_{\max}$相对应的功率因数角正切值；$\tan\varphi$ 为各用电设备组相应的功率因数角正切值。

需要系数法是各国均普遍采用的确定计算负荷的基本方法，简单方便。二项式法的应用局限性较大，但在确定设备台数较少而容量差别很大的分支干线的计算负荷时，较需要系数法合理，且计算也简单。采用二项式法计算时，应注意将计算范围内的所有用电设备统一分组，不应逐级计算后再代数相加，并且计算的最后结果，不再乘以最大负荷同期系数（亦称最大负荷同时系数或最大负荷混合系数）。因为由二项式法求得的计算负荷是总平均负荷和最大一组附加负荷之和，它与需要系数法的各用电设备组 30 min 最大平均负荷的概念不同。在需要系数法中就要考虑乘以最大负荷同期系数。

【例 2-3】 试用二项式法确定例 2-2 所述机修车间 380 V 线路的计算负荷。

解：先求各组的 bP_e 和 cP_x：

（1）金属切削机床组查表 2-5，得 $b=0.14$，$c=0.4$，$x=5$，$\cos\varphi=0.5$，$\tan\varphi=1.73$，因此

$$bP_{e(1)}=0.14\times56.5\text{ kW}=7.91\text{ kW}$$

$$cP_{x(1)}=0.4\times(7.5\times1+4\times3+3\times1)\text{kW}=9\text{ kW}$$

（2）通风机组查表 2-5，得 $b=0.65$，$c=0.25$，$x=5$，$\cos\varphi=0.8$，$\tan\varphi=0.75$，因此

$$bP_{e(2)}=0.65\times6\text{ kW}=3.9\text{ kW}$$

$$cP_{x(2)}=0.25\times6\text{ kW}=1.5\text{ kW}$$

（3）电阻炉查表 2-5，得 $b=0.7$，$c=0$，$x=0$，$\cos\varphi=1$，$\tan\varphi=0$，因此

$$bP_{e(3)}=0.7\times2\text{ kW}=1.4\text{ kW}$$

$$cP_{x(3)}=0$$

以上设备组中，附加负荷以 $cP_{x(1)}$ 为最大，因此总的计算负荷为

$$P_{30}=(7.91+3.9+1.4)+9\text{ kW}=22.21\text{ kW}$$

$$Q_{30}=(7.91\times1.73+3.9\times0.75+0)+(9\times1.73)\text{kvar}=32.18\text{ kvar}$$

$$S_{30}=\sqrt{22.21^2+32.18^2}\text{kV}\cdot\text{A}=39.1\text{ kV}\cdot\text{A}$$

$$I_{30}=\frac{39.1}{\sqrt{3}\times0.38}\text{A}=59.41\text{ A}$$

比较例 2-2 和例 2-3 的结果可知，按二项式法计算的结果较之按需要系数法计算的结果大得多，这也更为合理。

2.2.2 单相用电设备组计算负荷的确定

在供配电系统中，除了大量的三相设备外，还应用有大量的单相设备。单相设备接在三相线路中，应尽可能均衡分配。在进行负荷计算时，如果三相线路中单相设备的总容量不超过三相设备总容量的 15%，则不论单相设备如何分配，单相设备可与三相设备综合按三相负荷平衡计算。如果单相设备总容量超过三相设备容量的 15% 时，则应将单相设备容量换算为等效三相设备容量，再与三相设备容量相加。

由于确定计算负荷的目的，主要是为了选择线路上的设备和导线（包括电缆），使线路上的设备和导线在通过计算电流时不致过热或烧毁，因此在接有较多单相设备的三相线路中，不论单相设备接于相电压还是线电压，只要三相负荷不平衡，就应以最大负荷相有功负荷的 3 倍作为等效三相有功负荷。

1. 单相设备接于相电压时的负荷计算

首先计算其等效三相设备容量，即

$$P_e=3P_{e\cdot\varphi m} \tag{2-25}$$

式中，$P_{e\cdot\varphi m}$ 为最大负荷相所接的单相设备容量。然后应用需要系数法算出计算负荷。

2. 单相设备接于线电压时的负荷计算

首先计算其等效三相设备容量，即

$$P_e = \sqrt{3} P_{e \cdot \varphi} \tag{2-26}$$

式中，$P_{e \cdot \varphi}$为单相设备的容量。再应用需要系数法算出计算负荷。

3. 单相设备有的接于线电压，有的接于相电压时的负荷计算

首先，将接于线电压的单相设备换算为接于相电压的设备容量，可按下式进行：

$$\left.\begin{aligned}
&(\text{A 相}) \quad P_{eA} = p_{AB-A}P_{AB} + p_{CA-A}P_{CA} \\
&\qquad\qquad Q_{eA} = q_{AB-A}P_{AB} + q_{CA-A}P_{CA} \\
&(\text{B 相}) \quad P_{eB} = p_{BC-B}P_{BC} + p_{AB-B}P_{AB} \\
&\qquad\qquad Q_{eB} = q_{BC-B}P_{BC} + q_{AB-B}P_{AB} \\
&(\text{C 相}) \quad P_{eC} = p_{CA-C}P_{CA} + p_{BC-C}P_{BC} \\
&\qquad\qquad Q_{eC} = q_{CA-C}P_{CA} + q_{BC-C}P_{BC}
\end{aligned}\right\} \tag{2-27}$$

式中，P_{AB}、P_{BC}、P_{CA}为接于 AB、BC、CA 相间的有功设备容量；P_{eA}、P_{eB}、P_{eC}为换算为 A、B、C 相的有功设备容量；Q_{eA}、Q_{eB}、Q_{eC}为换算为 A、B、C 相的无功设备容量；p_{AB-A}、q_{AB-A}、…为有功和无功换算系数，其值见表 2-6。

表 2-6　相间负荷换算为相负荷的功率换算系数表

功率换算系数	负荷功率因数								
	0.35	0.40	0.50	0.60	0.65	0.70	0.80	0.90	1.0
p_{AB-A}、p_{BC-B}、p_{CA-C}	1.27	1.17	1.00	0.89	0.84	0.80	0.72	0.64	0.5
p_{AB-B}、p_{BC-C}、p_{CA-A}	-0.27	-0.17	0.00	0.11	0.16	0.20	0.28	0.36	0.5
q_{AB-A}、q_{BC-B}、q_{CA-C}	1.05	0.86	0.58	0.38	0.3	0.22	0.09	-0.05	-0.29
q_{AB-B}、q_{BC-C}、q_{CA-A}	1.63	1.44	1.16	0.96	0.88	0.80	0.67	0.53	0.29

然后，分相计算各相的设备容量和计算负荷。总的等效三相有功计算负荷为其最大有功负荷相的有功计算负荷的 3 倍，总的等效三相无功计算负荷为其最大无功负荷相的无功计算负荷的 3 倍，即

$$\left.\begin{aligned}
P_{30} &= 3P_{30 \cdot m\varphi} \\
Q_{30} &= 3Q_{30 \cdot m\varphi}
\end{aligned}\right\} \tag{2-28}$$

式中，$P_{30 \cdot m\varphi}$为最大有功负荷相的有功计算负荷；$Q_{30 \cdot m\varphi}$为最大有功负荷相的无功计算负荷。

【例 2-4】 某 220 V/380 V 三相四线制线路上，装有 220 V 单相电热干燥箱 6 台、单相电加热器 2 台和 380 V 单相对焊机 6 台。电热干燥箱 20 kW 2 台接于 A 相，30 kW 1 台接于 B 相，10 kW 3 台接于 C 相；电加热器 20 kW 2 台分别接于 B 相和 C 相；对焊机 21 kV · A(ε = 100%) 3 台接于 AB 相，28 kV · A （ε = 100%） 2 台接于 BC 相，46 kW （ε = 60%） 1 台接于 CA 相。试求该线路的计算负荷。

解：(1) 电热干燥箱及电加热器的各相计算负荷

查表 2-1 得 $K_d = 0.7$，$\cos\varphi = 1$，$\tan\varphi = 0$，因此只需计算有功计算负荷

A 相 $P_{30 \cdot A(1)} = K_d P_{eA} = 0.7 \times 20 \times 2\ \text{kW} = 28\ \text{kW}$

B 相 $P_{30 \cdot B(1)} = K_d P_{eB} = 0.7 \times (30 \times 1 + 20 \times 1)\ \text{kW} = 35\ \text{kW}$

C 相 $P_{30 \cdot C(1)} = K_d P_{eC} = 0.7 \times (10 \times 3 + 20 \times 1)\ \text{kW} = 35\ \text{kW}$

(2) 对焊机的各相计算负荷

查表 2-1 得 $K_d=0.35$，$\cos\varphi=0.7$，$\tan\varphi=1.02$。

查表 2-6 得 $\cos\varphi=0.7$ 时

$$p_{AB-A}=p_{BC-B}=p_{CA-C}=0.8$$
$$p_{AB-B}=p_{BC-C}=p_{CA-A}=0.2$$
$$q_{AB-A}=q_{BC-B}=q_{CA-C}=0.22$$
$$q_{AB-B}=q_{BC-C}=q_{CA-A}=0.8$$

先将接于 CA 相的 46 kW（$\varepsilon=60\%$）换算至 $\varepsilon=100\%$ 的设备容量，即

1）各相的设备容量为

A 相 $P_{eA}=p_{AB-A}P_{AB}+p_{CA-A}P_{CA}=0.8\times14\times3+0.2\times35.63\text{ kW}=40.73\text{ kW}$

$Q_{eA}=q_{AB-A}P_{AB}+q_{CA-A}P_{CA}=0.22\times14\times3+0.8\times35.63\text{ kvar}=37.74\text{ kvar}$

B 相 $P_{eB}=p_{BC-B}P_{BC}+p_{AB-B}P_{AB}=0.8\times20\times2+0.2\times14\times3\text{ kW}=40.4\text{ kW}$

$Q_{eB}=q_{BC-B}P_{BC}+q_{AB-B}P_{AB}=0.22\times20\times2+0.8\times14\times3\text{ kvar}=42.4\text{ kvar}$

C 相 $P_{eC}=p_{CA-C}P_{CA}+p_{BC-C}P_{BC}=0.8\times35.63+0.2\times20\times2\text{ kW}=36.5\text{ kW}$

$Q_{eC}=q_{CA-C}P_{CA}+q_{BC-C}P_{BC}=0.22\times35.63+0.8\times20\times2\text{ kvar}=39.84\text{ kvar}$

2）各相的计算负荷为

A 相 $P_{30\cdot A(2)}=K_dP_{eA}=0.35\times40.73\text{ kW}=14.26\text{ kW}$

$Q_{30\cdot A(2)}=K_dQ_{eA}=0.35\times37.74\text{ kvar}=13.21\text{ kvar}$

B 相 $P_{30\cdot B(2)}=K_dP_{eB}=0.35\times40.4\text{ kW}=14.14\text{ kW}$

$Q_{30\cdot B(2)}=K_dQ_{eB}=0.35\times42.4\text{ kvar}=14.84\text{ kvar}$

C 相 $P_{30\cdot C(2)}=K_dP_{eC}=0.35\times36.5\text{ kW}=12.78\text{ kW}$

$Q_{30\cdot C(2)}=K_dQ_{eC}=0.35\times39.84\text{ kvar}=13.94\text{ kvar}$

3）各相总的计算负荷（设同时系数为 0.95）

A 相 $P_{30\cdot A}=K\sum(P_{30\cdot A(1)}+P_{30\cdot A(2)})=0.95\times(28+14.26)\text{kW}=40.15\text{ kW}$

$Q_{30\cdot A}=K\sum(Q_{30\cdot A(1)}+Q_{30\cdot A(2)})=0.95\times(0+13.21)\text{kvar}=12.55\text{ kvar}$

B 相 $P_{30\cdot B}=K\sum(P_{30\cdot B(1)}+P_{30\cdot B(2)})=0.95\times(35+14.14)\text{kW}=46.68\text{ kW}$

$Q_{30\cdot B}=K\sum(Q_{30\cdot B(1)}+Q_{30\cdot B(2)})=0.95\times(0+14.84)\text{kvar}=14.10\text{ kvar}$

C 相 $P_{30\cdot C}=K\sum(P_{30\cdot C(1)}+P_{30\cdot C(2)})=0.95\times(35+12.78)\text{kW}=45.39\text{ kW}$

$Q_{30\cdot C}=K\sum(Q_{30\cdot C(1)}+Q_{30\cdot C(2)})=0.95\times(0+13.94)\text{kvar}=13.24\text{ kvar}$

4）总的等效三相计算负荷

因为 B 相的有功计算负荷最大，所以

$$P_{30\cdot m\varphi}=P_{30\cdot mB}=46.68\text{ kW}$$
$$Q_{30\cdot m\varphi}=Q_{30\cdot mB}=14.10\text{ kvar}$$
$$P_{30}=3P_{30\cdot m\varphi}=3\times46.68\text{ kW}=140.04\text{ kW}$$
$$Q_{30}=3Q_{30\cdot m\varphi}=3\times14.10\text{ kvar}=42.3\text{ kvar}$$

2.3 用户计算负荷的确定

确定用户的计算负荷是选择电源进线和一、二次设备的基本依据，是供配电系统设计的重要组成部分，也是与电力部门签订用电协议的基本依据。

确定等效三相设备容量用户计算负荷的方法很多，可根据不同情况和要求采用不同的方法。在制定计划、初步设计，特别是方案比较时可用较粗略的方法。在供电设计中进行设备选择时，则应进行较详细的负荷计算。

2.3.1 按逐级计算法确定用户的计算负荷

根据用户的供配电系统图，从用电设备开始，朝电流方向逐级计算，直到企业电源进线端为止，最后求出用户总的计算负荷的方法称为逐级计算法。

某用户的供配电系统图如图 2-8 所示，现以此图为例讨论图中各点的计算负荷和用户的总计算负荷。

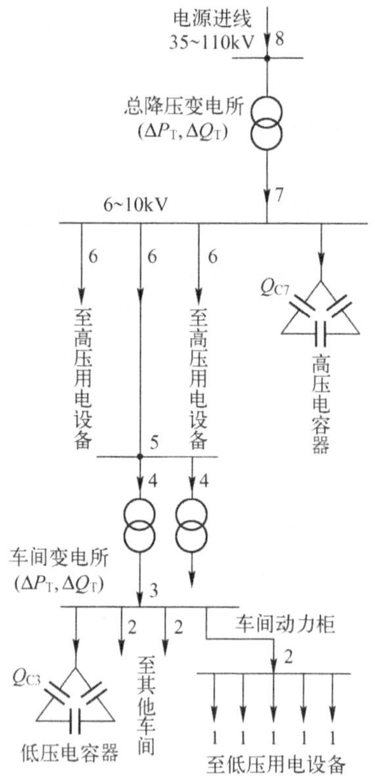

图 2-8 确定用户总计算负荷的供配电系统示意图

1. 根据生产工艺流程及负荷性质将用电设备分组，并确定各组设备的计算负荷

（1）首先确定单台用电设备的设备容量 P_e 及计算负荷 $P_{30(1)}$

$$P_{30(1)} = P_e \tag{2-29}$$

（2）确定用电设备组的计算负荷

当确定了各单台用电设备容量之后，将工艺性质相同、需要系数相近的用电设备合并成组，进行用电设备组的负荷计算。计算公式为

$$\left.\begin{aligned} P_{30(2)} &= K_d \sum P_{30(1)} \\ Q_{30(2)} &= P_{30(2)} \tan\varphi \end{aligned}\right\} \tag{2-30}$$

式中，$P_{30(2)}$、$Q_{30(2)}$ 分别为该用电设备组的有功及无功计算负荷（kW、kvar）；K_d 为该用电设备组的需要系数；$\sum P_{30(1)}$ 为该用电设备组的计算容量之和，但不包括备用设备容量（kW）；$\tan\varphi$ 为该用电设备组的功率因数对应的正切值。

2. 确定车间配电所或变电所低压母线上的计算负荷

当车间配电干线上接有多个用电设备组时，则该干线上各用电设备组的计算负荷相加后应乘以最大负荷的同期系数，即得该配电干线的计算负荷。用同样方法计算车间变电所低压母线上的计算负荷，即将车间各用电设备组的计算负荷相加后乘以最大负荷的同期系数，即得车间变电所低压母线上的计算负荷。其计算公式为

$$\left.\begin{aligned} P_{30(3)} &= K_{\sum p} \sum P_{30(2)} \\ Q_{30(3)} &= K_{\sum q} \sum Q_{30(2)} \\ S_{30(3)} &= \sqrt{P_{30(3)}^2 + Q_{30(3)}^2} \end{aligned}\right\} \tag{2-31}$$

式中，$P_{30(3)}$、$Q_{30(3)}$、$S_{30(3)}$ 分别为车间变电所低压母线上的有功、无功及视在计算负荷；$K_{\sum p}$、$K_{\sum q}$ 分别为最大负荷时有功及无功负荷的同期系数，它们是考虑到各用电设备组的最大计算负荷不会同时出现而引入的系数；$\sum P_{30(2)}$、$\sum Q_{30(2)}$ 分别为各用电设备组的有功、无功计算负荷的总和。

若在变电所的低压母线上装有容量为 Q_c 的无功补偿装置时，则在计算车间变电所低压母线上的计算负荷时，应减去无功补偿容量，即

$$Q_{30(3)} = K_{\sum q} \sum Q_{30(2)} - Q_c \tag{2-32}$$

并按补偿后的计算容量（视在功率）确定变压器的额定容量。

3. 确定车间变电所中变压器高压侧的计算负荷

将车间变电所低压母线的计算负荷加上车间变压器的功率损耗，即可得其高压侧计算负荷。其计算公式为

$$\left.\begin{aligned} P_{30(4)} &= P_{30(3)} + \Delta P_T \\ Q_{30(4)} &= Q_{30(3)} + \Delta Q_T \end{aligned}\right\} \tag{2-33}$$

式中，$P_{30(4)}$、$Q_{30(4)}$ 分别为车间变电所高压侧的有功及无功计算负荷；ΔP_T、ΔQ_T 分别为变压器的有功损耗及无功损耗。

4. 确定车间变电所中高压母线上的计算负荷

当车间变电所的高压母线上接有多台电力变压器时，将车间变压器高压侧计算负荷相加，即得车间变电所高压母线上的计算负荷。其计算公式为

$$\left.\begin{aligned} P_{30(5)} &= \sum P_{30(4)} \\ Q_{30(5)} &= \sum Q_{30(4)} \end{aligned}\right\} \tag{2-34}$$

式中，$P_{30(5)}$、$Q_{30(5)}$ 分别为车间变电所高压母线上的有功及无功计算负荷。

5. 确定总降压变电所出线上的计算负荷

确定总降压变电所 6 ~ 10 kV 母线上各高压出线计算负荷时，应将其线路末端的计算负荷加上其配电线路的功率损耗。由于工矿企业厂区范围不大，且高压线路中电流较小，故其功率损耗较小，在负荷计算中通常忽略不计。因此，总降压变电所 6 ~ 10 kV 母线上各高压出线的计算负荷与其配电线路末端的计算负荷近似相等，即

$$\left.\begin{aligned} P_{30(6)} &\approx P_{30(5)} \\ Q_{30(6)} &\approx Q_{30(5)} \end{aligned}\right\} \tag{2-35}$$

6. 确定总降压变电所二次母线上的计算负荷

将总降压变电所 6 ~ 10 kV 母线上各高压出线计算负荷分别相加后乘以最大负荷的同期系数，就可求得总降压变电所母线上的计算负荷。若在总降压变电所 6 ~ 10 kV 母线上采用高压电容器进行无功补偿，则在计算总无功功率时，应减去无功补偿容量 Q_c。其计算公式为

$$\left.\begin{aligned} P_{30(7)} &= K_{\sum p} \sum P_{30(6)} \\ Q_{30(7)} &= K_{\sum q} \sum Q_{30(6)} - Q_c \\ S_{30(7)} &= \sqrt{P_{30(7)}^2 + Q_{30(7)}^2} \end{aligned}\right\} \tag{2-36}$$

用补偿后的计算负荷确定总降压变电所主变压器的容量。

7. 确定全厂总计算负荷

将总降压变电所二次母线上的计算负荷加上主变压器的功率损耗即可求得企业计算负荷。其计算公式为

$$\left.\begin{aligned} P_{30(8)} &= P_{30(7)} + \Delta P_T \\ Q_{30(8)} &= Q_{30(7)} + \Delta Q_T \\ S_{30(8)} &= \sqrt{P_{30(8)}^2 + Q_{30(8)}^2} \end{aligned}\right\} \tag{2-37}$$

该计算负荷除用来选择总降压变电所一次设备外，还可向供电部门提供企业最大负荷，申请用电量。

2.3.2 按需要系数法确定用户的计算负荷

将用户用电设备的总容量 P_e（不包括备用设备容量）乘上一个需要系数 K_d，可得到企业的有功计算负荷，即

$$P_{30}=K_dP_e$$

用户的无功计算负荷、视在计算负荷和计算电流分别按照式（2-11）~式（2-13）计算。

2.3.3 估算法

1. 单位产品耗电量法

将用户年产量 A 乘以单位产品耗电量 α，就可得到企业全年的耗电量：

$$W_\alpha=A\alpha \tag{2-38}$$

各类用户的单位产品耗电量 α 可由有关设计单位根据实测统计资料确定，亦可查阅有关设计手册。

在求出年耗电量 W_α 后，除以用户的年最大负荷利用小时 T_{max}，就可得用户的有功计算负荷：

$$P_{30}=\frac{W_\alpha}{T_{max}} \tag{2-39}$$

其他计算负荷 Q_{30}、S_{30}和 I_{30}的计算，与上述需要系数法相同。

2. 负荷密度法

若已知车间生产面积 $S(m^2)$和负荷密度指标 $\rho(kW/m^2)$时，车间负荷为

$$P_{av}=\rho S \tag{2-40}$$

负荷密度指标见表2-7。

表2-7 车间低压负荷密度指标

车 间 类 别	负荷密度（kW/m^2）
铸钢车间（不包括电弧炉）	0.055~0.06
焊接车间	0.04
铸铁车间	0.06
金工车间	0.1
木工车间	0.66
煤气站	0.09~0.13
锅炉房	0.15~0.2
空气压缩站	0.15~0.2

车间计算负荷为

$$P_{30}=\frac{P_{av}}{K_{aL}} \tag{2-41}$$

式中，K_{aL}为有功负荷系数。

2.4 尖峰电流及其计算

尖峰电流（Peak Current）I_{pk}是指单台或多台用电设备持续 1 ~ 2 s 的短时最大负荷电流。它是由于电动机起动、电压波动等原因引起的，与计算电流不同的是，计算电流是指半小时最大电流，因此，尖峰电流比计算电流大得多。

计算尖峰电流的目的是选择熔断器和低压断路器、整定继电保护装置、计算电压波动及检验电动机自起动条件等。

2.4.1 单台用电设备供电的支线尖峰电流计算

尖峰电流就是用电设备的起动电流，即

$$I_{pk}=I_{st}=K_{st}I_N \tag{2-42}$$

式中，I_{st}为用电设备的起动电流；I_N 为用电设备的额定电流；K_{st}为用电设备的起动电流倍数（可查样本或铭牌，笼型电机一般为 5 ~ 7，绕线转子电机一般为 2 ~ 3，直流电机一般为 1.7，电焊变压器一般为 3 或稍大）。

2.4.2 多台用电设备供电的干线尖峰电流计算

计算多台用电设备供电干线的尖峰电流时，只考虑其中一台用电设备起动，该设备起动电流的增加值最大，而其余用电设备达到最大负荷电流。因此，计算公式为

$$I_{pk}=I_{30}+(I_{st}-I_N)_{max} \tag{2-43}$$

式中，I_{30}为全部设备投入运行时线路的计算电流；$(I_{st}-I_N)_{max}$为用电设备组起动电流与额定电流之差中的最大电流。

【例 2-5】 计算某 380 V 供电干线的尖峰电流，该干线给 3 台机床供电，已知 3 台机床电动机的额定电流和起动电流倍数分别为 $I_{N1}=5A$，$K_{st1}=7$；$I_{N2}=4A$，$K_{st1}=4$；$I_{N3}=10A$，$K_{st3}=3$。

解：（1）计算起动电流与额定电流之差

$$(K_{st1}-1)\times I_{N1}=(7-1)\times 5\ A=30\ A$$

$$(K_{st2}-1)\times I_{N2}=(4-1)\times 4\ A=12\ A$$

$$(K_{st3}-1)\times I_{N3}=(3-1)\times 10\ A=20\ A$$

可见，第一台用电设备电动机的起动电流与额定电流之差最大。

（2）计算供电干线的尖峰电流（取同时系数为 0. 15）

$$\begin{aligned}I_{pk}&=I_{30}+I_{st}=K_d\sum I_N+I_{st}\\&=0.15\times(5+4+10)+30\ A=32.85\ A\end{aligned}$$

本章小结

本章介绍了负荷曲线的基本概念、类别及有关物理量，电力负荷的分类及有关概念，讲

述了用电设备容量的确定方法，重点介绍了负荷计算的方法、电力系统的功率损耗与电能损耗的计算，详细论述了负荷计算的步骤，并介绍了尖峰电流及其计算方法。

（1）负荷曲线是表征电力负荷随时间变动情况的一种图形。按照时间单位的不同，分为日负荷曲线和年负荷曲线。日负荷曲线以时间先后绘制，而年负荷曲线以负荷的大小为序绘制，要求掌握两者的区别。

（2）与负荷曲线有关的物理量有年最大负荷曲线、年最大负荷利用小时、计算负荷、年平均负荷和负荷系数等，年最大负荷利用小时用以反映负荷是否均匀；年平均负荷是指电力负荷一年内消耗的功率的平均值。要求理解这些物理量各自的含义。

（3）确定计算负荷的方法有多种，本章重点介绍了需要系数法和二项式法。需要系数法适用于求多组三相用电设备的计算负荷，二项式法适用于确定设备台数少而容量差别较大的分支干线的较少负荷。要求掌握三相负荷和单相负荷的计算方法。

（4）进行用户负荷计算时，通常采用需要系数法逐级进行计算，要求重点掌握逐级计算法。

（5）尖峰电流是指单台或多台用电设备持续 1～2 s 的短时最大负荷电流。计算尖峰电流的目的是用于选择熔断器和低压断路器、整定继电保护装置、计算电压波动及检验电动机自起动条件等。

习题与思考题

2-1　什么叫负荷曲线？负荷曲线有哪些类型？与负荷曲线有关的物理量有哪些？

2-2　什么叫年最大负荷利用小时？什么叫年最大负荷和年平均负荷？什么叫负荷系数？

2-3　电力负荷按重要程度分哪几级？各级负荷对供电电源有什么要求？

2-4　什么叫计算负荷？为什么计算负荷通常采用 30 min 最大负荷？正确确定计算负荷有何意义？

2-5　工厂用电设备按其工作制分哪几类？各类工作制的设备容量如何确定？

2-6　需要系数的物理含义是什么？

2-7　需要系数法和二项式法各有何特点？各适用于什么场合？

2-8　在确定多组用电设备总的视在计算负荷和计算电流时，可否将各组的视在计算负荷和计算电流分别直接相加？为什么？应如何正确计算？

2-9　在接有单相用电设备的三相线路中，什么情况下可将单相设备与三相设备按三相负荷的计算方法确定负荷？而在什么情况下应进行单相负荷计算？

2-10　如何分配单相（220 V、380 V）用电设备可使计算负荷最小？如何将单相负荷简便地换算成三相负荷？

2-11　在负荷统计中需要考虑的功率损耗有哪些？如何计算？

2-12　什么叫尖峰电流？如何计算单台和多台设备的尖峰电流？

2-13　企业总降压变电站及车间变电所中变压器台数及容量应如何确定？

2-14　某车间有一 380 V 线路供电给下列设备：长期工作的设备有 7.5 kW 的电动机 2 台，4 kW 的电动机 3 台，3 kW 的电动机 12 台；反复短时工作制的设备有 42 kV · A 电焊机 1 台（额定暂载率 60%，$\cos\varphi_N=0.70$，$\eta_N=0.80$）；10 t 吊车 1 台（在暂载率为 40% 的条件下，其额定功率为39.6 kW，$\cos\varphi_N=0.55$）。试确定它们的设备容量。

2-15　某车间采用一台10 kV/0.4 kV的变压器供电，低压负荷有生产用通风机5台共50 kW，电焊机（$\varepsilon=65\%$）3台共12 kW，有联锁的连续运输机械8台共48 kW，5.1 kW的行车（$\varepsilon=15\%$）2台。试确定该车间变电所低压侧的计算负荷。

2-16　某车间设有小批量生产冷加工机床电动机50台，总容量180 kW，其中较大容量电动机有10 kW 1台，7.5 kW 2台，4 kW 3台，3 kW 10台，试分别用需要系数法和二项式法确定其计算负荷P_{30}、Q_{30}、S_{30}和I_{30}。

2-17　某220 V/380 V三相线路上接有表2-8所示负荷。试确定该线路的计算负荷P_{30}、Q_{30}、S_{30}和I_{30}。

表2-8　习题2-17负荷表

设备名称	380 V单头手动弧焊机			220 V电热箱		
接入相序	AB	BC	CA	A	B	C
设备台数	1	3	2	1	2	1
单台设备容量	20 kW（$\varepsilon=65\%$）	6 kW（$\varepsilon=100\%$）	10.5 kW（$\varepsilon=50\%$）	6	3	4.5

2-18　某锅炉房的面积为50 m×40 m，试用估算法估算该车间的平均负荷。

2-19　某工厂35 kV/10 kV总降压变电所，分别供电给A、B、C、D车间变电所及5台冷却水泵用的高压电动机。A、B、C、D车间变电所的计算负荷分别为：$P_{30(A)}=900$ kW，$Q_{30(A)}=750$ kvar；$P_{30(B)}=880$ kW，$Q_{30(B)}=720$ kvar；$P_{30(C)}=850$ kW，$Q_{30(C)}=700$ kvar；$P_{30(D)}=840$ kW，$Q_{30(D)}=680$ kvar。高压电动机每台容量为350 kW，试计算该总降压变电所总的计算负荷（忽略线损）。

第3章　短路电流及其计算

3.1　短路概述

供配电系统应该正常地、不间断地可靠供电，以保证生产和生活的正常进行。但是供配电系统的正常运行常常因为发生短路故障而遭到破坏。在供配电系统的设计和运行中，不仅要考虑系统正常运行的情况，而且要考虑发生故障时的情况，最严重的是发生短路故障。

3.1.1　短路的基本概念

所谓短路（Short Circuit），就是指供电系统中不等电位的导体在电气上被短接，如相与相之间、相与地之间的短接等。其特征就是短接前后两点的电位差会发生显著的变化。

供电系统发生短路的原因有：

1）电力系统中电气设备载流导体的绝缘损坏。造成绝缘损坏的原因主要有设备长期运行绝缘自然老化、设备缺陷、设计安装有误、操作过电压以及绝缘受到机械损伤等。

2）运行人员不遵守操作规程执行的误操作。如带负荷拉、合隔离开关（内部仅有简单的灭弧装置或不含灭弧装置）以及检修后忘拆除地线合闸等。

3）自然灾害。如雷电过电压击穿设备绝缘，大风、冰雪、地震造成线路倒杆以及鸟兽跨越在裸导体上引起短路等。

3.1.2　短路的危害

发生短路故障时，由于短路回路中的阻抗大大减小，短路电流（Short－circuit Current）与正常工作电流相比增加很大（通常是正常工作电流的十几至几十倍）。同时，系统电压降低，离短路点越近电压降低越大，三相短路时，短路点的电压可能降低到零。因此，短路将会造成严重危害。

1）短路产生很大的热量，造成导体温度升高，将绝缘损坏。

2）短路产生巨大的电动力，使电气设备受到变形或机械损坏。

3）短路使系统电压严重降低，电气设备正常工作受到破坏，例如，异步电动机的转矩与外施电压的平方成正比，当电压降低时，其转矩降低使转速减慢，造成电动机过热而烧坏。

4）短路造成停电，给国民经济带来损失，给人民生活带来不便。

5）严重的短路影响电力系统运行稳定性，使并列的同步发电机失步，造成系统解列，甚至崩溃。

6）单相对地短路时，电流产生较强的不平衡磁场，对附近通信线路和弱电设备产生严重电磁干扰，影响其正常工作。

由此可见，短路的后果是非常严重的。在供配电系统的设计和运行中应采取有效措施，设法消除可能引起短路的一切因素。还应在短路故障发生后及时采取措施，尽量减小短路造成的损失，如采用继电保护装置将故障隔离、在合适的地点装设电抗器限制短路电流、采用自动重合闸装置消除瞬时故障使系统尽快恢复正常等。

3.1.3 短路的种类

在三相供电系统中可能发生的短路类型有三相短路、两相短路、两相接地短路及单相接地短路。这几种短路情况见表 3-1。三相短路称为对称短路，其余均称为不对称短路。因此，三相短路可用对称三相电路分析，不对称短路采用对称分量法分析，即把一组不对称的三相量分解成三组对称的正序、负序和零序分量来分析研究。

表 3-1 短路的种类

短路种类	示意图	代表符号	性质
三相短路		$k^{(3)}$	三相同时在一点短接，属于对称短路
两相短路		$k^{(2)}$	两相同时在一点短接，属于不对称短路
两相接地短路		$k^{(1,1)}$	在中性点直接接地系统中，两相在不同地点与地短接，属于不对称短路
单相接地短路		$k^{(1)}$	在中性点直接接地系统中，一相与地短接，属于不对称短路

在供电系统实际运行中，发生单相接地短路的概率最大，发生三相对称短路的概率最小，但通常三相短路的短路电流最大，危害也最严重，所以短路电流计算的重点是三相短路电流计算。

3.1.4 短路电流计算的目的与基本假设

1. 短路电流计算的目的

在变电所和供电系统的设计和运行中，为确保电气设备在短路情况下不致损坏，减轻短路的危害和缩小故障的影响范围，必须事先对短路电流进行计算。计算短路电流的目的是：

1）选择电气设备和载流导体，必须用短路电流校验其热稳定性和动稳定性。

2）选择和整定继电保护装置，使之能正确地切除短路故障。

3）确定合理的主接线方案、运行方式及限流措施。

2. 短路电流计算的基本假设

选择和校验电气设备时，一般只需近似计算在系统最大运行方式下可能通过设备的最大三相短路电流值。设计继电保护和分析电力系统故障时，应计算各种短路情况下的短路电流和各母线节点的电压。要准确计算短路电流是相当复杂的，在工程上多采用近似计算法。这种方法是建立在一系列假设的基础上，计算结果稍偏大。基本假设有以下几个方面：

1）忽略磁路的饱和与磁滞现象，认为系统中各元件参数恒定。

2）忽略各元件的电阻。高压电网中各种电气元件的电阻一般都比电抗小得多，各阻抗元件均可用一等值电抗表示。但短路回路的总电阻大于总阻抗的 1/3 时，应计入电气元件的电阻。此外，在计算暂态过程的时间常数时，各元件的电阻不能忽略。

3）忽略短路点的过渡电阻，认为过渡电阻为零；只是在某些继电保护的计算中才考虑过渡电阻。

4）除不对称故障处出现局部不对称外，实际的电力系统都可以看成是三相对称的。

3.2 短路过程的分析

造成供电系统短路的因素往往是逐渐形成的，但故障因素转变成短路故障却常常是突然的。当发生突然短路时，系统总是由原来的稳定工作状态，经过一个暂态过程，然后进入短路后的稳定状态。供电系统中的电流也由正常负载值突然增大，经过暂态过程达到新的稳态值。虽然暂态过程历时很短，但它在某些问题的分析研究中占据重要位置，因此，研究短路的暂态过程具有重要意义。

暂态过程的情况，不仅与供电系统的阻抗参数有关，而且还与系统的电源容量大小有关。下面主要讨论无限大容量电源系统的短路暂态过程。

3.2.1 无限大容量系统

电力系统的容量为系统内各发电厂运转发电机的容量之和，实际电力系统的容量和阻抗都有一定的数值，系统容量越大，则系统内阻抗就越小。

所谓无限大容量电源是个相对概念，它是指电源距短路点的电气距离较远时，电源的额定容量远大于系统供给短路点的短路容量，在短路过程中可近似认为电源电压恒定不变，该类电源被称为无限大容量电源。当用户供配电系统的负荷变动甚至发生短路时，电力系统变电所母线上的电压能基本维持不变。

真正的无限大容量电源其内阻抗为零。在实际应用中，常把内阻抗小于短路回路总阻抗 10%（或电力系统的容量超过用户供电系统容量的 50 倍以上）的电源作为无限大容量电源。对一般工厂供电系统来说，由于工厂供电系统的容量远比电力系统总容量小，而阻抗又较电力系统大得多，因此工厂供电系统内发生短路时，电力系统变电所馈电母线上的电压几乎维持不变，也就是说可将电力系统视为无限大容量电力系统。

按无限大容量电源系统计算所得的短路电流是通过装置的最大短路电流。因此，在估算装置的最大短路电流时，就可以认为短路回路所接电源是无限大容量电源系统。

在分析短路暂态过程中，对于无限大容量电源，可以不考虑电源内部的暂态过程，认为电源电压恒定不变。

3.2.2 三相短路过渡过程分析

当工业企业供电系统内某处发生三相短路时，均可用图 3-1 所示的等效电路来表示。

由于故障对称，可取一相（A 相）来分析，如图 3-2 所示。

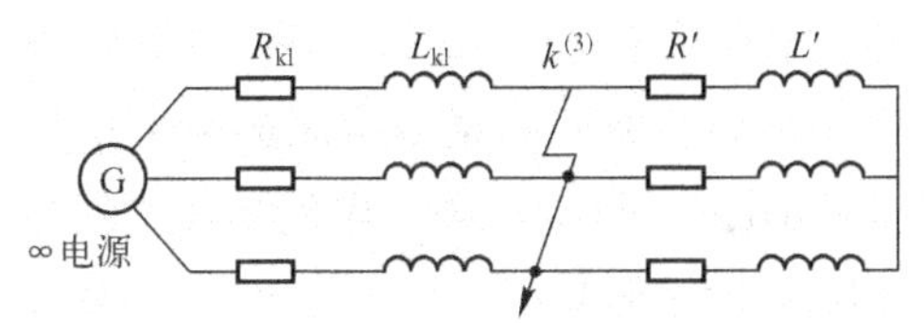

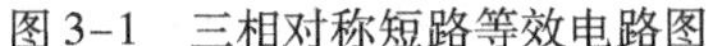
图 3-1　三相对称短路等效电路图

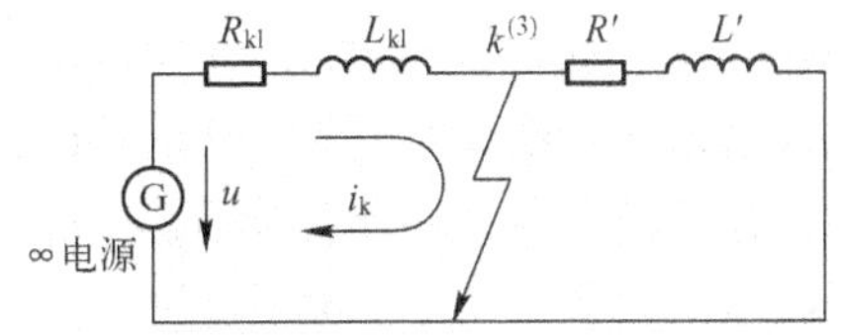

图 3-2　一相等效电路图

假设短路前电路中的电压和电流分别为

$$u = U_m \sin(\omega t + \alpha)$$

$$i = I_m \sin(\omega t + \alpha - \varphi) \tag{3-1}$$

$$I_m = \frac{U_m}{\sqrt{(R_{kl} + R')^2 + \omega^2 (L_{kl} + L')^2}}$$

$$\varphi = \arctan\frac{\omega(L_{kl} + L')}{R_{kl} + R'}$$

式中，u、i 分别为相电压及相电流的瞬时值；U_m、I_m 分别为相电压及相电流的幅值；α 为相电压的初相角；φ 为供电回路的阻抗角，即相电压与相电流的相位差。

在 k 点发生三相短路时，负载回路被短接，在电源至短路点的回路内，电流将由原来的负载电流增大为短路电流 i_k，当忽略负载对短路电流的影响时，其值可由短路回路的微分方程式来确定。图 3-2 所示回路的微分方程为

$$L\frac{di_k}{dt} + Ri_k = U_m \sin(\omega t + \alpha)$$

其解为

$$i_k = I_{pm} \sin(\omega t + \alpha - \varphi_{kl}) + c e^{-\frac{t}{\tau}} \tag{3-2}$$

式中，I_{pm}为短路电流周期分量的幅值，且 $I_{pm} = \dfrac{U_m}{\sqrt{R_{kl}^2 + (\omega L_{kl})^2}}$；$R_{kl}$、$L_{kl}$分别为短路回路每相电阻及电感；$\varphi_{kl}$为短路回路的阻抗角，$\varphi_{kl} = \arctan\dfrac{\omega L_{kl}}{R_{kl}}$；$\tau$ 为短路回路的时间常数，且 $\tau = \dfrac{L_{kl}}{R_{kl}}$；$c$ 为积分常数，其值由初始条件决定。

根据楞次定律可知，当 $t=0$ 时发生三相短路的瞬间，电流不能突变，即短路后瞬间短路电流瞬时值（用 i_{0+} 表示）与短路前瞬间负载电流瞬时值（用 i_{0-} 表示）相等。将 $t=0$ 分别代入式（3-1）及式（3-2）可求得短路前及短路后瞬间的电流为

$$i_{0-} = I_m \sin(\alpha - \varphi)$$

$$i_{0+} = I_{pm} \sin(\alpha - \varphi_{kl}) + c$$

由 $i_{0+} = i_{0-}$ 可得

$$c = I_m \sin(\alpha - \varphi) - I_{pm} \sin(\alpha - \varphi_{kl}) \tag{3-3}$$

将式（3-3）代入式（3-2）即可得到短路全电流的瞬时表达式为

$$\begin{aligned} i_k &= I_{pm} \sin(\omega t + \alpha - \varphi_{kl}) + [I_m \sin(\alpha - \varphi) - I_{pm} \sin(\alpha - \varphi_{kl})] e^{-\frac{t}{\tau}} \\ &= i_p + i_{np} \end{aligned} \tag{3-4}$$

式中，i_p为短路电流的周期分量，$i_p = I_{pm} \sin(\omega t + \alpha - \varphi_{kl})$；$i_{np}$为短路电流的非周期分量，

$i_{np}=[I_m\sin(\alpha-\varphi)-I_{pm}\sin(\alpha-\varphi_{kl})]e^{-\frac{t}{\tau}}$。

从式（3-3）和式（3-4）可以看出：短路电流的周期分量是依电源频率按正弦规律而变化的，其幅值大小是由电源电压及短路回路的总阻抗决定的；短路电流的非周期分量随短路回路的时间常数 τ 按指数规律衰减，其幅值为 $i_{np(0)}=I_m\sin(\alpha-\varphi)-I_{pm}\sin(\alpha-\varphi_{kl})$，经历 $(3\sim5)\tau$ 即衰减至零，暂态过程将结束，短路进入稳态，此后稳态短路电流只含短路电流的周期分量。

上述短路电流各分量的波形图及相量图如图 3-3 所示。

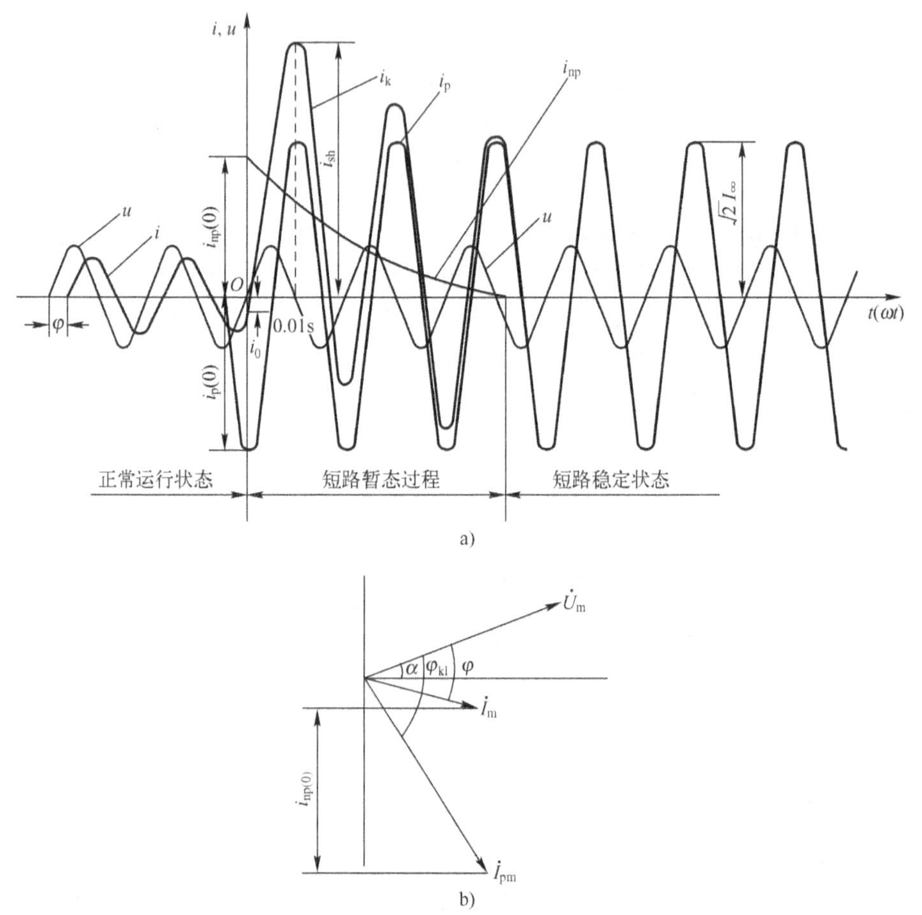

图 3-3　短路电流波形及相量图

a）短路电流波形　b）短路电流相量图

式（3-4）和图 3-3 都表明一相的短路电流情况，其他两相只是在相位上相差 120°而已。

短路电流暂态过程的突出特点就是产生非周期分量电流，产生的原因是由于短路回路中存在电感。在突然发生短路的瞬间（即 $t=0$ 时），根据楞次定律，短路电流不能突变。由于短路前的电流与短路后的周期分量电流一般是不等的，为了维持电流的连续性，将在短路回路中产生一自感电流来阻止短路电流的突变。这个自感电流就是非周期分量，其初值的大小与短路发生的时刻有关，即与电源电压的初相位 α 有关。短路电流的非周期分量是按指数规律衰减的，其衰减快慢取决于短路回路时间常数 τ。一般非周期分量衰减很快，在 0.2 s 后即衰减到初值的 2%，在工程上即可认为已衰减结束。当非周期分量衰减到零后，短路的暂态过程即结束。此时进入短路的稳定状态，这时的电流称为稳态短路电流，其有效值以 I_∞ 表示。

在三相电路中，各相的非周期分量电流大小并不相等。初始值为最大或者为零的情况，只能在一相中出现，其他两相因有 120° 相角差，初始值必不相同，因此，三相短路全电流的波形是不对称的。

3.2.3 有关短路的物理量

1. 短路电流周期分量

$$i_p = I_{pm}\sin(\omega t+\alpha-\varphi_{kl}) = \sqrt{2}I_p\sin(\omega t+\alpha-\varphi_{kl})$$

式中，I_{pm} 为周期分量的幅值；I_p 为周期分量的有效值。

2. 短路电流非周期分量

$$i_{np} = i_{np(0)}e^{-\frac{t}{\tau}} = [I_m\sin(\alpha-\varphi) - I_{pm}\sin(\alpha-\varphi_{kl})]e^{-\frac{t}{\tau}}$$

式中，$i_{np(0)}$ 为非周期分量的初始值，$i_{np(0)} = I_m\sin(\alpha-\varphi) - I_{pm}\sin(\alpha-\varphi_{kl})$。

3. 短路次暂态电流

短路次暂态电流是短路周期分量在短路后第一个周期的有效值，用 I'' 表示。在无限大容量电源系统中，短路电流周期分量不衰减，即

$$I'' = I_p$$

4. 短路全电流的有效值

短路全电流 i_k 就是周期分量和非周期分量之和，即 $i_k = i_p + i_{np}$。

短路全电流的有效值 I_{kt} 是指短路电流在某一时刻的有效值，即以时间 t 为中心的一个周期 T 内短路全电流的方均根值，即

$$I_{kt} = \sqrt{\frac{1}{T}\int_{t-\frac{T}{2}}^{t+\frac{T}{2}} i_k^2 dt} = \sqrt{\frac{1}{T}\int_{t-\frac{T}{2}}^{t+\frac{T}{2}} (i_{pt}+i_{npt})^2 dt} \tag{3-5}$$

式中，i_{pt} 为周期分量在时刻 t 的瞬时值；i_{npt} 为非周期分量在时刻 t 的瞬时值。

由于非周期分量是随时间而衰减的，为了简化计算，通常取 t 时刻的瞬时值 i_{npt} 作为一个周期内的有效值，考虑非正弦电流有效值的计算公式可得

$$I_{kt} = \sqrt{I_{pt}^2 + i_{npt}^2}$$

5. 短路冲击电流与冲击电流有效值

（1）短路冲击电流

短路电流最大可能的瞬时值，称为短路冲击电流（Shock Volution），用 i_{sh} 表示。在电源电压及短路点不变的情况下，要使短路全电流达到最大值，必须具备以下三个条件：

1）短路前为空载，即 $I_m=0$，这时 $i_{np(0)} = -I_{pm}\sin(\alpha-\varphi_{kl})$。

2）假设短路回路的感抗 X_{kl} 比电阻 R_{kl} 大得多，即短路阻抗角 $\varphi_{kl}\approx 90°$。

3）短路发生于某相电压瞬时值过零时，即 $t=0$ 时，初相角 $\alpha=0$。这时，从式（3-4）得

$$i_k = I_{pm}\sin\left(\omega t-\frac{\pi}{2}\right) + I_{pm}e^{-\frac{t}{\tau}}$$

从图 3-3 中可以看出，经过 0.01s 后，短路电流的幅值达到最大，此值即为短路冲击电流 i_{sh}，其大小为

$$i_{sh}=I_{pm}+I_{pm}e^{-\frac{0.01}{\tau}}=I_{pm}(1+e^{-\frac{0.01}{\tau}})=k_{sh}I_{pm}=\sqrt{2}k_{sh}I_p \tag{3-6}$$

式中，k_{sh}称为冲击系数，$k_{sh}=1+e^{-\frac{0.01}{\tau}}$；$I_p$ 是短路电流周期分量的有效值。

冲击系数表示冲击电流与短路电流周期分量幅值的倍数，其值取决于短路回路时间常数 τ 的大小，因一般线路为感性电路，故 $0\leqslant\tau\leqslant\infty$，而冲击系数 $1\leqslant k_{sh}\leqslant 2$。

通常，在高压供电系统中，因电抗较大，故 $\tau\approx 0.05$s，$k_{sh}=1.8$，则短路电流冲击值为

$$i_{sh}=\sqrt{2}k_{sh}I_p=2.55I_p=2.55I''$$

在低压供电系统中，因电阻较大，故 $\tau\approx 0.008$s，$k_{sh}=1.3$，则短路电流冲击值为

$$i_{sh}=\sqrt{2}k_{sh}I_p=1.84I_p=1.84I''$$

（2）冲击电流有效值

如果短路在最不利的条件下发生，在第一个周期内的短路电流有效值为最大，称为短路全电流的最大有效值，简称冲击电流的有效值，用 I_{sh}表示。此时，非周期分量的有效值为 $t=0.01$ s 的瞬时值，则

$$I_{np(t=0.01)}=I_{pm}e^{-\frac{0.01}{\tau}}=\sqrt{2}I_p e^{-\frac{0.01}{\tau}}$$

对于无限大容量的电源，周期分量不衰减，$I_{pt}=I_{pm}/\sqrt{2}=I_p$。由此得到冲击电流的有效值为

$$I_{sh}=\sqrt{I_p^2+(\sqrt{2}I_p e^{-\frac{0.01}{\tau}})^2}=I_P\sqrt{1+2(k_{sh}-1)^2}$$

在高压供电系统中，当 $k_{sh}=1.8$ 时，$I_{sh}=1.51I''$。

在低压供电系统中，当 $k_{sh}=1.3$ 时，$I_{sh}=1.09I''$。

计算短路冲击电流与冲击电流有效值的目的主要是用于校验电气设备及载流导体的动稳定性。

6. 稳态短路电流 I_∞

稳态短路电流是指短路电路非周期分量衰减完毕以后的短路全电流，其有效值用 I_∞ 表示。在无限大容量电源系统中 $I_\infty=I_p$。

因此，无限大容量电源供电系统发生三相短路时，短路电流的周期分量有效值保持不变。在短路电流计算中，通常用 I_k 表示周期分量的有效值，简称短路电流，即

$$I''=I_p=I_\infty=I_k$$

为了表明短路的类别，凡是三相短路电流，可在相应的三相短路电流符号右上角加注（3），例如三相短稳态电流写作 $I_\infty^{(3)}$。同样地，两相短路应加注（2），写作 $I_\infty^{(2)}$；两相接地短路加注（1，1），写作 $I_\infty^{(1,1)}$；单相短路加注（1），写作 $I_\infty^{(1)}$。在不引起混淆时，三相短路电流各量也可不加注（3）。

7. 短路容量 S_k

在短路计算和电气设备选择时，常遇到短路容量的概念。三相短路容量意味着电气设备既要承受正常情况下额定电压的作用，又要具备开断短路电流的能力，其定义为短路点所在级的线路平均额定电压 U_{av}与短路电流周期分量的有效值 I_p 所构成的三相视在功率，即

$$S_k=\sqrt{3}U_{av}I_P \tag{3-7}$$

计算短路容量的目的是在选择开关设备时，用来校验其分断能力。

3.3 无限大容量电源供电系统三相短路电流计算

由上述分析可知，短路电流是由周期分量和非周期分量所组成。非周期分量的计算，主要取决于它的初始值 $i_{np(0)}$ 及短路回路的时间常数 τ，$i_{np(0)}$ 的最大可能数值等于周期分量的幅值。

周期分量的大小可由电源电压及短路回路的等值阻抗按欧姆定律计算。对于无限大容量的供电系统，发生三相短路时电源电压可认为不变，周期分量的幅值及有效值也不变。

短路电流的计算方法分为两种，即欧姆法（又称有名单位制法）和标幺值法（又称相对单位制法）。欧姆法属于最基本的短路电流计算方法，但标幺值法在工程设计中应用广泛。

3.3.1 欧姆法短路电流计算

在供电系统中，当 k 点发生三相短路时，其短路电流周期分量的有效值可由欧姆定律直接求得，即

$$I_k^{(3)}=\frac{U_{av}}{\sqrt{3}\sqrt{R_{kl}^2+X_{kl}^2}}=\frac{U_{av}}{\sqrt{3}\mid Z_{kl}\mid} \tag{3-8}$$

式中，U_{av} 为短路点所在线路的平均电压，各级标准电压等级的平均电压值见表 3-2；R_{kl}、X_{kl}、Z_{kl} 分别为短路回路的总等值电阻、电抗和阻抗，均已归算到短路点所在的电压等级。

表 3-2 标准电压等级的平均电压 （单位：kV）

标准电压	0.127	0.22	0.38	3	6	10	35	110
平均电压	0.133	0.23	0.40	3.15	6.3	10.5	37	115

在高压供电系统中，一般情况下 $X_{kl}\geqslant 3R_{kl}$，短路回路的电阻 R_{kl} 可以忽略，用 X_{kl} 代替 Z_{kl} 所引起的误差不超过 15%，则式（3-8）可变为

$$I_k^{(3)}=\frac{U_{av}}{\sqrt{3}X_{kl}} \tag{3-9}$$

当 k 点发生两相短路时，短路电流的周期分量 $I_k^{(2)}$ 为

$$I_k^{(2)}=\frac{U_{av}}{2X_{kl}} \tag{3-10}$$

由式（3-9）和式（3-10）可得

$$I_k^{(2)}=\frac{\sqrt{3}}{2}I_k^{(3)} \tag{3-11}$$

计算短路电流问题的关键是如何求出短路回路中各元件的阻抗。下面介绍供电系统中常用元件阻抗的计算方法。

1. 系统（电源）电抗 X_s

无限大容量系统的内部电抗分为两种情况：一种情况是当不知道系统（电源）的短路容量时认为系统电抗为零；另一种情况是如果知道系统（电源）母线上的短路容量 S_k 及平均电压 U_{av} 时，则系统电抗可由下式求得：

$$X_s = \frac{U_{av}}{\sqrt{3} I_k^{(3)}} = \frac{U_{av}^2}{\sqrt{3} I_k^{(3)} U_{av}} = \frac{U_{av}^2}{S_k} \tag{3-12}$$

2. 变压器电抗 X_T

由变压器的短路电压百分数 $\Delta u_k\%$ 的定义可知：

$$\Delta u_k\% = \frac{\sqrt{3} I_{NT} Z_T}{U_{NT}} = Z_T \frac{S_{NT}}{U_{NT}^2} \tag{3-13}$$

式中，Z_T 为变压器等效阻抗（Ω）；S_{NT}为变压器额定容量（V·A）；U_{NT}为变压器额定电压（V）；I_{NT}为变压器额定电流（A）。

变压器的阻抗可由下式求得：

$$Z_T = \Delta u_k\% \frac{U_{NT}^2}{S_{NT}} \tag{3-14}$$

当忽略变压器的电阻时，变压器的电抗 X_T 等于变压器的阻抗 Z_T，即

$$X_T = \Delta u_k\% \frac{U_{av}^2}{S_{NT}} \tag{3-15}$$

式中，U_{av}为短路点的平均电压（V）。

在式（3-15）中将变压器的额定电压代换为短路点所在的线路平均电压 U_{av}，是因为变压器的阻抗应归算到短路点所在处，以便计算短路电流。当考虑变压器的电阻 R_T 时，可根据变压器的铜耗 ΔP_{NT}求得

$$R_T = \Delta P_{NT} \frac{U_{NT}^2}{S_{NT}^2} \tag{3-16}$$

再由式（3-14）可计算出变压器的阻抗 Z_T，从而变压器的电抗可由下式求出：

$$X_T = \sqrt{Z_T^2 - R_T^2} \tag{3-17}$$

3. 电抗器的电抗 X_L

电抗器是用来限制短路电流的电感线圈，只有当短路电流过大造成开关设备选择困难或不经济时，才在线路中串接电抗器。电抗器的电抗值是以其额定值的百分数形式给出，其值可由下式求出：

$$X_L = X_L\% \frac{U_{NL}}{\sqrt{3} I_{NL}} \tag{3-18}$$

式中，$X_L\%$ 为电抗器的电抗百分值；U_{NL}为电抗器的额定电压（V）；I_{NL}为电抗器的额定电流（A）。

有时电抗器的额定电压与安装地点的线路平均电压相差很大，例如额定电压为 10 kV 的电抗器，可用在 6 kV 的线路上。因此，计算时一般不用线路的平均电压代换它的额定电压。

4. 线路电抗 X_l

线路电抗取决于导线间的几何均距、线径及材料，根据导线参数及几何均距可从手册中查得单位长度的电抗值 X_0，由下式求出线路电抗 X_l：

$$X_l = X_0 l \tag{3-19}$$

式中，l 为导线长度（km）；X_0 为线路单位长度电抗（Ω/km）。

单位长度电抗也可由下式计算：

$$X_0 = 0.1445\lg\frac{2D}{d} + 0.0157 \tag{3-20}$$

式中，d 为导线直径（mm）；D 为各导体间的几何均距（mm）。三相导线间的几何均距可按下式计算：

$$D = \sqrt[3]{D_{12}D_{23}D_{31}} \tag{3-21}$$

式中，D_{12}、D_{23}、D_{31}分别为各相导线间的距离（mm）。

在工程计算中，X_0 常按表 3-3 取其电抗平均值。

表 3-3 电力线路每相的单位长度电抗平均值

线路结构	线路电压		
	35 kV 及以上	6 ~ 10 kV	220 V/380 V
架空线路	0.40	0.35	0.32
电缆线路	0.12	0.08	0.066

在低压供电系统中，常采用电缆线路，因其电阻较大，所以在计算低压电网短路电流时，电阻不能忽略，线路每相电阻值可由下式计算：

$$R_1 = \frac{l}{\gamma A} \tag{3-22}$$

式中，l 为线路长度（m）；A 为导线截面积（mm^2）；γ 为电导率［$m/(\Omega \cdot mm^2)$］。

当已知线路单位长度电阻值时，线路每相电阻也可由下式求得：

$$R_1 = R_0 l \tag{3-23}$$

式中，R_0 为单位长度电阻值（Ω/km）；l 为线路长度（km）。

在计算低压供电系统中的最小两相短路电流时，需考虑电缆在短路前因负荷电流而使温度升高造成电导率下降以及因多股绞线使电阻增大等因素。此时电缆的电阻应按最高工作温度下的电导率计算，其值见表 3-4。

表 3-4 电缆的电导率

电缆名称	电导率 γ/［$m/(\Omega \cdot mm^2)$］		
	20℃	65℃	80℃
铜芯软电缆	53	42.5	
铜芯铠装电缆		48.6	44.3
铝芯铠装电缆	32	28.8	

在短路回路中若有变压器存在，应将不同电压等级下的各元件阻抗都归算到同一电压等级下（短路点所在电压等级），才能绘出等效电路，计算出总阻抗。阻抗归算公式如下：

$$Z' = Z\left(\frac{U_{av2}}{U_{av1}}\right)^2 \tag{3-24}$$

式中，Z'为归算到电压等级 U_{av2}下的阻抗；Z 为对应于电压等级 U_{av1}下的阻抗。

【例 3-1】 某供电系统如图 3-4 所示，A 是电源母线，通过两路架空线 l_1 向设有两台主变压器 T 的工矿企业变电所 35 kV 母线 B 供电。10 kV 侧母线 C 通过串有电抗器 L 的两条电缆 l_2 向车间变电所 D 供电。整个系统并联运行，有关参数如下：电源 $S_k = 560$ MV · A；线路 $l_1 = 20$ km，$X_{01} = 0.4\ \Omega$/km；变压器 $S_{NT} = 2 \times 5600$ kV · A，$U_{N1}/U_{N2} = 35$ kV/6.6 kV，$u_k\% =$

7.5%；电抗器 $U_{NL}=6\text{ kV}$，$I_{NL}=200\text{ A}$，$X_L\%=3\%$；线路 $l_2=0.5\text{ km}$，$X_{02}=0.08\ \Omega/\text{km}$。试求：$k_1$、$k_2$、$k_3$ 点的短路参数。

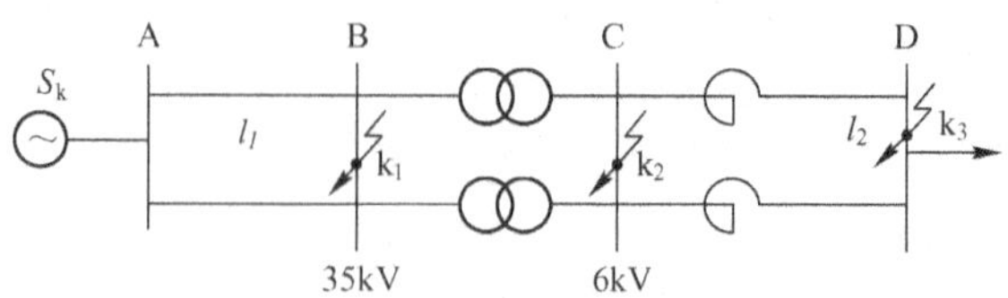

图 3-4　某供电系统图

解：（1）计算供电系统中各元件电抗

1）电源电抗

$$X_s=\frac{U_{av1}^2}{S_k}=\frac{37^2}{560}\Omega=2.44\ \Omega$$

2）架空线 l_1 的电抗

$$X_{l1}=X_{01}l_1=0.4\times20\ \Omega=8\ \Omega$$

3）变压器电抗

$$X_T=u_k\%\frac{U_{av1}^2}{S_{NT}}=7.5\%\times\frac{37^2}{5.6}\Omega=18.3\ \Omega$$

4）电抗器电抗

$$X_L=X_L\%\frac{U_{NL}}{\sqrt{3}I_{NL}}=3\%\times\frac{6000}{\sqrt{3}\times200}\Omega=0.52\ \Omega$$

5）电缆 l_2 电抗

$$X_{l2}=X_{02}l_2=0.08\times0.5\ \Omega=0.04\ \Omega$$

变压器及电缆电阻在高压供电系统的短路计算中均忽略不计。

（2）绘制各点短路的等效电路图

各点短路的等效电路图如图 3-5 所示，图上标出各元件的序号（分子）和电抗值（分母）。

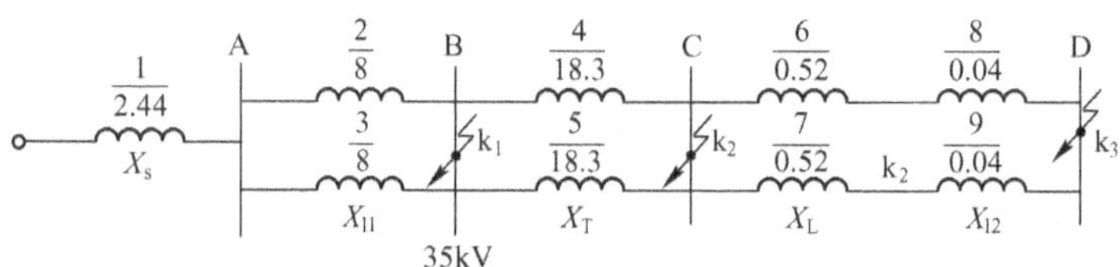

图 3-5　例 3-1 的短路等效电路图（欧姆法）

（3）计算各短路点的总电抗

k_1 点短路

$$X_{k1}=X_s+\frac{X_{l1}}{2}=2.44+\frac{8}{2}\Omega=6.44\ \Omega$$

k_2 点短路

$$X_{k2}=\left(X_{k1}+\frac{X_T}{2}\right)\left(\frac{6.3}{37}\right)^2=\left(6.44+\frac{18.3}{2}\right)\times\left(\frac{6.3}{37}\right)^2\Omega=0.452\ \Omega$$

k_3 点短路

$$X_{k3}=X_{k2}+\frac{X_L+X_{l2}}{2}\Omega=0.732\,\Omega$$

（4）计算各短路点的短路参数

k_1 点短路时的短路参数为

1）三相短路电流周期分量有效值

$$I_{k1}^{(3)}=\frac{U_{av1}}{\sqrt{3}X_{k1}}=\frac{37}{\sqrt{3}\times 6.44}\text{kA}=3.32\,\text{kA}$$

2）三相短路次暂态电流和稳态电流

$$I''^{(3)}=I_{\infty}^{(3)}=I_{k1}^{(3)}=3.32\,\text{kA}$$

3）三相短路冲击电流及第一个周期短路全电流有效值

$$i_{sh1}=2.55I''=2.55\times 3.32\,\text{kA}=8.46\,\text{kA}$$

$$I_{sh1}=1.51I''=1.51\times 3.32\,\text{kA}=5.01\,\text{kA}$$

4）三相短路容量

$$S_{k1}=\sqrt{3}U_{av1}I_{k1}^{(3)}=\sqrt{3}\times 37\times 3.32\,\text{MV}\cdot\text{A}=213\,\text{MV}\cdot\text{A}$$

k_2 点短路时的短路参数为

1）三相短路电流周期分量有效值

$$I_{k2}^{(3)}=\frac{U_{av2}}{\sqrt{3}X_{k2}}=\frac{6.3}{\sqrt{3}\times 0.452}\text{kA}=8.05\,\text{kA}$$

2）三相短路次暂态电流和稳态电流

$$I''^{(3)}=I_{\infty}^{(3)}=I_{k2}^{(3)}=8.05\,\text{kA}$$

3）三相短路冲击电流及第一个周期短路全电流有效值

$$i_{sh2}=2.55I''=2.55\times 8.05\,\text{kA}=20.5\,\text{kA}$$

$$I_{sh2}=1.51I''=1.51\times 8.05\,\text{kA}=12.16\,\text{kA}$$

4）三相短路容量

$$S_{k2}=\sqrt{3}U_{av2}I_{k2}^{(3)}=\sqrt{3}\times 6.3\times 8.05\,\text{MV}\cdot\text{A}=87.8\,\text{MV}\cdot\text{A}$$

k_3 点短路时的短路参数为

1）三相短路电流周期分量有效值

$$I_{k3}^{(3)}=\frac{U_{av2}}{\sqrt{3}X_{k3}}=\frac{6.3}{\sqrt{3}\times 0.732}\text{kA}=4.97\,\text{kA}$$

2）三相短路次暂态电流和稳态电流

$$I''^{(3)}=I_{\infty}^{(3)}=I_{k3}^{(3)}=4.97\,\text{kA}$$

3）三相短路冲击电流及第一个周期短路全电流有效值

$$i_{sh3}=2.55I_{k3}^{(3)}=2.55\times 4.97\,\text{kA}=12.67\,\text{kA}$$

$$I_{sh3}=1.51I''=1.51\times 4.97\,\text{kA}=7.50\,\text{kA}$$

4）三相短路容量

$$S_{k3}=\sqrt{3}U_{av2}I_{k3}^{(3)}=\sqrt{3}\times 6.3\times 4.97\,\text{MV}\cdot\text{A}=54.2\,\text{MV}\cdot\text{A}$$

在工程设计说明书中，往往只列短路计算表，见表3-5。

表 3-5　例 3-1 的短路计算表

短路计算点	三相短路电流/ kA					三相短路容量/(MV·A)
	$I_k^{(3)}$	$I''^{(3)}$	$I_\infty^{(3)}$	i_{sh}	I_{sh}	S_k
k_1	3.32	3.32	3.32	8.46	5.01	213
k_2	8.05	8.05	8.05	20.5	12.16	87.8
k_3	4.97	4.97	4.97	12.67	7.50	54.2

3.3.2 标幺值法短路电流计算

1. 标幺值

标幺值计算法就是相对值计算法，它与欧姆法相比具有公式简明、数字简单、不同电压等级下的各元件阻抗值不用归算等优点，故在电力系统工程计算中得到广泛应用。

任一物理量的标幺值（Per-unit）A_d^*，为该物理量的实际值 A 与所选的基准值（Datum Value）A_d 的比值，即

$$A_d^* = \frac{A}{A_d} \tag{3-25}$$

在短路计算中所遇到的电气量有功率（容量）、电压、电流和电抗 4 个量。在用标幺值表示这些参数时，首先要选择基准值。如果选定基准容量为 S_d、基准电压为 U_d、基准电流为 I_d、基准电抗为 X_d，则实际值 S、U、I、X 的标幺值可由下式表示：

$$\left.\begin{aligned} S_d^* &= \frac{S}{S_d} \\ U_d^* &= \frac{U}{U_d} \\ I_d^* &= \frac{I}{I_d} \\ X_d^* &= \frac{X}{X_d} \end{aligned}\right\} \tag{3-26}$$

式中，S_d^*、U_d^*、I_d^* 和 X_d^* 分别称为容量、电压、电流和电抗相对于其基准值下的标幺值。要特别注意用标幺值表示的物理量是没有单位的。在三相供电系统中，上述 4 个物理量之间存在如下关系：

$$\left.\begin{aligned} S &= \sqrt{3}UI \\ U &= \sqrt{3}IX \end{aligned}\right\} \tag{3-27}$$

同样，该 4 个物理量的基准值之间也存在这种关系，即

$$\left.\begin{aligned} S_d &= \sqrt{3}U_dI_d \\ U_d &= \sqrt{3}I_dX_d \end{aligned}\right\} \tag{3-28}$$

或者

$$\left.\begin{aligned} I_d &= \frac{S_d}{\sqrt{3}U_d} \\ X_d &= \frac{U_d}{\sqrt{3}I_d} = \frac{U_d^2}{S_d} \end{aligned}\right\} \tag{3-29}$$

根据上述公式可知，给定 4 个基准值中的任意 2 个，则其他 2 个基准值也就确定了。因

此，在用标幺值计算短路电流时，通常是选择基准容量 S_d 和基准电压 U_d。原则上它们是可以任意选定的，但为了便于计算，基准电压 U_d 分别选为线路各级平均电压 U_{av}；基准容量通常选为 100 MV · A 或 1000 MV · A，有时也取某电厂装机总容量作为基准容量。

通常发电机、变压器和电抗器等设备的电抗，在产品目录中均以其额定值为基准的标幺值或百分值形式给出（百分值也是相对值的一种），称为额定标幺值，表示为

$$X_N^* = X\frac{\sqrt{3}I_N}{U_N} = X\frac{S_N}{U_N^2} \tag{3-30}$$

在用标幺值进行短路电流计算时，必须把额定标幺值换算为选定基准值下的标幺值（基准标幺值），换算公式如下：

$$X^* = X_N^*\frac{U_N I_d}{I_N U_d} = X_N^*\frac{S_d U_N^2}{S_N U_d^2}$$

在近似计算时，通常取 $U_d = U_N = U_{av}$，则有

$$X^* = X_N^*\frac{I_d}{I_N} = X_N^*\frac{S_d}{S_N} \tag{3-31}$$

2. 各元件标幺值的计算

（1）系统（电源）电抗

若已知发电机的次暂态电抗，X''_G 就是以发电机额定值为基准的标幺电抗，又已知发电机的额定容量为 S_{NG}，则换算到基准值下的标幺值 X_G^* 为

$$X_G^* = X''_G\frac{S_d}{S_{NG}} \tag{3-32}$$

若已知的是系统母线的短路容量 S_k，则系统电抗的基准标幺值 X_{sj}^* 为

$$X_S^* = \frac{X_S}{X_d} = \frac{U_{av}^2/S_k}{U_{av}^2/S_d} = \frac{S_d}{S_k} \tag{3-33}$$

（2）变压器电抗

已知变压器的电压百分值 $u_k\%$，由其定义可知

$$u_k\% = Z_T\frac{\sqrt{3}I_{NT}}{U_{NT}}\times 100\% = \frac{Z_T}{Z_{NT}}\times 100\%$$

在忽略变压器的电阻时上式变为

$$u_k\% = X_T\frac{\sqrt{3}I_{NT}}{U_{NT}}\times 100\% = \frac{X_T}{X_{NT}}\times 100\% = X_{NT}^*\times 100\% \tag{3-34}$$

式中，X_{NT}^* 为变压器的额定标幺电抗。

式（3-34）是变压器额定标幺值与百分值之间的关系。由式（3-31）得变压器的电抗基准标幺值为

$$X_T^* = X_{NT}^*\frac{S_d}{S_{NT}} = u_k\%\frac{S_d}{S_{NT}} \tag{3-35}$$

以上换算是对双绕组变压器而言的，对于三绕组变压器，给出的短路电压百分值是 $u_{k1-2}\%$、$u_{k2-3}\%$ 和 $u_{k3-1}\%$，注脚数字 1、2、3 代表三个绕组，其等效电路如图 3-6 所示。

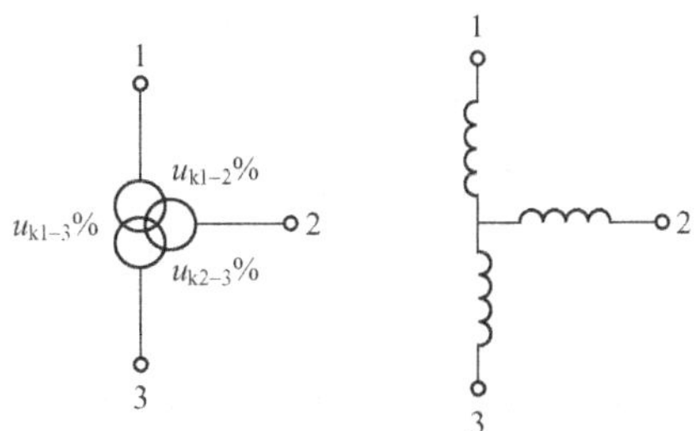

图 3-6　三绕组变压器等效电路图

这里 $u_{k1-2}\%$ 是在绕组 3 开路条件下，在 1

和 2 绕组间做短路试验测得的短路电压百分值，其值为

$$u_{k1-2}\% = X_1 \frac{\sqrt{3} I_{NT}}{U_{NT}} \times 100\% + X_2 \frac{\sqrt{3} I_{NT}}{U_{NT}} \times 100\% = u_{k1}\% + u_{k2}\% \tag{3-36}$$

同样可得

$$\begin{aligned} u_{k2-3}\% &= u_{k2}\% + u_{k3}\% \\ u_{k3-1}\% &= u_{k3}\% + u_{k1}\% \end{aligned} \tag{3-37}$$

由式（3-36）和式（3-37）可得各绕组的短路电压百分值为

$$\left.\begin{aligned} u_{k1}\% &= \frac{1}{2}(u_{k1-2}\% + u_{k3-1}\% - u_{k2-3}\%) \\ u_{k2}\% &= \frac{1}{2}(u_{k1-2}\% + u_{k2-3}\% - u_{k3-1}\%) \\ u_{k3}\% &= \frac{1}{2}(u_{k3-1}\% + u_{k2-3}\% - u_{k1-2}\%) \end{aligned}\right\} \tag{3-38}$$

各绕组的基准标幺电抗可按式（3-35）求得。

（3）电抗器电抗

当已知电抗器的额定百分电抗 $X_L\%$、额定电压 U_{NL} 及额定电流 I_{NL} 时电抗器的基准标幺电抗可由下式求得：

$$X_L^* = X_L\% \frac{U_{NL} I_d}{I_{NL} U_d} \tag{3-39}$$

（4）输电线路电抗

当已知输电线路的长度 l、每公里电抗 X_0、线路所在区段的平均电压 U_{av} 时，即可求出线路基准标幺电抗为

$$X_l^* = X_0 l \frac{S_d}{U_d^2} \tag{3-40}$$

3. 变压器耦合电路的标幺值计算

在短路电流的欧姆法中，当短路回路中有变压器时，不同电压等级下的各元件电抗必须归算到短路点所在的同一电压下。下面讨论在用标幺值计算短路电流时，如何处理这一问题。

有一供电系统如图 3-7 所示，系统中有 3 段不同电压等级线路。

假设短路发生在第 3 区段的 k 点，选本系统的基准容量为 S_d，基准电压 U_d 为第 3 区段的平均电压 U_{av3}，即 $U_d = U_{av3}$，则第 1 区段的线路电抗 X_{l1} 归算至短路点的电抗 X'_{l1} 为

图 3-7　不同电压等级的供电系统

$$X'_{l1} = X_{l1}\left(\frac{U_{av2}}{U_{av1}}\right)^2 \left(\frac{U_{av3}}{U_{av2}}\right)^2 = X_{l1}\left(\frac{U_{av3}}{U_{av1}}\right)^2 \tag{3-41}$$

相对于基准容量 S_d 及基准电压 U_d 的电抗标幺值为

$$X_{l1}^* = X'_{l1}\frac{S_d}{U_d^2} = X_{l1}\left(\frac{U_{av3}}{U_{av1}}\right)^2 \frac{S_d}{U_d^2} = X_{l1}\frac{S_d}{U_{av1}^2} = X_0 l_1 \frac{S_d}{U_{av1}^2} \tag{3-42}$$

同样，第 2 区段的线路电抗 X_{l2} 归算至短路点的电抗标幺值为

$$X_{l2}^* = X_{l2}\frac{S_d}{U_{av2}^2} = X_0 l_2 \frac{S_d}{U_{av2}^2} \tag{3-43}$$

由式（3-42）和式（3-43）可以看出，把不同电压等级下的元件参数归算至同一基准值下的标幺值，计算时取各线段的基准容量相同，基准电压分别选本线段的平均电压，则按公式可直接算得各元件的基准标幺值，不需进行电压归算。

4. 短路电流计算

计算出短路回路中各元件的电抗标幺值后，就可根据系统中各元件的连接关系绘出它的等效电路图，然后根据它们的串、并联关系，计算出短路回路的总电抗标幺值 X_{Σ}^{*}，最后根据欧姆定律的标幺值形式，计算出短路电流周期分量标幺值 I_{k}^{*}，即

$$I_{k}^{*}=\frac{U^{*}}{X_{\Sigma}^{*}} \tag{3-44}$$

式中，U^{*} 为短路点电压的标幺值，在取 $U_{d}=U_{av}$时，$U^{*}=1$。故

$$I_{k}^{*}=\frac{1}{X_{\Sigma}^{*}} \tag{3-45}$$

短路电流周期分量的实际值，可由标幺值定义按下式计算：

$$I_{k}=I_{k}^{*}I_{d} \tag{3-46}$$

【例 3-2】 仍用例 3-1 的供电系统，使用标幺值法计算短路参数。

解：（1）计算各元件参数标幺值

取基准值 $S_{d}=100\,\text{MV}\cdot\text{A}$，$U_{d1}=37\,\text{kV}$，$U_{d2}=6.3\,\text{kV}$，则

$$I_{d1}=\frac{S_{d}}{\sqrt{3}U_{d1}}=\frac{100}{\sqrt{3}\times 37}\,\text{kA}=1.56\,\text{kA}$$

$$I_{d2}=\frac{S_{d}}{\sqrt{3}U_{d2}}=\frac{100}{\sqrt{3}\times 6.3}\,\text{kA}=9.16\,\text{kA}$$

电源电抗

$$X_{s}^{*}=\frac{S_{d}}{S_{k}}=\frac{100}{560}=0.179$$

架空线 l_{1} 电抗

$$X_{l1}^{*}=X_{0}l_{1}\frac{S_{d}}{U_{d1}^{2}}=0.4\times 20\times\frac{100}{37^{2}}=0.584$$

变压器电抗

$$X_{T}^{*}=u_{k}\%\frac{S_{d}}{S_{NT}}=0.075\times\frac{100}{5.6}=1.34$$

电抗器电抗

$$X_{L}^{*}=X_{L}\%\frac{U_{NL}I_{d2}}{I_{NL}U_{d2}}=0.03\,\frac{6\times 9.16}{0.2\times 6.3}=1.31$$

电缆电抗

$$X_{l2}^{*}=X_{0}l_{2}\frac{S_{d}}{U_{d2}^{2}}=0.08\times 0.5\times\frac{100}{6.3^{2}}=0.101$$

等效电路如图 3-8 所示，图中元件所标分数的分子表示元件编号，分母表示元件标幺电抗值。

（2）k_{1} 点短路

k_{1} 点短路时的短路参数为

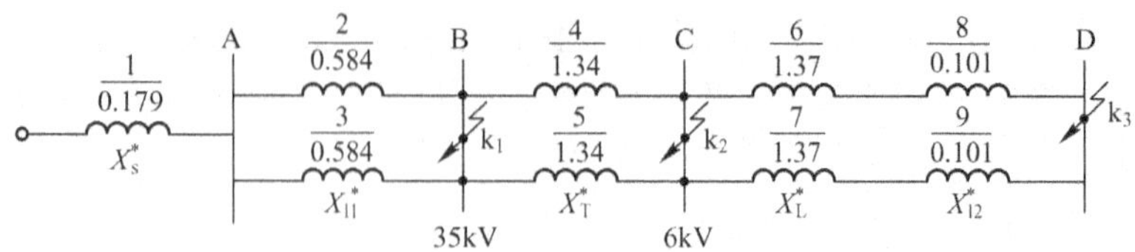

图 3-8　例 3-2 的短路等效电路图（标幺值法）

1）总电抗标幺值

$$X_{\Sigma 1}^* = X_s^* + \frac{X_{l1}^*}{2} = 0.179 + \frac{0.584}{2} = 0.471$$

2）三相短路电流周期分量有效值

$$I_{k1}^* = \frac{1}{X_{\Sigma 1}^*} = \frac{1}{0.471} = 2.12$$

$$I_{k1}^{(3)} = I_{k1}^* I_{d1} = 2.12 \times 1.56\ \text{kA} = 3.31\ \text{kA}$$

3）其他三相短路电流

$$I''^{(3)} = I_\infty^{(3)} = I_{k1}^{(3)} = 3.31\ \text{kA}$$

$$i_{sh1} = 2.55 I'' = 2.55 \times 3.31\ \text{kA} = 8.44\ \text{kA}$$

$$I_{sh1} = 1.51 I'' = 1.51 \times 3.31\ \text{kA} = 5.03\ \text{kA}$$

4）三相短路容量

$$S_{k1} = \sqrt{3} U_{av1} I_{k1}^{(3)} = \sqrt{3} \times 37 \times 3.32\ \text{MV}\cdot\text{A} = 213\ \text{MV}\cdot\text{A}$$

（3）k_2 点短路

k_2 点短路时的短路参数为

1）总电抗标幺值

$$X_{k2}^* = X_s^* + \frac{X_{l1}^*}{2} + \frac{X_T^*}{2} = 0.179 + \frac{0.584}{2} + \frac{1.34}{2} = 1.141$$

2）三相短路电流周期分量有效值

$$I_{k2}^* = \frac{1}{X_{k2}^*} = \frac{1}{1.141} = 0.876$$

$$I_{k2}^{(3)} = I_{k2}^* I_{d2} = 0.876 \times 9.16\ \text{kA} = 8.02\ \text{kA}$$

3）其他三相短路电流

$$I''^{(3)} = I_\infty^{(3)} = I_{k2}^{(3)} = 8.02\ \text{kA}$$

$$i_{sh2} = 2.55 I_{k2}^{(3)} = 2.55 \times 8.02\ \text{kA} = 20.5\ \text{kA}$$

$$I_{sh2} = 1.52 I_{k1}^{(3)} = 1.52 \times 8.02\ \text{kA} = 12.2\ \text{kA}$$

4）三相短路容量

$$S_{k2} = \sqrt{3} U_{av2} I_{k2}^{(3)} = \sqrt{3} \times 6.3 \times 8.02\ \text{MV}\cdot\text{A} = 87.51\ \text{MV}\cdot\text{A}$$

或
$$S_{k2} = I_{k2}^* S_d = 0.876 \times 100\ \text{MV}\cdot\text{A} = 87.6\ \text{MV}\cdot\text{A}$$

（4）k_3 点短路

k_3 点短路时的短路参数为

1）总电抗标幺值

$$X_{k3}^{*}=X_{s}^{*}+\frac{X_{l1}^{*}}{2}+\frac{X_{T}^{*}}{2}+\frac{X_{L}^{*}+X_{l2}^{*}}{2}=0.179+\frac{0.584}{2}+\frac{1.34}{2}+\frac{1.31+0.101}{2}=1.8465$$

2）三相短路电流周期分量有效值

$$I_{k3}^{*}=\frac{1}{X_{k3}^{*}}=\frac{1}{1.8465}=0.542$$

$$I_{k3}^{(3)}=I_{k3}^{*}I_{d3}=0.542\times9.16\ \mathrm{kA}=4.96\ \mathrm{kA}$$

3）其他三相短路电流

$$I''^{(3)}=I_{\infty}^{(3)}=I_{k2}^{(3)}=4.96\ \mathrm{kA}$$

$$i_{sh3}=2.55I_{k3}^{(3)}=2.55\times4.96\ \mathrm{kA}=12.65\ \mathrm{kA}$$

$$I_{sh3}=1.52I_{k3}^{(3)}=1.52\times4.96\ \mathrm{kA}=7.54\ \mathrm{kA}$$

4）三相短路容量

$$S_{k3}=\sqrt{3}U_{av2}I_{k3}^{(3)}=\sqrt{3}\times6.3\times4.96\ \mathrm{MV\cdot A}=54.12\ \mathrm{MV\cdot A}$$

或

$$S_{k3}=I_{k3}^{*}S_{d}=0.542\times100\ \mathrm{MV\cdot A}=54.2\ \mathrm{MV\cdot A}$$

由此可知，采用标幺值法计算与采用欧姆法计算的结果完全相同。

3.4 两相和单相短路电流的计算

3.4.1 两相短路计算

实际中除了需要计算三相短路电流，还需要计算不对称短路电流，用于继电保护灵敏度的校验。不对称短路电流计算一般要采用对称分量法，这里介绍无限大功率电源供电系统两相短路电流和单相短路电流的实用计算方法。

图 3-9 所示的无限大功率电源供电系统发生两相短路时，其短路电流可由下式求得：

$$I_{k}^{(2)}=\frac{U_{av}}{2Z_{k}}=\frac{U_{d}}{2Z_{k}} \tag{3-47}$$

式中，U_{av}为短路点的平均额定电压；U_{d} 为短路点所在电压等级的基准电压；Z_{k} 为短路回路一相总阻抗。

将式（3-47）和式（3-8）三相短路电流计算公式相比，可得两相短路电流与三相短路电流的关系，并同样适用于冲击短路电流，即

$$I_{k}^{(2)}=\frac{\sqrt{3}}{2}I_{k}^{(3)} \tag{3-48}$$

$$i_{sh}^{(2)}=\frac{\sqrt{3}}{2}i_{sh}^{(3)} \tag{3-49}$$

$$I_{sh}^{(2)}=\frac{\sqrt{3}}{2}I_{sh}^{(3)} \tag{3-50}$$

图 3-9 无限大功率电源供电系统发生两相短路

因此，无限大功率电源供电系统短路时，两相短路电流较三相短路电流小，计算三相短路电流就可求得两相短路电流。

3.4.2 单相短路计算

在工程计算中，大接地电流系统或三相四线制系统发生单相短路时，单相短路电流可用

下式进行计算：

$$I_k^{(1)}=\frac{U_{av}}{\sqrt{3}Z_{\varphi-0}}=\frac{U_d}{\sqrt{3}Z_{\varphi-0}} \tag{3-51}$$

$$Z_{\varphi-0}=\sqrt{(R_{\varphi}+R_0)^2+(X_{\varphi}+X_0)^2} \tag{3-52}$$

式中，U_{av}为短路点所在电压等级的平均额定电压；U_d 为短路点所在电压等级的基准电压；$Z_{\varphi-0}$为单相短路回路相线与大地或中线的阻抗；R_{φ}、X_{φ} 为单相短路回路的相电阻和相电抗；R_0、X_0 为变压器中性点与大地或中性回路的电阻和电抗。

在无限大功率电源供电系统中或远离发电机处短路时，单相短路电流较三相短路电流小。

对有限大功率电源供电系统短路电流的计算，由于作为系统电源的发电机，其端电压在整个短路过程中是变化的。因此，短路电流中不仅非周期分量，而且周期分量的幅值也随时间变化，从而使有限大功率电源供电系统短路电流的计算变得复杂。

3.5 短路电流的效应和稳定度校验

供配电系统发生短路时，短路电流非常大。如此大的短路电流通过导体或电气设备，一方面会产生很大的电动力，即电动力效应；另一方面会产生很高的温度，即热效应。电气设备和导体应能承受这两种效应的作用，满足动、热稳定的要求。

3.5.1 短路电流的热效应和热稳定度

1. 短路发热的特点

导体通过电流，将产生电能损耗，转换成热能，使导体温度上升。

正常运行时，导体通过负荷电流，产生热能使导体温度升高，同时向导体周围介质散失。当导体内产生的热量等于向周围介质散失的热量，导体就维持在一定的温度值。当线路发生短路时，由于线路继电保护装置很快动作，迅速切除故障，所以短路电流流过导体的时间不长，通常不超过 2 ~ 3 s，因此在短路过程中，可近似认为很大的短路电流在很短时间内产生的热量全部用来使导体温度升高，不向周围介质散热，即短路发热是一个绝热过程。

图 3-10 所示为短路前后导体的温度变化情况。导体在短路前的温度为 θ_L。假设在 t_1 时发生短路，导体温度按指数规律迅速升高，而在 t_2 时线路保护装置将短路故障切除，这时导体温度已经达到 θ_k。短路切除后，导体不再产生热量，而只按指数规律向周围介质散热，直到导体温度等于周围介质温度 θ_0 为止。

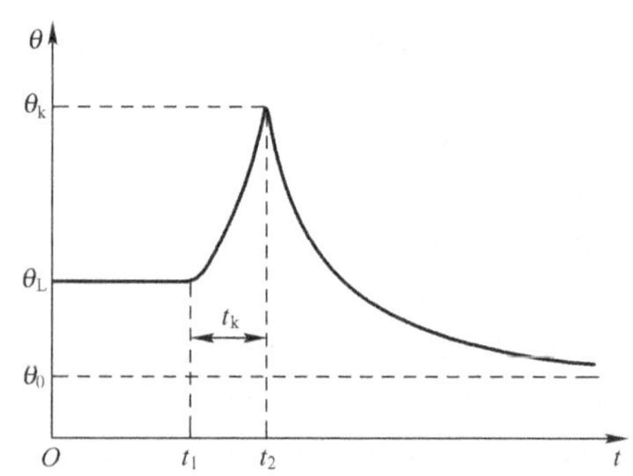

图 3-10 短路前后导体的温度变化

按照导体的允许发热条件，导体在正常负荷时和短路时的最高允许温度见表 3-6。如果导体和电气设备在短路时的发热温度不超过最高允许温度，则认为导体和电气设备是满足短路热稳定度（Short-circuit Thermal Stability）的要求的。

表 3-6 导体在正常和短路时的最高允许温度及热稳定系数

<table>
<tr><td colspan="3" rowspan="2">导体种类及材料</td><td colspan="2">最高允许温度/℃</td><td rowspan="2">热稳定系数 C / $(A\cdot\sqrt{s}\cdot mm^{-2})$</td></tr>
<tr><td>正常 θ_L</td><td>短路 θ_k</td></tr>
<tr><td rowspan="3">母线</td><td colspan="2">铜</td><td>70</td><td>300</td><td>171</td></tr>
<tr><td colspan="2">铜（接触面有锡层时）</td><td>85</td><td>200</td><td>164</td></tr>
<tr><td colspan="2">铝</td><td>70</td><td>200</td><td>97</td></tr>
<tr><td rowspan="6">油浸纸绝缘电缆</td><td rowspan="3">铜芯</td><td>1 ~ 3 kV</td><td>80</td><td>250</td><td>148</td></tr>
<tr><td>6 kV</td><td>65</td><td>220</td><td>145</td></tr>
<tr><td>10 kV</td><td>60</td><td>220</td><td>148</td></tr>
<tr><td rowspan="3">铝芯</td><td>1 ~ 3 kV</td><td>80</td><td>200</td><td>84</td></tr>
<tr><td>6 kV</td><td>65</td><td>200</td><td>90</td></tr>
<tr><td>10 kV</td><td>60</td><td>200</td><td>92</td></tr>
<tr><td colspan="2" rowspan="2">橡皮绝缘导线和电缆</td><td>铜芯</td><td>65</td><td>150</td><td>112</td></tr>
<tr><td>铝芯</td><td>65</td><td>150</td><td>74</td></tr>
<tr><td colspan="2" rowspan="2">聚氯乙烯绝缘导线和电缆</td><td>铜芯</td><td>65</td><td>130</td><td>100</td></tr>
<tr><td>铝芯</td><td>65</td><td>130</td><td>65</td></tr>
<tr><td colspan="2" rowspan="2">交联聚乙烯绝缘导线和电缆</td><td>铜芯</td><td>80</td><td>250</td><td>140</td></tr>
<tr><td>铝芯</td><td>80</td><td>250</td><td>84</td></tr>
<tr><td colspan="2" rowspan="2">有中间接头的电缆
（不包括聚氯乙烯绝缘电缆）</td><td>铜芯</td><td>—</td><td>150</td><td>—</td></tr>
<tr><td>铝芯</td><td>—</td><td>150</td><td>—</td></tr>
</table>

2. 短路热平衡方程

如前所述，由于短路发热量大，时间短，其热量来不及散入周围介质中去，因此可以认为全部热量都用来升高导体温度。由于导体温度变化很大，此时导体的电阻率和比热容不能再视为常数，应为温度的函数，其热平衡方程为

$$\int_{t_1}^{t_2} I_{kt}^2 R_\theta \mathrm{d}t = \int_{\theta_L}^{\theta_k} mc_\theta \mathrm{d}\theta \tag{3-53}$$

式中，I_{kt}为短路全电流；R_θ 为温度为 θ 时导体的电阻（Ω），$R_\theta = \rho_0(1+\alpha\theta)\dfrac{l}{s}$；$C_\theta$ 为温度为 θ 时导体的比热容 [J/(kg · ℃)]，$C_\theta = C_0(1+\beta\theta)$；$m$ 为导体的质量（kg），$m=\rho_m sl$。其中，α 为电阻率为 ρ_0 时的温度系数（1/℃），C_0 为 0℃时导体的比热容 [J/(kg · ℃)]，β 为比热容为 C_0 时的温度系数（1/℃），l 为导体长度（m）；s 为导体截面积（m^2）。

将 R_θ、C_θ、m 的表达式代入式（3-53），可得

$$\int_{t_1}^{t_2} I_{kt}^2 \rho_0(1+\alpha\theta)\frac{l}{s}\mathrm{d}t = \int_{\theta_L}^{\theta_k} \rho_m slC_0(1+\beta\theta)\mathrm{d}\theta \tag{3-54}$$

整理式（3-54）可得

$$\frac{1}{s^2}\int_{t_1}^{t_2} I_{kt}^2 \mathrm{d}t = \frac{C_0\rho_m}{\rho_0}\int_{\theta_L}^{\theta_k} \frac{1+\beta\theta}{1+\alpha\theta}\mathrm{d}\theta \tag{3-55}$$

等式左边，令 $\int_{t_1}^{t_2} I_{kt}^2 \mathrm{d}t = Q_k$，称为短路电流的热效应，后面介绍其求解方法。

等式右边积分得

$$\frac{C_0\rho_m}{\rho_0}\int_{\theta_L}^{\theta_k}\frac{1+\beta\theta}{1+\alpha\theta}d\theta$$

$$=\frac{C_0\rho_m}{\rho_0}\left[\frac{\alpha-\beta}{\alpha^2}\ln(1+\alpha\theta_k)+\frac{\beta}{\alpha}\theta_k\right]-\frac{c_0\rho_m}{\rho_0}\left[\frac{\alpha-\beta}{\alpha^2}\ln(1+\alpha\theta_L)+\frac{\beta}{\alpha}\theta_L\right]$$

令 $A_k=\frac{c_0\rho_m}{\rho_0}\left[\frac{\alpha-\beta}{\alpha^2}\ln(1+\alpha\theta_k)+\frac{\beta}{\alpha}\theta_k\right]$，称为短路发热系数。

$A_L=\frac{c_0\rho_m}{\rho_0}\left[\frac{\alpha-\beta}{\alpha^2}\ln(1+\alpha\theta_k)+\frac{\beta}{\alpha}\theta_k\right]$，称为正常发热系数。

对某导体材料，A 值仅是温度的函数，即 $A=f(\theta)$。

如果采用上式直接计算 A 值，相当复杂，而且涉及一些难以准确确定的系数，包括导体的电阻率，因此计算结果往往与实际出入很大。在工程设计中，通常是利用图 3-11 所示的 $A=f(\theta)$ 曲线来确定短路发热温度 θ_k，图 3-11 中横坐标表示导体发热系数 A[J/(Ω·m^4)]，纵坐标表示导体的温度 θ（℃）。

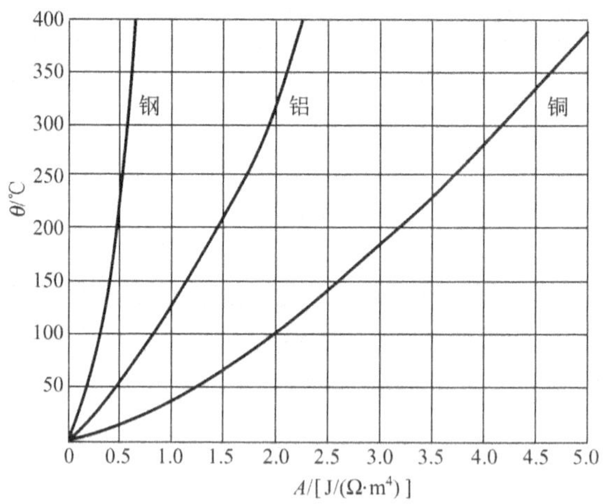

图 3-11　$A=f(\theta)$ 曲线

3. 短路产生的热量

短路全电流的幅值和有效值都随时间变化，这就使热平衡方程的计算十分困难和复杂。因此，一般采用一个恒定的稳态短路电流 I_∞ 来等效计算实际短路电流所产生的热量。

由于通过导体的短路电流实际上不是 I_∞，因此假定一个时间，在此时间内，设导体通过 I_∞ 所产生的热量，恰好与实际短路电流 I_{kt} 在实际短路时间 t_k 内所产生的热量相等。这一假定的时间，称为短路发热的假想时间（Imaginary Time），也称为热效时间，用 t_{ima} 表示，如图 3-12 所示。

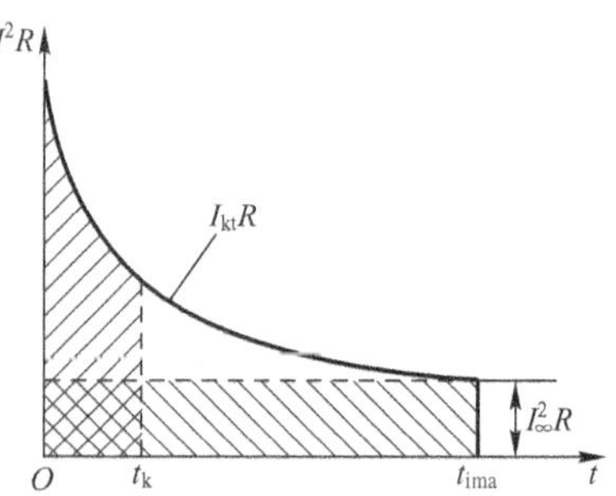

图 3-12　短路发热假想时间

短路发热假想时间可由下式近似地计算：

$$t_{ima}=t_k+0.05\left(\frac{I''}{I_\infty}\right)^2 \text{ s} \tag{3-56}$$

在无限大电源容量系统中发生短路时，由于 $I''=I_\infty$，因此

$$t_{ima}=t_k+0.05 \text{ s} \tag{3-57}$$

当 $t_k>1$ s 时，可认为 $t_{ima}=t_k$。

上述短路时间 t_k，为短路保护装置实际最长的动作时间 t_{op} 与断路器（开关）的断路时间 t_{oc} 之和，即

$$t_k=t_{op}+t_{oc} \tag{3-58}$$

对于一般高压断路器（如油断路器），可取 $t_{op}=0.2$ s；对于高速断路器（如真空断路器和 SF_6 断路器），可取 $t_{op}=0.1\sim0.15$ s。

因此，实际短路电流通过导体在短路时间内产生的热量为

$$Q_k=\int_{t_1}^{t_2}I_{kt}^2\mathrm{d}t=I_\infty^2Rt_{ima} \tag{3-59}$$

4. 导体短路发热温度

如上所述，为使导体短路发热温度计算简便，工程上一般利用导体发热系数 A 与导体温度 θ 的关系曲线 $A=f(\theta)$ 来确定短路发热温度 θ_k。

由 θ_L 求 θ_k 的步骤如下（参看图 3-13）：

1）由导体正常运行时的初始温度 θ_L 从 $A=f(\theta)$ 曲线查出导体正常发热系数 A_L。

2）计算导体发热系数 A_k：

$$A_k=A_L+\frac{I_\infty^2}{s^2}t_{ima} \tag{3-60}$$

式中，s 为导体的截面积（mm^2）；I_∞ 为稳态短路电流（A）；t_{ima} 为短路发热假想时间（s）。

3）由 A_k 从 $A=f(\theta)$ 曲线查出短路发热温度 θ_k。

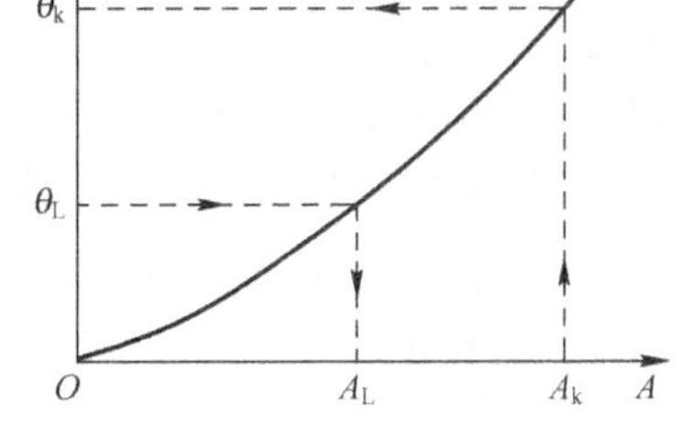

图 3-13　由 θ_L 求 θ_k 的步骤

5. 短路热稳定度的校验条件

（1）一般电器的热稳定度校验条件

$$I_t^2t\geqslant I_\infty^{(3)2}t_{ima} \tag{3-61}$$

式中，I_t 为电器的热稳定电流；t 为电器的热稳定试验时间。

以上 I_t 和 t 可由有关手册或产品样本查得。

（2）母线及绝缘导线和电缆等导体的热稳定度校验条件

$$\theta_{k.max}\geqslant\theta_k \tag{3-62}$$

式中，$\theta_{k.max}$ 为导体在短路时的最高温度，见表 3-6。

如前所述，要确定导体的 θ_k 比较麻烦，因此也可根据短路热稳定度的要求来确定其最小截面积。由式（3-60）可得满足热稳定要求的最小允许截面积（mm^2）为

$$s_{min}=I_\infty^{(3)}\sqrt{\frac{t_{ima}}{A_k-A_L}}=I_\infty^{(3)}\frac{\sqrt{t_{ima}}}{C} \tag{3-63}$$

式中，$I_\infty^{(3)}$ 为三相稳态短路电流（A）；C 为导体的热稳定系数（$A\cdot\sqrt{s}\cdot mm^{-2}$），可由表 3-6

查得。

将计算出的最小热稳定截面与所选用的导体截面比较，当所选标准截面 $s_b \geqslant s_{min}$ 时，热稳定性合格，否则应重新选择截面。

3.5.2 短路电流的电动力效应

供电系统在短路时，由于短路电流特别是短路冲击电流很大，因此相邻载流导体之间将产生强大的电动力，可能使电气设备和载流部分遭受严重的破坏。因此，电气设备必须具有足够的机械强度，以承受短路时最大电动力的作用，避免遭受严重的机械性损坏。通常把电气设备承受短路电流的电动效应而不至于造成机械性损坏的能力，称为电气设备具有足够的电动稳定度（Electro-dynamic Stability）。

1. 两平行载流导体间的电动力

对于两平行载流导体，通过电流分别为 i_1 和 i_2 时，如图 3-14 所示，其相互间的电动力可由毕－萨定律计算，为

$$F = 2i_1 i_2 \frac{l}{a} \times 10^{-7}\ \text{N} \tag{3-64}$$

式中，i_1、i_2 分别为两导体中的电流瞬时值（A）；l 为平行导体的长度（m）；a 为两平行导体中心距（m）。

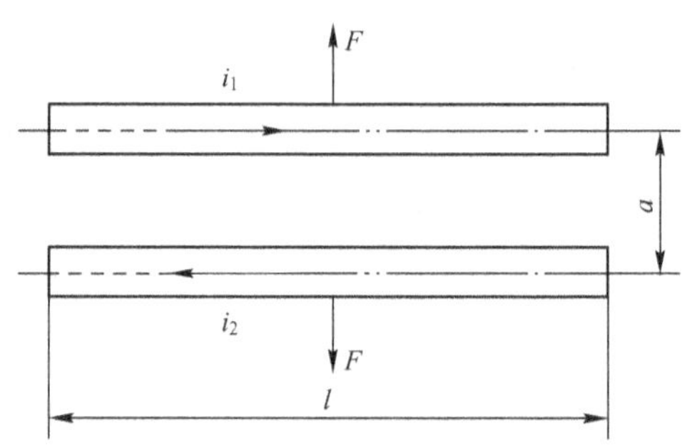

图 3-14 两平行导体间的电动力

式（3-64）是在导体的尺寸与线间距离 a 相比很小且导体很长时才正确。对于矩形截面的导体（如母线）相互距离较近时，其作用力仍可用式（3-64）计算，但需乘以形状系数 k_s 加以修正，即

$$F = 2k_s i_1 i_2 \frac{l}{a} \times 10^{-7}\ \text{N} \tag{3-65}$$

式中，k_s 为导体形状系数，对于矩形导体可查图 3-15 中的曲线求得。

图 3-15 中形状系数曲线是以 $\frac{a-b}{h+b}$ 为横坐标，表示线间距离与导体半周长之比。曲线的参变量 m 是宽与高之比，即 $m = \frac{b}{h}$。

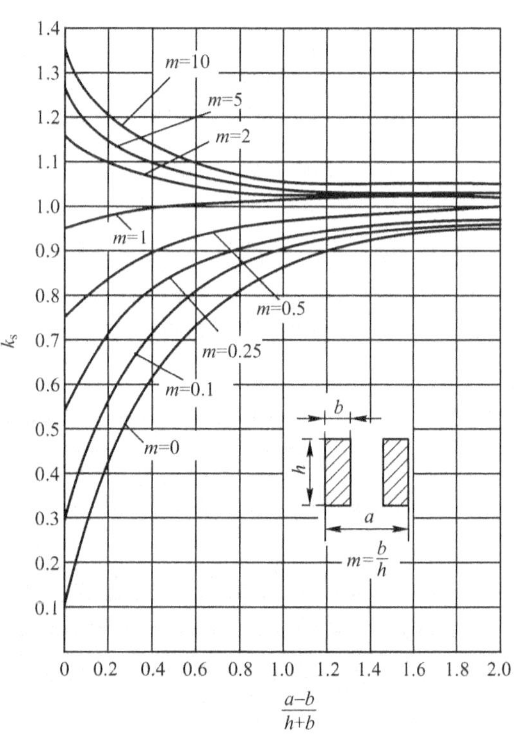

图 3-15 矩形导体形状系数

2. 三相平行导体间的电动力

在三相系统中，当三相导体在同一平面平行布置时，受力最大的是中间相。设有三相交流电通过导体，如图 3-16 所示。

取 B 相为参考相，三相电流为

$$
\left.\begin{aligned}
i_A &= I_m \sin(\omega t + 120^\circ) \\
i_B &= I_m \sin\omega t \\
i_C &= I_m \sin(\omega t - 120^\circ)
\end{aligned}\right\} \tag{3-66}
$$

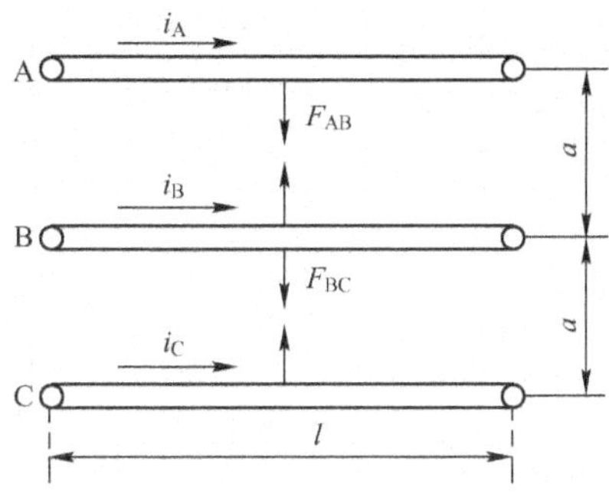

图 3-16　三相导体间的电动力

则 B 相导体所受的力为

$$
\begin{aligned}
F_B &= F_{BA} - F_{BC} \\
&= 2k_s \frac{l}{a}(i_B i_A - i_B i_C) \times 10^{-7} \\
&= 2k_s \frac{l}{a} i_B (i_A - i_C) \times 10^{-7} \\
&= \sqrt{3} k_s \frac{l}{a} I_m^2 \sin 2\omega t \times 10^{-7}\,\mathrm{N}
\end{aligned}
$$

当 $2\omega t = \pm 90°$ 时，得 B 相受力的最大值为

$$F_{B.max} = \sqrt{3} k_s I_m^2 \frac{l}{a} \times 10^{-7}\,\mathrm{N}$$

当发生三相短路故障时，短路电流冲击值通过导体，中间相所受电动力的最大值为

$$F_{B.max}^{(3)} = \sqrt{3} k_s i_{sh}^{(3)2} \frac{l}{a} \times 10^{-7}\,\mathrm{N} \tag{3-67}$$

式中，$i_{sh}^{(3)}$ 为三相短路电流冲击值（kA）。

又因为两相短路时的冲击电流为

$$i_{sh}^{(2)} = \frac{\sqrt{3}}{2} i_{sh}^{(3)} \tag{3-68}$$

所以发生两相短路时，最大电动力为

$$F_{B.max}^{(2)} = \sqrt{3} k_s i_{sh}^{(2)2} \frac{l}{a} \times 10^{-7} = 1.5 k_s i_{sh}^{(3)2} \frac{l}{a} \times 10^{-7}\,\mathrm{N} \tag{3-69}$$

3. 短路动稳定度的校验条件

（1）一般电器的动稳定度校验条件

由上述可知，对于成套电气设备，因其长度 l、导线间的中心距 a 和形状系数 k_s 均为定值，故此力只与电流大小有关。因此，电气设备的动稳定性常用设备动稳定电流（即极限允许通过电流）来表示。当电气设备的动稳定电流峰值 i_{max}（或最大值）大于 $i_{sh}^{(3)}$ 时，或动稳定电流有效值 I_{max} 大于 $I_{sh}^{(3)}$ 时，设备的机械强度就能承受冲击电流的电动力，即电气设备的动稳定性合格；否则不合格，应按动稳定性要求进行重选。即

$$i_{max} \geqslant i_{sh}^{(3)} \tag{3-70}$$

或

$$I_{max} \geqslant I_{sh}^{(3)} \tag{3-71}$$

式中，i_{max}、I_{max} 分别为电气设备的动稳定电流峰值和有效值，可由有关手册或产品样本查得。

（2）绝缘子的动稳定度校验条件

按下列公式校验：

$$F_{al} \geqslant F_C^{(3)} \tag{3-72}$$

式中，F_{al} 为绝缘子的最大允许载荷，可由有关手册或产品样本查得，如果手册或产品样本给出的是绝缘子的抗弯破坏载荷值，则可将抗弯破坏载荷值乘以 0.6 即为 F_{al} 值；

$F_C^{(3)}$ 为三相短路时作用于绝缘子上的计算力，如果母线在绝缘子上为平放（见图 3-17a），$F_C^{(3)}$ 按式（3-67）计算，即 $F_C^{(3)}=F_{B.max}^{(3)}$，如果母线在绝缘子上为竖放（见图 3-17b），则 $F_C^{(3)}=1.4F_{B.max}^{(3)}$。

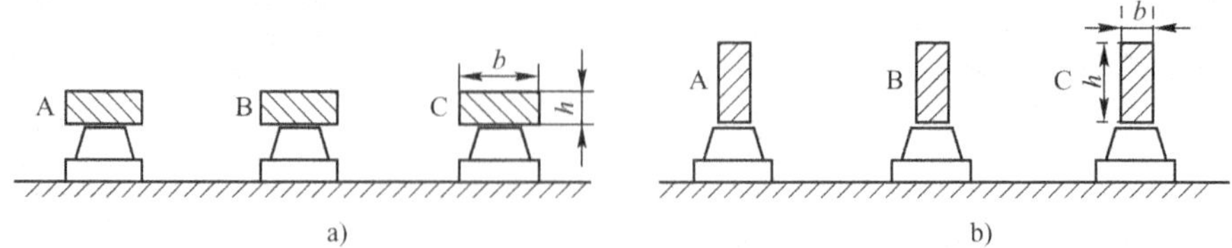

图 3-17　水平放置的母线

a）平放　b）竖放

（3）硬母线的动稳定度校验条件

按下列公式校验：

$$\sigma_{al} \geqslant \sigma_C^{(3)} \tag{3-73}$$

式中，σ_{al}为母线材料的最大允许应力（Pa），硬铜母线（TMY 型），$\sigma_{al}=140$ MPa，硬铝母线（LMY 型），$\sigma_{al}=70$ MPa；$\sigma_C^{(3)}$ 为母线通过 $i_{sh}^{(3)}$ 时所受到的最大计算应力。

上述最大计算应力按下式计算：

$$\sigma_C^{(3)}=\frac{M}{W} \tag{3-74}$$

式中，M 为母线通过 $i_{sh}^{(3)}$ 时所受到的弯曲力矩，当母线档数为 1 ~ 2 时，$M=F_{B.max}^{(3)}l/8$，当母线档数大于 2 时，$M=F_{B.max}^{(3)}l/10$，这里的 $F_{B.max}^{(3)}$ 按式（3-67）计算，l 为母线的档距；W 为母线的截面系数，当母线水平放置时（见图 3-17），$W=b^2h/6$，这里的 b 为母线截面的水平宽度，h 为母线截面的垂直宽度。

（4）电缆的动稳定度校验

电缆的机械强度很好，其动稳定性由厂家保证，因此无须校验其短路动稳定性。

本章小结

本章简述了供配电系统短路的原因、危害、短路种类及短路计算的目的；分析了无限大容量系统发生三相短路时的暂态过程；重点介绍了两种计算三相短路电流的方法：欧姆法和标幺值法；同时讲述了两相和单相短路电流计算的方法；最后讨论了短路电流的热效应和电动力效应及动、热稳定性校验。

（1）短路的种类有三相短路、两相短路、单相接地短路和两相接地短路四种。三相短路属于对称短路，其他短路属于不对称短路。一般三相短路电流最大，造成的危害也最严重。

（2）无限大容量系统发生三相短路时，短路电流由周期分量和非周期分量组成。短路电流周期分量在短路过程中保持不变，从而 $I''=I_p=I_\infty=I_k$，使短路计算十分简便。在热、动稳定性校验时，稳态短路电流、短路冲击电流是校验电气设备的依据。

（3）采用标幺值法计算三相短路电流，避免了欧姆法中多级电压系统中的阻抗变换，计算方便，结果清晰，在工程中得到广泛应用。

(4) 两相短路电流近似看成三相短路电流的0.866倍，单相短路电流为相电压除以短路回路总阻抗。两相短路电流计算的目的主要是校验保护的灵敏度，单相短路电流计算的目的主要是为接地设计等。

(5) 当供电系统发生短路时，巨大的短路电流将产生强烈的电动力效应和热效应，可能使电气设备遭受严重破坏。因此，必须对电气设备和载流导体进行动稳定和热稳定校验。热稳定校验中，短路发热计算复杂，通常采用稳态短路电流和短路假想时间计算短路发热，利用$A=f(\theta)$关系曲线确定短路发热温度，以此作为校验短路热稳定的依据或计算短路热稳定最小截面；动稳定校验中，三相短路电流产生的电动力最大，并出现在三相系统的中间相(B相)，以此作为校验短路动稳定的依据。

习题与思考题

3-1　什么叫短路？短路的类型有哪些？造成短路故障的原因有哪些？短路有哪些危害？短路电流计算的目的是什么？

3-2　什么叫无限大容量电力系统？无限大与有限大容量电源系统有何区别？对于短路暂态过程有何不同？

3-3　解释和说明下列术语的物理含义：短路电流的周期分量i_p，非周期分量i_{np}，短路全电流，短路冲击电流i_{sh}，短路冲击电流有效值I_{sh}，短路次暂态电流I''，稳态短路电流I_∞和短路容量S_k。

3-4　试说明采用欧姆法和标幺值法计算短路电流各有什么特点？这两种方法各适用于什么场合？

3-5　在无限大容量供电系统中，两相短路电流和三相短路电流有什么关系？

3-6　什么是短路电流的热效应？为什么要用稳态短路电流I_∞和假想时间t_{ima}来计算？

3-7　什么是短路电流的电动力效应？它应该采用哪一个短路电流来计算？

3-8　在短路点附近有大容量交流电动机运行时，电动机对短路电流计算有何影响？

3-9　对一般电器，其短路动稳定度和热稳定度校验的条件各是什么？对母线其短路动稳定度和热稳定度校验的条件是什么？

3-10　某一地区变电所通过一条长6 km的10 kV电缆线路供电给某厂一个装有两台并列运行的S9-800型变压器的变电所。地区变电所出口断路器的断流容量为400 MV·A，试用欧姆法求该厂变电所10 kV高压母线上和380 V低压母线上的短路电流$I_k^{(3)}$、$I''^{(3)}$、$I_\infty^{(3)}$、$i_{sh}^{(3)}$、$I_{sh}^{(3)}$和短路容量$S_k^{(3)}$，并列出短路计算表。

3-11　试用标幺值法重做题3-10。

第 4 章　供配电一次系统

4.1　供配电一次系统概述

4.1.1　一次设备及其分类

变电所一次设备是接受和分配电能的设备，主要包括：

1）变换设备　如变压器、电流互感器、电压互感器等。

2）控制设备　如断路器、隔离开关等。

3）保护设备　如熔断器、避雷器等。

4）补偿设备　如并联电容器。

5）成套设备　如高压开关柜、低压开关柜等。

变电所一次设备的文字符号和图形符号见表 4-1。

表 4-1　变电所一次设备文字符号和图形符号

序号	名称	文字符号	图形符号	序号	名称	文字符号	图形符号	序号	名称	文字符号	图形符号
1	高低压断路器	QF		4	高、低压熔断器	FU		7	变压器	T	
2	高压隔离开关	QS		5	避雷器	FA		8	电流互感器	TA	
3	高压负荷开关	QL		6	低压刀开关	QK		9	电压互感器	TV	

4.1.2　电气设备运行中的电弧问题与灭弧方法

电弧是电气设备运行中出现的一种强烈的电游离现象，光亮很强，温度很高。电弧的产生对供电系统的安全运行有很大影响。首先，电弧延长了电路开断的时间。在开关分断短路电流时，开关触头上的电弧就延长了短路电流通过电路的时间，使短路电流危害的时间延长，这可能对电路设备造成更大的损坏。同时，电弧的高温可能烧损开关的触头，烧毁电气设备及导线电缆，还可能引起电路弧光短路，甚至引起火灾和爆炸事故。此外，强烈的弧光可能损伤人的视力，严重的可致人眼失明。因此，开关设备在结构设计上要保证操作时电弧能迅速地熄灭。为此，在讲述高低压开关设备之前，有必要先简介电弧产生与熄灭的原理和灭弧的方法。

1. 电弧的产生

(1) 电弧产生的根本原因

开关触头分断电流时产生电弧的根本原因在于触头本身及触头周围的介质中含有大量可被游离的电子。在分断的触头之间存在着足够大的外施电压的条件下，这些电子就有可能强烈地游离而产生电弧。

(2) 产生电弧的游离方式

1) 热电发射 触头分断电流时，其阴极表面由于大电流逐渐收缩集中而出现炽热的光斑，温度很高，使触头表面分子的中外层电子吸收足够的热能而发射到触头间隙中去，形成自由电子。

2) 高电场发射 触头分断之初，电场强度很大。触头表面电子可能被强拉出来，进入触头的间隙介质中去，也形成自由电子。

3) 碰撞游离 触头间隙存在足够大的电场强度时，其中的自由电子向阳极高速移动，碰撞到中性质点，就可能使中性质点中的电子游离出来，从而使中性质点变成带电的正离子和自由电子。这些被碰撞游离出来的带电质点在电场力的作用下，继续参加碰撞游离，结果使触头间介质中的离子数越来越多，形成“雪崩”现象。当离子浓度足够大时，介质击穿产生电弧。

4) 高温游离 电弧温度很高，达3000～4000℃，弧心可高达10000℃。在如此高温下，电弧中的中性质点可游离为正离子和自由电子，进一步加强电弧中的游离。触头越分开，电弧越大，高温游离也越显著。

上述各种游离的综合作用，使触头在分断电流时产生电弧并得以维持。

2. 电弧的熄灭

(1) 熄灭电弧的条件

要使电弧熄灭，必须使触头间电弧中的去游离率大于游离率。

(2) 熄灭电弧的去游离方式

1) 正负带电质点的“复合” 复合就是正负带电质点重新结合为中性质点。这与电弧中的电场强度、温度及电弧截面等因素有关。电弧中的电场强度越弱，电弧温度越低，电弧截面越小，则其中带电质点的复合越强。复合与电弧接触的介质性质也有关系。电弧接触的介质为固体，较活泼的电子先使介质表面带负电，带负电的介质表面吸引电弧中的正离子而造成强烈的复合。

2) 正负带电质点的“扩散” 扩散就是电弧中的带电质点向周围介质中扩散开去，从而使电弧区域的带电质点减少。扩散的原因，一是由于电弧与周围介质的温度差，二是由于电弧与周围介质的离子浓度差。扩散也与电弧截面有关，电弧截面越小，离子扩散越强。

上述带电质点的复合和扩散，都会使电弧中间的离子数减少，即去游离增强，从而有助于电弧的熄灭。

(3) 交流电弧的熄灭特点

交流电流每半个周期要经过零值一次，电流过零时，电弧暂时熄灭。电弧熄灭瞬间，弧隙温度骤降，高温游离中止，去游离（主要为复合）大大增强，弧隙虽然仍处于游离状态，但阴极附近空间立刻获得很高的绝缘强度。随后弧隙电场强度又可能使之击穿，电弧复燃。但由于触头的迅速断开，电场强度的迅速降低，一般交流电弧经过若干周期的熄灭、复燃、熄灭的反复，最终完全熄灭。因此交流电弧的熄灭，可利用交流电流过零时电弧要暂时熄灭这一特性。有较完善灭弧结构的高压断路器，熄灭交流电弧一般需几个周期，而真空断路器的灭弧，一般只需半个周期。

（4）常用的灭弧方法

1）速拉灭弧法　迅速拉长电弧，可使弧隙的电场强度骤降，离子的复合迅速增强，从而加速电弧的熄灭。这种灭弧方法是开关电器中普遍采用的最基本的一种灭弧法。高压开关中装设强有力的断路弹簧，目的就在于加快触头的分断速度，迅速拉长电弧。

2）冷却灭弧法　降低电弧的温度，可使电弧中的热游离减弱，正负离子的复合增强，有助于电弧加速熄灭。这种灭弧方法在开关电器中也应用普遍，同样是一种基本的灭弧方法。

3）吹弧灭弧法　利用外力（如气流、油流或电磁力）来吹动电弧，使电弧加速冷却，同时拉长电弧，降低电弧中的电场强度，使离子的复合和扩散增强，从而加速电弧的熄灭。

按吹弧的方向分，有横吹和纵吹两种方式，如图 4-1 所示；按外力的性质分，有气吹、油吹、电动力吹和磁力吹等方式。低压刀开关迅速拉开其刀闸时，不仅迅速拉长了电弧，而且其电流回路产生的电动力作用于电弧，使之加速拉长，如图 4-2 所示。有的开关装有专门的磁吹线圈来吹动电弧，如图 4-3 所示；也有的开关利用铁磁物质如钢片来吸弧，如图 4-4 所示，这相当于反向吹弧。

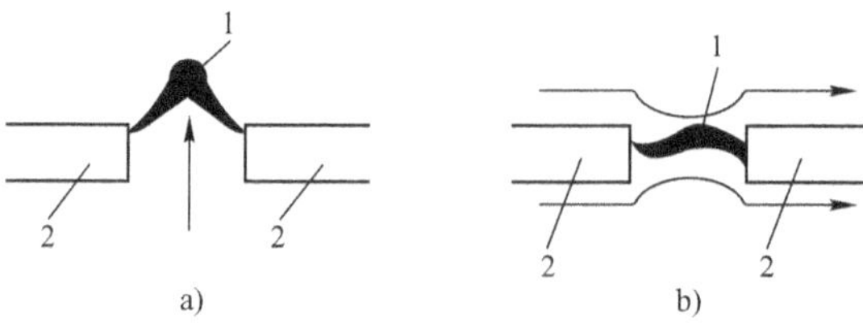

图 4-1　吹弧方式

a）横吹　b）纵吹

1—电弧　2—触头

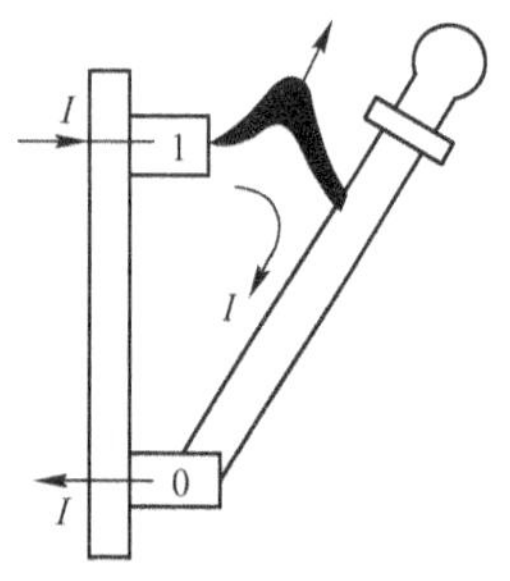

图 4-2　电动力吹弧（刀开关断开时）

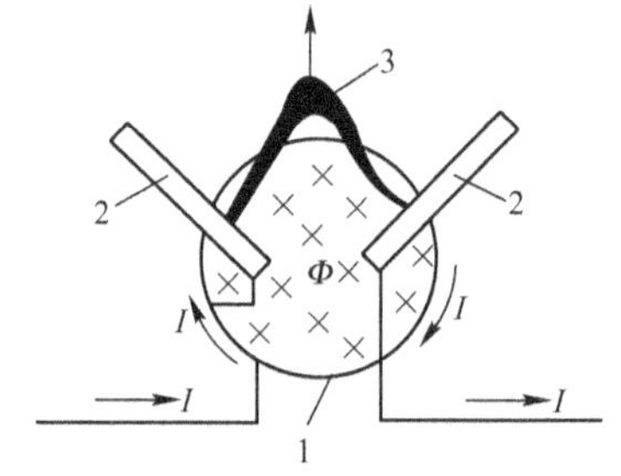

图 4-3　磁力吹弧

1—磁吹线圈　2—灭弧触头　3—电弧

4）长弧切短灭弧法　由于电弧的电压降主要降落在阴极和阳极上，其中阴极电压降又比阳极电压降大得多，而弧柱（电弧的中间部分）的电压降是很小的。因此，如果利用金属栅片（通常采用钢栅片）将长弧切割成若干段短弧，则电弧上的电压降将近似地增大若干倍。当外施电压小于电弧上的电压降时，电弧就不能维持而迅速熄灭。图 4-5 所示钢灭弧栅（又称去离子栅），当电弧在其电流回路本身产生的电动力及铁磁吸力的共同作用下进入钢灭弧栅内，就被切割为若干短电弧，使电弧电压降大大增加，同时钢片对电弧还有冷却降温作用，从而加速电弧的熄灭。

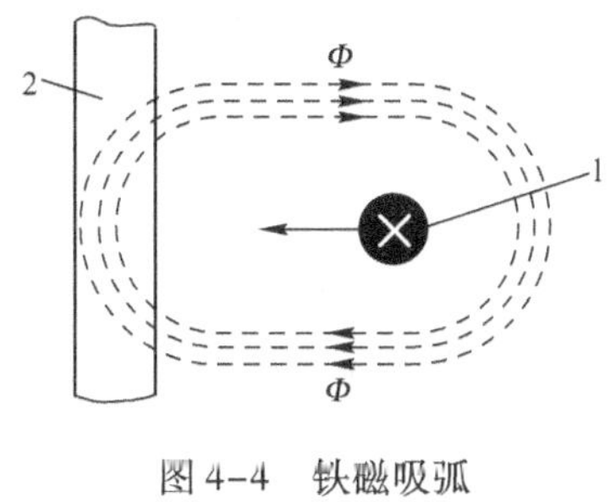

图 4-4　铁磁吸弧

1—电弧　2—钢片

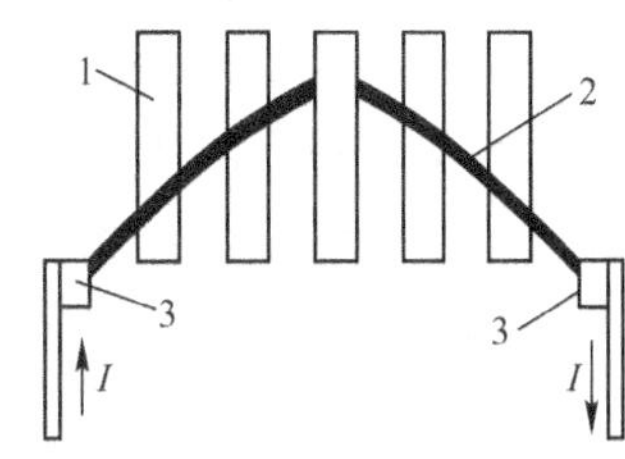

图 4-5　钢灭弧栅对电弧的作用

1—钢栅片　2—电弧　3—触头

5）粗弧分细灭弧法　将粗大的电弧分成若干平行的细小的电弧，使电弧与周围介质的接触面增大，改善电弧的散热条件，降低电弧的温度，使电弧中离子的复合和扩散都得到增强，从而使电弧迅速熄灭。

6）狭沟灭弧法　使电弧在固体介质所形成的狭沟中燃烧。由于电弧的冷却条件改善，使电弧的去游离增强，同时介质表面的复合也比较强烈，从而使电弧迅速熄灭。有的熔断器的熔管内充填石英砂，就是利用狭沟灭弧原理。有一种用耐弧的陶瓷绝缘材料制成的灭弧栅，如图 4-6 所示，也同样利用了这种狭沟灭弧原理。

7）真空灭弧法　真空具有较高的绝缘强度。如果将开关触头装在真空容器内，则在电流过零时就能立即熄灭电弧而不致复燃。真空断路器就是利用真空灭弧法的原理制造的。

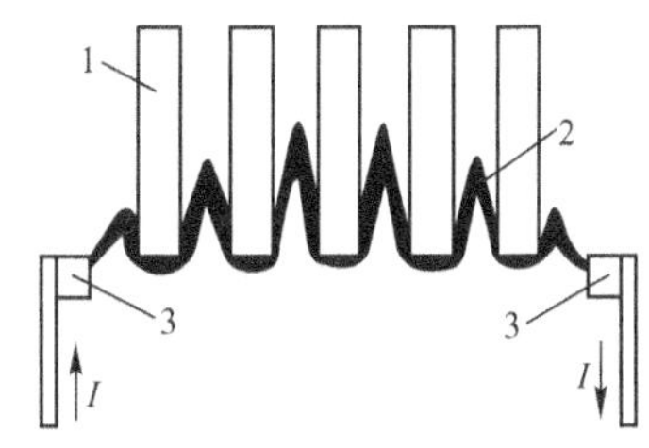

图 4-6　绝缘灭弧栅对电弧的作用

1—绝缘栅片　2—电弧　3—触头

8）六氟化硫（SF_6）灭弧法　SF_6气体具有优良的绝缘性能和灭弧性能，其绝缘强度约为空气的 3 倍，其绝缘强度恢复速度约为空气的 100 倍。SF_6 断路器就是利用 SF_6作绝缘和灭弧介质的，从而获得较高的断开容量和灭弧速度。

在现代的电气开关设备中，常常根据具体情况综合利用上列灭弧法来达到迅速灭弧的目的。

4.2　电力变压器及其选择

4.2.1　电力变压器及其分类

电力变压器是变电所中最关键的设备，它由铁心和绕组两个部分组成，利用互感原理，来升高或降低电源电压。所以，按功能分，可分为升压变压器和降压变压器两种，工厂变电所的电力变压器均为降压变压器。

电力变压器按相数分，有单相和三相两种。工厂变配电所一般采用三相双绕组电力变压器。

电力变压器按冷却介质分，有干式和油浸式两大类。一般采用油浸式。油浸式变压器按其冷却方式分，又有油浸自冷式、油浸风冷式以及强迫油循环风冷或水冷式等。一般工厂变电所采用的中小型变压器多为油浸自冷式。

电力变压器按其绕组导体材质分，有铜绕组和铝绕组两种。目前推广应用的三相油浸式铝绕组电力变压器，主要为 SLJ 系列低损耗变压器，而推广应用的三相油浸式铜绕组电力变压器，主要为 S11 系列低损耗变压器。

电力变压器按用途分，有普通变压器和特种变压器。

电力变压器按调压方式分为有载调压变压器和无载调压变压器。当电力系统供电电压偏低或电压波动严重而用电设备对电压质量又要求较高时，可选用 SZL7 或 SZ9 等系列有载调压低损耗变压器。上述各系列变压器均采用国际通用的 R10 容量系列，即容量按 $R10=1.26\ (\sqrt[10]{10})$ 的倍数增加，容量有 50 kV · A、80 kV · A、100 kV · A 、125 kV · A、160 kV · A、200 kV · A、250 kV · A、315 kV · A、400 kV · A、500 kV · A、630 kV · A、800 kV · A 和 1000 kV · A 等。

4. 2. 2 电力变压器的结构和联结组别

1. 电力变压器的结构

图 4-7 是普通三相油浸式电力变压器的结构图。

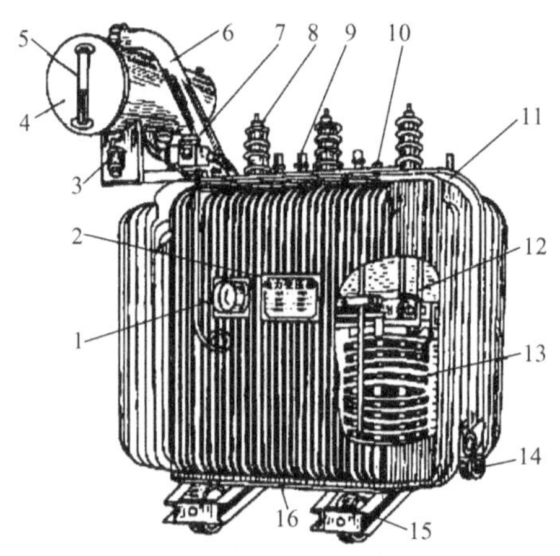

图 4-7 三相油浸式电力变压器

1—信号温度计 2—铭牌 3—吸湿器 4—油枕（储油柜） 5—油位指示器（油标） 6—防爆管 7—瓦斯（气体）继电器 8—高压出线套管和接线端子 9—低压出线套管和接线端子 10—分接开关 11—油箱及散热油管 12—铁心 13—绕组及绝缘 14—放油阀 15—小车 16—接地端子

2. 电力变压器的联结组别

（1）常用配电变压器的联结组别

变压器 Yyn0 联结组的接线和示意图如图 4-8 所示。

（2）防雷变压器的联结组别

防雷变压器通常采用 Yzn11 联结组，如图 4-9a 所示，其正常时的电压相量图如图 4-9b 所示。

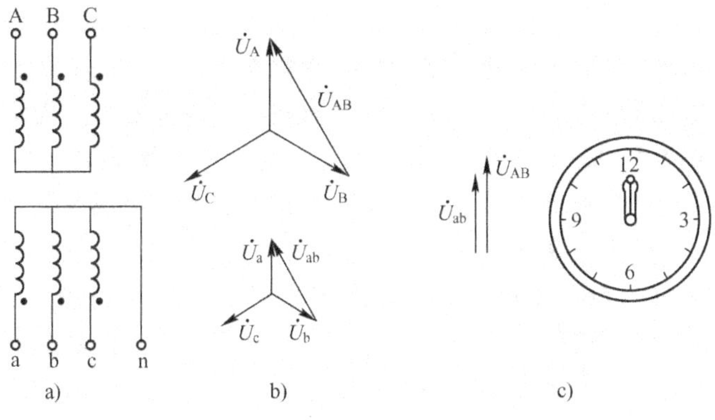

图 4-8　变压器 Yyn0 联结组

a）一、二次绕组接线　b）一、二次电压相量　c）时钟示意图

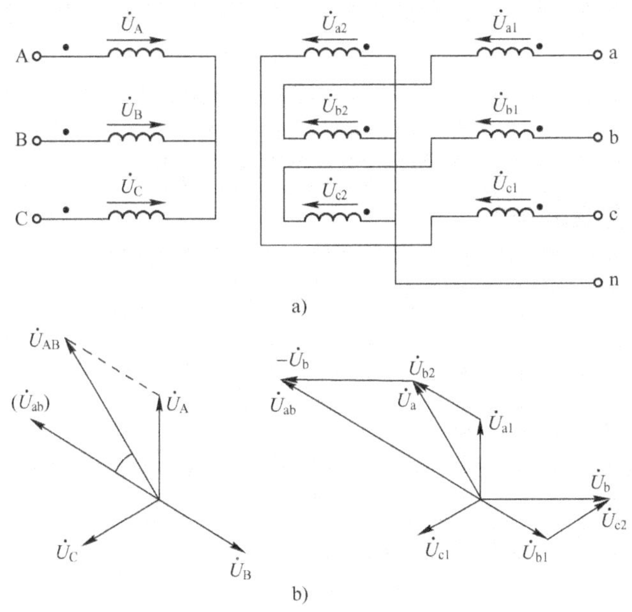

图 4-9　变压器 Yzn11 联结的防雷变压器

a）一、二次绕组接线　b）一、二次电压相量

4.2.3　电力变压器的容量和过负荷能力

1. 电力变压器的额定容量与实际容量

电力变压器的额定容量（铭牌容量），是指在规定的环境温度（20℃）条件下，室外安装时，在规定使用年限（一般规定 20 年）内所能连续输出的最大视在功率（kV·A）。

如果仅从变压器安全运行条件（长期运行不被烧毁）考虑，其输电能力（容量）必大于额定运行条件下的容量，即具有正常过负荷的能力。但如果长期按照最大正常过负荷运行，会大大缩短变压器的使用寿命，显然这样是很不经济的。所以，电力变压器的额定容量是经过经济、技术比较后确定的最佳选择。因此，额定容量不是最大容量，而是最经济的容量。

变压器的使用年限主要取决于变压器绕组绝缘的老化速度，而绝缘老化速度又取决于绕组最热点的温度，变压器绕组的导体和铁心可以长期经受较高的温度而不致损坏。但绕组长期受热时，其绝缘的弹性和机械强度要逐渐减弱，这就是绝缘的老化现象，绝缘老化严重时，就会变脆，出现裂纹，甚至脱落。试验表明：在规定的环境温度条件下，如果变压器绕组最热点的温度一直维持在 +95℃，则变压器可连续运行 20 年。如果其绕组温度升高到 +120℃，则变压器只能运行 2. 2 年，这说明绕组温度对变压器的使用寿命有极大的影响；而绕组的温度又与绕组流过负荷电流的大小有直接的关系，即在散热条件不变的前提下，负荷电流大小、周围环境温度高低直接影响着变压器的使用寿命。电力变压器长期运行的环境温度越低、负荷电流越小，变压器的使用寿命越长；反之，寿命越短。

由于现场使用环境的平均温度与标准的温度规定有差异，使得变压器的实际容量与额定容量并不相等。一般规定，如果变压器安装地点的年平均气温 $\theta_{0\cdot \mathrm{av}}=20$℃时，则年平均气温每升高 1℃，变压器的容量应相应减小 1%；对应着每低 1℃，变压器的容量应相应增加 1%。因此，变压器的实际容量（出力）应计入一个温度校正系数 K_θ。

对室外变压器：通风条件好，易于散热，其实际容量为

$$S_{\mathrm{T}}=K_\theta S_{\mathrm{N}\cdot\mathrm{T}}=\left(1-\frac{\theta_{0\cdot\mathrm{av}}-20}{100}\right)S_{\mathrm{N}\cdot\mathrm{T}} \tag{4-1}$$

其中，$S_{\mathrm{N}\cdot\mathrm{T}}$为变压器的额定容量。

对室内变压器：由于散热条件较差，变压器进风口和出风口间有 15℃的温差，因此处在室内的变压器环境温度比户外温度大约高 8℃，因此其容量要减小 8%。即

$$S_{\mathrm{T}}=K_\theta S_{\mathrm{N}\cdot\mathrm{T}}=\left(0.92-\frac{\theta_{0\cdot\mathrm{av}}-20}{100}\right)S_{\mathrm{N}\cdot\mathrm{T}} \tag{4-2}$$

2. 电力变压器的正常过负荷能力

变压器的正常过负荷能力是指变压器在较短的时间内能输出的最大容量。变压器的负荷总是在不断地变化，而且有时昼夜、季节负荷的变化还很大，如果按最大负荷选择变压器容量，就可能造成变压器在大部分时间内在低于变压器额定容量下运行。在不影响变压器的绝缘和使用寿命的情况下，变压器完全可以过负荷使用，对油浸式电力变压器，其允许的正常过负荷主要包括以下两部分：

（1）昼夜负荷不平衡而允许的变压器的过负荷

根据典型的日负荷曲线填充系数（日负荷率）β 和最大负荷持续时间 t，查图 4-10 所示油浸式变压器正常过负荷倍数曲线，即可得变压器的允许过负荷倍数 $K_{\mathrm{OL}(1)}$。

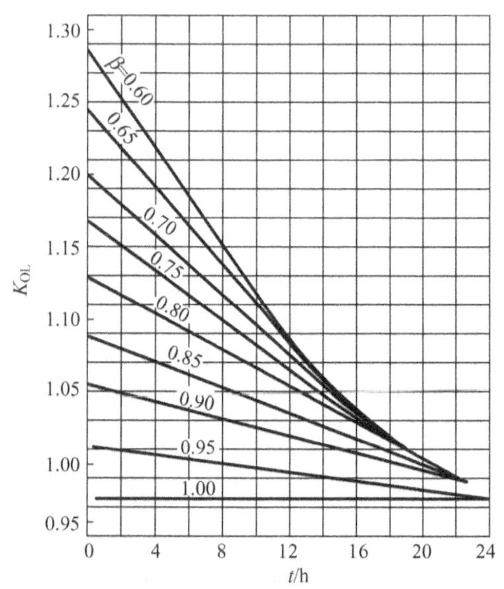

图 4-10　油浸式变压器正常过负荷倍数曲线

（2）季节性负荷差异而允许的变压器的过负荷

如果在夏季平均日负荷曲线中的最大负荷 S_m 低于变压器的额定容量 $S_{N \cdot T}$，则每低 1%，可在冬季过负荷 1%，但是最大不得超过 15% $S_{N \cdot T}$。即称为"1% 规则"。

可以综合考虑上述二者的影响，但是对于户外变压器而言，不得超过额定容量的 30%，户内变压器不得超过额定容量的 20%。干式变压器一般不考虑正常过负荷问题。

3. 电力变压器的事故过负荷能力

当供电系统发生故障时，为了保证对重要用户的连续供电，变压器在较短时间内过负荷运行，称为变压器的事故过负荷能力。

变压器一般是在欠负荷的情况下运行，短时间的过负荷不会引起绝缘的明显损坏，而且变压器事故过负荷运行的概率又比较少，但这种事故过负荷运行的时间不得超过表 4-2 所规定时间。

表 4-2 电力变压器事故过负荷允许值

油浸自冷式变压器	过负荷百分值（%）	30	45	60	75	100	200
	过负荷时间/min	120	80	45	20	10	1.5
干式变压器	过负荷百分值（%）	10	20	30	40	50	60
	过负荷时间/min	75	60	45	32	16	5

4.2.4 变电所变压器的选择

1. 变压器型号的选择

（1）变压器型号表示

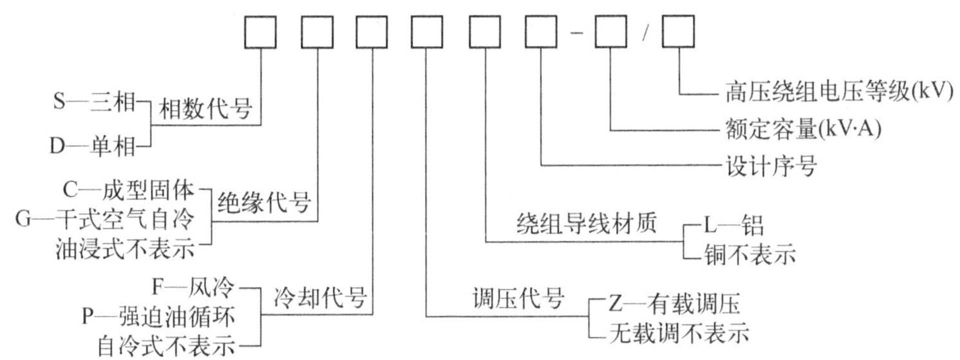

（2）变压器类型选择的一般原则

1）尽量选择低损耗节能型，如 S11 系列或者 S13 系列。

2）在多尘或者具有腐蚀性气体严重影响变压器安全的场合，选择密闭型变压器或者防腐蚀型变压器。

3）供电系统中没有特殊要求和民用建筑独立变电所常采用三相油浸自冷式电力变压器。

4）对于高层建筑、地下建筑、发电厂和化工等单位对消防要求较高的场所，宜采用干式变压器。

5）对于电网电压波动比较大的场合，为改善电能质量，应采用有载调压电力变压器。

2. 变压器台数及容量的选择

将变电所分成两类进行讨论，总降压变电所（与电源直接联系，将 35 kV 转换到

10 kV/6 kV）和广义车间变电所（直接面向用电设备的变电所，包括车间变电所、独立变电所、杆上变电台及高层建筑变电所等）。

（1）总降压变电所主变压器台数和容量的确定

总降压变电所主变压器台数和容量的确定主要考虑供电条件、负荷性质、用电容量和运行方式等因素。

1）选择变配电所主变压器台数时，应遵循以下原则：

① 供电的可靠性必须得到保证。对供电给大量一、二级负荷的变电所，应选用两台主变压器，以便当一台变压器故障检修时，另一台能够承担对一、二级负荷的供电；对只有少量二级负荷而无一级负荷的变电所，如果低压侧有与其他变电所相连的联络线作为备用电源，则也可只选用一台变压器。

② 应能提高变压器运行的经济性。对于季节性负荷或昼夜负荷变动较大的宜于采用经济运行方式（例如两台并列运行的变压器可在低负荷时切除一台）的变电所，无论负荷性质如何，均可选用两台变压器。

③ 应能简单实用。除以上情况外，一般供三级负荷的变电所可只采用一台变压器，负荷较大时也可选择两台主变。台数过多，不仅使变电所主接线复杂，增加投资，而且使运行管理复杂。

④ 满足发展的要求。充分考虑负荷的增长情况，短期内（一般考虑 5 年）没有增长的可能性时，应考虑采用多台小容量变压器，以备发展时增加台数，而不应一次性使用大容量的变压器，增加投资和运行费用。

2）主变压器容量的确定应遵循以下原则：

① 只装一台主变时，变压器的额定容量应满足所有计算负荷的需要。即

$$S_{N.T} \geqslant S_C \tag{4-3}$$

② 装有两台主变压器的变电所，每台变压器的额定容量应满足在单独运行时，能保证对 60% ~70% 的计算负荷供电；每台单独运行时，能保证对全部一、二级负荷供电。即

$$S_{N.T} \geqslant (0.6 \sim 0.7) S_C \tag{4-4}$$

或

$$S_{N.T} \geqslant S_{C(\text{I}+\text{II})} \tag{4-5}$$

（2）车间变电所变压器台数和容量的确定

考虑因素与总降压变电所基本相同，即在保证电能质量的前提下，应该尽量减少投资、运行费用和有色金属的消耗。

1）车间变电所变压器台数选择原则如下：

① 带一、二级负荷。一、二级负荷较多时，装设两台及两台以上的变压器；只有少量的一、二级负荷，且可以从附近的车间变电所获取低压备用电源时，可以采用一台变压器。

② 带三级负荷。负荷较小时，采用一台变压器；负荷较大时，采用两台及两台以上；季节性负荷或昼夜变化较大的负荷，一般采用两台。

③ 负荷不大的车间。按照与其他变电所的距离，以及本身负荷的大小，决定是否单独设立变压器。

④ 特殊情况按下述原则选择：

- 单相负荷较重，使得三相负荷的不平衡超过 25% 时，宜设立单相变压器。

- 动力和照明一般共用一台变压器，若此会影响照明质量及灯泡寿命，可以专门装设照明变压器。
- 如果有较大的冲击负荷，且严重影响电能质量时，应该装设专门的变压器对冲击负荷供电。

2）车间变电所变压器容量的选择原则如下：

车间变电所变压器的单台容量，一般不宜大于1000kV·A（或1250kV·A）。这一方面是受以往低压开关电器断流能力和短路稳定度要求的限制；另一方面也是考虑到可以使变压器更接近于车间负荷中心，以减少低压配电线路的电能损耗、电压损耗和有色金属消耗量。现在我国已能生产一些断流能力更大和短路稳定度更好的新型低压开关电器，如DW15、ME等型低压断路器及其他电器，因此如车间负荷容量较大、负荷集中且运行合理时，也可以选用单台容量为1250（或1600）~2000kV·A的配电变压器，这样可减少主变压器台数及高压开关电器和电缆等。

对装设在二层以上的电力变压器，应考虑其垂直与水平运输对通道及楼板荷载的影响。如果采用干式变压器时，其容量不宜大于630kV·A。

对居住小区变电所内的油浸式变压器，单台容量不宜大于630kV·A。这是因为油浸式变压器容量大于630kV·A时，按规定应装设瓦斯保护，而这些变压器电源侧的断路器往往不在变压器附近，因此瓦斯保护很难实施，而且如果变压器容量增大，供电半径相应增大，往往造成供配电线路末端的电压偏低，给居民生活带来不便，例如荧光灯启燃困难、电冰箱不能起动等。

4.2.5 电力变压器并列运行的条件

在变配电所选用两台或多台变压器并列运行时，必须满足下列三个基本条件：

（1）变压比相同

所有并列运行变压器的额定一次电压和二次电压必须对应相等，也就是并列运行变压器的变压比应该相同，允许差值不得超过±5%。如果并列变压器的变压比不同，则并列变压器二次绕组的回路内将出现环流，即二次电压高的绕组将向二次电压低的绕组供给电流，引起电能损耗，严重时可能导致绕组过热或烧毁。

（2）阻抗电压（即短路电压）相等

由于并列运行变压器的负荷是按其阻抗电压值成反比分配的，所以其阻抗电压应该对应相等，且允许差值不得超过±10%。如果阻抗电压差值过大，可能会使阻抗电压小的变压器发生过负荷现象。

（3）联结组别相同

并列运行变压器的一次电压和二次电压的相序及相位都应分别对应相同，否则不能并列运行。假设两台变压器的变电所，一台变压器为Yyn0联结，另一台变压器为Dyn11联结，则两台变压器并列运行时，其对应的二次侧将出现30°的相位差，从而在两台变压器的二次绕组间产生电位差ΔU。这一ΔU将在二次侧产生一个很大的环流，有可能使变压器绕组烧毁。

此外，并列运行的变压器容量最好相同或相近。并列运行变压器的最大容量与最小容量之比一般不能超过3:1。并列运行变压器容量相差太悬殊时，不仅运行很不方便，而且在变压器特性略有差异时，变压器间的环流往往相当显著，很容易造成容量小的变压器过负荷。

4.3 互感器

互感器是一种特殊变压器，用于一次回路和二次回路之间的联络，属于一次设备。互感器可分为电流互感器（Current Transformer，CT，又称为仪用变流器）和电压互感器（Voltage Transformer，或 Potential Transformer，PT，又称为仪用变压器）。

互感器的功能主要是：

1）使仪表、继电器等二次设备与主电路绝缘。这既可避免主电路的高电压直接引入仪表、继电器等二次设备，又可防止仪表、继电器等二次设备的故障影响主电路，提高一、二次电路的安全性和可靠性，并有利于人身安全。

2）扩大仪表、继电器等二次设备的应用范围。例如用一只 5 A 的电流表，通过不同变流比的电流互感器就可测量任意大的电流。同样，用一只 100 V 的电压表，通过不同电压比的电压互感器就可测量任意高的电压。而且由于采用了互感器，可使二次仪表、继电器等设备的规格统一，有利于设备的批量生产。

4.3.1 电流互感器

1. 电流互感器结构原理及特点

电流互感器的基本结构原理图如图 4-11 所示，其结构特点如下：

1）一次绕组匝数很少，有的电流互感器（例如母线式）本身没有一次绕组，利用穿过其铁心的一次电路（如母线）作为一次绕组（相当于匝数为 1），而且一次绕组导体相当粗。工作时，一次绕组串接在被测的一次电路中，一次绕组呈现匝数少、低阻抗的特点，使得电流互感器的串入不影响一次电流或者影响很小。

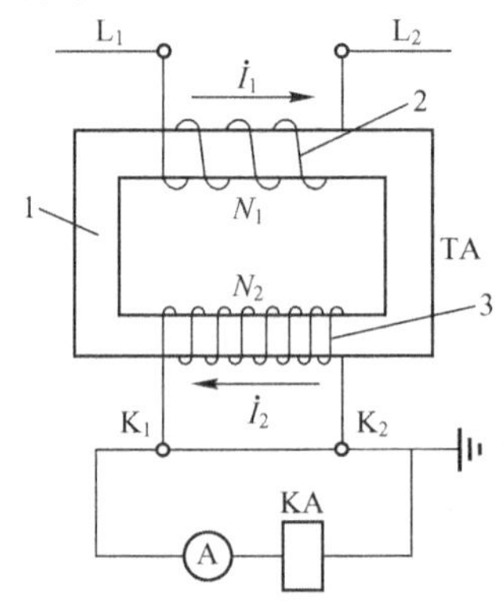

图 4-11　电流互感器原理接线图

1—铁心　2—一次绕组　3—二次绕组

2）二次绕组匝数较多，导体较细，阻抗大。工作时，二次绕组与仪表、继电器等的电流线圈串联，形成一个闭合回路。由于串联的仪表以及继电器的电流线圈阻抗很小，因此电流互感器工作时其二次回路接近于短路状态。二次绕组的额定电流一般为 5 A。

电流互感器的一次电流 I_1 与其二次电流 I_2 之间有下列关系：

$$K_i = \frac{I_{1n}}{I_{2n}} \approx \frac{I_1}{I_2} \approx K_n = \frac{N_2}{N_1} \tag{4-6}$$

式中，N_1、N_2 为电流互感器一、二次绕组匝数；K_i 为电流互感器的电流比，一般为其一、二次的额定电流之比。

2. 电流互感器的常见接线方案

图 4-12a 所示为一相式接线，只测量一相电流，常用在三相对称负荷的电路中测量电流，或在继电保护中作为过负荷保护接线。

图 4-12b 所示为两相 V 形接线，也称两相式不完全 Y 形接线。电流互感器和测量仪表

均为不完全星形接线，不论电路对称与否，流过公共导线上的电流都等于装设电流互感器的两相（图中 A、C 相）电流的相量和，恰为未装互感器一相（图中 B 相）电流的负值，如图 4-13 所示。这种接线应用于不论负荷平衡与否的三相三线制系统中，供测量三个相电流之用，也可用来接三相功率表或电度表。这种接线特别广泛地应用于继电保护装置中，称为两相两继电器接线。

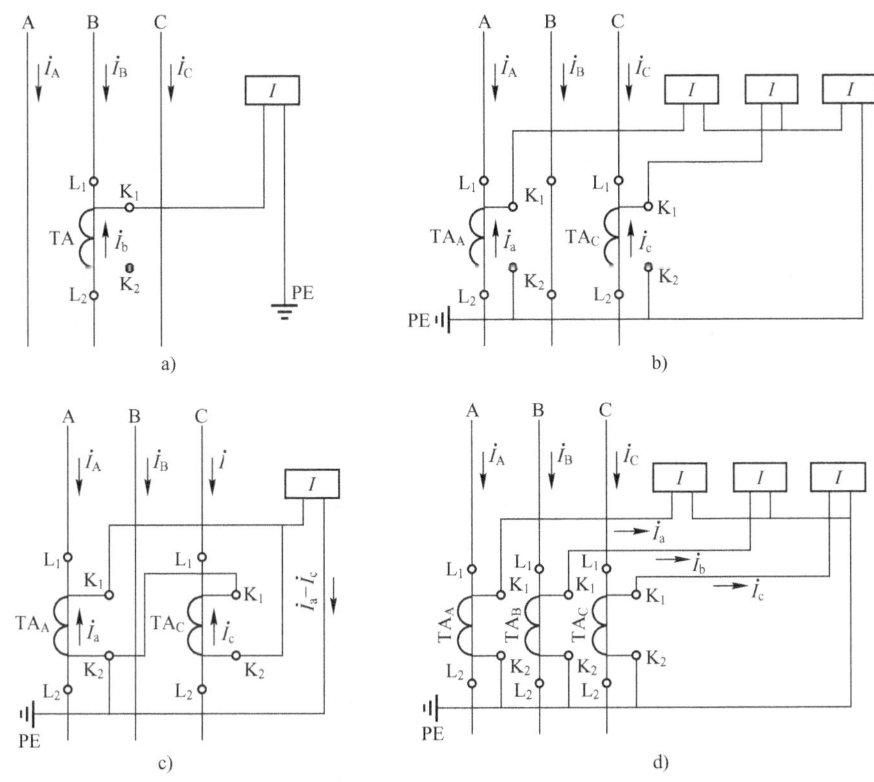

图 4-12　电流互感器的接线方案

a）一相式接线　b）两相 V 形接线　c）两相电流差接线　d）三相星形接线

图 4-12c 所示为两相电流差接线。其二次侧公共导线上的电流为相电流的$\sqrt{3}$倍，如图 4-14 所示。这种接线也广泛地应用于继电保护装置中，称为两相一继电器接线。

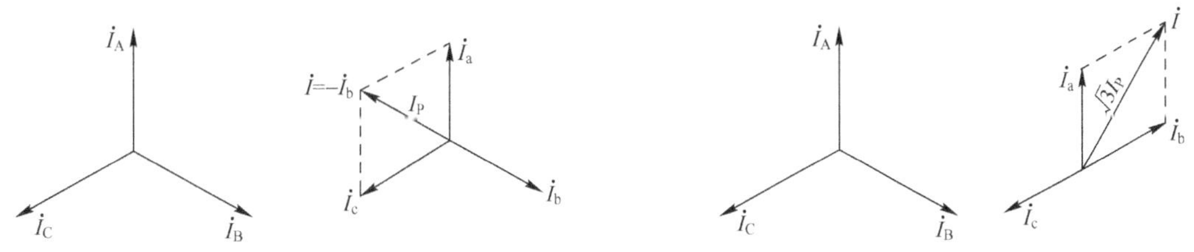

图 4-13　两相 V 形接线的电流互感器一、二次电流相量图

图 4-14　两相电流差接线的电流互感器一、二次电流相量图

图 4-12d 所示为三相 Y 形接线。电流互感器和测量仪表均为星形接线，广泛应用于 380 V/220 V 的三相四线制系统中，用于测量三相负荷电流，监视各相负荷的不对称情况或用于继电保护中。

3. 电流互感器的主要参数

(1) 额定电压

指一次绕组主绝缘能长期承受的工作电压等级。

(2) 额定电流

电流互感器的额定一次电流有5 A、10 A、15 A、20 A、30 A、40 A、50 A、75 A、100 A、150 A、200 A、300 A、400 A、500 A、750 A、1000 A、1500 A和2000A等多个等级；二次额定电流一般为5 A。

(3) 准确度等级

指电流互感器在额定运行条件下变流误差的百分数，分为0.2、0.5、1、3和10五个等级。

电流互感器除电流误差外，二次电流与一次电流之间还存在相位差，称为角误差。

电流互感器的误差与通过的电流和所接的负载大小有关。当通过的电流小于额定值或电阻值大于规定值时，误差都会增加。因此，电流互感器的准确度等级，应根据要求合理选择：通常0.2级用于实验室精密测量；0.5级用于计费电度测量；而内部核算和工程估算用电度表及一般工程测量，可用1级电流互感器；继电保护用电流互感器采用1级或3级，差动保护则用准确度为B级铁心的电流互感器。各种准确度等级的电流互感器的误差范围见表4-3。

表4-3 电流互感器的准确度等级和误差范围

准确度等级	一次电流为额定电流的百分数（%）	误差极限		二次负荷变化范围
		电流误差（±%）	角误差（±分）	
0.2	10 20 100~120	0.5 0.35 0.2	20 15 10	$(0.25\sim1)\ S_{2N}$
0.5	10 20 100~120	1 0.75 0.5	60 45 30	
1	10 20 100~120	2 0.5 1	120 90 60	
3 10	50~120 50~120	3.0 10	不规定	$(0.5\sim1)\ S_{2N}$
B	100 100n	3 -10	不规定	S_{2N}

注：1. B指保护用电流互感器。

2. n为额定的10%倍数。

(4) 额定二次负荷S_{2N}

指电流互感器在额定二次电流I_{2N}和额定二次阻抗Z_{2N}下运行时，二次绕组输出的容量（$S_{2N}=Z_{2N}I_{2N}^2$）。由于电流互感器的二次电流为标准值（5 A），故其容量也常用额定二次阻抗Z_{2N}来表示。

因电流互感器的误差和二次负荷阻抗有关，故同一台电流互感器使用在不同准确度等级时，会有不同的额定二次负荷（见表4-3）。

4. 电流互感器的类型和型号

电流互感器的类型很多，按安装地点可分为户内式和户外式；按安装方式可分为穿墙式、支持式和套管式；按绝缘介质可分为干式、浇注式和油浸式；按一次绕组的匝数可分为单匝式和多匝式；按用途可分为测量用和保护用。

图 4-15 所示为户内 500 V 的 LMZJ1 - 0.5 型电流互感器的外形图。它本身没有一次绕组，母线从中孔穿过，成为它的一次绕组（1 匝）。

图 4-16 所示为户内 10 kV 的 LQJ - 10 型电流互感器的外形图。它的一次绕组绕在两个铁心上，每个铁心都各有一个二次绕组，分别为 0.5 级和 3 级，0.5 级接测量仪表，3 级接继电保护。该型电流互感器的主要优点是体积小、重量轻、电气绝缘性能好，主要用于 10 kV 及以下配电装置。

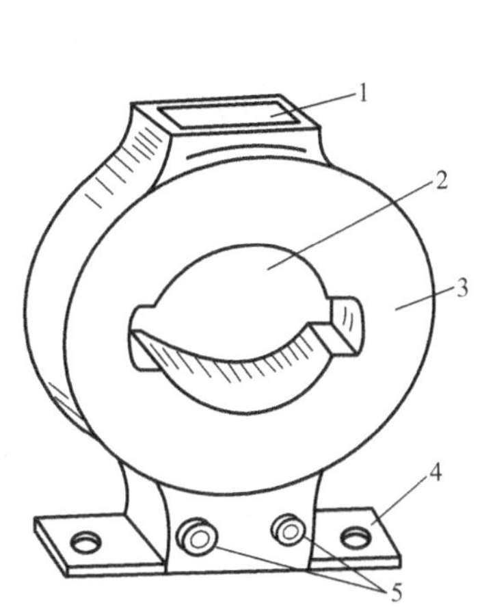

图 4-15　LMZJ1 - 0.5 型电流互感器

1—铭牌　2—一次母线穿孔
3—铁心，外绕二次绕组，环氧树脂浇注
4—安装板（底座）　5—二次接线端子

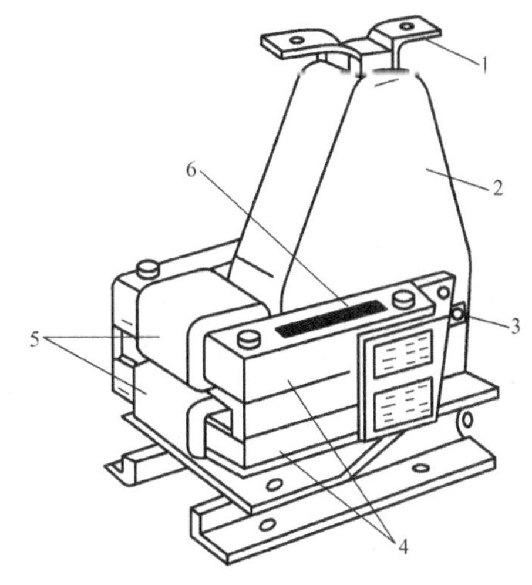

图 4-16　LQJ - 10 型电流互感器

1—一次接线端子　2—一次绕组，环氧树脂浇注
3—二次接线端子　4—铁心（两个）　5—二次绕组（两个）
6—警告牌（上写“二次侧不得开路”等字样）

电流互感器全型号的表示和含义如下：

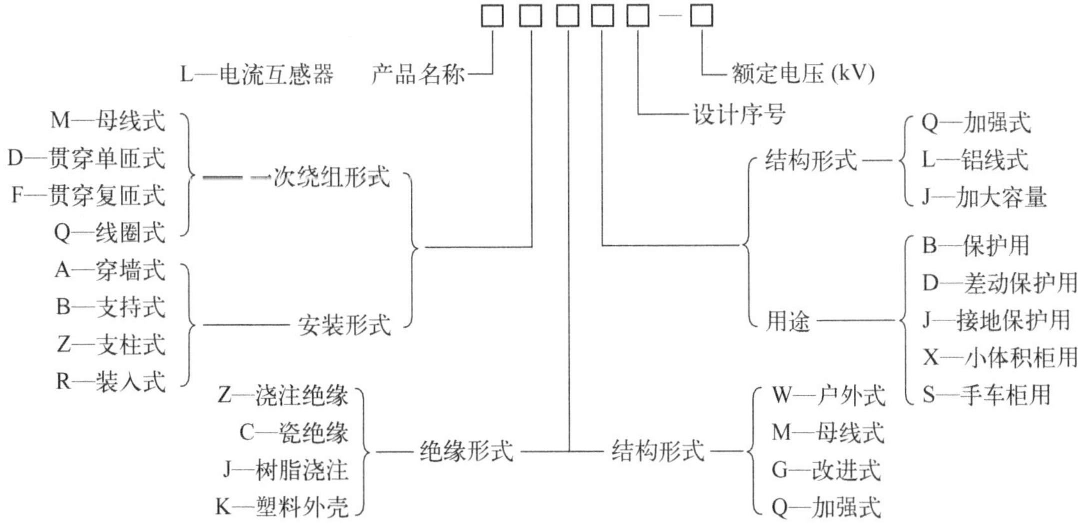

5. 电流互感器的选择和校验

电流互感器应按装设地点的条件及额定电压、一次电流、二次电流（一般为5 A）和准确度等级等条件进行选择，并校验其短路动稳定度和热稳定度。

必须注意：电流互感器的准确度等级与二次负荷容量有关。互感器二次负荷 S_2 不得大于其准确度等级所限定的额定二次负荷 S_{2N}，即互感器满足准确度等级要求的条件为

$$S_{2N} \geqslant S_2 \tag{4-7}$$

电流互感器的二次负荷 S_2 由二次回路的阻抗 $|Z_2|$ 来决定，而 $|Z_2|$ 应包括二次回路中所有串联的仪表、继电器电流线圈的阻抗 $\sum|Z_i|$、连接导线的阻抗 $|Z_{WL}|$ 和所有接头的接触电阻 R_{XC} 等。由于 $\sum|Z_i|$ 和 $|Z_{WL}|$ 中的感抗远比其电阻小，因此可认为

$$|Z_2| \approx \sum|Z_i| + |Z_{WL}| + R_{XC} \tag{4-8}$$

式中，$|Z_i|$ 可由仪表、继电器的产品样本查得；$|Z_{WL}| \approx R_{WL} = l/(\gamma A)$，这里 γ 是导线的电导率，铜线 $\gamma = 53\ \text{m}/(\Omega\cdot\text{mm}^2)$，铝线 $\gamma = 32\ \text{m}/(\Omega\cdot\text{mm}^2)$，$A$ 是导线截面积（mm^2），l 是对应于连接导线的计算长度（m）。假设从互感器至仪表、继电器的单向长度为 l_1，则互感器为Y型联结时，$l = l_1$；为V型联结时，$l = \sqrt{3}l_1$；为一相式联结时，$l = 2l_1$。式中 R_{XC} 很难准确测定，而且是可变的，一般近似地取为0.1 Ω。

电流互感器的二次负荷 S_2 按下式计算：

$$S_2 = I_{2N}^2|Z_2| \approx I_{2N}^2(\sum|Z_i| + R_{WL} + R_{XC}) \tag{4-9}$$

或

$$S_2 \approx \sum S_i + I_{2N}^2(R_{WL} + R_{XC}) \tag{4-10}$$

假设电流互感器不满足式（4-7）的要求，则应改选较大电流比或较大容量 S_{2N} 的互感器，或者加大二次接线的截面。电流互感器二次接线一般采用铜芯线，截面不小于 $2.5\ \text{mm}^2$。

对电流互感器而言，通常给出动稳定倍数 $K_{es} = i_{max}/(\sqrt{2}I_{1N})$，因此其动稳定度校验条件为

$$K_{es} \times \sqrt{2}I_{1N} \geqslant i_{sh}^{(3)} \tag{4-11}$$

热稳定倍数 $K_t = I_t/I_{1N}$，因此其热稳定度校验条件为

$$(K_t I_{1N})^2 t \geqslant I_\infty^{(3)2} t_{ima} \tag{4-12}$$

一般电流互感器的热稳定试验时间 $t = 1\ \text{s}$，因此热稳定度校验条件改为

$$K_t I_{1N} \geqslant I_\infty^{(3)} \sqrt{t_{ima}} \tag{4-13}$$

6. 电流互感器使用注意事项

1）电流互感器的二次绕组在工作时决不允许开路。这是因为，由电流互感器磁通势平衡方程式可知，铁心励磁安匝 $I_0N_1 = I_1N_1 + I_2N_2$ 在正常工作情况下并不大，一旦二次绕组开路，$Z_2 = \infty$，$I_2 = 0$，则 $I_0N_1 = I_1N_1$，一次绕组电流 I_1 仍为负载电流，一次安匝 N_1 将全部用于励磁，它比正常运行的励磁安匝大许多倍，此时铁心将处于高度饱和状态。铁心的饱和，一方面导致铁心损耗加剧、过热而损坏互感器绝缘；另一方面导致磁通波形畸变为平顶波。由于二次绕组感应的电动势与磁通的变化率 $\mathrm{d}\Phi/\mathrm{d}t$ 成正比，因此在磁通过零时，将感应出很高的尖顶波电动势，其峰值可达几千伏甚至上万伏，这将危及工作人员、二次回路及设备的安全，此外，铁心中的剩磁还会影响互感器的准确度。因此，为防止电流互感器在运行和试验中开路，规定电流互感器二次侧不准装设熔断器，如需拆除二次设备时，必须先用导线

或短路压板将二次回路短接。

2）电流互感器的二次绕组及外壳均应可靠接地。这是为了防止电流互感器的一次、二次绕组绝缘击穿时，一次侧的高电压窜入二次侧，危及人身和设备的安全。

3）电流互感器在连接时，一定要注意其端子的极性。按规定，电流互感器的一次绕组端子标以 L_1、L_2，二次绕组端子标以 K_1、K_2。L_1 与 K_1 互为“同名端”，L_2 与 K_2 也互为“同名端”。在安装和使用电流互感器时，一定要注意极性，否则二次侧所接仪表、继电器中流过的电流就不是预想的电流，影响正确测量，甚至引起事故发生。

4.3.2 电压互感器

1. 电压互感器结构原理及特点

电压互感器的基本结构原理图如图 4-17 所示，其结构特点如下：

1）一次绕组并联于线路上，其匝数较多，阻抗较大，对于被测电路没有影响，或者影响非常小。

2）二次绕组匝数较少，阻抗小，但所并联接入的测量仪表和继电器的电压线圈具有较大的阻抗，因而电压互感器在正常情况下接近于空载状态运行。二次侧额定电压一般为 100 V。

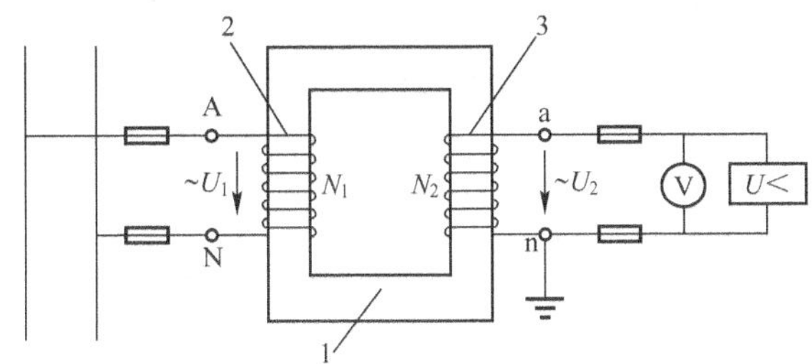

图 4-17 电压互感器的基本结构和接线

1—铁心 2— 一次绕组 3—二次绕组

电压互感器一、二次绕组额定电压之比称为电压互感器的额定变比 k_u，即

$$k_u = \frac{U_{1N}}{U_{2N}} \approx \frac{N_1}{N_2} \tag{4-14}$$

式中，N_1、N_2 分别为电压互感器一次和二次绕组的匝数；U_{1N}、U_{2N} 分别为一次和二次电压的额定值。

2. 电压互感器的接线方案

图 4-18a 所示为一只单相电压互感器的接线，用于测量某一线电压或向失压脱扣器提供信号。

图 4-18b 所示为两只单相电压互感器的 V/V 接线，用于测量任一线电压，但不能测量相电压，且输出容量只有电压互感器两台容量和的 86%。

图 4-18c 所示为三只单相电压互感器的 Y_0/Y_0 联结，供电给要求线电压的仪表、继电器，并供电给接相电压的绝缘监察电压表。但绝缘监察电压表不能接入按相电压选择的电压表，这是因为小电流接地的电力系统在发生单相接地时，另外两完好相的对地电压要升高到线电压（$\sqrt{3}$倍相电压），可能造成电压表烧坏。

图 4-18d 所示为三只单相三绕组电压互感器或一只三相五芯柱三绕组电压互感器的

$Y_0/Y_0/\triangle$ 联结，每台单相电压互感器均有两个二次绕组，主二次绕组接成星形联结，辅助二次绕组接成开口三角形。由于一次绕组星形联结的中性点接地，因此主二次绕组不仅可以测量线电压，而且能测量相电压；辅助二次绕组能测量零序电压，可接入交流电网绝缘监视仪表或继电器。

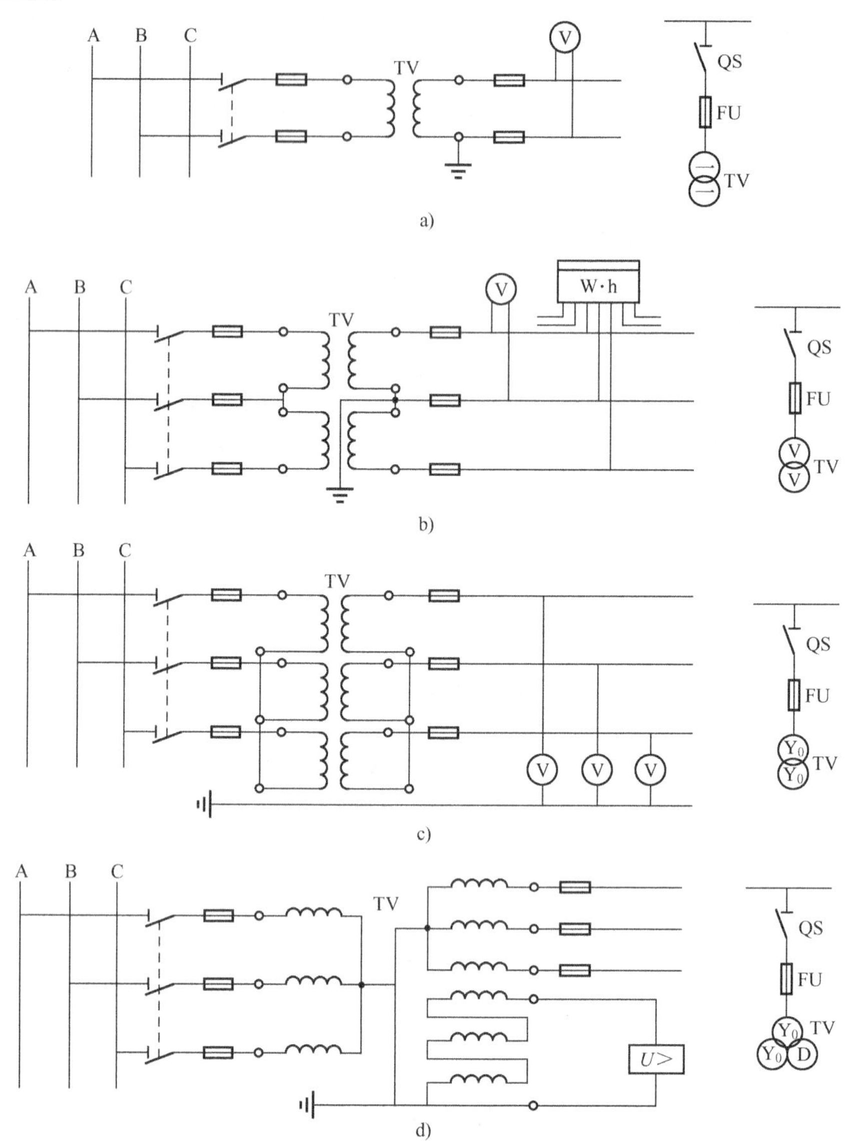

图 4-18　电压互感器的接线方案

a）一个单相电压互感器　b）两个单相电压互感器接成 V/V 形　c）三个单相电压互感器接成 Y_0/Y_0形

d）三个单相三绕组电压互感器或一个三相五芯柱三绕组电压互感器接成 $Y_0/Y_0/\triangle$（开口三角）形

3. 电压互感器的主要参数

（1）额定电压

指一次绕组主绝缘能长期承受的工作电压等级。电压互感器的一次额定电压等级与所接线路的额定电压等级相同，二次额定电压一般为 100 V。

(2) 准确度等级

指在规定的一次电压和二次负荷变化范围内，负荷功率因数为额定值时，变压误差的最大值，分为0.2、0.5、1和3四个等级。电压互感器也存在电压误差和角误差，其准确度等级与对应的误差见表4-4。

表4-4　电压互感器的准确度等级及误差范围

准确度等级	最大误差		备　注
	电压误差（±%）	角误差（±分）	
0.2 0.5 1 3	0.2 0.5 1 3	10 20 40 无规定	电压互感器误差应在负荷从额定值的20%变动到100%，一次电压从额定值的0.9变动到1.1和 $\cos\varphi=0.8$ 时，不超过对应于准确度等级的值

准确度为0.2级的电压互感器用于实验室的精密测量；0.5级用于变压器、线路和厂用电线路以及所有计费用的电度表接线中；1级用于盘式指示仪表或只用来估算电能的电度表；3级用于继电保护回路中。

(3) 额定容量

指在额定一次电压和二次负荷功率因数下，电压互感器在其最高准确度等级工作所允许通过的最大二次负荷容量。

4. 电压互感器的类型

电压互感器按安装地点可分为户内式和户外式。按相数可分为单相式、三相三芯柱和三相五芯柱式。按绕组数可分为双绕组和三绕组。按绝缘可分为干式、浇注式和油浸式等。干式电压互感器的铁心和绕组直接放在空气中，这种电压互感器结构简单、质量小、无燃烧和爆炸危险，但绝缘强度较低，只适用于电压为3 kV及以下的户内配电装置；浇注绝缘式电压互感器采用环氧树脂浇注绝缘，具有体积小、性能好等优点，适用于电压为3～35 kV的户内配电装置；油浸式电压互感器常用于电压为35 kV及以上的户外配电装置。

图4-19所示为单相三绕组、环氧树脂浇注绝缘的户内用JDZJ-10型电压互感器的外形图。三只JDZJ-10型电压互感器接成图4-18d所示的 $Y_0/Y_0/\triangle$ 联结，可供小电流接地电力系统作电压、电能测量及单相接地的绝缘监察用。

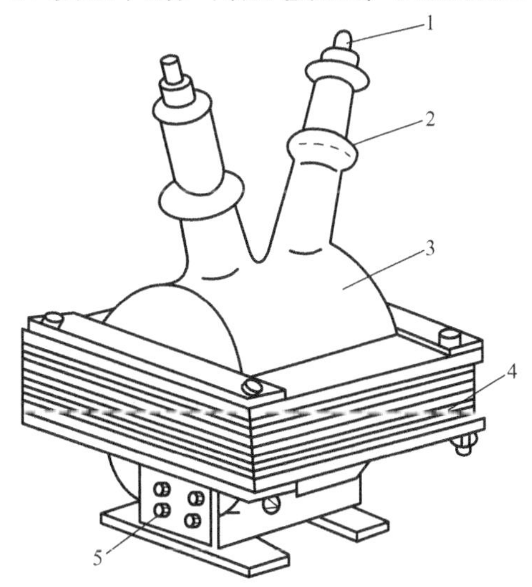

图4-19　JDZJ-10型电压互感器

1—一次接线端子　2—高压绝缘导管
3—一、二次绕组，环氧树脂浇注
4—铁心　5—二次接线端子

5. 电压互感器使用注意事项

1) 电压互感器在运行时，二次侧不能短路。电压互感器二次绕组本身的匝数较少、阻抗小，运行中一旦二次侧发生短路，剧增的短路电流将使绕组严重过热而烧毁。因此，电压互感器的二次侧要装设熔断器。

2) 电压互感器二次绕组的一端及外壳均

应可靠接地。这是为了防止电压互感器的一、二次绕组绝缘击穿时，一次侧的高电压窜入二次侧，危及人身和设备的安全。

3）电压互感器在连接时，应注意一、二次绕组接线端子的极性。按规定，单相电压互感器的一次绕组端子标以 A、N，二次绕组端子标以 a、n。A 与 a 及 N 与 n 互为“同名端”。三相电压互感器，按照相序，一次绕组端子分别标以 A、B、C、N，二次绕组端子则对应地标以 a、b、c、n。这里 A 与 a、B 与 b、C 与 c 及 N 与 n 分别为“同名端”，其中 N 与 n 分别为一、二次三相绕组的中性点。在安装和使用电压互感器时，一定要注意极性，否则可能引起事故。

4）电压互感器的套管应清洁，没有碎裂或闪络痕迹，内部无异常声响。油浸式电压互感器的油位指示应正常，没有渗漏油现象。

4.4 高压一次设备

4.4.1 高压熔断器

熔断器（Fuse）是一种在电路电流超过规定值并经一定时间后，使其熔体（Fuse-Element，FE）熔化而分断电流、断开电路的保护电器。熔断器的功能主要是对电路和设备进行短路保护，有的熔断器还具有过负荷保护的功能。

工厂供电系统中，室内广泛采用 RN1、RN2 等型高压管式熔断器，室外则广泛采用 RW4－10、RW10－10（F）等型高压跌开式熔断器和 RW10－35 等型高压限流熔断器。

高压熔断器全型号的表示和含义如下：

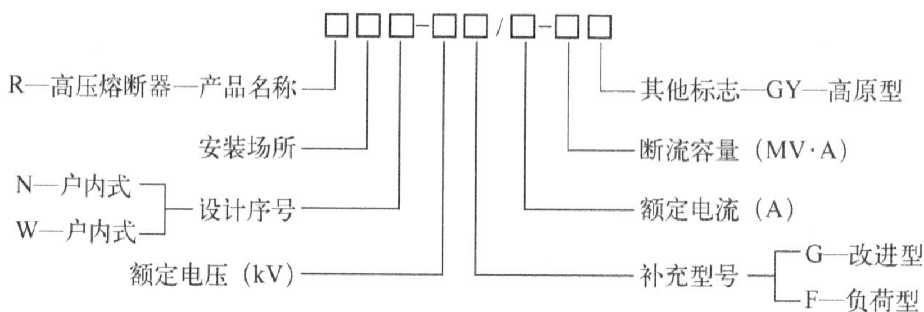

1. RN1 型和 RN2 型户内高压管式熔断器

RN1 型和 RN2 型的结构基本相同，都是瓷质熔管内充石英砂填料的密闭管式熔断器，其外形结构如图 4-20 所示。

RN1 型主要用作高压电路和设备的短路保护，并能起过负荷保护的作用，熔体要通过主电路的大电流，因此其结构尺寸较大，额定电流可达 100 A。而 RN2 型只用作高压电压互感器一次的短路保护。电压互感器二次侧全部连接阻抗很大的电压线圈，使它接近于空载工作，一次电流很小，因此 RN2 型的结构尺寸较小，其熔体额定电流一般为 0.5 A。

RN1 型和 RN2 型熔断器熔管的内部结构如图 4-21 所示。熔断器的熔体上焊有小锡球，过负荷时锡球受热首先熔化，包围铜熔丝，铜锡分子相互渗透而形成熔点较铜低的铜锡合金，使铜熔丝能在较低的温度下熔断，这就是所谓“冶金效应”。它使熔断器能在不太大的过负荷电流和较小的短路电流下动作，提高了保护灵敏度。该熔断器采用多根熔丝并联，熔断时产生多根并行的细小电弧，利用粗弧分细灭弧法加速电弧的熄灭。该熔断器熔管内充填石英砂，熔丝熔断时产生的电弧完全在石英砂内燃烧，其灭弧能力很强，能在短路后不到半个周期即短路电流未达冲击值 i_{sh} 之前即能完全熄灭电弧，切断短路电流，从而使熔断器本身及其所保护的电气设备不必考虑短路冲击电流的影响，因此这种熔断器属于“限流”熔断器。

当短路电流或过负荷电流通过熔断器的熔体时，工作熔体熔断后，指示熔体相继熔断，其红色的熔断指示器弹出，如图 4-21 中 7 所示。

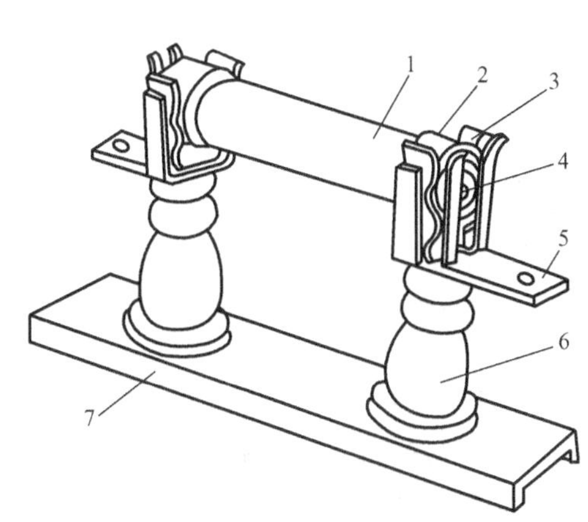

图 4-20　RN1 型和 RN2 型高压熔断器

1—瓷熔管　2—金属管帽　3—弹性触座　4—熔断指示器　5—接线端子　6—支柱瓷瓶　7—底座

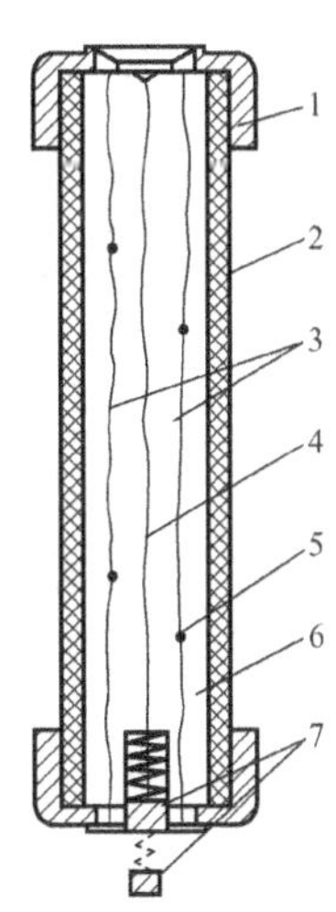

图 4-21　RN1 和 RN2 型熔断器的熔管剖面示意图

1—管帽　2—瓷管　3—工作熔体　4—指示熔体　5—锡球　6—石英砂填料　7—熔断指示器（虚线表示熔断指示器在熔体熔断时弹出）

2. RW4 型和 RW10（F）型户外高压跌开式熔断器

跌开式熔断器（Drop - out Fuse，其文字符号一般型为 FD，负荷型为 FDL），又称跌落式熔断器，广泛用于环境正常的室外场所。它既可作 6～10 kV 线路和设备的短路保护，又可在一定条件下，直接用高压绝缘操作棒来操作熔管的分合，兼起高压隔离开关的作用。一般的跌开式熔断器如 RW4 - 10（G）型等，只能无负荷操作，或通断小容量的空载变压器和空载线路等，其操作要求与后面即将介绍的高压隔离开关相同。而负荷型跌开式熔断器如 RW10 - 10（F）型，则能带负荷操作，其操作要求则与后面将要介绍的高压负荷开关相同。

图 4-22 所示是 RW4 - 10（G）型跌开式熔断器的基本结构。正常运行时，其熔管上端的动触头借熔丝张力拉紧后，利用绝缘操作棒将此动触头推入上静触头内锁紧，同时下动触头与下静触头也相互压紧，从而使电路接通。当线路上发生短路时，短路电流使熔丝熔断，形成电弧。熔管（消弧管）内壁由于电弧烧灼而分解出大量气体，使管内压力剧增，并沿管道形成强烈的气流纵向吹弧，使电弧迅速熄灭。熔管的上动触头因熔丝熔断后失去张力而

下翻，使锁紧机构释放熔管，在触头弹力及熔管自重的作用下，回转跌开，造成明显可见的断开间隙。

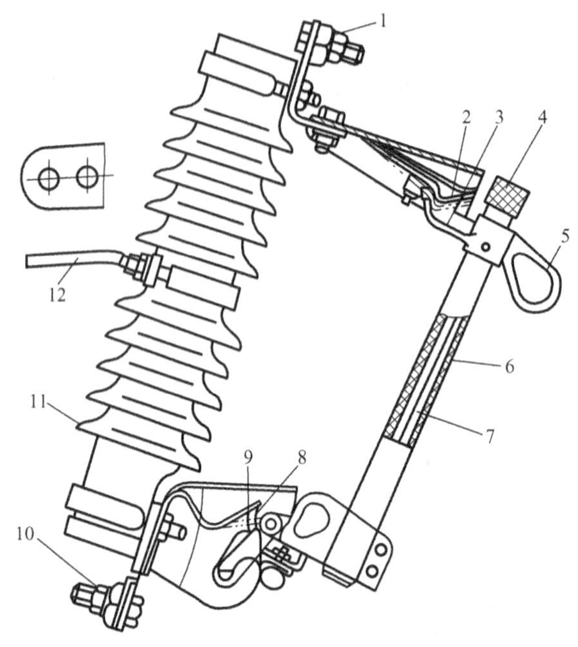

图 4-22　RW4 -10（G）型跌开式熔断器

1—上接线端子　2—上静触头　3—上动触头　4—管帽（带薄膜）　5—操作环
6—熔管（外层为酚醛纸管或环氧玻璃布管，内套纤维质消弧管）　7—铜熔丝　8—下动触头
9—下静触头　10—下接线端子　11—绝缘瓷瓶　12—固定安装板

这种熔断器采用逐级排气结构，熔体上端封闭，可防雨水。当短路电流较小时，电弧所产生的高压气体因压力不足，只能向下排气（下端开口），此为单端排气。当短路电流较大时，管内气体压力较大，使上端封闭薄膜冲开形成两端排气，同时还有助于防止分断大短路电流时熔炉管爆裂的可能性。

RW10 -10（F）型负荷型跌开式熔断器是在一般跌开式熔断器的上静触头上面加装一个简单的灭弧室，能够带负荷操作，既能实现短路保护，又能带负荷操作，且能起隔离开关的作用，应用较广。

跌开式熔断器依靠电弧燃烧使消弧管内壁分解产生的气体来熄灭电弧，其灭弧能力弱，灭弧速度慢，不能在短路电流达到冲击值之前熄灭电弧，因此这种跌开式熔断器属于“非限流”熔断器。

4.4.2　高压隔离开关

高压隔离开关（High-voltage Disconnector）的功能，主要是隔离高压电源，保证其他设备和线路的安全检修。其结构特点是断开后有明显可见的断开间隙，且断开间隙的绝缘及相间绝缘都是足够可靠的，能充分保障人身和设备的安全。但是隔离开关没有专门的灭弧装置，不允许带负荷操作。然而可用来通断一定范围的小电流，如励磁电流（空载电流）不超过 2 A 的空载变压器，电容电流（空载电流）不超过 5 A 的空载线路以及电压互感器和避雷器电路等。

高压隔离开关按安装地点，分户内式和户外式两大类。图 4-23 所示是 GN8 - 10/600 型户内高压隔离开关的外形结构图。图 4-24 所示是 GW2 - 35 型户外高压隔离开关的外形结构图。

高压隔离开关全型号的表示和含义如下：

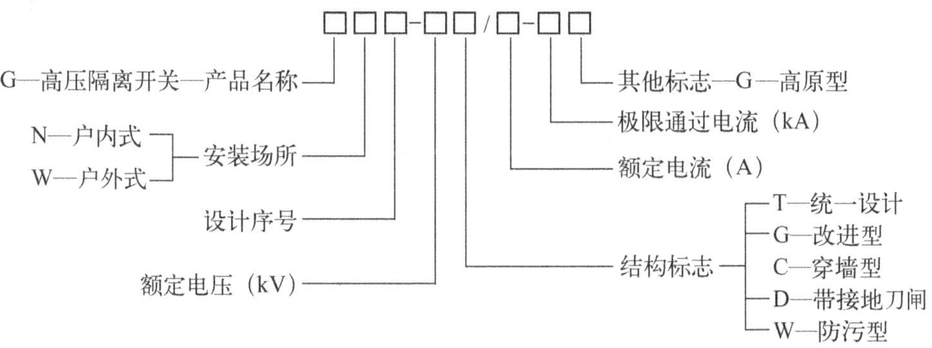

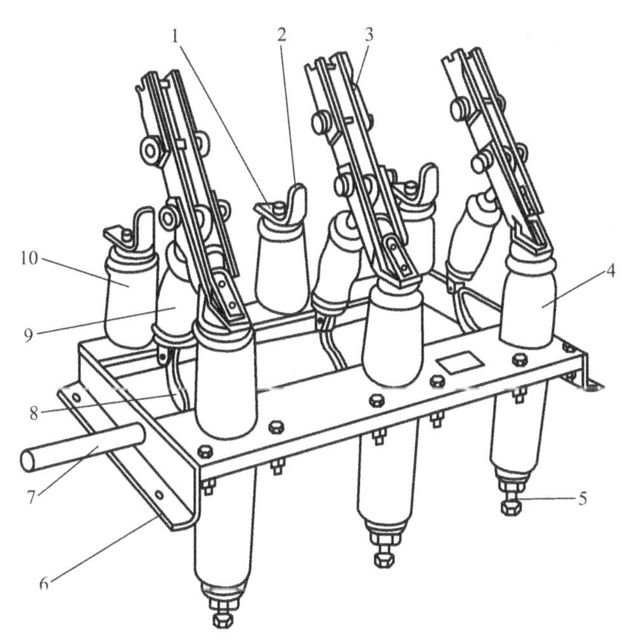

图 4-23 GN8 - 10/600 型户内高压隔离开关外形结构

1—上接线端子 2—静触头 3—闸刀 4 —绝缘套管 5—下接线端子
6—框架 7—转轴 8—拐臂 9—升降瓷瓶 10—支柱瓷瓶

户内式高压隔离开关通常采用 CS6 型手动操作机构进行操作，而户外式高压隔离开关则大多采用高压绝缘操作棒手工操作，也有的通过手动杠杆传动机构操作。图 4-25 所示是 CS6 型手动操动机构与 GN8 型隔离开关配合的一种安装方式。

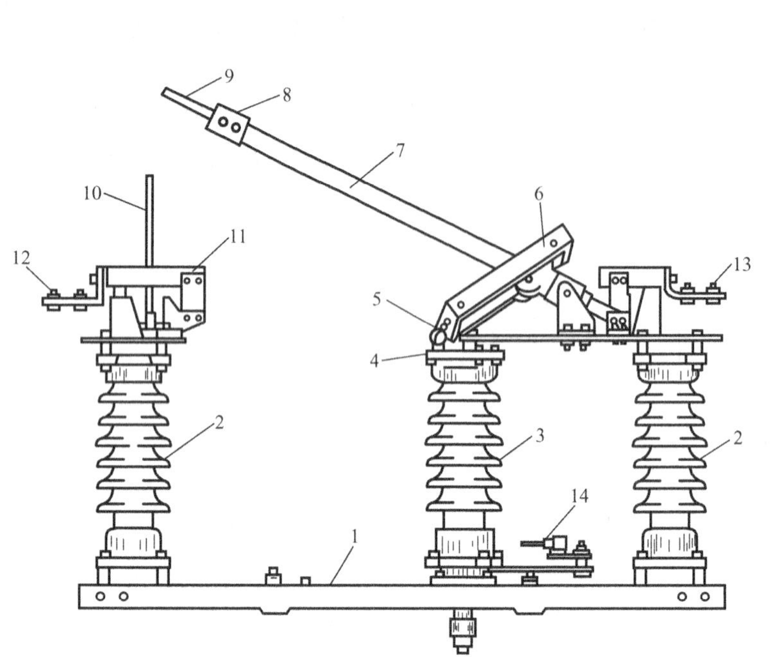

图 4-24　GW2-35 型户外高压隔离开关外形结构

1—角钢架　2—支柱瓷瓶　3—旋转瓷瓶　4—曲柄
5—轴套　6—传动框架　7—管形闸刀
8—工作触头　9、10—灭弧角条　11—插座
12、13—接线端子　14—曲柄传动机构

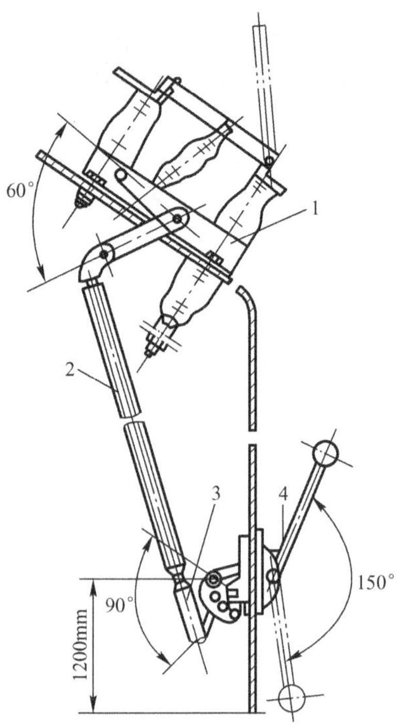

图 4-25　CS6 型手动操动机构与 GN8 型隔离开关配合的一种安装方式

1—GN8 型隔离开关
2—传动连杆（</>20mm 焊接钢管）
3—调节杆　4—CS6 型手动操动机构

4.4.3　高压负荷开关

高压负荷开关（High-voltage Load Switch）具有简单的灭弧装置，因而能通断一定的负荷电流和过负荷电流。但是它不能断开短路电流，所以它一般与高压熔断器串联使用，借助熔断器来进行短路保护。负荷开关断开后，与隔离开关一样，也具有明显可见的断开间隙，因此它也具有隔离高压电源、保证安全检修的功能。

高压负荷开关的类型较多，这里着重介绍一种应用最多的户内压气式高压负荷开关。

图 4-26 所示是 FN3-10RT 型户内压气式负荷开关的外形结构图。由图可以看出，上半部为负荷开关本身，外形与高压隔离开关类似，实际上它就是在隔离开关基础上加一个简单的灭弧装置。

负荷开关上端的绝缘子是一个简单的灭弧室，其内部结构如图 4-27 所示。该绝缘子不仅起支柱绝缘子的作用，而且内部是一个气缸，装有由操动机构主轴传动的活塞，其作用类似打气筒。绝缘子上部装有绝缘喷嘴和弧静触头。当负荷开关分闸时，在闸刀一端的弧动触头与绝缘子上的弧静触头之间产生电弧。由于分闸时主轴转动而带动活塞，压缩气缸内的空气而从喷嘴往外吹弧，使电弧迅速熄灭。当然分闸时还有电弧迅速拉长及电流回路本身的电磁吹弧作用，加强了灭弧。但总的来说，负荷开关的断流灭弧能力是有限的，只能分断一定的负荷电流和过负荷电流，因此负荷开关不能配以短路保护装置来自动跳闸，但可以装设热脱扣器用于过负荷保护。

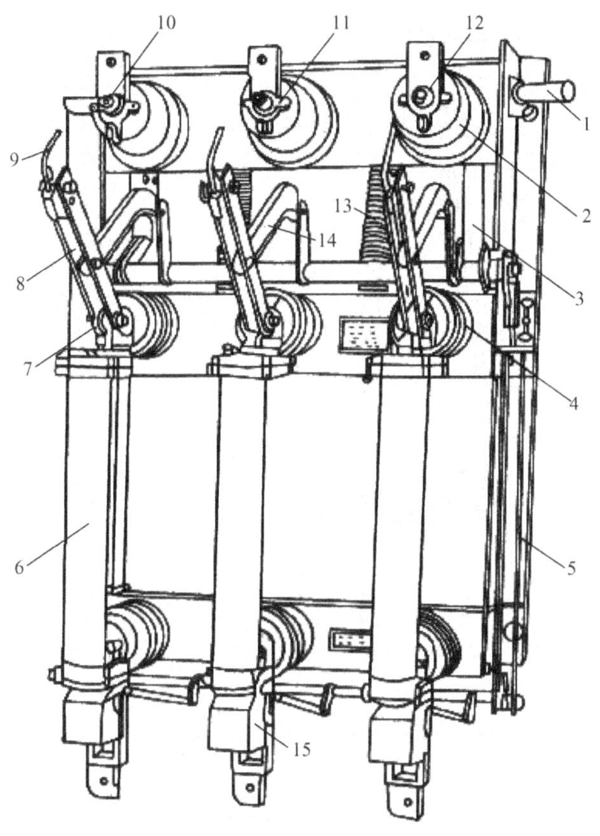

图 4-26　FN3 - 10RT 型高压负荷开关

1—主轴　2—上绝缘子兼气缸　3—连杆　4 —下绝缘子
5—框架　6—RN1 型高压熔断器　7—下触座　8—闸刀
9—弧动触头　10—绝缘喷嘴（内有弧静触头）　11—主静触头
12—上触座　13—断路弹簧　14 —绝缘拉杆　15—热脱扣器

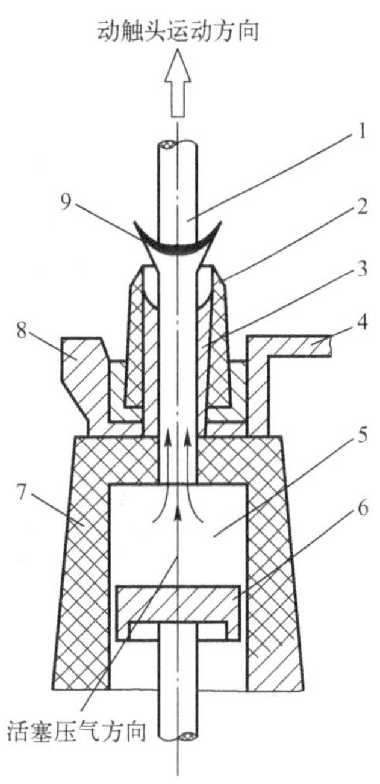

图 4-27　FN3 - 10 型高压负荷开关的压气式灭弧装置工作示意图

1—弧动触头　2—绝缘喷嘴　3—弧静触头
4—接线端子　5—气缸　6—活塞
7—上绝缘子　8—主静触头　9—电弧

高压负荷开关全型号的表示和含义如下：

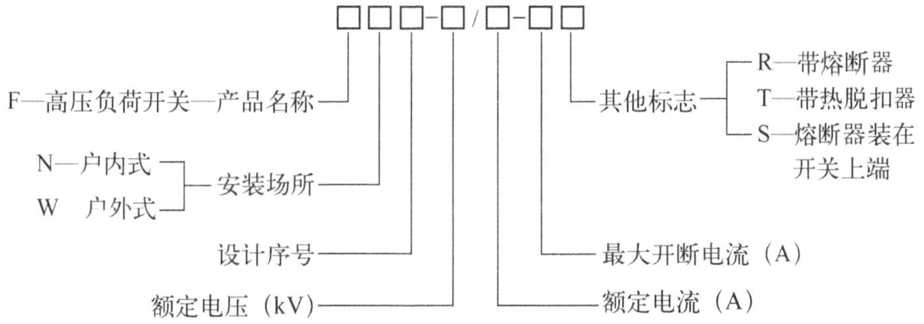

上述负荷开关一般配用 CS2 等型手动操作机构进行操作。图 4-28 所示是 CS2 型手动操作机构的外形及其与 FN3 型负荷开关配合的一种安装方式。

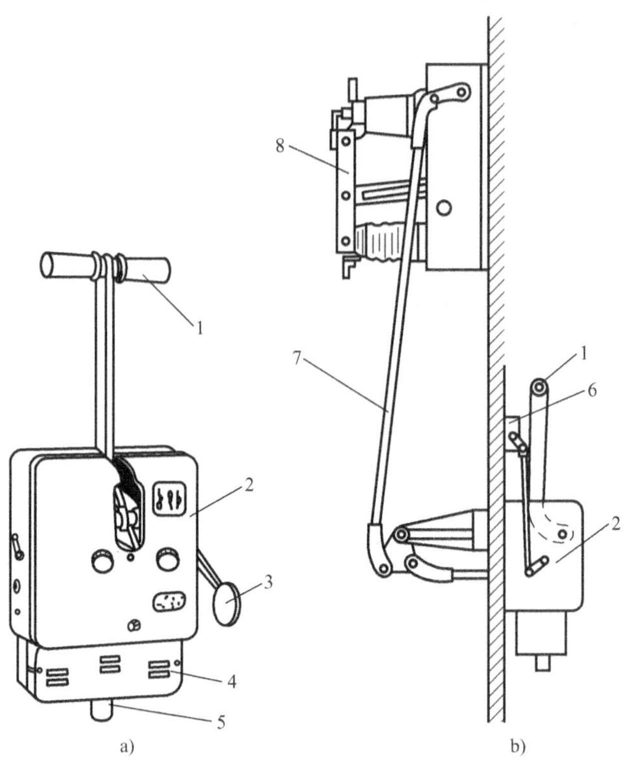

图4-28　CS2 型手动操作机构的外形及其与 FN3 型负荷开关配合的一种安装方式

a) CS2 型外形结构　b) 与负荷开关配合安装

1—操作手柄　2—操作机构外壳　3—分闸指示牌（掉牌）　4—脱扣器盒

5—分闸铁心　6—辅助开关（联动触头）　7—传动连杆　8—负荷开关

4.4.4　高压断路器

高压断路器（High-voltage Circuit-breaker）的功能是，不仅能通断正常负荷电流，而且能接通和承受一定时间的短路电流，并能在保护装置作用下自动跳闸，切除短路故障。

高压断路器按其采用的灭弧介质来分，有油断路器、真空断路器、六氟化硫（SF_6）断路器及压缩空气断路器等。其中油断路器按其油量多少和油的功能，又分多油和少油两大类。多油断路器的油量多，其油一方面作为灭弧介质，另一方面又作为相对地（外壳）甚至相与相之间的绝缘介质。少油断路器的油量很少（一般只几千克），其油只作为灭弧介质，其外壳通常是带电的。过去，35 kV 及以下的户内配电装置中大多都采用少油断路器。而现在大多采用真空断路器，也有的采用六氟化硫断路器，压缩空气断路器一直很少使用。

下面分别介绍我国以往广泛应用的 SN10－10 型户内少油断路器及现在应用日益广泛的真空断路器和六氟化硫断路器。

高压断路器全型号的表示和含义如下：

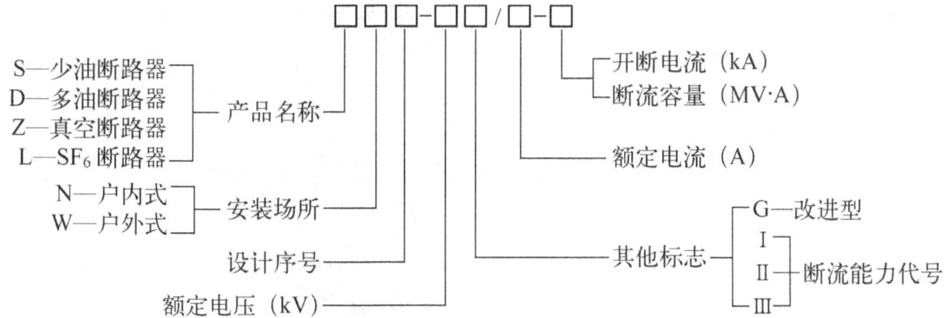

1. SN10－10 型高压少油断路器

SN10－10 型高压少油断路器是我国 20 世纪 80 年代统一设计、推广应用的一种新型少油断路器，按其断流容量（Capacity of Open Circuit，符号 S_{oc}）分，有 I、D、E 型，I 型 $S_{oc}=300$ MV·A，D 型 $S_{oc}=500$ MV·A，E 型 $S_{oc}=750$ MV·A。

图 4-29 所示是 SN10－10 型高压少油断路器的外形，其一相油箱内部结构的剖面图如图 4-30 所示。这种断路器的导电回路是：上接线端子—静触头—导电杆（动触头）—中间滚动触头—下接线端子。断路器的灭弧主要依赖于图 4-31 所示的灭弧室。图 4-32 所示是灭弧室灭弧工作示意图。

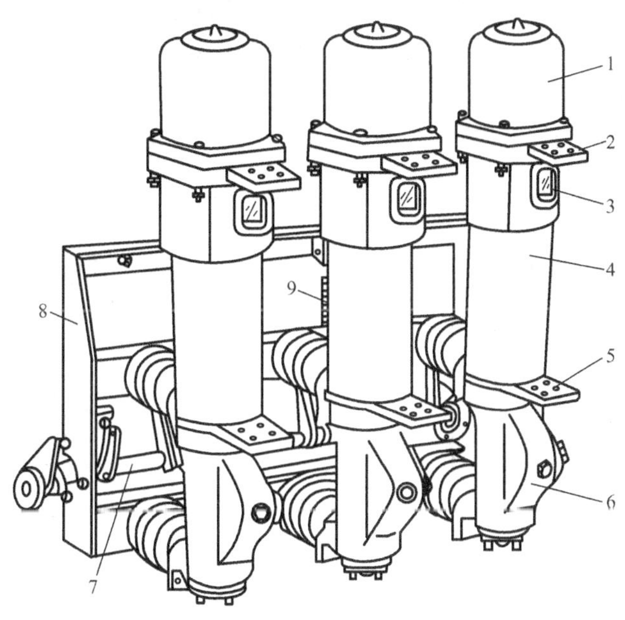

图 4-29　SN10－10 型高压少油断路器

1—铝帽　2—上接线端子　3—油标　4—绝缘筒　5—下接线端子
6—基座　7—主轴　8—框架　9—断路弹簧

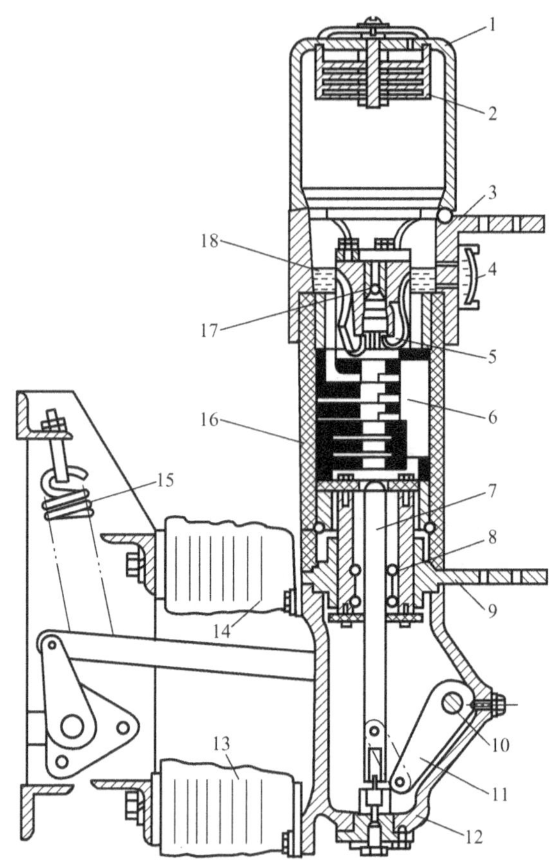

图 4-30　SN10－10 型高压少油断路器一相油箱内部结构

1—铝帽　2—油气分离器　3—上接线端子　4—油标　5—插座式静触头　6—灭弧室
7—动触头（导电杆）　8—中间滚动触头　9—下接线端子　10—转轴　11—拐臂　12—基座
13—下支柱瓷瓶　14—上支柱瓷瓶　15—断路弹簧　16—绝缘筒　17—逆止阀　18—绝缘油

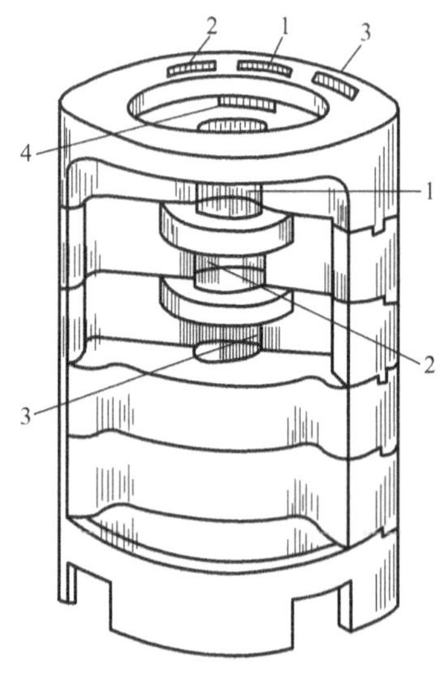

图 4-31　SN10－10 型断路器的灭弧室

1—第一道灭弧沟　2—第二道灭弧沟
3—第三道灭弧沟　4—吸弧铁片

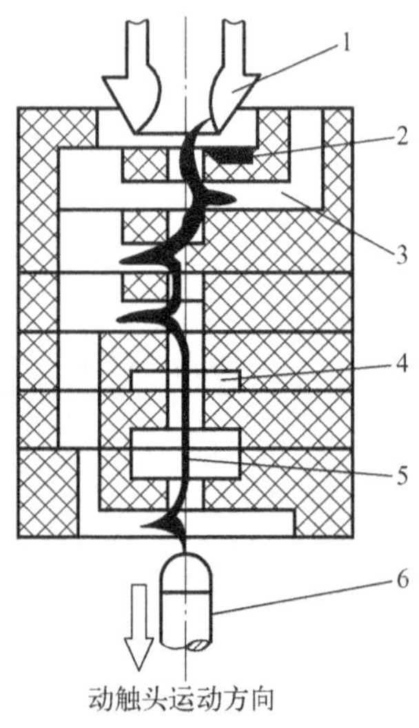

图 4-32　SN10－10 型断路器灭弧室工作示意图

1—静弧触头　2—吸弧铁片　3—横吹灭弧沟
4—纵吸油囊　5—电弧　6—动触头

断路器分闸时，导电杆（动触头）向下运动。当导电杆离开静触头时，产生电弧，使油分解，形成气泡，导致静触头周围的油压骤增，迫使逆止阀（钢珠）上升堵住中心孔。这时电弧在近乎封闭的空间内燃烧，从而使灭弧室内的油压迅速增大。当导电杆继续向下运动，相继打开一、二、三道灭弧沟及下面的油囊时，油气流强烈地横吹和纵吹电弧。同时由于导电杆向下运动，在灭弧室内形成附加油流射向电弧。由于油气流的横吹与纵吹以及机械运动引起的油吹的综合作用，使电弧迅速熄灭。而且这种断路器分闸时，导电杆向下运动，其端部总与下面的新鲜冷油接触，进一步改善了灭弧条件，因此该断路器具有较大的断流容量。

该断路器油箱上部设有油气分离室，其作用是使灭弧过程中产生的油气混合物旋转分离，气体从油箱顶部的排气孔排出，而油滴则附着内壁流回灭弧室。

SN10－10 型少油断路器可配用 CS2 等型手动操作机构、CD10 等型电磁操作机构或 CT7 等型弹簧（储能）操作机构。手动操作机构能手动和远距离分闸，但只能手动合闸，其结构简单，且为交流操作，因此相当经济实用；然而由于其操作速度所限，其操作的断路器断开的短路容量不宜大于 100 MV · A。电磁操作机构能手动和远距离操作断路器的分、合闸，但需直流操作，且要求合闸功率大。弹簧操作机构也能手动和远距离操作断路器的分、合闸，且其操作电源交、直流均可，但结构较复杂，价格较高。如需实现自动合闸或自动重合闸，则必须采用电磁操作机构或弹簧操作机构。由于采用交流操作电源较为简单经济，因此弹簧操作机构的应用越来越广。

图 4-33 所示是 CD10 型电磁操作机构的外形图和剖面图，图 4-34 所示是其分、合闸传动原理示意图。

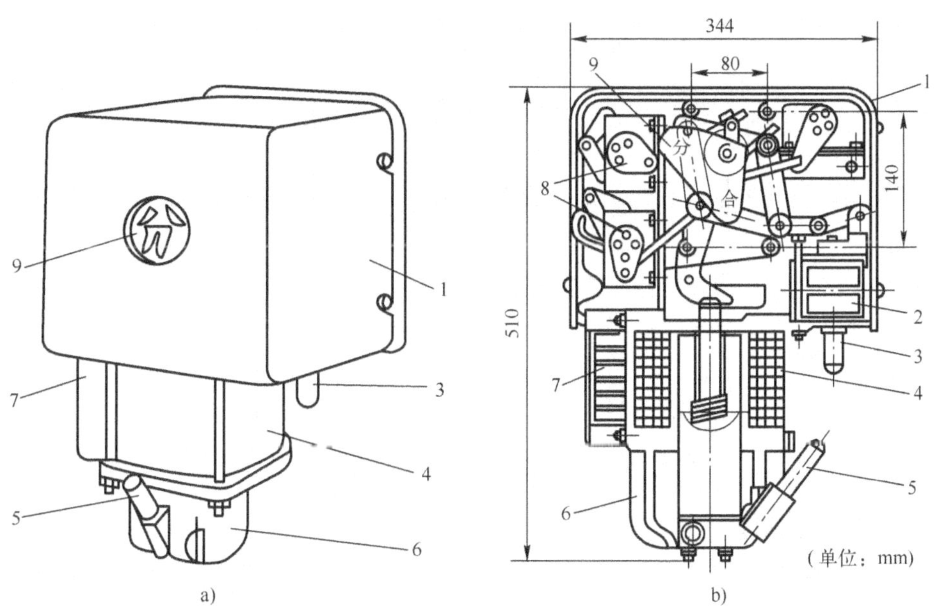

图 4-33　CD10 型电磁操作机构

a）外形图　b）剖面图

1—外壳　2—跳闸线圈　3—手动分闸铁心　4—合闸线圈　5—手动合闸操动手柄

6—缓冲底座　7—接线端子排　8—辅助开关　9—分合指示器

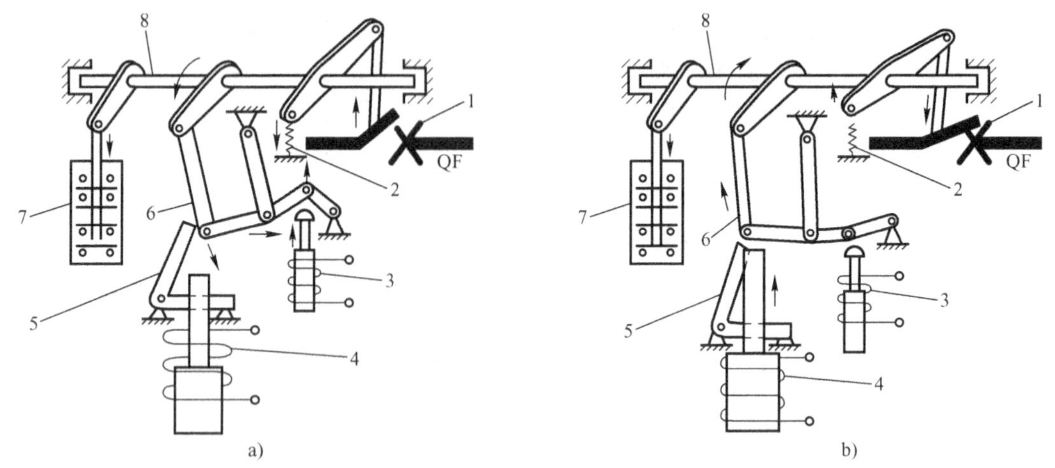

图 4-34　CD10 型电磁操作机构传动原理示意图

a）分闸时　b）合闸时

1—高压断路器　2—断路弹簧　3—分闸线圈（带铁心）　4—合闸线圈（带铁心）

5—L 形搭钩　6—连杆　7—辅助开关　8—操作机构主轴

图 4-35 所示是 CT7 型弹簧操作机构的外形尺寸图，图 4-36 所示是其操作传动机构内部结构示意图。

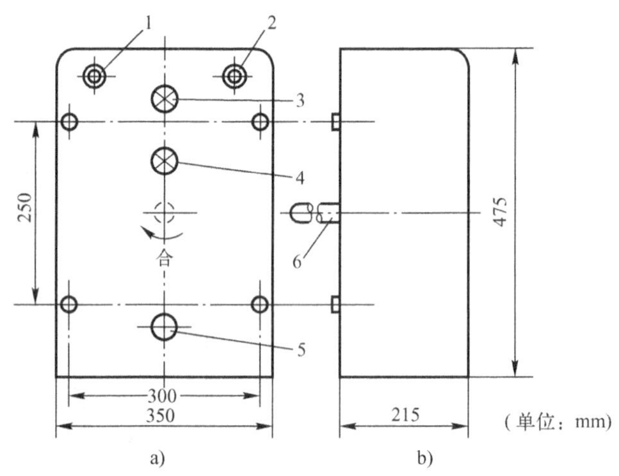

图 4-35　CT7 型弹簧操作机构外形尺寸图

1—合闸按钮　2—分闸按钮　3—储能指示灯　4—分合闸指示灯　5—手动储能转轴　6—输出轴

2. 高压真空断路器

高压真空断路器是一种利用“真空”（气压为 $100^{-2}\sim10^{-6}$ Pa）灭弧的断路器，其触头装在真空灭弧室内。由于真空中不存在气体游离的问题，所以该断路器的触头断开时很难发生电弧。但是在感性电路中，灭弧速度过快，瞬间切断电流 i 将使 $\mathrm{d}i/\mathrm{d}t$ 极大，从而使电路出现过电压，这对供电系统是很不利的。因此，该“真空”不能是绝对的真空，而是能在触头断开时因高电场发射和热电发射产生一点“真空电弧”，并能在电流第一次过零时熄灭。这样，燃弧时间既短（至多半个周期），又不致产生很高的过电压。

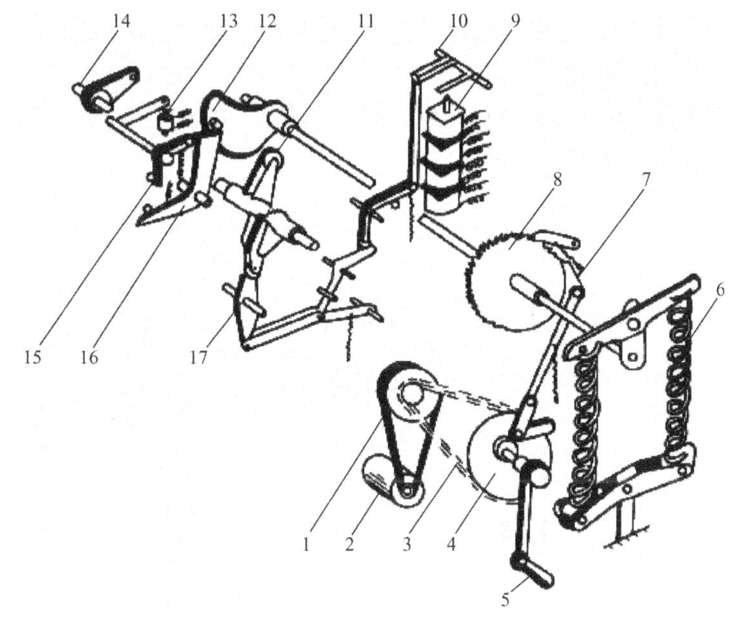

图 4-36　CT7 型弹簧操作传动机构内部结构示意图

1—传动带　2—储能电动机　3—传动链　4—偏心轮　5—操作手柄
6—合闸弹簧　7—棘爪　8—棘轮　9—脱扣器　10—连杆　11—拐臂　12—偏心凸轮
13—合闸电磁铁　14—输出轴　15—掣子　16—杠杆　17—连杆

图 4-37 所示是 ZN12 - 12 型户内式真空断路器的结构图，其真空灭弧室的结构如图 4-38 所示。真空灭弧室的中部，有一对圆盘状的触头。在触头刚分离时，由于电子发射而产生一点真空电弧。当电路电流过零时，电弧熄灭，触头间隙又恢复原有的真空度和绝缘强度。

真空断路器具有体积小、动作快、寿命长、安全可靠和便于维护检修等优点，但价格较贵。过去主要应用于频繁操作和安全要求较高的场所，而现在已开始取代少油断路器而广泛应用在 35 kV 及以下的高压配电装置中。

真空断路器配用 CD10 等型电磁操作机构或 CT7 等型弹簧操作机构。

3. 高压六氟化硫断路器

六氟化硫（SF_6）断路器，是一种利用 SF_6气体作灭弧和绝缘介质的断路器。

SF_6是一种无色、无味、无毒且不易燃的惰性气体。在 150°C 以下时，其化学性能相当稳定。但 SF_6在电弧高温（几千度）作用下要分解出氟（F_2），氟有较强的腐蚀性和毒性，且能与触头的金属蒸气化合为一种具有绝缘性能的白色粉末状的氟化物。因此这种断路器的触头一般都设计成具有自动净化的功能。但由于上述的分解和化合作用所产生的活性杂质，大部分能在电弧熄灭后几微秒的极短时间内自动还原，而且残余杂质可用特殊的吸附剂（如活性氧化铝）清除，因此对人身和设备都不会造成危害。SF_6不含碳元素（C），这对于灭弧和绝缘介质来说，是极为优越的特性。前面所述油断路器是用油作灭弧和绝缘介质的，而油在电弧高温作用下要分解出碳（C），使油中的含碳量增高，从而降低了油的绝缘和灭弧性能。因此油断路器在运行中要经常注意监视油色，适时分析油样，必要时要更换新油。而 SF_6断路器就无这些麻烦。SF_6也不含氧元素（O），因此它不存在触头氧化的问题。所以

SF_6断路器较之空气断路器，其触头的磨损较少，使用寿命增长。SF_6除具有上述优良的物理化学性能外，还具有优良的绝缘性能，在气压 300 kPa 下，其绝缘强度与一般绝缘油的绝缘强度大体相当。特别重要的是 SF_6在电流过零时，电弧暂时熄灭后，具有迅速恢复绝缘强度的能力，从而使电弧难以复燃而很快熄灭。

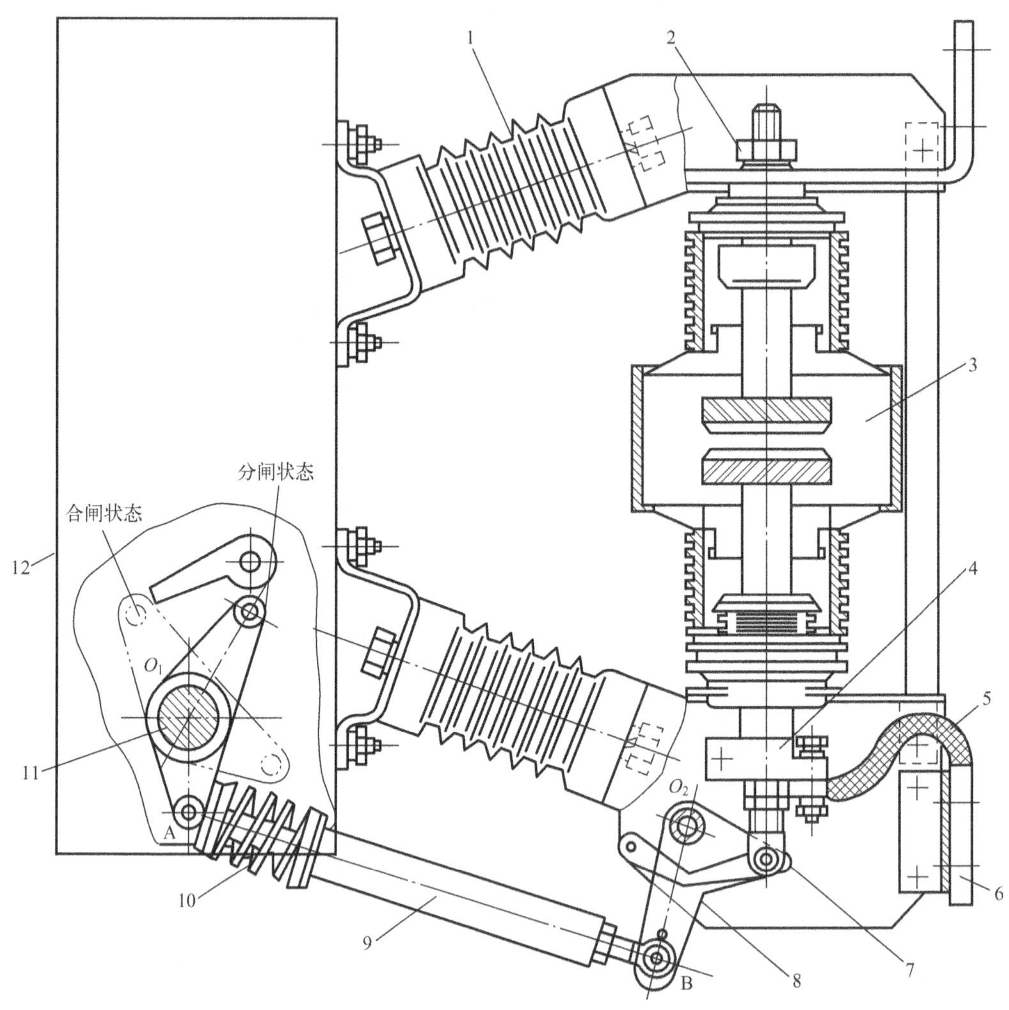

图 4-37　ZN12 - 12 型真空断路器结构图

1—绝缘子　2—上出线端子　3—真空灭弧室　4—出线导电夹　5—出线软连接　6—下出线端子　7—万向杆端轴承　8—转向杠杆　9—绝缘拉杆　10—触头压力弹簧　11—主轴　12—操作机构箱（注：虚线为合闸位置，实线为分闸位置）

SF_6断路器的结构，按其灭弧方式分，有双压式和单压式两类。双压式具有两个气压系统，压力低的作为绝缘，压力高的作为灭弧。单压式只有一个气压系统，灭弧时，SF_6的气流靠压气活塞产生。单压式的结构简单，LN1 和 LN2 型断路器均为单压式。

图 4-39 所示是 LN2 - 10 型户内式 SF_6断路器的外形结构图，其灭弧室结构和工作示意图如图 4-40 所示。

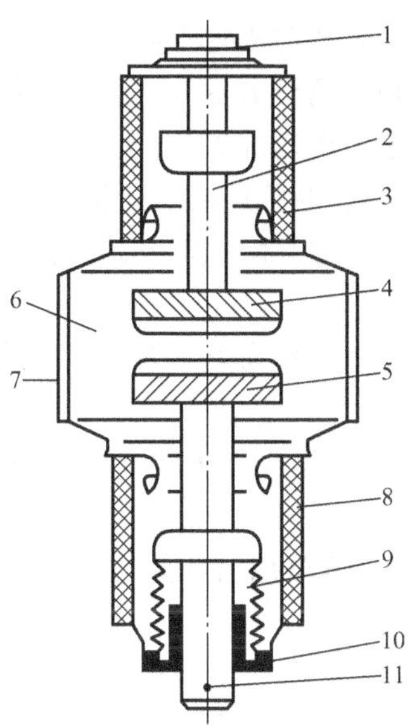

图 4-38　真空断路器的真空灭弧室

1—导电盘　2—导电杆　3—陶瓷外壳　4—静触头　5—动触头　6—真空室
7—屏蔽罩　8—陶瓷外壳　9—金属波纹管　10—导向管　11—触头磨损指示标记

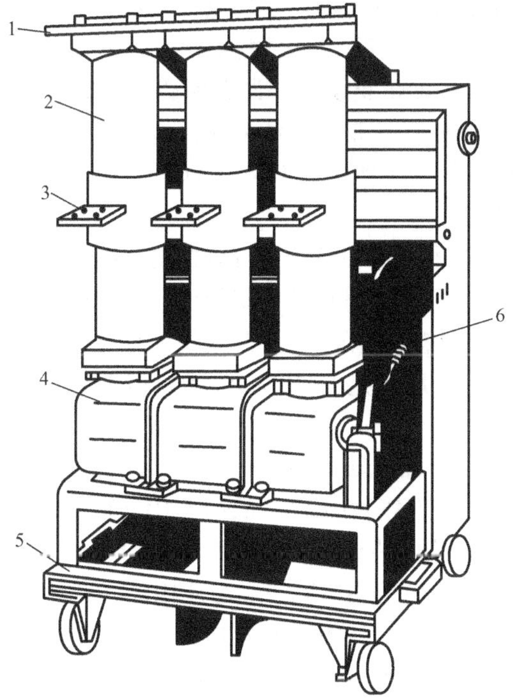

图 4-39　LN2－10 型 SF_6 断路器

1—上接线端子　2—绝缘筒（内有气缸和触头）
3—下接线端子　4—操作机构箱
5—小车　6—断路弹簧

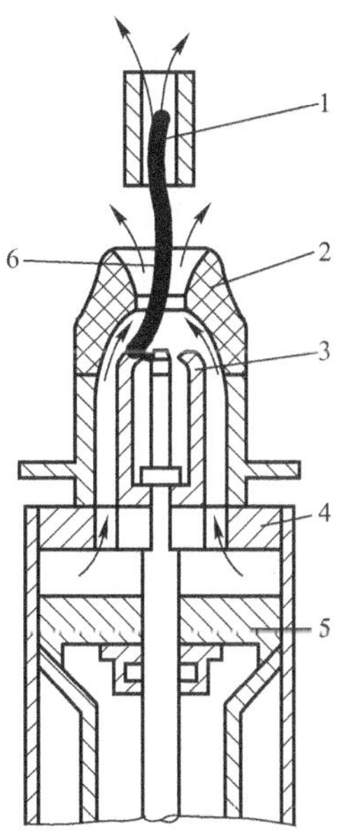

图 4-40　SF_6 断路器灭弧室结构和工作示意图

1—静触头　2—绝缘喷嘴　3—动触头
4—气缸（连同动触头由操作机构传动）
5—压气活塞（固定）　6—电弧

静触头和灭弧室中的压气活塞是相对固定不动的。分闸时，装有动触头和绝缘喷嘴的气缸由断路器操作机构通过连杆带动，离开静触头，造成气缸与活塞的相对运动，压缩 SF_6气体，使之通过喷嘴吹弧，从而使电弧迅速熄灭。

SF_6断路器与油断路器比较，具有断流能力大、灭弧速度快、绝缘性能好和检修周期长等优点，适于频繁操作，且无易燃易爆危险；但其缺点是，要求制造加工的精度很高，对其密封性能要求严格，因此价格较贵。

SF_6断路器主要用于需频繁操作及有易燃易爆危险的场所，特别是用作全封闭式组合电器。

SF_6断路器与真空断路器一样，需配用 CD10 等型电磁操作机构或 CT7 等型弹簧操作机构。

附表 1 列出了部分常用高压断路器的主要技术数据，供参考。

4.4.5 高压开关柜

高压开关柜（High-voltage Switchgear）是按一定的线路方案将有关一、二次设备组装在一起而成的一种高压成套配电装置，在电力系统中用作控制和保护高压设备和线路，其中安装有高压开关设备、保护电器、监测仪表和母线、绝缘子等。

高压开关柜有固定式和手车式（移开式）两大类型。

在一般中小型工厂中普遍采用较为经济的固定式高压开关柜。我国以往大量生产和广泛应用的固定式高压开关柜主要为 GG－1A（F）型。这种防误型开关柜装设了防止电气误操作和保障人身安全的闭锁装置，即所谓“五防”——①防止误分、误合断路器；②防止带负荷误拉、误合隔离开关；③防止带电误挂接地线；④防止带接地线或在接地开关闭合时误合隔离开关或断路器；⑤防止人员误入带电间隔。图 4-41 所示是 GG－1A(F)－07S 型固定式高压开关柜的结构图，其中断路器为 SN10－10 型。

手车式高压开关柜的特点是，高压断路器等主要电气设备是装在可以拉出和推入开关柜的手车上的。高压断路器等设备出现故障需要检修时，可随时将其手车拉出，然后推入同类备用小车，即可恢复供电。因此采用手车式开关柜，较之采用固定式开关柜，具有检修安全方便、供电可靠性高的优点，但其价格较贵。图 4-42 所示是 GCD－10（F）型手车式高压开关柜的结构图。

20 世纪 80 年代，我国设计生产了一些符合 IEC 标准的新型高压开关柜，例如 KGND－10（F）等型固定式金属铠装开关柜、XGN 型箱式固定式开关柜、KYNQ－10（F）等型移开式金属铠装开关柜、JYNO－10（F）等型移开式金属封闭间隔型开关柜和 HXGN 等型环网柜等。其中环网柜适用于 10 kV 环形电网中，在城市电网中得到了广泛应用。

现在新设计生产的环网柜，大多将原来的负荷开关、隔离开关和接地开关的功能，合并为一个“三位置开关”，它兼有通断负荷、隔离电源和接地三种功能，这样可缩小环网柜占用的空间。

图 4-43 所示是引进技术生产的 SM6 型高压环网柜的结构图。其中三位置开关被密封在一个充满 SF_6气体的壳体内，利用 SF_6来进行绝缘和灭弧。三位置开关的接线、外形和触头的三种位置如图 4-44 所示。

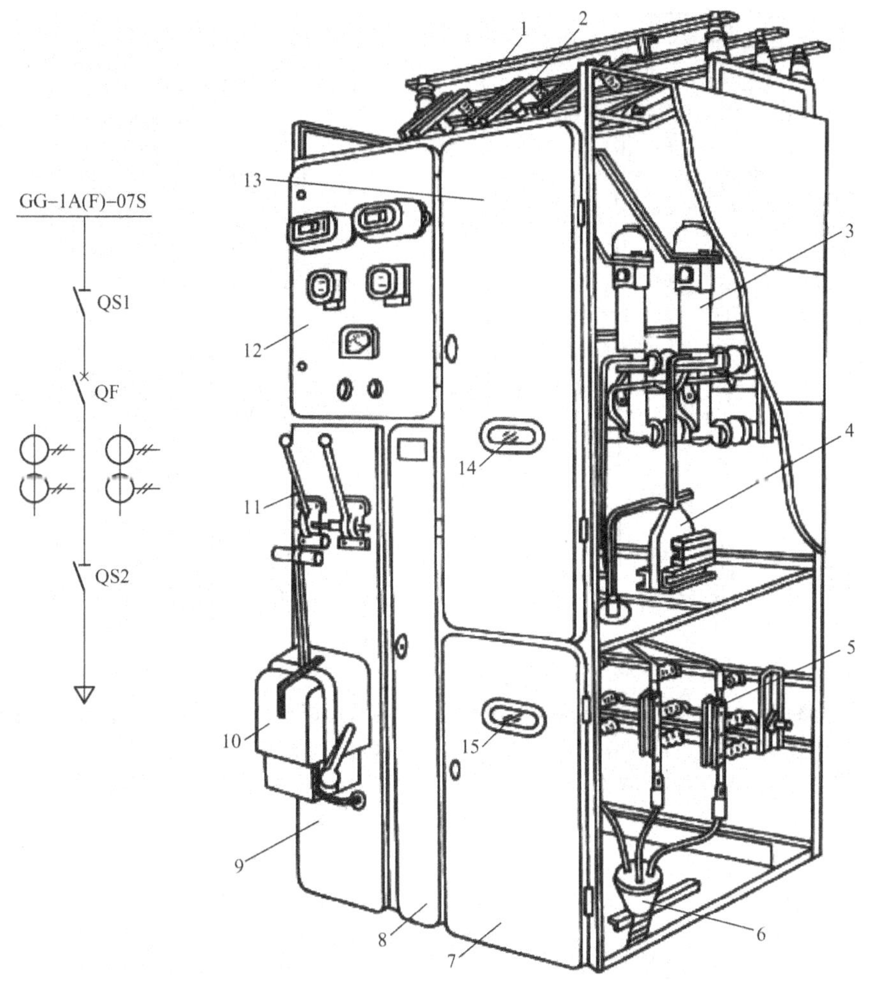

图 4-41　GG－1A（F）－07S 型高压开关柜（断路器柜）

1—母线　2—母线侧隔离开关（QS1，GN8－10 型）　3—少油断路器（QF，SN10－10 型）
4—电流互感器（TA，LQJ－10 型）　5—线路侧隔离开关（QS2，GN6－10 型）
6—电缆头　7—下检修门　8—端子箱门　9—操作板　10—断路器的手动操作机构（CS2 型）
11—隔离开关的操作机构手柄　12—继电器屏　13—上检修门　14、15—观察窗口

老系列的高压开关柜全型号的表示和含义如下：

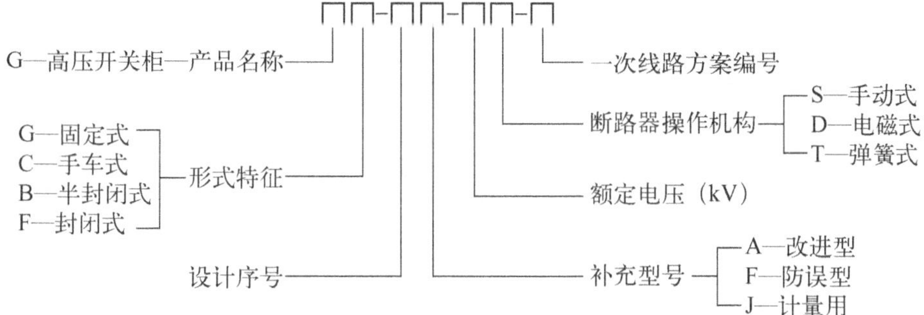

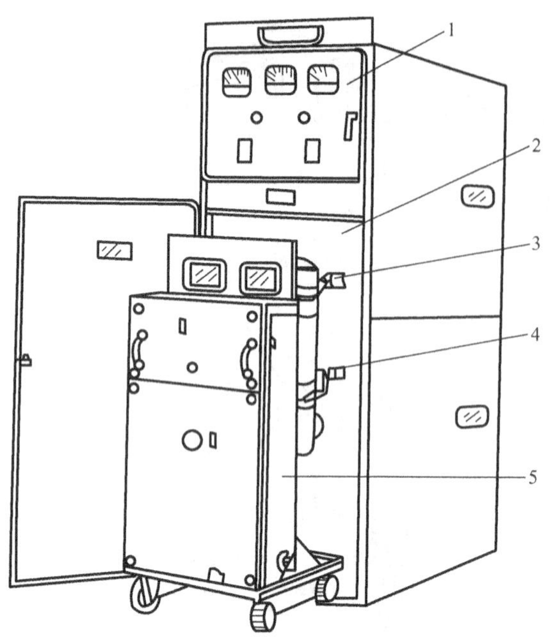

图 4-42　GCD－10（F）型高压开关柜

1—仪表屏　2—手车室　3—上触头（兼起隔离开关作用）
4—下触头（兼起隔离开关作用）
5—SN10－10 型断路器手车

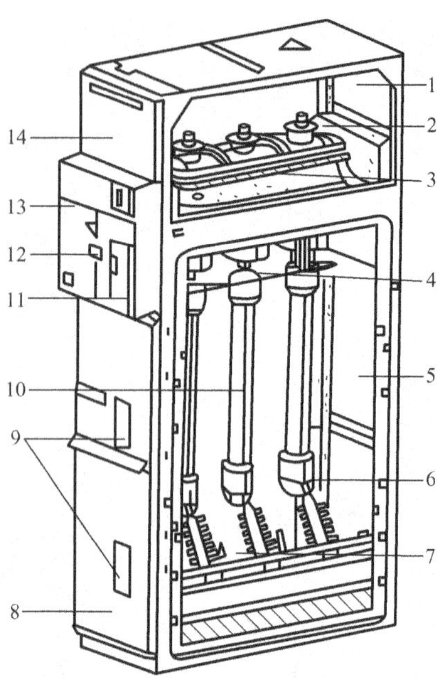

图 4-43　SM6 型高压环网柜

1—母线间隔　2—母线连接垫片　3—三位置开关间隔
4—熔断器熔断联跳开关装置　5—电缆连接与熔断器间隔
6—电缆连接间隔　7—下接地开关　8—面板
9—熔断器和下接地开关观察窗　10—高压熔断器
11—熔断器熔断指示器　12—带电指示器
13—操作机构间隔　14—控制、保护和测量间隔

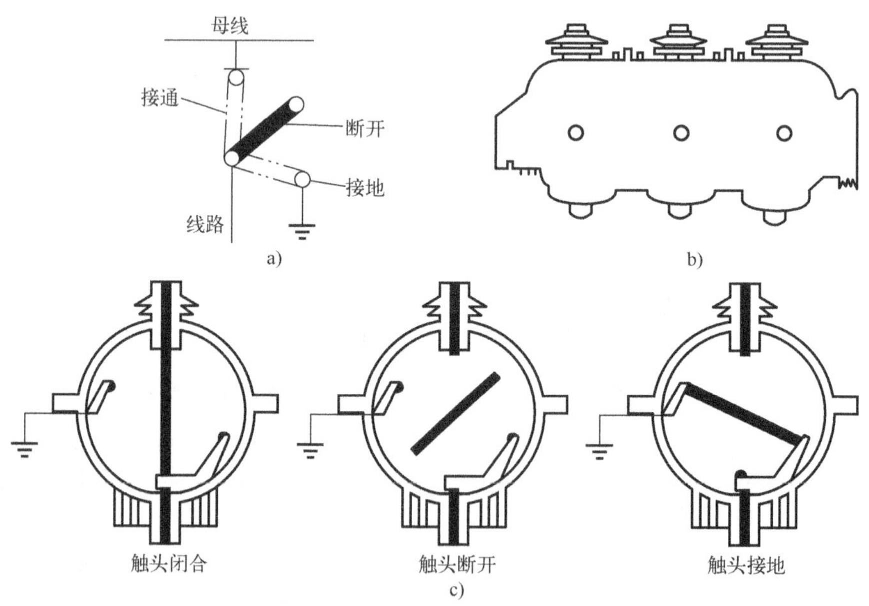

图 4-44　三位置开关的接线、外形和触头位置图

a）接线示意　b）结构外形　c）触头位置

新系列的高压开关柜全型号的表示和含义如下：

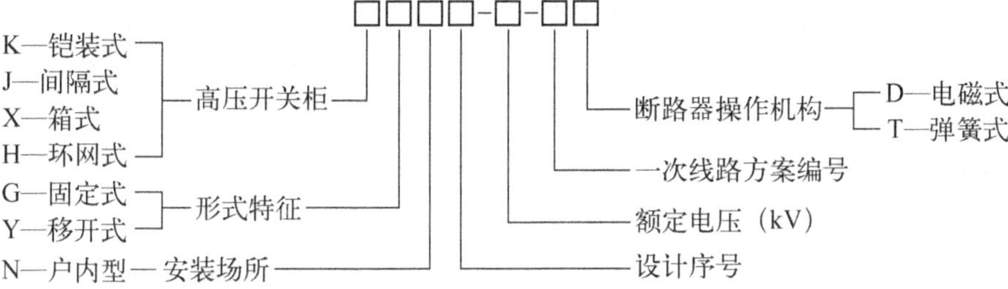

4.4.6 高压一次设备的选择与校验

高压一次设备必须满足一次电路正常条件下和短路故障条件下工作的要求，工作安全可靠，运行维护方便，投资经济合理。

电气设备按在正常条件下工作进行选择，就是要考虑电气装置的环境条件和电气要求。环境条件是指电气装置所处的位置（室内或室外）、环境温度、海拔高度以及有无防尘、防腐、防火和防爆等要求。电气要求是指电气装置对设备的电压、电流和频率（一般为50 Hz）等的要求；对一些断流电器如开关、熔断器等，应考虑其断流能力。

电气设备要满足在短路故障条件下工作的要求，还必须按最大可能的短路故障时的动稳定度和热稳定度进行校验。但对熔断器及装有熔断器保护的电压互感器，不必进行短路动稳定度和热稳定度的校验。对电力电缆，由于其机械强度足够，所以也不必进行短路动稳定度的校验，但需进行短路热稳定度的校验。

高压一次设备的选择校验项目和条件见表4-5。

表4-5 高压一次设备的选择校验项目和条件

电气设备名称	电压/kV	电流/A	断流能力/（kA或MV·A）	短路电流校验	
				动稳定度	热稳定度
高压熔断器	√	√	√	—	—
高压隔离开关	√	√	—	√	√
高压负荷开关	√	√	√	√	√
高压断路器	√	√	√	√	√
电流互感器	√	√	—	√	√
电压互感器	√	—	—	—	—
高压电容器	√	—	—	—	—
母线		√	—	√	√
电缆	√	√	—	—	√
支柱绝缘子	√	—	—	√	—
套管绝缘子	√	√	—	√	√
选择校验的条件	设备的额定电压应不小于装置地点的额定电压或最高电压（若设备额定电压按最高工作电压表示）	设备的额定电流应不小于通过设备的计算电流	设备的最大开断电流（或功率）应不小于它可能开断的最大电流（或功率）	按三相短路冲击电流校验	按三相短路稳态电流和短路发热假想时间校验

注：表中“√”表示必须校验，“—”表示不需校验。

高压开关柜形式的选择：应根据使用环境条件来确定是采用户内型还是户外型；根据供电可靠性要求来确定是采用固定式还是手车式。此外，还要考虑到经济合理。

高压开关柜一次线路方案的选择：应满足变配电所一次接线的要求，并经几个方案的技术经济比较后，选出开关柜的形式及其一次线路方案编号，同时确定其中所有一、二次设备的型号规格，主要设备应进行规定项目的选择校验。向开关电器厂订购高压开关柜时，应向厂家提供一、二次电路图纸及有关技术资料。

工厂变配电所高压开关柜上的高压母线，过去一般采用 LMY 型硬铝母线，现在也有的采用 TMY 型硬铜母线，均由施工单位根据施工设计图纸要求现场安装。

【例 4-1】 试选择某 10 kV 高压配电所进线侧的 ZN12 - 12 型高压户内真空断路器的型号。其选择校验表见表 4-6。已知该配电所 10 kV 母线短路时的总 $I_k^{(3)}=4.5\,kA$，线路的计算电流为 750 A，继电保护动作时间为 1.1 s，断路器断路时间取 0.1 s。

表 4-6　例 4-1 所述高压断路器的选择校验表

序　号	装设地点的电气条件		ZN12 - 12/1250 型真空断路器		
	项目	数据	项目	数据	结论
1	U_N/U_{max}	10 kV/11.5 kV	U_N	12 kV	合格
2	I_{30}	750 A	I_N	1250 A	合格
3	$I_k^{(3)}$	4.5 kA	I_{oc}	25 kA	合格
4	$I_{sh}^{(3)}$	2.55 × 4.5 kA = 11.5 kA	i_{max}	63 kA	合格
5	$I_\infty^{(3)2}t_{ima}$	4.5 × (1.1 + 0.1) = 24.3	I_t^2t	$25^2 \times 4 = 2500$	合格

4.5　变配电所的电气主接线

4.5.1　电气主接线概述

用规定的符号和文字表示电气设备的元件及其相互间连接顺序的图，称为接线图。企业变配电所的电路图，按功能可分为企业变配电所的主接线（主电路）图和二次接线图。

企业变配电所的主接线图，是企业接受电能后进行电能分配、输送的总电路。它是由各种主要电气设备（包括变压器、开关电器、互感器及连接线路等设备）按一定顺序连接而成的，又称一次电路或一次接线图。一次电路中所连接的所有设备，称为一次元件或一次设备。

主接线图是按国家规定的图形符号和文字符号绘制的。用单线表示三相线路，但在个别三相设备不对称处，可局部地用三根线表示。主接线图除表示电气连接电路外，还注明了电气设备的型号、规格等有关技术数据。从主接线图上可以了解企业的供电线路和全部电气设备，也为电气设备安全管理、运行和检修、维护提供了重要依据。

电气主接线主要反映系统中电能接受、输送和分配的电路；电气主接线是整个供配电系统的骨架，决定着整个系统的总体结构，与系统的可靠性、灵活性、经济型等密切相关。选择电气主接线形式是相当重要的。

变电所主接线的要求如下：

1）安全：主接线设计符合国家的有关技术规范，充分保证人身和设备的安全。

2）可靠：满足用电单位对供电可靠性的要求。

3）灵活：适应各种不同的运行方式，操作检修方便。

4）经济：设计简单、投资少、运行管理费用低，节约用电和有色金属的消耗量。

母线理论上是等电位点，实际上是汇流排，完成电能的汇集和分配，即功率的汇总与分配点。

在任何变电所中，总是进线少，出线多。由于进出线各回路之间需要有一定的电气安全间隔，所以无法从一处同时引出多个回路；而采用母线装置能保证电路接线的安全性和灵活性，所以在复杂的系统中，母线很有必要；但是否需要设置母线，需要根据现场的实际情况来确定。

电力系统中，通常按照母线的形式对电气主接线进行如下分类：

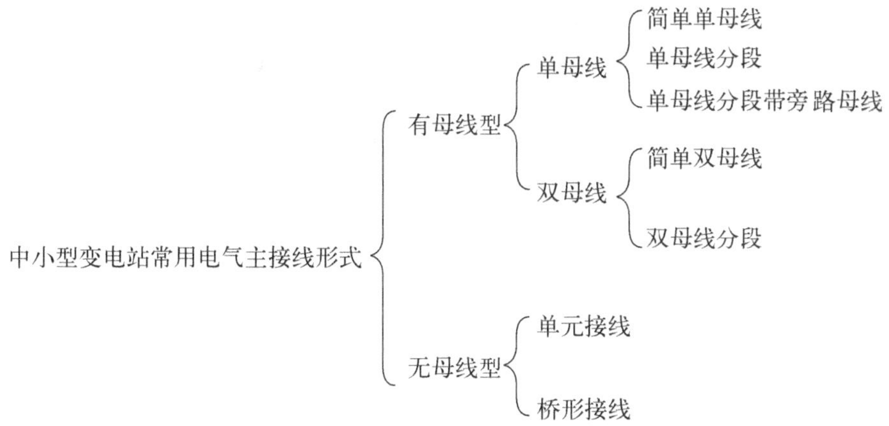

4.5.2 主接线的基本接线方式

1. 单母线接线

主接线中引出线的数目一般比电源的数目多。当电力负荷减少或电气设备检修时，每一电源都有可能被切除。因此，必须使每一引出线能从任意电源获得供电，以保证供电的可靠性和灵活性。设置母线，应便于汇集和分配电能，以便达到上述要求。所谓母线就是将变压器或发电机及多条进出线路并联在同一组的三相导体。

（1）单母线不分段主接线

单母线制接线如图 4－45 所示，用于一路电源进线的情况。图中 WL1 为电源进线，WL2、WL3、WL4 和 WL5 为 4 路出线。每条线路上都装有断路器 QF 和隔离开关 QS，WB 为母线。

断路器 QF 担负电路的正常通断和电路短路时自动切断电路的任务。断路器有一定的灭弧能力。

隔离开关 QS 的作用是：当断路器检修时隔离电源，保证断路器安全检修。靠近母线的隔离开关（QS2、QS3、QS4、QS5）称为母线隔离开关，当检修断路器时，可隔离母线的电源。靠近线路的隔离开关（QS1）称为线路隔离开关，起着隔离供电线路电源以及雷电过电压保护作用。

单母线制接线的主要优点是：接线简单、清晰；使用的电气设备少；配电装置的投资费用低，操作方便，不易误操作，便于扩建和采用成套配电装置。但电源、母线或连接于母线上的任一隔离开关发生故障或检修时，必须断开所有回路的电源，造成全部用户供电中断，供电的可靠性和灵活性都较低。

适用范围：单电源进线的三级负荷用户以及具有备用电源的二级用户。

（2）单母线分段接线形式

在双电源进线的情况下，通常采用单母线分段接线，可以通过 QS 或者 QF 进线分段。两段母线可以独立运行，也可以并列运行，如图 4-46 所示。一般分段开关可采用隔离开关，当需要带负荷操作或继电保护和自动装置有要求时，应装设断路器。

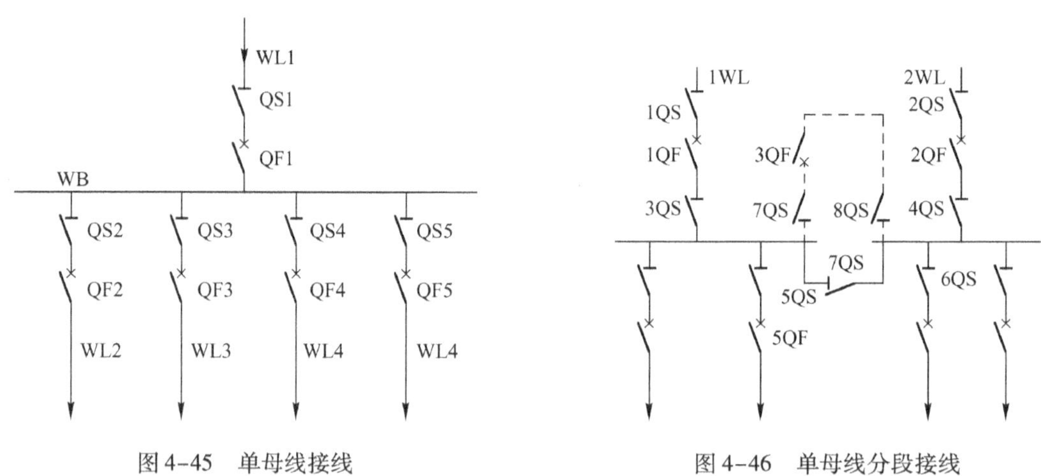

图 4-45　单母线接线

图 4-46　单母线分段接线

1）分段独立运行特点如下：

正常时：采用分段独立运行时，各段相当于单母线不分段接线运行，各段之间互不影响。

故障时：当任一段母线发生故障或者检修时，仅停止对该段母线所带负荷的供电；当任一电源线路故障或者检修时，如果另一电源能够负担全部引出线的负荷时，则可以通过倒闸操作恢复该母线所带负荷的供电，否则由故障电源所带的负荷应该停止运行或者部分停止运行。

2）并列运行的特点如下：

若遇到电源故障或者检修，无须母线停电，只需断开故障电源的断路器和隔离开关，将负荷调整到另一电源上即可，但是某段母线故障或者检修时，会使得对应的负荷短时停电。

单母线分段制中，正常情况下，母线是“合”或者“分”，应根据技术经济比较而定。在用户供电系统中，一般采用“分”的方式。

单母线分段接线的优缺点以及使用条件如下：

优点：可靠性、灵活性得到提高，除母线故障或者检修外，可实现用户的连续供电。

缺点：在母线、母线隔离开关发生故障或者检修时，仍有50%的用户停电。

适用场合：在具有双电源进线的条件下，采用该方式对一、二级负荷供电，较为优越；特别是装设了备用电源自动投入装置后，更加提高了用断路器分段的单母线供电的可靠性。该方式广泛用于10 kV 及以下的变配电所。

注：① QS 与 QF 的区别：QS 只是起电气隔离的作用，提供明显的断开点，但是不能带负荷操作；QF 具有灭弧能力，能够投切负荷电流，可以带负荷操作。

② 倒闸操作原则：当电气主接线从一种运行状态转换到另一种运行状态时，按照一定顺序对隔离开关和断路器进行接通或者断开的操作。即接通电路时先闭合隔离开关，后闭合断路器；切断电路时，先断开断路器，然后断开隔离开关。

（3）单母线分段带旁路母线接线

单母线以及单母线分段接线在线路断路器检修时会造成线路的停电，为解决上述问题，可以变化为单母线分段带旁路母线的接线方式，如图 4－47 所示，这样在线路的断路器检修停运时，可以由旁路断路器来代替线路断路器。

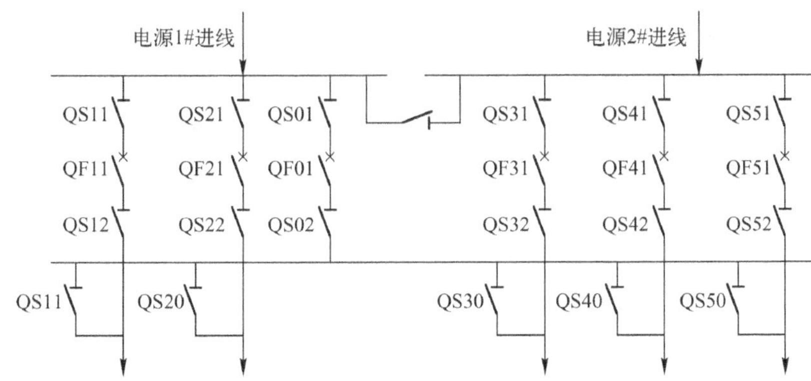

图 4-47　单母线分段带旁路母线接线

2. 双母线接线

为了解决单母线分段接线在母线、母线隔离开关检修或者故障时，需要停电的弊端，可以采用双母线接线方式，如图 4－48 所示，两条母线互为备用：工作母线和备用母线。

正常运行时，工作母线带电，备用母线不带电，任一回电源进线以及用户出线都有一台断路器和两组隔离开关分别接到两组母线上。正常运行时，工作母线上的所有隔离开关全部闭合，而备用母线上的隔离开关全部断开。并且两条母线通过断路器和隔离开关连接起来。

双母线接线优点如下：

1）供电可靠：可以轮流检修母线而不中断用户供电。

2）检修方便：检修任一条母线隔离开关时，先将电源以及其他出线切换到备用母线，然后断开隔离开关所属的那条线路即可；检修任一回线路断路器时，经倒闸操作后，可用母线联络断路器代替被检修的断路器工作，这样仅在切换的过程中短时停电。

3）运行灵活：工作母线故障时，可以迅速切换到备用母线上；双母线接线可以作为单母线分段方式运行，各接1/2进线和出线。

双母线接线缺点如下：

与单母线相比，增加了母线长度和母线隔离开关，使配电装置构架增加，占地面积增大，投资增多。同时联锁机构复杂，切换操作烦琐，倒闸操作时，容易出现误操作。工作母线停电时，仍会造成短时停电。

双母线制接线主要适用于有两回电源进线，用电设备多为一、二级负荷的大型工厂，一般中小型企业变电所不采用。

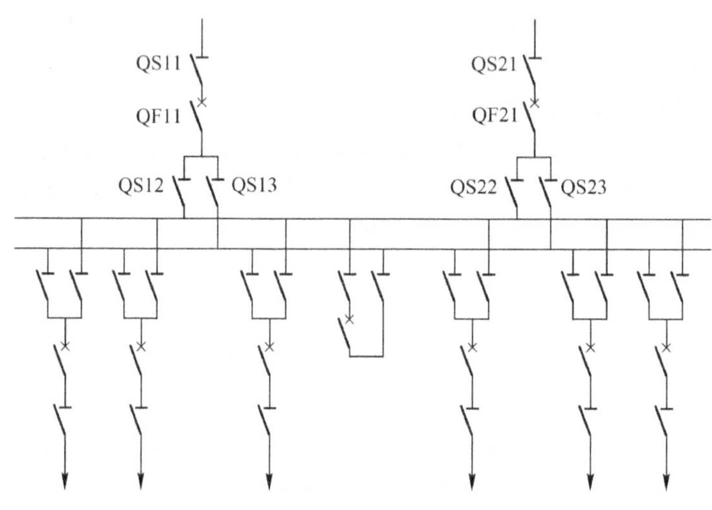

图4-48　双母线接线

3. 桥形接线

对于具有两回电源进线、两台降压变压器的工厂总降压变电所，可采用桥式接线。其特点是有一条横联跨接的“桥”。根据跨接桥横联位置的不同，又分为内桥式接线和外桥式接线两种，如图4-49所示。

桥形接线特点如下：

1）四个回路只有三个断路器。

2）接线简单：高压侧没有母线，没有多余设备。

3）经济：四个回路只用了三个断路器，省去了1~2个断路器，节约投资。

4）可靠性高：无论哪条回路故障或者检修，均可通过倒闸操作迅速切除故障回路，不致使二次侧母线长时间断电。

5）安全：每台断路器的两侧都设有隔离开关，可以形成明显断开点，以保证设备安全检修。

6）灵活：操作灵活，能够适应多种运行方式。

（1）内桥式接线

内桥式接线的特点是：当某路电源停电检修或发生故障时（如WL1线路），断开QF11，投入QF10（其两侧QS先合），即可由WL2线路恢复对变压器T1的供电。但当变压

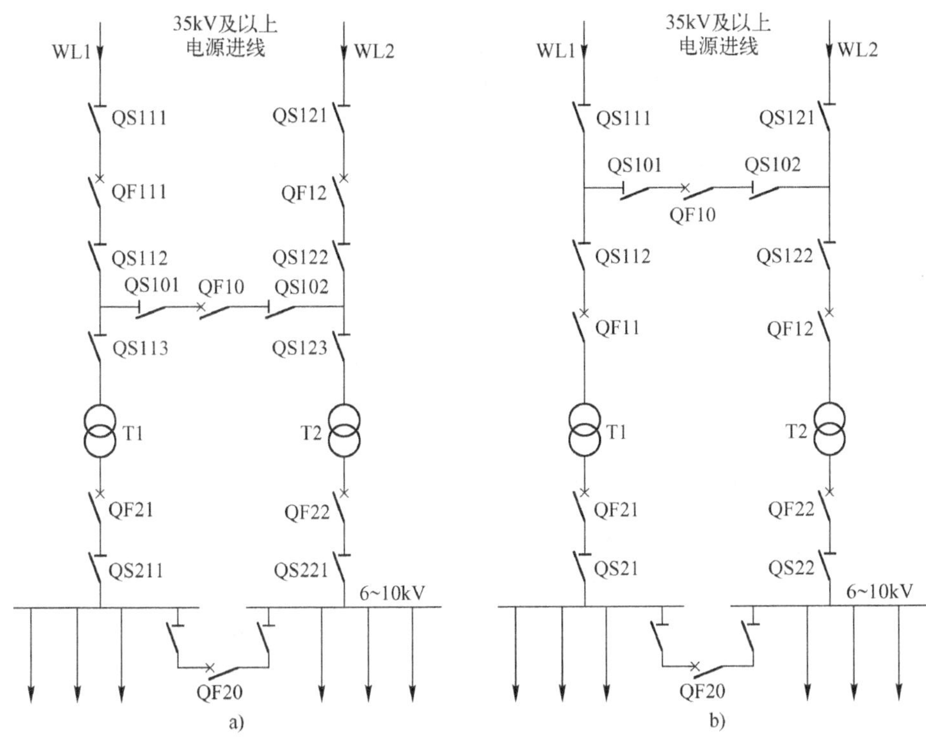

图 4-49　桥形接线

a）内桥式　b）外桥式

器发生故障时，倒闸操作多，恢复时间长。

内桥式接线运行的灵活性较好，供电可靠性较高，一般适用于一、二级负荷。

内桥接线适用场合：电源线较长，因而发生故障和停电检修的机会较多；并且变压器不需要经常切换的总降压变电所。正常运行时，两边的功率相对比较平衡，即没有穿越功率。所谓穿越功率，是指某一功率由一条线路流入并穿越横跨桥又经另一线路流出的功率。

（2）外桥式接线

外桥式接线的特点是：某台变压器（如变压器 T1）停电检修或发生故障时，断开 QF21，投入 QF20（其两侧 QS 先合），即可恢复两路电源进线并列运行。但当某一电源需要检修或发生故障时，倒闸操作多，并比较烦琐。

外桥式接线运行的灵活性也较好，供电可靠性也较高，一般也适用于一、二级负荷。

外桥接线适用场合：电源线路较短因而故障概率小，并且变电所负荷变动较大，考虑经济运行需要经常切换变压器的总降压变电所。

4. 线路－变压器组单元接线

线路－变压器组单元接线如图 4－50 所示，其特点：一条进线、一台（两台）变压器；电气设备少，接线简单，配电装置简单，节约投资，占地面积小；但当任一设备检修时，全部设备停止工作。

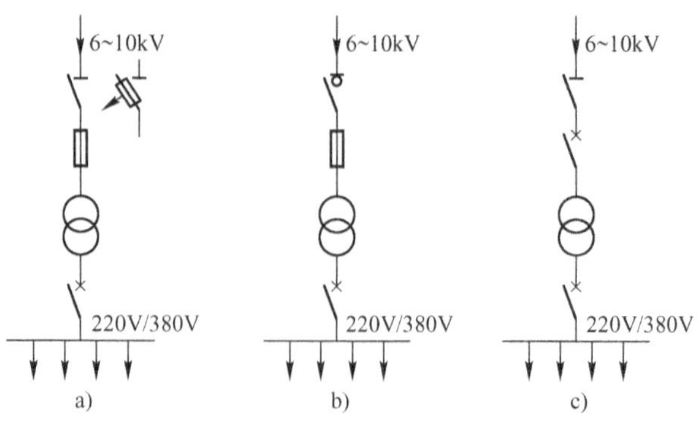

图 4-50 单元接线

4.5.3 工厂变配电所常用的主接线

1. 工厂总降压变电所的主接线

一般大中型企业采用 35 ~ 110 kV 电源进线时都设置总降压变电所，将电压降至 6 ~ 10 kV后分配给各车间变电所。下面按电源进线方式介绍总降压变电所常用的主接线。

（1）单电源进线的总降压变电所主接线

1）一次侧线路 - 变压器组、二次侧单母线不分段主接线：总降压变电所为单电源进线一台变压器时，主接线采用一次侧线路 - 变压器组、二次侧单母线不分段接线，又称一次侧无母线、二次侧单母线不分段主接线，如图 4-51 所示。

进线开关可采用隔离开关和跌落式熔断器。

2）一次侧单母线不分段、二次侧单母线分段主接线：总降压变电所为单电源进线两台变压器时，主接线采用一次侧单母线不分段、二次侧单母线分段接线，如图 4 - 52 所示。

该主接线方式特点：轻负荷时可停用一台，当其中一台变压器因故障或需停运检修时，接于该段母线上的负荷，可通过闭合母线联络开关 QP6 来获得电源，提高了供电可靠性，但单电源供电的可靠性不高，因此，这种接线只适用于三级负荷及部分二级负荷。

（2）双电源进线的总降压变电所主接线

由于采用两回电源进线，总降压变电所主变压器一般都在两台或两台以上，现以两台主变压器为例介绍常用的主接线。

1）一、二次侧均采用单母线分段主接线，如图 4 - 53 所示。

该接线方式特点：由于进线开关和母线分段开关均采用了断路器控制，操作十分灵活，供电可靠性较高，适用于大中型企业的一、二级负荷供电。

2）一次侧采用内桥式接线、二次侧采用单母线分段的总降压变电所主接线如图 4-54 所示。

这种主接线，其一次侧的高压断路器 QF10 跨接在两路电源进线之间，犹如一座桥梁，而且处在线路断路器 QF11 和 QF12 的内侧，靠近变压器，因此称为“内桥式”接线。这种主接线的运行灵活性较好，供电可靠性较高，适于一、二级负荷的工厂。如果某路电源例如 WL1 线路停电检修或发生故障时，则断开 QF11、投入 QF10（其两侧隔离开关先合），即可由 WL2 恢复对变压器 T1 的供电。这种内桥式接线多用于电源线路较长因而发生故障和停电检修的机会较多，并且变压器不需要经常切换的总降压变电所。

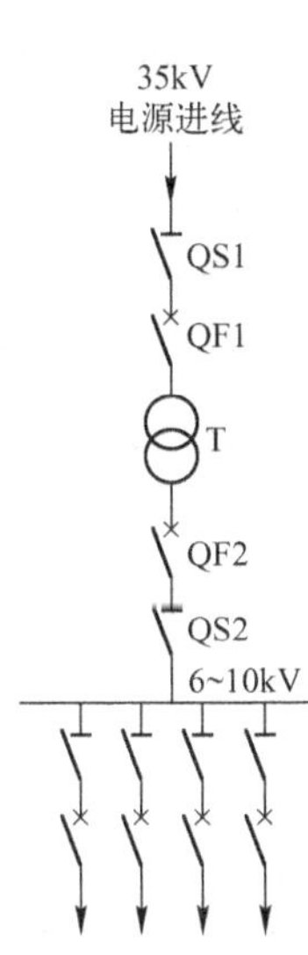

图 4-51　总降压变电所线路变压器组（无母线）主接线图

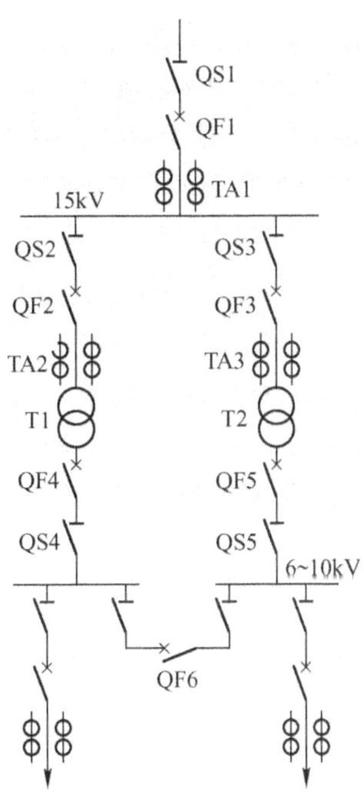

图 4-52　总降压变电所一次侧单母线、二次侧单母线分段主接线图

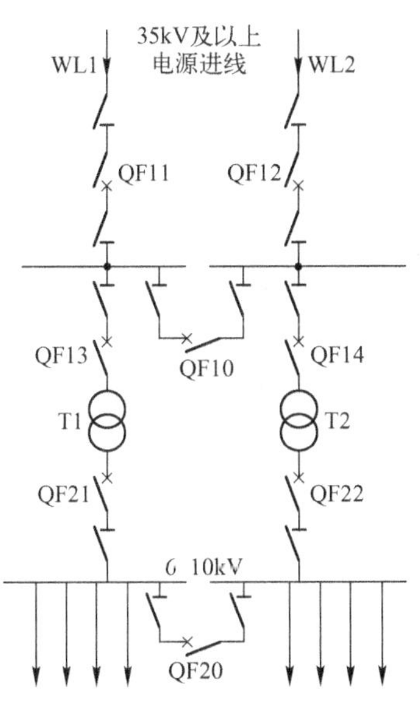

图 4-53　一、二次侧均采用单母线分段的双电源进线总降压变电所主接线图

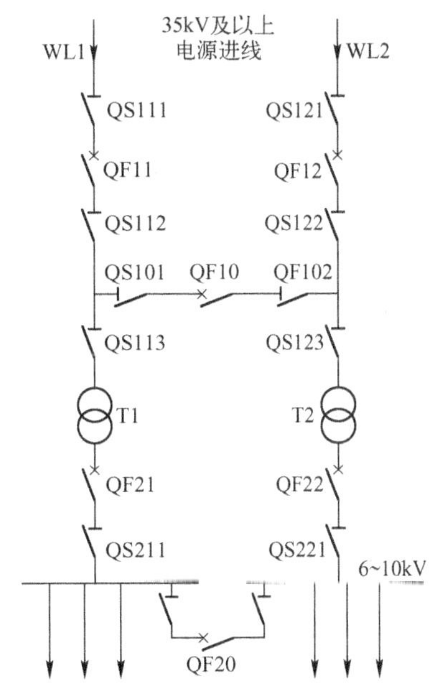

图 4-54　采用内桥式接线的总降压变电所主接线图

3）一次侧采用外桥式接线、二次侧采用单母线分段的总降压变电所主接线如图 4-55所示。

这种主接线，其一次侧的高压断路器 QF10 也跨接在两路电源进线之间，但处在线路断路器 QF11 和 QF12 的外侧，靠近电源方向，因此称为“外桥式”接线。这种主接线的运行灵活性也较好，供电可靠性也较高，适于一、二级负荷的工厂。但与上述内桥式接线适用场合有所不同。如果某台变压器如 T1 停电检修或发生故障时，则断开 QF11，投入 QF10（其两侧隔离开关先合），使两路电源进线又恢复并列运行。这种外桥式接线适用于电源线路较短而变电所昼夜负荷变动较大、考虑经济运行需要经常切换变压器的总降压变电所。当一次电源线路采用环形接线时，也易于采用这种接线，使环形电网的穿越功率不通过断路器 QF11、QF12，这对改善线路断路器的工作及其继电保护装置的整定都极为有利。

4）一、二次侧均采用双母线的总降压变电所主接线图，如图 4 - 56 所示。

采用双母线接线较之采用单母线接线，其供电可靠性和运行灵活性大大提高，但开关设备也相应大大增加，从而大大增加了初期投资，所以这种双母线接线在工厂变电所中很少采用，它主要应用在电力系统中的枢纽变电站。

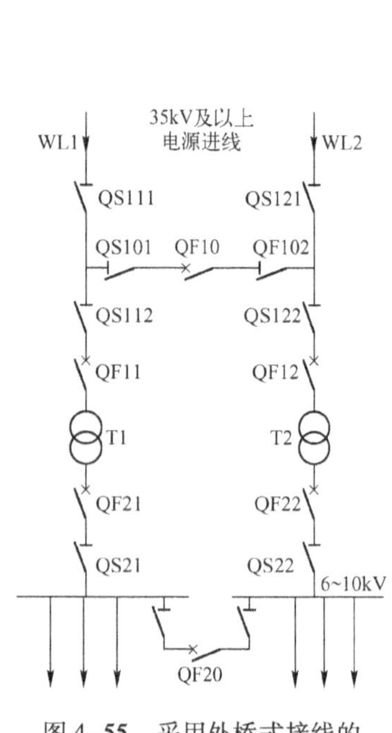

图 4-55　采用外桥式接线的总降压变电所主接线图

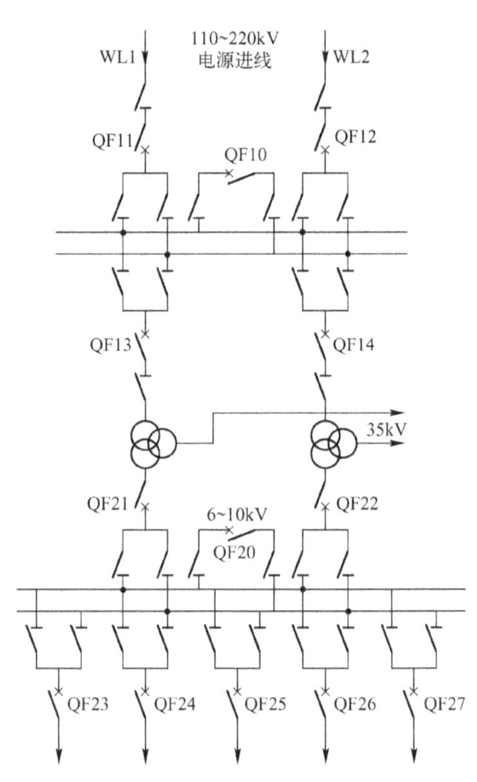

图 4-56　一、二次侧均采用双母线的总降压变电所主接线图

2. 高压配电所的主接线

当企业负荷容量较大（一般 1000 kV · A）时通常需设置高压配电所。它的功能是从电力系统受电并向各车间变电所及某些高压用电设备配电，所以高压配电所是企业电能供应与分配的中转站。

（1）单母线接线

这种接线方式如图 4-45 所示。一般为一路电源进线，而引出线可以有任意数目，供给几个车间变电所或高压电动机等。这种接线的优点是简单，运行方便，投资费用低、发展便利。缺点是供电可靠性较差，当检修电源进线断路器或母线时，全所都要停电，因此只适用于对三级负荷供电。

（2）单母线分段接线

对于供电可靠性要求较高、用电容量较大的 6～10 kV 配电所，可采用二回电源进线、母线分段运行的方式。如图 4-46 所示，它比较适用于大容量的二、三级负荷。如二回电源进线为两个独立电源时，两组母线分裂运行，可用于向一、二级负荷供电。

（3）双母线接线

对于特别重要的负荷，当采用单母线分段制供电可靠性仍不能满足要求时，可考虑采用双母线制。图 4-57 所示为双母线制接线图，WB1 为工作母线，WB2 为备用母线，每一进出线路经一个断路器和两个隔离开关接于双母线上。

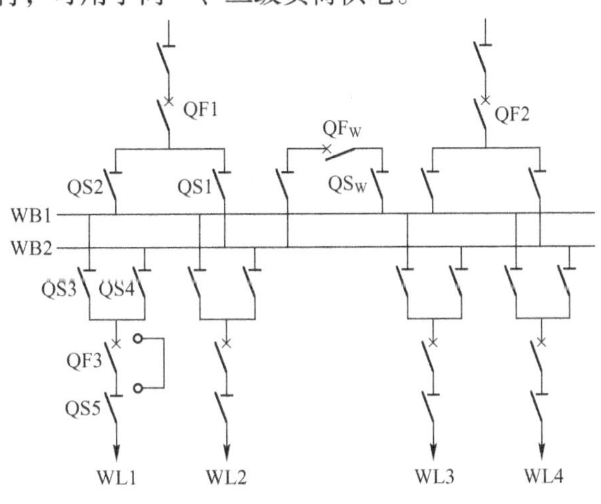

图 4-57　双母线制的主接线

双母线接线的主要优点：可以轮流检修母线而不中断供电；检修任何一回路的隔离开关，只需停该回路；工作母线发生故障时，通过备用母线，经倒闸操作能迅速恢复供电。主要缺点：与单母线相比，增加了母线长度和母线隔离开关，使配电装置构架增加，占地面积增大，投资增多。同时联锁机构复杂，切换操作繁琐，倒闸操作时，容易出现误操作。

双母线制接线主要适用于有两回电源进线，用电设备多为一、二级负荷的大型工厂，一般中小型企业变电所不采用。

3. 车间变电所的主接线

车间变电所或小型工厂变电所是指将 6～10 kV 高压降为一般用电设备所需低压的终端变电所。这类变电所的主接线比较简单。

（1）有高压配电所的车间变电所

这类变电所内用来控制变压器的一些高压开关电器、保护装置和测量仪表等，通常装设在高压配电线路的首端，即工厂的高压配电所的 6～10 kV 的高压配电室内，而车间变电所的高压侧多数应装设开关电器，或只装简单的隔离开关、熔断器或跌落式熔断器、避雷器等。因此这类车间变电所一般不设高压开关柜，也没有高压配电室，只设有变压器室和低压配电室等，如图 4-58 所示。由图 4-58 可知，凡高压架空进线，无论变压器在室内还是室外，均需装设避雷器，以防止高电位沿架空线路侵入变电所，损坏变压器及其他设备的绝缘，如图 4-58e、f、g、h 所示。高压电缆进线时，避雷器一般装设在电缆线路的首端，避雷器的接地端连同电缆的金属外皮一起接地。

（2）无高压配电所的车间变电所

这类变电所高压侧的高压开关电器、保护装置和测量仪表等，都必须配备齐全，可以采取高压计量方式，一般应设高压配电室；在变压器容量较小（一般变压器容量为 315kV · A 以下）时，供电可靠性要求不高的情况下，也可不设高压配电室，那些高压熔断器、隔离开关、负荷开关或跌落式熔断器等就装设在变压器室（室外为变压器台）的墙上或室外的

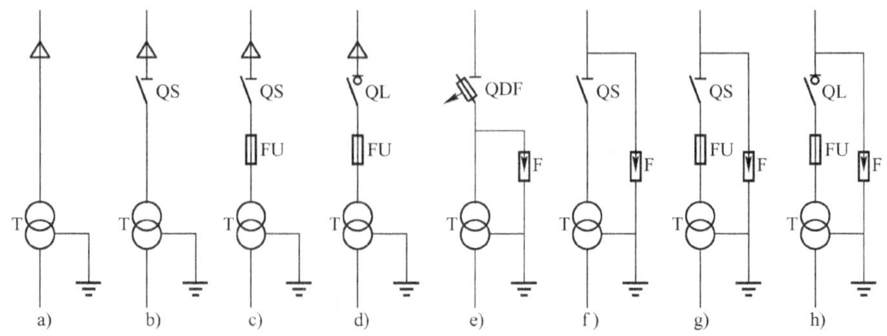

图 4-58　车间变电所高压主接线方案

电杆上，此时一般采取低压侧计量电能消耗量；当高压开关柜较少（不多于 6 台）时，可将高压开关柜装在低压配电室内，在高压侧计量电能。

对于以上两类变电所的小容量变压器，只要运行操作符合要求，就可以优先采用简单经济的熔断器保护。

（3）装有一台变压器的小型变电所主接线

只装有一台变压器的小型变电所，一般指无高压配电所的小型变电所。根据其高压侧装设开关的不同，主要有以下三种主接线方案：

1）高压侧采用隔离开关 - 熔断器或户外跌落式熔断器的变电所主电路，如图 4-59a 所示。

它是采用熔断器作为变电所的短路保护。由于隔离开关和跌落式熔断器不能带负荷操作，并受切断空载变压器容量的限制，所以一般只用于 500kV · A 及以下容量的变电所中。这种主接线相当简单经济，但供电可靠性不高。一般用于三级负荷的小容量变电所。

2）高压侧采用负荷开关 - 熔断器的变电所主电路，如图 4-59b 所示。

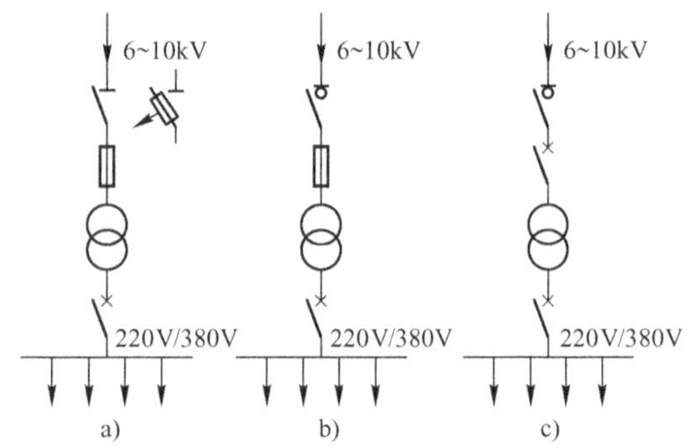

图 4-59　单台变压器的变电所主电路图

由于负荷开关能带负荷操作，因此变电所停电和送电的操作比上述主接线要简便灵活得多，也不存在带负荷拉闸的危险。在发生过负荷时，可通过带热脱扣器的负荷开关进行保护，使开关跳闸；发生短路故障时，靠熔断器进行保护，使开关跳闸。这种主接线也是比较简单经济的，但供电可靠性仍然不高，一般也只用于三级负荷且变压器容量在 500 ~ 1000 kV · A 的变电所。

3）高压侧采用隔离开关 - 断路器的变电所主电路，如图 4-59c 所示。

由于采用了高压断路器，变电所的切换操作非常灵活方便；同时高压断路器都配有继电保护装置，在变电所发生短路和过负荷时能自动跳闸，而且在短路故障和过负荷情况消除后，又可直接迅速合闸，从而使恢复供电的时间大大缩短。如采用自动重合闸装置（ARC）则供电可靠性更可大大提高。但是如果变电所只此一路电源进线，则一般也只能用于三级负荷。如果变压器低压侧有联络线与其他变电所相连，则可用于二级负荷。

（4）装有两台变压器的小型变电所主接线

当变电所有两台变压器时，可采用高压侧无母线、低压侧为单母线分段的主接线方案（见图 4-60a）；也可采用高压侧单母线、低压侧为单母线分段的接线方案（见图 4-60b）；

还可采用高压侧、低压侧均为单母线分段的方案（见图 4-60c）。具体选用主接线方案时，应根据电源进线回数和供电可靠性要求选择。

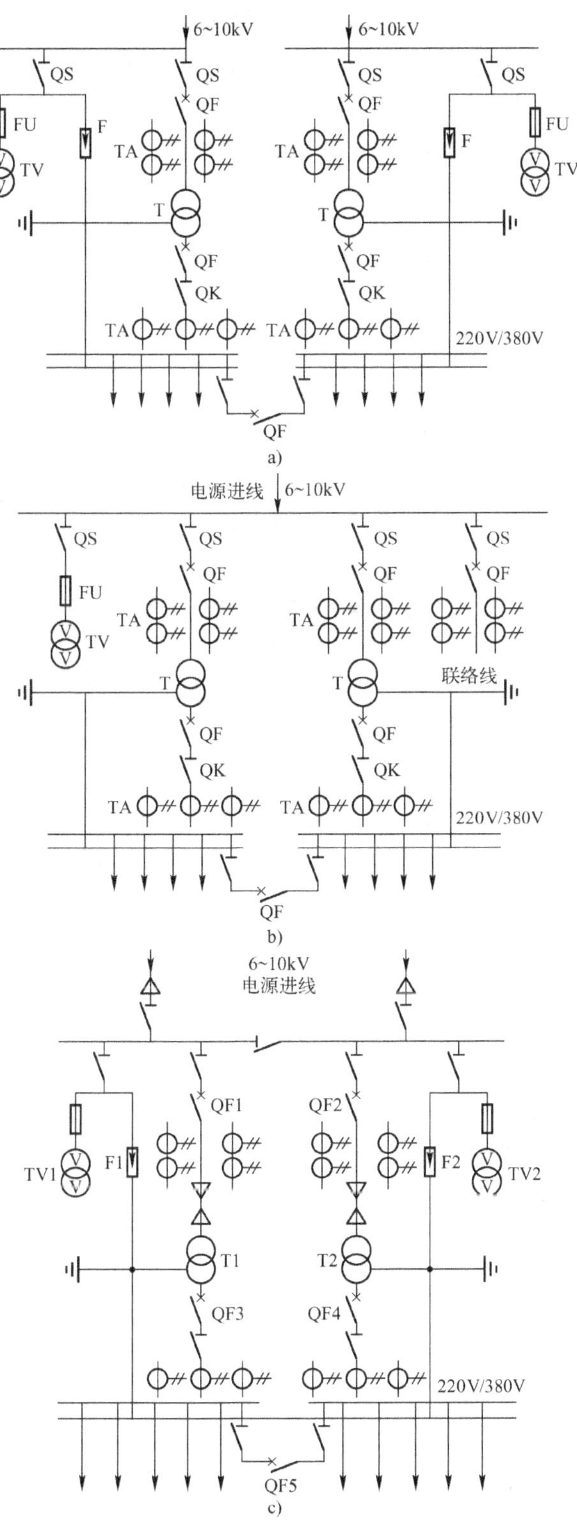

图 4-60　装有两台主变压器的小型变电所主电路图

装有两台主变压器的小型变电所多数应用在负荷比较重要，或者负荷变动比较大、需要经常带负荷切换或自动切换的场合，因此，高、低压侧开关都要采用断路器，低压母线通常也采用低压断路器分段。这种主接线的供电可靠性较高，当任一台变压器或任一电源停电检修或发生故障时，只要切断该变压器低压侧的断路器，接通低压母线分段断路器即可恢复整个变电所的供电。如果装上备用电源自动投入装置（AAT），那么当任一台主变压器低压断路器（电动操作的断路器）因电源断电（失压）而跳闸时，另一台主变压器低压侧的断路器和低压母线分段断路器就将在 AAT 作用下自动合闸，在断电 1 ~ 2 s 后即可恢复供电。双台变压器的这种主接线可对一、二级负荷供电。

本章小结

本章介绍了电气设备电弧产生的原因、机理及电弧熄灭方法，电力变压器等变换设备及其选择方法，高压配电装置的原理结构及常用高压配电装置、低压配电装置的原理结构及常用低压配电装置，配电装置的选用原则及校验方法，并简要介绍了变配电所的电气主接线。

（1）变电所一次设备是接受和分配电能的设备，主要包括变换设备、控制设备、保护设备、补偿设备和其他成套设备。变换设备包括变压器、电流互感器、电压互感器等；控制设备包括断路器、隔离开关等；保护设备包括熔断器、避雷器等；补偿设备主要是并联电容器；成套设备主要有高压开关柜、低压开关柜等。

（2）电气设备运行时会产生电弧。电弧是电气设备运行中出现的一种强烈的电游离现象。电弧会延长电路开断的时间，对电路设备造成损坏。开关设备在结构设计上要保证操作时电弧能迅速地熄灭。

（3）开关触头分断电流时产生电弧的根本原因在于触头本身及触头周围的介质中含有大量可被游离的电子，在分断的触头之间存在着足够大的外施电压的条件下，有可能强烈电游离而产生电弧。产生电弧的游离方式有热电发射、高电场发射、碰撞游离和高温游离等。上述各种游离的综合作用，使触头在分断电流时产生电弧并得以维持。要使电弧熄灭，必须使触头间电弧中的去游离率大于游离率。常用的灭弧方法有速拉灭弧法、冷却灭弧法、吹弧灭弧法、长弧切短弧法、粗弧分细弧法、狭沟灭弧法、真空灭弧法和六氟化硫灭弧法。

（4）电力变压器是变电所中最关键的设备，由铁心和绕组两个部分组成，它利用互感原理，来升高或降低电源电压。所以，按功能可分为升压变压器和降压变压器。

（5）互感器是一种特殊变压器，用于一次回路和二次回路之间的联络，属于一次设备。互感器可分为电流互感器和电压互感器。

（6）高压配电装置主要有高压熔断器、高压隔离开关、高压负荷开关、高压断路器和高压开关柜。高压熔断器对高压电路和设备进行短路保护，有的熔断器还具有过负荷保护的功能。高压隔离开关主要是隔离高压电源，保证其他设备和线路的安全检修。高压负荷开关能通断一定的负荷电流和过负荷电流，但不能断开短路电流，可借助熔断器来进行短路保护。高压断路器不仅能通断正常负荷电流，而且能接通和承受一定时间的短路电流，并能在保护装置作用下自动跳闸，切除短路故障。高压开关柜是按一定的线路方案将有关一、二次设备组装在一起而成的一种高压成套配电装置，控制和保护高压设备和线路。高压一次设备必须满足一次电路正常条件下和短路故障条件下工作的要求，工作安全可靠，运行维护方便，投资经济合理。高压开关柜形式的选择：应根据使用环境条件来确定是采用户内型还是户外型；根据供电可靠性要求来确定是采用固定式还是手车式。此外，还要考虑到经济合理。

（7）用规定的符号和文字表示电气设备的元件及其相互间连接顺序的图，称为接线图。企业变配电所的电路图，按功能可分为企业变配电所的主接线（主电路）图和二次接线图。

企业变配电所的主接线图，是企业接受电能后进行电能分配、输送的总电路。它是由各种主要电气设备（包括变压器、开关电器、互感器及连接线路等设备）按一定顺序连接而成的，又称一次电路或一次接线图。

习题与思考题

4-1 什么是电弧？试述电弧产生和熄灭的物理过程及熄灭条件。

4-2 开关触头间产生电弧的根本原因是什么？产生电弧有哪些游离方式？其中最初的游离方式是什么？维持电弧主要靠什么游离方式？

4-3 使电弧熄灭的条件是什么？熄灭电弧的去游离方式有哪些？开关电器中有哪些常用的灭弧方法？

4-4 何谓电弧的伏安特性？交流电弧伏安特性有哪些特点？熄灭电弧的基本方法有哪几种？

4-5 电力变压器并列运行的条件是什么？

4-6 电流互感器和电压互感器的使用注意事项有哪些？

4-7 高压断路器有哪些主要技术数据？其含义是什么？

4-8 高压隔离开关有哪些功能？有哪些结构特点？

4-9 高压负荷开关有哪些功能？它可装设什么保护装置？它靠什么来进行短路保护？

4-10 高压断路器有哪些功能？

4-11 断路器和隔离开关的主要区别是什么？各有什么用途？在它们之间为什么要装联锁机构？

4-12 在选择断路器时，为什么要进行热稳定校验？分别说明断路器的实际开断时间、短路切除时间和短路电流发热等效时间的计算方法。

4-13 什么是熔断器保护特性曲线？有何用途？

4-14 熔断器、高压隔离开关、高压负荷开关和高低压断路器在选择时，哪些需校验断流能力？哪些需校验短路动、热稳定度？

4-15 如图4-61a所示供电系统图。电源为无限大容量系统，变压器B为SJL-6500/35，$U_d(\%)=7.5$。已知：d_1点短路电流$I_{1d}=5$ kA，保护动作时间之$t_b=2$ s，断路器全分闸时间为0.2 s。d_2点短路电流$I_{2d}=3.66$ kA，保护动作时间$t_b=1.5$ s，断路器全分闸时间为0.2 s。试选择下列电气设备：

（1）35 kV侧断路器现选用DW8-35/400A型，隔离开关选用GW5-35G/600A，确定是否满足要求？

（2）选择10.5 kV DL和G？

（3）10 kV电流互感器LH选用LQJ-10-0.5/3-400型，其二次侧额定电阻为0.40，

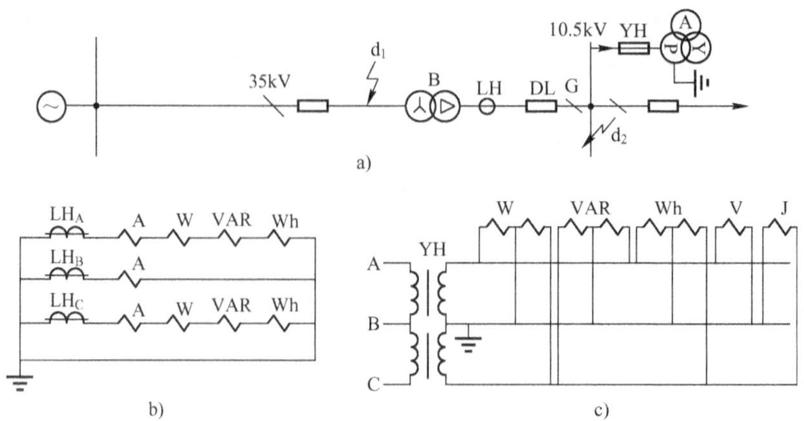

图 4-61　电气设备选择接线图

a）供电系统电气接线　b）电流互感器二次接线　c）电压互感器二次接线

动稳倍数为 160，1 s 钟热稳定倍数为 75，二次负荷如图 4-61b 所示，试求二次导线最大允许长度，并确定此型电流互感器是否满足要求？

（4）选择 10 kV 电压互感器 YH，其二次负荷如图 4-61c 所示。

（5）选择变压器 10 kV 侧母线截面，三相水平排列，相间距离 0.7 m，绝缘子跨距 1.8 m。

4 - 16　什么是主接线？变电所主接线的要求是什么？

第 5 章　供配电线路

电力线路是供配电系统的重要组成部分，担负着输送和分配电能的重要任务，在整个供配电系统中起着重要作用。

5.1　电力线路及其接线方式

电力线路（Power Line）与发电厂、变电站互相连接，构成电力系统或电力网，用以输送电能。从其架设的方式来说又分为架空电力线路和电力电缆。电力线路按其担负的输送电能的能力可分为输电线路（Transmission Line）、高压配电线路（High Voltage Distribution Line）和低压配电线路（Low Voltage Distribution Line）。从发电厂或变电站升压，把电力输送到降压变电站的高压电力线路，叫输电线路，电压一般在 35 kV 以上。降压变电站把电力送到配电变压器的电力线路，叫高压配电线路，电压一般在 3 kV、6 kV 和 10 kV。从配电变压器把电力送到一般用户的线路，叫低压配电线路，电压一般为 380 V 和 220 V。

供电系统按系统接线布置方式可分为放射式、干线式、环形及两端电源供电式等接线方式；按供电系统的运行方式可分为开式和闭式接线系统；按对负荷供电可靠性的要求可分为无备用和有备用接线系统。在有备用接线系统中，其中一回线路发生故障时，其余线路能保证全部供电的称为完全备用系统；如果只能保证对重要用户供电的，则称为不完全备用系统。备用系统的投入方式可分为手动投入、自动投入等。

5.1.1　高压线路的接线方式

1. 高压放射式

高压放射式接线是指变配电所高压母线上引出的一回线路直接向一个车间变电所或高压用电设备供电，沿线不支接其他负荷。

高压放射式接线如图 5-1 所示。

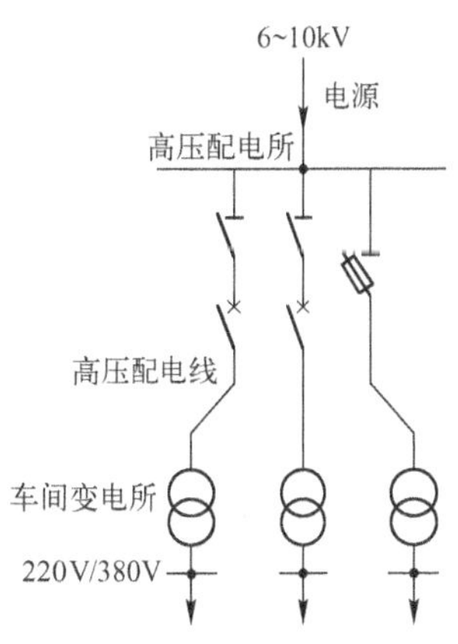

图 5-1　高压放射式接线

放射式的主要优点是：供电线路独立，线路故障不互相影响，因此供电可靠性较高；易于实现自动化；继电保护简单，且易于整定，保护时间短。缺点是：高压开关设备用得较多，且每台高压断路器需装设一个开关柜，从而使投资增加；在发生故障或检修时，该线路所供电的负荷都要停电。多用于用电设备容量大，或负荷性质重复，特别是大型设备的供电。

要提高其供电可靠性，可在各车间变电所的高压侧之间或低压侧之间敷设联络线。如果要进一步提高供电可靠性，可采用来自两个电源的两路高压进线，然后经分段接线由两段母线用双回线路对重要负荷交叉供电。

2. 高压树干式

树干式接线是指由变配电所高压母线上或低压配电屏引出的配电干线上，沿线支接了几个车间变电所或负荷点的接线方式。

高压树干式接线如图 5-2 所示。

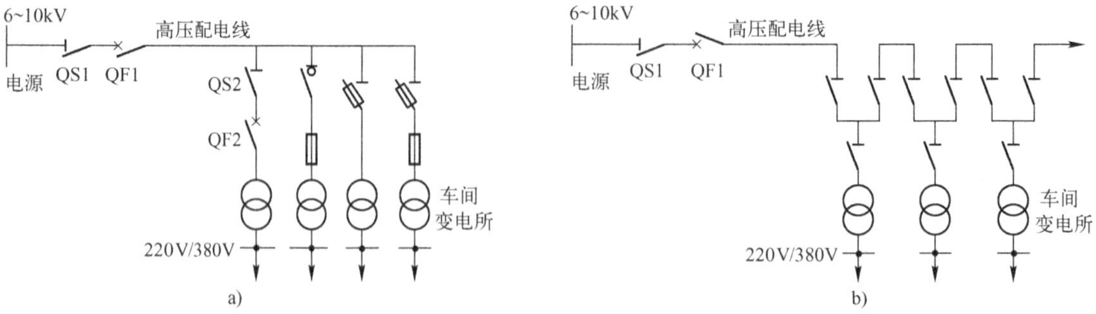

图 5-2　高压树干式接线

a）直接连接树干式　b）串联型树干式

高压树干式的主要优点是：线路总长度较短，造价较低，可节约有色金属；采用的高压开关数量少，投资较省。缺点是：供电可靠性较低，当干线发生故障或检修时，接于树干上的所有变电所都要停电。适用于供电容量较小且分布均匀的用电设备。

串联型树干式因干线的进出侧均安装隔离开关，当发生故障时，可在找到故障点后，拉开相应的隔离开关继续供电，从而缩小停电范围。树干式接线为了有选择性地切除线路故障，各段需设断路器和保护装置，使投资增加，而且保护整定时间增加，延长了故障的存在时间，增加了电气设备故障时的负担。

要提高供电可靠性，可采用双干线供电或两端供电的接线方式，如图 5-3 所示。

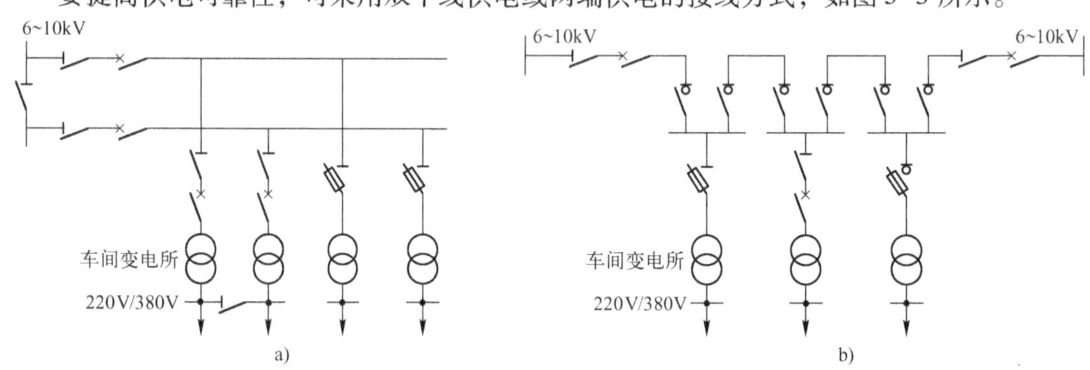

图 5-3　双树干供电或两端供电的接线方式

a）双树干供电接线　b）两端供电

3. 高压环形接线

高压环形接线是树干式接线的改进，两路树干式接线连接起来就构成了环形接线。

环形接线如图 5-4 所示。优点是：所用设备少；各线路途径不同，不易同时发生故障，故可靠性较高且运行灵活；因负荷由两条线路负担，故负荷波动时电压比较稳定。缺点是：运行线路较长，故障时（特别是靠近电源附近段故障），电压损失大。因环形接线的导线截面应按故障情况下能担负环网全部负荷考虑，故有色金属的消耗量增加，两个负荷大小相差越悬殊，其消耗量就越大。故这种接线方式适用于负荷容量相差不大，所处地理位置距电源均较远，而彼此相距较近的情况。

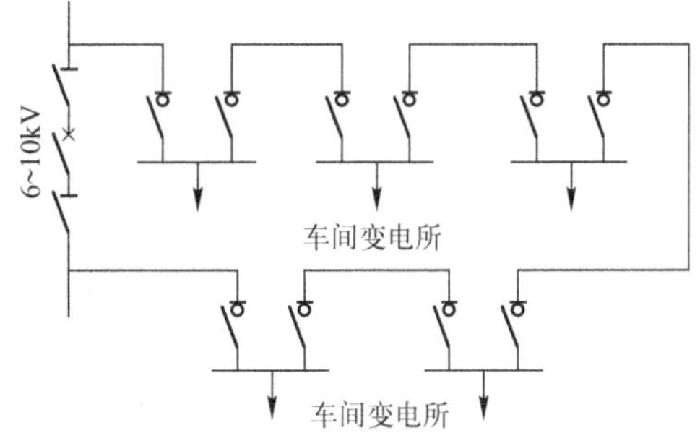

图 5-4　高压环形接线

环形接线系统平常可以开环运行，也可以闭环运行。但闭环运行时继电保护较复杂，同时也为避免环形线路上发生故障时影响整个电网，因此大多数环形线路采用“开环”运行方式，即环形线路中有一处开关是断开的。开环点的选择应使在正常运行情况下，两路干线所负担的容量尽可能相近，所选导线截面也尽量相同。或者将开环点设在较为重要的负荷处，并在开环断路器上配装自动装置。在现代化城市配电网中这种接线应用较广。

配电系统的高压接线实际上往往是几种接线方式的组合，究竟采用什么接线方式，应根据具体情况，对供电可靠性的要求经技术经济综合比较后才能确定。一般来说，配电系统宜优先考虑采用放射式，对于供电可靠性要求不高的辅助生产区和生活住宅区，可考虑采用树干式或环形配电。

5.1.2　低压线路的接线方式

低压配电线路的接线方式同样也有放射式、树干式和环形等基本接线形式。

1. 低压放射式接线

低压放射式接线的特点是其引出线发生故障时互不影响供电，可靠性较高；但在一般情况下，其有色金属消耗量较多，采用的开关设备较多。这种接线多用于供电可靠性要求高的车间，特别是用于大型设备的供电。

低压放射式接线如图 5-5 所示。

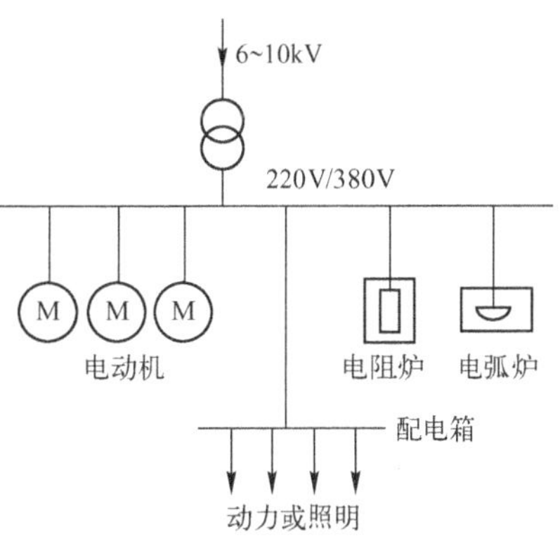

图 5-5　低压放射式接线

2. 低压树干式接线

低压树干式接线的特点正好与放射式相反，一般情况下，它采用的开关设备较少，有色金属消耗量也较少；但当干线发生故障时，影响范围大，故供电的可靠性较低。图 5-6a 所示的树干式一般用于机械加工车间、工具车间和机修车间，适用于供电容量较小而分布较均匀的用电设备，如机床、小型加热炉等。图 5-6b 所示的“变压器、干线组的树干式”接线，还省去了变电所低压侧整套低压配电装置，从而使变电所结构大为简化，投资大为降低。

图 5-7a、b 是一种变形的树干式接线，通常称为“链式接线”。链式接线的特点与树干式基本相同，适于用电气设备彼此相距很近而容量均较小的次要用电设备。链式相连的用电设备一般不宜超过 5 台，链式相连的配电箱不宜超过 3 台，且总容量不宜超过 10 kW。

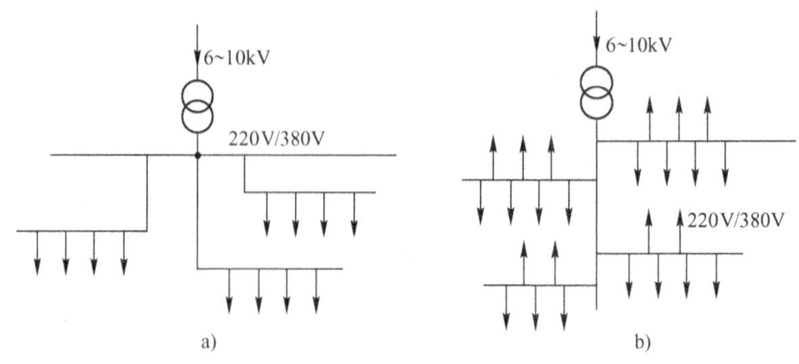

图 5-6　低压树干式接线

a）母线放射式配电的树干式　b）变压器、干线组的树干式

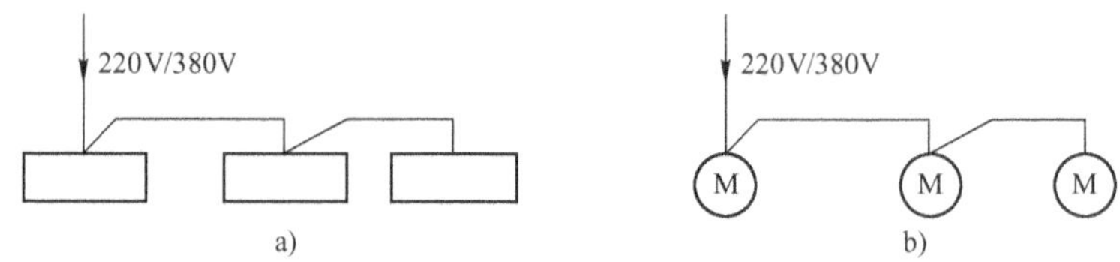

图 5-7　低压链式接线（变形树干式）

a）连接配电箱　b）连接电动机

3. 低压环形接线

一个工厂内的所有车间变电所的低压侧，可以通过低压联络线相互连接成为环形。

低压环形接线如图 5-8 所示。

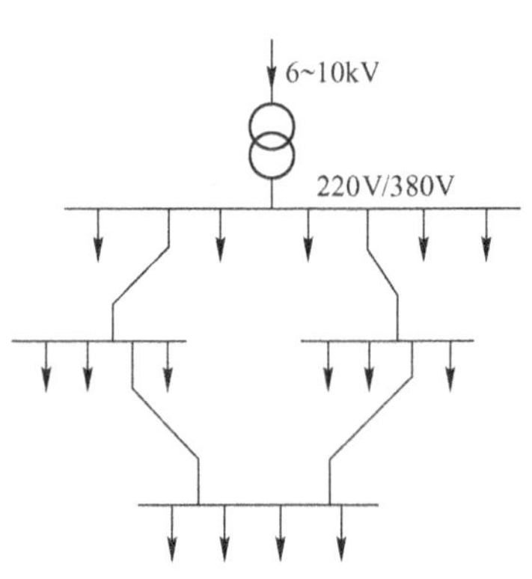

图 5-8　低压环形接线

低压环形接线的供电可靠性比较高。任一段线路发生故障或检修时，都不致造成供电中断，或暂时停电，一旦切换电源的操作完成，就能恢复供电。低压环形接线可使电能损耗和电压损耗减少，既能节约电能，又能提高电压水平。但是环形供电系统的保护装置及其整定配合相当复杂，如配合不当，容易发生误动作，反而扩大故障停电的范围。实际上，低压环形接线也多采用“开口”运行方式。

在低压配电系统中，也往往采用几种接线方式的组合，依具体情况而定。不过在环境正常的车间或建筑内，当大部分用电设备容量不很大又无特殊要求时，宜采用树干式配电，这一方面是由于树干式配电较之放射式经济，另一方面是由于我国各工厂的供电人员对采用树干式配电积累了相当成熟的运行经验。实践证明，低压树干式配电在一般正常情况下能满足生产要求。

总的来说，电力线路的接线（包括高压和低压线路）应力求简单。运行经验表明，供配电系统如果接线复杂，层次过多，不仅浪费投资，维护不便，而且由于电路串联的元件过多，因操作错误或元件故障而产生的事故也随之增多，且事故处理和恢复供电的操作也比较麻烦，从而延长了停电时间。同时由于配电级数多，继电保护级数也相应增加，动作时间也相应延长，对供配电系统的故障保护十分不利。因此，GB50052－1995《供配电系统设计规范》规定：供配电系统应简单可靠，同一电压供电系统的变配电级数不宜多于两级。

5.2 电力线路的结构和敷设

电力线路有架空线路和电缆线路，其结构和敷设各不相同。架空线路具有投资少、施工维护方便、易于发现和排除故障、受地形影响小等优点，所以架空线路过去在工厂中应用比较普遍。但是架空线路直接受大气影响，易受雷击、冰雪、风暴和污秽空气的危害，且要占用一定的地面和空间，有碍交通和观瞻，因此现代化工厂有逐渐减少架空线路、改用电缆线路的趋向。电缆线路具有运行可靠、不易受外界影响及美观等优点。

5.2.1 架空线路的结构和敷设

架空线路由导线、电杆、绝缘子和线路金具等主要元件组成如图 5-9 所示。为了防雷，有的架空线路上还装设有避雷线（又称架空地线）。为了加强电杆的稳固性，有的电杆还安装有拉线或扳桩。

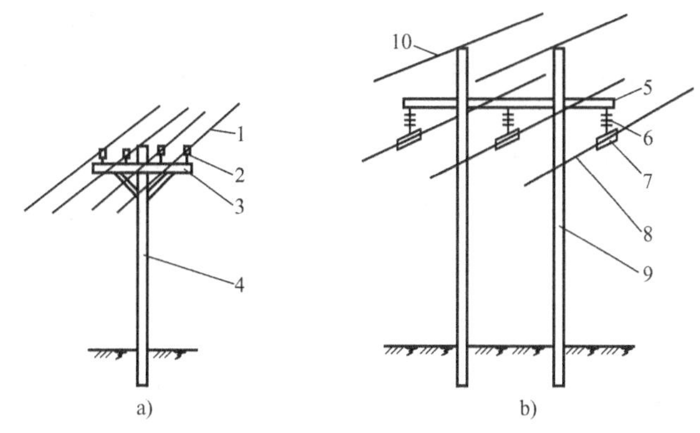

图 5-9 架空线路结构示意图

a）低压架空线路 b）高压架空线路

1—低压导线 2—针式绝缘子 3—横担 4—低压电杆 5—横担

6—高压悬式绝缘子串 7—线夹 8—高压导线 9—高压电杆 10—避雷线

1. 导线

导线是线路的主体，担负着输送电能的功能。它架设在电杆上，要经受自身重量和各种外力的作用，并要承受大气中各种有害物质的侵蚀。因此，导线必须具有良好的导电性，同时要具有一定的机械强度和耐蚀性，尽可能质轻而价廉。

（1）导线的结构

导线材质有铜、铝和钢。铜的导电性最好（电导率为 53 MS/m），机械强度也相当高（抗拉强度约为 380 MPa），然而铜是贵重金属，应尽量节约。铝的机械强度较差（抗拉强度约为 160 MPa），但其导电性较好（电导率为 32 MS/m），且具有质轻、价廉的优点，因此在能“以铝代铜”的场合，宜尽量采用铝导线。钢的机械强度很高（多股钢绞线的抗拉强度达 1200 MPa），而且价廉，但其导电性差（电导率为 7.52 MS/m），功率损耗大，对交流电流还有磁滞涡流损耗（铁磁损耗），并且它在大气中容易锈蚀，因此钢导线在架空线路上一般只作避雷线使用，且使用镀锌钢绞线。

架空线路多采用裸导线，按裸导线的结构可分为单股导线和多股绞线；图 5-10 给出各种裸导线的构造。

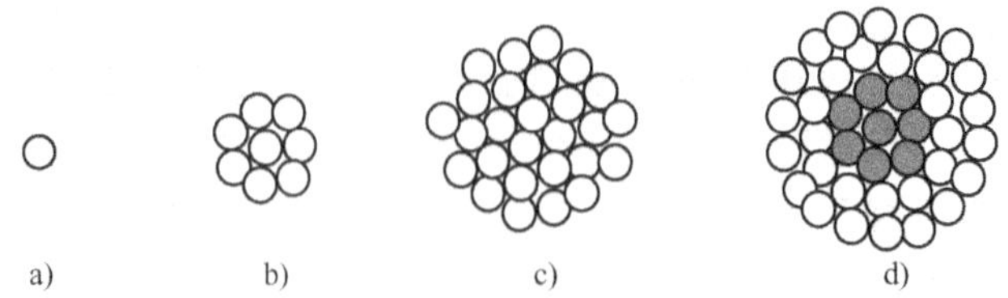

图 5-10　裸导线的构造

a）单股线　b)、c）同一种金属的多股绞线　d）两种金属的多股导线（钢芯铝绞线）

由于多股绞线的性能优于单股线，所以架空线路一般采用多股绞线，如图 5-10b、c 所示。绞线又有铜绞线、铝绞线和钢芯铝绞线。架空线路一般情况下采用铝绞线。在机械强度要求较高和 35 kV 及以上的架空线路上，则多采用钢芯铝绞线，其横截面结构如图 5-10d 所示。这种导线的线芯是钢线，用以增强导线的抗拉强度，弥补铝线机械强度较差的缺点；而其外围用铝线，取其导电性较好的优点。由于交流电流在导线中通过时有趋肤效应，交流电流实际上只从铝线部分通过，从而弥补了钢线导电性差的缺点。钢芯铝线型号中表示的截面积，就是其铝线部分的截面积。

为减小电压为 220 kV 及以上输电线路的电晕损耗或线路阻抗，多采用分裂导线或扩径导线。分裂导线是把每相导线分成若干根，相互间保持一定距离（一般多放在正多边形的顶点位置)。扩径导线是在钢芯外面有一层不为铝线所填满的支撑层，人为扩大导线直径而不增大载流部分的截面积。

（2）导线的型号

架空线路导线的型号（Model of Conductors）由导线材料、结构和载流截面积三部分表示。其中，导线材料和结构用汉语拼音字母表示，载流截面积用数字表示，单位是 mm^2。例如，LGJJ－300 表示加强型钢芯铝绞线，截面积为 300 mm^2。

对于工厂和城市中 10 kV 及以下的架空线路，当安全距离难以满足要求，邻近高层建筑在繁华街道或人口密集地区、空气严重污秽地段和建筑施工现场时，按 GB50061－1997《66 kV及以下架空电力线路设计规范》规定，可采用绝缘导线。

2. 电杆、横担和拉线

电杆（Tower）是架空电力线路中架设导线的支撑物，把它埋设在地上，装上横担及绝缘子，导线固定在绝缘子上。杆塔的形式与线路电压等级、线路回路数、线路的重要性、导线结构、气象条件和地形地质条件等因素有关。

按电杆的材料不同可分为木杆、水泥杆（钢筋混凝土杆）和铁塔等。目前木杆塔已基本不用；铁塔主要用在超高压、大跨越的线路及某些受力较大的杆塔上；钢筋混凝土杆不仅可节省大量钢材，而且机械强度较高，使用最为广泛。按电杆的用途可分为直线杆、耐张杆、转角杆、终端杆、分歧杆和跨越杆等，如图 5-11 所示。

（1）直线杆（Straight Line Tower）

直线杆位于线路的直线段上，用于支撑线路的垂直荷载（如重力）和水平荷载（如风

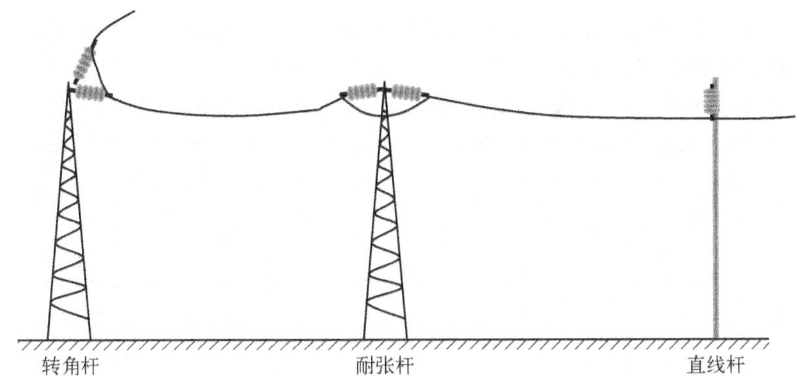

图 5-11 电杆

荷)，因为安装在两个耐张杆塔之间又称为中间杆塔。直线杆上的导线是用线夹和悬式绝缘子串挂在横担上。

直线杆在正常情况下，支撑线路的垂直和水平荷载；当杆塔一侧发生断线时，它要承受相邻两档导线的不平衡张力。

直线杆在架空线路中用得最多，约占杆塔数的 80%。

(2) 耐张杆（Tension Tower）

线路在运行中可能发生断线事故，为了防止事故的扩大，必须在一定距离内安装耐张杆，将断线事故限制在两个耐张杆塔之间。耐张杆承受线路正常纵向张力和事故时的断线张力。耐张杆上的导线是用耐张绝缘子串（或碟式绝缘子）和耐张线夹固定在杆塔上。

耐张杆在正常情况下，除承受与直线杆塔相同的荷载外，还承受导线和避雷线的不平衡张力。当杆塔一侧发生断线时，它要承受断线张力，防止整个线路杆塔顺线路方向倾倒，将线路故障（如断线、倒杆）限制在一个耐张段内。

(3) 转角杆（Angle Tower）

线路所经的路径尽量走直线，在需要改变线路走向的转弯处设置的杆塔叫转角杆。转角杆随着导线转角的大小（15°、30°、60°和 90°）可以是耐张型的，也可以是直线型的。

由于两侧导线的张力不在一条直线上，因而除承受线路的垂直和水平荷载外，还有角度力。其角度力的大小取决于导线的水平张力和转角的大小，如图 5-12 所示。

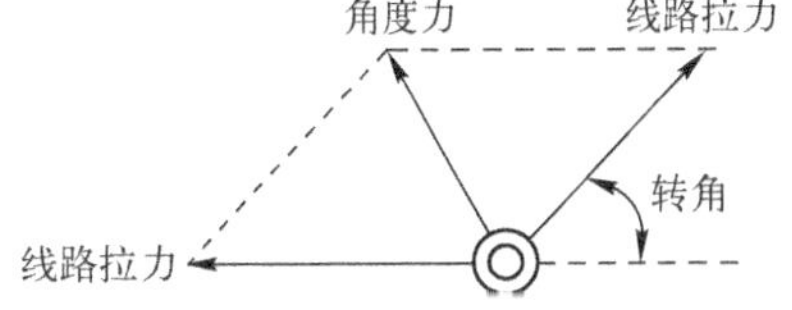

图 5-12 转角杆的受力

一般 6~10 kV 线路、转角 30°以下，35 kV 及以上线路、转角 5°以下的转角杆为直线型。

(4) 终端杆（Terminal Tower）

终端杆用于线路的首端和终端，由于杆塔上只有一侧有导线，所以承受线路单侧全部的拉力。

(5) 分歧杆（Divergence Tower）

分歧杆设置在分支线路与干线相连接的地方。

(6) 跨越杆（Crossing Tower）

跨越杆塔用于线路跨越铁路、河流、山谷及其他交叉跨越的地方。当跨越档距较大时，采用特殊设计的跨越杆塔。

横担安装在电杆的上部，用来安装绝缘子以架设导线。常用的横担有木横担、铁横担和瓷横担。现在工厂里普遍采用的是铁横担和瓷横担。瓷横担是我国独特的产品，具有良好的电气绝缘性能，兼有绝缘子和横担的双重功能，能节约大量的木材和钢材，有效地利用电杆高度，降低线路造价。它在断线时能够转动，以避免因断线而扩大事故，同时它的表面便于雨水冲洗，可减少线路的维护工作量。其结构简单，安装方便，可加快施工进度。但瓷横担比较脆，在安装和使用中必须避免机械损伤。图 5-13 所示是高压电杆上安装的瓷横担。

拉线是为了平衡电杆各方面的作用力，并抵抗风压以防止电杆倾倒用的，如终端杆、转角杆和耐张杆等往往都装有拉线。拉线的结构如图 5-14 所示。

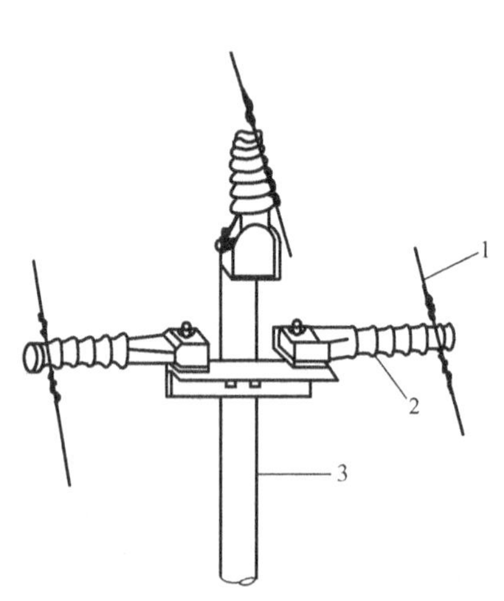

图 5-13　高压电杆上安装的瓷横担

1—高压导线　2—瓷横担　3—电杆

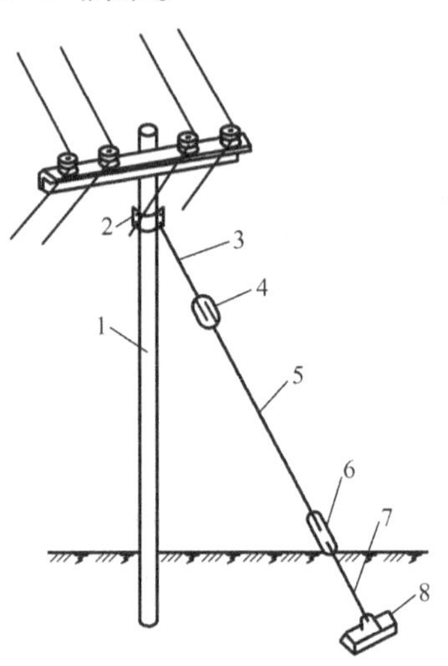

图 5-14　拉线的结构

1—电杆　2—固定拉线的抱箍　3—上把
4—拉线绝缘子　5—腰把　6—花篮螺钉
7—底把　8—拉线底盘

3. 绝缘子

绝缘子（Insulator）是用来固定导线的，起着支撑和悬挂导线并使导线与杆塔绝缘的作用；绝缘子同时也承受导线的垂直荷重和水平荷重，所以它应具有足够的绝缘强度和机械强度，同时对化学杂质的侵蚀具有足够的抗御能力；还能适应周围大气条件的变化，如温度和湿度变化对它本身的影响。

绝缘子表面做成波纹状，凹凸的波纹形状延长了爬弧长度，而且每个波纹又能起到阻断电弧的作用。大雨时雨水不能直接从上部流到下部，因此凹凸的波纹形状又起到了阻断水流的作用。

（1）绝缘子种类

架空线常用的绝缘子有针式绝缘子、碟式绝缘子、悬式绝缘子和瓷横担绝缘子等形式，又有高压绝缘子和低压绝缘子之分。

图 5-15　针式绝缘子

a）用于 10 kV　b）用于 35 kV

1）针式绝缘子　如图 5-15 所示，针式绝缘子用于电压不超过 35 kV 和导线张力不大的配电线路上，如直线杆塔和小转角杆塔。导线则用金属线绑扎在绝缘子顶部的槽中使之固定。

针式绝缘子的型号：

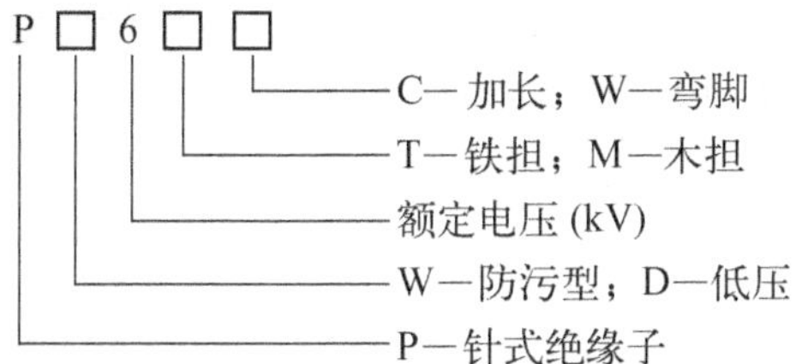

2）悬式绝缘子　如图 5-16 所示，悬式绝缘子广泛用于电压为 35 kV及以上的线路。悬式绝缘子是一片一片的，使用时组成绝缘子串，通常由多片悬式绝缘子组成绝缘子串使用。悬式绝缘子有新老两个系列产品，老系列产品按一小时机电负荷分；新系列产品按机电破坏负荷分。新系列产品具有结构先进、性能好、金属附件连接标准化等优点，将代替老系列产品。

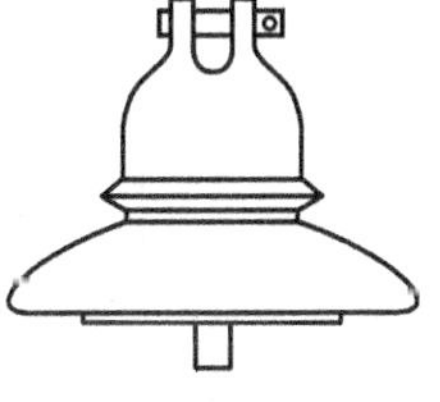

图 5-16　悬式绝缘子

悬式绝缘子的型号：

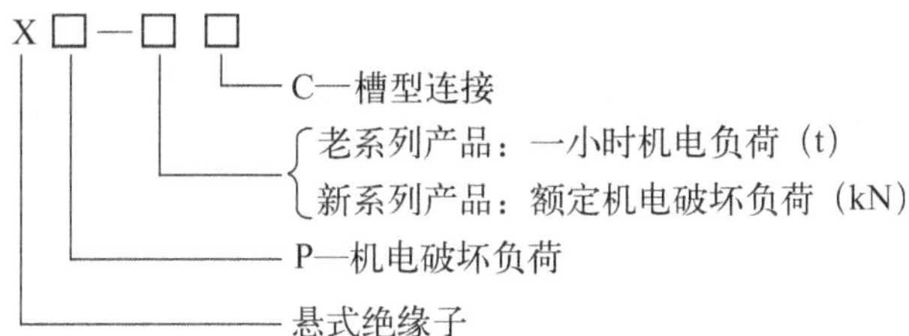

3）碟式绝缘子　碟式绝缘子按使用电压分为高压和低压两种，主要用于直线杆塔和小转角杆塔。这种绝缘子制造简易、廉价。

碟式绝缘子的型号：

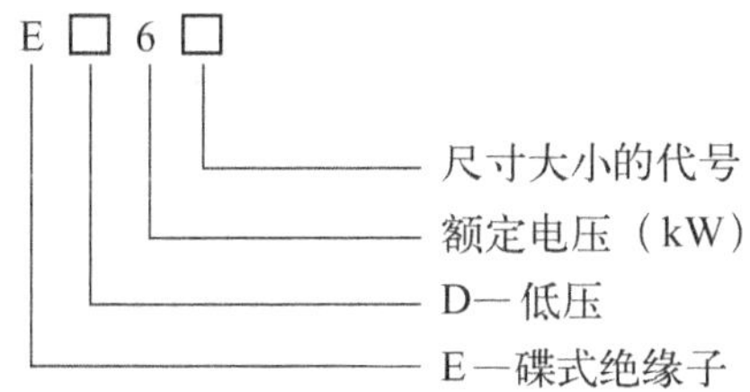

4）瓷横担绝缘子　瓷横担绝缘子两端为金属，中间是磁质部分，能同时起到横担和绝缘子的作用，是一种新型绝缘子结构，主要应用于 60 kV 及以下线路并逐步应用于 110kV 及以上线路。

瓷横担绝缘子的型号：

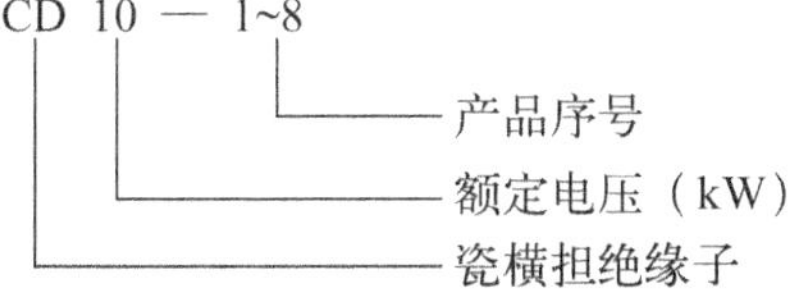

（2）悬式绝缘子串片数的确定

绝缘子在工作中要受到工作电压、内部过电压和大气过电压的作用，还要受到各种大气环境的影响。因此，要求绝缘子在上述环境中都能够正常工作。

1）按正常工作电压计算绝缘子串的片数　每一悬垂上的绝缘子个数是根据线路的额定电压等级按绝缘配合条件选定的。目前采用的主要方法是保证绝缘子串有一定的泄漏电流距离。单位泄漏距离用 S 表示，也叫泄漏比距，它表示线路绝缘或设备外绝缘泄漏距离与线路额定电压的比值，我国的泄漏比距规定值见表 5-1。

表 5-1　泄漏比距规定值

污秽等级	污秽情况	泄漏比距 S/(cm/kV)
0 级	一般地区，无污染源	1.6
1 级	空气污秽的工业区附近，盐碱污秽、炉烟污秽	2.0～2.5
2 级	空气污秽较严重地区，沿海地带及盐场附近，重盐碱污秽、空气污秽又有重雾的地带，距化学性污源 300 m 以外的污秽较严重的地区	2.6～3.2
3 级	电导率很高的空气污秽地区，发电厂的烟窗附近且附近有水塔，严重的烟雾地区，距化学性污源 300 m 以内的地区	≥3.8

由表 5-1 可知，对于一般地区的线路，为保证正常工作电压下不致闪络，泄漏比距不应小于 1.6 cm/kV，且

$$S=\frac{n\lambda}{U_N} \tag{5-1}$$

式中，S 为绝缘子串的泄漏比距（cm/kV）；n 为每串绝缘子的片数；λ 为每片绝缘子的泄漏比距（cm）；U_N为线路额定电压（kV）。

因此，绝缘子的个数应为

$$n\geqslant S\frac{U_N}{\lambda} \tag{5-2}$$

2）实际线路直杆采用绝缘子串的片数　综合考虑工作电压下泄漏比距的要求、内部过电压下湿闪的要求和大气过电压下耐雷水平的要求，绝缘子串片数取值见表 5-2。

表 5-2　绝缘子串片数取值

线路额定电压/kV	35	66	110	154	220	330	500
中性点接地方式	不直接接地		直接接地				
每串片数	3	5	7	9	13	19	28

对于高杆塔还要考虑防雷的要求，应适当增加绝缘子片数。全高超过 40 m 有避雷线的杆塔，高度每增加 10 m 应增加一片绝缘子。全高超过 100 m 的杆塔，绝缘子数量可根据计算结合运行经验来确定。

3）耐张杆的绝缘子串片数　耐张杆塔绝缘子串的片数应比直线杆的同型绝缘子串片数多一片。

4. 避雷线

避雷线（Lightning Wire）的作用是将雷电吸引到自身来，并将雷电流安全引入大地，从而保护架空线路免受雷击。避雷线又称架空地线，一般采用钢绞线。

图 5-17　对边导线的保护角

（1）避雷线与导线的距离

1）对边导线的保护角　如图 5-17 所示，对边导线的保护角应满足

$$\alpha = \arctan \frac{S}{h} \tag{5-3}$$

式中，α 为对边导线的保护角，一般取值 20°～30°；S 为导线与避雷线之间的水平位移（m），应满足表 5-3；h 为导线与避雷线之间的垂直位移（m）。

表 5-3　上下层之间的水平位移　　（单位：m）

线路电压/ kV	35	60	110	220	330	500
设计冰厚度 10 mm	0. 2	0. 35	0. 5	1. 0	1. 5	1. 75
设计冰厚度 15 mm	0. 35	0. 5	0. 7	1. 5	2. 0	2. 5

2）双避雷线的保护高度　如图 5-18 所示，双避雷线的保护高度应满足

$$h_0 = h - \frac{D}{4p} \tag{5-4}$$

式中，h_0 为两避雷线间保护范围上部边缘最低点的高度（m）；h 为避雷线的高度（m）；D 为两避雷线间的距离，不应超过避雷线与中间导线高度差的 5 倍；p 为高度影响系数。

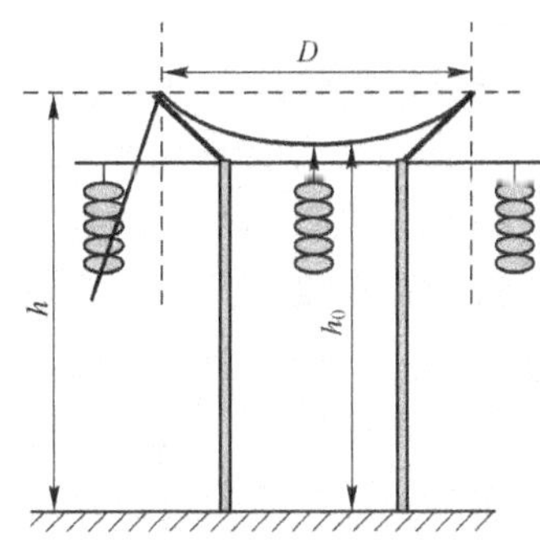

图 5-18　双避雷线的保护高度

（2）避雷线在防雷措施方面的功能

1）防止雷直击导线。雷击塔顶时避雷线对雷电有分流作用，减少流入杆塔的雷电流，使塔顶电位降低。

2）对导线有耦合作用，降低雷击塔顶时塔头绝缘上（绝缘子串和空气间隙）的电压。

3）对导线有屏蔽作用，降低导线上的感应过电压。

5. 金具

金具是用于固定导线、绝缘子和横担等的金属部件，是用于组装架空线路的各种金属零件的总称。以下是常用的几种金具。

（1）悬垂线夹（Suspension Clamp）

悬垂线夹（见图 5-19a）的主要作用是将导线固定在直线杆塔的悬垂绝缘子串上或将避雷线固定在非直线杆塔上。

（2）耐张线夹（Tension Clamp）

耐张线夹（见图 5-19b）的主要作用是将导线固定在非直线杆塔的耐张绝缘子串上或将避雷线固定在直线杆塔上。

（3）接续金具（Fitting）

接续金具用于导线或避雷线两个终端的连接处，有压接管、钳接管等。

（4）连接金具（Connecting Fitting）

利用连接金具将绝缘子组装成串或将线夹、绝缘子串和杆塔横担相互连接。

（5）保护金具（Protecting Fitting）

保护金具包括防振保护和绝缘保护两种。

防振保护金具用于防止因风引起的导线或避雷线周期性振动而造成导线、避雷线、绝缘子串乃至杆塔的损害，其形式有护线条、防振锤和阻尼线等。护线条是加强导线抗振能力

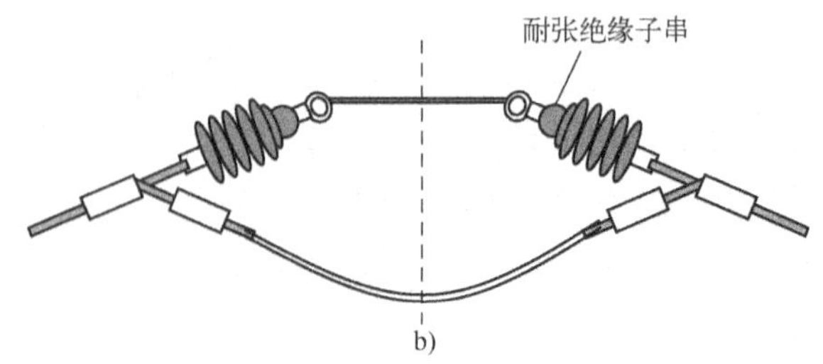

图 5-19　架空线路夹

a）悬垂线夹　b）耐张线夹

的，防振锤、阻尼线则是在导线振动时产生与导线振动方向相反的阻力，以削弱导线振动。

绝缘保护金具有悬重锤，用于减少悬垂绝缘子串的偏移，防止其过分靠近杆塔。

6. 架空线路的敷设

（1）架空线路敷设的要求和路径的选择

敷设架空线路，要严格遵守有关技术规程的规定。整个施工过程中，要重视安全教育，采取有效的安全措施，特别是立杆、组装和架线时，更要注意人身安全，防止发生事故。竣工以后，要按照规定的手续和要求进行检查和验收，确保工程质量。

选择架空线路的路径时，应考虑以下原则：

1）路径要短，转角尽量地少。尽量减少与其他设施的交叉；当与其他架空线路或弱电线路交叉时，其间距及交叉点或交叉角应符合 GB50061－1997《66 kV 及以下架空电力线路设计规范》的规定。

2）尽量避开河洼和雨水冲刷地带、不良地质地区及易燃、易爆等危险场所。

3）不应引起机耕、交通和人行困难。

4）不宜跨越房屋，应与建筑物保持一定的安全距离。

5）应与工厂和城镇的整体规划协调配合，并适当考虑今后的发展。

（2）导线在电杆上的排列方式

三相四线制低压架空线路的导线，一般都采用水平排列，如图 5-20a 所示。由于中性线（PEN 线）电位在三相均衡时为零，而且其截面一般较小，机械强度较差，所以中性线一般架设在靠近电杆的位置。

三相三线制架空线路的导线，可三角形排列，如图 5-20b、c 所示；也可水平排列，如图 5-20f 所示。

多回路导线同杆架设时，可三角形与水平混合排列，如图 5-20d 所示；也可全部垂直排列，如图 5-20e 所示。

电压不同的线路同杆架设时，电压较高的线路应架设在上边，电压较低的线路则架设在下边。

（3）架空线路的档距、弧垂及其他有关间距

架空线路的档距（又称跨距），是指同一线路上相邻两根电杆之间的水平距离，如图 5-21所示。

架空线路的弧垂（又称弛垂），是指架空线路一个档距内导线最低点与两端电杆上导线悬挂点之间的垂直距离，如图 5-21 所示。导线的弧垂是由于导线存在着荷重所形成的。弧

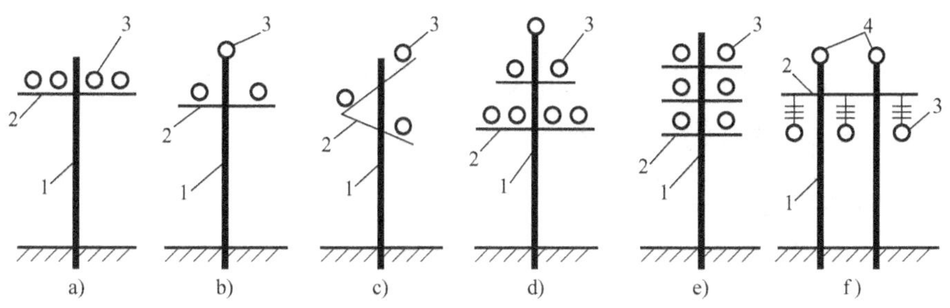

图 5-20 导线在电杆上的排列方式

1—电杆 2—横担 3—导线 4—避雷线

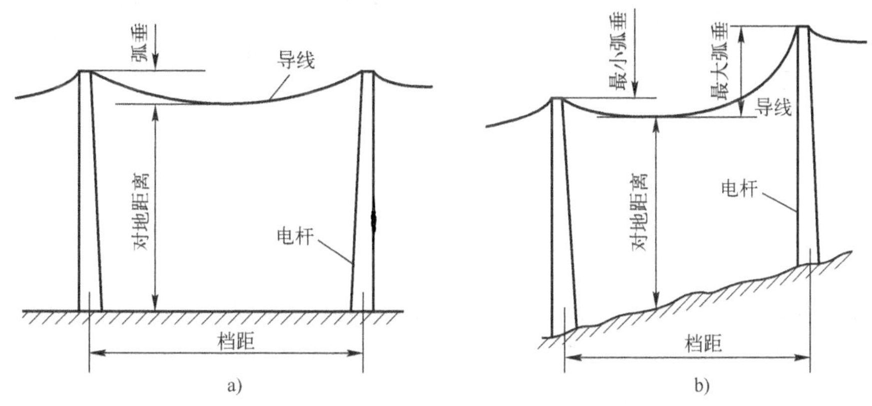

图 5-21 架空线路的档距和弧垂

a）平地上 b）坡地上

垂不宜过大，也不宜过小。弧垂过大，则在导线摆动时容易引起相间短路，而且造成导线对地或对其他物体的安全距离不够；弧垂过小，则将使导线内应力增大，在天冷时可能使导线收缩绷断。

架空线路的线间距离、档距、导线对地面和水面的最小距离、架空线路与各种设施接近和交叉的最小距离等，在 GB50061－1997 等规程中均有明确规定，设计和安装时必须遵循。

5.2.2 电缆线路的结构和敷设

电力电缆（Power Cable）主要用于城区、国防工程和电站等必须采用地下输电的场合。一般敷设在地下的廊道内，其作用是传输和分配电能。电缆线路的结构主要由电缆、电缆接头与封端头、电缆支架与电缆夹等组成。

电力电缆线路与架空输配电线路相比有以下优点：

1）运行可靠。由于电力电缆大部分敷设在地下，不受外力破坏（如雷击、风害、鸟害和机械碰撞等），所以发生故障的概率较少。

2）供电安全，不会对人身造成各种危害。

3）维护工作量小，无须频繁地巡视检查。

4）不需要架设杆塔，使市容整洁，交通方便，还能节省钢材。

5）电力电缆的充电功率为电容性功率，有助于提高功率因数。

但是电力电缆的成本高，价格昂贵（约为架空线路的 10 倍）。

1. 电缆的构造

电力电缆主要由三大部分组成：线芯、绝缘层和保护覆盖层，如图 5-22 和图 5-23 所示。

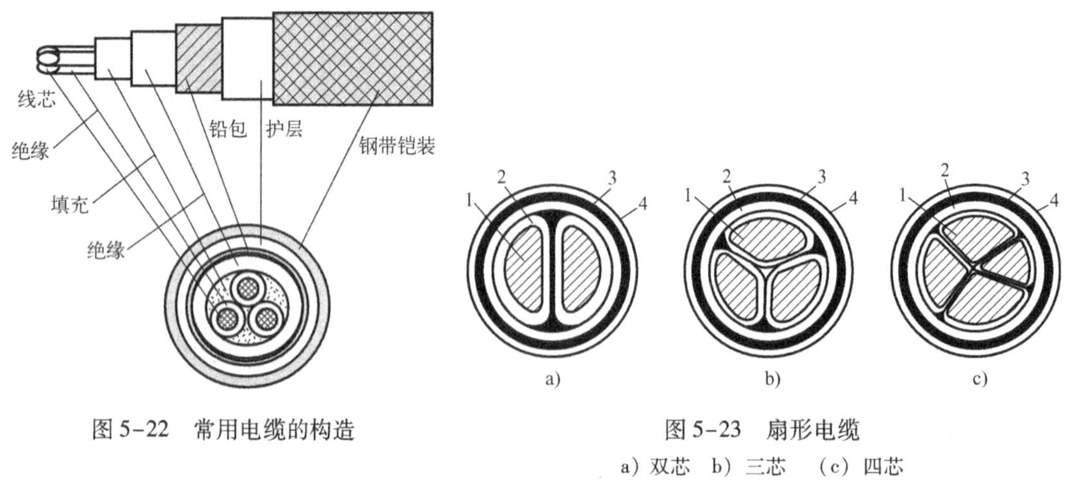

图 5-22 常用电缆的构造

图 5-23 扇形电缆

a）双芯 b）三芯 （c）四芯

1—芯线 2—芯绝缘 3—带绝缘 4—铅层

（1）线芯（Core）

线芯起传导电流的作用，一般由铜或铝的多股线绞合而成。电缆线芯的断面形状有圆形、半圆形、扇形、空心形和同心形圆筒等。电缆可分单芯、双芯、三芯和四芯等多种。

（2）绝缘层（Insulation Layer）

绝缘层承受电压，起绝缘作用。电缆的绝缘可分为相绝缘和带绝缘，相绝缘是每个线芯的绝缘，带绝缘是将多芯电缆的绝缘线合在一起，然后再于其上施加绝缘，这样可使线芯相互绝缘，并与外皮隔开。

绝缘层所用的材料很多，如橡胶、聚氯乙烯、聚乙烯、交联聚乙烯、棉、麻、纸和矿物油等。

（3）保护覆盖层（Protective Coating）

保护覆盖层是用于保护电缆的绝缘层使其在运输、敷设和运行中不受外力的损伤和水分的侵入。保护层又分为内护层和外护层，内护层直接挤包在绝缘层上，保护绝缘不与空气、水分或其他物质接触。外护层是保护内护层不受外界机械损伤和腐蚀。为了防止外力破坏，在电缆外层以钢带绕包钢带铠装，并在铅包与钢带铠装之间，用浸沥青的麻布做衬垫隔开，以防止铅皮被钢带扎破，钢甲的外面再用麻带浸渍沥青作保护层，以防锈蚀。

没有外保护层的电缆，如裸铅包电缆，则用在无机械损伤和化学腐蚀的地方。

（4）电缆的构造可以适应各种不同的安装环境

1）橡胶绝缘电缆（Rubber Insulation Cable）。适用于温度较低和没有油质的厂房，用作低压配电线，路灯线路以及信号、操作线路等。特别适应高低差很大的地方，并能垂直安装。

2）裸铅包电力电缆（Bare Lead Covered Power Cable）。通常安装在不易受到机械操作损伤和没有化学腐蚀作用的地方。如厂房的墙壁、天花板上，地沟里和隧道中。有沥青防腐层的铅包电缆，还适应于潮湿和周围环境含有腐蚀性气体的地方。

3）铠装电力电缆（Armored Power Cable）。应用很广，可直接埋在地下，也可敷设在不通航的河流和沼泽地区。圆形钢丝铠装的电力电缆可安装在水底，横跨常年通航的河流和湖泊。变配电所的馈电线通常采用这种电缆。

4）无麻保护层的铠装电缆（unarmored power cable）。适应于有火警、爆炸危险的场所，以及可能受到机械损伤和震动的场所。使用时可将电缆安装在墙壁上、天棚上、地沟内和隧道内等。

2. 电缆的形式及型号

电力电缆有多种形式，主要分类方式有以下几种：

1）按线芯数分，有单芯、双芯、三芯和四芯等。

2）按结构分，有统包式、屏蔽式和分相铅包式等。

3）应用于超高压系统的新式电力电缆有充油式、充气式和压气式等。

电力电缆的型号表示如下：

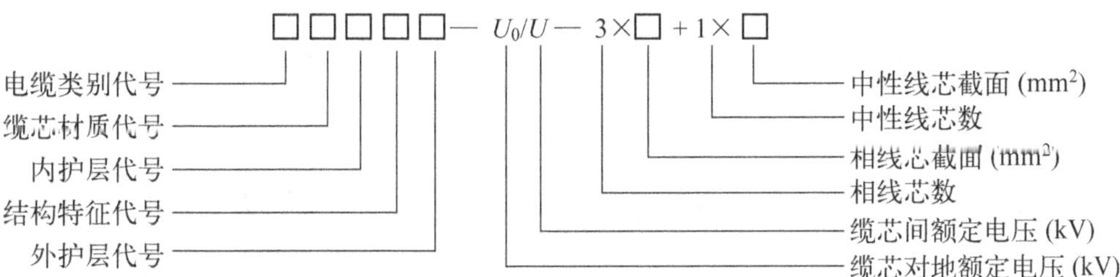

电力电缆型号中字母含义见表 5-4。

表 5-4　电缆的型号及字母含义

型　号	字 母 含 义
电缆类别代号	Z－油浸纸绝缘电力电缆；V－聚氯乙烯绝缘电力电缆；YJ－交联聚乙烯绝缘电力电缆；X－橡皮绝缘电力电缆；JK－架空电力电缆（加在上列代号之前）；ZR 或 Z－阻燃型电力电缆（加在上列代号之前）
缆芯材质代号	L－铝芯；LH－铝合金芯；T－铜芯（一般不标）；TR－软铜芯
内护层代号	Q－铅包；L－铝包；H－橡套；HF－非燃性橡套；V－聚氯乙烯护套
结构特征代号	P－滴干式；D－不滴流式；F－分相铅包式
外护层代号	02－聚氯乙烯套；03－聚乙烯套；20－裸钢带铠装；22－钢带铠装聚氯乙烯套；23－钢带铠装聚乙烯套；30－裸细钢丝铠装；32－细钢丝铠装聚氯乙烯套；33－细钢丝铠装聚乙烯套；40－裸粗钢丝铠装；41－粗钢丝铠装纤维外被；42－粗钢丝铠装聚氯乙烯套；43－粗钢丝铠装聚乙烯套；441－双粗钢丝铠装纤维外被；241－钢带－粗钢丝铠装纤维外被

3. 电缆接头与电缆终端头（Cable Connectors and Cable Terminals）

电缆敷设完毕以后，必须将各段连接起来，使之成为一个连续的线路。这些起到连续作用的接点叫作电缆接头。

一条电缆线路首端或末端用一个盒子来保护电缆芯的绝缘，并把内导线与外面的电气设备相连接，这个盒子叫终端头。

电缆出厂时，两端都是密封的，使用时电缆与电缆的连接、电缆与设备的连接都要把电缆芯剥开，这就完全破坏了电缆的密封性能。电缆接头和电缆终端头不但起到电气连接作用，而且另一个主要作用就是把电缆连接处密封起来，以保持原有的绝缘水平，使其能安全可靠地运行。

运行经验说明：电缆头是电缆线路中的薄弱环节，电缆线路的大部分故障都发生在电缆接头处。由于电缆头本身的缺陷或安装质量上的问题，往往造成短路故障，因此电缆头的安装质量十分重要，密封要好，其耐压强度不应低于电缆本身的耐压强度，要有足够的机械强度，且体积尺寸要尽可能小，结构简单，安装方便。

4. 电缆的敷设

（1）电缆敷设路径的选择

选择电缆敷设路径时，应考虑以下原则：

1）避免电缆遭受机械性外力、过热和腐蚀等的危害。

2）在满足安全要求条件下应使电缆较短。

3）便于敷设和维护。

4）应避开将要挖掘施工的地段。

（2）电缆的敷设方式

工厂中常见的电缆敷设方式有以下几种：

1）直接埋地敷设。这种敷设方式是直接挖好沟，然后沟底敷沙土、放电缆，再填以沙土，上加保护板，再回填沙土，如图5-24所示。其施工简单，散热效果好，且投资少。但检修不便，容易受机械损伤和土壤中酸性物质的腐蚀，所以，如果土壤中有腐蚀性物质，须经过处理后再敷设。直接埋地敷设适用于电缆数量少、敷设途径较长的场合。

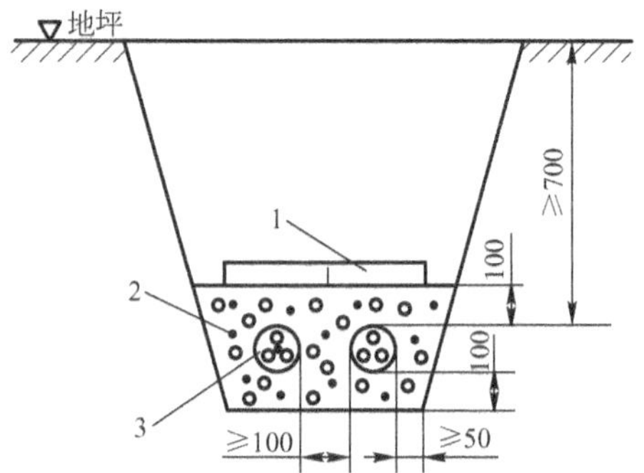

图5-24　电缆直接埋地敷设

1—保护盖板　2—砂　3—电力电缆

2）电缆沟敷设。这种敷设方式是将电缆敷设在电缆沟的电缆支架上。电缆沟由砖砌成或混凝土浇筑而成，上加盖板，内侧有电缆架，如图5-25所示。其投资稍高，但检修方便，占地面积小，所以在配电系统中应用很广泛。

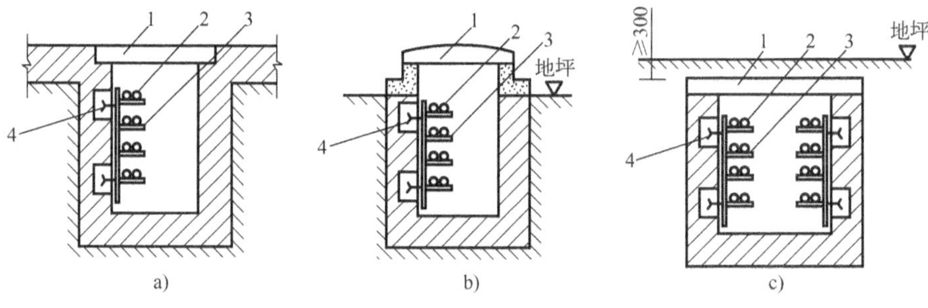

图5-25　电缆在电缆沟内敷设

a）户内电缆沟　b）户外电缆沟　c）厂区电缆沟

1—盖板　2—电缆　3—支架　4—预埋铁件

3）电缆排管敷设。这种敷设方式适用于电缆数量不多（一般不超过12根），而道路交叉较多，路径拥挤，不宜采用直接埋地或电缆沟敷设的地段。排管可采用石棉水泥管或混凝土管或PVC管。其结构如图5-26所示。

4）电缆沿墙敷设。这种敷设方式是要在墙上预埋铁件，预设固定支架，电缆沿墙敷设在支架上，如图5-27所示。其结构简单，维修方便，但积灰严重，容易受热力管道影响，且不够美观。

5）电缆桥架敷设。电缆敷设在电缆桥架内，电缆桥架装置由支架、盖板、支臂和线槽等组成。电缆桥架示意图如图5-28所示。

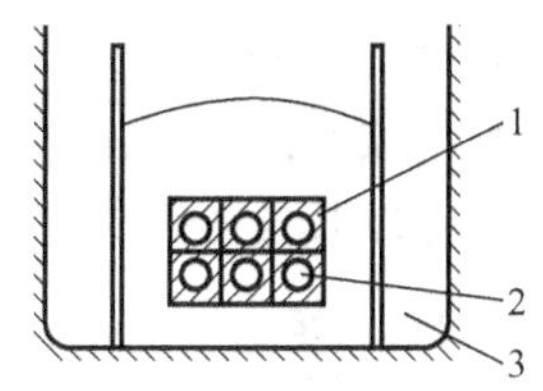

图 5-26　电缆排管敷设

1—水泥排管　2—电缆孔（穿电缆）　3—电缆沟

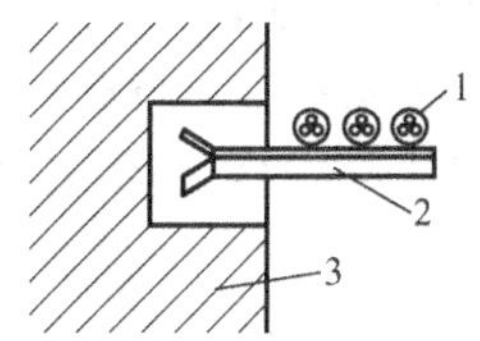

图 5-27　电缆沿墙敷设

1—电缆　2—角铁架子　3—墙

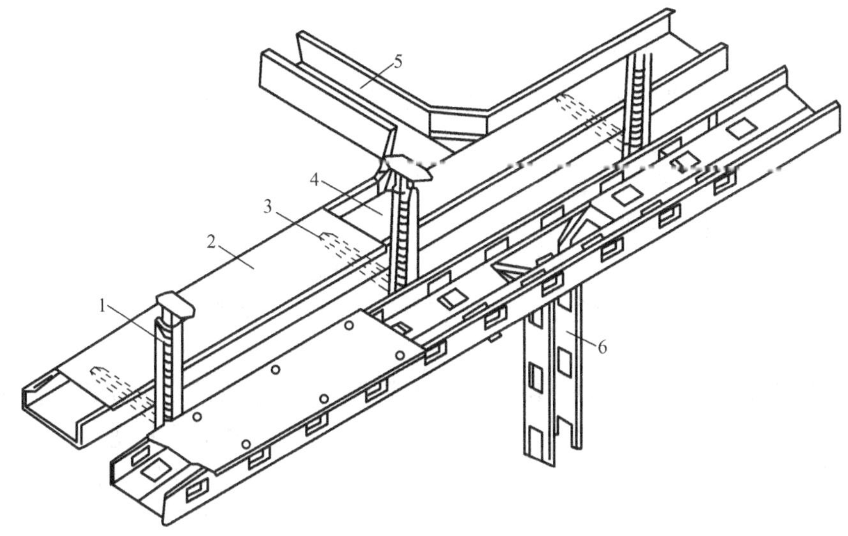

图 5-28　电缆桥架敷设

1—支架　2—盖板　3—支臂　4—线槽　5—水平分支线槽　6—垂直分支线槽

电缆桥架敷设的采用，克服了电缆沟敷设电缆时存在的积水、积灰和容易损坏电缆等多种弊端，改善了运行条件，且具有占用空间少、投资少、建设周期短、便于采用全塑电缆和工厂系列化生产等优点，因此在国内已广泛采用。

（3）电缆敷设的一般要求

敷设电缆时，一定要严格遵守有关技术规程的规定和设计的要求。竣工以后，要按规定的手续和要求进行检查和验收，确保线路的质量。部分重要的技术要求如下：

1）电缆长度宜按实际线路长度增加 5% ~10% 的裕量，以作为安装、检修时的备用。直埋电缆应作波浪形埋设。

2）下列场合的非铠装电缆应采取穿管保护：电缆引入或引出建筑物或构筑物；电缆穿过楼板及主要墙壁处；从电缆沟引出至电杆，或沿墙敷设的电缆距地面 2 m 高度及埋入地下小于 0. 3 m 深度的一段；电缆与道路、铁路交叉的一段。所用保护管的内径不得小于电缆外径或多根电缆包络外径的 1. 5 倍。

3）多根电缆敷设在同一通道中位于同侧的多层支架上时，应按下列敷设要求进行配置：①应按电压等级由高至低的电力电缆、强电至弱电的控制和信号电缆、通信电缆的顺序排列；②支架层数受通道空间限制时，35 kV 及以下的相邻电压级的电力电缆可排列在同一层支架上，1 kV 及以下电力电缆也可与强电控制和信号电缆配置在同一层支架上；③同一重要回路的工作电缆与备用电缆实行耐火分隔时，宜适当配置在不同层次的支架上。

4）明敷的电缆不宜平行敷设于热力管道上边。电缆与管道之间无隔板防护时，相互间距应符合表5-5所列的允许距离（据GB50217－2007《电力工程电缆设计规范》规定）。

表5-5 明敷电缆与管道之间的允许间距（单位：mm）

电缆与管道之间走向		电力电缆	控制和信号电缆
热力管道	平行	1000	500
	交叉	500	250
其他管道	平行	150	100

5）电缆应远离爆炸性气体释放源，敷设在爆炸性危险较小的场所，并应符合下列要求：①易爆气体比空气重时，电缆应在较高处架空敷设，且对非铠装电缆采取穿管敷设，或置于托盘、槽盒等内进行机械性保护；②易爆气体比空气轻时，电缆应敷设在较低处的管、沟内，沟内的非铠装电缆应埋砂。

6）电缆沿输送易燃气体的管道敷设时，应配置在危险程度较低的管道一侧，且应符合下列要求：①易燃气体比空气重时，电缆宜在管道上方；②易燃气体比空气轻时，电缆宜在管道下方。

7）电缆沟的结构应考虑到防火和防水。电缆沟从厂区进入厂房处应设置防火隔板。为了顺畅排水，电缆沟的纵向排水坡度不得小于0.5%，而且不能排向厂房内侧。

8）直埋敷设于非冻土地区的电缆，其外皮至地下构筑物基础的距离不得小于0.3 m；至地面的距离不得小于0.7 m；当位于车行道或耕地的下方应适当加深，且不得小于1 m。电缆直埋于冻土地区时，宜埋入冻土层以下。直埋敷设的电缆，严禁位于地下管道的正上方或正下方。有化学腐蚀性的土壤中，电缆不宜直埋敷设。直埋电缆之间、直埋电缆与管道、道路、建筑物等之间平行和交叉时的最小净距应符合GB50168－2006《电气装置安装工程电缆线路施工及验收规范》的规定，具体见表5-6。

9）直埋电缆在直线段每隔50～100 m处、电缆接头处、转弯处和进入建筑物等处，应设置明显的方位标志或标桩。

10）电缆的金属外皮、金属电缆头及保护钢管和金属支架等，均应可靠地接地。

表5-6 直埋电缆之间、直埋电缆与管道、道路、建筑物等之间平行和交叉时的最小净距

（单位：m）

项目		最小净距	
		平行	交叉
电力电缆间及其与控制电缆间	10 kV及以下	0.10	0.50
	10 kV以上	0.25	0.50
控制电缆间		—	0.50
不同使用部门的电缆间		0.50	0.50
热管道（管沟）及热力设备		2.00	0.50
油管道（管沟）		1.00	0.50
可燃气体及易燃液体管道（管沟）		1.00	0.50

（续）

项目		最小净距	
		平行	交叉
其他管道（管沟）		0.50	0.50
铁路路轨		3.00	0.50
电气化铁路路轨	交流	3.00	1.00
	直流	10.0	1.00
公路		1.50	1.00
城市街道路面		1.00	0.70
杆塔基础（边线）		1.00	—
建筑物基础（边线）		0.60	—
排水沟		1.00	0.50

注：1. 电缆与公路平行的净距，当情况特殊时，可酌情减小。

2. 当电缆穿管或者其他管道有保温层等防护设施时，表中净距应从管壁或防护设施的外壁算起。

3. 电缆穿管敷设时，与公路、街道路面、杆塔基础、建筑物基础和排水沟等的平均最小间距可按表中数据减半。

5.3 导线和电缆截面的选择计算

为保证供电系统安全、可靠、优质、经济地运行，选择导线和电缆截面时必须满足下列条件：

（1）发热条件

导线和电缆在通过正常最大负荷电流即计算电流时产生的发热温度不应超过其正常运行时的最高允许温度。

（2）电压损耗条件

导线和电缆在通过正常最大负荷电流即计算电流时产生的电压损耗，不应超过其正常运行时允许的电压损耗。对于工厂内较短的高压线路，可不进行电压损耗校验。

（3）经济电流密度

35 kV 及以上的高压线路及 35 kV 以下的长距离、大电流线路，例如较长的电源进线和电弧炉的短网等线路，其导线和电缆截面宜按经济电流密度选择，以使线路的年运行费用支出最小。按经济电流密度选择的导线（含电缆）截面，称为“经济截面”。工厂内的 10 kV 及以下线路，通常不按经济电流密度选择。

（4）机械强度

导线（含裸线和绝缘导线）截面不应小于其最小允许截面，详见附表 2 和附表 3。对于电缆，不必校验其机械强度，但需校验其短路热稳定度。母线则应校验其短路的动稳定度和热稳定度。

对于绝缘导线和电缆，还应满足工作电压的要求。

根据设计经验，一般 10 kV 及以下的高压线路和低压动力线路，通常先按发热条件来选择导线和电缆截面，再校验其电压损耗和机械强度。低压照明线路，因它对电压水平要求较高，通常先按允许电压损耗进行选择，再校验其发热条件和机械强度。对长距离大电流线路和35 kV及以上的高压线路，则可先按经济电流密度确定经济截面，再校验其他条件。按上述经验来选择计算，通常容易满足要求，较少返工。

下面分别介绍按发热条件、经济电流密度和电压损耗选择计算导线和电缆截面的问题。关于机械强度，对于工厂电力线路，一般只需按其最小允许截面（附表2和附表3）校验就行了，因此不再赘述。

5.3.1 按发热条件选择导线和电缆的截面

1. 三相系统相线截面的选择

电流通过导线（包括电缆、母线，下同）时，要产生电能损耗，使导线发热。裸导线的温度过高时，会使其接头处的氧化加剧，增大接触电阻，使之进一步氧化，如此恶性循环，最终可发展到断线。而绝缘导线和电缆的温度过高时，还可使其绝缘加速老化甚至烧毁，或引发火灾事故。因此，导线的正常发热温度一般不得超过表3－6所列的额定负荷时的最高允许温度。

按发热条件选择三相系统中的相线截面时，应使其允许载流量 I_{al} 不小于通过相线的计算电流 I_{30}，即

$$I_{al} \geq I_{30} \tag{5-5}$$

所谓导线的允许载流量（Allowable Current－carrying Capacity），就是在规定的环境温度条件下，导线能够连续承受而不致使其稳定温度超过允许值的最大电流。如果导线敷设地点的环境温度与导线允许载流量所采取的环境温度不同时，则导线的允许载流量应乘以下温度校正系数：

$$K_\theta = \sqrt{\frac{\theta_{al} - \theta_0'}{\theta_{al} - \theta_0}}$$

式中，θ_{al}为导线额定负荷时的最高允许温度（℃）；θ_0 为导线的允许载流量所采用的环境温度（℃）；θ_0'为导线敷设地点实际的环境温度（℃）。

这里所说的“环境温度”，是按发热条件选择导线所采用的特定温度：在室外，环境温度一般取当地最热月平均最高气温；在室内，则取当地最热月平均最高气温加5℃。对土中直埋的电缆，则取当地最热月地下0.8～1 m的土壤平均温度，亦可近似地取为当地最热月平均气温。

附表4列出了LJ型铝绞线和LGJ型钢芯铝绞线的允许载流量，附表5列出了LMY型矩形硬铝母线的允许载流量，附表6列出了10 kV常用三芯电缆的允许载流量及其校正系数，附表7列出了绝缘导线明敷、穿钢管和穿塑料管时的允许载流量，供参考。

2. 中性线和保护线截面的选择

（1）中性线（N线）截面的选择

三相四线制中的中性线，要通过系统的不平衡电流和零序电流，因此中性线的允许载流量，不应小于三相系统的最大不平衡电流，同时应考虑系统中谐波电流的影响。

1）一般三相四线制系统中的中性线截面 S_0 不应小于相线截面 S_φ 的50%，即

$$S_0 \geq 0.5S_\varphi \tag{5-6}$$

2）两相三线制线路及单相线路的中性线截面 S_0，由于其中性线电流与相线电流相等，因此其中性线截面 S_0 应与相线截面 S_φ 相同，即

$$S_0 = S_\varphi \tag{5-7}$$

3）三次谐波电流突出的三相四线制线路的中性线截面 S_0，由于各相的三次谐波电流都要通过中性线，使得中性线电流可能甚至超过相线电流，因此中性线截面 S_0 宜等于或大于相线截面 S_φ，即

$$S_0 \geqslant S_\varphi \tag{5-8}$$

（2）保护线（PE 线）截面的选择

保护线要考虑三相系统发生单相短路故障时单相短路电流通过时的短路热稳定度。

根据短路热稳定度的要求，保护线（PE 线）的截面 S_{PE}应按 GB50054-1995《低压配电设计规范》中的规定：

1）当 $S_\varphi \leqslant 16\ \text{mm}^2$ 时

$$S_{PE} \geqslant S_\varphi \tag{5-9}$$

2）当 $16\ \text{mm}^2 \leqslant S_\varphi \leqslant 35\ \text{mm}^2$ 时

$$S_{PE} \geqslant 16 \tag{5-10}$$

3）当 $S_\varphi > 35\ \text{mm}^2$ 时

$$S_{PE} \geqslant 0.5 S_\varphi \tag{5-11}$$

注意：GB50054-1995 还规定，当 PE 线采用单芯绝缘导线时，按机械强度要求，有机械保护的 PE 线，不应小于 $2.5\ \text{mm}^2$；无机械保护的 PE 线，不应小于 $4\ \text{mm}^2$。

（3）保护中性线（PEN 线）截面的选择

保护中性线兼有保护线和中性线的双重功能，因此保护中性线截面选择应同时满足上述保护线和中性线的要求，取其中的最大截面。

注意：按 GB5004-1995 规定，当采用单芯导线作 PEN 线干线时，铜芯截面不应小于 $10\ \text{mm}^2$，铝芯截面不应小于 $16\ \text{mm}^2$；采用多芯电缆芯线作 PEN 线干线时，其截面不应小于 $4\ \text{mm}^2$。

【例 5-1】有一条 BLX－500 型铝芯橡皮线明敷的 220 V/380 V 的 TN－S 线路，线路计算电流为 180A，当地最热月平均最高气温为＋35℃。试按发热条件选择此线路的导线截面。

解：（1）相线截面的选择

查附表 7a 得环境温度为 35℃时明敷的 BLX－500 型截面为 $70\ \text{mm}^2$ 的铝芯橡皮线的 $I_{al} = 190\text{A} \geqslant I_{30} = 180\text{A}$，满足发热条件。因此相线截面选为 $S_\varphi = 70\ \text{mm}^2$。

（2）中性线截面的选择

根据 $S_0 = 35\ \text{mm}^2$，选择 $S_0 \geqslant 0.5 S_\varphi$。

（3）保护线截面的选择

当 $S_\varphi > 35\ \text{mm}^2$ 时，$S_{PE} \geqslant 0.5 S_\varphi = 35\ \text{mm}^2$。

所选导线型号可表示为 BLX－500－（3×70＋1×35＋PE35）。

5.3.2 按经济电流密度选择导线和电缆的截面

从降低电能损耗角度看，导线截面积越大，损耗越小，但初期投资增加；从降低投资、折旧费和利息的角度，则希望截面积越小越好，但必须保证供电质量和安全。因此从经济方面考虑，可选择一个比较合理的导线截面，既使电能损耗小，又不致过分增加线路投资、维修管理费用和有色金属消耗量。

另外，导线截面积大小对电网的运行费用有密切关系，按经济电流密度（Economic Current Density）选择导线截面可使年综合费用最低，年综合费用包括电流通过导体所产生的年电能损耗费、导电投资、折旧费和利息等。

综合这些因素，使年综合费用最小时所对应的导线截面称为经济截面（Economic Section)，用符号 A_{ec}表示，对应的电流密度为经济电流密度 J_{ec}。

各国根据其具体国情特别是其有色金属资源的情况，规定了导线和电缆的经济电流密度。我国现行的经济电流密度规定见表 5-7。

表 5-7　我国现行的经济电流密度

导体材料 \ $J_{ec}/(A_{ec}/mm^2)$ \ T_{max}/h		1000～3000	3000～5000	5000 以上
裸导体	铜	3	2.25	1.75
	铝（钢芯铝线）	1.65	1.15	0.90
	钢	0.45	0.40	0.35
铜芯纸绝缘电缆、橡皮绝缘电缆		2.50	2.25	2.00
铝芯电缆		1.92	1.73	1.54

年电能损耗与年最大负荷利用小时数 T_{max}有关，所以经济电流密度 J_{ec}与 T_{max}有关。按经济电流密度选择导线截面应首先确定 T_{max}，然后根据导线材料查出 J_{ec}，再按线路正常运行时的计算电流 I_{30}，由下式计算出导线经济截面 A_{ec}（mm^2）：

$$A_{ec}=\frac{I_{30}}{J_{ec}} \tag{5-12}$$

式中，A_{ec}为经济截面；J_{ec}为经济电流密度；I_{30}为计算电流。

按照式（5-12）计算出 A_{ec}后，从相关手册中选取一种与 A_{ec}最接近的标准截面的导线，然后再按其他技术条件校验截面是否满足要求。

【例 5-2】 有一条用 LGJ 型铝绞线架设的 50 km 长的 110 kV 架空线路，计算负荷为 5000 kW，$\cos\varphi=0.8$，$T_{max}=5500$ h。试选择其经济截面，并校验其发热条件和机械强度。

解：（1）选择经济截面

$$I_{30}=\frac{P_{30}}{\sqrt{3}U_N\cos\varphi}=\frac{5000}{\sqrt{3}\times110\times0.8}\text{A}=32.80\text{ A}$$

由表 5-7 查得 $J_{ec}=0.90\text{ A/mm}^2$，故

$$A_{ec}=\frac{I_{30}}{J_{ec}}=\frac{32.80}{0.90}\text{mm}^2=36.45\text{ mm}^2$$

选标准截面 50 mm^2，即选 LGJ－50 型钢芯铝线。

（2）校验发热条件

查附表 4 得 LGJ－50 的允许载流量（室外温度 40℃）$I_{30}=178\text{ A}>32.80\text{ A}$，因此满足发热条件。

（3）校验机械强度

查附表 2 得 110 kV 架空钢芯铝线的最小截面 $A_{min}=35\ mm^2<50\ mm^2$，因此所选 LGJ－50 也满足机械强度要求。

本章小结

本章介绍了工厂电力线路的类型及其接线方式，讲述了电力线路的结构和敷设方式，最后讨论了导体和电缆截面的选择和计算。

（1）工厂高压线路和低压线路的接线方式有放射式、树干式和环形等，实际配电系统往往是这几种接线方式的组合。但应注意，电力线路的接线应力求简单可靠，GB 50052－2009《供配电系统设计规范》规定：同一电压等级的配电级数高压不宜多于两级，低压不宜多于三级。

（2）电力线路的结构和敷设方式的确定必须满足一定的原则；架空线路须合理选择路径，电杆尺寸应满足档距、线距、弧垂和线距等要求；电缆线路常用的敷设方式有直接埋地敷设、电缆沟敷设、沿墙敷设、排管敷设和电缆桥架敷设。

（3）导体和电缆的选择包括型号和截面的选择。导体和电缆截面的选择原则有：按发热条件选择；按允许电压损失选择；按经济电流密度选择；按机械强度选择；满足短路稳定度的条件。

习题与思考题

5-1　电力线路的接线方式有哪些？各有什么优缺点？

5-2　架空线路由哪几部分组成？常用的导线有几种型号？

5-3　电力电缆的形式有几种？其型号及字母的含义是什么？

5-4　试比较架空线路与电缆线路的优缺点。

5-5　三相系统中的中性导线（N 线）截面一般情况下如何选择？三相系统引出的两相三线制线路和单相线路的中性导体截面又如何选择？3 次谐波比较突出的三相线路中的中性线（N 线）截面又如何选择？

5-6　三线系统中的保护导体（PE 线）和保护接地中性线（PEN 线）的截面如何选择？

5-7　什么是经济截面？如何按经济截面密度来选择导线和电缆截面？

5-8　交流线路中的电压降落和电压损失各指的是什么？校验线路的电压损失一般用线路电压降的哪部分分量？

5-9　什么叫“均一无感线路”？其线路的电压损失应如何计算？

5-10　电力电缆有哪几种敷设方式？

5-11　35 kV 架空线向变电所供电，线长 12 km，导线几何均距为 2.5 m，变电所计算总负荷为 9300 kW，功率因数为 0.95。试选择架空导线的截面及型号。

5-12　某一供电线路，电压为 380 V/220 V。已知线路的计算负荷为 84.5 kV·A，现用 BV 型铜芯绝缘线穿硬塑料管敷设，试按允许载流量选择该线路的相导体和保护接地中性导体的截面及穿线管的直径。

5-13　有一条 LGJ 钢芯铝绞线的 35 kV 线路，计算负荷为 4900 kW，$\cos\varphi=0.88$，年利

用小时数为 4500 h，试选择其经济截面，并校验其发热和机械强度。

5-14　某厂车间由 10 kV 架空线供电，如图 5-29 所示。导线采用 LJ 型铝绞线，线间几何均距为 1 m，允许电压损失为 5%，各段干线的截面相同，各车间的负荷及各段线路长度如图中所示。试选择架空线的导线截面。

5-15　有一 6 kV 油浸纸绝缘铜芯电缆，向两个负荷供电，如图 5-30 所示。电网最大允许电压损失为 5%，电源短路容量为 46 MV · A，年利用小时数为 3000 ~ 5000 h，配出线继电保护动作时间为 1s。试选择电缆截面：（1）选择用统一导线截面；（2）按 ab、bc 段分别选择导线截面。

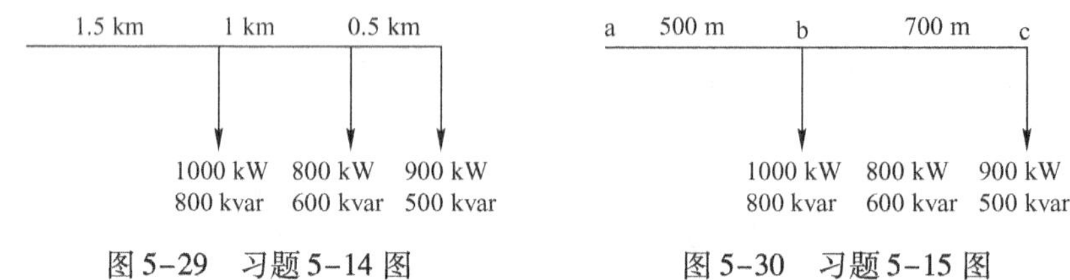

图 5-29　习题 5-14 图

图 5-30　习题 5-15 图

5-16　某用户变电所装有 1600 kV · A 的变压器，年最大负荷利用小时数为 5200 h，若该用户以 10 kV 交联聚氯乙烯绝缘铜芯电缆以直埋方式做进线供电，土壤热阻系数为 1. 0℃ · cm/W，地温最高为 25℃，试选择该电缆的截面。

第 6 章　供电系统的二次接线及防雷与接地

6.1　二次接线概述

6.1.1　二次接线的基本概念

变电所的电气设备，通常可以分为一次设备和二次设备两大类。一次设备，也称主设备，构成电力系统的主体，是直接生产、输送、分配电能的电气设备，包括发电机、变压器、断路器、隔离开关、母线和输电线路等。二次设备是对一次设备进行监测、控制、调节和保护的电气设备，包括计量和测量表计、控制及信号、继电保护装置、自动装置和远动装置等。

一次回路（也称一次接线）指一次设备及其相互连接的回路（又称主回路或主系统或主电路）。二次回路（也称二次接线）指二次设备及其相互连接的回路，其任务是通过二次设备对一次设备的监察测量来反映一次回路的工作状态，并控制一次回路，保证其安全、可靠、经济、合理地运行。二次回路是发电厂和变电站中不可缺少的重要组成部分，是电力系统安全生产、经济运行、可靠供电的重要保障。变电所二次系统与一次系统的关系如图 6-1 所示。

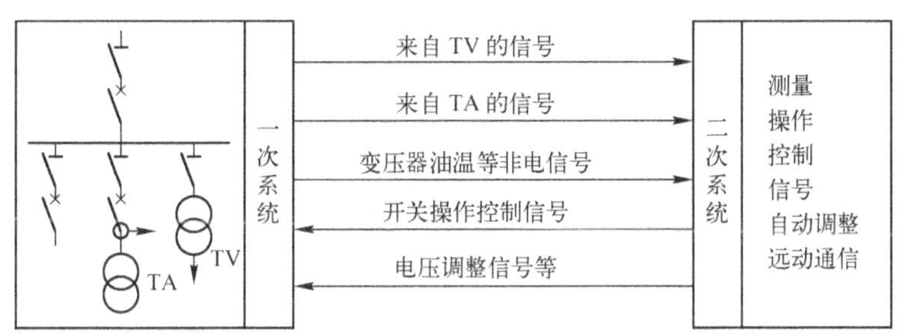

图 6-1　变电所二次系统与一次系统的关系

二次回路按功能可分为断路器控制回路、信号回路、保护回路、监视和测量回路、自动装置回路和操作电源回路等；按电源性质可分为直流回路和交流回路。交流回路又分为交流电流回路和交流电压回路。交流电流回路由电流互感器供电，交流电压回路由电压互感器供电。按用途来分，则有操作电源回路、测量表计回路、断路器控制和信号回路、中央信号回路、继电保护和自动装置回路等。

6.1.2　二次接线的原理图和安装图

为了掌握二次回路的工作原理和整套设备的安装情况，必须用国家规定的电气系统图形符号和相应的文字符号，表示出继电保护、测量仪表、控制开关、信号装置、继电器和自动装置等的互相连接、安装布置，称为二次接线图。二次接线图可分为原理接线图、展开接线图、屏面布置图和安装接线图几种。为了表示出回路的性质和用途，便于阅读和安装，规定了二次接线的标号规则，并对二次回路进行标号。

变电站的二次回路和自动装置是变电站的重要组成部分，对一次回路安全、可靠运行起着重要作用，智能变电站将是未来变电站发展的方向和智能电网的重要组成部分。因此，对其操作电源、高压断路器控制回路、中央信号回路、测量和绝缘监视回路、自动装置及二次回路安装接线图应给予重视，并熟悉和掌握。

1. 原理接线图

原理接线图是表示二次接线构成原理的基本图纸，如图 6-2 所示。在图上所有二次设备均以整体图形表示并和一次设备绘制在一起，使整套装置构成一个完整的整体概念，可清晰了解各设备之间的电气联系和动作原理。

1）归总式原理接线图。它是用来表示继电保护、测量表计、控制信号和自动装置等工作原理的一种二次接线图。采用的是集中表示方法，即在原理图中，各元件是用整体的形式，与一次接线有关部分画在一起，如图 6-2a 所示，但当元件较多时，接线相互交叉太多，不容易表示清楚，因此仅在解释继电保护动作原理时，才使用这种图形。

2）展开式原理接线图。它是将每套装置的交流电流回路、交流电压回路和直流操作回路和信号回路分开来绘制。在展开式接线图中，同一仪表或继电器的电流线圈、电压线圈和触点常常被拆开来，分别画在不同的回路中，因而必须注意将同一元件的线圈和触点用相同的文字符号表示，如图 6-2b 所示。另外，在展开式接线图中，每一回路的旁边附有文字说明，以便于阅读。展开式接线图中，属于同一回路的线圈和接点，按电流通过的先后顺序从左到右排列成行，行与行之间也按动作的先后顺序自上而下排列；所有设备的接点位置，均按正常状态绘出，即按设备不带电又无外力作用时的位置绘出。

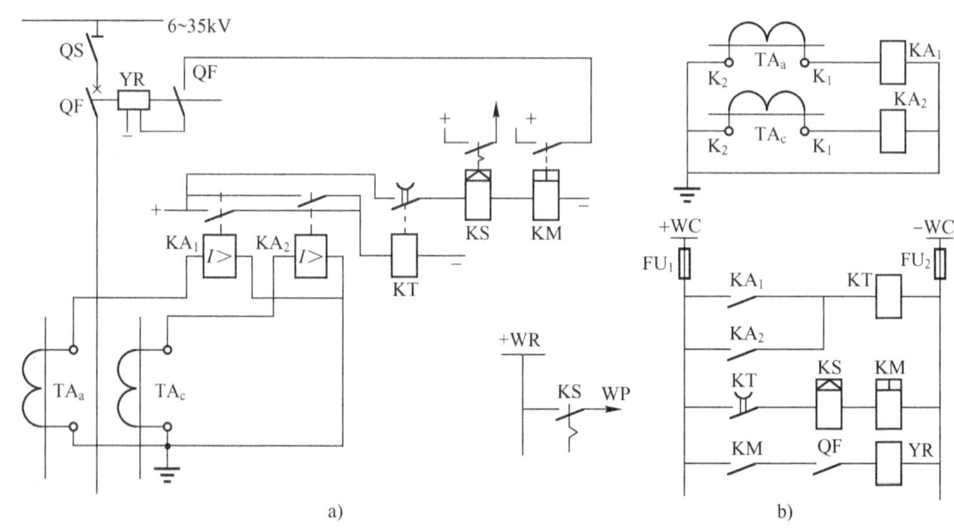

图 6-2　两相式定时限过电流保护装置电路

a）归总式（集中表示）电路　b）展开式（分开表示）电路

阅读展开接线图一般先读交流电路后读直流电路。直流电流的流通方向是从左到右，即从正电源经接点到线圈再回到负电源。元件的动作顺序是：从上到下，从左到右。

读图前，要首先了解控制电器和继电器保护简单结构及动作原理，熟练记牢各设备标准图形符号和文字符号，并要注意图中所有继电器和电气设备的辅助触点的位置状态是继电器线圈内没有电流、断路器没有动作时所处的状态。所谓动断触点，就是继电器在没通电时，其触点是闭合的。另外要注意有的触点具有延时性能，如 DS 型时间继电器、DZS 型中间继电器，它们动作时其触点要经过一段时间才闭合或断开，这种触点的符号与一般瞬时动作的触点符号是有区别的，读图时应注意。

可见，展开式原理图的特点是条理清晰，易于阅读，能逐条地分析和检查，对复杂的二次回路，展开图的优点更显得突出。因此，在实际工作中，展开图用得最多。

2. 屏面布置图

屏面布置图是表现二次设备在屏面及屏内具体布置的图纸。它是制造厂用来作屏面布置设计、开孔及安装的依据，施工现场则用这种图纸来核对屏内设备的名称、用途及拆装维修等，如图 6-3 所示。

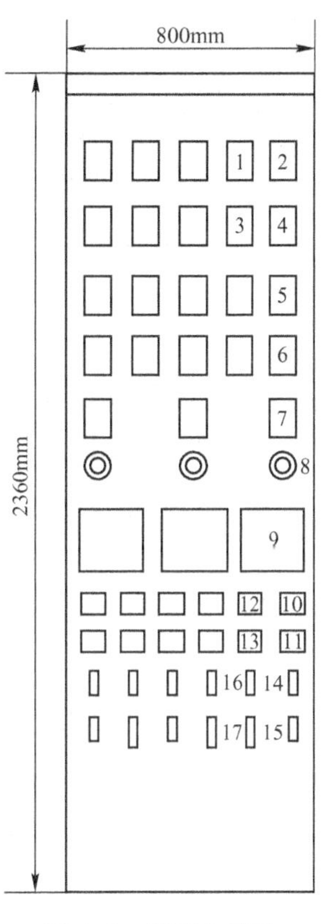

图 6-3　屏面布置图

屏面布置图的设计应达到便于观察、操作，调试安全，安装、检修简易，整体美观、清晰，用屏数量较少的要求。

3. 安装接线图

安装接线图表明屏上各二次设备的内部接线及二次设备间的相互接线，图 6-4 所示为 10kV 线路定时限过电流保护二次接线图的安装接线图。

安装接线图上各二次设备的尺寸和位置，不要求按比例绘出，但都应和实际的安装位置相同。由于二次设备都安装在屏的正面，而其接线都在屏的背面，所以安装接线图是屏的背视图。

安装接线图上设备的外形都与实际形状相符。对于复杂的二次设备必须画出其内部接线；简单的设备则不必画出，但必须画出其接线柱和接线柱的编号。对背视看见的设备轮廓线用实线表示，看不见的轮廓线用虚线表示。

安装接线图的阅读方法和步骤如下：

在掌握了二次展开图的阅读方法和安装接线图的绘制原则后，就可以进行安装接线图的阅读。如图 6-4 所示的 10 kV 输电线路定时限过电流保护安装接线图的阅读方法是：阅读安装图时，应对照展开图，根据展开图阅读顺序，全图从上到下，每行从左到右进行，导线的连接应用相对标号法来表示。

第一步：对照展开图了解由哪些设备组成。从安装接线图中左上方设备符号可了解到，此图为 1 号安装单位，屏上装有六个设备，即 KA_1、KA_2、KT、KM、KS 和 XB，屏顶装有四条小母线，即 +L、-L，+L_1、-L_1和两个熔断器 FU_1、FU_2。

第二步：看交流回路。在图中电流互感器 TA_a、TA_c通过控制电缆 112 三根芯线连到端子排 1、2、3 试验端子，其回路编号分别为 A401、C401、N401，分别接到屏上的 KA_1的接线螺钉②和 KA_2的接线螺钉②，通过公共回线构成保护的交流电流回路。

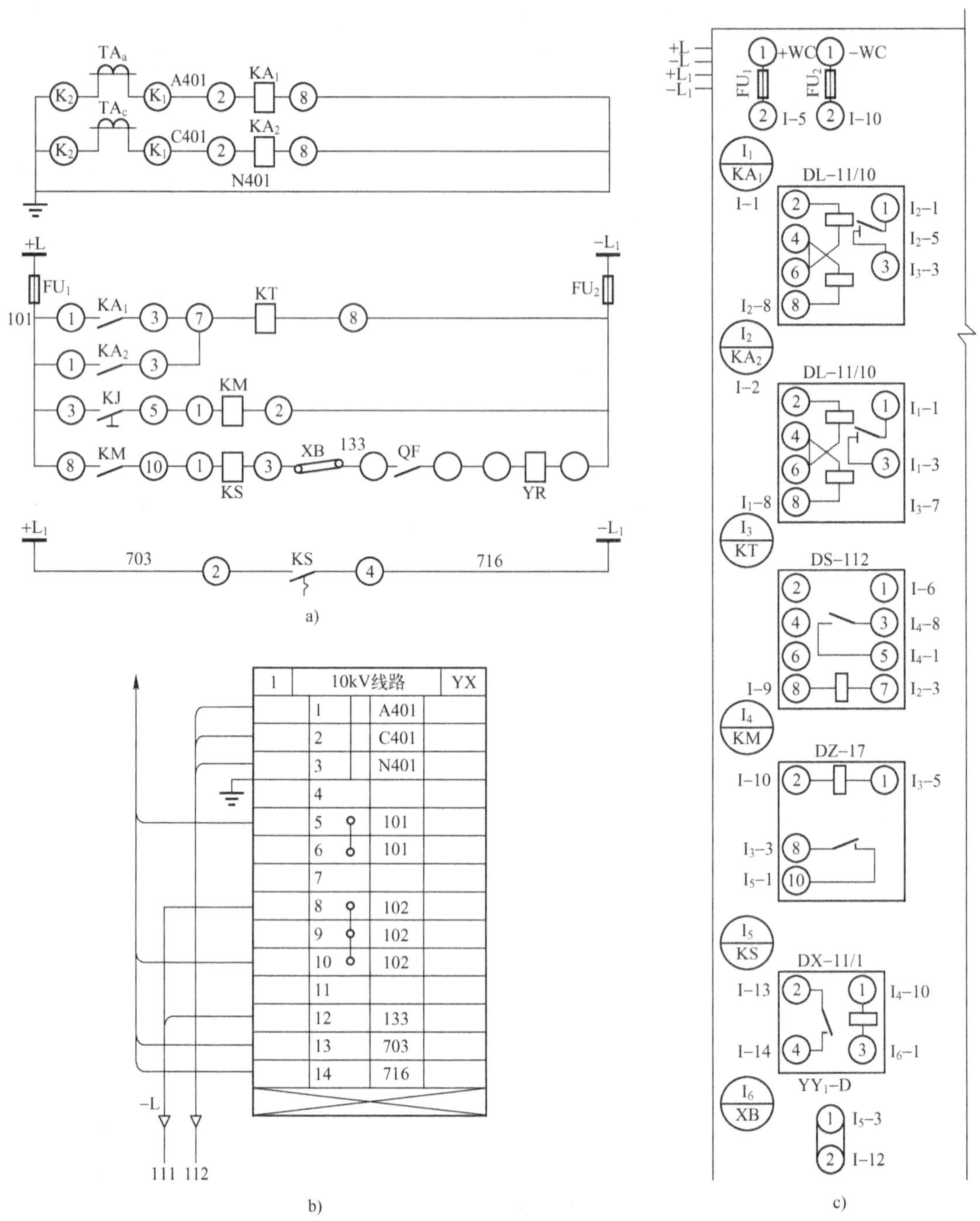

图 6-4 10 kV 输电线路定时限过电流保护安装接线图

a）展开图 b）端子排图 c）安装接线图

第三步：看直流回路。控制电源从屏顶直流小母线 +L、−L，经熔断器 FU_1、FU_2，分别引到端子排5、10 连接端子，其回路编号分别为101、102，端子5 与屏上 KA_1的螺钉①连接，在屏上通过 KA_1 的螺钉①与 KA_2 的螺钉①连接。从图中可以看到 KA_1 的螺钉①标以 I_2-1（即 KA_2的螺钉①的编号），KA_2的螺钉①标以 I_1-1（即 KA_1的螺钉①的编号）。展开图上，电流继电器 KA_2、KA_1 的接线螺钉③并联后与 KT 连接，即 KA_2、KA_1 的接线螺钉③相并联（在 KA_1 接线螺钉③标以 I_2-3，在 KA_2 接线螺钉③标以 I_1-3），然后由 KA_2 的接线螺钉③标以 I_2-7 与 KT 的接线螺钉⑦相接，KT 的接线螺钉⑧与端子排的 9 端子连接，8、9、10 为连接型端子，所以 KT 的⑧接线螺钉接通了 -L。

端子排的 5、6 端子为连接端子，由 6 端子与屏上的 KT 的螺钉③连接，并通过此螺钉与 KM 的接线螺钉⑧连接，KM 的接线螺钉②与端子排的 10 端子相连，使 KM 线圈接通了负电源。

KM 的螺钉⑧与 KT 的螺钉③相连得正电源，KM 的螺钉⑩与 KS 的螺钉①相连。

KS 的螺钉③与连接片①，连接片的螺钉②与端子排的 12 端子，回路编号为 133，经 111 电缆引到断路器辅助触点 QF，8 端子经 111 电缆引至分闸线圈 YR，使 YR 得负电源。以上接线构成了继电保护的直流回路。

第四步：看信号回路。屏顶小母线 +L 和 -L 引到端子排 13、14 端子，其回路编号分别为 703、716。该两端子分别与屏上 KS 的螺钉②、①连接，构成信号回路。

6.1.3 变电所二次回路的操作电源

二次回路的操作电源是提供断路器控制回路、继电保护装置、信号回路和监测系统等二次回路所需的电源。二次回路的操作电源主要有直流操作电源和交流操作电源两类。直流操作电源有蓄电池供电和硅整流直流电源供电两种；交流操作电源有电压互感器、电流互感器供电和所用电变压器供电两种。重要用户或变压器总容量超过 5000 kV · A 的变电所，宜选用直流操作电源；小型配电所中断路器采用弹簧储能合闸和去分流跳闸的全交流操作方式时，宜选用交流操作电源。

为了保证供电系统的安全可靠运行，操作电源应满足如下基本要求：

1）正常情况下，提供信号、保护、自动装置、断路器分合闸以及其他二次设备的操作控制电源。

2）在事故状态下，应能提供继电保护跳闸和应急照明电源，避免事故扩大。

3）应保证供电的可靠性，最好装设独立的直流操作电源，以免交流系统故障时，影响操作电源的正常供电。

4）应具有足够的容量，正常运行时，操作电源母线电压波动范围小于 ±5% 额定值；事故运行时，操作电源母线线电压不低于 90% 额定值。

5）使用寿命、维护工作量、设备投资和布置面积等应合理。

1. 直流操作电源

用户变电所的直流操作电源多采用单母线接线方式，并设有一组储能蓄电池，如图 6-5 所示。在交流电源正常时，整流装置通过直流母线向直流负荷供电，同时向蓄电池浮充电；当交流电源故障消失时，蓄电池通过直流母线向直流负荷供电。

整流装置的交流电源来自于变电所所用变压器。变电所一般应装设两台所用变压器，但在下列情况下，可以只设一台所用变压器：

1）可以由本变电所外部引入一回可靠的 380 V 备用电源时。

2）变电所只有一回电源和一台主变压器时，可在进线断路器前装设一台所用变压器。

3）设有蓄电池储能电源时。

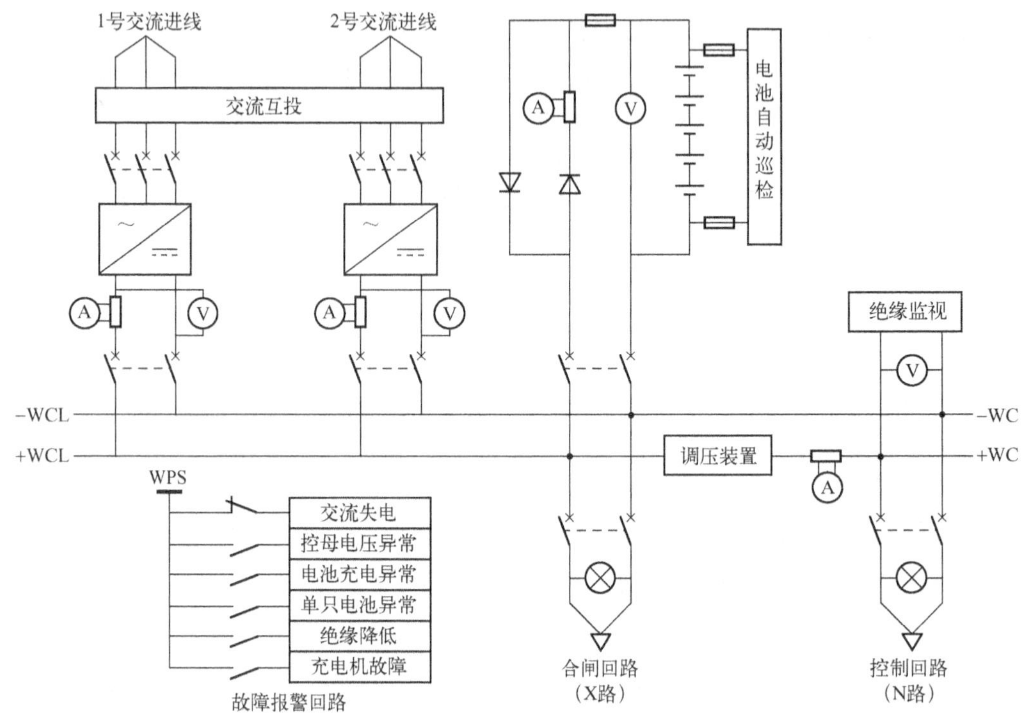

图 6-5　单母线直流系统接线图

（1）蓄电池组直流操作电源

蓄电池（Storage Battery）组是独立可靠的操作电源，即使在全所停电的情况下仍能保证连续可靠地工作，同时保证事故照明用电。因此，蓄电池组直流操作电源在大型企业的变电所及配电系统的大中型变电站中被广泛使用。

采用铅酸蓄电池组时，单个铅酸蓄电池的额定电压是 2 V，充电后可达 2.7 V，放电后可降为 1.95 V。为满足 220 V 的直流操作电压，一般需要蓄电池 230/1.95≈118 个，考虑到充电后的端电压升高，长期接入直流母线的蓄电池个数为 230/2.7≈88 个，因而其他 30 个蓄电池就用于直流母线的电压调节，接于专门的调节开关上。铅酸蓄电池具有端电压较高、冲击放电电流大的优点，适用于断路器分、合闸的冲击负荷，但其体积大，需专门的蓄电池室布置，投资大，适用于大型发电厂和变电站。

采用镉镍蓄电池组时，单个镉镍蓄电池的额定电压是 1.2 V，充电后可达 1.75 V。读者可仿照上例算一下，在满足 220 V 的直流操作电压时，一般需要串联多少个电池，长期接入直流母线的蓄电池为多少个，多少个镉镍蓄电池用于调节。镉镍蓄电池具有体积小、寿命长、维护方便和无腐蚀气体等优点，但其事故放电电流较小，因此适用于中、小型发电厂和 110 kV 以下的变电站。

在指定的放电条件（温度、放电电流和终止电压）下，所放出的电量称为蓄电池的容量 Q，单位用 A · h（安培 · 小时）表示，这是蓄电池蓄电能力的重要标志。蓄电池放电至终止电压的时间称为放电率，单位为 h。充足电的蓄电池在 25℃时，以 10 h 放电率放出的电能，称为额定容量。蓄电池的实际容量与放电电流、温度、电解液的密度及质量、充电程度等因素有关。蓄电池可以在几秒钟的短时间内承担比长期放电电流大得多的冲击电流，可作为电磁型操作机构的合闸电源。每一种蓄电池都有其允许的最大放电电流值，其允许的放电时间约为 5 s。

蓄电池的运行方式有两种：充电 - 放电运行和浮充电运行。充电 - 放电（Charge - discharge）运行方式是将已充好电的蓄电池直接带全部直流负荷，即正常运行时处于放电状态。为了保证直流系统供电的可靠性，在蓄电池放电到额定电压的 75% ~80% 时，就停止放电，准备充电。充电 - 放电运行方式的主要缺点是充电频繁，维护复杂，老化快，使用寿命短。浮充电（Floating Charge）运行方式是变电所的全部直流负荷由整流装置供给，同时对电池组以一个较小的电流进行浮充电，补偿蓄电池的自放电，使蓄电池经常处于充满电状态，以承担短时的冲击负荷。浮充电运行方式提高了直流系统供电的可靠性，又大大减少深度充放电次数，提高蓄电池的使用寿命，得到了广泛应用。

（2）硅整流直流操作电源

硅整流直流操作电源在变电所应用较广，根据断路器操作机构的不同有电容储能（电磁操作）和电动机储能（弹簧操作）等。图 6-6 所示为硅整流电容储能直流系统原理图。

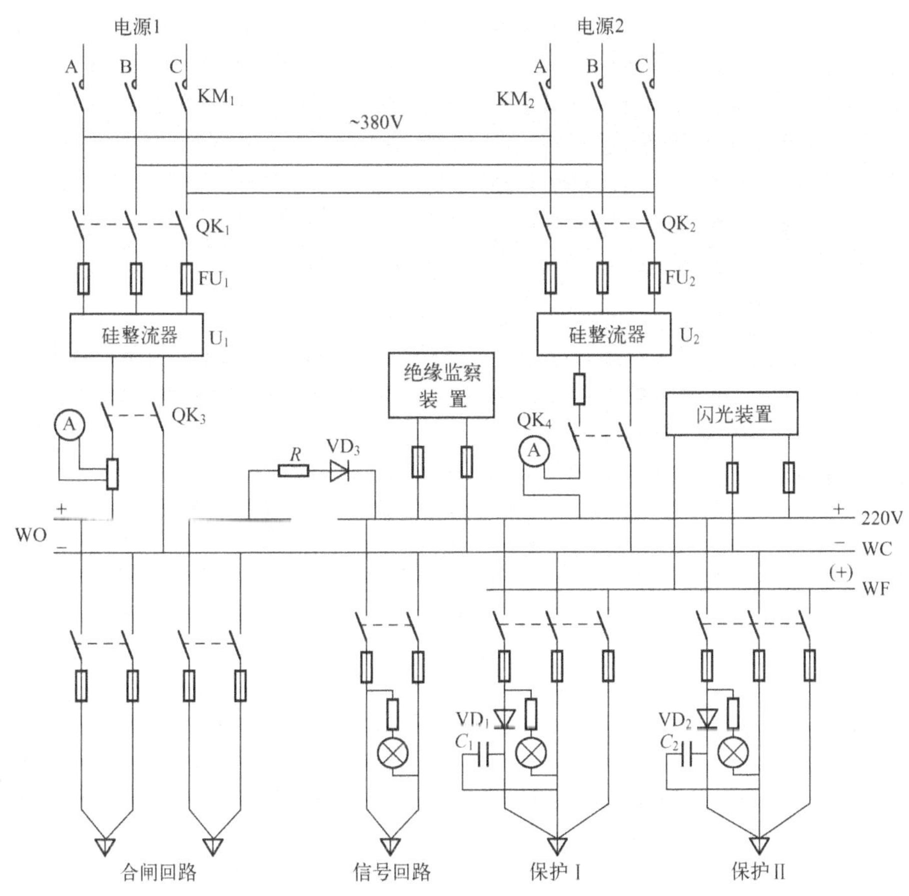

图 6-6　硅整流电容储能直流系统原理图

WO—合闸小母线　WC—控制小母线　WF—闪光小母线　C_1、C_2—储能电容器

硅整流的电源一般采用两路电源和两台硅整流装置。硅整流 U_1 容量较大，主要用做断路器合闸电源，并可向控制、保护和信号等回路供电。硅整流 U_2 容量较小，仅向操作母线

供电。两组硅整流之间用电阻 R 和二极管 VD_3隔开。VD_3起到逆止阀的作用，它只允许从合闸母线向控制母线供电而不能反向供电，以防在断路器合闸或合闸母线侧发生短路时，引起控制母线的电压严重降低，影响控制和保护回路供电的可靠性。电阻 R 用于限制在控制母线侧发生短路时流过硅整流 U_1的电流，起到保护 VD_3的作用。整流电路一般采用二相桥式整流。在控制屏、继电保护屏和中央信号屏屏顶设置（并排放置）操作电源小母线。屏顶小母线的直流电源由直流母线上的各回路提供。

直流操作电源的母线上引出若干回路，分别向合闸回路、信号回路和保护回路等供电。在保护供电回路中，C_1、C_2为储能电容器组，电容器所存储的电能仅在事故情况下用做继电保护回路和跳闸回路的操作电源。逆止元件 VD_1、VD_2的主要作用是在事故情况下，交流电源电压降低引起操作母线电压降低时，禁止向操作母线供电，而只向保护回路放电。

在直流母线上还接有直流绝缘监察装置和闪光装置。绝缘监察装置监测正负母线或直流回路对地绝缘电阻，当某一母线对地绝缘电阻降低时，检测继电器动作发出信号。闪光装置提供闪光电源。其工作原理图如图 6-7 所示，正常工作时，闪光小母线(+)WF 不带电，当系统或二次回路发生故障时，继电器 K_1动作（其线圈在其他回路中），使信号灯 HL 接于闪光小母线(+)WF 上。闪光装置工作，利用与继电器 K 并联的电容器 C 的充放电，使继电器交替动作和释放，从而闪光小母线(+)WF 电压交替升高和降低，信号灯发出闪光信号。

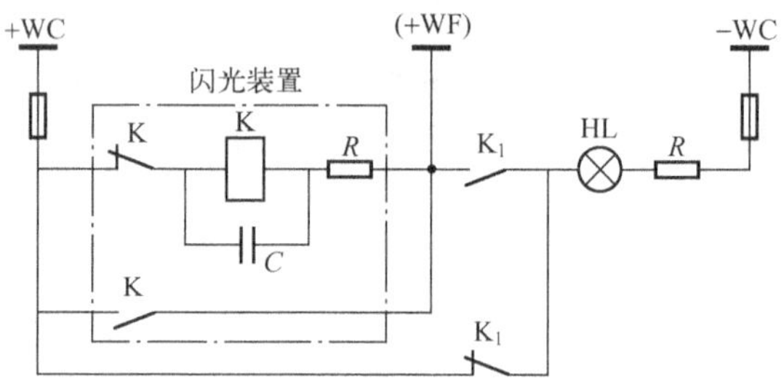

图 6-7　闪光装置工作原理示意图

硅整流直流操作电源的优点是价格低，与铅酸蓄电池比较占地面积小，维护工作量小，不需充电装置。其缺点是电源独立性差，电源的可靠性受交流电源影响，需加装补偿电容和交流电源自动投切装置，二次回路复杂。

2. 交流操作电源

交流操作电源下的断路器保护跳闸采用直接动作式继电器或跳闸线圈分流的方式，依靠断路器弹簧操作机构中的过电流脱扣器直接跳闸，跳闸能量直接来自电流互感器，如图 6-8 所示。

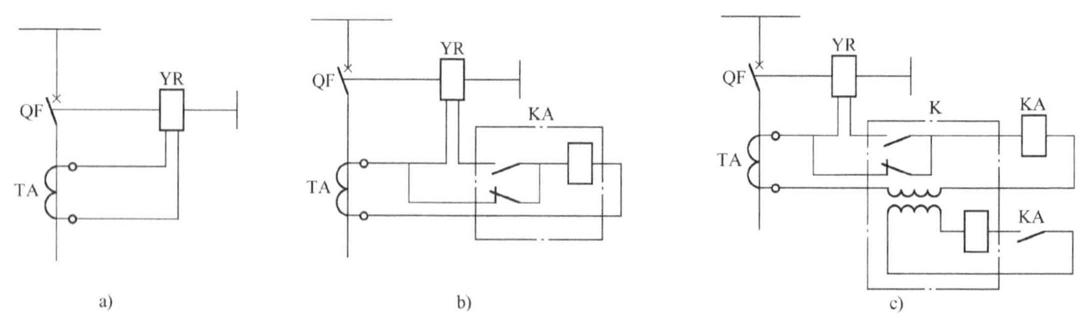

图 6-8　交流操作电源下断路器保护跳闸原理图

a）直接动作式　b）跳闸线圈去分流方式　c）中间继电器去分流方式

交流操作电源从所用变压器、电压互感器或电流互感器来。来自于所用变压器和电压互感器的交流电压型操作电源主要供给信号、控制、断路器合闸回路和断路器分励脱扣器线圈跳闸回路，而来自于电流互感器的交流电流型操作电源主要供给断路器的电流脱扣器线圈跳闸回路。交流操作系统中，按各回路的功能，也设置相应的操作电源母线，如控制母线、闪光小母线、事故信号和预告信号小母线等。

由于交流操作电源取自于供电系统电压，当供电系统故障时，交流操作电源电压降低或消失，因此，交流操作电源的可靠性较低。使用交流不间断电源 UPS 可以提高交流操作电源的可靠性。如图 6-9 所示，当系统电源正常时，由系统电源向断路器操作机构储能回路和 UPS 电源供电，并通过 UPS 向控制回路和信号回路供电；当系统发生故障时，由 UPS 电源向控制回路及信号回路供电，使断路器可靠跳闸并发出信号。

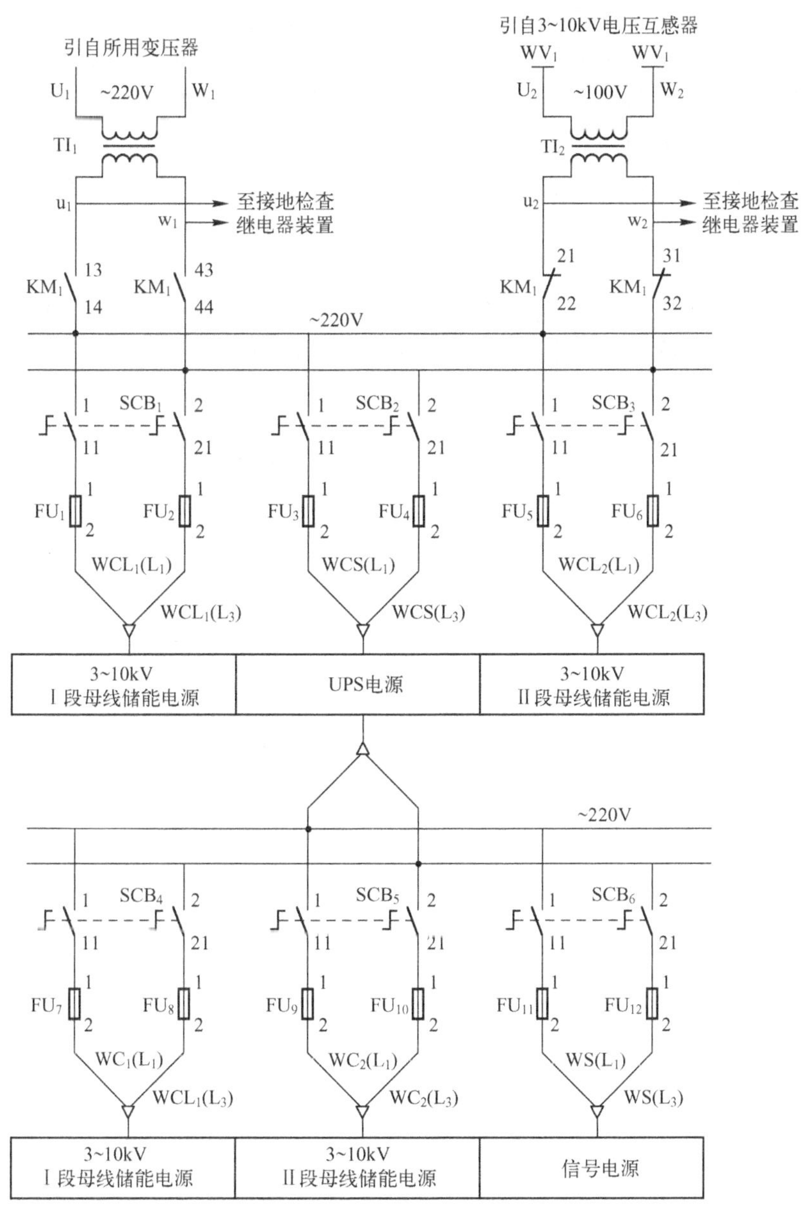

图 6-9 带 UPS 的交流操作电源线接线图

TI_1、TI_2—中间变压器 KM_1—中间接触器 $SCB_{1\sim6}$—组合开关 $FU_{1\sim12}$—熔断器

交流操作电源的优点是：接线简单，投资低廉，维修方便。缺点是：交流继电器性能没有直流继电器完善，不能构成复杂的保护。交流操作电源在小型变配电所中应用较广，在对保护要求较高的中小型变配电所，则采用直流操作电源。

3. 所用变压器及其供电系统

变电所的用电由专门的变压器提供，称为所用变压器，简称所用变。图6-10所示为所用变压器接线位置及供电系统示意图。所用变压器一般都接在电源的进线处，如图6-10a所示。即使变电所母线或主变压器发生故障，所用变压器仍能取得电源，从而保证操作电源及其他用电的可靠性。一般的变电所设置一台所用变压器，重要的变电所应设置两台互为备用的所用变压器。所用电源不仅在正常情况下能保证操作电源的供电，而且在全所停电或所用电源发生故障时，仍能实现对电源进线断路器的操作和事故照明的用电。一台所用变压器接至电源进线处（进线断路器的外侧），另一台则应接至与本变电所无直接联系的备用电源上。在所用变低压侧应采用备用电源自动投入装置，以确保所用电的可靠性。值得注意的是，由于两台所用电变压器所接电源的相位可能不同，有时是不能并联运行的。所用变压器一般置于高压开关柜中。高压侧一般分别接在6～35 kV的Ⅰ、Ⅱ段母线上，低压侧用单母线分段接线或单母线不分段接线。

所用变压器的用电负荷主要有操作电源、室外照明、室内照明、事故照明和生活用电等，所用变压器供电系统向上述用电负荷供电如图6-10b所示。

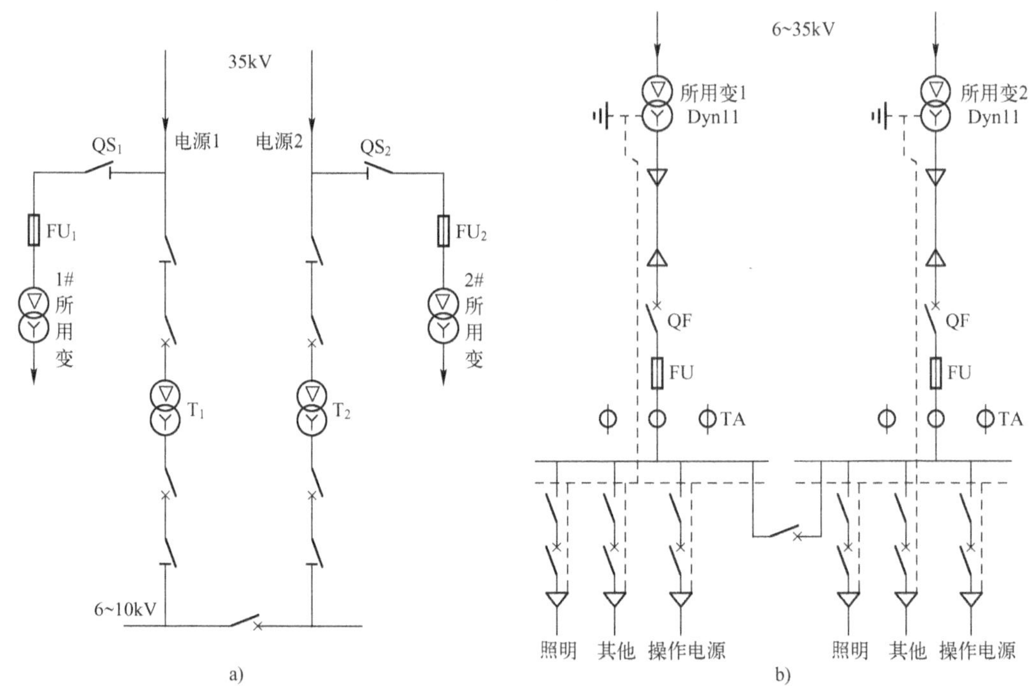

图6-10　所用变压器接线位置及供电系统示意图

a）所用变压器接线装置　b）所用电供电系统

6.1.4　电气仪表及电气测量回路

为了保证供电系统安全运行和用户安全用电，使一次设备安全、可靠、经济地运行，必须在变电所中装设电气测量回路，以监视其运行状况。对电气测量仪表，要保证其测量范围和准确度满足变配电设备运行监视和计量的要求，并力求外形美观，便于观测，经济耐用等。

电气测量仪表的具体要求主要有以下四点：

1）测量精度应满足测量要求，并不受环境温度、湿度和外磁场等影响。

2）仪表本身消耗的功率应越小越好。

3）仪表应有足够的绝缘强度、耐压和短时过载能力，以保证安全运行。

4）应有良好的读数装置。

一般而言，每段配电母线上应装设电压表，每条进线和出线应装设电流表，电源进线和有电能单独计量要求的出线应装设电能表。图6-11所示为6～10kV线路电气测量仪表的接线原理图。图6-12所示为6～10kV母线电压测量和绝缘监视的接线原理图。

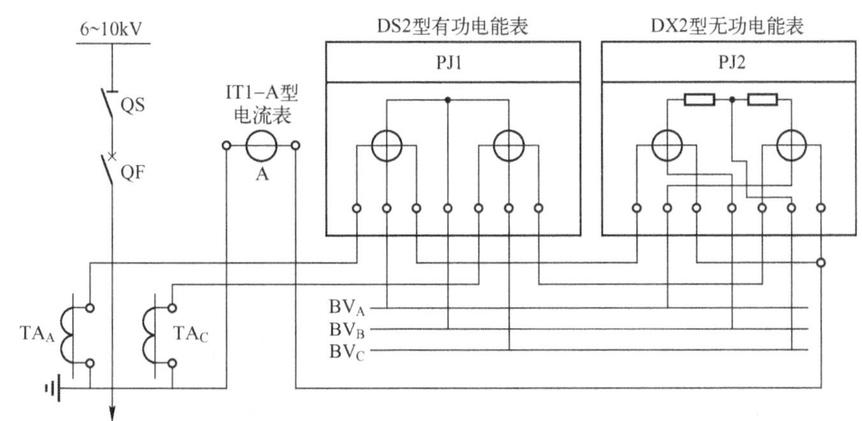

图6-11　6～10kV线路电气测量仪表接线原理图

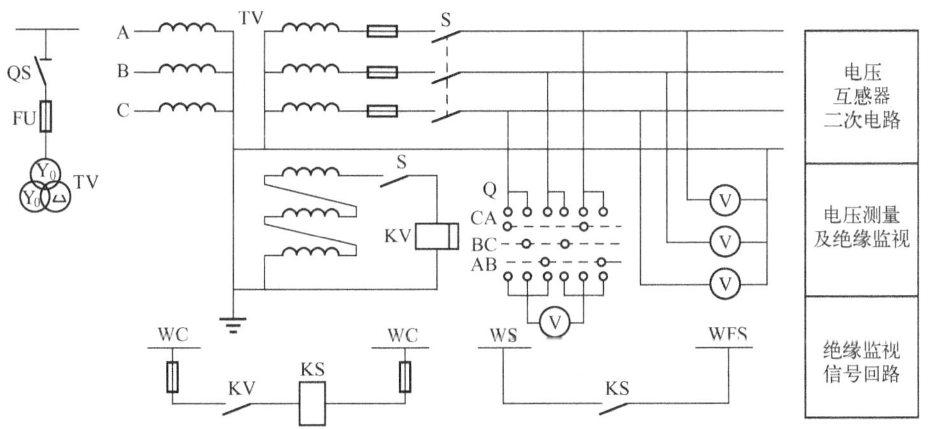

图6-12　6～10kV母线电压测量及绝缘监视接线原理图

TV—电压互感器　S—联锁开关　Q—电压切换开关　KV—电压继电器　KS—信号继电器

6.1.5　高压断路器的控制与信号回路

高压断路器是变电所中主要的开关设备，断路器的控制回路（Control Circuit）是指其控制机构和执行机构之间用图形、符号表示的电气连接电路。断路器的控制机构是指采用控制开关（或按钮）控制断路器的分、合闸；断路器的执行机构是指每台断路器都附有相应的操作机构，用以驱动断路器的分、合闸，并保持在分、合状态。

断路器的控制按其控制地点来分，有就地控制和集中控制，一般 10 kV 及以下的断路器多采用就地控制，而 35 kV 以上的断路器多采用集中控制。集中控制是指控制机构安装在距设备几十米或几百米以外的控制室内，控制屏上有相应的灯光信号反映出断路器的位置状态，控制机构与执行机构之间需通过控制电缆联络；就地控制是控制机构就安装在执行机构所在的高压开关柜上，因而无须控制电缆。

1. 高压断路器的控制回路

（1）控制开关和操作机构

1）控制开关。控制开关（Control Switch）是断路器控制和信号回路的主要控制元件，由运行人员操作使断路器分、合闸。目前常用的控制开关是 LW2 系列自动复位控制开关。

LW2 型控制开关的外形结构如图 6-13 所示。触点盒共有 14 种，一般采用 la、4、6a、20、40 五种类型。控制开关的手柄和安装面板安装在控制屏的前面，与手柄固定连接的触点盒安装于屏后。

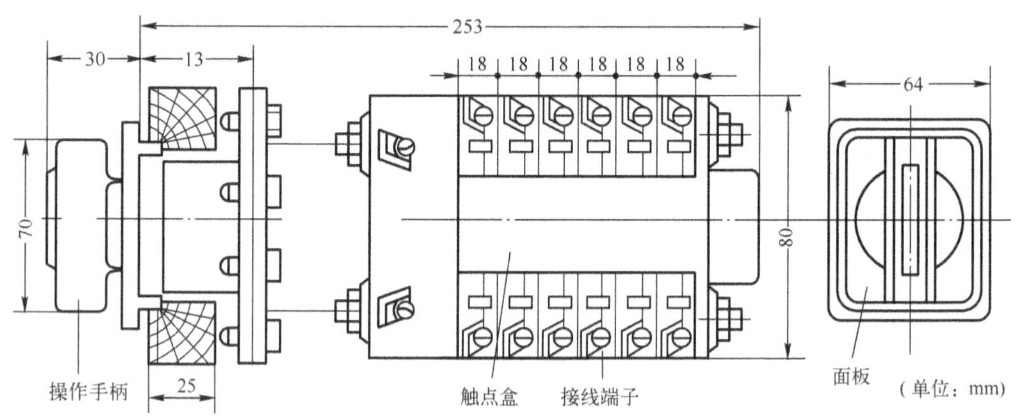

图 6-13　LW2 系列控制开关结构

常用的控制开关有 LW2 - Z 型和 LW2 - YZ 型。LW2 - Z 型手柄内无信号灯，用于灯光监视的断路器控制回路；LW2 - YZ 型手柄内有信号灯，用于音响监视的断路器控制回路。控制开关有六种操作位置，即分闸后（TD）、预备合闸（PC）、合闸（C）、合闸后（CD）、预备分闸（PT）、分闸（T），其中“合闸后”与“分闸后”为固定位置，其他均为操作时的过渡位置，相应触点图表分别如图 6-14 和图 6-15 所示。“X”表示触点是闭合状态。

2）操作机构。它是高压断路器本身附带的分、合闸传动装置，即执行机构。配电系统的中小型变电所中常用的操作机构有电磁式（CD 型）、弹簧式（CT 型）、手动式（CS 型）和液压式（CY 型）。除手动式操作机构外，都有合闸线圈，弹簧式和液压式操作机构的合闸电流一般不大于 5A，而电磁式操作机构的合闸电流可达几十安到几百安；所有操作机构的分闸线圈的分闸电流一般都不大，当直流操作电压为 110 ~ 220 V 时为 0.5 ~ 5 A。

手柄在分后位置时触点盒的背面状态	手柄与触点盒形式	触点端子号	手柄在不同位置各触点的闭合表						竖线为手柄位置，黑点表示闭合状态
			分后	预合	合闸	合后	预分	分闸	分后 预分 预合 合后 分闸 合闸
	F8								
	1a	1–3		×		×			
		2–4	×				×		
	4	5–8			×				
		6–7						×	
	6a	9–10		×		×			
		9–12			×				
		10–11	×				×	×	
	40	13–14		×			×		
		14–15	×					×	
		13–16			×	×			
	20	17–19			×	×			
		17–18		×			×		
		18–20	×					×	
	20	21–23			×	×			
		21–22		×			×		
		22–24	×					×	

图 6–14　LW2 – Z/F8 型控制开关触点图表

（2）对控制回路的基本要求

对断路器控制回路的基本要求如下：

1）能手动和自动合闸与分闸。

2）应能监视控制回路操作电源及合、分闸回路的完好性；应对二次回路短路或过负荷进行保护。

3）断路器操作机构中的合、分闸线圈是按短时通电设计的，在合闸或分闸完成后，应能自动解除命令脉冲，切断合闸或分闸电源。

4）应有反映断路器手动和自动合、分闸的位置信号。

5）应具有防止断路器多次合、分闸的防跳措施。

6）断路器的事故跳闸回路，应按不对应原理接线。

7）对于采用气压、液压和弹簧操作机构的断路器，应有压力是否正常、弹簧是否拉紧到位的监视和闭锁回路。

手柄在分后位置时触点盒的背面状态	手柄与触点盒形式	触点端子号	手柄在不同位置各触点的闭合表						竖线为手柄位置，黑点表示闭合状态
			分后	预合	合闸	合后	预分	分闸	分后 预分 预合 合后
	F1								
	灯								
	1a	5-7		×		×			
		6-8	×				×		
	4	9-12			×				
		10-11						×	
	6a	13-14		×		×			
		13-16			×				
		14-15	×				×	×	
	40	17-18		×			×		
		18-19	×					×	
		17-20			×	×			
	20	21-23			×	×			
		21-22		×			×		
		22-24	×					×	

图 6-15　LW2 - YZ/F1 型控制开关触点图表

2. 灯光监视的断路器控制回路及信号

断路器控制回路的接线方式较多，按监视方式可分为灯光监视的控制回路与音响监视的控制回路。前者多用于中、小型变电所，后者常用于大型变电所。

（1）电磁操作机构的断路器控制回路

图 6-16 所示为灯光监视电磁操作机构的断路器控制和信号回路。工作原理如下：

1）合闸过程。

① 手动合闸。设断路器处于分闸状态，控制开关 SA 处于“分闸后（TD）”位，其触点 10 - 11 通，断路器的动断辅助触点 QF_1 通，绿灯 HG 亮，发平光，表明断路器是断开状态，因电阻 R_1 的分压，合闸接触器 KO 不动作。

首先将控制开关 SA 顺时针旋转 90°，处于“预备合闸（PC）”位，其触点 9 - 10 通，此时绿灯 HG 接于闪光母线(+)WF 上，绿灯发闪光，表明 SA 与断路器位置不对应，提醒操作人员进一步操作。

再将 SA 继续顺时针旋转 45°，处于“合闸（C）”位，其触点 5 - 8 通，使合闸接触器 KO 线圈直接接于正负电源之间，KO 动作，其触点 KO_1、KO_2 闭合使合闸线圈 YC 得电，断

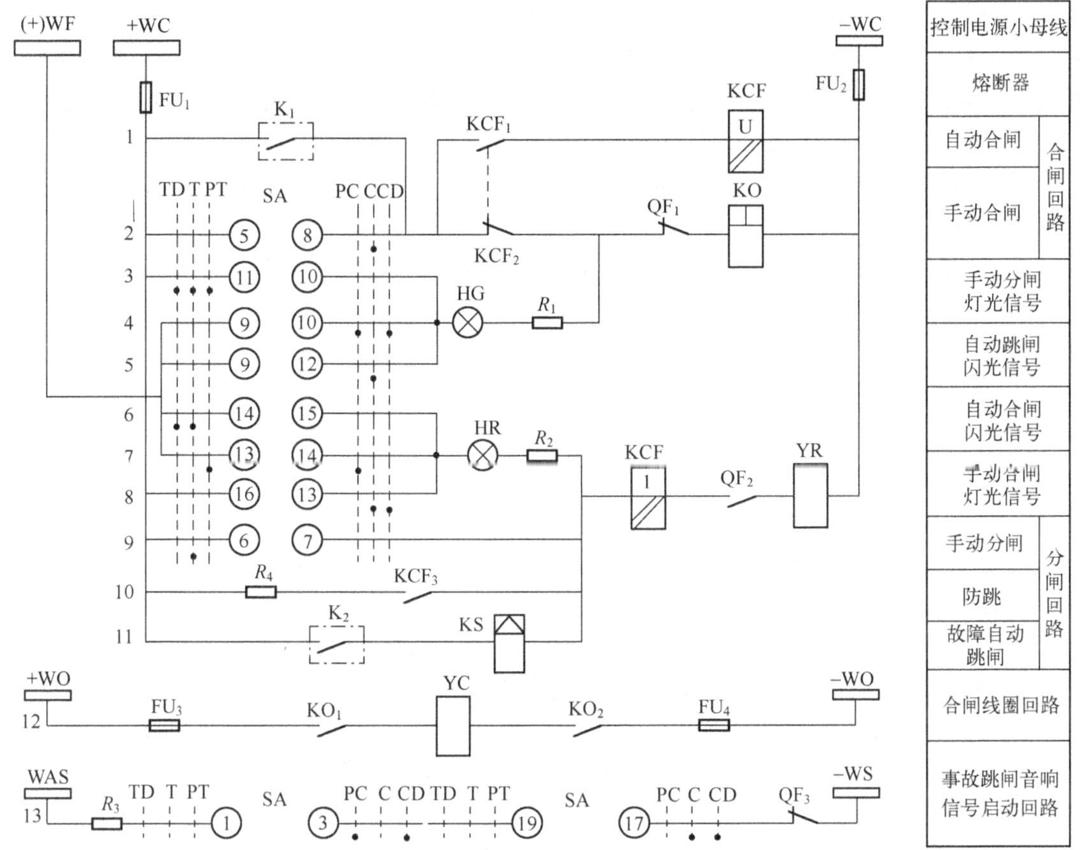

图 6-16　灯光监视电磁操作机构的断路器控制和信号回路

WC—控制小母线　WF—闪光信号小母线　WO—合闸小母线　WAS—事故音响小母线

KCF—防跳继电器　HG—绿色信号灯　HR—红色信号灯　KS—信号继电器

KO—合闸接触器　YC—合闸线圈　YR—分闸线圈　SA—控制开关

路器合闸。断路器合闸后，其动断辅助触点 QF_1 断开，保证合闸线圈短时通电，同时使绿灯熄灭；动合辅助触点 QF_2 闭合，红灯 HR 亮。

最后松开 SA，在弹簧作用下，自动回到“合闸后（CD）”位，SA 触点 13 - 16 通，红灯发平光，表明断路器已合闸。同时 SA 触点 9 - 10 通，为故障后断路器自动跳闸后绿灯发闪光做好准备。

② 自动合闸。初始位置与手动合闸时相同，断路器在分闸状态，SA 在“分闸后（TD）”位，绿灯 HG 发平光。当自动装置（自动重合闸装置或备用电源自动投入装置）动作后，其出口执行触点 K_1 闭合，使合闸接触器 KO 线圈得电动作，其触点 KO_1、KO_2 闭合使合闸线圈 YC 得电，断路器自动合闸，此时 SA 仍然在 TD 位，其触点 14 - 15 通，红灯 HR 发闪光，表明 SA 与断路器位置不对应，提醒值班人员将 SA 转至相应的位置下，HR 发平光。

2）分闸过程。

① 手动分闸。设断路器处于手动合闸后状态，控制开关 SA 处于“合闸后（CD）”位，红灯 HR 发平光。将控制开关 SA 逆时针旋转 90°，置于“预备分闸（PT）”位，触点 13 -

14 通，红灯发闪光。再将 SA 继续逆时针旋转 45°，置于“分闸（T）”位，其触点 6－7 通，使分闸线圈 YR 得电（回路中 KCF 线圈为电流线圈），断路器分闸，QF_2断开，保证分闸线圈短时通电，同时熄灭红灯，QF_1 合上，闭合绿灯回路。松开 SA 后，自动回到“分闸后（TD）”位，触点 10－11 通，绿灯发平光，表明断路器已分闸。

② 自动跳闸。初始位置同样是断路器处于手动合闸后状态，当系统中出现短路故障，继电保护动作后，其出口执行触点 K_2闭合，使分闸线圈 YR 得电，断路器自动跳闸，此时 SA 仍然在 CD 位，其触点 9－10 通，绿灯发闪光，表明 SA 与断路器位置不对应，同时触点 1－3、17－19 通，事故音响启动回路接通，变电所中蜂鸣器发出声响，通知值班人员加以处理。

3）电源及分、合闸回路完好性的监视。控制线路的完好性是用灯光来监视的。只要控制线路完好，总会有一个信号灯点亮，若两个信号灯都不亮，则说明控制线路失电或有其他故障（如断路器辅助触点 QF 接触不好等）。例如绿灯 HG 发出平光，既表示断路器处于手动分闸位置，又表示下一步操作的合闸回路和控制电源正常。

4）“防跳”装置。断路器的“跳跃”是指当断路器合闸后，控制开关 SA 的触点 5－8 或自动装置出口触点 K_1被卡死，同时一次系统发生永久性故障时，断路器在继电保护作用下自动跳闸，QF_1闭合，断路器又合闸，出现多次的合、跳闸现象。“跳跃”对断路器的使用寿命影响极大，因而在控制线路中增设了防跳继电器 KCF。

防跳继电器 KCF 有两个线圈，一个是电流启动线圈，与分闸线圈 YR 串联；另一个是电压自保持线圈，经自身的动合触点 KCF_1并联于合闸回路，其动断触点 KCF_2串在合闸回路中。当断路器合闸于故障线路时，继电保护动作接通分闸线圈 YR 的同时也接通了 KCF 的电流线圈，动断触点 KCF_2断开，切断合闸接触器 KO 回路，使断路器无法合闸；其动合触点 KCF_1闭合，接通 KCF 电压线圈并自保持，一直保持到 SA 触点 5－8 或 K_1恢复正常。这样就防止了断路器的“跳跃”。和 R_4串联的 KCF_3触点是为了保护出口继电器的触点 K_2，防止它先于断路器的动合辅助触点 QF_2返回，断开大电流而被烧坏。

（2）弹簧操作机构的断路器控制回路

弹簧操作机构的断路器控制回路如图 6-17 所示。图中，M 为储能电动机，其他设备符号含义与图 6-16 相同。工作原理与电磁操作机构的断路器控制回路相比，除相同之处以外，还有以下特点：

1）在合闸回路中串有操作机构的动合辅助触点 Q_1。只有在弹簧拉紧、Q_1闭合后，才允许合闸。

2）当弹簧未拉紧时，操作机构的两对动断辅助触点 Q_2、Q_3闭合，启动储能电动机 M，使合闸弹簧拉紧。弹簧拉紧后，Q_2、Q_3断开，电动机停转，Q_1闭合，为合闸做好准备。

3）当手动或自动合闸时，利用弹簧存储的能量进行合闸，因此合闸线圈 YC 直接接在合闸回路中。合闸后，弹簧释放，电动机 M 又接通给弹簧储能，为下次合闸做准备。

4）当断路器装有自动重合闸装置时，由于合闸弹簧正常运行处于储能状态，所以能可靠地完成一次重合闸的动作。如果重合闸不成功又跳闸，将不能进行第二次重合，但为了保证可靠“防跳”，电路中仍装有防跳继电器 KCF。

5）当弹簧未拉紧时，操作机构的动合辅助触点 Q_4闭合，发“弹簧未拉紧”预告信号。

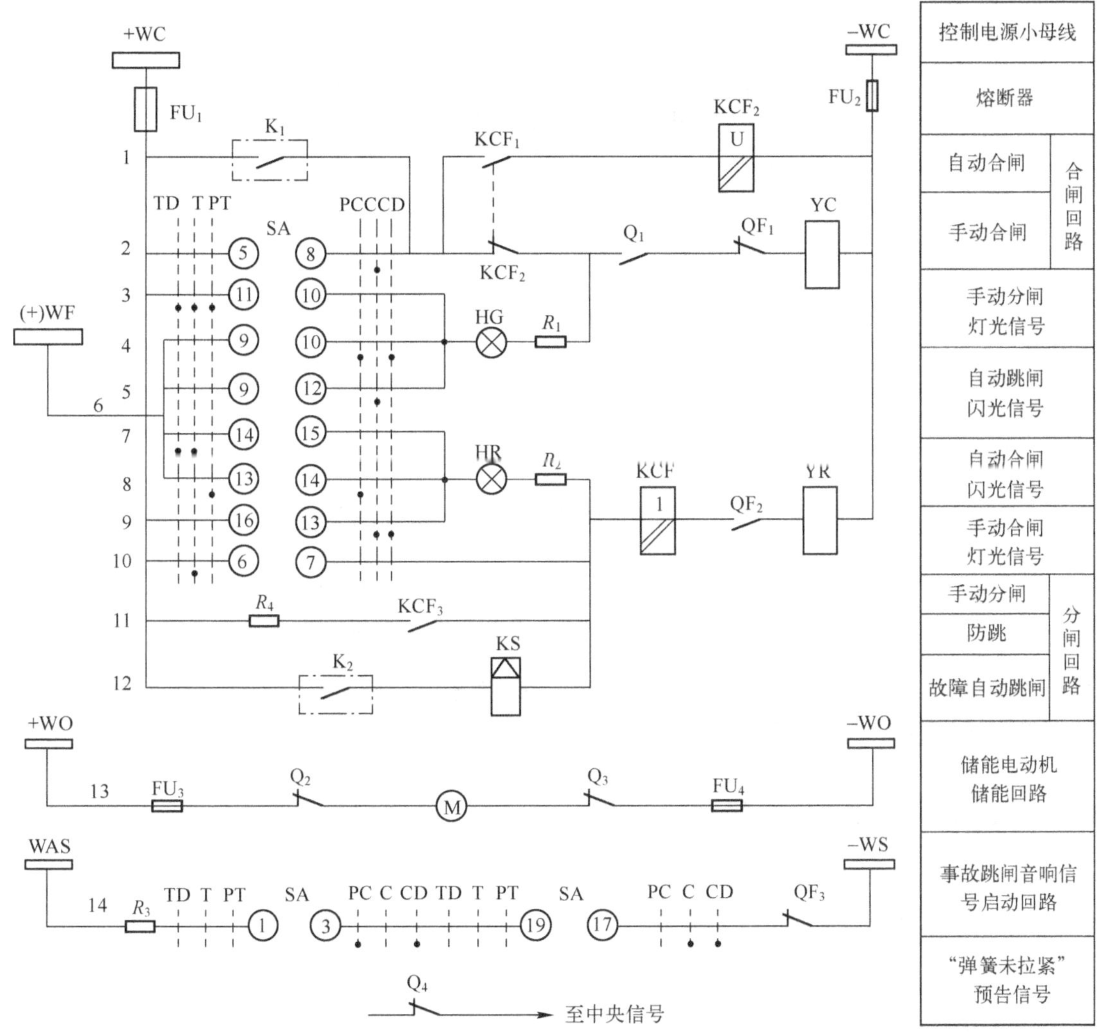

图6-17　弹簧操作机构的断路器控制回路

M—储能电动机　Q_{1-4}—弹簧操作机构辅助触点

(3) 手动操作机构的断路器控制回路

图 6-18 所示为交流操作电源的手动操作机构的断路器控制和信号回路。

合闸时，推上操作机构手柄使断路器合闸。此时断路器的动合辅助触点 QF_2 闭合，红灯 HR 亮，指示断路器合闸。

分闸时，扳下操作机构手柄使断路器跳闸，QF_2 断开，切断分闸回路，同时，断路器动断辅助触点 QF_1 闭合，绿灯 HG 亮，指示断路器分闸。

信号回路中 QM 为操作机构动合辅助触点，当操作手柄在合闸位置时闭合，而 QF_3 当断路器分闸后闭合。因此，当继电保护装置 KA 动作，其出口触点闭合，断路器自动跳闸，而操作手柄仍在合闸位置，“不对应启动回路”接通，发出事故音响信号。

总之，灯光监视的断路器控制回路的优点是：结构简单；红绿灯指示断路器合、分闸位置比较明显；比较适用于中、小型发电厂和变电所。当用于大型变电所和发电厂时，由于信

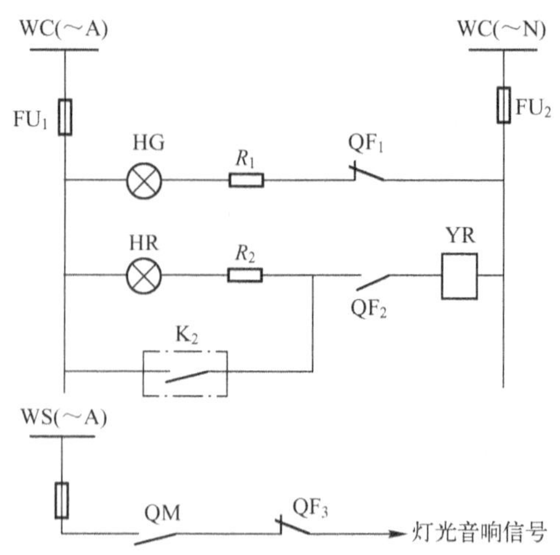

图 6-18　手动操作机构的断路器控制和信号回路

WC—控制小母线　WS—信号小母线　HG—绿色信号灯

HR—红色信号灯　R_1、R_2—限流电阻　YR—分闸线圈（脱扣器）

QF_{1-3}—断路器 QF 的辅助触点　QM—手动操作机构辅助触点

号灯太多，某一控制回路失电，灯光全暗而不易被发现。为此，在大型变电所和发电厂内常用音响监视的断路器控制回路。

6.2　变电所的防雷与接地

6.2.1　过电压及雷电的有关概念

1. 过电压的种类

在电力系统中，过电压使绝缘破坏是造成系统故障的主要原因之一。过电压是指在电气设备或线路上出现的超过正常工作要求并对其绝缘构成威胁的电压。过电压按产生原因可分为内部过电压和雷电过电压。

（1）内部过电压

内部过电压是由于电力系统正常操作、事故切换、发生故障或负荷骤变时引起的过电压，可分为操作过电压、弧光接地过电压及谐振过电压。

内部过电压的能量来自于电力系统本身。内部过电压一般不超过系统正常运行时额定相电压的 3～4 倍，对电力线路和电气设备绝缘的威胁不是很大。

（2）雷电过电压

雷电过电压也称外部过电压或大气过电压，是由电力系统中的设备或建筑物遭受来自大气中的雷击或雷电感应而引起的过电压。

雷电冲击波的电压幅值可高达 1 亿 V，其电流幅值可高达几十万安，对电力系统的危害远远超过内部过电压。其可能毁坏电气设备和线路的绝缘，烧断线路，造成大面积长时间停电。因此，必须采取有效措施加以防护。

2. 雷电的形成

雷电或称闪电，是大气中带电云块之间或带电云层与大地之间所发生的一种强烈的自然放电现象。雷电有线状、片状和球状等形式。带电云块即雷云的形成有多种理论解释，常见的一种解释是：在闷热、潮湿、无风的天气里，接近地面的湿气受热上升，遇到冷空气凝成冰晶。冰晶受到上升气流的冲击而破碎分裂，气流挟带一部分带正电的小冰晶上升，形成“正雷云”，而另一部分较大的带负电的冰晶则下降，形成“负雷云”，随着电荷的积累，雷云电位逐渐升高。

由于高空气流的流动，正、负雷云均在空中飘浮不定，当带不同电荷的带电雷云相互间或带电雷云与大地间接近到一定程度时，就会产生强烈的放电，放电时瞬间出现耀眼的闪光和震耳的轰鸣，这种现象就叫雷电。雷云对大地的放电通常是阶跃式的，可分为三个主要阶段：先导放电、主放电和余光。

3. 雷电过电压的种类

雷电可分为直击雷、感应雷和雷电侵入波 3 大类。

（1）直击雷过电压

当雷电直接击中电气设备、线路或建筑物时，强大的雷电流通过其流入大地，在被击物上产生较高的电位降，称为直击雷过电压。

有时雷云很低，周围又没有带异性电荷的雷云，这样有可能在地面凸出物上感应出异性电荷，在雷云与大地之间形成很大的雷电场。当雷云与大地之间在某一方位的电场强度达到 25 ~ 30 kV/cm 时就开始放电，这就是直接雷击（直击雷），如图 6-19 所示。雷云对地面的雷击大多为负极性的雷击，只有约 10% 的雷击为正极性的雷击。

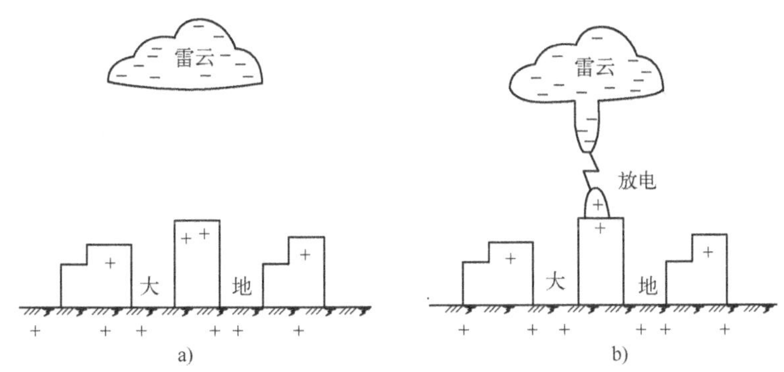

图 6-19　直击雷示意图

a）负雷云在建筑物上方时　b）雷云对建筑物放电

（2）闪电感应（感应雷）过电压

闪电感应是指闪电放电时，在附近导体上产生的雷电静电感应和雷电电磁感应，它可能使金属部件之间产生火花放电。

由于雷云的作用，附近导体上感应出与雷云符号相反的电荷，雷云主放电时，先导通道中的电荷迅速中和，导体上的感应电荷得到释放，如果没有就近泄入地中就会产生很高的电动势，从而产生闪电静电感应过电压，如图 6-20 所示。输电线路上的静电感应过电压可达几万甚至几十万伏，导致线路绝缘闪络及所连接的电气设备绝缘遭受损坏。在危险环境中未做等电位连接的金属管线间可能产生火花放电，导致火灾或爆炸危险。由于雷电流迅速变化，在周围空间产生瞬变的强电磁场，使附近的导体上感应出很高的电动势，从而产生闪电电磁感应过电压。

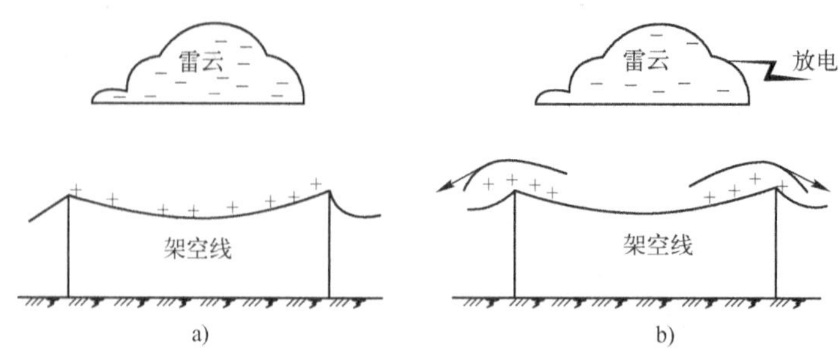

图 6-20　架空线路上的闪电经典感应过电压
a）雷云在线路上　b）雷云在放电后

(3) 闪电电涌侵入（雷电波侵入）

闪电电涌是指闪电击于防雷装置或线路上以及由闪电静电感应和闪电电磁脉冲引发，表现为过电压、过电流的瞬态波。

闪电电涌侵入是指雷电对架空线路、电缆线路和金属管道的作用，雷电波即闪电电涌，可能沿着管线侵入室内，危及人身安全或损坏设备。这种闪电电涌侵入造成的危害占雷害总数的一半以上。

6.2.2　防雷装置及保护范围

防雷装置是指用于对电力装置或建筑物进行雷电防护的整套装置，由外部防雷装置和内部防雷装置组成。外部防雷装置由接闪器、引下线和接地装置部分组成。内部防雷装置是用于减小雷电流在所需防护空间内产生的电磁效应的防雷装置，由避雷器或屏蔽导体、等电位连接件和电涌保护器等组成。

1. 接闪器

接闪器是用于拦截闪击的接闪杆、接闪导线以及金属屋面和金属构件等组成的这部分外部防雷装置。

接闪器分为接闪杆（避雷针）、接闪线（避雷线）、接闪带（避雷带）和接闪网（避雷网）。接闪杆主要用于保护露天变配电设备及建筑物；接闪线或架空地线主要用于保护输电线路；接闪带和接闪网主要用于保护建筑物。它们都是利用其高出被保护物的突出地位，把雷电引向自身，然后通过引下线和接地装置把雷电流泄入大地，使被保护对象免受雷击。

(1) 接闪杆

接闪杆的作用是引雷。当雷电先导临近地面时，接闪杆使雷电场畸变，改变雷云放电的通道到接闪杆，然后经与接闪杆相连的引下线和接地装置将雷电流泄放到大地中去，使被保护物免受直接雷击。

接闪杆的保护范围，以其能防护直击雷的空间来表示，按国家标准 GB50057－2010《建筑物防雷设计规范》采用“滚球法”来确定。

“滚球法”，就是选择一个半径为 h_r（滚球半径）的滚球，沿需要防护直击雷的部分滚动，如果球体只触及接闪器或接闪器和地面，而不触及需要保护的部位时，则该部位就在这个接闪器的保护范围之内。滚球半径是按建筑物防雷类别确定的，见表 6-1。

表 6-1　各类防雷建筑物的滚球半径和避雷网格尺寸（GB50057－2010）

建筑物防雷类别	滚球半径 h_r/m	滚雷网格尺寸/m
第一类防雷建筑物	30	≤5×5 或≤6×4
第二类防雷建筑物	45	≤10×10 或≤12×8
第三类防雷建筑物	60	≤20×20 或≤24×16

1）单支接闪杆的保护范围。单支接闪杆的保护范围如图 6-21 所示，按下列方法确定：

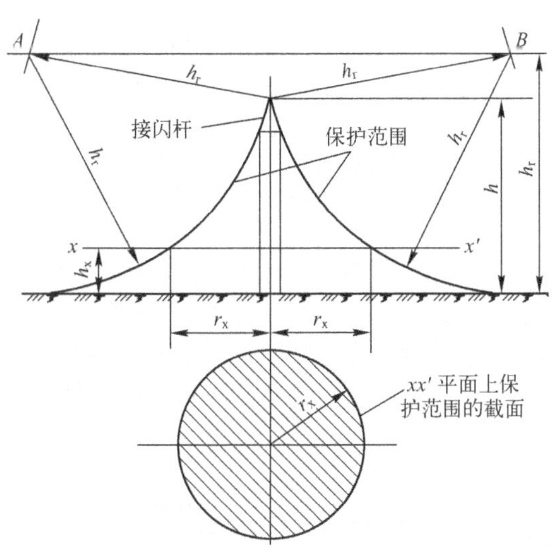

图 6-21　单支接闪杆的保护范围

当接闪杆高度 $h \leq h_r$ 时：

① 距地面 h_r 处作一平行于地面的平行线。

② 以接闪杆的杆尖为圆心、h_r 为半径，作弧线交平行线于 A、B 两点。

③ 以 A、B 为圆心，h_r 为半径作弧线，该弧线与杆尖相交，并与地面相切。由此弧线起到地面为止的整个锥形空间，就是接闪杆的保护范围。

接闪杆在被保护物高度 h_x 的 xx' 平面上的保护半径 r_x 按下式计算：

$$r_x = \sqrt{h(2h_r - h)} - \sqrt{h_x(2h_r - h_x)} \tag{6-1}$$

接闪杆在地面上的保护半径 r_0 按下式计算：

$$r_0 = \sqrt{h(2h_r - h)} \tag{6-2}$$

式（6-1）和式（6-2）中，h_r 为滚球半径，由表 6-1 确定。

当接闪杆高度 $h > h_r$ 时，在接闪杆上取高度 h_r 的一点代替接闪杆的杆尖作为圆心。余下做法与接闪杆高度 $h \leq h_r$ 时相同。

2）两支接闪杆的保护范围。两支等高接闪杆的保护范围如图 6-22 所示。在接闪杆高度 $h \leq h_r$ 的情况下，当每支接闪杆的距离 $D \geq 2\sqrt{h(2h_r - h)}$ 时，应各按单支接闪杆保护范围计算；当 $D<2\sqrt{h(2h_r-h)}$ 时，保护范围如图 6-22 所示，按下列方法确定：

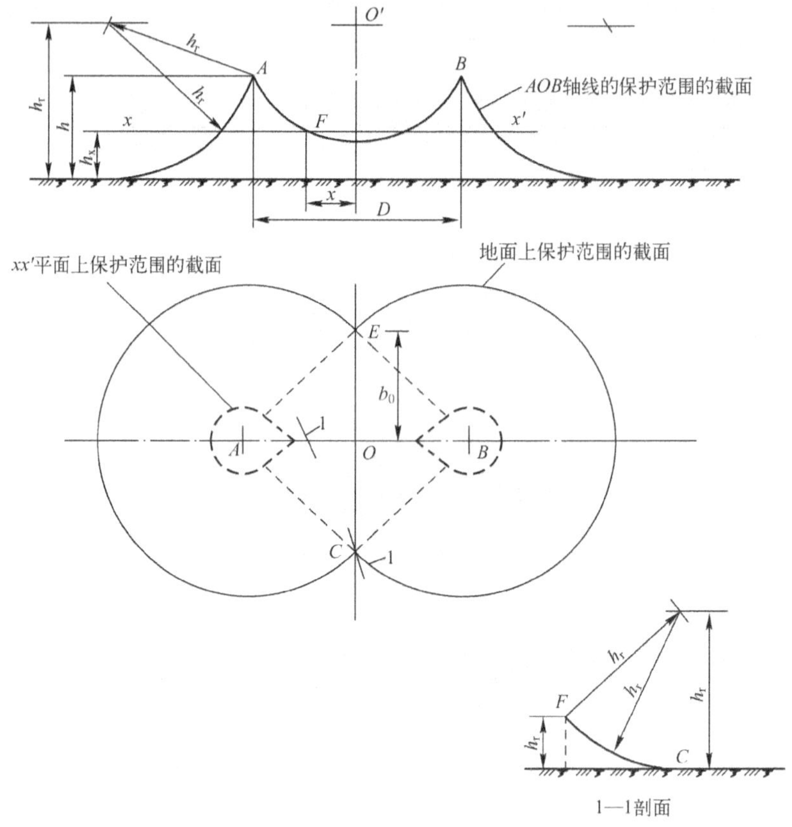

图 6-22　两支等高接闪杆的保护范围

① *AEBC* 外侧的接闪杆保护范围，按单支接闪杆的方法确定。

② 两支接闪杆之间 *C*、*E* 两点位于两针间的垂直平分线上，在地面每侧的最小保护宽度 b_0 为

$$b_0=CO=EO=\sqrt{2(2h_r-h)-\left(\frac{D}{2}\right)^2} \tag{6-3}$$

在 *AOB* 轴线上，距中心线任一距离 x 处，在保护范围上边线的保护高度 h_x 为

$$h_x=h_r-\sqrt{(h_r-h)^2+\left(\frac{D}{2}\right)^2-x^2} \tag{6-4}$$

该保护范围上边线是以中心线距地面 h_r 的一点 O' 为圆心，以 $\sqrt{(h_r-h)^2+(D/2)^2}$ 为半径所作的圆弧 *AB*。

③ 两杆间 *AEBC* 内的保护范围。*ACO*、*BCO*、*BEO* 和 *AEO* 部分的保护范围确定方法相同，以 *ACO* 保护范围为例，在任一保护高度 h_x 和 *C* 点所处的垂直平面上以 h_r 作为假想接闪杆，按单支接闪杆的方法逐点确定。如图 6-22 中 1－1 剖面图。

④ 确立 xx' 平面上保护范围。以单支接闪杆的保护半径 r_x 为半径，以 *A*、*B* 为圆心作弧线与四边形 *AEBC* 相交；同样以单支接闪杆的 (r_0-r_x) 为半径，以 *E*、*C* 为圆心作弧线与上述弧线相接，如图 6-22 中的粗虚线。

两支不等高接闪杆的保护范围的计算，在 h_1、h_2分别小于或等于 h_r 的情况下，当 $D \geqslant \sqrt{h_1(2h_r - h_1)} + \sqrt{h_2(2h_r - h_2)}$ 时，接闪杆的保护范围计算应按单支接闪杆保护范围所规定的方法确定。

对于比较大的保护范围，采用单支接闪杆，由于保护范围并不随接闪杆的高度成正比增大，所以将大大增大接闪杆的高度，以致安装困难，投资增大。在这种情况下，采用双支接闪杆或多支接闪杆比较经济。

（2）接闪线

当单根接闪线高度 $h \geqslant 2h_r$ 时，无保护范围。

当接闪线的高度 $h < 2h_r$ 时，保护范围如图 6-23 所示。保护范围应按以下方法确定：确定架空接闪线的高度时应计及弧垂的影响。在无法确定弧垂的情况下，当等高支柱间的距离小于 120 m 时架空接闪线中点的弧垂宜采用 2 m，距离为 120 ~ 150 m 时宜采用 3 m。

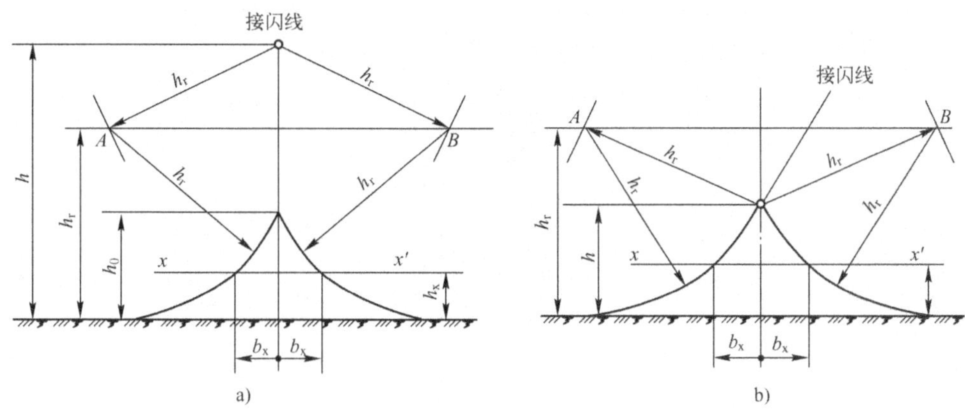

图 6-23　单根接闪线的保护范围

a）当 $2h_r > h > h_r$时　b）当 $h < h_r$时

① 距地 h_r处作一平行于地面的平行线。

② 以接闪线为圆心，h_r 为半径作弧线交平行线于 A、B 两点。

③ 以 A、B 为圆心，h_r 为半径作弧线，这两条弧线相交或相切，并与地面相切。这两条弧线与地面围成的空间就是接闪线的保护范围。

当 $h_r < h < 2h_r$ 时，保护范围最高点的高度 h_0按下式计算：

$$h_0 = 2h_r - h \tag{6-5}$$

接闪线在 h_x 高度的 xx'平面上的保护宽度 b_x 按下式计算：

$$b_x = \sqrt{h(2h_r - h)} - \sqrt{h_x(2h_r - h_x)} \tag{6-6}$$

式中，h 为接闪线的高度；h_x 为保护物的高度。

关于两根等高接闪线的保护范围，可参看有关国标或相关设计手册。

（3）接闪带和接闪网的保护范围

接闪带和接闪网的保护范围应是其所处的整幢高层建筑。为了达到保护的目的，接闪网的网格尺寸有其体的要求，见表 6-1。

2. 避雷器

避雷器是用来防止雷电产生的过电压波沿线路侵入变配电所或其他建筑物内，以免危及被保护设备的绝缘。

避雷器的类型有阀型避雷器、管型避雷器、金属氧化物避雷器和保护间隙。这里介绍阀型避雷器、氧化锌避雷器和保护间隙。

（1）阀型避雷器

阀型避雷器由火花间隙和阀片组成，装在密封的瓷套管内。火花间隙是用铜片冲制而成，每对为一个间隙，中间用云母片（垫圈式）隔开，其厚度为0.5～1 mm。在正常工作电压下，火花间隙不会被击穿从而隔断工频电流，但在雷电过电压时，火花间隙被击穿放电。阀片是用碳化硅制成的，具有非线性特征。在正常工作电压下，阀片电阻值较高，起到绝缘作用，而在雷电过电压下电阻值较小。当火花间隙击穿后，阀片能使雷电流泄放到大地中去。而当雷电压消失后，阀片又呈现较大电阻，使火花间隙恢复绝缘，切断工频续流，保证线路恢复正常运行。必须注意：雷电流流过阀片时要形成电压降（称为残压），加在被保护电力设备上，残压不能超过设备绝缘允许的耐压值，否则会使设备绝缘击穿。

图6-24所示为FS4－10型高压阀型避雷器外形结构图。

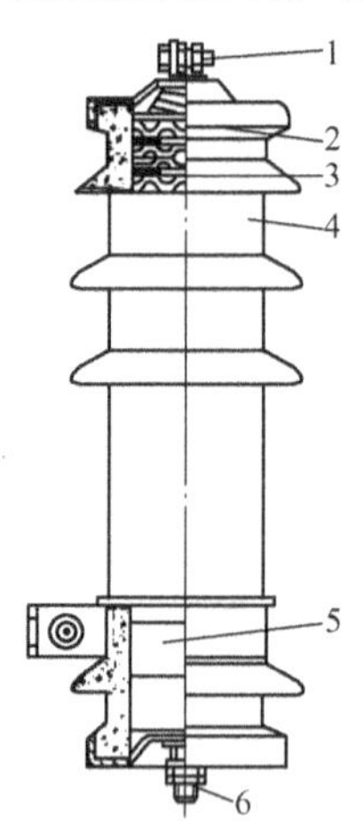

图6-24　FS4－10型高压阀型避雷器外形结构

1—上接线端　2—火花间隙　3—云母片垫圈　4—瓷套管　5—阀片　6—下接线端

（2）氧化锌避雷器

氧化锌避雷器是目前最先进的过电压保护设备。在结构上由基本元件和绝缘底座构成，基本元件内部由氧化锌电阻片串联而成。电阻片的形状有圆饼形状，也有环状。其工作原理与阀型避雷器基本相似，由于氧化锌非线性电阻片具有极高的电阻而呈绝缘状态，有十分优良的非线性特性。在正常工作电压下，仅有几百微安的电流通过，因而无须采用串联的放电间隙，使其结构先进合理。

氧化锌避雷器主要有普通型（基本型）、有机外套氧化锌避雷器、整体式合成绝缘氧化锌避雷器和压敏电阻氧化锌避雷器4种类型。图6-25a、b分别为基本型（Y5W－10/27型）、有机外套（HY5W517/50型）氧化锌避雷器的外形结构图。

有机外套氧化锌避雷器有无间隙和有间隙两种，由于这种避雷器具有保护特性好、通流能力强，且体积小、重量轻、不易破损、密封性好、耐污能力强等优点，前者广泛应用于变压器、电机、开关和母线等电力设备的防雷，后者主要用于6～10 kV中性点非直接接地配

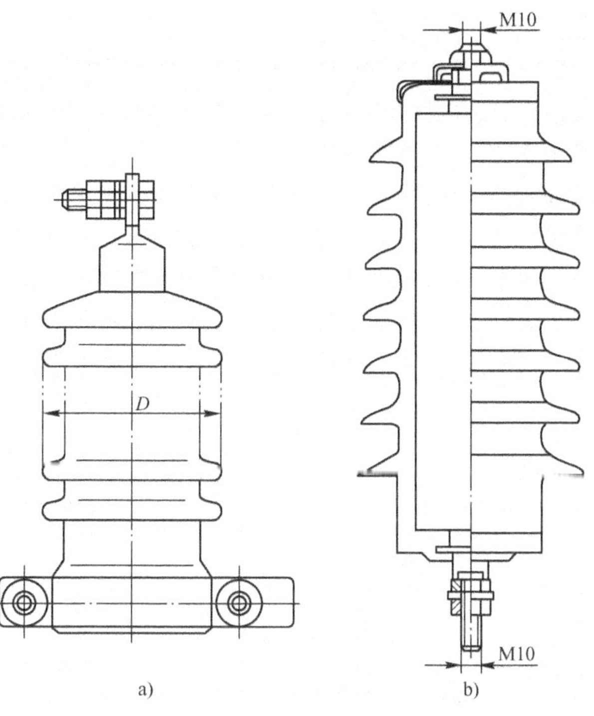

图 6-25　氧化锌避雷器外形结构

a）Y5W－10/27 型　b）HY5WS17/50 型

电系统的变压器、电缆头等交流配电设备的防雷。

整体式合成绝缘氧化锌避雷器是整体模压式无间隙避雷器，具有防爆防污、耐磨抗震能力强、体积小、重量轻和可采用悬挂方式等特点，用于 3～10 kV 电力系统电气设备的防雷。

MYD 系列氧化锌压敏电阻避雷器是一种新型半导体陶瓷产品，其特点是通流容量大、非线性系数高、残压低、漏电流小、无续流和响应时间快。可应用于几伏到几万伏交直流电压的电气设备的防雷、操作过电压，对各种过电压具有良好的抑制作用。

氧化锌避雷器的典型技术参数见表 6-2。

表 6-2　氧化锌避雷器的典型技术参数表

型号	避雷器额定电压/kV	系统标称电压/kV	持续运行电压/kV	直流 1 mA 参考电压/kV	标称放电流下残压/kV	陡波冲击残压/kV	2 mA 方波通流容量/A	使用场所
HY5WS－10/30	10	6	8	15	30	34.5	100	配电（S）
HY5WS－12.7/45	12.7	10	6.6	24	45	51.8	200	
HY5WZ－17/45	17	10	13.6	24	45	51.8	200	电站（Z）
HY5WZ－51/134	51	35	40.8	73	134	154	400	
HY2.5WD－7.6/19	7.6	6	4	11.2	19	21.9	400	电机（D）
HY2.5WD－12.7/31	12.7	10	6.6	18.6	31	35.7	400	
HY5WR－7.6/27	7.6	6	4	14.4	27	30.8	400	电容器（R）
HY5WR－17/45	17	10	13.6	24	45	51	400	
HY5WR－51/134	51	35	40.5	73	134	154	400	

（3）保护间隙

与被保护物绝缘并联的空气火花间隙叫保护间隙。按结构形式可分为棒形、球形和角形三种。目前 3 ~ 35 kV 线路广泛采用的是角形间隙。角形间隙由两根 ϕ10 ~ 12 mm 的镀锌圆钢弯成羊角形电极并固定在瓷瓶上，如图 6-26a 所示。

正常情况下，间隙对地是绝缘的。当线路遭到雷击时，角形间隙被击穿，雷电流泄入大地，角形间隙击穿时会产生电弧，因空气受热上升，电弧转移到间隙上方，拉长而熄灭，使线路绝缘子或其他电气设备的绝缘不致发生闪络，从而起到保护作用。因主间隙暴露在空气中，容易被外物（如鸟、鼠、虫、树枝）短接，所以对本身没有辅助间隙的保护间隙，一般在其接地引线中串联一个辅助间隙，这样，即使主间隙被外物短接，也不致造成接地或短路，如图 6-26b 所示。

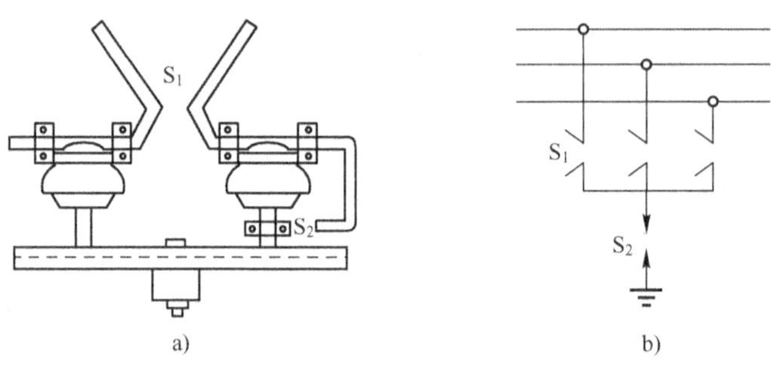

图 6-26　羊角形保护间隙结构与接线

a）间隙结构　b）三相线路上保护间隙接线图

S_1—主间隙　S_2—辅助间隙

保护间隙灭弧能力较小，雷击后，保护间隙很可能切不断工频续流而造成接地短路故障，引起线路开关跳闸或熔断器熔断，造成停电，所以只适用于无重要负荷的线路上。在装有保护间隙的线路上，一般要求装设自动重合闸装置或自复式熔断器，以提高供电可靠性。

3. 引下线

引下线是用于将雷电流从接闪器传导至接地装置的导体。引下线的材料有热浸镀锌钢、铜、镀锡铜、铝、铝合金和不锈钢等。引下线宜采用热镀锌圆钢或扁钢，宜优先采用热镀锌圆钢。热浸镀锌钢结构和最小截面应按表 6-3 规定取值。在一般情况下，明敷引下线固定支架的间距不宜大于表 6-4 的规定。

表 6-3　接闪线（带）、接闪杆和引下线的结构、最小截面和最小厚度/直径

结构	明　敷		暗　敷		烟　囱	
	最小截面/mm²	最小厚度/直径/mm	最小截面/mm²	最小厚度/直径/mm	最小截面/mm²	最小厚度/直径/mm
单根扁钢	50	2.5/	80		100	4/
单根圆钢	50	/8	80	/10	100	/12
绞线	50	/每股直径 1.7			50	/每股直径 1.7

表 6-4　明敷接闪导体和引下线固定支架的间距

布置方式	扁形导体和绞线固定支架的间距/mm	单根圆形导体固定支架的间距/mm
安装于水平面上的水平导体	500	1000
安装于垂直面上的水平导体	500	1000
安装于从地面至高 20 m 垂直面上的垂直导体	1000	1000
安装在高于 20 m 垂直面上的垂直导体	500	1000

4. 电涌保护器

电涌保护器（Surge Protective Device，SPD）是用于限制瞬态过电压和分泄电涌电流的器件，它至少含有一个非线性元件。其作用是把窜入电力线、信号传输线的瞬时过电压限制在设备或系统所能承受的电压范围内，或将强大的雷电流泄流入地，保护被保护的设备或系统不受冲击。按其工作原理分类，SPD 可以分为电压开关型、限压型及组合型。

1）电压开关型电涌保护器。在没有瞬时过电压时呈现高阻抗，一旦响应雷电瞬时过电压，其阻抗就突变为低阻抗，允许雷电流通过，也被称为短路开关型电涌保护器。

2）限压型电涌保护器。当没有瞬时过电压时为高阻抗，但随电涌电流和电压的增加，其阻值会不断减小，其电流电压特性为强烈非线性，有时被称为钳压型电涌保护器。

3）组合型电涌保护器。由电压开关型组件和限压型组件组合而成，可以显示为电压开关型或限压型或两者兼有的特性，这取决于所加电压的特性。

6.2.3　变配电所及架空线路的防雷措施

电力装置的防雷装置由接闪器或避雷器、引下线和接地装置三部分组成。

1. 架空线路的防雷保护

1）架设接闪线。这是线路防雷的最有效措施，但成本很高，只有 66 kV 及以上线路才沿全线装设。

2）提高线路本身的绝缘水平。在线路上采用瓷横担代替铁横担，或改用高一绝缘等级的瓷瓶都可以提高线路的防雷水平，这是 10 kV 及以下架空线路的基本防雷措施。

3）利用三角形排列的顶线兼作防雷保护线。由于 3 ~ 10 kV 线路其中性点通常是不接地的，因此，如在三角形排列的顶线绝缘子上装设保护间隙，如图 6-27 所示，则在雷击时，顶线承受雷击，保护间隙被击穿，通过引下线对地泄放雷电流，从而保护了下面两根导线，一般不会引起线路断路器跳闸。

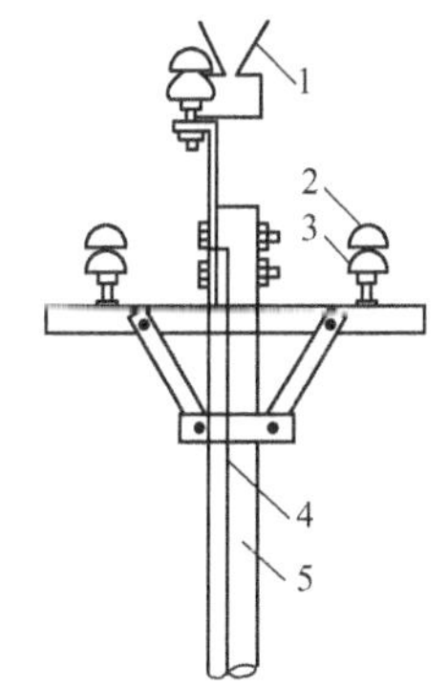

图 6-27　顶线兼做防雷保护线
1—保护间隙　2—绝缘子　3—架空线
4—接地引下线　5—电杆

4）加强对绝缘薄弱点的保护。线路上个别特别高的电杆、跨越杆、分支杆、电缆头和开关等处，就全线路来说是绝缘薄弱点，雷击时最容易发生短路。在这些薄弱点，需装设管型避雷器或保护间隙加以保护。

5）采用自动重合闸装置。遭受雷击时，线路发生相间短路是难免的，在断路器跳闸后，电弧自行熄灭，经过 0.5 s

或稍长一点时间后又自动合上，电弧一般不会复燃，可恢复供电，停电时间很短，对一般用户影响不大。

6）绝缘子铁脚接地。对于分布广密的用户，低压线路及接户线的绝缘子铁脚宜接地，当其上落雷时，就能通过绝缘子铁脚放电，把雷流流泄入大地而起到保护作用。

2. 变电所的防雷保护

（1）防直击雷

35 kV 及以上电压等级变电所可采用接闪杆、接闪线或接闪带以保护其室外配电装置、主变压器、主控室、室内配电装置及变电所免遭直击雷。一般装设独立接闪杆或在室外配电装置架构上装设接闪杆防直击雷。当采用独立接闪杆时宜设独立的接地装置。

当雷击接闪杆时，强大的雷电流通过引下线和接地装置泄入大地，接闪杆及引下线上的高电位可能对附近的建筑物和变配电设备发生“反击闪络”。

为防止“反击”事故的发生，应注意下列规定与要求：

1）独立接闪杆与被保护物之间应保持一定的空间距离 S_0，如图 6-28 所示，此距离与建筑物的防雷等级有关，但通常应满足 $S_0 \geqslant 5$ m。

2）独立接闪杆应装设独立的接地装置，其接地体与被保护物的接地体之间也应保持一定的地中距离 S_E，如图 6-28 所示，通常应满足 $S_E \geqslant 3$ m。

3）独立接闪杆及其接地装置不应设置在人员经常出入的地方。其与建筑物的出入口及人行道的距离不应小于 3 m，以限制跨步电压。否则，应采取下列措施之一：①水平接地体局部埋深不小于 1 m；②水平接地体局部包以绝缘物，如涂厚 50 ~ 80 mm 的沥青层；③采用沥青碎石路面，或在接地装置上面敷设 50 ~ 80 mm 厚的沥青层，其宽度要超过接地装置 2 m；④采用“帽檐式”均压带。

（2）进线防雷保护

35 kV 电力线路一般不采用全线装设接闪线来防直击雷，但为防止变电所附近线路上受到雷击时，雷电压沿线路侵入变电所内损坏设备，需在进线 1 ~ 2 km 段内装设接闪线，使该段线路免遭直接雷击。为使接闪线保护段以外的线路受雷击时侵入变电所的过电压有所限制，一般可在接闪线两端处的线路上装设管型避雷器。进线段防雷保护接线方式如图 6-29 所示。当保护段以外线路受雷击时，雷电波到管型避雷器 F_1 处，即对地放电，降低了雷电过电压值。管型避雷器 F_2 的作用是防止雷电侵入波在断开的断路器 QF 处产生过电压击坏断路器。

3 ~ 10 kV 配电线路的进线防雷保护，可以在每路进线终端装设 FZ 型或 FS 型阀型避雷器，以保护线路断路器及隔离开关，如图 6-29 中的 F_1、F_2。如果进线是电缆引入的架空线路，则在架空线路终端靠近电缆头处装设避雷器，其接地端与电缆头外壳相连后接地。

（3）配电装置防雷保护

为防止雷电冲击波沿高压线路侵入变电所，对所内设备特别是价值最高但绝缘相对薄弱的电力变压器造成危害，在变配电所每段母线上装设一组阀型避雷器，并应尽量靠近变压器，距离一般不应大于 5 m。图 6-29 和图 6-30 中的 F_3 避雷器的接地线应与变压器低压侧接地中性点及金属外壳连在一起接地，如图 6-31 所示。

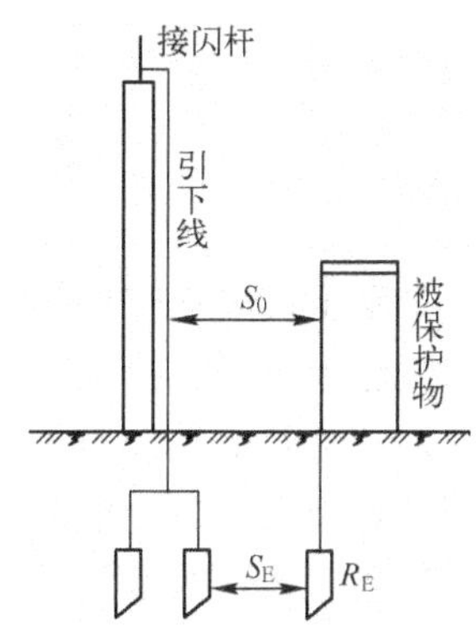

图 6-28 接闪杆接地装置与被保护物及其接地装置的距离

S_0—空间距离 S_E—地中距离

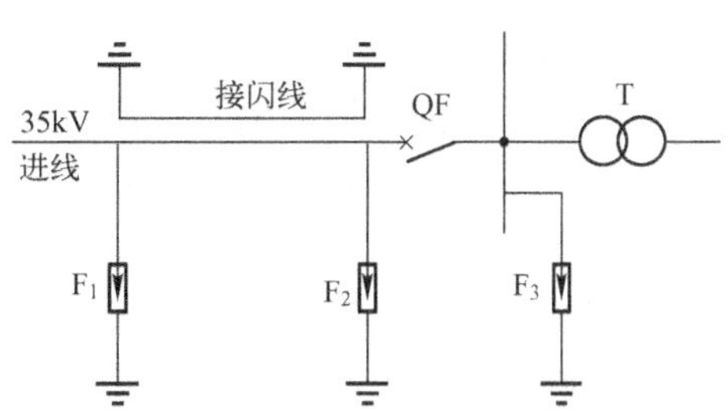

图 6-29 变电所 35 kV 进线段防雷保护接线

F_1、F_2—管形避雷器 F_3—阀型避雷器

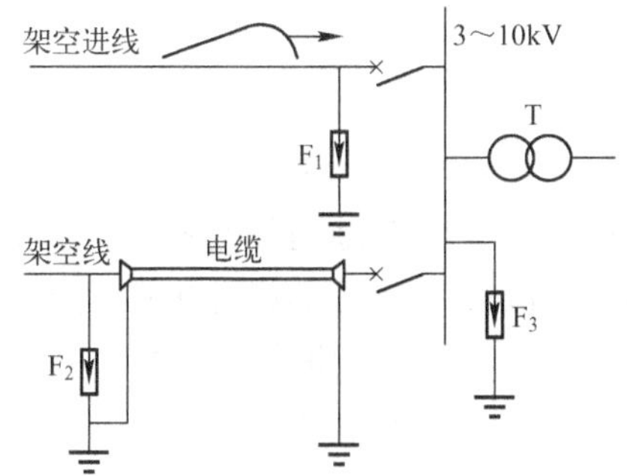

图 6-30 3～10 kV 变配电所进线防雷保护接线

F_1、F_2—管形避雷器 F_3—阀型避雷器

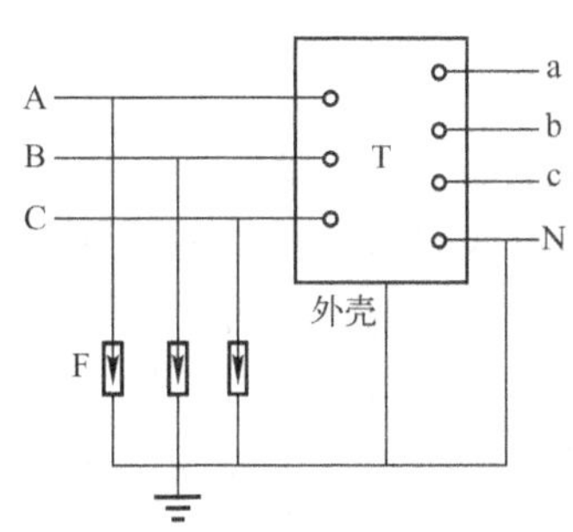

图 6-31 电力变压器的防雷保护及其接地系统

T—电力变压器 F—阀型避雷器

3. 高压电动机的防雷保护

高压电动机的绝缘水平比变压器低，如果其经变压器再与架空线路相接时，一般不要求采取特殊的防雷措施。但如果是直接和架空线路连接时，其防雷问题尤为重要。

高压电动机由于长期运行，受环境影响腐蚀、老化，其耐压水平会进一步降低，因此，对雷电侵入波防护，不能采用普通的 FS 型和 FZ 型阀型避雷器，而应采用性能较好的专用于保护旋转电动机的 FCD 型磁吹阀型避雷器或采用具有串联间隙的金属氧化物避雷器，并尽可能靠近电动机安装。

对于定子绕组中性点能引出的高压电动机，就在中性点装设避雷器。

对于定子绕组中性点不能引出的高压电动机，为降低侵入电机的雷电波陡度，减轻危害，可采用图 6-32 所示的接线，在电动机前面加一段 100～150 m 的引入电缆，并在电缆前的电缆头处安装一组管型或阀型避雷器 F_1。F_1 与电缆联合作用，利用雷电流将 F_1 击穿后的趋肤效应，可大大减小流过电缆芯线的雷电流。在电动机电源端安装一组并联有电容器（0. 25

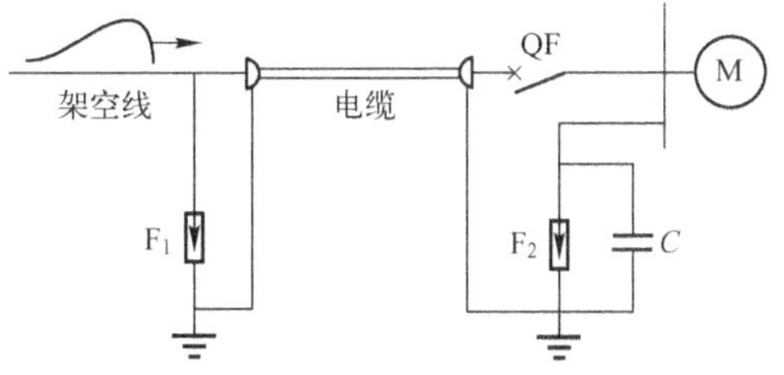

图 6-32 高压电动机的防雷保护接线

F_1—管型或普通阀型避雷器 F_2—磁吹阀型避雷器

~ 0.5 μF）的 FCD 型磁吹阀型避雷器。

6.2.4 供配电系统的接地

1. 接地和接地装置

在供电系统中，为了保证电气设备的正常工作，保障人身安全、防止间接触电而将供电系统中电气设备的外露可导电部分与大地土壤间做良好的电气连接，即为接地。

具有接地装置的电气设备，当绝缘损坏、外壳带电时，人若触及电气设备，接地电流将同时沿着电气设备的接地装置和人体两条通路流过，流过每一条通路的电流值与其电阻的大小成反比，接地装置的电阻越小，流经人体的电流也越小，当接地装置的电阻足够小时，流经人体的电流几乎等于零，因而，人体就能避免触电的危险。

（1）接地装置的构成

接地装置是由接地极（埋入地中并与大地接触的金属导体）和接地线（电气装置、设施的接地端子与接地极连接用的金属导电部分）所组成的。由若干接地极在大地中相互连接而组成的总体，称为接地网。

（2）接地装置的散流效应

当发生电气设备接地短路时，电流通过接地极向大地作半球状扩散，这一电流称为接地电流。所形成的电阻叫散流电阻。接地电阻是指接地装置的对地电压与接地电流之比，用 R_E 表示。由于接地线的电阻一般很小，可忽略不计，故接地装置的接地电阻主要是指接地极的散流电阻。根据通过接地极流入大地中工频交流电流求得的电阻，称为工频接地电阻；而根据通过接地极流入大地中冲击电流求得的电阻，则为冲击接地电阻。

在离接地极 20 m 的半球面处对应的散流电阻已经非常小，故将距离接地极 20 m 处的地方称为电气上的“地”电位，如图 6-33a 所示。电气设备从接地外壳、接地极到 20 m 以外零电位之间的电位差，称为接地时的对地电压，用 u_E 表示。电位分布如图 6-33b 所示。

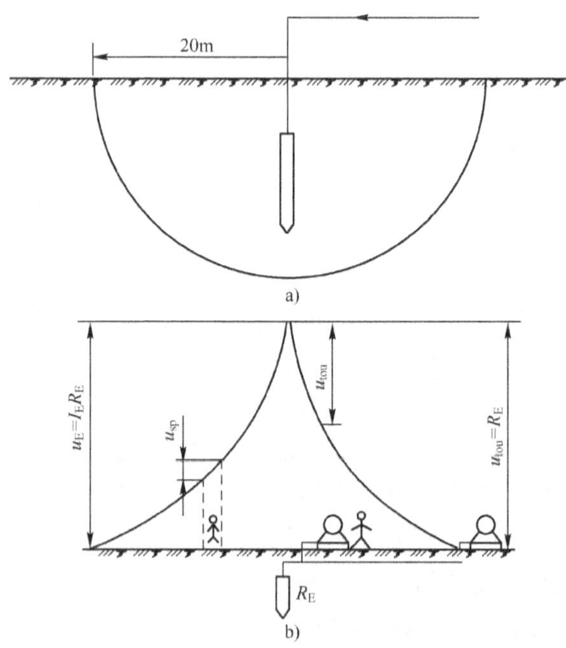

图 6-33 对地电压、接触电压和跨步电压示意图

根据上述电位分布，在接地回路里，人站在地面上触及绝缘损坏的电气装置时，人体所承受的电压称为接触电压，用 u_{tou}表示；人的双脚站在不同电位的地面上时，两脚间（一般跨距为 0.8 m）所呈现的电压称为跨步电压，用 u_{sp}表示。根据接地装置周围大地表面形成的电位分布，距离接地体越近，跨步电压越大。当距接地极 20 m 外时，跨步电压为零。

（3）接地电阻的组成及电力系统对接地电阻的要求

接地电阻主要由以下几个因素决定：

1）土壤电阻。土壤电阻的大小用土壤电阻率表示。土壤电阻率就是 1 cm^3的正立方体土壤的电阻值。影响土壤电阻的原因很多，如土质温度、湿度、化学成分、物理性质和季节等。因此，在设计接地装置前应进行测定，如果一时无法取得实测数据，可按表 6-5 所列数据进行初步设计计算，但在施工后必须进行测量核算。

表 6-5　根据土壤性质决定的土壤电阻率

土壤性质	土壤电阻率 $\rho/(\Omega \cdot cm)$	土壤性质	土壤电阻率 $\rho/(\Omega \cdot cm)$
泥土	0.25×10^4	砂土	3×10^4
黑土	0.5×10^4	砂	5×10^4
黏土	0.6×10^4	多石土壤	10×10^4
砂质黏土	0.8×10^4		

2）接地线。在设计时为节约金属，减少施工费用，应尽量选择自然导体作接地线，只有当自然导体在运行中电气连接不可靠，以及阻抗较大，不能满足要求时，才考虑增设人工接地线或增设辅助接地线。

自然接地线包括建筑物的金属结构，生产用的金属构架如吊车轨道、配电装置外壳、布线的钢管、电缆外皮以及非可燃和爆炸危险的工业管道等。

3）接地极。由于土壤的电阻率比较固定，接地线的电阻又往往忽略不计，因而选用接地极是决定接地电阻大小的关键因素。

应首先选用自然接地极。自然接地极主要有地下水管道，非可燃、非爆炸性液、气金属管道；建筑物和构筑物的金属结构和电缆外皮。

人工接地极可以用垂直埋入地下的钢管、角钢以及水平放置的扁钢、圆钢等，一般情况下采用管形接地体较好。其优点是：

① 机械强度高，可以用机械方法打入土壤中，施工较简单。

② 达到同样的电阻值，较其他接地体经济。

③ 容易埋入地下较深处，土壤电阻系数变化较小。

④ 与接地线易于连接，便于检查。

⑤ 用人工方法处理土壤时，容易加入盐类溶液。

一般情况下可选用直径 50 mm、长度 2.5m 的钢管作为人工接地极。因为直径小于该值，机械强度小，容易弯曲，不易打入地下，但直径大于 50 mm，流散电阻降低作用不大。为了减少外界温度、湿度变化对流散电阻的影响，管的顶部距地面一般要求为 500 ~ 700 mm。

通常，电力系统在不同情况下对接地电阻的要求是不同的。表 6-6 给出了电力系统不同接地装置所要求的接地电阻值。

表 6-6　电力系统不同接地装置的接地电阻值

序号	项　　目		接地电阻 R_E/Ω	备　　注
1	1000 V 以上大接地电流系统		≤0.5	使用于系统接地
2	1000 V 以上小接地电流系统	与低压电气设备共用	$\leqslant\frac{120}{I}$	1）对接有消弧线圈的变电所或电气设备接地装置，I 为同一接地网消弧线圈总额定电流的 125% 2）对不接消弧线圈者按切断最大一台消弧线圈，电网中残余接地电流计算，但不应小于 30 A
3		仅用于高压电气设备	$\leqslant\frac{250}{I}$	
4	1000 V 以下线压电气设备接地装置	一般情况	≤4	
5		100 kV · A 及以下发电机和变压器中性点接地	≤10	
6		发电机与变压器并联工作，但总容量不超过 100 kV · A	≤10	
7	重复接地	架空中性线	≤10	
8		序号 5、6	≤30	
9	架空电力线（无避雷线）①	小接地电流系统钢筋混凝土杆，金属杆	≤30	
10		低压线路钢筋混凝土杆，金属杆	≤30	
11		低压进户线绝缘子铁脚	≤30	

① 有避雷线者未列入。

2. 保护接地

为保证人体触及意外带电的电气设备时的人身安全，而将电气设备的金属外壳进行接地即为保护接地。依据配电系统的对地关系、电气设备（或装置）的外露可导电部分的对地关系以及整个系统的中性线（N 线）与保护线（PE 线）的组合情况，低压配电系统的保护接地按接地形式，分为 TN 系统、TT 系统和 IT 系统 3 种。

（1）TN 系统

TN 系统是指电力系统有一点直接接地，电气装置的外露可接近导体通过保护导体与该接地点相连接。TN 系统分为：

1）TN－S 系统。整个系统的中性导体（N 线）与保护导体（PE 线）是分开的，如图 6-34a 所示。

2）TN－C 系统。整个系统的中性导体与保护导体是合一的，如图 6-34b 所示。

3）TN－C－S 系统。系统中有一部分线路的中性导体与保护导体是合一的，称为保护中性导体（PEN 线），如图 6-34c 所示。

TN 系统中，设备外露可接近导体通过保护导体或保护中性导体接地，这种接地形式我国习惯称为“保护接零”。

TN 系统中的设备发生单相碰壳漏电故障时，就形成单相短路回路，因该回路内不包含任何接地电阻，整个回路的阻抗就很小，故障电流 $I_k^{(1)}$ 很大，足以保证在最短的时间内使熔丝熔断、保护装置或断路器跳闸，从而切除故障设备的电源，保障人身安全。

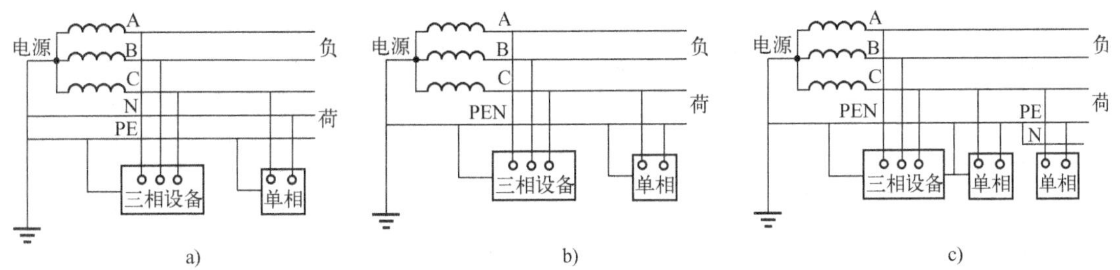

图 6-34　低压配电的 TN 系统

a）TN－S 系统　b）TN－C 系统　c）TN－C－S 系统

（2）TT 系统

电力系统中有一点直接接地，电气设备的外露可接近导体通过保护接地线接至与电力系统接地点无关的接地极，如图 6-35a 所示。

当设备发生一相接地故障时，就会通过保护接地装置形成单相短路电流 $I_k^{(1)}$（见图 6-35b）；由于电源相电压为 220 V，如按电源中性点工作接地电阻为 4 Ω、保护接地电阻为 4 Ω 计算，则故障回路将产生 27.5 A 的电流。这么大的故障电流，对于容量较小的电气设备，所选用的熔丝会熔断或使断路器跳闸，从而切断电源，可以保障人身安全。但是，对于容量较大的电气设备，因所选用的熔丝或断路器的额定电流较大，所以不能保证切断电源，也就无法保障人身安全了，这是保护接地方式的局限性，但可通过加装剩余电流保护器来弥补，以完善保护接地的功能。

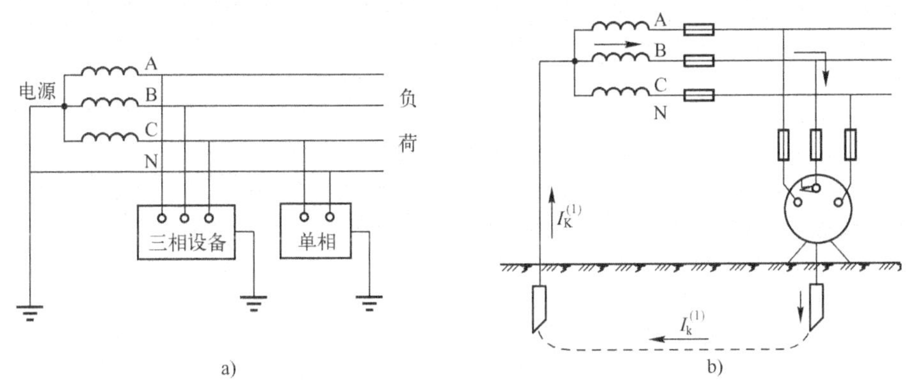

图 6-35　TT 系统及保护接地功能的说明

a）TT 系统　b）保护接地功能说明

（3）IT 系统

电力系统与大地间不直接连接，属于三相三线制系统，电气装置的外露可接近导体通过保护接导体与接地极连接，如图 6-36a 所示。

当设备发生一相接地故障时，就会通过接地装置、大地、两非故障相对地电容及电源中性点接地装置（如采取中性点经阻抗接地时）形成单相接地故障电流（见图 6-36b），这时人体若触及漏电设备外壳，因人体电阻与接地电阻并联，且 R_{man} 远大于 R_E（人体电阻比接地电阻大 200 倍以上），由于分流作用，通过人体的故障电流将远小于流经 R_E 的故障电流，

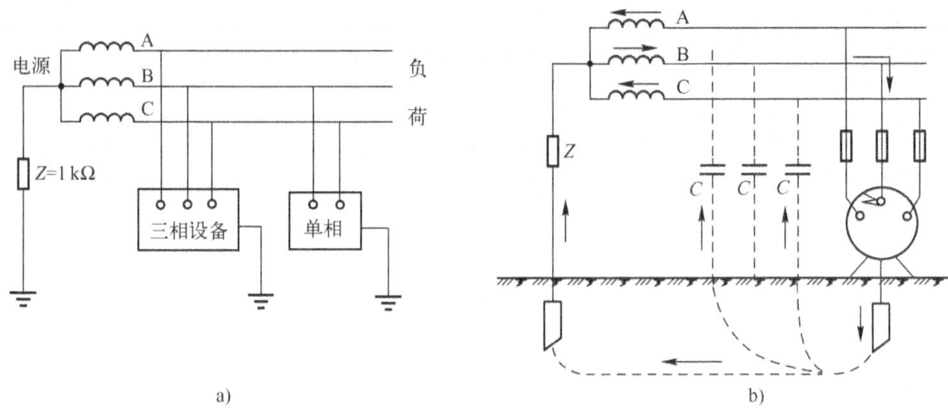

图 6-36　IT 系统及一相接地时的故障电流

a）IT 系统　b）一相接地时的故障电流

极大地减小了触电的危害程度。

注意，在同一低压配电系统中，保护接地与保护接零不能混用。否则，当采取保护接地的设备发生单相接地故障时，危险电压将通过大地窜至零线及采用保护接零的设备外壳上。

3. 重复接地

将保护中性线上的一处或多处通过接地装置与大地再次连接，称为重复接地。在架空线路终端及沿线每 1 km 处、电缆或架空线引入建筑物处都要重复接地。如不重复接地，当零线万一断线而同时断点之后某一设备发生单相碰壳时，断点之后的接零设备外壳都将出现较高的接触电压，即 $U_E \approx U_\varphi$，如图 6-37a 所示，十分危险。如重复接地，接触电压大大降低，$U_E = I_E R_R \ll U_\varphi$，如图 6-37b 所示，危险大为降低。

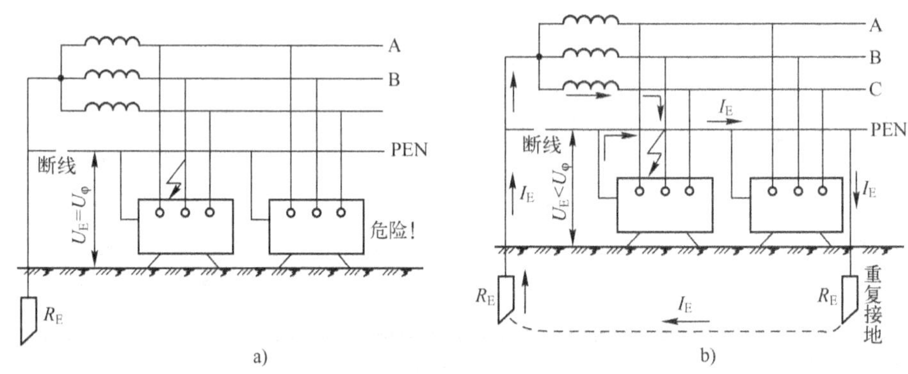

图 6-37　重复接地功能说明示意图

a）没有重复接地 PE 线或 PEN 线断线时　b）采取重复接地 PE 线或 PEN 线断线时

4. 变配电所和车间的接地装置

由于单根接地体周围地面电位分布不均匀，在接地电流或接地电阻较大时，容易使人受到危险的接触电压或跨步电压的威胁。采用接地体埋设点距被保护设备较远的外引式接地时，情况就更严重（若相距 20 m 以上，则加到人体上的电压将为设备外壳的全部对地电压）。此外，单根接地体或外引式接地的可靠性也较差，万一引线断开就极不安全。因此，变配电所和车间的接地装置一般采用环路式接地装置，如图6-38所示。

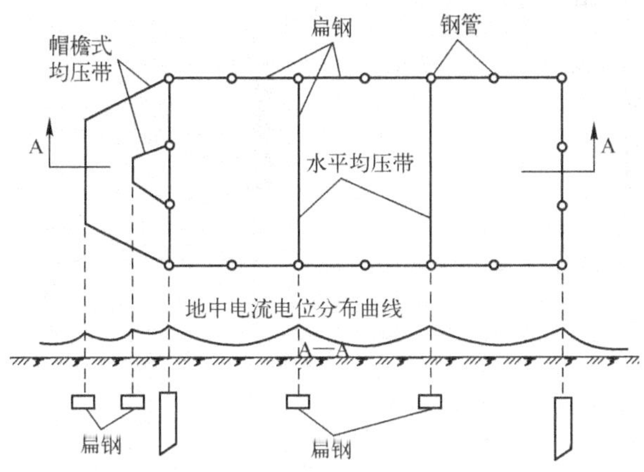

图6-38 加装均压带的环路式接地网

环路式接地装置在变配电所和车间建筑物四周，距墙脚2～3 m打入一圈接地体，再用扁钢连成环路，外缘各角应做成圆弧形，圆弧半径不宜小于均压带间距的一半。这样，接地体间的散流电场将相互重叠而使地面上的电位分布较为均匀，跨步电压及接触电压很低。当接地体之间距离为接地体长度的2～3倍时，这种效应就更明显。若接地区域范围较大，可在环路式接地装置范围内，每隔5～10 m宽度增设一条水平接地带作为均压带，该均压带还可作为接地干线用，以使各被保护设备的接地线连接更为方便可靠。在经常有人出入的地方，应加装帽檐式均压带或采用高绝缘路面。

5. 低压配电系统的等电位联结

多个可导电部分间为达到等电位进行的联结称为等电位联结。等电位联结可以更有效地降低接触电压值，还可以防止由建筑物外传入的故障电压对人身造成危害，提高电气安全水平。

(1) 等电位联结的分类

按用途分，等电位联结分为保护等电位联结（Protective - equipotential Bonding）和功能等电位联结（Functional - equipotential Bonding）。保护等电位联结是指为了安全目的进行的等电位联结，功能等电位联结是指为保证正常运行进行的等电位联结。

按位置分，等电位联结分为总等电位联结（Main Equipotential Bonding，MEB）、辅助等电位联结（Supplementary Equipotential Bonding，SEB）和局部等电位联结（Local Equipotential Bonding，LEB）。

GB50054 - 2011《低压配电设计规范》规定：采用接地故障保护时，应在建筑物内做总等电位联结。当电气装置或其某一部分的接地故障后，间接接触的保护电器不能满足自动切断电源的要求时，应在局部范围内将可导电部分做局部等电位联结，亦可将伸臂范围内能同时触及的两个可导电部分做辅助等电位联结。

接地可视为以大地作为参考电位的等电位联结，为防电击而设的等电位联结一般均做接地，与地电位一致，有利于人身安全。

1) 总等电位联结。总等电位联结是在保护等电位联结中，将总保护导体、总接地导体或总接地端子、建筑物内的金属管道和可利用的建筑物金属结构等可导电部分联结到一起，使它们都具有基本相等的电位，如图 6-39 所示。

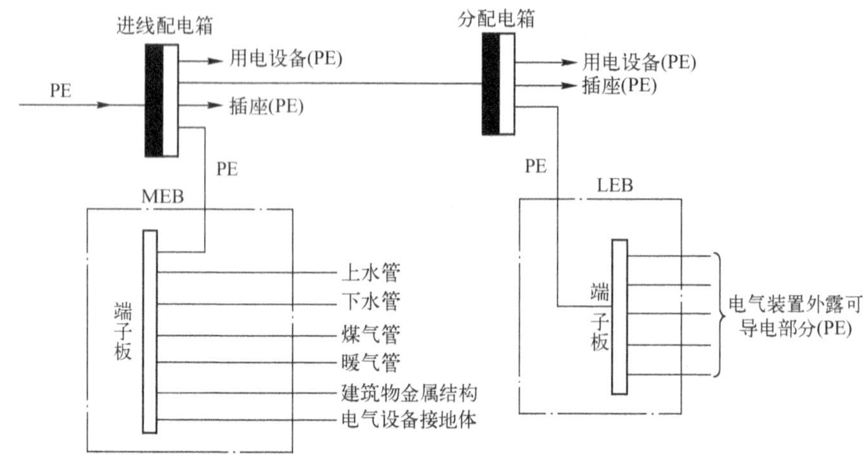

图 6-39　总等电位联结和局部等电位联结

建筑物内的总等电位联结，应符合下列规定：

① 每个建筑物中的总保护导体（保护导体、保护接地中性导体）、电气装置总接地导体或总接地端子排、建筑物内的金属管道（水管、燃气管、采暖和空调管道等）和可利用的建筑物金属结构部分应做总等电位联结。

② 来自建筑物外部的可导电部分，应在建筑物内距离引入点最近的地方做总等电位联结。

③ 总等电位联结导体应符合相关规定。

2）辅助等电位联结。辅助等电位联结是在导电部分间用导体直接联结，使其电位相等或接近，而实施的保护等电位联结。

3）局部等电位联结。局部等电位联结是在一局部范围内将各导电部分连通，而实施的保护等电位联结。

总等电位联结虽能大大降低接触电压，但如果建筑物离电源较远，建筑物内保护线路过长，则保护电器的动作时间和接触电压都可能超过规定的限值。这时应在局部范围内再做一次局部等电位联结，作为总等电位联结的一种补充，如图 6-39 所示。通常在容易触电的浴室、卫生间及安全要求极高的胸腔手术室等地，宜做局部等电位联结。

（2）等电位联结导体的选择

1）总等电位联结用保护联结导体的截面积，不应小于保护线路的最大保护导体（PE 线）截面积的 1/2，其保护联结导体截面积的最小值和最大值应符合表 6-7 的规定。

表 6-7　总等电位联结用保护联结导体截面积的最小值和最大值　（单位：mm^2）

导体材料	最小值	最大值
铜	6	25
铝	16	按载流量与 25 mm^2 铜导体的载流量相同确定
钢	50	

2）辅助等电位联结用保护联结导体的截面积符合下列规定：

① 联结两个外露可导电部分的保护联结导体，其电导不应小于接到外露可导电部分的较小的保护导体的电导。

② 联结外露可导电部分和装置外可导电部分的保护联结导体，其电导不应小于相应保护导体截面积 1/2 的导体所具有的电导。

③ 单独敷设的保护联结导体的截面积应符合：有机械损伤防护时，铜导体不应小于 2.5 mm^2，铝导体不应小于 16 mm^2；无机械损伤防护时，铜导体不应小于 4 mm^2，铝导体不应小于 16 mm^2。

3）局部等电位联结用保护联结导体的截面积应符合下列规定：

① 保护联结导体的电导不应小于局部场所内最大保护导体截面积 1/2 的导体所具有的电导。

② 保护联结导体采用铜导体时，其截面积最大值为 25 mm^2；采用其他金属导体时，其截面积最大值应按其载流量与 25 mm^2 铜导体的载流量相同确定。

③ 单独敷设的保护联结导体的截面积应符合：有机械损伤防护时，铜导体不应小于 2.5 mm^2，铝导体不应小于 16 mm^2；无机械损伤防护时，铜导体不应小于 4 mm^2，铝导体不应小于 16 mm^2。

6.2.5 接地电阻及其计算

接地体与土壤之间的接触电阻及土壤的电阻之和称为散流电阻；散流电阻加接地体和接地线本身的电阻称为接地电阻。

1. 接地电阻的要求

对接地装置的接地电阻进行限定，实际上就是限制接触电压和跨步电压，保证人身安全。电力装置的工作接地电阻应满足以下几个要求：

1）电压为 1000 V 以上的中性点接地系统中，电气设备实行保护接地。由于系统中性点接地，故电气设备绝缘击穿而发生接地故障时，将形成单相短路，由继电保护装置将故障部分切除，为确保可靠动作，此时接地电阻 $R_E \leqslant 0.5\,\Omega$。

2）电压为 1000 V 以上的中性点不接地系统中，由于系统中性点不接地，当电气设备绝缘击穿而发生接地故障时，一般不跳闸而是发出接地信号。此时，电气设备外壳对地电压为 $R_E I_E$，I_E为接地电容电流，当接地装置单独用于 1000 V 以上的电气设备时，为确保人身安全，取 $R_E I_E$为 250 V，同时还应满足设备本身对接地电阻的要求，即

$$R_E \leqslant 250/I_E\text{，同时满足 } R_E \leqslant 10\,\Omega \qquad (6\text{-}7)$$

当接地装置与 1000 V 以下的电气设备共用时，考虑到 1000 V 以下设备分布广、安全要求高的特点，所以取

$$R_E \leqslant 125/I_E \qquad (6\text{-}8)$$

同时还应满足下述 1000 V 以下设备本身对接地电阻的要求。

3）电压为 1000 V 以下的中性点不接地系统中，考虑到其对地电容通常都很小，因此，规定 $R_E \leqslant 4\,\Omega$，即可保证安全。

对于总容量不超过 100 kV · A 的变压器或发电机供电的小型供电系统，接地电容电流更小，所以规定 $R_E \leqslant 10\,\Omega$。

4）电压为 1000 V 以下的中性点接地系统中，电气设备实行保护接零，电气设备发生接

地故障时，由保护装置切除故障部分，但为了防止零线中断时产生危害，仍要求有较小的接地电阻，规定 $R_E \leqslant 4\,\Omega$。同样对总容量不超过 100 kV·A 的小系统，可采用 $R_E \leqslant 10\,\Omega$。

2. 接地电阻的计算

（1）工频接地电阻

工频接地电流流经接地装置所呈现的接地电阻，称为工频接地电阻，可按表 6-8 中的公式进行计算。工频接地电阻一般简称为接地电阻，只在需区分冲击接地电阻时才注明工频接地电阻。

表 6-8　接地电阻计算公式

接地体形式			计算公式	说　明
人工接地体	垂直式	单根	$R_{E(1)} \approx \frac{\rho}{l}$	ρ 为土壤电阻率（Ω·m），l 为接地体长度（m），单位下同
		多根	$R_E = \frac{R_{E(1)}}{n\eta_E}$	n 为垂直接地体根数，η_E 为接地体的利用系数，由管间距 a 与管长 l 之比及管子数目 n 确定，可查附表 8
	水平式	单根	$R_{E(1)} \approx \frac{2\rho}{l}$	ρ 为土壤电阻率，l 为接地体长度
		多根	$R_E \approx \frac{0.062\rho}{n+1.2}$	n 为放射形水平接地带根数（$n \leqslant 12$），每根长度 $l=60$ m
	复合式接地网		$R_E \approx \frac{\rho}{4r}+\frac{\rho}{l}$	r 为与接地网面积等值的圆半径（即等效半径）；l 为接地体总长度，包括垂直接地体
	环形		$R_{\sim} = \frac{0.6\rho}{\sqrt{S}}$	S 为接地体所包围的土壤面积（m^2）
自然接地体	钢筋混凝土基础		$R_E \approx \frac{0.2\rho}{\sqrt[3]{V}}$	V 为钢筋混凝土基础体积（m^3）
	电缆金属外皮、金属管道		$R_E \approx \frac{2\rho}{l}$	l 为电缆及金属管道埋地长度

（2）冲击接地电阻

雷电流经接地装置泄放入地时所呈现的接地电阻，称为冲击接地电阻。由于强大的雷电流泄放入地时，土壤被雷电波击穿并产生火花，使散流电阻显著降低。因此，冲击接地电阻一般小于工频接地电阻。

冲击接地电阻 R_{Esh} 与工频接地电阻 R_E 的换算式为

$$R_E = AR_{Esh} \tag{6-9}$$

式中，R_E 为接地装置各支线的长度取值小于或等于接地体的有效长度 l_e 或者有支线大于 l_e 而取其等于 l_e 时的工频接地电阻（Ω）；A 为换算系数，其值宜按图 6-40 确定。

接地体的有效长度 l_e 应按下式计算（单位为 m）：

$$l_e = 2\sqrt{\rho} \tag{6-10}$$

式中，ρ 为敷设接地体处的土壤电阻率（Ω·m）。

接地体的长度和有效长度计量如图 6-41 所示；单根接地体时，l 为其实际长度；有分支线的接地体，l 为其最长分支线的长度；环形接地体，l 为其周长的一半。一般 $l_e > l$，因此 $l/l_e > l$。若 $l > l_e$，取 $l = l_e$，即 $A = 1$，$R_E = R_{Esh}$。

（3）接地装置的设计计算

在已知接地电阻要求值的前提下，所需接地体根数的计算可按下列步骤进行：

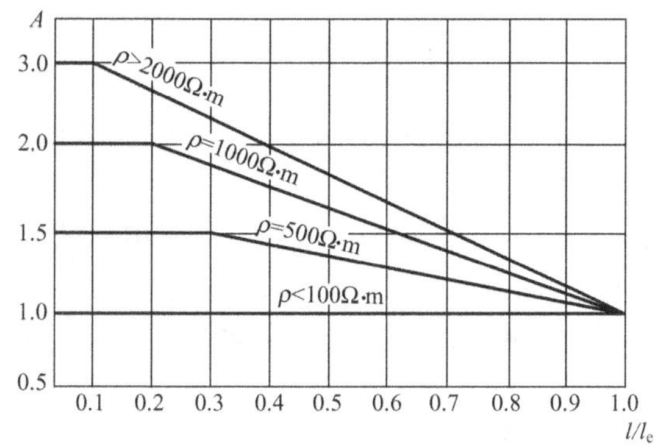

图 6-40 确定换算系数 A 的曲线

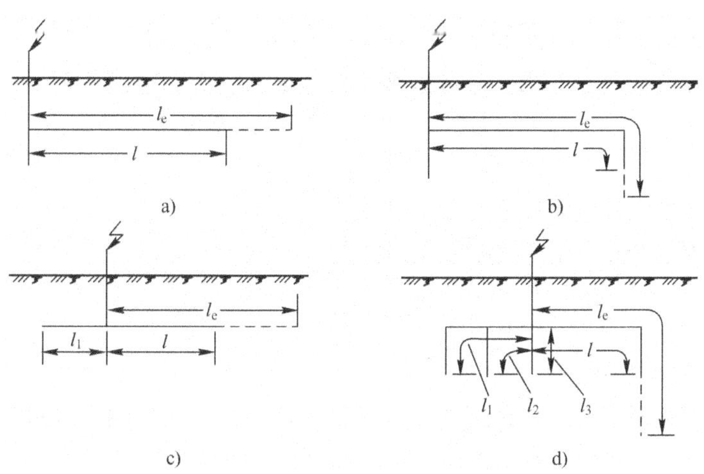

图 6-41 接地体的长度和有效长度

a）单根水平接地体 b）末端接垂直接地体的单根水平接地体

c）多根水平接地体 d）接多根垂直接地体的多根水平接地体（$l_1 \leqslant l$，$l_2 \leqslant l$，$l_3 \leqslant l$）

1）按设计规范要求，确定允许的接地电阻值 R_E。

2）实测或估算可以利用的自然接地体的接地电阻 $R_{E(nat)}$。

3）计算需要补充的人工接地体的接地电阻

$$R_{E(man)} = \frac{R_{E(nat)} R_E}{R_{E(nat)} - R_E} \tag{6-11}$$

若不考虑自然接地体，则 $R_{E(man)} = R_E$。

4）根据设计经验，初步安排接地体的布置、确定接地体和连接导线的尺寸。

5）计算单根接地体的接地电阻 $R_{E(1)}$。

6）用逐步渐近法计算接地体的数量

$$n = \frac{R_{E(1)}}{\eta_E R_{E(man)}} \tag{6-12}$$

7）校验短路热稳定度。对于大接地电流系统的接地装置，应进行单相短路热稳定校验。由于钢线的热稳定系数 $C=70$，接地钢线的最小允许截面（mm^2）为

$$S_{\text{th.min}} = I_{\text{K}}^{(1)} \frac{\sqrt{t_{\text{K}}}}{70} \tag{6-13}$$

式中，$I_{\text{K}}^{(1)}$ 为单相接地短路电流，为计算方便，可取为 $I''^{(3)}$（A）；t_{K} 为短路电流持续时间（s）。

【例 6-1】 某车间变电所变压器容量为 630 kV · A。电压为 10 kV/0.4 kV，接线组为 Yyn0，与变压器高压侧有电联系的架空线路长 100 km，电缆线路长 10 km，装设地土质为黄土，可利用的自然接地体电阻实测为 20 Ω，试确定此变电所公共接地装置的垂直接地钢管和连接扁钢。

解：（1）确定接地电阻要求值

接地电流近似计算为

$$I_{\text{E}} = \frac{U_{\text{N}}(L_{\text{oh}} + 35L_{\text{cab}})}{350} = \frac{10 \times (100 + 35 \times 10)}{350} \text{A} = 12.9 \text{ A}$$

按附表 9 可确定，此变电所公共接地装置的接地电阻应满足以下两个条件：

$$R_{\text{E}} \leqslant 120/I_{\text{E}} = 120/12.9 \ \Omega = 9.3 \ \Omega$$

$$R_{\text{E}} \leqslant 4 \ \Omega$$

比较上两式，总接地电阻应满足 $R_{\text{E}} \leqslant 4 \ \Omega$。

（2）计算需要补充的人工接地体的接地电阻

$$R_{\text{E(man)}} = \frac{R_{\text{E(nat)}} R_{\text{E}}}{R_{\text{E(nat)}} - R_{\text{E}}} = \frac{20 \times 4}{20 - 4} \Omega = 5 \ \Omega$$

（3）接地装置方案初选

采用环路式接地网，初步考虑围绕变电所建筑四周，打入一圈钢管接地体，钢管直径为 50 mm，长 2.5 m，间距为 7.5 m，管间用 $40 \times 4 \ \text{mm}^2$ 的扁钢连接。

（4）计算单根钢管接地电阻

查附表 10 得，黄土的电阻率 $\rho = 200 \ \Omega \cdot \text{m}$。

单根钢管接地电阻 $R_{\text{E(1)}} \approx \rho/l = 200/2.5 \ \Omega = 80 \ \Omega$。

（5）确定接地钢管数和最后接地方案

根据 $R_{\text{E(1)}}/R_{\text{E(man)}} = 80/5 = 16$，同时考虑到管间屏蔽效应，初选 24 根钢管做接地体。以 $n = 24$ 和 $a/l = 3$ 去查附表 8，得 $\eta_{\text{E}} \approx 0.70$。因此

$$n = \frac{R_{\text{E(1)}}}{\eta_{\text{E}} R_{\text{E(man)}}} = \frac{80}{0.70 \times 5} \approx 23$$

考虑到接地体的均匀对称布置，最后确定用 24 根直径为 50 mm、长为 2.5 m 的钢管做接地体，管间距为 7.5 m，用 $40 \times 4 \ \text{mm}^2$ 的扁钢连接，环形布置，附加均压带。

3. 降低接地电阻的方法

在高土壤电阻率场地，可采取下列方法降低接地电阻：

1）将垂直接地体深埋到低电阻率的土壤中或扩大接地体与土壤的接触面积。

2）置换成低电阻率的土壤。

3）采用降阻剂或新型接地材料。

4）在永冻土地区和采用深孔（井）技术的降阻方法，应符合现行国家标准 GB50169 - 2006《电气装置安装工程接地装置施工及验收规范》规定。

5）采用多根导体外引接地装置，外引长度不应大于有效长度。

4. 接地电阻的测量

接地装置施工完成后，使用之前应测量接地电阻的实际值，以判断其是否符合要求。若不符合要求，则需补打接地体。每年雷雨季到来之前还需要重新检查测量。接地电阻的测量有电桥法、补偿法、电流－电压表法和接地电阻测量仪法，这里介绍接地电阻测量仪法。

接地电阻测量仪，俗称接地摇表，其自身能产生交变的接地电流，使用简单，携带方便，而且抗干扰性能较好，应用十分广泛。

接地电阻测量仪（ZC－8 型）法的接线如图 6-42 所示，接线端子 E、P、C 分别接于被测接地体（E′）、电压极（P′）和电流极（C′）。以大约 120 r/min 的速度转动手柄时，摇表内产生的交变电流将沿被测接地体和电流极形成回路，调节粗调旋钮及细调拨盘，使表针指在中间位置，这时便可读出被测接地电阻。

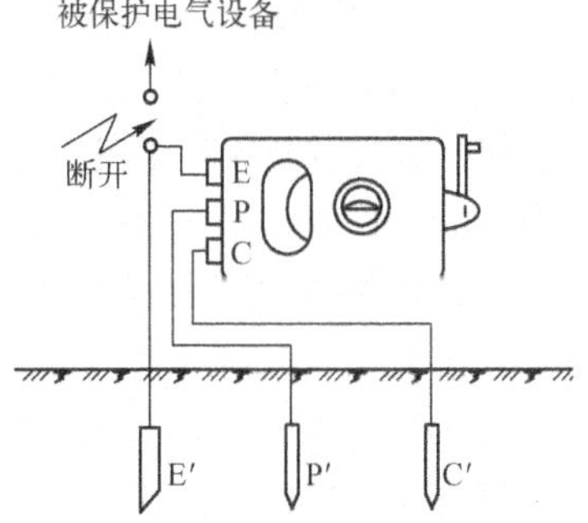

图 6-42　接地电阻仪接线图

具体测量步骤如下：

1）拆开接地干线与接地体的连接点。

2）将两支测量接地棒分别插入离接地体 20 m 与 40 m 远的地中，深度约 400 mm。

3）把接地摇表放置于接地体附近平整的地方，然后用最短的一根连接线连接接线柱 E 和被测接地体 E′，用较长的一根连接线连接接线柱 P 和 20 m 远处的接地棒 P′，用最长的一根连接线连接接线柱 C 和 40 m 远处的接地棒 C′。

4）根据被测接地体的估计电阻值，调节好粗调旋钮。

5）以约 120 r/min 的转速摇动手柄，当表针偏离中心时，边摇动手柄边调节细调拨盘，直至表针居中并稳定后为止。

6）微调拨盘的读数 × 粗调旋钮倍数，即得被测接地体的接地电阻。

本章小结

本章介绍了二次接线原理图和安装接线图、二次接线的操作电源、高压断路器的控制与信号回路、过电压及防雷保护、供配电系统的接地保护、电气安全及触电的防护与救护。所有内容的实质都是安全问题。

（1）变电所的二次设备是对一次设备进行监测、控制、调节和保护的电气设备，包括计量和测量表计、控制及信号、继电保护装置、自动装置和远动装置等。

（2）二次回路按功能可分为断路器控制回路、信号回路、保护回路、监视和测量回路、自动装置回路和操作电源回路等；按电源性质可分为直流回路和交流回路。按用途来分，则有操作电源回路、测量表计回路、断路器控制和信号回路、中央信号回路、继电保护和自动装置回路等。

（3）用国家规定的电气系统图形符号和相应的文字符号，表示继电保护、测量仪表、控制开关、信号装置、继电器和自动装置等的互相连接、安装布置的图纸，称为二次接线图。二次接线图可分为原理接线图、展开接线图、屏面布置图和安装接线图几种。

（4）原理接线图是表示二次接线构成原理的基本图纸；屏面布置图是表现二次设备在屏面及屏内具体布置的图纸；安装接线图表明屏上各二次设备的内部接线及二次设备间的相互接线。

（5）二次回路的操作电源是提供断路器控制回路、继电保护装置、信号回路和监测系统等二次回路所需的电源。二次回路的操作电源主要有直流操作电源和交流操作电源两类。

（6）直流操作电源有蓄电池供电和硅整流直流电源供电两种；交流操作电源有电压互感器、电流互感器供电和所用电变压器供电两种。

（7）所用变压器一般都接在电源的进线处，即使变电所母线或主变压器发生故障，所用变压器仍能取得电源，从而保证操作电源及其他用电的可靠性。所用电源不仅要在正常情况下能保证操作电源的供电，而且在全所停电或所用电源发生故障时，仍能实现对电源进线断路器的操作和事故照明的用电。

（8）断路器的控制按其控制地点来分，有就地控制和集中控制。集中控制是指控制机构安装在距设备几十米或几百米以外的控制室内，控制屏上有相应的灯光信号反映出断路器的位置状态，控制机构与执行机构之间需通过控制电缆联络；就地控制是控制机构就安装在执行机构所在的高压开关柜上，因而无须控制电缆。

（9）断路器控制回路的接线方式较多，按监视方式可分为灯光监视的控制回路与音响监视的控制回路。前者多用于中、小型变电所，后者常用于大型变电所。

（10）变电所的进出线、变压器和母线等的保护装置或监测装置动作后，通过中央信号系统发出相应的信号来提示运行人员。这些信号主要有事故信号、预告信号、位置信号、指挥信号和联系信号。

（11）过电压分为内部过电压和雷电过电压。内部过电压可分为操作过电压、弧光接地过电压及谐振过电压。雷电过电压也称外部过电压，有 3 种形式：直击雷过电压、感应雷过电压和雷电侵入波。

（12）防雷装置由接闪器或避雷器、引下线和接地装置 3 部分组成。防雷设备有接闪器和避雷器。接闪器有接闪杆、接闪线、接闪带和接闪网。接闪器的实质是引雷作用，接闪杆和接闪线的保护范围按滚球法确定。避雷器的类型有阀型避雷器、管型避雷器、金属氧化物避雷器和保护间隙。

（13）应重点对变配电所、架空线路、高压电动机和建筑物采取相应的防雷保护措施，为此，应选择适当的防雷设备和有效的接线方式。

（14）接地分工作接地、保护接地和重复接地。工作接地是指因正常工作需要而将电气设备的某点进行接地；保护接地是指将在故障情况下可能出现危险的对地电压的设备外壳进行接地；重复接地是将零线上的一处或多处进行接地。

（15）低压配电系统的保护接地分为 TN 系统、TT 系统和 IT 系统 3 种形式。

（16）采用接地故障保护时，应在建筑物内做总等电位联结。当电气装置或其某一部分的接地故障保护不能满足规定要求时，应在局部范围内做局部等电位联结。等电位联结是建筑物内电气装置的一项基本安全措施，可以降低接触电压，保障人员安全。在建筑物进线处做总等电位联结，在远离总等电位联结的潮湿、有腐蚀性物质、触电危险性大的地方可做局部等电位联结。

（17）接地电阻应满足规定要求。设计接地装置时，应首先考虑利用自然接地体，如不足应补充人工接地体，竣工后和使用过程中，还应检查测量其接地电阻是否符合要求。

（18）等电位联结是指多个可导电部分间为达到等电位进行的联结。等电位联结可降低接触电压值，还可防止由建筑物外传入的故障电压对人身造成危害，提高电气安全水平。等电位联结按用途可分为保护等电位联结和功能等电位联结。等电位联结按位置可分为总等电位联结、辅助等电位联结和局部等电位联结等。等电位联结导体的选择应符合相关规定。

习题与思考题

6-1　什么是二次接线？二次回路图主要有哪些内容，各有何特点？

6-2　二次接线图的作用是什么？二次接线图分为哪几种？

6-3　原理接线图的特点是什么？

6-4　展开接线图的特点是什么？如何阅读？

6-5　什么是屏面布置图？

6-6　安装接线图的特点是什么？如何阅读？

6-7　变配所二次回路按功能分为哪几部分？各部分的作用是什么？

6-8　操作电源有哪几种？直流操作电源又有哪几种？各有何特点？

6-9　蓄电池有哪几种运行方式？

6-10　交流操作电源有哪些特点？可通过哪些途径获得电源？

6-11　什么叫过电压？雷电过电压有哪些形式？各是如何产生的？

6-12　避雷针是如何防护雷击的？避雷针、避雷线和避雷带（网）各主要用在哪些场所？

6-13　供电系统中常用的防雷装置有哪几种？它们各自的结构特点及作用是什么？

6-14　什么叫直击雷？什么叫入侵雷电波？雷电流波形的特点是什么？

6-15　变配电所有哪些防雷措施？架空线路又有哪些防雷措施？

6-16　简述避雷器伏秒特性的含义。避雷器与被保护电器设备的伏秒特性应如何配合才能起到保护？

6-17　在防止线路侵入波保护变压器时，对避雷器的选择及安装位置有何要求？为什么？在实现线路入侵雷电冲击波的防护时，为什么避雷器必须尽量靠近变压器设置？

6-18　当雷电击中独立避雷针时，为什么会对附近设施产生“反击”？如何防止“反击”的产生？

6-19　某工厂的煤气储罐为圆柱形，直径为10 m，高出地面10 m，拟定离煤气罐壁10 m处设置避雷针，试计算避雷针的高度。

6-20　解释下列名词术语的物理意义：接地和接地装置、自然接地极和人工接地极、电气上的“零电位”。

6-21　简述接地电阻的物理含义。什么叫工频接地电阻和冲击接地电阻？

6-22　在供电系统中，什么叫安全保护接地？它分哪几种类？各有何特点？

6-23　什么是共同接地和重复接地？为什么要采用共同接地和重复接地？

6-24　简述接触电压、跨步电压、对地电压的概念。

6-25　为什么由同一变压器供电的供电系统中不允许有的设备采取接地保护而另一些

设备又采取接零保护？

6-26 为什么在 TN 系统中，采用漏电保护装置后，中性线不可再重复接地？

6-27 直流系统两点接地有何危害？试画图说明。

6-28 什么叫直接触电防护和间接触电防护？

6-29 断路器的控制开关有哪 6 个操作位置？简述断路器手动合闸、分闸的操作过程。

6-30 断路器控制回路应满足哪些要求？

6-31 试述断路器控制回路中防跳闸回路的工作原理。

6-32 什么叫中央信号回路？事故音响信号和预告音响信号的声响有何区别？

6-33 试述能重复动作的中央复归式事故音响信号回路工作原理。

第7章 电力网的运行分析

7.1 电力系统元件的参数和等效电路

7.1.1 发电机的参数和等效电路

一般情况下，发电机厂家提供的参数为 S_N、P_N、$\cos\varphi_N$、U_N 及电抗百分值 $X_G\%$，由此，便可确定发电机的电抗 X_G。

按百分值的定义有

$$X_G\% = X_{G*} \times 100 = X_G \frac{S_N}{U_N^2} \times 100$$

因此 $X_G = \dfrac{X_G\%}{100} \cdot \dfrac{U_N^2}{S_N}$。

7.1.2 电力线路的参数和数学模型

电力线路等效电路的参数有电阻、电抗、电导和电纳。在同一种材料的导线上，其单位长度的参数是相同的，随导线长度的不同，有不同的电阻、电抗、电导和电纳。

1. 电力线路单位长度的参数

电力线路每一相导线单位长度参数的计算公式如下：

（1）电阻 $$r_1 = r_{20}[1+\alpha(t-20)]\ \Omega/\text{km} \tag{7-1}$$

（2）电抗 $$x_1 = 0.1445\lg\frac{D_m}{r} + 0.0157\ \Omega/\text{km} \tag{7-2}$$

采用分裂导线时，导线周围的电场和磁场分布发生了变化，等效地增大了导线半径，从而减小了导线电抗。此时，电抗为

$$x_1 = 0.1445\lg\frac{D_m}{r_{eq}} + \frac{0.0157}{n}\ \Omega/\text{km}$$

式中，D_m 为三相导线的几何均距；r_{eq} 为分裂导线的等效半径；n 为每相导线的分裂根数。

（3）电纳 $$b_1 = \frac{7.58}{\lg\dfrac{D_m}{r}} \times 10^{-6}\ \text{S/km} \tag{7-3}$$

采用分裂导线时，将式（7-3）中的 r 换为 r_{eq} 即可。

（4）电导 $$g_1 = \frac{\Delta P_g}{U^2} \times 10^{-3}\ \text{S/km} \tag{7-4}$$

式中，ΔP_g 为实测的三相线路的泄漏和电晕消耗的总功率（kW/km）；U 为实测线路的工作电压（kV）。

电力线路单位长度的参数乘以长度即为电力线路的集中参数，于是有

$$R = r_1 l, \quad X = x_1 l, \quad G = g_1 l, \quad B = b_1 l$$

2. 电力线路的等效电路

电力线路分为短线路（$l < 100$ km 的架空线及不长的电缆线）、中长线路（$l < 100 \sim 300$ km 的架空线及 $l < 100$ km 的电缆线）和长线路（$l > 300$ km 的架空线及 $l > 100$ km 的电缆线），其等效电路有所不同。

（1）短线路的等效电路

短线路的等效电路如图 7-1 所示。电压在 35 kV 及以下的架空线路，由于电压不高，这种线路电纳 B 的影响不大，可略去，因此短线路的等效电路十分简单，只有一个串联总阻抗 $Z = R + \mathrm{j}X$，其基本方程为

$$\left.\begin{aligned} \dot{U}_1 &= \dot{U}_2 + Z\dot{I}_2 \\ \dot{I}_1 &= \dot{I}_2 \end{aligned}\right\}$$

（2）中长线路的等效电路

对于电压为 35 ~ 330 kV、线长 $l = 100 \sim 300$ km 之间的架空线路及 $l < 100$ km 的电缆线路均可视为中长线路。这种线路，由于电压较高，线路的电纳一般不能忽略。等效电路常为 π 形，如图 7-2 所示。在 π 形等效电路中，除串联的线路总阻抗 $Z = R + \mathrm{j}X$ 外，还将线路的总导纳 $Y = \mathrm{j}B$ 分为两半，分别并联在线路的始末两端。

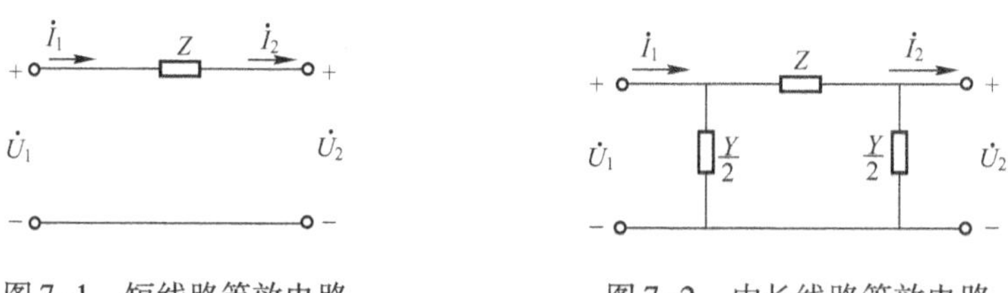

图 7-1　短线路等效电路　　图 7-2　中长线路等效电路

基本方程：

$$\left.\begin{aligned} \dot{U}_1 &= \dot{U}_2 + \left(\dot{I}_2 + \frac{Y}{2}\dot{U}_2\right)Z \\ \dot{I}_1 &= \frac{Y}{2}\dot{U}_1 + \frac{Y}{2}\dot{U}_2 + \dot{I}_2 \end{aligned}\right\}$$

（3）长线路的等效电路

对于电压为 330 kV 及以上、线长 $l > 300$ km 的架空线路和线长 $l > 100$ km 的电缆线路，一般称为长线路。长线路的各参数实际上是沿全线均匀分布的，考虑分布特性后，各参数乘以适当的修正系数，其等效电路仍可用集中参数表示，其中阻抗、导纳参数为考虑分布参数影响后的等效阻抗、等效导纳，如图 7-3 所示，和中长线路相比较，其电阻、电抗及电纳的修正系数分别如下：

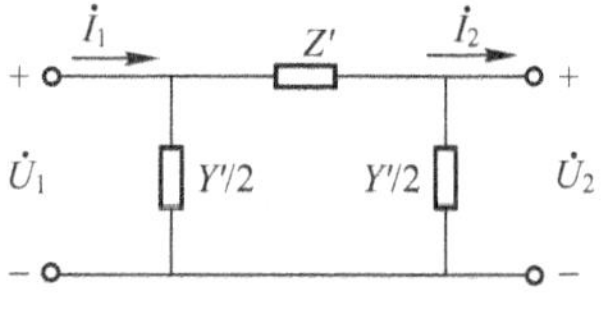

图 7-3　长线路等效电路

$$\left.\begin{aligned}K_{r}&=1-x_{1}b_{1}\frac{l^{2}}{3}\\K_{x}&=1-\left(x_{1}b_{1}-\frac{r_{1}^{2}b_{1}}{x_{1}}\right)\frac{l^{2}}{6}\\K_{b}&=1+x_{1}b_{1}\frac{l^{2}}{12}\end{aligned}\right\}$$

在此应该指出，上述修正系数仅适用于计算线路始末端的电流和电压，线路长度应为超过 300 km、小于 750 km 的架空线路及长度超过 100 km、小于 250 km 的电缆线路。超过上述长度并要求较准确计算远距离线路中任一点电压和电流时，应按均匀分布参数的线路方程计算。

7.1.3 电抗器的参数和等效电路

输电线路中电抗器的作用是限制短路电流，电抗器是由电阻很小的电感线圈构成的，因此其等效电路可由电抗来表示。普通电抗器每相用一个电抗表示即可，具体表示方法如图 7-4 所示。

图 7-4 电抗器的符号和等效电路

a）电抗器符 b）电抗器的等效电路

一般电抗器铭牌上会给出其额定电压 U_{LN}、额定电流 I_{LN} 和电抗百分值 $X_{L}\%$，由此可求解电抗器的电抗。

按照百分值的定义有

$$X_{L}\%=X_{L*}\times100=\frac{X_{L}}{X_{N}}\times100 \tag{7-5}$$

因此

$$X_{L}=\frac{X_{L}\%}{100\sqrt{3}}\cdot\frac{U_{LN}}{I_{LN}} \tag{7-6}$$

式中，U_{LN}为电抗器的额定电压（kV）；I_{LN}为电抗器的额定电流（kA）；X_{L}为电抗器的每相电抗（Ω）。

7.1.4 变压器的参数和等效电路

电力变压器有双绕组变压器、三绕组变压器、自耦变压器和分裂变压器等。变压器的参数包括电阻、电导、电抗和电纳，这些参数要根据变压器铭牌上厂家提供的短路试验数据和空载试验数据来求取。变压器一般都是三相的，在正常运行情况下，由于三相变压器是均衡对称的电路，其等效电路可只用一相进行表示。

1. 双绕组变压器

双绕组变压器的 Γ 型等效电路如图 7-5 所示，变压器的R_{T}、X_{T}、G_{T}、B_{T}分别反映了变压器的四种基本功率损耗，即铜损耗、漏磁无功损耗、铁损耗和励磁无功损耗。

每台变压器在出厂时，铭牌上或出厂试验书中都要给出代表电气特性的 4 个数据：短路损耗P_k、空载损耗P_0、短路电压百分值$U_k\%$和空载电流百分值$I_0\%$。此外，变压器的型号上还标出额定容量S_N和额定电压U_N。下面介绍由这 6 个已知量求取变压器参数的方法。

（1）电阻R_T

变压器电阻R_T反映经过折算后的一、二次绕组电阻之和，可通过短路试验数据求得。进行短路试验时，二次侧短路，一次侧通过调压器接到电源，所加电压必须比额定电压低，以一次侧所加电流达到或近似于额定值，同时二次绕组中电流也达到或近似为额定值为限。这时从一次侧测得短路损耗P_k和短路电压U_k。

由于短路试验时一次侧外加的电压很低，只为变压器漏阻抗上的压降，所以铁心中的主磁通也十分有限，完全可以忽略励磁电路以及铁心中的损耗。这样就可以认为变压器短路损耗P_k近似等于短路电流流过变压器时一、二次绕组中的铜耗P_{Cu}，于是有

$$P_k = P_{Cu} = 3I_N^2 R_T = \frac{S_N^2}{U_N^2} R_T \tag{7-7}$$

从中可以解得

$$R_T = \frac{P_k U_N^2}{S_N^2} \tag{7-8}$$

式（7-8）中各物理量均为基本单位，而工程实践中常采用的单位见表 7-1，于是有实用的计算公式：

$$R_T = \frac{P_k U_N^2}{1000\,S_N^2} \tag{7-9}$$

式中，R_T为变压器一、二次绕组的总电阻（Ω）；U_N为变压器额定线电压（kV）；S_N为变压器额定容量（MV·A）；P_k为变压器三相短路损耗（kV）。

表 7-1　电气量的单位

电气量	基本单位	工程单位	电气量	基本单位	工程单位
电压 U	V（伏）	kV（千伏）	无功功率 Q	var（乏）	Kvar（千乏）
电流 I	A（安培）	kA（千安）	阻抗 Z	Ω（欧）	Ω（欧）
视在功率 S	V·A（伏安）	MV·A（兆伏安）	导纳 Y	S（西门子）	S（西门子）
有功功率 P	W（瓦）	kW（千瓦）			

（2）电抗X_T

变压器电抗反映折算后的变压器一、二次绕组的漏抗之和，也可通过短路试验数据求得。当变压器二次绕组短路时，若使绕组中通过额定电流，则在一次侧测得的电压即为短路电压，该电压值等于变压器的额定电流在一、二次绕组中所造成的电压降，即

$$\dot{U}_k = \sqrt{3} I_N (R_T + \mathrm{j}X_T) \tag{7-10}$$

对大容量的变压器而言，$X_T \gg R_T$，可近似认为短路电压主要降落在X_T上，有$U_k \approx \sqrt{3} I_N X_T$，再将$U_k = \frac{U_k\%}{100} U_N$及$I_N = \frac{S_N}{\sqrt{3} U_N}$代入上述公式，从而可整理得到

$$X_T = \frac{U_k\% \, U_N^2}{100\,S_N} \tag{7-11}$$

式中，X_T为变压器一、二次绕组的总电抗（Ω）；$U_k\%$为变压器的短路电压百分值。

（3）电导G_T

电力变压器电导G_T是反映变压器励磁支路有功损耗的等效电导，可通过空载试验数据求得。空载损耗包括铁心损耗和空载电流引起的绕组中的铜损耗，由于空载试验的电流很小，变压器二次侧处于开路状态，此时空载电流引起的变压器绕组的铜损很小，可近似忽略不计，则可认为空载损耗主要指电导所带来的铁心损耗，即

$$P_0 \approx P_{Fe} = U_N^2 G_T \tag{7-12}$$

采用工程单位时，可推导得到

$$G_T = \frac{P_0}{1000\ U_N^2} \tag{7-13}$$

式中，G_T为变压器的电导（S）；P_0为变压器的三相空载损耗（kW）；U_N为变压器的额定电压（kV）。

（4）电纳B_T

电力变压器电纳B_T是反映与变压器主磁通的等效参数（励磁电抗）相应的电纳，也同样可以通过空载试验数据求得。

变压器空载试验时，流经励磁支路的空载电流可分解为有功分量电流和无功分量电流，且空载电流的有功分量较无功分量小得多，可近认为空载电流等于无功分量电流。

其中，无功分量电流$I_b = \frac{U_N}{\sqrt{3}} B_T$，空载电流$I_0 = \frac{I_0\%}{100} \times \frac{S_N}{\sqrt{3}\,U_N}$，无功分量电流和空载电流近似相等，整理公式可得

$$B_T = \frac{I_0\% S_N}{100\ U_N^2} \tag{7-14}$$

式中，B_T为变压器的电纳（S）；$I_0\%$为变压器的空载电流百分值。

使用过程中，应注意变压器的等效电路参数都是归算至某一侧的。在计算公式中用哪一侧的额定电压，计算结果就是归算至哪一侧的值。等效电路中的所有参数都应归算至同一侧。

【例 7-1】 试计算 $SFL_1-20000/110$ 型双绕组变压器归算到高压侧的参数，并画出它的等效电路。变压器铭牌给出变比为 110 kV/11 kV、$S_N = 20$ MV·A、$P_k = 135$ kW、$P_0 = 22$ kW、$U_k\% = 10.5$、$I_0\% = 0.8$。

解： 由短路损耗 $P_k = 135$ kW 可求得变压器电阻为

$$R_T = \frac{P_k U_N^2}{1000 S_N^2} = \frac{135 \times 110^2}{1000 \times 20^2}\,\Omega = 4.08\,\Omega$$

由短路电压百分值 $U_k\%$ 可求得变压器电抗为

$$X_T = \frac{U_k\% U_N^2}{100 S_N} = \frac{10.5 \times 110^2}{100 \times 20}\,\Omega = 63.53\Omega$$

由空载损耗 $P_0 = 22$ kW 可求得变压器励磁支路的电导为

$$G_T = \frac{P_0}{1000 U_N^2} = \frac{22}{1000 \times 110^2}\,\text{S} = 1.82 \times 10^{-6}\,\text{S}$$

由空载电流百分值 $I_0\%$ 可求得变压器励磁支路的电纳为

$$B_T=\frac{I_0\% S_N}{100U_N^2}=\frac{0.8\times 20}{100\times 110^2}\text{S}=1.322\times 10^{-5}\text{ S}$$

于是等效电路如图 7-5 所示。

2. 三绕组变压器

三绕组变压器的等效电路如图 7-6 所示。阻抗支路较双绕组变压器多了一个支路，$Z_{T1}=R_{T1}+\text{j}X_{T1}$、$Z_{T2}=R_{T2}+\text{j}X_{T2}$、$Z_{T3}=R_{T3}+\text{j}X_{T3}$分别为在忽略励磁电流条件下得到的、折合到同一个电压等级的三个绕组的等效阻抗。变压器的励磁支路仍以导纳Y_T表示，它代表励磁回路在同一个电压等级下的等效导纳。

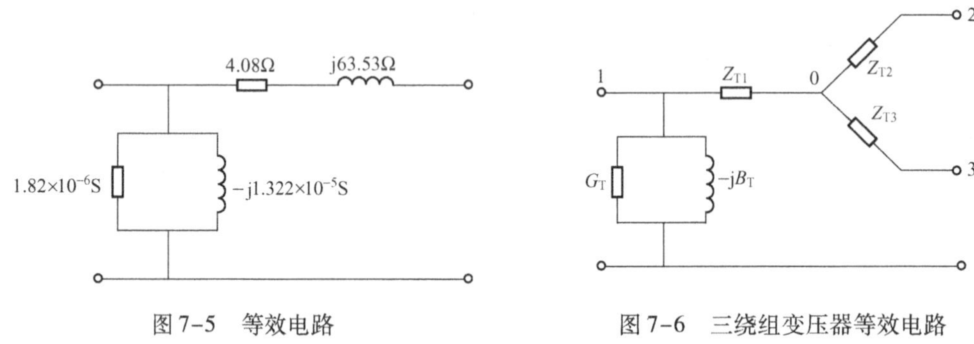

图 7-5　等效电路　　　图 7-6　三绕组变压器等效电路

计算三绕组变压器各绕组阻抗和励磁支路导纳的方法与计算双绕组变压器时没有本质的区别，也是根据厂家提供的一些短路试验数据和空载试验数据求取。但由于三绕组变压器的三个绕组的容量比有不同的组合，且各绕组在铁心上的排列又有不同方式，所以存在一些归算问题。

三绕组变压器按三个绕组容量比的不同有三种不同类型：第一种为 100%/100%/100%，即三个绕组的容量都等于变压器的额定容量；第二种为 100%/100%/50%，即第三绕组的容量仅为额定容量的 50%；第三种为 100%/50%/100%，即第二绕组容量仅为变压器额定容量的 50%。

三绕组变压器出厂时，厂家提供三个绕组两两间做短路试验测得的短路损耗$P_{k(1-2)}$、$P_{k(2-3)}$、$P_{k(3-1)}$和两两间的短路电压百分值$U_{k(1-2)}\%$、$U_{k(2-3)}\%$、$U_{k(3-1)}\%$；空载试验数据仍提供空载损耗P_0和空载电流百分值$I_0\%$。根据这些数据可求得变压器各绕组的等效阻抗及其励磁支路的导纳。

(1) 求各绕组的等效电阻（R_{T1}、R_{T2}、R_{T3}）

对容量比为 100%/100%/100% 的变压器各绕组的短路损耗：

$$\left.\begin{aligned}P_{k1}&=\frac{1}{2}[P_{k(1-2)}+P_{k(3-1)}-P_{k(2-3)}]\\P_{k2}&=\frac{1}{2}[P_{k(1-2)}+P_{k(2-3)}-P_{k(3-1)}]\\P_{k3}&=\frac{1}{2}[P_{k(2-3)}+P_{k(3-1)}-P_{k(1-2)}]\end{aligned}\right\}\tag{7-15}$$

各绕组的电阻：

$$
\left.\begin{aligned}
R_{T1} &= \frac{P_{k1}}{1000}\frac{U_N^2}{S_N^2} \\
R_{T2} &= \frac{P_{k2}}{1000}\frac{U_N^2}{S_N^2} \\
R_{T3} &= \frac{P_{k3}}{1000}\frac{U_N^2}{S_N^2}
\end{aligned}\right\} \tag{7-16}
$$

对于第二、第三种类型容量比的变压器，由于各绕组的容量不同，厂家提供的短路损耗数据不是额定情况下的数据，而是使绕组中容量较大的一个绕组达到$\frac{I_N}{2}$的电流、电容较小的一个绕组达到它本身的额定电流时，测得的这两个绕组间的短路损耗。所以应先将两绕组间的短路损耗数据折合为额定电流下的值，然后再进一步运用上述公式求取各绕组的短路损耗和电阻。

例如，对容量比为100%/50%/100%的变压器，厂家提供的短路损耗$P_{k(1-2)}$、$P_{k(2-3)}$都是第二绕组中流过它本身的额定电流，即1/2变压器额定电流时测得的数据，因此应首先将它们归算到对应于变压器的额定电流时的短路损耗，即

$$
P_{k(1-2)} = \left(\frac{S_{N1}}{S_{N2}}\right)^2 P'_{k(1-2)},\quad P_{k(2-3)} = \left(\frac{S_{N3}}{S_{N2}}\right)^2 P'_{k(2-3)},\quad P_{k(3-1)} = P'_{k(3-1)} \tag{7-17}
$$

同理，对容量比为100%/100%/50%的变压器有

$$
P_{k(1-2)} = P'_{k(1-2)},\quad P_{k(2-3)} = \left(\frac{S_{N2}}{S_{N3}}\right)^2 P'_{k(2-3)},\quad P_{k(3-1)} = \left(\frac{S_{N1}}{S_{N3}}\right)^2 P'_{k(3-1)} \tag{7-18}
$$

然后可按式（7-15）和式（7-16）求R_{T1}、R_{T2}、R_{T3}。

（2）求各绕组的电抗（X_{T1}、X_{T2}、X_{T3}）

三绕组变压器的电抗是根据厂家提供的各绕组两两间的短路电压百分值$U_{k(1-2)}\%$、$U_{k(2-3)}\%$、$U_{k(3-1)}\%$来求取的。由于三绕组变压器各绕组的容量比不同，各绕组在铁心上排列方式不同，因而，各绕组两两间的短路电压也不同。

可先由绕组两两间短路电压百分值$U_{k(1-2)}\%$、$U_{k(2-3)}\%$、$U_{k(3-1)}\%$求出各绕组的短路电压百分值：

$$
\left.\begin{aligned}
U_{k1}\% &= \frac{1}{2}[U_{k(1-2)}\% + U_{k(3-1)}\% - U_{k(2-3)}\%] \\
U_{k2}\% &= \frac{1}{2}[U_{k(1-2)}\% + U_{k(2-3)}\% - U_{k(3-1)}\%] \\
U_{k3}\% &= \frac{1}{2}[U_{k(2-3)}\% + U_{k(3-1)}\% - U_{k(1-2)}\%]
\end{aligned}\right\} \tag{7-19}
$$

再按照与双绕组变压器相似的公式，求各绕组的等效阻抗：

$$
\left.\begin{aligned}
X_{T1} &= \frac{U_{k1}\%}{100}\frac{U_N^2}{S_N} \\
X_{T2} &= \frac{U_{k2}\%}{100}\frac{U_N^2}{S_N} \\
X_{T3} &= \frac{U_{k3}\%}{100}\frac{U_N^2}{S_N}
\end{aligned}\right\} \tag{7-20}
$$

与求取电阻时不同，按照国家标准规定，对于绕组容量不等的普通三绕组变压器给出的短路电压，已经是归算到各绕组通过变压器额定电流时的对应值，因此在计算三绕组变压器的等效电抗时，对短路电压不必进行再一次归算。

（3）电导G_T和电纳B_T

求取三绕组变压器励磁支路导纳的方法与双绕组变压器相同，即仍可用式（7-13）求取电导，用式（7-14）求取电纳。

【例 7-2】 某变电站有一台 $SFSL_1-15000/110$ 三绕组变压器，容量比为 100%/100%/100%。试验数据为：$P_{k(3-1)}=120\text{ kW}$、$P_{k(1-2)}=120\text{ kW}$、$P_{k(2-3)}=95\text{ kW}$、$U_{k(3-1)}\%=17$、$U_{k(1-2)}\%=10.5$、$U_{k(2-3)}\%=6$，$P_0=22.7\text{ kW}$、$I_0\%=1.3$。试求变压器的参数及等效电路。

解：（1）计算电阻 R_{T1}、R_{T2}、R_{T3}

各绕组的短路损耗：

$$\left.\begin{aligned}P_{k1}&=\frac{1}{2}[P_{k(1-2)}+P_{k(3-1)}-P_{k(2-3)}]=\frac{1}{2}(120+120-95)=72.5\\P_{k2}&=\frac{1}{2}[P_{k(1-2)}+P_{k(2-3)}-P_{k(3-1)}]=\frac{1}{2}(120+95-120)=47.5\\P_{k3}&=\frac{1}{2}[P_{k(2-3)}+P_{k(3-1)}-P_{k(1-2)}]=\frac{1}{2}(95+120-120)=47.5\end{aligned}\right\}$$

各绕组的电阻：

$$R_{T1}=\frac{P_{k1}}{1000}\frac{U_N^2}{S_N^2}=\frac{72.5}{1000}\times\frac{110^2}{15^2}\,\Omega=3.9\,\Omega$$

$$R_{T2}=\frac{P_{k2}}{1000}\frac{U_N^2}{S_N^2}=\frac{47.5}{1000}\times\frac{110^2}{15^2}\,\Omega=2.56\,\Omega$$

$$R_{T3}=\frac{P_{k3}}{1000}\frac{U_N^2}{S_N^2}=\frac{47.5}{1000}\times\frac{110^2}{15^2}\,\Omega=2.56\,\Omega$$

（2）计算电抗 X_{T1}、X_{T2}、X_{T3}

各绕组的短路电压：

$$\left.\begin{aligned}U_{k1}\%&=\frac{1}{2}[U_{k(1-2)}\%+U_{k(3-1)}\%-U_{k(2-3)}\%]=\frac{1}{2}(10.5+17-6)=10.75\\U_{k2}\%&=\frac{1}{2}[U_{k(1-2)}\%+U_{k(2-3)}\%-U_{k(3-1)}\%]=\frac{1}{2}(10.5+6-17)=-0.25\\U_{k3}\%&=\frac{1}{2}[U_{k(2-3)}\%+U_{k(3-1)}\%-U_{k(1-2)}\%]=\frac{1}{2}(17+6-10.5)=6.25\end{aligned}\right\}$$

各绕组的电抗：

$$\left.\begin{aligned}X_{T1}&=\frac{U_{k1}\%}{100}\frac{U_N^2}{S_N}=\frac{10.75}{100}\times\frac{110^2}{15}\,\Omega=86.8\,\Omega\\X_{T2}&=\frac{U_{k2}\%}{100}\frac{U_N^2}{S_N}=\frac{0.25}{100}\times\frac{110^2}{15}\,\Omega=2.0\,\Omega\\X_{T3}&=\frac{U_{k3}\%}{100}\frac{U_N^2}{S_N}=\frac{6.25}{100}\times\frac{110^2}{15}\,\Omega=50.5\,\Omega\end{aligned}\right\}$$

（3）电导和电纳的计算

$$G_T=\frac{P_0}{1000U_N^2}=\frac{22.7}{1000\times110^2}\text{S}=1.8\times10^{-6}\text{ S}$$

$$B_T=\frac{I_0\%S_N}{100U_N^2}=\frac{1.3\times15}{100\times110^2}\text{S}=16.1\times10^{-6}\text{ S}$$

（4）变压器的空载损耗

$$P_0=22.7\text{ kW}=0.0227\text{ MW}$$

$$Q_0=\frac{I_0\%}{100}\cdot S_N=\frac{1.3}{100}\times15\text{ Mvar}=0.195\text{ Mvar}$$

等效电路如图 7-7 所示。

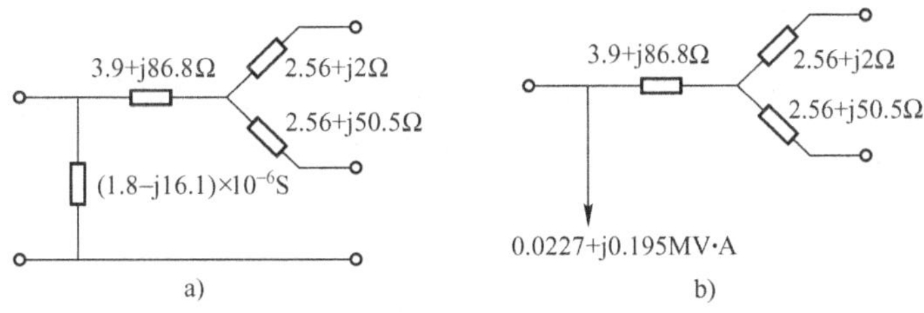

图 7-7　三绕组变压器等效电路

7.1.5　负荷的参数和等效电路

电力系统中用电设备所消耗的功率称为负荷。系统中的负荷主要为异步电动机、电热器、整流设备和照明设备等。在电力系统计算中，根据工程上对计算要求的准确度不同，负荷的表示办法也不同，一般有：用恒定的功率表示负荷；用恒定的阻抗表示负荷；用感应电动机的机械特性表示负荷；用负荷的静态特性方程表示负荷。最常用的是前两种。

（1）以恒定功率表示负荷

用户所使用的有功功率和无功功率均用恒定数值表示，即 $P_L=c$、$Q_L=c$，则视在功率对应有确定值。即有

$$\dot{S}_L=\dot{U}_L\overset{*}{I}_L=U_LI_L\underline{/\delta_u-\delta_i}=U_LI_L\underline{/\varphi_u}=U_LI_L\cos\varphi_1+jU_LI_L\sin\varphi_1=P_L+jQ_L \tag{7-21}$$

（2）以恒定阻抗表示负荷

由 $\dot{S}_L=\dot{U}_L\overset{*}{I}_L=\dot{U}_L\frac{\overset{*}{U}_L}{\overset{*}{Z}_L}$ 得 $Z_L=\frac{\overset{*}{U}_L\dot{U}_L}{\overset{*}{S}_L}$

进而

$$Z_L=\frac{U_L^2}{S_L^2}\dot{S}=\frac{U_L^2}{S_L^2}(P_L+jQ_L)=\frac{U_L^2}{S_L^2}P_L+j\frac{U_L^2}{S_L^2}Q_L=R_L+jX_L \tag{7-22}$$

7.2　电力系统的等效电路

所谓电力系统的等效电路，就是由单个电力元件的等效电路组合而成的等效电网络。考虑到一个系统中可能有多个变压器存在，也就存在有不同的电压等级，因此在等效网络的构

成过程中，不能仅仅将这些电力元件的等效电路按元件原有参数简单连接，而要进行适当的参数归算，将全系统中各元件的参数归算至同一个电压等级，才能将各元件的等效电路连接起来，成为系统的等效电路。

在具体应用过程中，究竟将参数归算至哪一个电压等级，要视具体情况而定，归算至的那一个电压等级，就称为基本级。在电力系统潮流计算过程中，一般选系统的最高电压等级为基本级。

电力系统的等效电路是进行电力系统各种电气计算的基础。在电力系统的等效电路中，其元件参数既可以用有名值表示，也可以用标幺值表示，具体选择哪一种表示方法取决于计算的需要。

7.2.1 用有名值计算时的电压等级归算

求得各元件的等效电路后，就可以根据电力系统的电气接线图绘制出整个系统的等效电路图，但要注意电压等级的归算。对于多电压等级的复杂系统，首先应选好基本级，其参数归算过程如下：

1. 选取基本级

基本级的确定取决于研究的问题所涉及的电压等级。如在电力系统稳态计算时，一般以最高电压等级为基本级；在进行短路计算时，一般以短路点所在的电压等级为基本级。

2. 确定变比

变压器的变比分为两种，即实际额定变比和平均额定变比。

实际额定变比是指变压器一次侧和二次侧的额定电压之比；平均额定变比是指变压器一次侧和二次侧母线的平均额定电压之比。所谓变压器的变比，是指基本级侧的电压和待归算级侧电压之比。

$$\text{变压器的变比}=\frac{\text{基本级侧电压}}{\text{待归算级侧电压}} \tag{7-23}$$

3. 参数归算

工程实际要求的准确度不同，则参数归算的要求也有所不同。在准确度要求比较高的场合，采用变压器的实际额定变比进行归算，称为准确归算法。在准确度要求不高的场合，可采用变压器的平均额定变比进行归算，称为近似归算法。

（1）准确归算法

变压器的实际额定变比为

$$k=\frac{\text{基本级侧的实际额定电压}}{\text{待归算级侧的实际额定电压}} \tag{7-24}$$

如设待归算级参数为 Z'、Y'、U'、I'，归算至基本级的参数为 Z、Y、U、I，则二者的关系为

$$Z=k^2Z',\quad Y=\frac{1}{k^2}Y',\quad U=kU',\quad I=\frac{1}{k}I' \tag{7-25}$$

对多电压等级：$k=k_1\cdot k_2\cdot\cdots\cdot k_n$。

（2）近似归算法

采用变压器的平均额定变比进行参数归算，而变压器两侧母线的平均额定电压一般较网

络的额定电压高5%。各级额定电压和平均额定电压见表7-2。

表7-2 额定电压和平均额定电压

额定电压U_N/kV	3	6	10	35	110	220	330	500
平均额定电压U_{av}/kV	3.15	6.3	10.5	37	115	230	345	525

变压器的平均额定变比为

$$k_{av}=\frac{U_{avb}}{U_{av}} \tag{7-26}$$

式中，U_{avb}为基本级侧的平均额定电压（kV）；U_{av}为待归算级侧的平均额定电压（kV）。

采用平均额定变比时，如设待归算级参数为Z'、Y'、U'、I'，归算至基本级的参数为Z、Y、U、I，则二者的关系为

$$Z=k_{av}^2Z',\quad Y=\frac{1}{k_{av}^2}Y',\quad U=k_{av}U',\quad I=\frac{1}{k_{av}}I'$$

采用平均额定电压的优越性在于：对多电压等级的复杂电网络，参数的归算按近似归算法进行时，对于经多个变压器变比才能归算到基本级的情况，可以很大程度上减轻计算工作量。

7.2.2 用标幺值计算时的电压等级归算

所谓标幺值是相对单位制的一种表示方法，在标幺值中参与计算的各种物理量都是用无单位的相对数值表示。其数学表达式如下：

$$标幺值=\frac{实际值(任意单位)}{基准值(与实际值同单位)} \tag{7-27}$$

标幺值之所以在电力系统计算中广泛采用，是因为其特有的优点。

1. 标幺值的特点

1）标幺值是无单位的量（即两个同量纲量的数之比）。某物理量的标幺值不是固定的，而是随着基准值的变化而发生变化。如发电机的电压$U_G=10.5\text{ kV}$，若选基准电压$U_d=10\text{ kV}$，则发电机电压的标幺值$U_{G*}=10.5/10=1.05$；若选取基准电压$U_d=10.5\text{ kV}$，则发电机电压标幺值为$U_{G*}=10.5/10.5=1.0$。两种情况，虽然标幺值不同，但它们表示的物理量是相同的。两者之间的不同是因为基准值选得不同。所以当讨论一个物理量的标幺值时，必须同时说明其基准值，否则标幺值无意义。

2）标幺值计算具有结果清晰、便于迅速判断计算结果的正确性、可大大简化计算等优点。只要基准值取得恰当，采用标幺值可将一个复杂的数学运算变成一个简单的数字运算。工程实践中，习惯将额定值选为物理量的基准值，这样如果该物理量处于额定工作状态下，其标幺值为1.0，标幺值的名字即由此而来。

3）标幺值与百分值的关系，即

$$百分值=标幺值\times 100$$

在进行电力系统的分析和计算时，会发现有些物理量的百分值为已知量，可利用百分值与标幺值的关系求得标幺值（如发电机电抗百分值、电抗器的电抗百分值等）。百分值也是一个相对值，二者的意义十分相近。但在电力系统的实际运算过程中，标幺值的应用更为广

泛，因为利用标幺值进行计算相对较为方便。

2. 三相系统中基准值的选取

采用标幺值进行计算时，第一步的工作是选取 U、I、Z、Y、S 各个物理量的基准值，当基准值选定后，它所对应的标幺值即可根据标幺值的定义很容易计算出来。

通常，对对称的三相电力系统进行分析和计算时，均化成星形等效电路。因此，电压、电流的线和相之间以及三相功率与单相功率之间的关系分别为

$$\left.\begin{aligned} I &= I_{ph} \\ U &= \sqrt{3}U_{ph} \\ S &= 3S_{(1)} \end{aligned}\right\}$$

式中，U、U_{ph} 分别为线电压、相电压；I、I_{ph} 分别为线电流、相电流；S、$S_{(1)}$ 分别为三相、单相功率。

电力系统计算中，五个能反映元件特性的电气量 U、I、Z、Y、S 不是相互独立的，在同名制中它们存在如下关系：

$$\left.\begin{aligned} S &= \sqrt{3}UI \\ U &= \sqrt{3}IZ \\ Z &= \frac{1}{Y} \end{aligned}\right\}$$

在基准值中，由于基准值选择有两个限制条件：基准值单位与有名值单位相同；各电气量的基准值之间符合电路的基本关系。因此可知

$$\left.\begin{aligned} S_d &= \sqrt{3}U_d I_d \\ U_d &= \sqrt{3}I_d Z_d \\ Z_d &= \frac{1}{Y_d} \end{aligned}\right\}$$

式中，Z_d、Y_d 分别为每相阻抗、导纳的基准值；U_d、I_d 分别为线电压、线电流的基准值；S_d 为三相功率的基准值。

从原则上讲，五个电气量可以任意选择各自的基准值，但是为了使基准值之间也同有名值一样满足电路基本关系式，一般首先选定 S_d、U_d 功率基准值和电压基准值，其他三个基准值可按电路关系派生出来，即有

$$\left.\begin{aligned} Z_d &= U_d^2/S_d \\ Y_d &= S_d/U_d^2 \\ I_d &= S_d/\sqrt{3}U_d \end{aligned}\right\} \tag{7-28}$$

3. 标幺值应用于三相系统

虽然在有名制中某物理量在三相系统中和单相系统中是不相等的，如线电压和相电压有 $\sqrt{3}$ 倍的关系，三相功率和单相功率有 3 倍的关系，但它们在标幺制中是相等的，即有

$$U_* = \frac{U}{U_d} = \frac{\sqrt{3}IZ}{\sqrt{3}I_d Z_d} = I_* Z_* = U_{ph*}$$

$$S_* = \frac{S}{S_d} = \frac{\sqrt{3}UI}{\sqrt{3}U_d I_d} = U_* I_* = S_{(1)*}$$

可见，采用标幺制时，线电压等于相电压，三相功率等于单相功率。这种省去了线电压与相电压之间$\sqrt{3}$倍的关系，三相功率与单相功率之间 3 倍的关系。显然标幺制也给计算带来方便。

4. 采用标幺制时的电压等级归算

对多电压等级的网络，网络参数必须归算到同一个电压等级上。若这些网络参数是以标幺值表示的，则这些标幺值是以基本级上取的基准值为基准的标幺值。

如图 7-8 所示，在基本级上取基准值 $S_d U_d$。

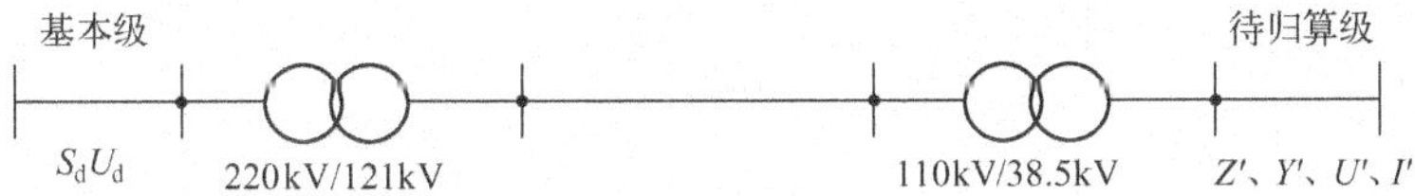

图 7-8　简单电力网图

归算的途径有两个：

1）先将网络中各待归算级元件的阻抗、导纳以及电压、电流的有名值参数归算到基本级上，然后再除以基本级上与之相对应的基准值，得到标幺值参数。即先有名值归算，后取标幺值。归算过程中用到的公式如下：

$$\text{归算(低→高)}\begin{cases} Z = k^2 Z' \\ Y = \dfrac{1}{k^2} Y' \\ U = kU' \\ I = \dfrac{1}{k} I' \end{cases} \quad \text{取标幺值}\begin{cases} Z_* = \dfrac{Z}{Z_d} = Z\dfrac{S_d}{U_d^2} \\ Y_* = \dfrac{Y}{Y_d} = Y\dfrac{U_d^2}{S_d} \\ U_* = \dfrac{U}{U_d} \\ I_* = \dfrac{I}{I_d} = I\dfrac{\sqrt{3}U_d}{S_d} \end{cases}$$

2）先将基本级上的基准值电压、电流、阻抗和导纳归算到各待归算级，然后再被待归算级上相应的电压、电流、阻抗和导纳分别去除，得到标幺值参数。即先基准值归算，后取标幺值。

归算过程中用到的公式如下：

$$\text{归算(高→低)}\begin{cases} Z'_d = \dfrac{Z_d}{k^2} \\ Y'_d = k^2 Y_d \\ U'_d = \dfrac{1}{k} U_d \\ I'_d = kI_d \end{cases} \quad \text{取标幺值}\begin{cases} Z_* = \dfrac{Z'}{Z'_d} = Z'\dfrac{S_d}{U'^2_d} \\ Y_* = \dfrac{Y'}{Y'_d} = Y'\dfrac{U'^2_d}{S_d} \\ U_* = \dfrac{U'}{U'_d} \\ I_* = \dfrac{I'}{I'_d} = I'\dfrac{\sqrt{3}U'_d}{S_d} \end{cases}$$

由于一般先取S_d、U_d基准值，而功率又不存在折合问题，因此实际上先做基准值归算时仅需要基准电压的归算，而待归算级上的基准阻抗、导纳和电流可由基准功率和归算后的基准电压派生出来。

以上两种归算途径得到的标幺值是相等的。实际应用中，哪种方便用哪一种，或对哪种方法习惯用哪一种均可。

5．基准值改变后的标幺值换算

如前所述，已知发电机的 $X_G\%$、变压器的 $U_k\%$、电抗器的 $X_r\%$，而百分值除以 100 为标幺值，这个标幺值是以元件本身的额定参数为基准的标幺值，则应把它换算到以选择的基本级上的基准值为基准的标幺值。

设已知 Z_{0*}（以元件本身的额定值为基准值的标幺值阻抗），求 Z_{n*}（以选定的基本级上的基准值为基准的标幺值阻抗）。

由 $Z_{0*}=Z\dfrac{S_N}{U_N^2}$还原 $Z=Z_{0*}\dfrac{U_N^2}{S_N}$。

然而
$$Z_{n*}=Z\frac{S_d}{U_d'^2}=Z_{0*}\frac{U_N^2}{S_N}\cdot\frac{S_d}{U_d'^2}=Z_{0*}\left(\frac{U_N}{U'_d}\right)^2\cdot\frac{S_d}{S_N}$$

所以，基准值改变后的发电机、变压器和电抗器的标幺值电抗为

发电机：
$$X_{G*}=\frac{X_G\%}{100}\cdot\frac{U_N^2}{U_d'^2}\cdot\frac{S_d}{S_N}\tag{7-29}$$

变压器
$$X_{T*}=\frac{U_k\%}{100}\cdot\frac{U_N^2}{U_d'^2}\cdot\frac{S_d}{S_N}\tag{7-30}$$

电抗器
$$X_{R*}=\frac{X_r\%}{100}\cdot\frac{U_{rN}}{U'_d}\cdot\frac{I'_d}{I_{rN}}\tag{7-31}$$

这里U'_d、I'_d是考虑变比后，由基本级的基准值归算至待归算级的电压、电流。

以上讲述了采用标幺制时的网络参数归算，显然较有名值归算复杂些，但对以后的电力系统潮流计算、调压计算及短路计算等，采用以标幺值参数表示的等效电路进行计算较为方便。

电力系统等效电路的绘制，即是将参数归算后的各元件的等效电路连接起来。为了以后计算方便，等效电路越简单越好。

【例 7-3】 如图 7-9 所示电力系统，试用精确计算法和近似计算法计算各元件的标幺值电抗。

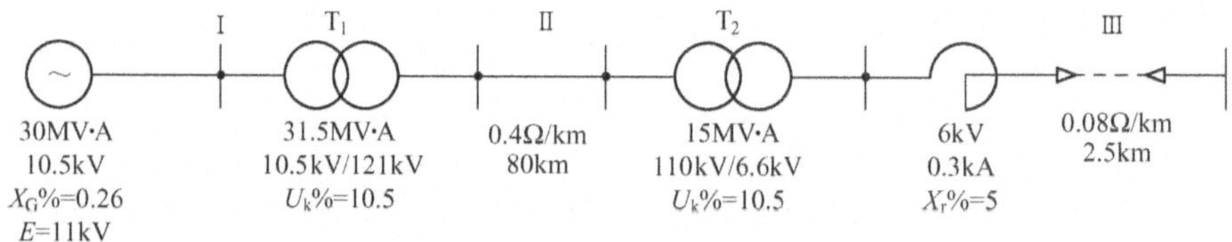

图 7-9　电力系统示意图

解：（1）精确计算（途径：先基准值归算，后取标幺值）

选第 Ⅰ 段为基本段，并取 $U_{d(1)}=10.5\text{ kV}$，$S_d=100\text{ MV}\cdot\text{A}$，其他两段的基准电压分别为

$$U_{d(2)}=U_{d(1)}\frac{1}{k_1}=10.5\frac{1}{\frac{10.5}{121}}\text{kV}=121\text{ kV}$$

$$U_{d(3)}=U_{d(1)}\frac{1}{k_1k_2}=10.5\frac{1}{\frac{10.5}{121}\times\frac{110}{6.6}}\text{kV}=7.26\text{ kV}$$

各段的基准电流分别为

$$I_{d(1)}=\frac{S_d}{\sqrt{3}U_{d(1)}}=\frac{100}{\sqrt{3}\times10.5}\text{kA}=5.5\text{ kA}$$

$$I_{d(2)}=\frac{S_d}{\sqrt{3}U_{d(2)}}=\frac{100}{\sqrt{3}\times121}\text{kA}=0.484\text{ kA}$$

$$I_{d(3)}=\frac{S_d}{\sqrt{3}U_{d(3)}}=\frac{100}{\sqrt{3}\times7.26}\text{kA}=7.95\text{ kA}$$

各元件的标幺值电抗分别为

发电机：$$X_{*1}=X_G\%\frac{S_d}{S_G}=0.26\times\frac{100}{30}=0.87$$

变压器 T_1：$$X_{*2}=\frac{U_k\%}{100}\cdot\frac{S_d}{S_T}=0.105\times\frac{100}{31.5}=0.33$$

输电线路：$$X_{*3}=X_0l\frac{S_d}{U_{d(2)}^2}=0.4\times80\times\frac{100}{121^2}=0.22$$

变压器 T_2：$$X_{*4}=\frac{U_k\%}{100}\cdot\frac{U_N^2}{S_N}\cdot\frac{S_d}{U_{d(2)}^2}=0.105\times\frac{110^2}{15}\times\frac{100}{121^2}=0.58$$

电抗器：$$X_{*5}=\frac{X_r\%}{100}\cdot\frac{U_{rN}}{I_{rN}}\cdot\frac{I_{d(3)}}{U_{d(3)}}=0.05\times\frac{6}{0.3}\times\frac{7.95}{7.26}=1.09$$

电缆线：$$X_{*6}=X_0l\frac{S_d}{U_{d(3)}^2}=0.08\times2.5\times\frac{100}{7.26^2}=0.38$$

（2）近似计算

各段基准电压和基准电流分别为

$$U_{d(1)}=10.5\text{ kV},\quad I_{d(1)}=\frac{100}{\sqrt{3}\times10.5}\text{kA}=5.5\text{ kA}$$

$$U_{d(2)}=115\text{ kV},\quad I_{d(2)}=\frac{100}{\sqrt{3}\times115}\text{kA}=0.5\text{ kA}$$

$$U_{d(3)}=6.3\text{ kV},\quad I_{d(3)}=\frac{100}{\sqrt{3}\times6.3}\text{kA}=9.2\text{ kA}$$

各元件的标幺值电抗分别为

发电机：$$X_{*1}=X_G\%\frac{S_d}{S_G}=0.26\times\frac{100}{30}=0.87$$

变压器 T_1：$$X_{*2}=0.105\times\frac{100}{31.5}=0.33$$

输电线路：$$X_{*3}=0.4\times80\times\frac{100}{115^2}=0.24$$

变压器 T_2：$$X_{*4}=0.105\times\frac{100}{15}=0.7$$

电抗器：$$X_{*5}=0.05\times\frac{6}{0.3}\times\frac{9.2}{6.3}=1.46$$

电缆线：$$X_{*6}=0.08\times2.5\times\frac{100}{6.3^2}=0.504$$

7.3 简单电力网的潮流分析

电力系统的潮流分布，是指电力系统在某一稳态的正常运行方式下，电力网络各节点的电压和支路功率的分布情况。

潮流分布计算，是按给定的电力系统接线方式、参数以及运行条件，确定电力系统各部分稳态运行参数的计算。工程实践中常用的给定运行条件有系统中各电源和负荷节点的功率、枢纽点电压、平衡节点的电压和相位角。待求的运行状态参量包括各节点的电压及其相位角、流经各元件的功率以及网络的功率损耗等。

潮流计算的主要目的如下：

1）通过潮流计算，可以检查电力系统各元件（如变压器、输电线路等）是否过负荷，以及可能出现过负荷时应事先采取哪些预防措施等。

2）通过潮流计算，可以检查电力系统各节点的电压是否满足电压质量的要求，还可以分析机组发电出力和负荷的变化，以及网络结构的变化对电力系统电压质量和安全经济运行的影响。

3）根据对各种运行方式的潮流分布计算，可以帮助我们正确地选择系统接线方式，合理调整负荷，以保证电力系统安全、可靠地运行，向用户供给高质量的电能。

4）根据功率分布，可以选择电力系统的电气设备和导线截面积，可以为电力系统继电保护整定计算提供必要的数据等。

5）为电力系统的规划和扩建提供依据。

6）为调整电压、经济运行计算、短路计算和稳定计算提供必要的数据。

7.3.1 单一元件的功率损耗和电压降落

电力网络的元件主要指线路和变压器，以下分别研究其功率损耗和电压降落。

1. 电力线路的功率损耗和电压降落

（1）线路的功率损耗

线路的等效电路如图 7-10 所示。

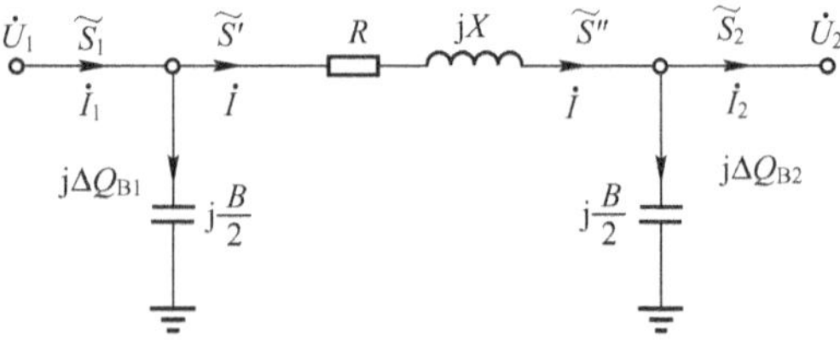

图 7-10　线路的等效电路

图中的等效电路忽略了对地电导，功率为三相功率，电压为线电压。值得注意的是，阻抗两端通过的电流相同，均为 I，阻抗两端的功率则不同，分别为$\widetilde{S}'$和$\widetilde{S}''$。

电力线路传输功率时产生的功率损耗既包括有功功率损耗，又包括无功功率损耗。线路功率损耗分为电流通过等效电路中串联阻抗时产生的功率损耗和电压施加于对地导纳时产生的损耗，以下分别讨论。

电流在线路的电阻和电抗上产生的功率损耗为

$$\Delta \widetilde{S}_{L}=\Delta P_{L}+j\Delta Q_{L}=I^{2}(R+jX)=\frac{P''^{2}+Q''^{2}}{U_{2}^{2}}(R+jX) \tag{7-32}$$

若电流用首端功率和电压计算，则

$$\Delta \widetilde{S}_{L}=\frac{P'^{2}+Q'^{2}}{U_{1}^{2}}(R+jX) \tag{7-33}$$

从式（7-33）可以看出，串联支路功率损耗的计算非常简单，等同于电路课程中学过的 I^2乘以 Z。值得注意的是，由于采用功率和电压表示电流，而线路存在功率损耗和电压损耗，因此线路两端功率和电压是不同的，在使用以上公式时功率和电压必须是同一端的。

式（7-33）还表明，如果元件不传输有功功率、只传输无功功率，仍然会在元件上产生有功功率的损耗。因此避免大量无功功率的流动是电力系统节能降损的一项重要措施。

在外加电压作用下，线路电容将产生无功功率 ΔQ_B。由于线路的对地并联支路是容性的，即在运行时发出无功功率，因此，作为无功功率损耗 ΔQ_L 应取正号，而 ΔQ_B 应取负号。ΔQ_B 的计算公式如下：

$$\Delta Q_{B1}=-\frac{1}{2}BU_{1}^{2},\quad \Delta Q_{B2}=-\frac{1}{2}BU_{2}^{2} \tag{7-34}$$

从式（7-34）可以看出，并联支路的功率损耗计算也非常简单，等同于电路课程中学过的 U^2乘以 Y。同理，该公式中的功率和电压也必须取同一端的。

线路首端的输入功率为

$$\widetilde{S}_{1}=\widetilde{S}'+j\Delta Q_{B1}$$

末端的输出功率为

$$\widetilde{S}_{2}=\widetilde{S}''-j\Delta Q_{B2}$$

线路末端输出有功功率 P_2 与首端输入有功功率 P_1 之比称为线路输电效率，即

$$\text{输电效率}=\frac{P_{2}}{P_{1}}\times 100\% \tag{7-35}$$

本章公式中单位如下：阻抗为 Ω，导纳为 S，电压为 kV，功率为 MV·A。

（2）输电线路的电压降

设网络元件的一相等效电路如图 7-11 所示，其中 R 和 X 分别为一相的电阻和等效电抗，U 和 I 表示相电压和相电流。

图 7-11　网络元件的等效电路

网络元件的电压降落是指元件首末端两点电压的相量差，由等效电路可知

$$\dot{U}_{1}-\dot{U}_{2}=(R+jX)\dot{I} \tag{7-36}$$

以$\dot{U}_2$ 为参考轴，已知$\dot{I}$ 和 $\cos\varphi_2$，可作出图 7-12a 所示的相量图。

图中$\overline{AB}$就是电压降落相量$(R+jX)\dot{I}$。把电压降落相量分解为与电压相量$\dot{U}_2$ 同方向和相垂直的两个分量$\overline{AD}$及$\overline{DB}$，这两个分量的绝对值分别记为 ΔU_2 和 δU_2，即 $\Delta U_2=AD$ 及 $\delta U_2=DB$，电压降落可以表示为

$$\dot{U}_{1}-\dot{U}_{2}=(R+jX)\dot{I}=\Delta\dot{U}_{2}+\delta\dot{U}_{2} \tag{7-37}$$

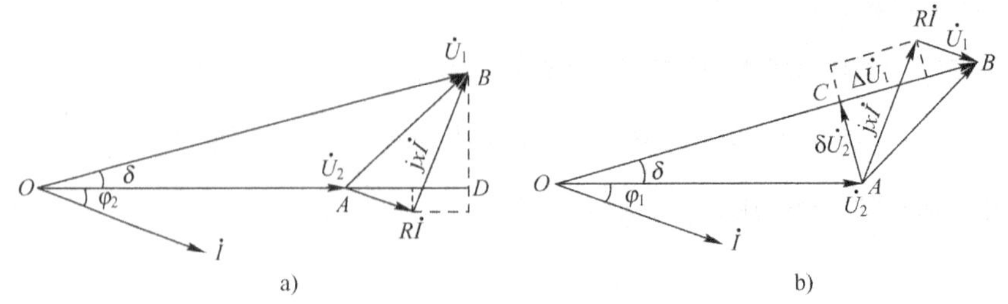

图 7-12　电压降落相量图

$\Delta\dot{U}_2$ 和 $\delta\dot{U}_2$ 分别称为电压降落的纵分量和横分量，由相量图可知

$$\left.\begin{aligned}\Delta U_2&=RI\cos\varphi_2+XI\sin\varphi_2\\ \delta U_2&=XI\cos\varphi_2-RI\sin\varphi_2\end{aligned}\right\}\tag{7-38}$$

在电力系统分析中，习惯用功率进行运算。与电压 $\dot{U}$ 和电流 $\dot{I}$ 相对应的一相功率为

$$\widetilde{S}''=\dot{U}_2\overset{*}{I}=P''+\mathrm{j}Q''=U_2I\cos\varphi_2+\mathrm{j}U_2I\sin\varphi_2$$

用功率代替电流，可将式（7-38）改写为

$$\left.\begin{aligned}\Delta U_2&=\frac{P''R+Q''X}{U_2}\\ \delta U_2&=\frac{P''X-Q''R}{U_2}\end{aligned}\right\}\tag{7-39}$$

必须注意，与功率损耗计算时一样，式（7-39）中的功率和电压也必须取同一端的。则元件首端的相电压为

$$\begin{aligned}\dot{U}_1&=\dot{U}_2+\Delta\dot{U}_2+\delta\dot{U}_2=U_2+\frac{P''R+Q''X}{U_2}+\mathrm{j}\,\frac{P''X-Q''R}{U_2}\\&=U_1\angle\delta\end{aligned}\tag{7-40}$$

$$U_1=\sqrt{(U_2+\Delta U_2)^2+(\delta U_2)^2}\tag{7-41}$$

$$\delta=\arctan\frac{\delta U_2}{U_2+\Delta U_2}\tag{7-42}$$

式中，δ 为元件首末端电压相量的相位差。

同样，若以 $\dot{U}_1$ 作参考轴，并且已知电流 $\dot{I}$ 和 $\cos\varphi_1$ 时，也可以把电压降落相量分解为与 $\dot{U}_1$ 同方向和垂直的两个分量，如图 7-12b 所示。

$$\dot{U}_1-\dot{U}_2=(R+\mathrm{j}X)\dot{I}=\Delta\dot{U}_1+\delta\dot{U}_1\tag{7-43}$$

如果再用一相功率表示电流，则

$$\widetilde{S}'=\dot{U}_1\overset{*}{I}=P'+\mathrm{j}Q'=U_1I\cos\varphi_1+\mathrm{j}U_1I\sin\varphi_1$$

于是

$$\left.\begin{aligned}\Delta U_1&=\frac{P'R+Q'X}{U_1}\\ \delta U_1&=\frac{P'X-Q'R}{U_1}\end{aligned}\right\}\tag{7-44}$$

而元件末端的相电压为

$$\dot{U}_2=\dot{U}_1-\Delta\dot{U}_1-\delta\dot{U}_1=U_1-\frac{P'R+Q'X}{U_1}-\mathrm{j}\frac{P'X-Q'R}{U_1}$$
$$=U_2\angle-\delta \tag{7-45}$$

$$U_2=\sqrt{(U_1-\Delta U_1)^2+(\delta U_1)^2} \tag{7-46}$$

$$\delta=\arctan\frac{\delta U_1}{U_1-\Delta U_1} \tag{7-47}$$

从上述推导可以看出，电压降落相量既可以按照$\dot{U}_2$作参考轴分解，也可以按照$\dot{U}_1$作参考轴分解，如图 7-13 所示。值得注意的是，这两种分解的纵分量和横分量分别都不相等，即 $\Delta U_1\neq\Delta U_2$，$\delta U_1\neq\delta U_2$。

需要指出的是，上述公式虽然是从一相等效电路按单相功率和相电压推导得到的，但是也适用于三相的情况，即采用三相功率和线电压表示的计算公式与之完全相同。并且上述公式都是按电流落后于电压，即功率因数角 φ 为正的情况下导出的。此外，本书所有公式中，当 Q 为感性无功功率时其值为正，当 Q 为容性无功功率时其数值为负。

电压降落的公式揭示了交流电力系统功率传输的基本规律。元件两端的电压幅值差主要由电压降落的纵分量决定，电压的相角差则由横分量确定。在高压输电线的参数中，由于电抗比电阻大得多，若忽略电阻，便得 $\Delta U=QX/U$，$\delta U=PX/U$。这说明在纯电抗元件中，电压降落的纵分量是因传送无功功率而产生，电压降落的横分量则因传送有功功率产生。也就是说，元件两端存在电压幅值差是传送无功功率的条件，存在电压相角差则是传送有功功率的条件。感性无功功率总是从电压幅值较高的一端流向电压幅值较低的一端，有功功率则从电压相位超前的一端流向电压相位滞后的一端。

实际的网络元件都存在电阻，电流有功分量流过电阻将会增加电压降落纵分量，电流的无功分量流过电阻则将使电压降落横分量有所减少。

（3）电压损耗和电压偏移

在讨论电网的电压水平和电能质量时，电压损耗和电压偏移是两个常用的概念。电压损耗、电压偏移与电压降落这三个概念不能混淆，电压损耗和电压偏移的定义如下：

电压损耗定义为元件两端间电压幅值的绝对值之差，也用 ΔU 表示。电压损耗的概念可以用图 7-14 表示。

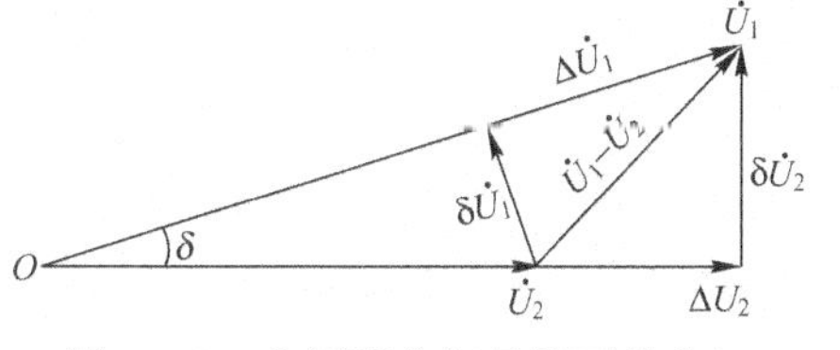

图 7-13　电压降落相量的两种分解

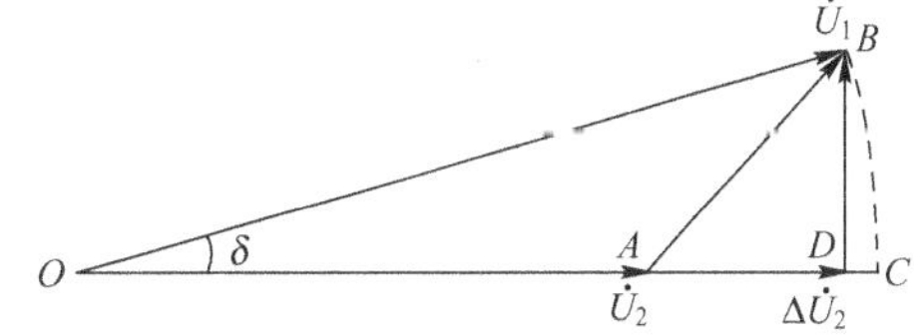

图 7-14　电压损耗

由图 7-14 可知

$$\Delta U=U_1-U_2=AC$$

当两点电压之间的相角差 δ 比较小时，AC 与 AD 的长度相差不大，电压损耗近似等于电压降落的纵分量。电压损耗还常用该元件额定电压的百分数表示。由于传送功率时在网络元件中要产生电压损耗，同一电压等级的电网中各节点的电压是不相等的，在工程实际中，常需计算某负荷点到电源点的总电压损耗，总电压损耗等于从电源点到该负荷点所经各串联元件电压损耗的代数和。

电力网实际电压幅值的高低对用户用电设备的工作是有密切影响的，而电压相位则对用户没有什么影响。用电设备都按工作在额定电压附近进行设计和制造，为了衡量电压质量，必须知道节点的电压偏移。电压偏移是指网络中某节点的实际电压同该节点的额定电压之差，也可以用额定电压的百分数表示，即

$$电压偏移(\%)=\frac{U-U_{\mathrm{N}}}{U_{\mathrm{N}}}\times 100\% \tag{7-48}$$

电压偏移是电能质量的一个重要指标，国家标准规定了不同电压等级的允许电压偏移。

2. 变压器的功率损耗和电压降落

变压器的等效电路如图 7-15 所示。

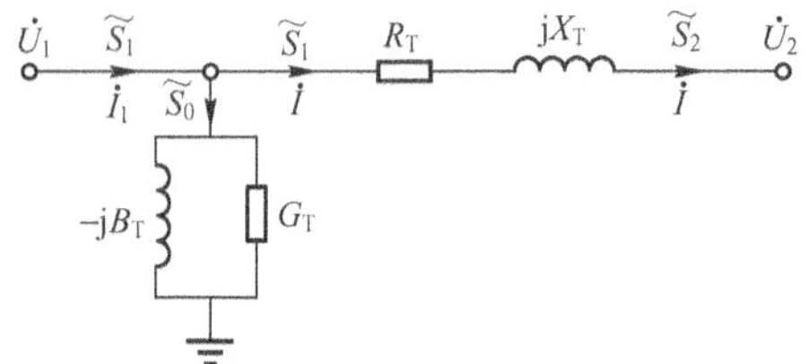

图 7-15　变压器的等效电路

变压器的等效电路与线路的区别在于只有一个对地并联支路。串联支路的电阻和电抗产生的功率损耗及电压降落，其计算方法与线路相同。

与线路的容性不同，变压器的对地并联支路是感性的，即运行时消耗无功功率。并联支路损耗主要是变压器的励磁功率，由等效电路中励磁支路的导纳确定。

$$\widetilde{S}_0=(G_{\mathrm{T}}+\mathrm{j}B_{\mathrm{T}})U^2 \tag{7-49}$$

由于正常运行时电压与额定电压相差不大，因此实际计算中可近似采用额定电压计算，即变压器的励磁损耗可以近似用恒定的空载损耗代替，即

$$\widetilde{S}_0=P_0+\mathrm{j}Q_0=P_0+\mathrm{j}\frac{I_0\%}{100}\widetilde{S}_{\mathrm{N}} \tag{7-50}$$

式中，P_0 为变压器的空载损耗（kW）；$I_0\%$ 为空载电流的百分数；$\widetilde{S}_{\mathrm{N}}$ 为变压器的额定容量（kV·A）。

7.3.2　开式网络的潮流计算

开式网络又称单侧电源辐射状网络，是由单一电源点通过辐射状网络向多个负荷点供电的网络。我国配电系统正常运行时都采用辐射状运行，适合使用开式网络的潮流计算方法。同时，开式网络潮流计算也是闭式网络潮流计算的基础。

1. 运算负荷

开式网络的潮流计算就是根据给定的网络接线和其他已知条件，计算网络中的功率分布、功率损耗和未知的节点电压。在进行潮流计算前一般先要对网络的等效电路作化简处理。

以图 7-16a 的开式网络为例介绍运算负荷的概念和化简方法。图中电源点 1 通过线路向负荷节点 2、3 和 4 供电。由于电力系统正常运行在额定电压附近，因此可以将线路等效电路中的对地支路分别用额定电压下的电容元件的无功功率代替。化简后的等效电路如图 7-16b 所示。

化简的具体做法是对每段线路首末端的节点都分别加上该段线路充电功率的一半，并将其与相应节点的负荷功率合并，得到

$$\widetilde{S}_2=\widetilde{S}_{LD2}+j\Delta Q_{B12}+j\Delta Q_{B23}=P_{LD2}+j\left[Q_{LD2}-\frac{1}{2}(B_{12}+B_{23})U_N^2\right]$$

$$\widetilde{S}_3=\widetilde{S}_{LD3}+j\Delta Q_{B23}+j\Delta Q_{B34}=P_{LD3}+j\left[Q_{LD3}-\frac{1}{2}(B_{23}+B_{34})U_N^2\right]$$

$$\widetilde{S}_4=\widetilde{S}_{LD4}+j\Delta Q_{B34}=P_{LD4}+j\left[Q_{LD4}-\frac{1}{2}B_{34}U_N^2\right]$$

$\widetilde{S}_2$、$\widetilde{S}_3$ 和$\widetilde{S}_4$ 习惯上称为电力网的运算负荷。此时，原网络已经化简为由三个集中的阻抗元件相串联、四个节点接有集中负荷的等效网络。

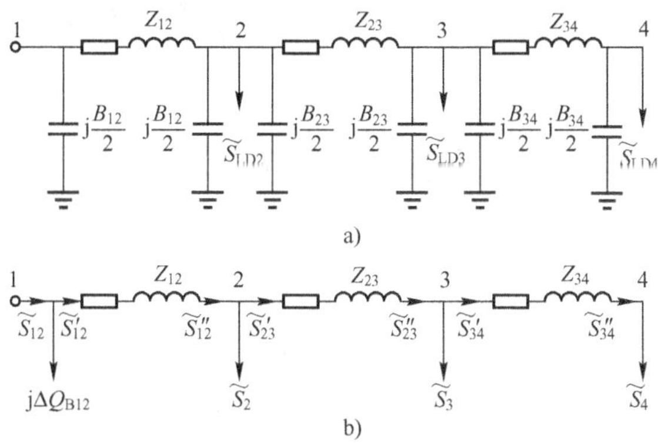

图 7-16　开式网络和运算负荷

另外，对于网络中并联接入的变压器支路，也可以化简为运算负荷。方法是先采用额定电压计算变压器的励磁损耗，再采用额定电压和实际负荷电流计算绕组损耗，然后将变压器损耗与低压侧负荷合并得到变压器高压侧的总负荷，最后与线路并联导纳充电功率合并得到运算负荷。在中压配电网络中，一般都采用这种方法来处理配电变压器。

2. 只含一级电压的开式网络潮流计算

首先研究只有一级电压的开式网，此时线路上不含变压器支路，仅有几个负荷，分以下两种情况讨论：

（1）已知末端电压

在图 7-16b 中，已知末端节点 4 的电压，可以从节点 4 开始，利用前面介绍的单一元件功率损耗和电压降落的计算方法，采用节点 4 的电压和功率$\widetilde{S}''_{34}$计算线路支路 3－4 的电压损耗和功率损耗，从而得到节点 3 的电压以及线路 2－3 末端的功率$\widetilde{S}''_{23}$，计算$\widetilde{S}''_{23}$时需注意还要加上节点 3 的运算负荷$\widetilde{S}_3$；然后按同样方法依次计算支路 2－3 和支路 1－2 的电压降落和功率损耗，直到计算到首端得到节点 1 的电压和首端功率$\widetilde{S}_{12}$。在不要求特别精确时，电压计算中的电压损耗可近似采用电压降落的纵分量代替。

（2）已知首端电压

但是，电力系统在多数情况下是已知电源点电压和负荷节点的功率，要求确定各负荷点电压和网络中的功率分布。在这种情况下的潮流计算方法如下：

由于功率损耗和电压降落的计算公式都要求采用同一端的功率和电压，当已知首端电压时，就无法直接利用公式计算，此时需采用迭代计算的办法。迭代过程分为两步，以下以

图 7-16b 网络为例介绍迭代计算的过程。

第一步：从末端节点 4 开始向电源点 1 方向计算功率分布。因为各负荷节点的实际电压未知，而正常稳态运行实际电压总在额定电压附近，因此第一次迭代时各节点电压的初值均采用额定电压代替实际电压，从末端到首端依次算出各段线路阻抗中的功率损耗和功率分布。

对于支路 3 - 4

$$\widetilde{S}'_{34} = \widetilde{S}''_{34} + \Delta\widetilde{S}_{34} = \widetilde{S}_4 + \frac{P''^2_{34} + Q''^2_{34}}{U_N^2}(R_3 + jX_3)$$

对于支路 2 - 3

$$\widetilde{S}'_{23} = \widetilde{S}''_{23} + \Delta\widetilde{S}_{23} = \widetilde{S}_3 + \widetilde{S}'_{34} + \frac{P''^2_{23} + Q''^2_{23}}{U_N^2}(R_2 + jX_2)$$

同样也可以求出支路 1 - 2 的功率$\widetilde{S}'_{12}$和$\widetilde{S}_{12}$。

第二步：从电源点 1 开始向末端负荷点 4 方向计算节点电压，计算中必须利用第一步求得的功率分布以及已知的首端电压顺着功率传送方向，依次计算各段支路的电压降落，并求出各节点电压。节点 2 的计算公式如下：

$$\Delta U_{12} = (P'_{12}R_{12} + Q'_{12}X_{12})/U_1$$

$$\delta U_{12} = (P'_{12}X_{12} - Q'_{12}R_{12})/U_1$$

$$U_2 = \sqrt{(U_1 - \Delta U_{12})^2 + (\delta U_{12})^2}$$

电压损耗计算也可以忽略电压降落的横分量，即

$$U_2 = U_1 - \Delta U_{12}$$

最后按照相同方法依次计算节点 3、4 的电压。

通过以上两个步骤便完成了第一轮迭代计算，一般计算到此为止。如果要求精度较高，则重复以上迭代计算。需注意的是，在下一轮计算功率损耗时应利用上一轮第二步所求得的节点电压。多次迭代后计算结果将逼近精确结果。

（3）含两级电压的开式网络潮流计算

含两级电压的开式电力网及其等效电路分别如图 7-17a、b 所示。

图中变压器阻抗已归算到线路 L - 12 的电压等级，已知首端实际电压 U_1 和末端功率 $\widetilde{S}_{LD}$，求各节点电压和网络的功率分布。

潮流计算仍可采用前面所讲单一电压开式网在已知首端电压时的迭代计算方法，首先假定实际电压初值为额定电压由末端向首端逐步算出各点的功率，然后用求得的首端功率和首端实际电压依次往后推算出各节点的电压。不同之处在于需要处理理想变压器，理想变压器两侧功率不变，只需要采用变比计算另一侧电压。

此外，另一种处理方法是将变压器二次侧的线路参数也归算到变压器高压侧，例如，图 7-17 中线路 L - 34 的归算公式如下：

$$Z'_{34} = R'_{34} + jX'_{34}, \quad R'_{34} = k^2R_{34}, \quad X'_{34} = k^2X_{34}, \quad B'_{34} = B_{34}/k^2$$

归算后得到图 7-17c 所示的等效电路。此时，已经没有变压器，这种等效电路的电压和功率计算与单一电压等级的开式网络完全一样，计算结束后，还需要将图 7-17c 中节点 3′和 4′的电压还原到实际电压。

在手工潮流计算中，上述两种处理方法都可采用，但是第一种方法更为方便，因为该方法在无须线路参数折算的情况下还能直接求出网络各点的实际电压。

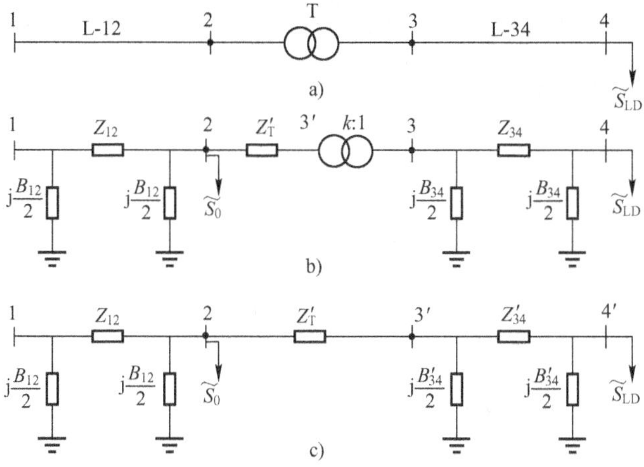

图 7-17　含两级电压开式电力网的等效电路

【例 7-4】 电力系统如图 7-18 所示，已知线路额定电压为 110 kV，长度为 30 km，导线参数 $r_0=0.2\ \Omega/\text{km}$，$x_0=0.4\ \Omega/\text{km}$，$b_0=2\times10^{-6}\ \text{S/km}$；变压器额定变比为 110/11，$\widetilde{S}_N=40$ MV·A，$P_0=80$ kW，$P_k=200$ kW，$U_k\%=8$，$I_0\%=3$，分接头在额定档；负荷$\widetilde{S}_{LDb}$为 10 + j3 MV·A，$\widetilde{S}_{LDc}$为 20 + j10 MV·A。母线 C 实际电压为 10 kV。计算变压器、线路的损耗和母线 A 输出的功率以及母线 A、B 的电压。

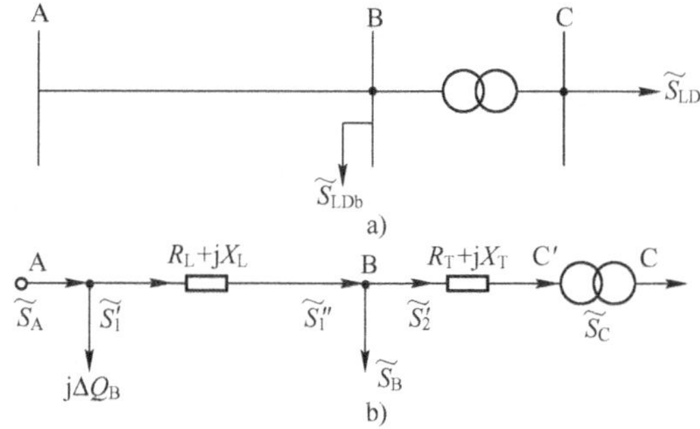

图 7-18　例 7-4 系统接线及等效电路

解：（1）画出系统的等效电路

等效电路如图 7-18b 所示。

（2）元件参数计算

$$R_L=r_0l=0.2\times30\ \Omega=6\ \Omega$$

$$X_L=x_0l=0.4\times30\ \Omega=12\ \Omega$$

$$B_L=b_0l=2\times10^{-6}\times30\ \text{S}=0.6\times10^{-4}\ \text{S}$$

$$\Delta Q_B=-0.5\times B_LU_N^2=-0.5\times0.6\times10^{-4}\times110^2\ \text{Mvar}=-0.363\ \text{Mvar}$$

$$R_T=\frac{P_kU_N^2}{S_N^2}\times10^3=\frac{200\times110^2}{40000^2}\times10^3\ \Omega=1.5125\ \Omega$$

$$X_T=\frac{U_k\%\,U_N^2}{100S_N}\times10^3=\frac{8\times110^2}{100\times40000}\times10^3\ \Omega=24.2\ \Omega$$

$$\tilde{S}_0 = P_0 + jQ_0 = 0.08 + j\frac{3\times40}{100}\text{MV}\cdot\text{A} = 0.08 + j1.2\text{ MV}\cdot\text{A}$$

（3）已知末端电压向前推功率和电压

计算运算负荷：

$$\tilde{S}_B = \tilde{S}_{LDb} + j\Delta Q_B + \tilde{S}_0 = 10 + j3 - j0.363 + 0.08 + j1.2\text{ MV}\cdot\text{A} = 10.08 + j3.837\text{ MV}\cdot\text{A}$$

$$j\Delta Q_B = -j0.363\text{ Mvar}$$

$$\tilde{S}_C = \tilde{S}_{LDc} = 20 + j10\text{ MV}\cdot\text{A}$$

1）计算 U'_C：

$$U'_C = kU_C = 10\times110/11\text{ kV} = 100\text{ kV}$$

2）C 到 B，计算变压器的功率损耗与电压损耗：

变压器绕组功率损耗

$$\Delta\tilde{S}_T = \frac{P''^2_2 + Q''^2_2}{U'^2_C}(R_T + jX_T) = \frac{20^2 + 10^2}{100^2}\times(1.5125 + j24.2)\text{ MV}\cdot\text{A} = 0.076 + j1.21\text{ MV}\cdot\text{A}$$

$$\tilde{S}'_2 = \tilde{S}_C + \Delta\tilde{S}_T = 20 + j10 + 0.076 + j1.21\text{ MV}\cdot\text{A} = 20.076 + j11.21\text{ MV}\cdot\text{A}$$

变压器总损耗

$$\Delta\tilde{S}_{TA} = \Delta\tilde{S}_T + \tilde{S}_0 = 0.156 + j2.41\text{ MV}\cdot\text{A}$$

变压器电压损耗

$$\Delta U_T = \frac{P''_2R_T + Q''_2X_T}{U'_C} = \frac{20\times1.5125 + 10\times24.2}{10\times110/11}\text{kV} = 2.723\text{ kV}$$

$$\delta U_T = \frac{P''_2X_T - Q''_2R_T}{U'_C} = \frac{20\times24.2 - 10\times1.5125}{10\times110/11}\text{kV} = 4.689\text{ kV}$$

$$U_B = \sqrt{(U'_C + \Delta U_T)^2 + (\delta U_T)^2} = \sqrt{(100 + 2.723)^2 + 4.689^2} = 102.83\text{ kV}$$

3）B 到 A，计算线路的功率损耗与电压损耗：

$$\tilde{S}''_1 = \tilde{S}'_2 + \tilde{S}_B = 20.076 + j11.21 + 10.08 + j3.837\text{ MV}\cdot\text{A} = 30.156 + j15.047\text{ MV}\cdot\text{A}$$

$$\Delta\tilde{S}_L = \frac{P''^2_1 + Q''^2_1}{U^2_B}(R_L + jX_L) = \frac{30.156^2 + 15.047^2}{102.83^2}\times(6 + j12)\text{ MV}\cdot\text{A} = 0.644 + j1.289\text{ MV}\cdot\text{A}$$

$$\tilde{S}'_1 = \tilde{S}''_1 + \Delta\tilde{S}_L = 30.156 + j15.047 + 0.644 + j1.289\text{ MV}\cdot\text{A} = 30.8 + j16.336\text{ MV}\cdot\text{A}$$

$$\tilde{S}_A = \tilde{S}'_1 + j\Delta Q_B = 30.8 + j16.336 - j0.363\text{ MV}\cdot\text{A} = 30.8 + j15.973\text{MV}\cdot\text{A}$$

$$\Delta U_L = \frac{P''_1R_L + Q''_1X_L}{U_B} = \frac{30.156\times6 + 15.047\times12}{102.83}\text{kV} = 3.516\text{ kV}$$

$$\delta U_L = \frac{P''_1X_L - Q''_1R_L}{U_B} = \frac{30.156\times12 - 15.047\times6}{102.83}\text{kV} = 2.641\text{ kV}$$

$$U_A = \sqrt{(U_B + \Delta U_L)^2 + (\delta U_L)^2} = \sqrt{(102.83 + 3.516)^2 + 2.641^2}\text{ kV} = 106.379\text{ kV}$$

需要指出：

1）如果在上述计算中都将电压降落的横分量略去不计，所得的结果与计及电压降落横纵分量的计算结果相比较，误差很小。

2）若已知电压不是母线 C，而是母线 A，则需要迭代求解，第一次迭代采用额定电压作为末端电压初值，从末端到首端推功率，再用首端功率与给定实际电压向末端推电压；再不断迭代，直到两次求得电压差的绝对值满足精度要求。

7.3.3 配电网络的潮流计算

配电网络一般采用环网建设、辐射运行的原则，其典型运行方式是从变电站的馈电线路出口向树状网络上的多个负荷节点供电，馈线出口可以看作网络的单一供电电源点，因此其本质上也是开式网络。配电网络潮流计算可以按照馈线树为单位分别进行计算。

配电网络供电的最明显拓扑特征是树，馈线树的电源点是树的根节点，树中不存在任何闭合回路，功率的传递方向是完全确定的，任一条支路按照电流方向都有确定的始节点和终节点。除根节点外，树中的节点分为叶节点和非叶节点两类。叶节点为该支路的终节点，只与一条支路连接。而非叶节点与两条或两条以上的支路连接，它作为一条支路的终节点，又兼作另一条或多条支路的始节点。对于图 7-19 所示的网络，1 是电源点，即根节点，节点 2、3 和 7 为非叶节点，节点 4、5、6、8 和 9 为叶节点。

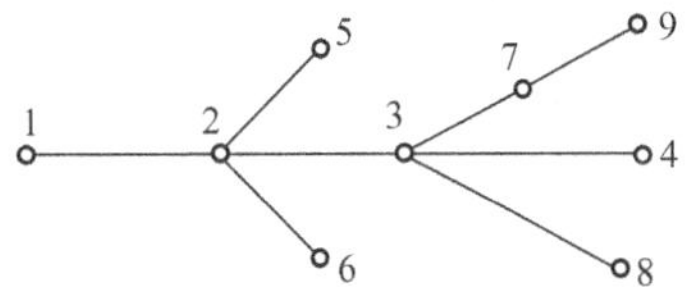

图 7-19　树状配电网络供电方式

在配电网潮流计算中，通常是已知分布在馈线树上各点的负荷和首端电压，所以潮流计算方法与已知首端电压的简单开式网络类似。具体步骤如下：

第一步：从与叶节点连接的支路开始，该支路的末端功率即等于叶节点功率，利用这个功率和对应的节点电压计算支路功率损耗，求得支路的首端功率。对于第一轮的迭代计算，叶节点电压初值取额定电压。当以某节点为始节点的各支路都计算完毕后，便想象将这些支路都拆去，使该节点成为新的叶节点，其节点功率等于原有的负荷功率与以该节点为始节点的各支路首端功率之和。这样计算便可延续下去，直到全部支路计算完毕。这一步骤的计算公式如下：

$$\widetilde{S}''^{(k)}_{ij} = \widetilde{S}^{(k)}_{j} + \sum_{m \in N_j} \widetilde{S}'^{(k)}_{jm} \tag{7-51}$$

$$\Delta \widetilde{S}^{(k)}_{ij} = \frac{P''^{(k)2}_{ij} + Q''^{(k)2}_{ij}}{U^{(k)2}_{j}}(r_{ij} + \mathrm{j}x_{ij}) \tag{7-52}$$

$$\widetilde{S}'^{(k)}_{ij} = \widetilde{S}''^{(k)}_{ij} + \Delta \widetilde{S}^{(k)}_{ij} \tag{7-53}$$

式中，k 为迭代次数。N_j为由节点 j 供电的所有相连节点的集合。在图 7-19 中，对于节点 2，$N_2 = \{5, 3, 6\}$；对于节点 7，$N_7 = \{9\}$；对于所有的叶节点，N_j为空集。

第二步：利用第一步所得的电源点出口首端功率和电源点已知电压，从电源点开始逐条支路向网络末端进行计算，直到求得各支路终节点的电压，其计算公式为

$$U^{(k+1)}_{j} = \sqrt{\left(U^{(k+1)}_{i} - \frac{P'^{(k)}_{ij} r_{ij} + Q'^{(k)}_{ij} x_{ij}}{U^{(k+1)}_{i}}\right)^2 + \left(\frac{P'^{(k)}_{ij} x_{ij} - Q'^{(k)}_{ij} r_{ij}}{U^{(k+1)}_{i}}\right)^2} \tag{7-54}$$

迭代中，式（7-54）计算也可忽略电压降落横分量。

对于规模不大的网络采用上述公式计算并不复杂，可手工计算。精度要求不是很高时，进行一轮迭代计算即可。若给定误差为 ε，则以 $\max\{|U^{(k+1)}_{i} - U^{(k)}_{i}|\} < \varepsilon$ 作为迭代收敛的依据。

对于规模较大的网络一般用计算机进行计算。在迭代开始前，首先要解决支路的计算顺序问题。下面介绍两种常用的确定支路计算顺序的方法。

第一种方法是按与叶节点连接支路排序，并将已排序支路拆除，在此过程中会不断出现

新的叶节点，将与其连接的支路又加入排序行列。这样就可以全部排列好从叶节点向电源点计算功率损耗的支路顺序，其逆序就是进行电压计算的支路顺序。以图 7-19 所示树状网络为例，设从任意一个末端叶节点 9 开始，选支路 7 -9 作为第一条支路。拆除该支路，节点 7 就变成叶节点，支路 3 -7 便作为第二条支路，拆除 3 -7 时没有出现新的叶节点。接着拆除 3 -4 和 3 -8 支路，此时 3 成为叶节点，于是拆除 2 -3 支路，接下去是 2 -5 和 2 -6 支路，最后是 1 -2。值得注意的是，选择拆除支路时可以有多种选择，因此最终存在多种不同的排序方案。

第二种是逐条追加支路的方法。首先从根节点开始接出第一条支路，引出一个新节点，以后每次追加的支路都必须从已出现的节点接出，按该原则逐条追加支路，直到全部支路追加完毕时，所得到的支路追加顺序即是进行电压计算的支路顺序，其逆序则是功率损耗计算的支路顺序。对图 7-19 所示的网络，可行的排序方案也不止一种，例如 1 -2、2 -5、2 -3、3 -7、7 -9、3 -4、3 -8、2 -6 就是一种可行的顺序。

确定计算顺序后，然后按照普通开式网络潮流计算的方法进行计算就可以完成配电网络的潮流计算。这种按一定排序方式前推后推迭代进行潮流计算的方法具有公式简单、收敛迅速的优点，广泛应用于树状配电网络的潮流计算。

【例 7-5】 10 kV 配电网络的电网结构如图 7-20 所示。已知各节点的负荷功率及线路参数如下：$Z_{12}=1.2+\mathrm{j}2.4\ \Omega$，$Z_{23}=1.0+\mathrm{j}2.0\ \Omega$，$Z_{24}=1.5+\mathrm{j}3.0\ \Omega$。$\widetilde{S}_2=0.3+\mathrm{j}0.2\ \mathrm{MV\cdot A}$，$\widetilde{S}_3=0.5+\mathrm{j}0.3\ \mathrm{MV\cdot A}$，$\widetilde{S}_4=0.2+\mathrm{j}0.15\ \mathrm{MV\cdot A}$。设母线 1 的电压为 10.5 kV，线路始端功率容许误差为 0.3%。试作功率和电压计算。

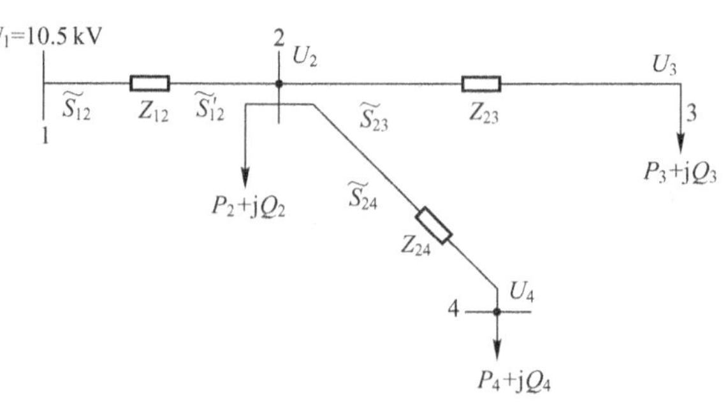

图 7-20　例 7-5 网络结构图

解：（1）假设各节点电压均为额定电压，功率损耗计算的支路顺序为 3 -2、4 -2、2 -1，第一轮计算依上列支路顺序计算各支路的功率损耗和功率分布

$$\Delta\widetilde{S}_{23}=\frac{P_3^2+Q_3^2}{U_\mathrm{N}^2}(R_{23}+\mathrm{j}X_{23})=\frac{0.5^2+0.3^2}{10^2}(1+\mathrm{j}2)\ \mathrm{MV\cdot A}=0.0034+\mathrm{j}0.0068\ \mathrm{MV\cdot A}$$

$$\Delta\widetilde{S}_{24}=\frac{P_4^2+Q_4^2}{U_\mathrm{N}^2}(R_{24}+\mathrm{j}X_{24})=\frac{0.2^2+0.15^2}{10^2}(1.5+\mathrm{j}3)\ \mathrm{MV\cdot A}=0.0009+\mathrm{j}0.0019\ \mathrm{MV\cdot A}$$

则

$$\widetilde{S}_{23}=\widetilde{S}_3+\Delta\widetilde{S}_{23}=0.5034+\mathrm{j}0.3068\ \mathrm{MV\cdot A}$$

$$\widetilde{S}_{24}=\widetilde{S}_4+\Delta\widetilde{S}_{24}=0.2009+\mathrm{j}0.1519\ \mathrm{MV\cdot A}$$

$$\widetilde{S}'_{12}=\widetilde{S}_{23}+\widetilde{S}_{24}+\widetilde{S}_2=1.0043+\mathrm{j}0.6587\ \mathrm{MV\cdot A}$$

又

$$\Delta\widetilde{S}_{12}=\frac{{P'_{12}}^2+{Q'_{12}}^2}{U_\mathrm{N}^2}(R_{12}+\mathrm{j}X_{12})=\frac{1.0043^2+0.6587^2}{10^2}(1.2+\mathrm{j}2.4)\ \mathrm{MV\cdot A}=0.0173+\mathrm{j}0.0346\ \mathrm{MV\cdot A}$$

$$\widetilde{S}_{12}=\widetilde{S}'_{12}+\Delta\widetilde{S}_{12}=1.0216+\mathrm{j}0.6933\ \mathrm{MV\cdot A}$$

（2）用已知的线路始端电压 $U_1=10.5\ \mathrm{kV}$ 及上述求得的线路始端功率 $\widetilde{S}_{12}$，按上列相反

的顺序求出线路各点电压，计算中忽略电压降落横分量

$$\Delta U_{12}=\frac{P_{12}R_{12}+Q_{12}X_{12}}{U_1}=0.2752\ \text{kV}\Rightarrow U_2\approx U_1-\Delta U_{12}=10.2248\ \text{kV}$$

$$\Delta U_{24}=\frac{P_{24}R_{24}+Q_{24}X_{24}}{U_2}=0.0740\ \text{kV}\Rightarrow U_4\approx U_2-\Delta U_{24}=10.1508\ \text{kV}$$

$$\Delta U_{23}=\frac{P_{23}R_{23}+Q_{23}X_{23}}{U_2}=0.1100\ \text{kV}\Rightarrow U_3\approx U_2-\Delta U_{23}=10.1148\ \text{kV}$$

（3）根据上述求得的各点线路电压，重新计算各线路的功率损耗和线路始端功率

$$\Delta\widetilde{S}_{23}=\frac{0.5^2+0.3^2}{10.11^2}(1+\text{j}2)\ \text{MV}\cdot\text{A}=0.0034+\text{j}0.0067\ \text{MV}\cdot\text{A}$$

$$\Delta\widetilde{S}_{24}=\frac{0.2^2+0.15^2}{10.15^2}(1.5+\text{j}3)\ \text{MV}\cdot\text{A}=0.0009+\text{j}0.0018\ \text{MV}\cdot\text{A}$$

故

$$\widetilde{S}_{23}=\widetilde{S}_3+\Delta\widetilde{S}_{23}=0.5034+\text{j}0.3067\ \text{MV}\cdot\text{A}$$

$$\widetilde{S}_{24}=\widetilde{S}_4+\Delta\widetilde{S}_{24}=0.2009+\text{j}0.1518\ \text{MV}\cdot\text{A}$$

则

$$\widetilde{S}'_{12}=\widetilde{S}_{23}+\widetilde{S}_{24}+S_2=1.0043+\text{j}0.6585\ \text{MV}\cdot\text{A}$$

又

$$\Delta\widetilde{S}_{12}=\frac{1.0043^2+0.6585^2}{10.22^2}(1.2+\text{j}2.4)\ \text{MV}\cdot\text{A}=0.0166+\text{j}0.0331\ \text{MV}\cdot\text{A}$$

从而可得线路始端功率$\widetilde{S}_{12}=1.0209+\text{j}0.6916\ \text{MV}\cdot\text{A}$。

经过两轮迭代计算，结果与第一步所得的计算结果比较相差小于0.3%，计算到此结束。最后一次迭代结果可作为最终计算结果。

如果在配电网络中间连接有发电机，例如接有分布式电源，则该网络已不能算是严格意义上的开式网络了，因为开式网络只有一个电源点，任何负荷点只能从唯一的路径取得电能。但是，配电网正常运行时一般不允许发电机发出功率穿越变压器注入上一电压等级电网，配电网中的发电机实际起平衡本地负荷的作用。因此，网络在结构上仍是辐射状网络，如果发电厂的功率已经给定，仍然可以把发电机当作一个取用功率为$-\widetilde{S}_{\text{G}}$的负荷，然后按开式网络处理。

7.3.4 简单闭式网络的潮流计算

与配电网不同，输电网正常运行时一般都合环运行，称为闭式网络。闭式网络是相对开式网络而言的，它包括两端供电网络和环形网络，本节将分别介绍这两种网络中功率分布计算的原理和方法。

1. 两端供电网络

两端供电网络具有两个供电电源点，如图7-21所示，a、b为两电源点。

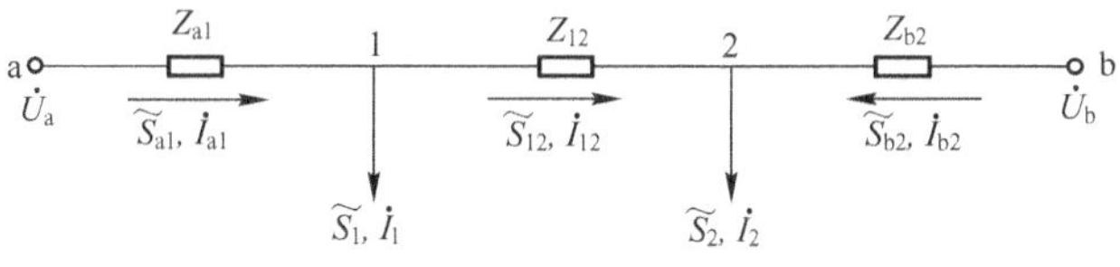

图7-21　两端供电网络

若电源电压$\dot{U}_a \neq \dot{U}_b$，且负荷点电流为$\dot{I}_1$和$\dot{I}_2$，根据基尔霍夫电压定律和电流定律，可写出下列方程：

$$\left.\begin{aligned}&\dot{U}_a - \dot{U}_b = Z_{a1}\dot{I}_{a1} + Z_{12}\dot{I}_{12} - Z_{b2}\dot{I}_{b2}\\&\dot{I}_{a1} - \dot{I}_{12} = \dot{I}_1\\&\dot{I}_{12} + \dot{I}_{b2} = \dot{I}_2\end{aligned}\right\} \tag{7-55}$$

由此可解出

$$\left.\begin{aligned}&\dot{I}_{a1} = \frac{(Z_{12}+Z_{b2})\dot{I}_1 + Z_{b2}\dot{I}_2}{Z_{a1}+Z_{12}+Z_{b2}} + \frac{\dot{U}_a - \dot{U}_b}{Z_{a1}+Z_{12}+Z_{b2}}\\&\dot{I}_{b2} = \frac{Z_{a1}\dot{I}_1 + (Z_{a1}+Z_{12})\dot{I}_2}{Z_{a1}+Z_{12}+Z_{b2}} - \frac{\dot{U}_a - \dot{U}_b}{Z_{a1}+Z_{12}+Z_{b2}}\end{aligned}\right\} \tag{7-56}$$

在电力网的实际计算中，负荷点的已知量一般是功率，而不是电流。为了求取网络中的功率分布，可以先采用近似的算法，忽略网络中的功率损耗，都用额定电压 U_N 来计算功率，令$\dot{U} = U_N \angle 0°$，有$\widetilde{S} \approx U_N \overset{*}{I}$，对式（7-56）的各量取共轭值，然后全式乘以 U_N，就得到

$$\left.\begin{aligned}&\widetilde{S}_{a1} = \frac{(\overset{*}{Z}_{12}+\overset{*}{Z}_{b2})\widetilde{S}_1 + \overset{*}{Z}_{b2}\widetilde{S}_2}{\overset{*}{Z}_{a1}+\overset{*}{Z}_{12}+\overset{*}{Z}_{b2}} + \frac{(\overset{*}{U}_a - \overset{*}{U}_b)U_N}{\overset{*}{Z}_{a1}+\overset{*}{Z}_{12}+\overset{*}{Z}_{b2}} = \widetilde{S}_{a1,LD} + \widetilde{S}_c\\&\widetilde{S}_{b2} = \frac{\overset{*}{Z}_{a1}\widetilde{S}_1 + (\overset{*}{Z}_{a1}+\overset{*}{Z}_{12})\widetilde{S}_2}{\overset{*}{Z}_{a1}+\overset{*}{Z}_{12}+\overset{*}{Z}_{b2}} - \frac{(\overset{*}{U}_a - \overset{*}{U}_b)U_N}{\overset{*}{Z}_{a1}+\overset{*}{Z}_{12}+\overset{*}{Z}_{b2}} = \widetilde{S}_{b2,LD} - \widetilde{S}_c\end{aligned}\right\} \tag{7-57}$$

由式（7-57）可见，每个电源点送出的功率都包含两个分量，第一个分量由网络参数和负荷功率确定，每一个负荷的功率都以该负荷点到两个电源点间的阻抗共轭值成反比的关系分配给两个电源点；第二个分量称为循环功率，它由两个供电点的电压差引起。当两端电压相等时，循环功率为零，式（7-57）右端只剩下前一项，该项结构与力学中杠杆原理类似，可类比为一根承担多个集中负荷的横梁，其两个支点的反作用力就相当于电源点输出的功率。

求出供电点输出的功率$\widetilde{S}_{a1}$和$\widetilde{S}_{b2}$之后，就可在线路上各点按线路功率和负荷功率相平衡的条件，求出整个电力网中的功率分布。例如，根据节点 1 的功率平衡可得

$$\widetilde{S}_{12} = \widetilde{S}_{a1} - \widetilde{S}_1$$

在电力网中功率由两个方向流入的节点称为功率分点，并用符号▼标出，例如图 7-22a 中的节点 2。有时有功功率和无功功率分点可能出现在不同节点，通常就用▼和▽分别表示有功功率和无功功率分点。

在不计功率损耗求出电力网络功率分布之后，可想象在功率分点（节点 2）将网络解开，此时形成两个开式网，如图 7-22b 所示。将功率分点处的负荷$\widetilde{S}_2$ 也分成$\widetilde{S}_{b2}$

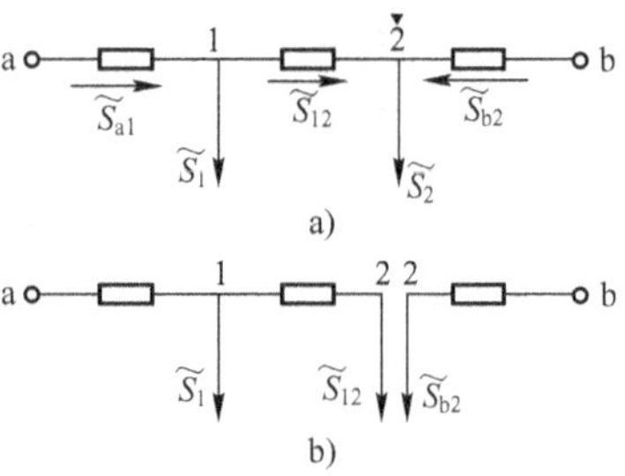

图 7-22　两端供电网络的功率分布

和$\widetilde{S}_{12}$两部分（满足$\widetilde{S}_2=\widetilde{S}_{12}+\widetilde{S}_{b2}$），分别挂在两个开式网的终端。然后按照7.3.2节方法分别计算两个开式网的功率损耗和功率分布。在计算功率损耗时，网络中各点的未知电压可先用额定电压代替。

当有功功率分点和无功功率分点不一致时，常选电压较低的分点将网络解开。在110 kV及以上电网中，一般是无功功率分点电压最低，故应在无功功率分点将环网解开。在具有分支线的闭式电力网中，功率分点只是干线的电压最低点，不一定是整个电力网的电压最低点。

对于接有n个负荷的两端供电网络，可以进一步推广得到

$$\left.\begin{aligned}\widetilde{S}_{a1}&=\frac{\sum_{i=1}^{n}\overset{*}{Z}_i\widetilde{S}_i}{\overset{*}{Z}_{\Sigma}}+\frac{(\overset{*}{U}_a-\overset{*}{U}_b)U_N}{\overset{*}{Z}_{\Sigma}}=\widetilde{S}_{a1,LD}+\widetilde{S}_c\\ \widetilde{S}_{bk}&=\frac{\sum_{i=1}^{n}\overset{*}{Z}'_i\widetilde{S}_i}{\overset{*}{Z}_{\Sigma}}-\frac{(\overset{*}{U}_a-\overset{*}{U}_b)U_N}{\overset{*}{Z}_{\Sigma}}=\widetilde{S}_{bk,LD}-\widetilde{S}_c\end{aligned}\right\}\tag{7-58}$$

式中，Z_{Σ}为整条线路的总阻抗（Ω）；Z_i和Z'_i分别为第i个负荷点到供电点a和b的总阻抗（Ω）。

由于循环功率与负荷无关，所以有$\widetilde{S}_{a1,LD}+\widetilde{S}_{bk,LD}=\sum_{i=1}^{k}\widetilde{S}_i$，可以由此检验计算结果是否正确。

网络各段线路的电抗和电阻的比值都相等的网络称为均一电力网，而电力系统设计往往采用均一网络。在两端供电的均一电力网中，若供电点的电压也相等，则式（7-58）便简化为

$$\left.\begin{aligned}\widetilde{S}_{a1}&=\frac{\sum_{i=1}^{k}\widetilde{S}_iR_i\left(1-j\dfrac{X_i}{R_i}\right)}{R_{\Sigma}\left(1-j\dfrac{X_{\Sigma}}{R_{\Sigma}}\right)}=\frac{\sum_{i=1}^{k}\widetilde{S}_iR_i}{R_{\Sigma}}=\frac{\sum_{i=1}^{k}P_iR_i}{R_{\Sigma}}+j\frac{\sum_{i=1}^{k}Q_iR_i}{R_{\Sigma}}\\ \widetilde{S}_{bk}&=\frac{\sum_{i=1}^{k}\widetilde{S}_iR'_i}{R_{\Sigma}}=\frac{\sum_{i=1}^{k}P_iR'_i}{R_{\Sigma}}+j\frac{\sum_{i=1}^{k}Q_iR'_i}{R_{\Sigma}}\end{aligned}\right\}\tag{7-59}$$

由此可见，在均一电力网中有功功率和无功功率的分布彼此无关，而且可以只利用各线段的电阻（或电抗）分别计算。对于各段单位长度的阻抗值都相等的均一网络，式（7-58）便可以简化为

$$\left.\begin{aligned}\widetilde{S}_{a1}&=\frac{\sum_{i=1}^{k}\widetilde{S}_i\overset{*}{Z}_0l_i}{\overset{*}{Z}_0l_{\Sigma}}=\frac{\sum_{i=1}^{k}\widetilde{S}_il_i}{l_{\Sigma}}=\frac{\sum_{i=1}^{k}P_il_i}{l_{\Sigma}}+j\frac{\sum_{i=1}^{k}Q_il_i}{l_{\Sigma}}\\ \widetilde{S}_{bk}&=\frac{\sum_{i=1}^{k}\widetilde{S}_il'_i}{l_{\Sigma}}=\frac{\sum_{i=1}^{k}P_il'_i}{l_{\Sigma}}+j\frac{\sum_{i=1}^{k}Q_il'_i}{l_{\Sigma}}\end{aligned}\right\}\tag{7-60}$$

式中，Z_0 为单位长度的阻抗（Ω）；l_{Σ} 为整条线路的总长度（km）；l_i 和 l'_i 分别为从第 i 个负荷点到供电点 a 和 b 的长度（km）。

式（7-60）表明，在这种均一电力网中，有功功率和无功功率分布只由线段的长度来决定，计算得到了极大的简化。

2. 不含变压器的单环网络

简单环网是指每一节点都只同两条支路相接的环形网络，例如图 7-23 所示的网络，功率从节点 1 流向节点 2 和节点 3。

单电源供电的简单环网可以在电源点拆开，看作是供电点电压相等的两端供电网络。图 7-23 网络就从节点 1 拆开，再采用两端供电网络的潮流计算方法来处理，由式（7-58）得到如下功率分布：

$$\left.\begin{aligned}\widetilde{S}_{12}&=\frac{\widetilde{S}_3\overset{*}{Z}_{13}+\widetilde{S}_2(\overset{*}{Z}_{13}+\overset{*}{Z}_{23})}{\overset{*}{Z}_{12}+\overset{*}{Z}_{23}+\overset{*}{Z}_{13}}\\ \widetilde{S}_{13}&=\frac{\widetilde{S}_2\overset{*}{Z}_{12}+\widetilde{S}_3(\overset{*}{Z}_{12}+\overset{*}{Z}_{23})}{\overset{*}{Z}_{12}+\overset{*}{Z}_{33}+\overset{*}{Z}_{13}}\end{aligned}\right\}\qquad(7\text{-}61)$$

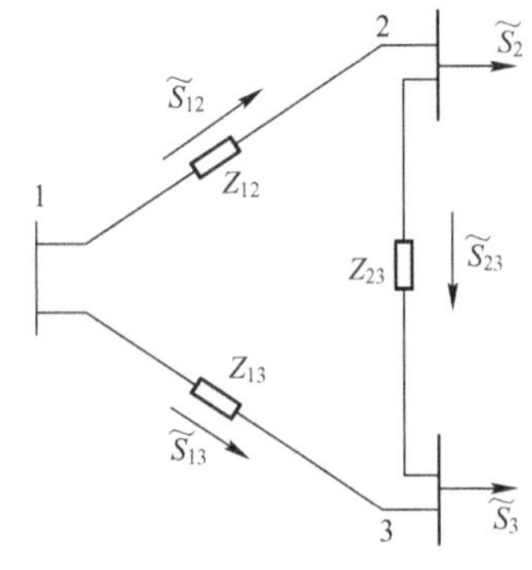

图 7-23　简单环网的功率分布

显然，由于拆开的两个电源点实际为同一点，它们的电压一定相等，因此不存在循环功率，即$\widetilde{S}_c=0$。

可以看出，功率在环形网络中是与阻抗成反比分布的，这种分布称为功率的自然分布。

此外，当简单环网中存在多个电源点时给定功率的电源点可以当作负荷点处理，而把给定电压的电源点都一分为二，这样便得到若干个已知供电点电压的两端供电网络。再采用两端供电网络的潮流计算方法来处理。

【例 7-6】 110 kV 环网如图 7-24a 所示，导线型号均为 LGJ－95，已知：线路 AB 段为 40 km，AC 段为 30 km，BC 段为 30 km；LGJ－95 导线参数：$r_0=0.33\ \Omega/\text{km}$，$x_0=0.429\ \Omega/\text{km}$，$b_0=2.65\times10^{-6}$ S/km。变电站负荷为$\widetilde{S}_{\text{LdB}}=20+\text{j}15$ MV·A，$\widetilde{S}_{\text{LdC}}=10+\text{j}10$ MV·A；电源点 A 点电压为 115 kV。试求 B、C 点的电压；A 点所需注入功率以及电网的功率分布。

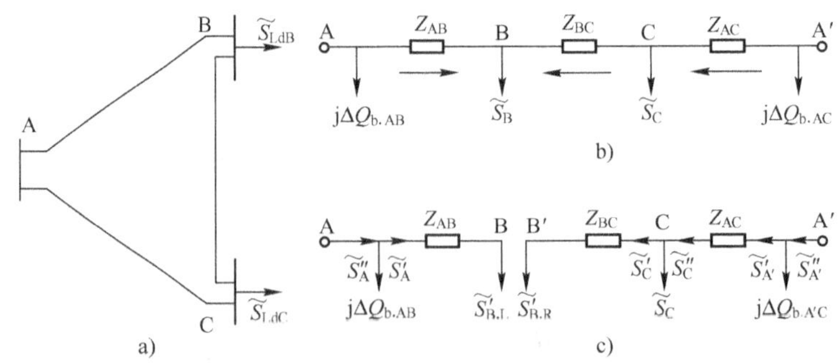

图 7-24　例 7-6 环网及其等效电路

a）网络接线　b）A 点拆开后的两端供电网络　c）功率分点拆开后的两开式网络

解：（1）计算参数及运算负荷

从母线 A 将环网拆为两端供电网络，如图 7-24b 所示。

计算线路参数：

线路 AB：$R_{AB}=0.33\times40\ \Omega=13.2\ \Omega$

$X_{AB}=0.429\times40\ \Omega=17.16\ \Omega$

$\frac{1}{2}B_{AB}=0.5\times2.65\times10^{-6}\times40\ \text{S}=0.53\times10^{-4}\ \text{S}$

线路 AC：$R_{AC}=0.33\times30\ \Omega=9.9\ \Omega$

$X_{AC}=0.429\times30\ \Omega=12.87\ \Omega$

$\frac{1}{2}B_{AC}=0.5\times2.65\times10^{-6}\times30\ \text{S}=0.398\times10^{-4}\ \text{S}$

线路 BC：$R_{BC}=0.33\times30\ \Omega=9.9\ \Omega$

$X_{BC}=0.429\times30\ \Omega=12.87\ \Omega$

$\frac{1}{2}B_{BC}=0.5\times2.65\times10^{-6}\times30\ \text{S}=0.398\times10^{-4}\ \text{S}$

计算线路电容功率：

AB 段：$\frac{1}{2}\Delta Q_{C(AB)}=U_N^2\times\frac{1}{2}B_{AB}=110^2\times0.53\times10^{-4}\ \text{Mvar}=0.641\ \text{Mvar}$

AC 段：$\frac{1}{2}\Delta Q_{C(AC)}=U_N^2\times\frac{1}{2}B_{AC}=110^2\times0.398\times10^{-4}\ \text{Mvar}=0.482\ \text{Mvar}$

BC 段：$\frac{1}{2}\Delta Q_{C(BC)}=\frac{1}{2}\Delta Q_{C(AC)}=0.482\ \text{Mvar}$

计算各点运算负荷：

$$\tilde{S}_B=\tilde{S}_{LdB}-j\frac{1}{2}\Delta Q_{C(AB)}-j\frac{1}{2}\Delta Q_{C(BC)}=20+j(15-0.641-0.482)\ \text{MV·A}=20+j13.877\ \text{MV·A}$$

$$\tilde{S}_C=\tilde{S}_{LdC}-j\frac{1}{2}\Delta Q_{C(AC)}-j\frac{1}{2}\Delta Q_{C(BC)}=10+j(10-0.482-0.482)\ \text{MV·A}=10+j9.036\ \text{MV·A}$$

（2）计算功率分点

求不计功率损耗时的近似计算功率分布，因为网络是均一网络，故

$$P_{AB}=\frac{\sum P_i l_i}{l_\Sigma}=\frac{20\times60+10\times30}{100}\ \text{MW}=15\ \text{MW}$$

$$P_{A'C}=\frac{\sum P_i l_i}{l_\Sigma}=\frac{10\times70+20\times40}{100}\ \text{MW}=15\ \text{MW}$$

$$P_{CB}=15-10\ \text{MW}=5\ \text{MW}$$

$$Q_{AB}=\frac{\sum Q_i l_i}{l_\Sigma}=\frac{13.877\times60+9.036\times30}{100}\ \text{Mvar}=11.037\ \text{Mvar}$$

$$Q_{A'C}=\frac{9.036\times70+13.877\times40}{100}\ \text{Mvar}=11.876\text{Mvar}$$

$$Q_{CB}=2.840\ \text{Mvar}$$

因为 P_{CB} 和 Q_{CB} 都大于 0，所以有功功率和无功功率的分点都在节点 B。在 B 点把原网络分成两个开式网，如图 7-24c 所示。左侧网络末端功率 $\tilde{S}'_{B.L}=15+j11.037\ \text{MV·A}$，右侧网络末端功率 $\tilde{S}'_{B.R}=5+j2.840\ \text{MV·A}$。经验算，$\tilde{S}'_{B.L}+\tilde{S}'_{B.R}=20+j13.877\ \text{MV·A}$，等于 $\tilde{S}_B$。

以下对两个开式网分别进行潮流计算。

（3）A－B 网络潮流计算

由于已知首端电压和末端功率，因此采用迭代计算方法，只作一次迭代。

第一步 B 到 A 推功率，B 点电压初值用额定电压 110 kV，则

$$\Delta\widetilde{S}_{AB}=\frac{P'^2_{B.L}+Q'^2_{B.L}}{U_B^2}(R_{AB}+jX_{AB})=\frac{15^2+11.037^2}{110^2}\times(13.2+j17.16)\ \text{MV}\cdot\text{A}=0.378+j0.492\ \text{MV}\cdot\text{A}$$

$$\widetilde{S}'_A=\widetilde{S}'_{B.L}+\Delta\widetilde{S}_{AB}=(15+j11.037)+(0.378+j0.492)\ \text{MV}\cdot\text{A}=15.378+j11.529\ \text{MV}\cdot\text{A}$$

第二步 A 到 B 推电压：

$$\Delta U_{AB}=\frac{P'_AR_{AB}+Q'_AX_{AB}}{U_A}+j\frac{P'_AX_{AB}-Q'_AR_{AB}}{U_A}$$

$$=\frac{15.378\times13.2+11.529\times17.16}{115}+j\frac{15.378\times17.16-11.529\times13.2}{115}\text{kV}=3.486+j0.971\ \text{kV}$$

$$U_B=\sqrt{(115-3.486)^2+0.971^2}=111.518\ \text{kV}$$

上述两步已完成第一次迭代，第二次迭代采用第一次迭代求得的 B 点电压计算。

重复以上两步迭代多次后所得到的 U_B 和$\widetilde{S}'_A$ 为最终结果，本例题只迭代一次。

$$\widetilde{S}''_A=\widetilde{S}'_A-\frac{1}{2}j\Delta Q_{C(AB)}=(15.378+j11.529)-j0.641\ \text{MV}\cdot\text{A}=15.378+j10.888\ \text{MV}\cdot\text{A}$$

（4）A′－C－B′网络潮流计算

第一步 B′到 C 推功率，B′点电压初值用额定电压 110 kV，则

$$\Delta\widetilde{S}_{B'C}=\frac{P'^2_{B.R}+Q'^2_{B.R}}{U_{B'}^2}(R_{B'C}+jX_{B'C})=\frac{5^2+2.840^2}{110^2}(9.9+j12.87)\ \text{MV}\cdot\text{A}=0.027+j0.035\ \text{MV}\cdot\text{A}$$

$$\widetilde{S}'_C=\widetilde{S}'_{B.R}+\Delta\widetilde{S}_{B'C}=(5+j2.840)+(0.027+j0.035)\ \text{MV}\cdot\text{A}=5.027+j2.875\ \text{MV}\cdot\text{A}$$

第二步 C 到 A′推功率：

$$\widetilde{S}''_C=\widetilde{S}'_C+\widetilde{S}_C=(5.027+j2.875)+(10+j9.036)\ \text{MV}\cdot\text{A}=15.027+j11.911\ \text{MV}\cdot\text{A}$$

$$\Delta\widetilde{S}_{CA'}=\frac{P''^2_C+Q''^2_C}{U_C^2}(R_{CA'}+jX_{CA'})=\frac{15.027^2+11.911^2}{110^2}(9.9+j12.87)\ \text{MV}\cdot\text{A}=0.301+j0.391\ \text{MV}\cdot\text{A}$$

$$\widetilde{S}'_{A'}=\widetilde{S}''_C+\Delta\widetilde{S}_{CA'}=(15.027+j11.911)+(0.301+j0.391)\ \text{MV}\cdot\text{A}=15.328+j12.302\ \text{MV}\cdot\text{A}$$

第三步 A′到 C 推电压：

$$\Delta U_{A'C}=\frac{P'_{A'}R_{A'C}+Q'_{A'}X_{A'C}}{U_{A'}}+j\frac{P'_{A'}X_{A'C}-Q'_{A'}R_{A'C}}{U_{A'}}$$

$$=\frac{15.328\times9.9+12.302\times12.87}{115}+j\frac{15.328\times12.87-12.302\times9.9}{115}\text{kV}=2.696+j0.656\ \text{kV}$$

$$U_C=\sqrt{(115-2.696)^2+0.656^2}\ \text{kV}=112.306\ \text{kV}$$

第四步 C 到 B′推电压：

$$\Delta U_{B'C}=\frac{P'_CR_{B'C}+Q'_CX_{B'C}}{U_C}+j\frac{P'_CX_{B'C}-Q'_CR_{B'C}}{U_C}$$

$$=\frac{5.027\times9.9+2.875\times12.87}{112.306}+j\frac{5.027\times12.87-2.875\times9.9}{112.306}\text{kV}=0.773+j0.323\ \text{kV}$$

$$U_{B'}=\sqrt{(112.306-0.773)^2+0.323^2}\ \text{kV}=111.534\ \text{kV}$$

以上完成第一次迭代，第二次迭代采用第一次迭代求得的 B′点电压计算。重复以上两步迭代多次后所得到的U_B和$\widetilde{S}'_A$为最终结果，本例题只迭代一次。

$$\widetilde{S}''_{A'}=\widetilde{S}'_{A'}-\frac{1}{2}\text{j}\Delta Q_{C(A'C)}=(15.328+\text{j}12.302)-\text{j}0.482\ \text{MV}\cdot\text{A}=15.328+\text{j}11.820\ \text{MV}\cdot\text{A}$$

$$\begin{aligned}\text{A 点注入功率}&=\widetilde{S}''_A+\widetilde{S}''_{A'}=(15.378+\text{j}10.888)+(15.328+\text{j}11.820)\ \text{MV}\cdot\text{A}\\&=30.706+\text{j}22.708\ \text{MV}\cdot\text{A}\end{aligned}$$

值得注意的是，两侧开式网络所求得的 B 点电压并不完全相等，但误差很小，可取任一端电压作为 B 点电压。

可以看出，环网线被拆解为两端供电网络，两端供电网络又被拆解为两个开式网络，问题逐步得到求解。这种试图将未知问题转换为一个已知问题，再利用已知问题的解决方法来求解是科学研究的一个常用手段。

3. 含变压器的简单环网

变电站内一般都有多台变压器，变压器并列运行时从高压侧母线到低压侧母线就构成了含变压器的环网。图 7-25a 所示为两台升压变压器并列运行的接线图，两台变压器实际变比分别为 k_1 和 k_2。忽略励磁支路的等效电路如图 7-25b 所示。该网络的潮流计算方法也是先将等效电路从 A 点拆开，得到如图 7-25c 所示的只有一个负荷节点的两端供电网络。

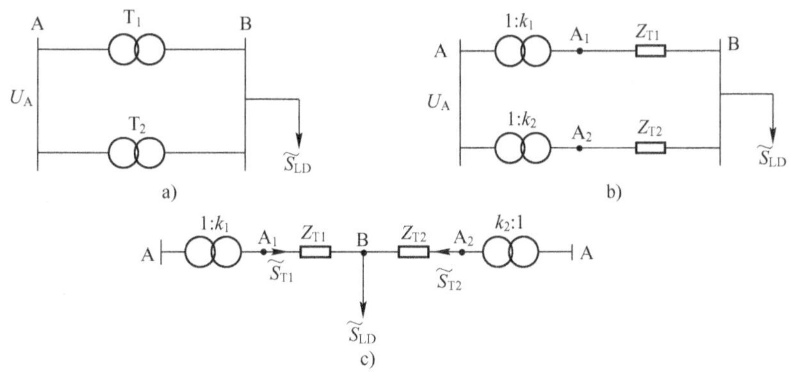

图 7-25 变压器并列运行时的功率分布

a）网络接线 b）等效电路 c）环路拆开后的等效电路

已知变压器一次侧的实际电压$\dot{U}_A$，有$\dot{U}_{A1}=k_1\dot{U}_A$和$\dot{U}_{A2}=k_2\dot{U}_A$。两端功率根据式（7-58）可得

$$\left.\begin{aligned}\widetilde{S}_{T1}&=\frac{\overset{*}{Z}'_{T2}\widetilde{S}_{LD}}{\overset{*}{Z}'_{T1}+\overset{*}{Z}'_{T2}}+\frac{(\overset{*}{U}'_{A1}-\overset{*}{U}'_{A2})U_{N\cdot H}}{\overset{*}{Z}'_{T1}+\overset{*}{Z}'_{T2}}\\\widetilde{S}_{T2}&=\frac{\overset{*}{Z}'_{T1}\widetilde{S}_{LD}}{\overset{*}{Z}'_{T1}+\overset{*}{Z}'_{T2}}+\frac{(\overset{*}{U}_{A2}-\overset{*}{U}_{A1})U_{N\cdot H}}{\overset{*}{Z}'_{T1}+\overset{*}{Z}'_{T2}}\end{aligned}\right\}\tag{7-62}$$

式中，$U_{N\cdot H}$为高压侧的额定电压（kV）。

假定循环功率方向从A_1到A_2，则循环功率为

$$\widetilde{S}_c = \frac{(\overset{*}{\dot{U}}{}'_{A1} - \overset{*}{\dot{U}}{}'_{A2})U_{N \cdot H}}{\overset{*}{Z}{}'_{T1} + \overset{*}{Z}{}'_{T2}} = \frac{\Delta \overset{*}{\dot{E}}{}' U_{N \cdot H}}{\overset{*}{Z}{}'_{T1} + \overset{*}{Z}{}'_{T2}} \tag{7-63}$$

式中，$\Delta \dot{E}'$称为环路电动势，即

$$\Delta \dot{E}' = \dot{U}_{A1} - \dot{U}_{A2} = \dot{U}_A(k_1 - k_2) = \dot{U}_A k_2\left(\frac{k_1}{k_2} - 1\right) \tag{7-64}$$

当并列运行的两变压器的变比相等时，环路电动势和循环功率均等于零。当变压器的变比不等时，环路电动势和循环功率将产生，且二者的作用方向是一致的。

环路电动势的计算可由环路的开口电压确定，既可在高压侧开口处，也可在低压侧开口处，但应与阻抗归算的电压等级一致，分别如图 7-26a、b 所示。

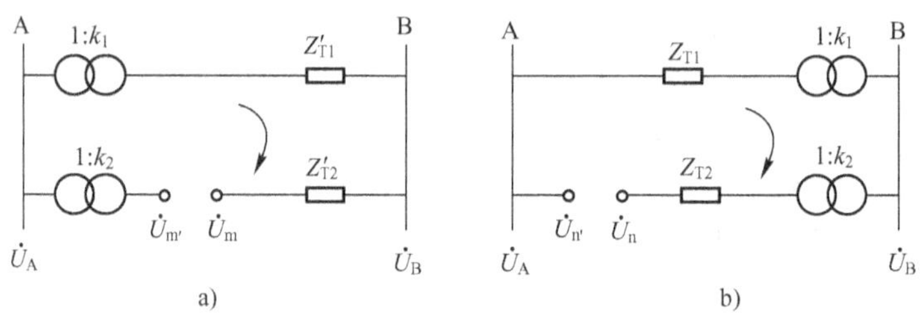

图 7-26　环路电动势

a）高压侧开口　b）低压侧开口

归算到高压侧时

$$\Delta \dot{E}' = \dot{U}_m - \dot{U}_{m'} = \dot{U}_{m'}\left(\frac{k_1}{k_2} - 1\right) = \dot{U}_{m'}(k_\Sigma - 1) \tag{7-65}$$

归算到低压侧时

$$\Delta \dot{E}' = \dot{U}_n - \dot{U}_{n'} = \dot{U}_{n'}\left(\frac{k_1}{k_2} - 1\right) = \dot{U}_{n'}(k_\Sigma - 1) \tag{7-66}$$

式（7-65）和（7-66）中的 $k_\Sigma = k_1/k_2$，称为环路的等效变比。如果$\dot{U}'_{m'}$和$\dot{U}_{n'}$未知，也可分别以相应电压级的额定电压$U_{N \cdot H}$和$U_{N \cdot L}$代替，于是循环功率便为

$$\widetilde{S}_c = \frac{U^2_{N \cdot H}(k_\Sigma - 1)}{\overset{*}{Z}{}'_{T1} + \overset{*}{Z}{}'_{T2}} \approx \frac{U^2_{N \cdot L}(k_\Sigma - 1)}{\overset{*}{Z}_{T1} + \overset{*}{Z}_{T2}}$$

【例 7-7】图 7-27 所示为电源经两台变压器和线路向负荷供电的两级电压环形网络，变压器变比分别为 T_1：$k_1 = 110/10$，T_2：$k_2 = 116/10$，变压器归算到低压侧的阻抗与线路阻抗之和为 $Z_{T1} = Z_{T2} = j2\ \Omega$，导纳忽略不计。已知用户负荷为$\widetilde{S}_L = 16 + j12$ MV · A，低压侧母线电压为 10 kV，求功率分布及高压侧电压。

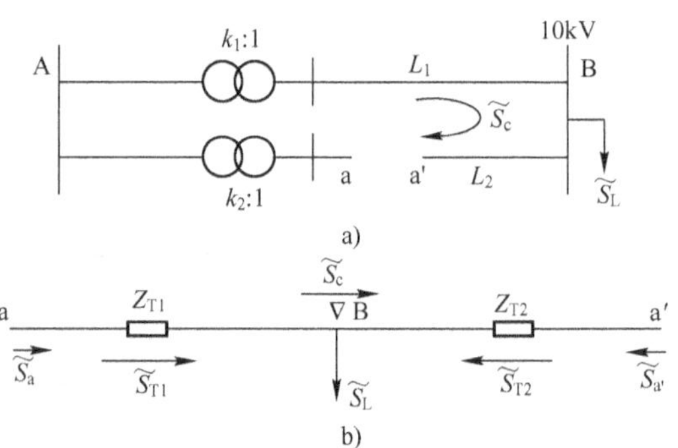

图 7-27　例 7-7 的环形网络及等效电路

解：本题采用本节所讲的近似方法进行计算。

(1) 假设变压器变比相等，因两台变压器阻抗相等，故

$$\widetilde{S}_{a}=\widetilde{S}'_{a}=\frac{1}{2}(16+j12)\ \text{MV}\cdot\text{A}=8+j6\ \text{MV}\cdot\text{A}$$

(2) 求循环功率

在 aa′将网络断开，则 a′点电压为 10 kV，而 a 点电压为 $10k_1/k_2$，由两端电压降落引起的循环功率为

$$\widetilde{S}_{c}=\frac{U_{N}\left(U_{a'}-U_{B}\times\dfrac{k_1}{k_2}\right)}{Z_{T1}+Z_{T2}}=\frac{10\times\left(10-10\times\dfrac{110}{116}\right)}{-j2-j2}\ \text{MV}\cdot\text{A}=j1.29\ \text{MV}\cdot\text{A}$$

(3) 循环功率的方向如图 7-27b 所示，于是可得网络的实际功率分布

$$\widetilde{S}_{T1}=\widetilde{S}_{a}+\widetilde{S}_{c}=8+j6+j1.29\ \text{MV}\cdot\text{A}=8+j7.29\ \text{MV}\cdot\text{A}$$

$$\widetilde{S}_{T2}=\widetilde{S}_{a}-\widetilde{S}_{c}=8+j6-j1.29\ \text{MV}\cdot\text{A}=8+j4.71\ \text{MV}\cdot\text{A}$$

(4) 计算高压侧电压

忽略电压降落横分量时，阻抗 Z_{T1}上的电压降落纵分量为

$$\Delta U_{T1}=\frac{P_{T1}R_{T1}+Q_{T1}X_{T1}}{U_{B}}=\frac{8\times0+7.29\times2}{10}\ \text{kV}=1.46\ \text{kV}$$

归算到低压侧的始端 A 点电压为

$$U'_{A}=U_{B}+\Delta U_{T1}=10+1.46\ \text{kV}=11.46\ \text{kV}$$

则高压侧的实际电压为

$$U_{A}=kU'_{A}=\frac{110}{10}\times11.46\ \text{kV}=126\ \text{kV}$$

(5) 计算功率损耗及始端 A 点的功率

在 B 点（功率分点）将环形网络拆开为两个开式网，两个阻抗中的功率损耗为

$$\Delta\widetilde{S}_{T1}=\frac{P_{T1}^2+Q_{T1}^2}{U_N^2}Z_{T1}=\frac{8^2+7.29^2}{10^2}\times j2\ \text{MV}\cdot\text{A}=j2.34\ \text{MV}\cdot\text{A}$$

$$\Delta\widetilde{S}_{T2}=\frac{P_{T2}^2+Q_{T2}^2}{U_N^2}Z_{T2}=\frac{8^2+4.71^2}{10^2}\times j2\ \text{MV}\cdot\text{A}=j1.72\ \text{MV}\cdot\text{A}$$

始端 A 点的总功率为

$$\widetilde{S}_{A}=\widetilde{S}_{L}+\Delta\widetilde{S}_{T1}+\Delta\widetilde{S}_{T2}=16+j12+j2.34+j1.72\ \text{MV}\cdot\text{A}=16+j16.06\ \text{MV}\cdot\text{A}$$

4. 多电压等级环网

在含多电压等级环网中，环路电动势和循环功率确定方法如下：首先将环路的等效变比 k_{Σ}设为 1，从环路的任一点出发，沿选定的环路方向绕行一周，每经过一个变压器，遇电压升高乘以变比，遇电压降低则除以变比，回到出发点时，k_{Σ}就计算完毕。然后计算环路电动势和循环功率，公式为

$$\Delta\dot{E}\approx U_{N}(k_{\Sigma}-1) \tag{7-67}$$

$$\widetilde{S}_{c}\approx\frac{\Delta\overset{*}{E}U_{N}}{\overset{*}{Z}_{\Sigma}} \tag{7-68}$$

式中，$\overset{*}{Z}_{\Sigma}$为环网总阻抗的共轭值；U_N是归算参数的电压等级的额定电压。可见，若$k_{\Sigma}=1$，则$\Delta\dot{E}$和$\widetilde{S}_c$都为零，表明在环网中运行的各变压器的变比是相匹配的。若$k_{\Sigma}\neq 1$，则出现循环功率，表明此时变压器的变比是不匹配的。

以下以图 7-28 所示有三级电压的环网为例说明计算过程。

发电机端 6 kV 母线经两台不同的升压变压器联入系统，变压器 T_1、T_2、T_3 的变比分别为$k_1=242/6.3$，$k_2=37.5/6.3$，$k_{31}=220/37.5$，$k_{32}=220/121$。环路电动势作用方向选为顺时针方向，计算k_{Σ}。

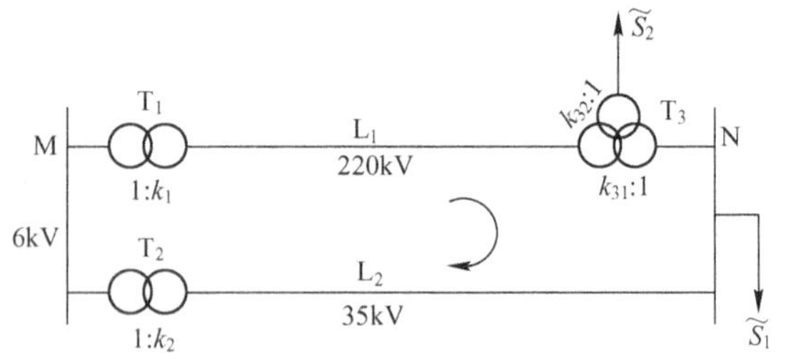

图 7-28　三级电压的环网

将k_{Σ}的初值设为 1，然后从母线 N 点出发顺时针方向绕行一周，首先经过变压器 T_2，电压降低，除以变比k_2后得 0.168；然后经过变压器 T_1，电压升高，乘以变比k_1得 6.453，最后经过变压器 T_3 回到母线 N，电压降低，再除以变比k_{31}，得到$k_{\Sigma}=1.1$。该算例计算结果表明，k_{Σ}大于 1，将出现顺时针方向的循环功率，环路中变压器的变比是不匹配的。

在电力系统运行中，也可以通过上述原理主动改变系统的功率分布，例如当环网中的功率分布在经济上不太合理时，可以调整变压器变比产生某一指定方向的循环功率来改善功率分布。

7.4　电力系统的有功功率和频率调整

7.4.1　电力系统有功功率平衡

1. 电力系统负荷变化曲线

在电力系统运行中，负荷做功需要一定的有功功率，同时，传输这些功率也要在网络中造成有功功率损耗。因此，电源发出的有功功率必须满足下列平衡式：

$$\sum P_{Gi}=\sum P_{Li}+\Delta P_{\Sigma}$$

式中，$\sum P_{Gi}$为所有电源发出的有功功率；$\sum P_{Li}$为所有负荷需要的有功功率；ΔP_{Σ}为网络中的有功功率损耗。

可见，发电机发出的功率比负荷功率大得多才行。当系统中负荷增大时，网络损耗也将增大，发电机发出的功率也要增加。在实际电力系统中，负荷随时在变化，所以必须靠调节电源侧，使发电机发出的功率随负荷功率的变化而变化。

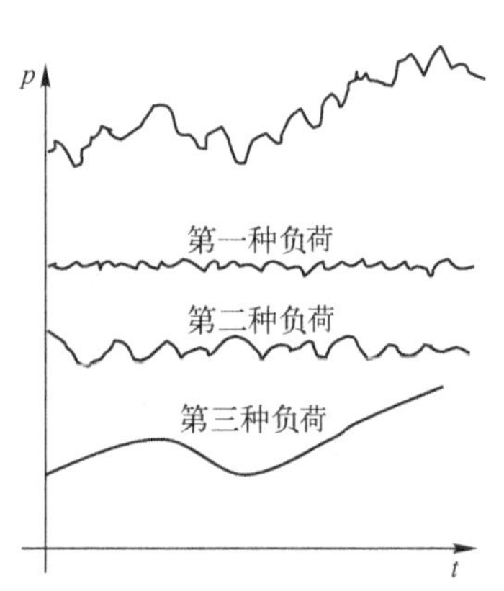

图 7-29　有功功率负荷的变化曲线

负荷曲线的形状往往是无一定规律可循，但可将这种无规则的曲线看成是几种有规律的曲线的叠加。如图 7-29 所示，将一种负荷曲线分解成三种曲线负荷。

第一种负荷曲线的变化，频率很快，周期很短，变化幅度很小。这是由于想象不到的小负荷经常性变化引起的。

第二种负荷曲线的变化，频率较慢，周期较长，幅度较大。这是由于一些冲击性、间歇性负荷的变动引起的，如大工厂中大电动机、电炉和电气机车等一开一停。

第三种负荷曲线的变化，非常缓慢，幅度很大。这是由于生产、生活和气象等引起的。这种负荷是可以预计的。

对于第一种负荷变化引起的频率偏移进行调整，称为频率的“一次调整”，调节方法一般是调节发电机组的调速器系统。对于第二种负荷变化引起的频率偏移进行调整，称为频率的“二次调整”，调节方法是调节发电机组的调频器系统。对于第三种负荷的变化，通常是根据预计的负荷曲线，按照一定的优化分配原则，在各发电厂间、发电机间实现功率的经济分配，称为有功功率负荷的优化分配。

2. 发电厂有功功率电源和备用容量

电力系统的有功功率电源是各类发电厂的发电机，但并非系统中的电源容量始终等于所有发电机额定容量之和。因为既不是所有发电机全部不间断地投入运行，也不是所有投入运行的发电机都能按额定容量发电，例如需要定期停机检修、某些水电厂的发电机由于水位的极度降低不能按额定容量运行等，所以系统的调度部门应及时、确切地掌握系统中各发电厂预计可投入运行的发电机可发功率，只有这些可投入运行的发电机的可发功率之和才是真正可供调度的系统电源容量。

显然，系统电源容量应不小于包括网络损耗和厂用电在内的系统总发电负荷。要想实现有功功率在各电厂的最优分配，则电场中必须有足够的备用，否则，谈不上实现最优分配。电力系统中只有拥有适当的备用容量，才有可能保证系统优质、安全、经济地运行。系统电源的装机容量大于发电负荷的部分，称为系统的备用容量。

一般备用容量占最大发电负荷的15% ~20%。

系统中备用容量可分为负荷备用、事故备用、检修备用和国民经济备用，或分为热备用和冷备用等。

1）负荷备用：为满足系统中短时的负荷波动和一日中计划外的负荷增加，而在系统中留有的备用容量，称为负荷备用。这种备用的大小要根据系统总负荷的大小及运行经验，并同时考虑系统各类用户的比重来确定，一般为最大发电负荷的2% ~5%。

2）事故备用：为防止系统中某些发电设备发生偶然事故影响供电，而在系统中留有的备用容量，称为事故备用。这种备用的大小，要根据系统中机组的台数、机组容量的大小、机组的故障率以及系统的可靠性指标来确定，一般为最大发电负荷的5% ~10%，并且不小于系统中最大一台机组的容量。

3）检修备用：为保证系统的发电设备进行定期检修时不至于影响供电，而在系统中留有的备用容量，称为检修备用。发电设备的检修分大修和小修，大修一般分批分期安排在一年中最小负荷季节进行；小修则是利用节假日进行，以尽量减少因检修停机所需要的备用容量。这种备用的大小，应根据需要而定，一般为最大发电负荷的4% ~5%。

4）国民经济备用：考虑到工业用户超计划生产、新用户的出现等而设置的备用。这种备用容量的大小要根据国民经济的增长来确定，一般为最大发电负荷的3% ~5%。

以上四种备用中，负荷备用和事故备用是要求在需要的时候立即投入运行的容量。但是一般火电厂的锅炉和汽轮机，从停机状态起动到投入运行带上负荷，这一过程短则1 ~2 小时，长则十余小时，因此将火电厂停机状态的机组来做这两类是不行的。水电厂的水轮机组从停机状态起动到投入运行状态带上负荷，也需要几分钟，同样不能满足这两种备用的要求。故这两种需要立即投入运行的备用容量，必须是处于在运行状态的容量，称为旋转备用或热备用。热备用是指运转中的发电机可能发出的最大功率与实际发电功率的差值。

但热备用容量不宜过大，还有一部分发电容量为冷备用。冷备用是指未运转的发电机组可能发出的最大功率，故冷备用可作为检修备用、国民经济备用和一部分事故备用。

因此，电厂装机容量应包括发电负荷和备用容量，关系如下：

$$
\text{装机容量}\begin{cases}
\text{最大发电负荷} \quad P_{\mathrm{M}} = P_{\mathrm{Lmax}} + \Delta P_{\sum\max} \\
\text{备用容量}\begin{cases}
\text{负荷备用} & (2\sim5)\% \\
\text{事故备用} & (5\sim10)\% \\
\text{检修备用} & (4\sim5)\% \\
\text{国民经济备用} & (3\sim5)\%
\end{cases}
\end{cases}
$$

7.4.2 电力系统中有功功率的最优分配

电力系统中有功功率负荷的最优分配，实际属于对第三种负荷的调整问题。电力系统中有功功率最优分配的目标是：在满足一定约束条件的前提下，尽可能在产生的过程中消耗的能源最少。要想实现功率的经济分配，就必须首先考虑各类发电厂的运行特点及各发电设备的经济特性。

电力系统中的发电厂，目前主要有火力发电厂、水力发电厂及核能发电厂三类。它们的运行特点分别是：

1）火力发电厂：在运行中需要消耗燃料，并要占用国家的传输能力，它的运行不受自然条件的影响；设备的效率与蒸汽参数有关，高温高压设备的效率高，其次是中温中压设备，效率最低的是低温低压设备；锅炉和汽轮机都有一个最小技术负荷，因此有功出力的调整范围比较小；负荷的增减速度慢，机组的投入和退出所需时间长，且消耗能量多。

2）水力发电厂：在运行中不需消耗原料，因此，其发电成本比火力发电厂大为降低；运行因水库调节性能的不同，容易受自己条件的影响；水轮发电机的出力调整范围较宽，负荷增减速度相当快，机组的投入和退出灵活，操作简便安全；为综合利用水能，保证河流下游的灌溉、通航等，必须向下游释放一定水量，与这部分水量相对应的发电功率也是强迫功率，它不一定能同系统负荷的需求相一致，因此只有在火力发电厂的适当配合下，才能够充分发挥水力发电厂的经济效益。

3）核能发电厂：与火力发电厂相比，一次性投资大，运行费用小，运行中不宜带急剧变动的负荷；反应堆和汽轮机组的退出和投入运行都很费时，且要增加能量的消耗；其最小负荷主要取决于汽轮机，为额定负荷的10%～15%。

各种发电设备的经济特性是不一样的，例如，电热联合生产的供热式汽轮发电机每生产1 kW·h的电能所消耗的燃煤，比凝汽式汽轮发电机组要少得多。此外，即使对同一个发电机组而言，它的燃料消耗也随着它所带的负荷大小而变化。一般而言，发电机组在70%～80%的额定负荷下运行最为经济，耗能也低，这是因为在设计制造时已经考虑到发电机组在一年中大致以70%～80%的额定负荷运行的小时数最多。所谓发电设备的经济特性，是与发电设备的耗能特性有关的问题。

1. 发电机组的耗量特性

发电机的耗量特性反映发电机单位时间内消耗的能源与发出有功功率的关系。如图7-30所示，图中纵坐标表示单位时间内消耗的燃料 F（标准煤），单位为t/h，或表示单位时间内消耗的水量 W，单位为 m^3/s；横坐标表示发电功率 P_G，单位为kW或MW。

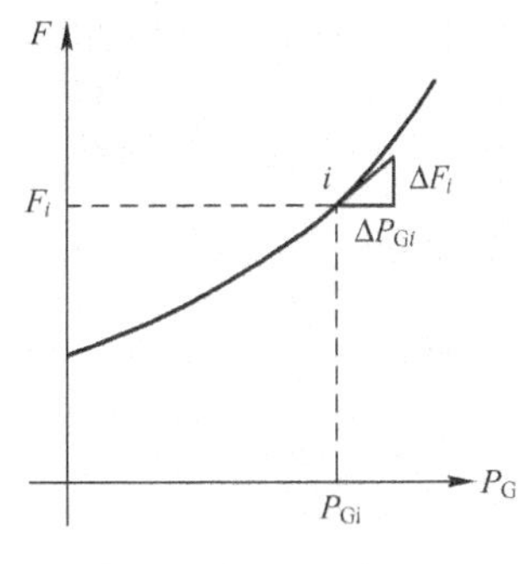

图7-30　耗量特性

耗量特性曲线上某一点纵坐标与横坐标的比值称为比耗量。如 i 点的比耗量为

$$\mu_i = \frac{F_i}{P_{Gi}} \text{或} \mu_i = \frac{W_i}{P_{Gi}}$$

评价发电机组的经济特性，常常用到耗量特性曲线上某一点纵坐标与横坐标的增量比，称为耗量微增率，以 λ 表示。λ 表示单位时间内输入能量增量与输出功率增量的比值。如 i 点的耗量微增率为

$$\lambda_i = \frac{\Delta F_i}{\Delta P_{Gi}} = \frac{\mathrm{d}F_i}{\mathrm{d}P_{Gi}} \tag{7-69}$$

2. 目标函数和约束条件

电力系统中有功功率负荷最优分配的目的在于满足对一定负荷持续供电的前提下，尽可能使电能在产生的过程中消耗的能源最少。所以在明确了有功功率负荷的大小和耗量特性、系统中有一定备用容量的前提下，就可以考虑这些负荷在已运行的发电设备或发电厂之间的优化分配问题。要想使负荷达到最优分配，应找出负荷最优分配的原则。为找出负荷最优分配原则，需要首先建立目标函数，而且随着电厂的类型不同，建立的目标函数也将有所不同。这里，为简便分析，仅考虑火电厂之间的功率最优分配。

火力发电厂的能量消耗主要是燃料消耗，而燃料的消耗与发电机组输出的有功功率 P_G 有关，而与输出的无功功率 Q_G 及电压 U_G 关系较小，因此对于 n 机系统，单位时间内消耗燃料的目标函数为

$$C = C(P_{G1}P_{G2}\cdots P_{Gn}) = F_1(P_{G1}) + F_2(P_{G2}) + \cdots + F_n(P_{Gn}) \tag{7-70}$$

整个系统的耗量函数即是系统中各台机组的耗量函数之和。若以这个耗量函数作为目标函数，该目标函数还应满足一定的约束条件。根据电能不能大量存储的特点，系统功率平衡关系为

$$\sum_{i-1}^{n} P_{Gi} - \sum_{i=1}^{n} P_{Li} = 0 \quad \text{（略网损）} \tag{7-71}$$

式（7-71）即为目标函数的等式约束条件，目标函数除需满足该等式条件之外，还应满足一定的不等式约束条件：

$$P_{Gi\min} \leqslant P_{Gi} \leqslant P_{Gi\max}, \quad Q_{Gi\min} \leqslant Q_{Gi} \leqslant Q_{Gi\max}, \quad U_{Gi\min} \leqslant U_{Gi} \leqslant U_{Gi\max} \tag{7-72}$$

3. 等耗量微增率准则

建立一个新的不受约束的目标函数——拉格朗日函数为

$$\begin{aligned} C^* &= C(P_{G1}P_{G2}\cdots P_{Gn}) - \lambda f(P_{G1}P_{G2}\cdots P_{Gn}) \\ &= F_1(P_{G1}) + F_2(P_{G2}) + \cdots + F_n(P_{Gn}) - \lambda(P_{G1} + P_{G2} + \cdots + P_{Gn} - P_{L1} - P_{L2}\cdots - P_{Ln}) \end{aligned} \tag{7-73}$$

各变量对函数求偏导，然后令偏导等于零，求其最小值。

$$\frac{\partial C^*}{\partial P_{G1}}=0,\quad \frac{\partial C^*}{\partial P_{G2}}=0,\quad \cdots,\quad \frac{\partial C^*}{\partial P_{Gn}}=0,\quad \frac{\partial C^*}{\partial \lambda}=0$$

解得
$$\frac{dF_1(P_{G1})}{dP_{G1}}=\frac{dF_2(P_{G2})}{dP_{G2}}=\cdots=\frac{F_n(P_{Gn})}{dP_{Gn}}=\lambda$$

即
$$\lambda_1=\lambda_2=\cdots\cdots=\lambda_n=\lambda \tag{7-74}$$

式（7-74）为有功功率负荷最优分配的等耗量微增率准则，满足这个条件的解（$P_{G1}P_{G2}\cdots P_{Gn}$）为最优分配方案。

【例 7-8】 某发电厂装有两台发电设备，其耗量特性分别为

$$F_1=3+0.3P_{G1}+0.002P_{G1}^2\ \text{t/h}$$
$$F_2=5+0.3P_{G2}+0.003P_{G2}^2\ \text{t/h}$$

两台发电设备的额定容量均为100 MW，而最小可发有功功率均为30 MW，若该厂承担负荷150 MW，试求负荷在两台发电设备间的最优分配方案。

解： 两台发电设备的耗量微增率分别为

$$\lambda_1=\frac{dF_1}{dP_{G1}}=0.3+2\times0.002P_{G1}=0.3+0.004P_{G1}$$

$$\lambda_2=\frac{dF_2}{dP_{G2}}=0.3+2\times0.003P_{G2}=0.3+0.006P_{G2}$$

按等耗量微增率准则 $\lambda_1=\lambda_2$ 分配负荷，有

$$0.3+0.004P_{G1}=0.3+0.006P_{G2} \tag{1}$$

而等约束条件为

$$P_{G1}+P_{G2}=150 \tag{2}$$

联立式(1)和式(2)，求解 P_{G1}、P_{G2}：

把 $P_{G2}=150-P_{G1}$ 代入式(1)有

$$0.3+0.004P_{G1}=0.3+0.006(150-P_{G1})$$
$$0.004P_{G1}=0.9-0.006P_{G1}$$
$$0.01P_{G1}=0.9$$

于是解得 $P_{G1}=90$ MW，$P_{G2}=60$ MW。

此分配方案符合等耗量微增率准则，既满足等约束条件，也满足不等约束条件（$30<90<100$、$30<60<100$），因此，可作为最优分配方案。

4. 水电厂、火电厂之间的最优分配准则

电力系统中有火电厂又有水电厂时，考虑到水电厂发电设备消耗的能源受到限制。例如，水电厂一昼夜间消耗的水量受约束于水库调度。于是，约束条件（比讨论火电厂间的最优分配时）多一个。以 W 表示单位时间内水电厂消耗的水量，它是所发出功率 P_H 的函数；K 表示水电厂在 $0\sim\tau$ 时间段可消耗的水量。因此有约束条件：

$$\int_0^{\tau}W(P_H)\,dt=K \tag{7-75}$$

由式（7-75）可知，水电厂在 τ 时间段内消耗的水量不得超过水库的容水量。

水、火电厂之间的最优分配准则为

$$\frac{\mathrm{d}F(P_{\mathrm{T}})}{\mathrm{d}P_{\mathrm{T}}}=\gamma\frac{\mathrm{d}W(P_{\mathrm{H}})}{\mathrm{d}P_{\mathrm{H}}}=\lambda$$

即

$$\lambda_{\mathrm{T}}=\gamma\lambda_{\mathrm{H}}=\lambda \tag{7-76}$$

其中$\frac{\mathrm{d}F(P_{\mathrm{T}})}{\mathrm{d}P_{\mathrm{T}}}=\lambda_{\mathrm{T}}$为火电厂的耗量微增率，$\frac{\mathrm{d}W(P_{\mathrm{H}})}{\mathrm{d}P_{\mathrm{H}}}=\lambda_{\mathrm{H}}$为水电厂的耗量微增率。$\gamma$为拉格朗日常数，可看作是一个煤水换算系数，相当于把1 m^3/h的水量通过γ折算为1 t/h的煤量。

如果系统中有n个电厂，其中m个火电厂，$(n-m)$个水电厂，则有功功率负荷最优分配准则可表示为

$$\frac{\mathrm{d}F_1}{\mathrm{d}P_{\mathrm{T1}}}=\cdots=\frac{\mathrm{d}F_m}{\mathrm{d}P_{\mathrm{T}m}}=\gamma_{(m+1)}\frac{\mathrm{d}W_{(m+1)}}{\mathrm{d}P_{\mathrm{H}(m+1)}}=\cdots=\gamma_n\frac{\mathrm{d}W_n}{\mathrm{d}P_{\mathrm{H}n}}=\lambda$$

即

$$\lambda_{\mathrm{T1}}=\lambda_{\mathrm{T2}}=\cdots=\lambda_{\mathrm{T}m}=\gamma_{m+1}\lambda_{\mathrm{H}m+1}=\gamma_{m+2}\lambda_{\mathrm{H}m+2}=\cdots=\gamma_n\lambda_{\mathrm{H}n}=\lambda \tag{7-77}$$

以上是不计网损时的负荷最优分配。如果网络线路较长，负荷很重，则网损较大，忽略网损就会产生分配上的误差。考虑网损后等约束条件为

$$\sum_{i=1}^{n}P_{\mathrm{G}i}-\sum_{i=1}^{n}P_{\mathrm{L}i}-\Delta P_{\Sigma}=0 \tag{7-78}$$

等耗量微增率准则为

$$\frac{\mathrm{d}F_i}{\mathrm{d}P_{\mathrm{T}i}}\cdot\frac{1}{(1-\partial\Delta P_{\Sigma}/\partial P_{\mathrm{T}i})}=\gamma_j\frac{\mathrm{d}W_j}{\mathrm{d}P_{\mathrm{H}j}}\cdot\frac{1}{(1-\partial\Delta P_{\Sigma}/\partial P_{\mathrm{H}j})}=\lambda \tag{7-79}$$

应用前面类似的方法求其满足等耗量微增率准则的函数最小值，即得最优分配方案。

7.4.3 电力系统的频率调整

电力系统的频率调整，在这里指频率的一次调整和二次调整。对付系统中突然负荷变动引起的频率变化，靠人工手动调节是来不及的，只能靠自动调节装置进行自动调节。调整电力系统频率的主要手段是原动机的自动调速系统，特别是其中的调速器和调频器。

1. 频率的一次调整

通过调节发电机组的调速器系统可进行频率的一次调整。负荷与电源的有功功率静态频率特性如图7-31所示，设在O点运行时负荷突然增加ΔP_{L0}，发电机组将因调速器的一次调整作用增发功率ΔP_{G}，负荷将因它本身的调节效应减小功率ΔP_{L}，系统的频率偏差为Δf。此时有：

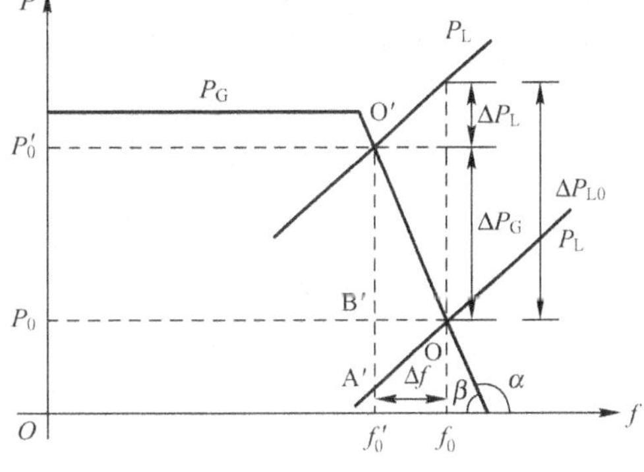

图7-31 频率的一次调整

发电机的单位调节功率

$$K_{\mathrm{G}}=\Delta P_{\mathrm{G}}/\Delta f=-\tan\alpha$$

负荷的单位调节功率

$$K_{\mathrm{L}}=\Delta P_{\mathrm{L}}/\Delta f=\tan\beta$$

系统的单位调节功率等于发电机的单位调节功率与负荷的单位调节功率之和，即

$$K_S = K_G + K_L = \frac{\Delta P_G + \Delta P_L}{\Delta f} = \frac{\Delta P_{L0}}{\Delta f} \tag{7-80}$$

所以

$$\Delta f = \frac{\Delta P_{L0}}{K_S} \tag{7-81}$$

可见一次调频只能做到有差调节，在运行中为减小 Δf，希望 K_S 大些，但负荷特性一定时 K_L 为常值，只有 K_G 大些。系统中多数发电机均能进行一次调频，如果有 n 台机都能一次调频，$K_{nG} = K_{G1} + K_{G2} + \cdots + K_{Gn}$，若某些机组已达到满发，则不能参加调频，只有 m 台能调，所以 $K_{mG} < K_{nG}$，因此总的发电机的单位调节功率也不能提得很高。

发电机的单位调节功率与调差系数 $\sigma\%$ 有互为倒数关系：

$$K_{G*} = \frac{1}{\sigma\%} \times 100 \tag{7-82}$$

所以常常用调差系数 $\sigma\%$ 来描述一次调频时发电机组的频率特性。调差系数 $\sigma\%$ 与之对应的发电机组的单位调节功率是可以整定的。一般整定为如下数值：

汽轮发电机组：$\sigma\% = 3 \sim 5$　　$K_{G*} = 33.3 \sim 20$

水轮发电机组：$\sigma\% = 2 \sim 4$　　$K_{G*} = 50 \sim 25$

当一次调频不能使 Δf 在允许的频率波动范围（$\Delta f \leqslant \pm(0.2 \sim 0.5)$Hz）之内时，则要靠二次调频，将 Δf 缩小在允许值之间。

2. 频率的二次调整

通过调节发电机组的调频器系统可进行频率的二次调整，增加发电机组发出的功率 ΔP_{G0}，如图 7-32 所示，由图可见

$$\Delta P_{L0} \rightarrow OA = OC + CB + BA$$

其中，$OC \rightarrow \Delta P_{G0}$ 表示由于二次调整作用使发电机组增发的功率；$CB = C''B'' \rightarrow K_G\Delta f''$ 表示由于调速器的调整作用而增大的发电机功率；$BA = B''A'' \rightarrow K_L\Delta f''$ 表示因负荷本身的调节效应而减小的负荷功率。

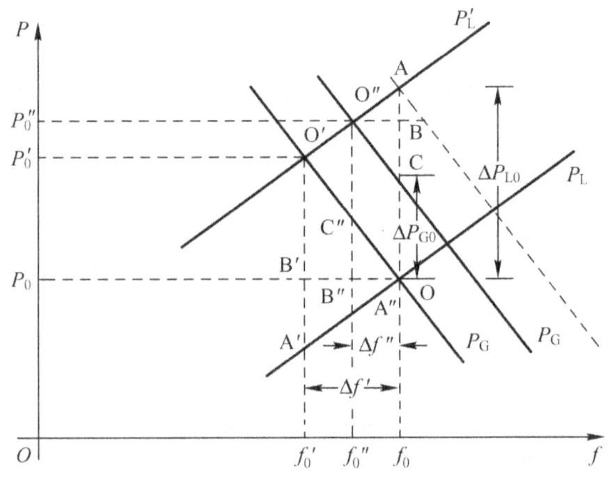

图 7-32　频率的二次调整

为不失一般性，这里分析频率偏差将 $\Delta f''$ 仍以 Δf 表示，因此

$$\Delta P_{L0} = \Delta P_{G0} + K_G\Delta f + K_L\Delta f \tag{7-83}$$

从而有 $\Delta f(K_G + K_L) = \Delta P_{L0} - \Delta P_{G0}$。

频率偏移控制在

$$\Delta f = \frac{\Delta P_{L0} - \Delta P_{G0}}{K_G + K_L} = \frac{\Delta P_{L0} - \Delta P_{G0}}{K_S} \leqslant \pm 0.2\text{Hz} \tag{7-84}$$

由此可知，有二次频率调整时与仅有一次频率调整时的区别仅在于因操作调频器而增发了一个功率 ΔP_{G0}，而正是由于发电机组增发了这部分功率，才使得系统频率的下降有所减小，负荷获得的功率有所增大。

频率的二次调整的作用相较一次调整大，但在实际运行中，并不是所有发电机组都要进行，只能是很少的发电厂作为专门的调频厂，即二次调频是在调频厂进行的。

如果调频厂不位于负荷的中心，则应避免调频厂与系统其他部分联系的联络线上的流通功率超出允许值，因而必须在调整系统频率的同时控制联络线上的流通功率。如图 7-33 所示 A、B 两系统相互联络，图中 K_A、K_B 分别为联合前 A、B 两系统的单位调节功率。设 A、B 两系统均有进行二次调整的电厂，它们的功率变化量分别为 ΔP_{GA}、ΔP_{GB}；A、B 两系统的负荷变化量 ΔP_{LA}、ΔP_{LB}。于是，在联合前：

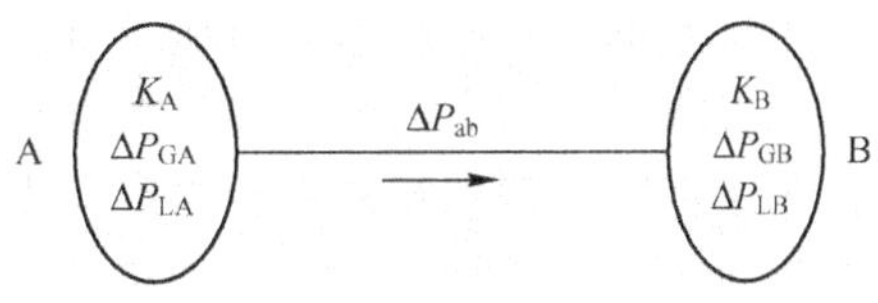

图 7-33　两个系统联合

对 A 系统有
$$\Delta P_{LA} - \Delta P_{GA} = K_A \Delta f_A \tag{7-85}$$

对 B 系统有
$$\Delta P_{LB} - \Delta P_{GB} = K_B \Delta f_B \tag{7-86}$$

在联合后，全系统的频率变化量将一致，即有 $\Delta f_A = \Delta f_B = \Delta f$。通过联络线由 A 向 B 输送的交换功率为 ΔP_{ab}，对 A 系统，可把这个交换功率看作是一个负荷功率，对 B 系统，可把这个交换功率看作是一个电源功率，从而有

$$\Delta P_{LA} + \Delta P_{ab} - \Delta P_{GA} = K_A \Delta f$$
$$\Delta P_{LB} - \Delta P_{ab} - \Delta P_{GB} = K_B \Delta f$$

将以上两式相加，整理得

$$\Delta f = \frac{(\Delta P_{LA} - \Delta P_{GA}) + (\Delta P_{LB} - \Delta P_{GB})}{K_A + K_B} \tag{7-87}$$

令 $\Delta P_{LA} - \Delta P_{GA} = \Delta P_A$，$\Delta P_{LB} - \Delta P_{GB} = \Delta P_B$，$\Delta P_A$、$\Delta P_B$ 分别为 A、B 两系统的功率缺额，于是

$$\Delta f = \frac{\Delta P_A + \Delta P_B}{K_A + K_B} \tag{7-88}$$

因此整理可得

$$\Delta P_{ab} = \frac{K_A \Delta P_B - K_B \Delta P_A}{K_A + K_B} \tag{7-89}$$

由上可知，互联系统频率的变化取决于这个系统总的功率缺额和总的系统单位调节功率。联络线上的交换功率取决于两个系统的单位调节功率、二次调整的能力及负荷变化的情况。当交换功率超过线路允许的范围时，即使互联系统具有足够的二次调整能力，由于受联络线交换功率的限制，系统频率也不能保持不变。

3. 调频厂的选择

由于系统频率的调整主要是由调频厂负责调整，所以调频厂的选择是很重要的，所选择的调频厂必须满足以下要求：

1）具有足够的调整容量。

2）具有较快的调整速度。

3）调整范围内的经济性能较好。

关于调频厂的调整内容：火电厂的可调容量受锅炉、汽轮机的技术最小负荷的限制，其中汽轮机的技术最小负荷为额定容量的 10% ~15%；锅炉的技术最小负荷为额定容量的 25%（中温中压）~75%（高温高压），对锅炉来讲，可调容量仅为额定容量的 75%（中温中压）~30%（高温高压）。水电厂的可调容量既受下游释放水量的限制，又受水轮机技术最小负荷的限制，而这两个限制条件又因各水电厂具体条件的不同而不同。一般情况下，水电厂的可调容量大于火电厂的可调容量。

关于调频厂的调整速度：火电厂中，负荷急剧变动将使锅炉、汽轮机受损伤，或因燃烧不稳定而熄灭。负荷变动时，锅炉随之变化得快，汽轮机随之变化得较慢。所以，火电厂中限制调整速度的主要是汽轮机的进汽量，负荷变动时，汽轮机速度较慢，而且频繁的开关汽门将造成很大的浪费。而水电厂中限制调整速度的是水轮机的进水量，但水轮机当负荷变动时随之而变的速度很快（比汽轮机快得多），而且损耗小。

因此，从可调容量和调整速度这两个基本要求出发，一般系统中有水电厂时，应选水电厂作为调频厂。若水电厂的调整容量不够或没有水电厂时，则可选中温中压的火电厂作为调频厂。

7.5 电力系统的无功功率和电压调整

电力系统中的电压是衡量电能质量的一个重要指标。保证供给用户的电压与其额定值的偏移不超过规定的数值是电力系统运行调整的基本任务之一。从前面的分析可知，电力系统中的电压与系统中的无功功率密切相关，为保证系统的电压水平，系统中应有充足的无功功率电源，本节主要分析无功功率与电压的关系，以及对电压的调整问题。

7.5.1 无功功率负荷和无功功率损耗

电力系统中，各种无功电源发出的无功功率应能满足系统负荷和电网损耗的需求。电力系统对无功功率的要求是：系统中的无功电源可能发出的无功功率应该大于或至少等于所需要的无功功率和网络的无功损耗，为了保证安全，应有一定的储备。

$$Q_{GC}-Q_{LD}-Q_{L}=Q_{res} \tag{7-90}$$

式中，Q_{GC}为系统的无功电源之和；Q_{LD}为系统无功负荷之和；Q_{L}为网络无功损耗之和。

其中，网络无功损耗包含线路电抗的无功损耗（为正），以及线路的充电功率（为负）。一般在110 kV 电压等级及以上时才计算这部分功率。

1. 无功功率负荷

电力系统中的负荷包括异步电动机、同步电动机、电炉、整流设备及照明灯具等。一般系统负荷的功率因数为0.6~0.9。当系统频率一定时，负荷功率（包括有功功率和无功功率）随电压而变化的关系称为负荷的静态电压特性。由于在电力系统的负荷中，异步电动机占较大的比重，并且异步电动机消耗无功功率较多，可以说，系统中大量的无功功率负荷是异步电动机，因此，综合负荷的无功静态电压特性，主要取决于异步电动机的无功静态电压特性。

异步电动机从电网吸收的无功功率主要用于以下两部分：一分部是消耗在漏抗上的无功功率σ；另一部分是作为励磁的无功功率Q_{m}。根据图7-34所示的异步电动机的等效电路，可以得到这两部分的无功功率即异步电动机消耗的无功功率为

$$Q_{M}=Q_{m}+Q_{\sigma}=\frac{U^{2}}{X_{m}}+I^{2}X_{\sigma} \tag{7-91}$$

异步电动机无功功率-电压静态特性如图7-35所示。由图可见，在额定电压附近，电

动机消耗的无功功率随着电压的升高而增加，随着电压的降低而减少；当电压低于临界电压时，漏磁电抗中的无功损耗其主导作用，随着电压的下降，Q_m反而增大。

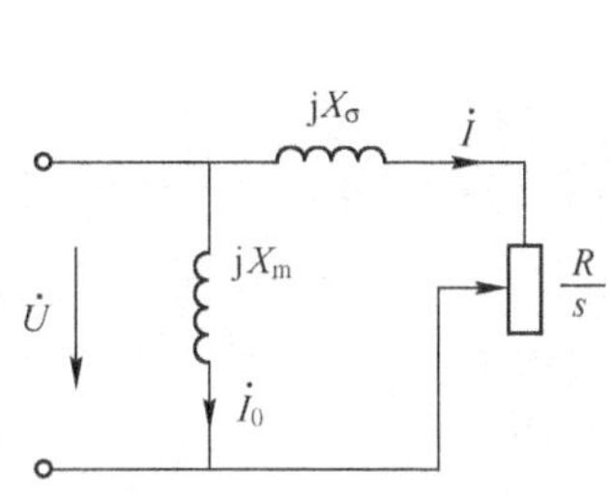

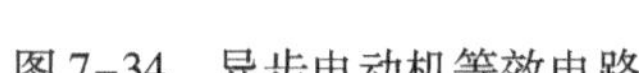
图 7-34 异步电动机等效电路

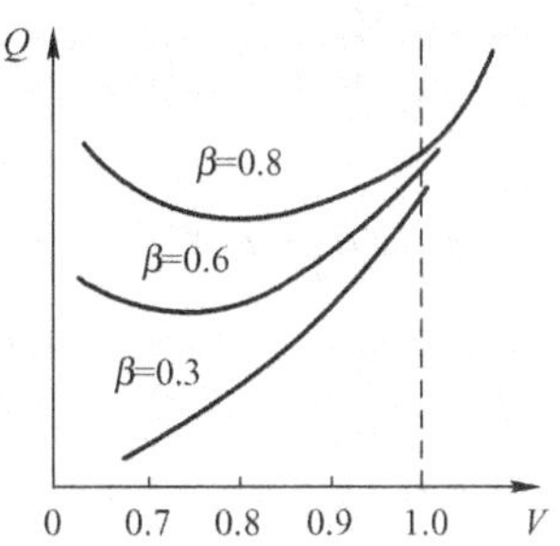

图 7-35 异步电动机的无功功率 - 电压静态特性图

2. 电力变压器的无功功率损耗

变压器的无功功率损耗包括两个部分：一部分为变压器的励磁损耗，与变压器的负荷大小无关，可表示为

$$\Delta Q_0 = \frac{I_0\%}{100}S_N \tag{7-92}$$

励磁损耗的百分数基本上等于空载电流百分数$I_0\%$，即 $\Delta Q_0\% \approx I_0\% = 1\% \sim 2\%$。

另一部分为电抗上的无功损耗，与变压器的负荷大小有关，可表示为

$$\Delta Q_k = \frac{U_k\%}{100}S_N\left(\frac{S}{S_N}\right)^2 \tag{7-93}$$

在变压器额定负荷时，电抗上无功功率损耗的百分值约与阻抗电压百分值$U_k\%$相等，即 $\Delta Q_k\% \approx U_k\% = 10\% \sim 14\%$。

因此，对单个变压器，无功功率损耗约为它满载时额定容量的 12%，但对多电压等级的网络，变压器的无功功率损耗就相当可观。

3. 电力线路的无功功率损耗

电力线路的无功功率损耗也可分为两个部分，即并联电纳中的无功功率损耗和串联电抗中的无功功率损耗。

并联电纳中的无功功率损耗可表示为

$$\Delta Q_b = -\frac{B}{2}U^2 \tag{7-94}$$

由此可见，并联电纳中的无功功率与线路电压的二次方成正比，呈容性，又称为线路的充电功率。

而串联电抗中的无功功率损耗可表示为

$$\Delta Q_x = I^2X = \frac{P_2^2 + Q_2^2}{U^2}X \tag{7-95}$$

串联电抗中的无功功率与负荷电流的二次方成正比，呈感性。

以上两部分无功功率的总和反映线路上的无功功率损耗。如果容性大于感性，则向系统输送无功；如果感性大于容性，则向系统吸收无功。因此，电力线路究竟是损耗无功还是发出无功，需按具体情况作具体的分析、计算。

7.5.2 无功功率电源

电力系统的无功功率电源，除了发电机外，还有同步调相机、静止电容器和静止无功补偿器。这三种装置又称为无功补偿装置。

1. 发电机

发电机既是最基本的有功功率电源，同时也是最基本的无功功率电源。在正常运行时，其定子电流和转子电流都不应超过额定值。在额定状态下运行时，发电机容量得到最充分的利用。

设发电机额定视在功率为S_N，额定有功功率为P_N，额定功率因数为 $\cos\varphi_N$，则发电机在额定状态下运行时，可发出的额定无功功率为

$$Q_{GN}=S_{GN}\sin\varphi_N=P_{GN}\tan\varphi_N \tag{7-96}$$

在使用过程中应注意，发电机供给的无功功率不是无限可调的，当发电厂距用户较远时，无功功率所引起的线损较大，这种情况下，则应该在用户中心设置补偿装置。

2. 同步调相机

同步调相机实质上是只发无功功率的同步发电机，它在过励运行时向系统供给无功功率，欠励运行时从系统吸取无功功率。因此改变同步调相机的励磁，可以平滑地改变它的无功功率的大小和方向，从而平滑地调节所在地区的电压。但在欠励状态下运行时，其容量为过励运行时额定容量的50% ~60%。

同步调相机可以装设自动励磁调节装置，能自动地在系统电压降低时增加输出无功功率以维持系统电压。有强行励磁装置时，在系统故障情况下也能调节系统电压，有利于系统稳定运行。

但同步调相机在运行时要产生有功功率损耗，一般在满负荷运行时，有功功率损耗为额定容量的1.5% ~3%，容量越小，所占的比重越大，在轻负荷时，这一比例也要增大。从建设投资费用看，小容量的同步调相机每千伏安的费用大，故同步调相机适用于大容量集中使用。此外，同步调相机为转动设备，维护工作量相对较大。

3. 静止电容器

静止电容器只能向系统供给无功功率，它可以根据需要由许多电容器连接组成。因此，静止电容器组的容量可大可小，既可集中使用，又可分散使用，使用起来比较灵活。静止电容器在运行时的功率损耗较小，为额定容量的0.3% ~0.5%。

电容器所供出的无功功率Q_C与其端电压 U 的二次方成正比，即

$$Q_C=\frac{U^2}{X_C} \tag{7-97}$$

式中，X_C为电容器的容抗。

故当节点电压下降时，它供给系统的无功功率也将减小，导致系统电压水平进一步下降，这是静止电容器的不足。

4. 静止无功补偿器

静止无功补偿器是由电力电容器和电抗器并联组成的。电容器可发出无功功率，电抗器可吸收无功功率，两者结合起来，再配以适当的调节装置，就成为能够平滑地改变输出（或吸收）无功功率的静止无功补偿器。

静止无功补偿器种类很多，目前较为完善的有直流助磁饱和电抗器型、晶闸管控制电抗器型和自饱和电抗器型三种。这三种补偿器都有两个支路，左侧支路为电抗器支路，右侧支路为电容器支路。它们的共同点是其中的电容器支路，既为同步频率下感性无功功率电源，又因电容和电感串联构成谐振回路，并作高次谐波的滤波器，滤去补偿器中各电磁元件产生的高次奇次谐波电流，且这类支路是不可控的。它们的不同点集中在电抗器支路，直流助磁饱和电抗器和晶闸管控制电抗器都是可控电抗器，而自饱和电抗器不可控。显然，静止无功补偿器向系统供应感性无功功率的容量取决于它的电容器支路，从系统吸取感性无功功率的容量则取决于它的电抗器支路。

静止无功补偿器能快速平滑地调节无功功率，以满足无功功率的要求，这样就克服了电容器作为无功补偿装置只能作电源不能作负荷、调节不连续的缺点。与同步调相机相比较，静止无功补偿器运行维护简单、功率损耗小，能做到分相补偿以适应不平衡的负荷变化，对于冲击性负荷也有较强的适应性，因此在电力系统中得到越来越广泛的应用。

7.5.3 无功功率的平衡

综合以上所述的无功功率负荷、无功功率损耗及无功功率电源，就可以进行系统的无功功率平衡。如果发电机所发的无功功率为Q_G，同步调相机所发的无功功率为Q_{C1}，静止电容器所供无功功率为Q_{C2}，静止补偿器所供无功功率为Q_{C3}，而负荷消耗的无功功率为Q_L，变压器的无功损耗为Q_T，线路电抗无功损耗为ΔQ_x，线路电纳无功损耗为ΔQ_b，因此，相似于有功功率的平衡，无功功率的平衡方程式为

$$\sum Q_G + \sum Q_{C1} + \sum Q_{C2} + \sum Q_{C3} = \sum Q_L + \sum Q_T + \sum Q_x - \sum Q_b \tag{7-98}$$

式（7-98）还可简写为

$$\sum Q_{GC} = \sum Q_L + \Delta Q_{\Sigma} \tag{7-99}$$

式中，$\sum Q_{GC}$为无功功率电源容量之和；$\sum Q_L$为无功功率负荷之和；ΔQ_{Σ}为电力网中的无功功率损耗。

在无功功率平衡的基础上，应有一定的无功功率备用。无功功率备用容量一般为无功功率负荷的7% ~8%，以防止负荷增大时电压质量下降。通常将无功功率备用容量放在发电厂内。发电机一般在额定功率因数以下运行，若发电机有一定的有功功率备用容量，也就保持了一定的无功功率备用容量。

应该指出，进行无功功率平衡计算的前提应是系统的电压水平正常。若不能在正常电压水平下保证无功功率的平衡，则系统的电压质量就不能保证。从系统综合负荷无功功率 - 电压静态特性曲线可清楚地看到这一点。

当系统中某些负荷节点电压降落的原因是由于系统中无功功率电源不足时，那么调压问题就与无功功率的合理供应和合理使用是分不开的。如果不从解决无功出力不足的问题着手，而是调节电源，使发电机多发无功功率，这是很不合理的。因为电源与负荷间距离较远，发电机多发的功率在网络中的无功功率损耗也大，不易调高末端电压。而且，为了防止发电机因输出过多的功率而严重过负荷，往往不得不降低整个系统的电压水平，以减少无功功率的消耗量，所以这就不免出现电压水平低落和无功出力不足的恶性循环。因此，在个别负荷节点电压较低的情况下，就应想法增加无功功率补偿装置，补充系统的无功功率，从而抬高电压水平。

7.5.4 电力系统中无功功率的最优分配

无功功率的最优分布包括无功功率电源的最优分布和无功功率负荷的最优补偿两个方面。但在讨论这两个方面问题之前，有必要对提高负荷的自然功率因数，即降低负荷对无功功率需求的重要性作一说明。

如前所述，负荷的自然功率因数为 0.6～0.9，其中较大的数值对应于采用大容量同步电动机的场合。但事实上，如不采取一定的措施，往往连 0.6～0.9 都不能达到。以占系统负荷大多数的异步电动机为例，其无功功率可近似以下式表示：

$$Q = Q_0 + (Q_N - Q_0)\left(\frac{P_m}{P_N}\right)^2 \tag{7-100}$$

式中，P_N、Q_N为分别为电动机额定负荷时的有功、无功功率；P_m为电动机输出的有功功率；Q_0为电动机空载时的无功功率，$Q_0 \approx (0.6 \sim 0.7)Q_N$。

因此，电动机的负荷率越低，功率因数越低。例如，$P_m = 0.2P_N$时，根据式(7-100)，电动机的功率因数将为 0.28～0.31。因此，在工业企业中，不使电动机的容量过多地超过被拖动机械所需的功率，是提高自然功率因数的重要措施。而限制电动机的空载运行，对提高负荷的自然功率因数也有很大作用。

为提高负荷的自然功率因数，可在某些设备上以同步电动机代替异步电动机。因同步电动机不仅可不需系统供应无功功率，甚至还可以向系统输出无功功率，从而显著提高负荷的自然功率因数。而且，除换用同步电动机外，在某些使用绕线转子异步电动机的场合，还可将异步电动机同步化，即在转子绕组中通以直流励磁，将其改作同步电动机运行。

将负荷的自然功率因数尽可能提高后，才考虑采用补偿设备人为地提高负荷功率因数，以及包括这些补偿设备在内的各种无功功率电源的最优分布问题。

分析了有功功率负荷的最优分配之后，分析无功功率电源的最优分布类似，需要注意的只是这里的目标函数和约束条件与分析有功功率负荷最优分配时的不同。

无功功率电源优化分布的目的在于降低网络中的有功功率损耗，因此，这里的目标函数就是网络总损耗 ΔP_Σ。在除平衡节点外其他节点的注入有功功率P_i已给定的前提下，可以认为，这个网络总损耗 ΔP_Σ 仅与各节点的注入无功功率Q_i，从而与各无功功率电源的功率Q_{Gi}有关。这里的Q_{Gi}既可以理解为发电机发出的感性无功功率，也可以理解为无功功率补偿设备——静止电容器、同步调相机或静止无功补偿器供应的感性无功功率。

7.5.5 电力系统的电压调整

1. 电力系统电压调整的必要性

由于各种用电设备都是按照规定的额定电压来设计制造的，因此，用电设备在其额定电压下运行性能最好，如果其端电压偏离额定电压时，用电设备的性能就要受到影响。如果用电设备的端电压较大幅度地上升或者下降，很可能使设备损坏，产品质量下降，产量降低等，甚至引起系统的“电压崩溃”，造成大面积停电。先分别说明如下：

系统电压降低时，发电机的定子电流将因其功率角的增大而增大。如果这个电流原来已达到额定值，当电压降低后，将会使电流超过额定值，为使发电机定子绕组不至于过热，因此不得不减少发电机所发功率。相似，系统电压降低后，也不得不减少变压器的负荷。

当系统电压降低时，各类负荷中占比重最大的异步电动机的转差率增大，从而电动机各绕组中的电流将增大，温升将增大，效率将降低，寿命将缩短。而且某些电动机驱动生产机械的机械转矩与转速的高次方成正比，转差率增大、转速下降时，其功率将迅速减小。如发电厂厂用电动机输出功率的减小，又将影响锅炉、汽轮机的工作，从而影响发电厂所发功率。尤为严重的是，系统电压降低后，电动机的起动过程将大大加长，电动机可能在起动过程中因温度过高而烧毁。电炉的有功功率与电压的二次方成正比，炼钢厂的电炉将因电压过低而影响冶炼时间，从而影响产量。

系统电压过高将使所有电气设备绝缘受损，而且变压器、电动机铁心会饱和，铁心损耗增大，温升将增加，寿命将缩短。

照明负荷，尤其是白炽灯，对电压变化的反应最灵敏。电压过高，白炽灯的寿命将大为缩短；电压过低，光通量和发光效率又要大幅度下降。

至于因系统中无功功率短缺，电压水平低下，某些枢纽变电所母线电压在微小扰动下顷刻之间的大幅度下降，则更是一种将导致发电厂之间失步、系统瓦解的灾难事故。

由此可见，电力系统正常运行时，应保持各节点电压在额定值，但因系统中节点很多、网络结构复杂、负荷分配不均匀等原因，要做到这一点是很困难的。

电力系统在正常运行时，负荷经常会发生变化，电力系统的运行方式也常有变化，它们都将使电力网中功率分布不断变化，造成网络中电压损耗不断改变，使系统的运行电压也不断变化，因此严格保证所有用户在任何时刻电压都为额定值几乎是不可能的。从用电方面来说，用电设备在其额定电压下运行时性能最好，但对大多数用电设备，都允许有一定的电压偏移。允许的电压偏移是根据用电设备对电压偏移的敏感性和电压偏移对用电设备所造成的后果的严重性而定的。从供电方面来说，允许的电压偏移越大，供电系统的技术指标就越容易达到。综合考虑供电和用电两个方面的情况，得出反映国民经济整体利益的合理的允许电压偏移标准。目前，我国规定的在正常状况下各类用户的允许电压偏移如下：

35 kV 及以上电压供电的负荷为 ±5%；

10 kV 及以下电压供电的负荷为 ±7%；

低压照明负荷为 +5%、-10%；

农村电网为 +7.5%、-10%。

在事故状态下，允许在上述基础上再增加 5%，但正偏移最大不能超过 +10%。

2. 电力系统的电压管理

电力系统调整电压的目的，是要在各种运行方式下，各种用电设备的端电压能维持在规定的波动范围内，从而保证电力系统运行的电能质量和经济性。

由于电力系统结构复杂，用电设备数量极大，因此电力系统运行部门对网络所有母线电压及用电设备的端电压都进行监视和调整是不可能的，而且也没有必要。在电力系统中，常常选择一些具有代表性的点（母线）作为电压中枢点，运行人员监视中枢点电压，将中枢点电压控制调整在允许的电压偏移范围内。只要这些中枢点的电压质量满足要求，其他各点的电压质量就基本上能满足要求。所谓电压中枢点，是指那些能反映和控制整个系统电压水平的点。一般选择下列母线作为中枢点：

1）大型发电厂的高压母线（高压母线上有多回出线时）。

2）枢纽变电所的二次母线。

3）有大量地方性负荷的发电厂母线。

为对中枢点电压进行控制和调整，必须首先确定中枢点电压的允许波动范围，以使中枢点（如节点 i）电压 $\dot{U}_{i\min} < \dot{U}_i < \dot{U}_{i\max}$。

一般各负荷点都允许有一定的电压偏移，例如，负荷点允许电压偏移为 ±5%，再计及由负荷点到中枢点的线路上的电压损耗，便可确定中枢点电压的波动范围。

在实际运行的电力系统中，由于缺乏必要的数据而无法确定中枢点的电压控制范围时，可根据中枢点所管辖的电力系统中负荷分布的远近及负荷波动的程度，对中枢点的电压调整方式提出原则性要求，以确定一个大致的波动范围。这种电压调整方式一般分为逆调压、顺调压和常调压三类。

逆调压：对于大型网络，如中枢点至负荷点的供电线路较长，且负荷变动较大（即最大负荷与最小负荷的差值较大），则在最大负荷时要提高中枢点电压，以抵偿线路上因最大负荷而增大的电压损耗，在最小负荷时要将中枢点电压降低一些，以防止负荷点的电压过高。一般按照这种方式实现调压的中枢点称为“逆调压”中枢点。采用逆调压方式的中枢点电压，在最大负荷时比线路的额定电压高 5%，即 1.05 U_N；在最小负荷时等于线路的额定电压，即 1.0 U_N。

顺调压：对于小型网络，如中枢点至负荷点的供电线路不长，负荷大小变动不大，线路上的电压损耗也很小，在这种情况下，可对中枢点采用“顺调压”。采用顺调压方式的中枢点电压，在最大负荷时允许中枢点电压低一些，但不低于线路额定电压的 +2.5%，即 1.025 U_N；在最小负荷时允许中枢点电压高一些，但不高于线路额定电压的 +7.5%，即 1.075 U_N。

常调压：对于中型网络，如负荷变动较小，线路上电压损耗也较小，这种情况只要把中枢点电压保持在比线路电压高 2% ~5% 的数值，即（1.02 ~1.05）U_N，不必随负荷变化来调整中枢点的电压，仍可保证负荷点的电压质量，这种方式称为“常调压”。

以上都是指系统正常运行时的调压方式，当系统发生事故时，因电压损耗比正常时大，故电压质量允许降低一些。如前所述，事故时负荷点的电压偏移允许比正常时再增大 5%。

3. 电压调整措施

电力系统中电压调整必须根据具体的调压要求，在不同地点可采用不同的调压方式。常用的调压方法有很多：增减无功功率进行调节，如调节发电机的励磁调节器、设置调相机、并联电容器和并联电抗器等；改变有功和无功功率的重新分布进行调压，如改变变压器分接头、利用有载调压变压器；改变网络参数进行调压，如串联电容器、停投并列变压器等。下面着重对四种方法进行详细介绍。

（1）改变发电机端电压调压

现代大中型同步发电机大都装有自动励磁调节装置，发电机端电压调整就是借助于发电机的自动励磁调节器，改变励磁机电压而实现的。改变发电机转子电流，就可以改变发电机定子的端电压。

现在用于同步发电机的励磁调节装置种类很多，但原理是相同的。如图 7-36 所示，发电机的自动励磁调节器由量测滤波、综合放大、移相触发、晶闸管输出及转子电压软负反馈等环节组成。

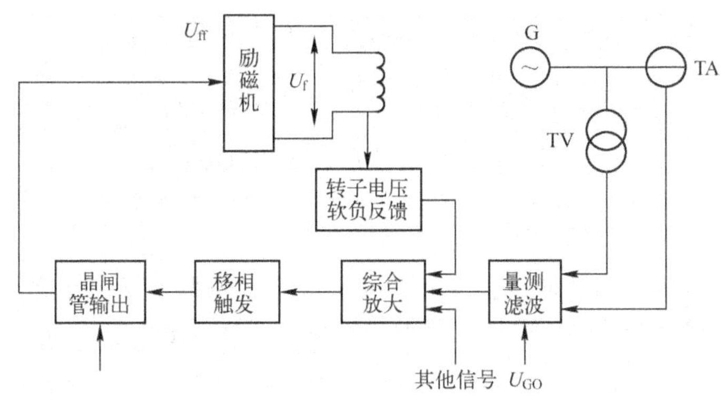

图 7-36　同步发电机调压系统原理图

当发电机端电压变化时，量测滤波单元把测得的信号与给定电压相比较，得到的电压偏差信号经放大后，又作用于移相触发单元，产生不同相位的触发脉冲，进而改变晶闸管的导通角，使调节器输出发生变化，励磁机电压随之变化，从而达到调节发电机端电压的目的。

转子电压软负反馈的作用是提高调节系统的稳定性，并改善调节器品质，它的输出正比于转子电压的变化率。稳定运行时，转子电压不变，其输出为零。

在系统中，当负荷增大时，电力网的电压损耗增加，用户端电压下降，这时增加发电机励磁电流以提高发电机电压；当负荷减小时，电力网的电压损耗减小，用户端电压升高，这时减小发电机励磁电流以降低发电机电压。这种能高能低的调压方式，就是前面提到的"逆调压"。这种调压方法，不需要增加额外的设备，因此是最经济合理的调压措施，应优先考虑。

但对于线路较长且是多电压级网络，并有地方负荷情况下，单靠发电机调压不能满足负荷点的电压要求，还应采用其他调压方法。

（2）改变变压器变比调压

普通双绕组变压器的高压绕组和三绕组变压器的高、中压绕组都留有几个抽头供调压选择使用。一般容量为 6300 kV · A 及以下的变压器有三个抽头，分别为 1.05 U_N、U_N、0.95 U_N处引出，调压范围为 ±5%，其中U_N为高压侧额定电压，在U_N处引出的抽头称为主抽头。容量为 8000 kV · A 及以上的变压器有 5 个抽头，分别为 1.05 U_N、1.025 U_N、U_N、0.975 U_N、0.95 U_N处引出，调压范围为 ±(2×2.5%) U_N。

普通变压器不能带负荷调节分接头，只能停电后改变分接头，因此需要事先选择好一个合适的分接头，以使系统在最大、最小运行方式下电压偏移均不超出允许波动范围。

以普通的双绕组降压变压器为例来进行简单说明如下：

假设U_1为降压变压器高压母线电压，U_i为降压变压器的低压母线电压（在高压侧的等效值），U_i'为低压母线实际调压要求的电压，ΔU_1为变压器上的电压损耗，U_{Ni}为变压器低压侧的额定电压，U_{T1}为变压器高压侧抽头电压，于是变压器的电压比为

$$k = \frac{U_{T1}}{U_{Ni}} \tag{7-101}$$

由于$U_i = kU_i'$所以

$$U_{T1} = U_i \frac{U_{Ni}}{U_i'} \tag{7-102}$$

最大负荷时U_{1max}、ΔU_{1max}、ΔU_{imax}、U'_{imax}已知，分接头电压为

$$U_{T1max}=U_{imax}\frac{U_{Ni}}{U'_{imax}}=(U_{1max}-\Delta U_{1max})\frac{U_{Ni}}{U'_{imax}} \tag{7-103}$$

最小负荷时U_{1min}、ΔU_{1min}、ΔU_{imin}、U'_{imin}已知，分接头电压为

$$U_{T1min}=U_{imin}\frac{U_{Ni}}{U'_{imin}}=(U_{1min}-\Delta U_{1min})\frac{U_{Ni}}{U'_{imin}} \tag{7-104}$$

对于不能带负荷调压的变压器，为使最大、最小负荷两种情况下变压器的分接头均适用，则变压器高压绕组的分接头电压取最大和最小负荷时分接头电压的平均值，即为

$$U_{T1}=\frac{U_{T1max}+U_{T1min}}{2} \tag{7-105}$$

这样计算出分接头电压后，就可以选择一个最为接近这个计算值的实际分接头，进而可确定变压器的电压比 $k=U_{T1}/U_{Ni}$。然后，还需要按这个电压比返回校验低压侧的电压是否负荷调压要求。

具体返回校验过程如下：

求低压母线电压：

$$\left.\begin{aligned}U'_{imax}&=U_{imax}\frac{U_{Ni}}{U_{T1}}(\text{最大负荷时})\\U'_{imin}&=U_{imin}\frac{U_{Ni}}{U_{T1}}(\text{最小负荷时})\end{aligned}\right\} \tag{7-106}$$

求电压偏移百分值（或求电压偏移）：

$$\left.\begin{aligned}\Delta U_{imax}\%&=\frac{U'_{imax}-U_{Ni}}{U_N}\times100\%(\text{最大负荷时})\\\Delta U_{imin}\%&=\frac{U'_{imin}-U_{Ni}}{U_N}\times100\%(\text{最小负荷时})\end{aligned}\right\} \tag{7-107}$$

式中，U_{Ni}为低压母线的额定电压。通过这样的返回校验，如果在最大、最小负荷时低压母线电压偏移均在调压要求所允许的电压偏移范围，即说明选择的分接头合适。如果不满足调压要求，应再改选变压器的其他分接头，或采用有载调压变压器，或考虑采取其他调压措施。

（3）利用无功补偿设备调压

当系统中某些节点电压偏低的原因是由于无功功率电源不足时，如果仅靠改变变压器电压比是不能实现调压的，而必须在系统中电压较低的点（或其附近）设置无功补偿电源。这样的补偿也常称为并联补偿。设置无功电源的作用和目的归纳为两点：一是可调整网络中的节点电压，使之维持在额定值附近，从而保证系统的电能质量；二是可改变网络中无功功率的分布，以降低网络中功率、电压及电能损耗，提高系统运行的经济性。

无功补偿容量不仅与低压母线调压要求有关，而且还与变压器电压比选择有关。在满足调压要求的前提下，如果变压器电压比选择合适，就可以使补偿设备的容量小些，较为经济。因此，这就存在着无功功率补偿容量Q_C的选择与电压比 k 的选择相互配合问题。而且随着采用无功功率补偿装置的不同，Q_C与 k 的选择方法也有所不同。

利用静止电容器进行无功补偿分析如下：

对于降压变电所，若在大负荷时电压偏低，小负荷时电压稍高，这种情况下，可采用静止电容器补偿。但静止电容器只能发出无功功率提高节点电压，而不能吸收无功功率来降低电压。为了充分利用补偿容量，则在大负荷时将电容器全部投入，在最小负荷时全部退出。在选用电容器容量时，应分两步来考虑。

第一步：确定变压器电压比。变压器分接头电压应按最小负荷时电容器全部退出的条件来选择。由最小负荷时低压侧调压要求的电压U'_{imin}和变压器二次额定电压U_{Ni}计算分接头电压：

$$U_{\mathrm{Timin}}=U_{\mathrm{imin}}\frac{U_{\mathrm{Ni}}}{U'_{\mathrm{imin}}} \tag{7-108}$$

然后选择一个最接近这个计算电压值的分接头，于是变压器电压比就确定了，即 $k=U_{\mathrm{Ti}}/U_{\mathrm{Ni}}$。

第二步：确定电容器容量。电容器容量按最大负荷时的调压要求来确定。最大负荷时电容器全部投入，低压侧调压要求的电压为U'_{icmax}，则无功补偿容量为

$$Q_{\mathrm{C}}=\frac{k^2U'_{\mathrm{icmax}}}{X}\left(U'_{\mathrm{icmax}}-\frac{U_{\mathrm{imax}}}{k}\right) \tag{7-109}$$

利用调相机进行无功补偿分析如下：

由于调相机既能过励运行发出感性无功功率作为无功功率电源，又能欠励运行吸收感性无功功率作为无功功率负荷，所以调相机可一直处于投入状态。

在最大负荷时调相机可以过励运行发出无功功率，在最小负荷时可欠励运行以吸收无功功率。但在欠励运行时，其容量仅为过励时额定容量的 50%，故在最大、最小负荷时，调相机的容量分别为

$$Q_{\mathrm{C}}=\frac{k^2U'_{\mathrm{icmax}}}{X}\left(U'_{\mathrm{icmax}}-\frac{U_{\mathrm{imax}}}{k}\right) \tag{7-110}$$

$$-\frac{1}{2}Q_{\mathrm{C}}=\frac{k^2U'_{\mathrm{icmin}}}{X}\left(U'_{\mathrm{icmin}}-\frac{U_{\mathrm{imin}}}{k}\right) \tag{7-111}$$

式中，U'_{icmax}、U'_{icmin}是并联调相机后低压母线最大、最小负荷时调压要求的电压。

由式（7-110）、式（7-111）可解得变压器电压比为

$$k=\frac{U'_{\mathrm{icmax}}U_{\mathrm{imax}}+2U'_{\mathrm{icmin}}U_{\mathrm{imin}}}{U'^2_{\mathrm{icmax}}+U'^2_{\mathrm{icmin}}} \tag{7-112}$$

求得 k 值后，又可计算变压器分接头电压，然后选择一个合适的分接头。于是，便可确定变压器实际电压比 $k=U_{\mathrm{T1}}/U_{\mathrm{Ti}}$。可见，变压器电压比 k 是兼顾最大、最小负荷两种运行方式下的调压要求选择的。

确定电压比后，再按最大负荷时调压要求来选择调相机的容量。调相机的容量按下式计算：

$$Q_{\mathrm{C}}=\frac{k^2U'_{\mathrm{icmax}}}{X}\left(U'_{\mathrm{icmax}}-\frac{U_{\mathrm{imax}}}{k}\right)=\frac{U'_{\mathrm{icmax}}}{X}\left(U'_{\mathrm{icmax}}-U_{\mathrm{imax}}\frac{U_{\mathrm{Ni}}}{U_{\mathrm{T1}}}\right)\left(\frac{U_{\mathrm{T1}}}{U_{\mathrm{Ni}}}\right)^2 \tag{7-113}$$

以上即按最大、最小负荷两种运行方式选择变压器电压比 k，然后再按最大负荷时调压要求选择调相机容量。这样可保证在满足调压要求的前提下，选用的容量较小。在求出无功补偿容量Q_{C}后，根据产品目录选出与之相近的调相机。最后按选定的容量进行电压校验。

（4）利用串联补偿电容器调压

通过对电力系统正常运行情况下的分析和计算可知，引起网络末端电压偏移的直接原因是在线路和变压器上有电压损耗。因此，如果能设法减小网络中的电压损耗也可以实现调压。由电压降落的纵向分量 $\Delta U=(PR+QX)/U$ 可看出，改变网络参数，可以使电压损耗减小。一般网络中 $X\gg R$，所以，利用改变网络中的电抗来调压的效果较为明显。

线路串联电容器主要用来补偿线路的电抗，通过改变线路参数，起到调压作用。假如在加串联电容器前后，线路始端电压和线路电流都相同，由于串联了电容器，电容器的容抗和线路的感抗互相补偿，减小了线路电抗，从而减小了网络中的电压损耗，就会使末端电压比未加串联电容时有所提高。

如果利用串联电容器调压的方法，加串联电容器后使末端电压提高的数值 $\Delta U=Q\,X_C/U_N$ 随无功功率负荷的增减而增减，这恰与调压要求一致，这是串联电容器调压的一个显著优点。但对于负荷功率因数高（$\cos\varphi>0.95$）或导线截面积较小的线路，线路的电阻对电压损耗影响已经比较大，或者说，线路的电抗对电压损耗的影响已经具有相对较大的作用，故串联电容器补偿的调压效果不显著。因此，串联电容补偿调压一般用于供电电压为 35 kV 或 10 kV、负荷波动大而频繁、功率因数又很低的配电线路。

（5）几种调压措施的比较

如前所述，在各种调压措施中，应首先考虑改变发电机端电压调压，因为这种措施不需附加投资，只是通过调节发电机的励磁电流，改变一下运行方式，即能调压。当发电机母线没有负荷时，一般可在 95% ~105% 范围内调节；当发电机母线有负荷时，一般采用逆调压。合理使用发电机调压，通常可大大减轻其他调压措施的负担。

其次，当系统的无功功率比较充裕时，应考虑改变变压器分接头调压，因双绕组变压器的高压侧、三绕组变压器的高中压侧都有若干个分接头供调压选择使用，所以，这也是一种不需再附加投资的调压措施。若作为经常性的调压措施，所谓借改变变压器分接头调压，只能理解为采用有载调压变压器调压。一般有载调压变压器装设在枢纽变电站，或装设在大容量的用户处。

在电力系统无功功率不足的条件下，不宜采用调整变压器分接头的办法实现调压，需要考虑增加无功补偿设备调压的手段，如并联调相机、静止补偿器和电容器等，或在电力线路上串联电容器。这些补偿方法，各有优缺点，只能根据具体调压要求，在不同的节点采用不同的补偿方法。

例如，对网络中的枢纽变电站，可考虑采用调相机，其调压作用大，效果好，能做到平滑调压，可一直处于投入状态。因调相机能过励磁运行，又能欠励磁运行，在高峰负荷时过励运行，在低谷负荷时欠励运行。调相机是旋转元件，需要维护和管理，所以最好设置在中枢点。

又例如，并联电容器补偿无功功率容量和串联电容器抵偿线路电抗，均可起到调压作用，但究竟采用哪一种调压措施好，则需经过技术经济性能的比较。

从调压作用看，在电力线路上串联电容器，具有负值的电压降落，起直接抵偿线路电压降落的作用，比并联电容器减少线路上流通的无功功率，从而减少线路电压降落的作用显著得多。但串联补偿的缺点在于，当末端的功率因数提得很高时，串联补偿不起多大作用。串联电容器补偿适用于电压波动频繁的场合，而并联电容器则不适合。并联电容器补偿的优点是可以减小沿线路的无功功率流动，从而降低网络损耗。

从经济角度看，为减小同样大小的电压损耗，并联电容器补偿需要补偿的无功功率容量大，一次投资大；串联电容器需要的无功功率容量小，一次投资小。

从减小网络损耗方面看，并联电容器补偿，使网络损耗下降得较为直接、明显，此时网络损耗可用下式表示：

$$\Delta P=\frac{P^2+(Q-Q_C)^2}{U^2}R \tag{7-114}$$

而串联电容器时，使网络损耗下降得较为间接。在线路上的电压损耗可表示为

$$\Delta U=\frac{PR+Q(X-X_C)}{U} \tag{7-115}$$

由式（7-115）可知，串联电容器后，减小了线路的总阻抗，减小了电压损耗，因此末端电压有所提高，此时网络损耗可用下式表示：

$$\Delta P=\frac{P^2+Q^2}{U^2}R \tag{7-116}$$

由此可见，串联补偿能减小线路功率损耗，是由于提高了线路的电压水平，而并联补偿之所以能减小网损，除了由于线路电压水平提高，还由于通过线路上的无功功率减小了，所以，并联电容补偿使网络损耗下降得多，串联电容使网络损耗下降得少。

采用并联电容器补偿或采用串联电容器补偿各有优缺点，由于整个电力系统中节点较多，每个节点所处的位置不同，用户对电压的要求也不一样，因此必须根据系统的具体要求，在不同的节点，采用不同的调压方式。

严格规定出各种调压方法的应用范围是相当复杂的，有时是不可能的，对调压设备的选择，往往要通过技术经济的比较后，才能得出合理的解决方案。

最后还要指出，在出力电压调整问题时，保证系统在正常运行方式下有合乎标准的电压质量是最基本的要求。此外还要使系统在某些特殊运行方式下（例如检修或故障后）的电压偏移不超过允许的范围。如果正常状态下的调压措施不能满足这一要求，还应考虑采取特殊运行方式下的补充调压方法。

本章小结

本章主要阐述了线路、变压器等效电路的绘制及其参数计算；简单开式电力网的潮流分布计算；简单闭式电力网——环网和两端网潮流分布的计算；电力系统有功功率平衡及频率调整；电力系统无功功率平衡及电压调整。

对于电力网元件参数，不仅要会计算，还要理解各参数的物理意义；对于等效电路，不仅能画单个元件的等效电路，还要能画整个网络的等效电路。

对称的三相交流系统往往采用一相等效电路进行分析计算。电力网的等效电路可按照线路、变压器等效电路的画法，再根据网络元件的连接情况绘制出来。同一等效电路中各元件的参数应折算至同一电压等级。

电力线路的参数包括电阻、电抗、电导和电纳。电导对应的是线路的电晕损耗和绝缘子的泄漏损耗或介质损耗，正常情况下，可忽略不计。

变压器的参数有电阻、电抗、电导和电纳四个，可根据变压器给出的短路损耗、短路电压百分值、空载损耗和空载电流百分值计算得到。对于三绕组变压器，要注意各绕组在不同的容量比下短路损耗和短路电压百分值的折算问题。变压器参数计算公式中的额定电压可采用变压器任一侧的数值，同时计算出来的参数也已折算至相应的电压等级下。

电压降落、电压损耗、电压偏移和电压调整是几个重要的概念，要准确理解它们的含义。

串联阻抗支路中的功率损耗和电压降落计算是电力系统潮流计算的重要基础，公式中的功率和电压应是同一点的数值，近似计算时，电力网的实际运行电压可用电网的额定电压取代。功率损耗、电压降落的计算公式都是以感性无功功率为条件推导出来的，若是容性无功，电压降落公式中的无功功率应以负值代入。

电力网中功率的传输方向取决于元件两端的电压差，元件两端存在电压数值差是传送无功功率的条件，存在相角差是传送有功功率的条件，感性无功功率总是从电压高的一端流向电压低的一端，有功功率总是从电压相位超前的一端流向滞后的一端。

开式电力网的潮流计算可根据不同的已知条件，利用功率损耗和电压降落的公式逐级推算求得。在潮流计算中，开式区域网要计及元件的功率损耗，而开式地区网可忽略功率损耗和电压降落的横分量。

简单闭式电力网分为两端供电网和环网两种基本形态。简单闭式电力网的潮流计算，首先是计算自然功率和循环功率，将两者叠加得到初步功率分布并找出功率分点；然后在功率分点处（有功、无功分点不重合时，一般在无功分点处）解开成两个开式网络，再按照开式网络的潮流计算方法计算功率分布和各点电压；最后在功率分点处将两开式网联在一起便得到原网络的最终功率分布。

对电力系统综合负荷及发电机的频率静态特性，综合负荷的静态电压特性，电力系统频率的一次、二次调整的概念，要能够充分理解。了解频率及电压偏差过大对电力系统的影响，了解各种无功补偿装置的特点。

电力系统的频率调整主要和有功功率的平衡有关，当系统有功功率缺少时，频率就会下降，当系统有功功率过剩时，频率就会上升。

电力系统的电压调整主要和无功功率的平衡有关，当系统无功功率缺失时，电压就会下降，当系统无功功率过剩时，电压就会上升。

发电机是唯一的有功功率电源，又是重要的无功功率电源。无功功率电源还有同步调相机、并联电容器和静止补偿器等。

为了保证电力系统各节点的电压质量，需选择一些重要的电压中枢点。只要控制、监视中枢点的电压在一定的允许范围内，就可以使其供电的各负荷点的电压质量都满足要求。

电力系统的调压措施中，改变发电机的励磁调压，是最方便和经济的调压措施。若电力系统无功功率充足，采用有载调压变压器调压，将非常灵活而有效。但在电力系统无功功率不足的情况下，首要问题是增加无功补偿设备和设法增加无功电源的出力。

习题与思考题

7-1　电力线路单位长度的电阻、电抗、电导、电纳如何计算？

7-2　电力线路的等效电路如何表示？常用的等效电路是什么？

7-3　双绕组变压器电阻、电抗、电导、电纳的计算公式是什么？与变压器短路试验数据和空载试验数据是怎样的对应关系？公式中电压U_N用哪一侧的值？

7-4　三绕组变压器按三个绕组的容量比不同分为几类？当三个绕组的容量不同时，三个绕组的电阻应如何计算？电抗应如何计算？

7-5　何谓变压器的额定电压比？

7-6　用标幺值表示的电力系统等效网络，其参数归算较复杂，归算途径有两个，具体是什么？

7-7　电力线路和变压器阻抗支路的功率损耗表达式是什么？导纳支路的功率损耗表达式是什么？

7-8　简单辐射网潮流分布计算的内容及一般步骤是什么？

7-9　对环形网进行初步潮流分布时，是否考虑网络中的功率损耗和电压降落？

7-10　简单环形网潮流分布计算的内容及主要步骤是什么？

7-11　发电厂主要有哪几类？各类电厂有什么特点？排列各类发电厂承担负荷最优顺序的原则是什么？

7-12　电力系统的备用容量有哪些？如何确定发电厂的装机容量？

7-13　什么是电力系统负荷的有功功率－频率静态特性？什么是发电机组的有功功率－频率静态特性？

7-14　调频厂的选择原则是什么？

7-15　有功功率负荷最优分配的目的是什么？

7-16　什么是等耗量微增率准则？

7-17　电力系统的无功功率电源有哪些？无功功率负荷有哪些？无功功率平衡方程是什么？

7-18　中枢点的调压方式有哪些？何谓逆调压、顺调压和常调压？

7-19　将并联电容器和串联电容器两种无功功率补偿方法做经济技术比较，各有哪些优缺点？

7-20　某三相单回输电线路，采用LGJ－300型导线（计算外径为25.2mm），已知三相导线正三角形布置，导线间距离$D=6\text{ m}$，求每公里线路的电抗值。

7-21　某三相变压器型号为SFPSL－120000/220，各绕组容量比为100%/100%/50%，额定电压为220 kV/121 kV/11 kV，$\Delta P_{k(1-2)}=601\text{ kW}$，$\Delta P'_{k(1-3)}=180\text{ kW}$，$\Delta P'_{k(2-3)}=132\text{ kW}$，$U_{k(1-2)}\%=14.85$，$U_{k(1-3)}\%=28.25$，$U_{k(2-3)}\%=7.6$，$\Delta P_0=130\text{ kW}$，$I_0\%=0.62$，求该变压器参数及其等效电路。

7-22　某电力网络及各元件参数如图7-37所示，试用近似计算法求出其参数，并画出等效电路。

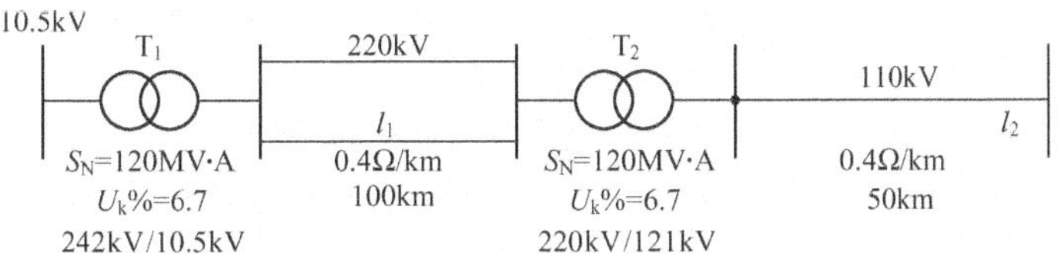

图7-37　习题7-22图

7-23　某系统负荷为4000 MW，正常运行时$f=50$ Hz。若系统发电出力减少200 MW，系统频率运行在48 Hz，求系统负荷的频率调节效应系数。

7-24　某降压变电所中装有一台SFSL1-31500/110型三相三绕组变压器，铭牌上数据为：容量比为31500 kV·A/31500 kV·A/31500 kV·A，电压比为110 kV/38.5 kV/10.5 kV，$P_0=38.4$ kW，$I_0\%=0.8$，$P_{k(1-2)}=212$ kW，$P_{k(2-3)}=181.6$ kW，$P_{k(3-1)}=229$ kW，$U_{k(1-2)}\%=18$，$U_{k(2-3)}\%=6.5$，$U_{k(3-1)}\%=10.5$。试计算以变压器高压侧电压为基准的各变压器参数值，并画出等效电路图。

7-25　架空线路长60 km，电压等级为110 kV，线路参数$r=21.6\ \Omega$，$x=33\ \Omega$，$b=1.1\times10^{-4}$ S。已知线路末端运行电压为106 kV，负荷为80 MW，功率因数为0.85。试计算输电线路的电压降落和电压损耗。

7-26　电网结构如图7-38所示，额定电压为35 kV，图中各节点的负荷及各线路参数如下：

$$S_2=0.3+\mathrm{j}0.2\ \mathrm{MV\cdot A},\ S_3=0.5+\mathrm{j}0.3\ \mathrm{MV\cdot A},\ S_4=0.2+\mathrm{j}0.3\ \mathrm{MV\cdot A}$$

$$Z_{12}=1.2+\mathrm{j}2.4\ \Omega,\ Z_{23}=1+\mathrm{j}2\ \Omega,\ Z_{24}=2+\mathrm{j}4\ \Omega$$

试计算图中电网的功率和电压分布。

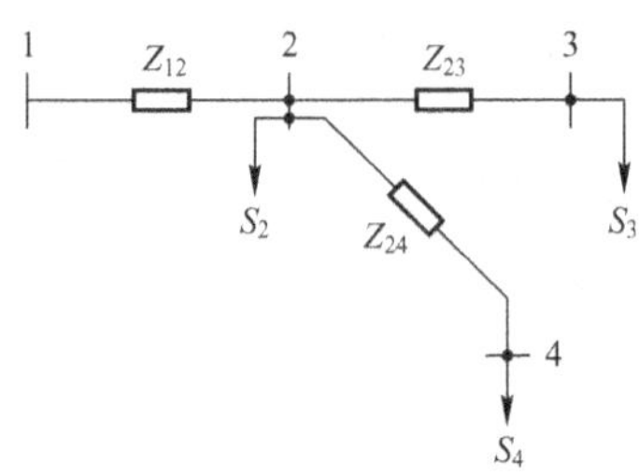

图7-38　习题7-26图

7-27　某电力网的接线图如图7-39所示，试计算元件参数并绘制该电力网的等效电路，取220 kV级为基本级，35 kV和10 kV线路的并联导纳略去不计。

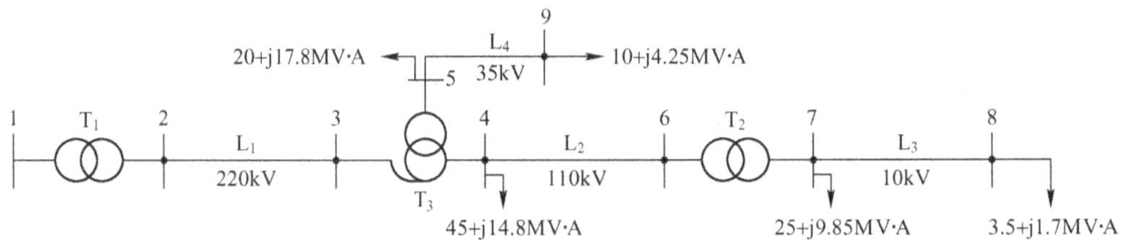

图7-39　习题7-27图

架空线L_1：$r_0=0.08\ \Omega/\mathrm{km}$，$x_0=0.4\ \Omega/\mathrm{km}$，$b_0=2.8\times10^{-6}$ S/km，长度为100 km；

架空线L_2：$r_0=0.108\ \Omega/\mathrm{km}$，$x_0=0.4\ \Omega/\mathrm{km}$，$b_0=2.89\times10^{-6}$ S/km，长度为60km；

电缆L_3：$r_0=0.4\ \Omega/\mathrm{km}$，$x_0=0.08\ \Omega/\mathrm{km}$，长度为5 km；

架空线L_4：$r_0=0.17\ \Omega/\mathrm{km}$，$x_0=0.4\ \Omega/\mathrm{km}$，长度为10 km；

变压器T_1：$S_N=200$ MV·A，额定电压为13.8 kV/242 kV，$P_0=175$ kW，$I_0\%=1.2$，$P_k=890$ kW，$U_k\%=13$；

变压器T_2：$S_N=60$ MV·A，额定电压为110 kV/10.5 kV，$P_0=60$ kW，$I_0\%=0.61$，P_k

$=280\ \text{kW}$，$U_k\%=10.5$；

自耦变压器 T_3：$S_N=120\ \text{MV}\cdot\text{A}$，额定电压为 220 kV/121 kV/38.5 kV，$I_0\%=0.353$，$P_0=90\ \text{kW}$，$U_{k(1-2)}\%=9.6$，$U_{k(1-3)}\%=35$，$U_{k(2-3)}\%=23$，$P_{k(1-2)}=448\ \text{kW}$，$P_{k(1-3)}=1652\ \text{kW}$，$P_{k(2-3)}=1512\ \text{kW}$，高压侧接在 −2.5% 分接头运行。

7-28　简单电力环网如图 7-40 所示，电网各元件型号及参数如下：变压器型号为 SFL_1-31500/35，额定变比为 35/11，铭牌参数分别为：$P_0=30\ \text{kW}$，$I_0=1.2\%$，$P_k=177.2\ \text{kW}$，$U_k=8\%$；线路 AC 段：$l=50\ \text{km}$，$r_0=0.27\ \Omega/\text{km}$，$x_0=0.42\ \Omega/\text{km}$，线路 BC 段：$l=60\ \text{km}$，$r_0=0.27\ \Omega/\text{km}$，$x_0=0.42\ \Omega/\text{km}$，线路 AB 段：$l=40\ \text{km}$，$r_0=0.27\ \Omega/\text{km}$，$x_0=0.42\ \Omega/\text{km}$，各段线路的导纳均可略去；负荷为：$S_D=25+\text{j}18\ \text{MV}\cdot\text{A}$，$S_B=50+\text{j}30\ \text{MV}\cdot\text{A}$；母线 D 额定电压为 10 kV，母线 C 实际运行电压为 34 kV，试求网络的功率分布及功率分点。

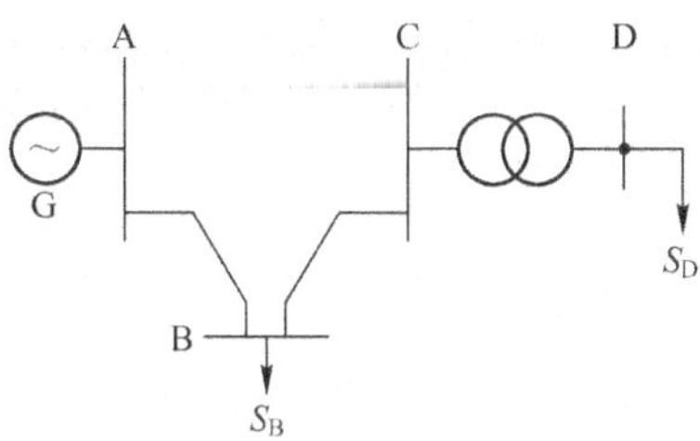

图 7-40　习题 7-28 图

第 8 章　继电保护基础

8.1　继电保护的基本知识

电力系统运行过程中可能出现各种故障和不正常运行状态，这会使系统的正常工作遭到破坏，造成对用户少送电或电能质量难以满足要求，甚至造成人身伤亡和电气设备损坏（事故）。除应采取各项积极措施消除或减少发生故障（或事故）的可能性以外，一旦故障发生，还必须迅速而有选择性地切除故障元件，完成这一功能的电力系统保护装置称为继电保护装置。

8.1.1　继电保护的基本原理及构成

1. 继电保护基本原理

要完成电力系统继电保护的基本任务，首先必须“区分”电力系统的正常、不正常工作和故障三种运行状态，“甄别”出发生故障和出现异常的元件。而要进行“区分和甄别”，则必须明确电力元件在这三种运行状态下的可测参量的差异，提取和利用这些可测参量的差异，从而实现对正常、不正常和故障元件的快速区分。依据可测电气量的不同差异，可以构成不同原理的继电保护。目前已经发现不同运行状态下具有明显差异的电气量有：流过电力元件的相电流、序电流、功率及其方向；元件的运行相电压幅值、序电压幅值；元件的电压与电流比值即“测量阻抗”等。发现并正确利用能可靠区分三种运行状态的可测参量或参量的新差异，就可以形成新的继电保护原理。

利用每个电力元件在内部与外部短路时两侧电流相量的差别可以构成电流差动保护，利用两侧电流相位的差别可以构成电流相位差动保护，利用两侧功率方向的差别可以构成方向比较式纵联保护，利用两侧测量阻抗的大小和方向等还可以构成其他原理的纵联保护。利用某种通信通道同时比较被保护元件两侧正常运行与故障时电气量差异的保护，称为纵联保护。它们只在被保护元件内部故障时动作，可以快速切除被保护元件内部任意点的故障，被认为具有绝对的选择性，常被用作 220 kV 及以上输电网络和较大容量发电机、变压器、电动机等电力元件的主保护。

除反映上述各种电气量变化特征的保护外，还可以根据电力元件的特点实现反映非电气量特征的保护。例如，当变压器油箱内部的绕组短路时，反映于变压器油受热分解所产生的气体，构成瓦斯保护；反映于电动机绕组温度的升高而构成的过热保护等。

2. 继电保护装置的构成

一般继电保护装置由测量比较元件、逻辑判断元件和执行输出元件三部分组成，如图 8-1 所示。

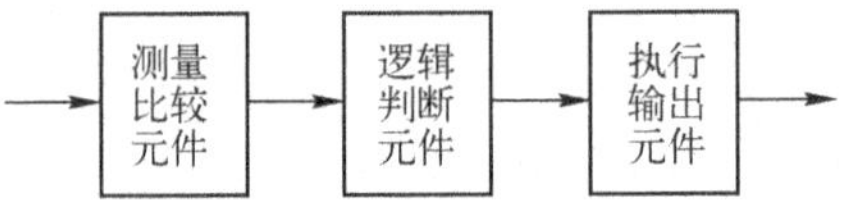

图 8-1　继电保护装置的组成框图

（1）测量比较元件

测量比较元件用于测量通过被保护电力元件的

物理参量，并与其给定的值进行比较，根据比较的结果，给出“是”“非”“0”和“1”性质的一组逻辑信号，从而判断保护装置是否应该启动。根据需要继电保护装置往往有一个或者多个测量比较元件。常用的测量比较元件有：被测电气量超过给定值动作的过量继电器，如过电流继电器、过电压继电器和高周波继电器等；被测电气量低于给定值动作的欠量继电器，如低电压继电器、阻抗继电器和低周波继电器等；被测电压、电流之间相位角满足一定值而动作的功率方向继电器等。

（2）逻辑判断环节

逻辑判断元件根据测量比较元件输出逻辑信号的性质、先后顺序和持续时间等，使保护装置按一定的逻辑关系判定故障的类型和范围，最后确定是否应该使断路器跳闸、发出信号或不动作，并将对应的指令传给执行输出部分。

（3）执行输出元件

执行输出元件根据逻辑判断部分传来的指令，发出跳开断路器的跳闸脉冲及相应的动作信息、发出警报或不动作。

8.1.2 继电保护的基本要求

动作于跳闸的继电保护，在技术上一般应满足四个基本要求，即可靠性（安全性和信赖性）、选择性、速动性和灵敏性。这几“性”之间，紧密联系，既矛盾又统一，必须根据具体电力系统运行的主要矛盾和矛盾的主要方面，配置、配合、整定每个电力元件的继电保护，充分发挥和利用继电保护的科学性、工程技术性，使继电保护为提高电力系统运行的安全性、稳定性和经济性发挥最大效能。

1. 可靠性

可靠性包括安全性和信赖性，是对继电保护性能的最根本要求。所谓安全性，是要求继电保护在不需要它动作时可靠不动作，即不发生误动作。所谓信赖性，是要求继电保护在规定的保护范围内发生了应该动作的故障时可靠动作，即不发生拒绝动作。

安全性和信赖性主要取决于保护装置本身的制造质量、保护回路的连接和运行维护的水平。一般而言保护装置的组成元件质量越高、回路接线越简单，保护的工作就越可靠。同时，正确的调试、整定，良好的运行维护以及丰富的运行经验，对提高保护的可靠性具有重要的作用。

继电保护的误动作和拒绝动作都会给电力系统造成严重危害。然而，提高不误动作的安全性措施与提高不拒动的信赖性措施往往是矛盾的。由于不同的电力系统结构不同，电力元件在电力系统中的位置不同，误动和拒动的危害程度不同，因而提高保护安全性和信赖性的侧重点在不同情况下有所不同。例如，对 220 kV 及以上电压的超高压电网，由于电网联系比较紧密，联络线较多，系统备用容量较多，如果保护误动作，使某条线路、某台发电机或变压器误切除，给整个电力系统造成直接经济损失较小。但如果保护装置拒绝动作，将会造成电力元件的损坏或者引起系统稳定的破坏，造成大面积的停电事故。在这种情况下一般应该更强调保护不拒动的信赖性，目前要求每回 220 kV 及以上电压输电线路都装设两套工作原理不同，工作回路完全独立的快速保护，采取各自独立跳闸的方式，提高不拒动的信赖性。而对于母线保护，由于它的误动将会给电力系统带来严重后果，则更强调不误动的安全性，一般采取两套保护出口触点串联后跳闸的方式。

即使对于相同的电力元件，随着电网的发展，保护不误动和不拒动对系统的影响也会发生变化。例如，一个更高一级电压网络建设初期或大型电厂投资初期，由于联络线较少，输送容量较大，切除一个元件就会对系统产生很大影响，防止误动是最重要的；随着电网建设的发展，联络线越来越多，联系越来越紧密，防止拒动可能变成最重要了。在说明防止误动更重要的时候，并不是说防止拒动不重要，而是说，在保证防止误动的同时要充分防止拒动；反之亦然。

2. 选择性

继电保护的选择性是指保护装置动作时，在可能最小的区间内将故障从电力系统中断开，最大限度地保证系统中无故障部分仍能继续安全运行，它包含两种意思：其一是只应由装在故障元件上的保护装置动作切除故障；其二是要力争相邻元件的保护装置对它起后备保护作用。

如图 8-2 所示电网，当k_1点发生短路故障时，应由故障线路上的保护 1 和 2 动作，将故障线路切除，这时变电所 B 则仍可由另一条非故障线路继续供电。当 k_3 点发生短路故障时，应由线路的保护 6 动作，使断路器 QF6 跳闸，将故障线 C－D 切除，这时只有变电所 D 停电。由此可见，继电保护有选择性地动作可将停电范围限制到最小，甚至可以做到不中断对用户的供电。

在要求保护动作有选择性的同时，还必须考虑保护或断路器有拒动的可能性，因而就需要考虑后备保护的问题。如图 8-2 所示，当k_3点发生短路故障时，距短路点最近的保护 6 应动作切除故障，但由于某种原因，该处的保护或断路器拒动，故障便不能消除，此时如其前面一条线路（靠近电源测）的保护 5 动作，故障也可消除。此时保护 5 所起的作用就称为相邻元件的后备保护。同理保护 1 和 3 又应该作为保护 5 和 7 的后备保护。由于按以上方式构成的后备保护是在远处实现的，因此又称为远后备保护。

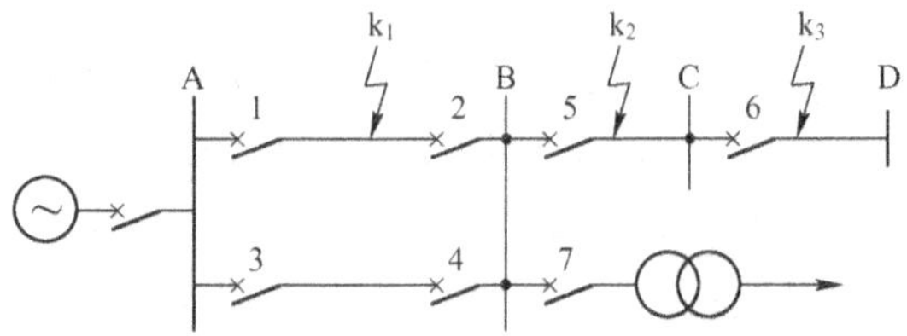

图 8-2　保护选择性说明图

若k_2点发生故障时，保护装置 5 本来能够动作跳开断路器，而线路 A－B 段的保护装置 1 和 2 抢先动作跳开断路器，则该保护动作是无选择性的。这种选择性的保证，除利用一定的延时使本线路的后备保护和主保护正确配合外，还必须注意相邻元件后备保护之间的正确配合。

其一是上级元件后备保护的灵敏度要低于下级元件后备保护的灵敏度；其二是上级元件后备保护的动作时间要大于下级元件后备保护的动作时间。在短路电流水平较低、保护处于动作边缘情况下，此两条件缺一不可。

3. 速动性

继电保护的速动性是指尽可能快地切除故障，以减小设备及用户在大短路电流、低电压下运行的时间，降低设备的损坏程度，提高电力系统并列运行的稳定性。动作迅速而又能满足选择性要求的保护装置，一般结构都比较复杂，价格比较昂贵，对大量的中、低压电力元件，不一定都采用高速动作的保护。对保护速动性的要求应根据电力系统的接线和被保护元件的具体情况，经技术经济比较后确定。一些必须快速切除的故障有：

1）使发电厂或重要用户的母线电压低于允许值（一般为 0.7 倍额定电压）。

2）大容量的发电机、变压器和电动机内部发生的故障。

3）中、低压线路导线截面过小，为避免过热不允许延时切除的故障。

4）可能危及人身安全、对通信系统或铁路信号系统有强烈干扰的故障。

在高压电网中，维持电力系统的暂态稳定性往往成为继电保护快速性要求的决定性因素，故障切除越快，暂态稳定极限（维持故障切除后系统的稳定性所允许的故障前输送功率）越高，越能发挥电网的输电效能。

故障切除时间包括保护装置和断路器动作时间，一般快速保护的动作时间为0.04～0.08 s，最快的可达0.01～0.04 s，一般断路器的跳闸时间为0.06～0.15 s，最快的可达0.02～0.06 s。

但应指出，要求保护切除故障达到最小时间并不是在任何情况下都是合理的，故障必须根据技术条件来确定。实际上，对不同电压等级和不同结构的电网，切除故障的最小时间有不同的要求。例如，对于35～60 kV 配电网络，一般为0.5～0.7 s；110～330 kV 高压电网，为0.15～0.3 s；500 kV 及以上超高压电网，为0.1～0.12 s。目前国产的继电保护装置，在一般情况下，完全可以满足上述电网对快速切除故障的要求。

对于反映不正常运行情况的继电保护装置，一般不要求快速动作，而应按照选择性的条件，带延时地发出信号。

4. 灵敏性

灵敏性是指电气设备或线路在被保护范围内发生短路故障或不正常运行情况时，保护装置的反应能力。能满足灵敏性要求的继电保护，在规定的范围内故障时，不论短路点的位置和短路的类型如何，以及短路点是否有过渡电阻，都能正确反应动作，即要求不但在系统最大运行方式下三相短路时能可靠动作，而且在系统最小运行方式下经过较大过渡电阻的两相或单相短路故障时也能可靠动作。

所谓系统最大运行方式就是被保护线路末端短路时，系统等效阻抗最小，通过保护装置的短路电流为最大运行方式；系统最小运行方式就是在同样短路故障情况下，系统等效阻抗为最大，通过保护装置的短路电流为最小的运行方式。

保护装置的灵敏性是用灵敏系数来衡量的，增大灵敏度，增加了保护动作的信赖性，但有时与安全性相矛盾。在《继电保护和安全自动装置技术规程》中，对各类保护的灵敏系数的要求都做了具体的规定，一般要求灵敏系数在1.2～2之间。

以上四个基本要求是设计、配置和维护继电保护的依据，又是分析评价继电保护的基础。这四个基本要求之间是相互联系的，但往往又存在着矛盾。因此，在实际工作中，要根据电网的结构和用户的性质，辩证地进行统一。继电保护的科学研究、设计、制造和运行的大部分工作也是围绕如何处理好这四者的辩证统一关系进行的。相同原理的保护装置在电力系统的不同位置的元件上如何配置和配合，相同的电力元件在电力系统不同位置安装时如何配置相应的继电保护，才能最大限度地发挥被保护电力系统的运行效能，充分体现着继电保护工作的科学性和继电保护的工程实践的技术性。

8.1.3 常用保护继电器及操作电源

1. 保护继电器

（1）电流继电器

电流继电器是电流保护的测量元件，它是反映一个电气量而动作的简单继电器的典型，电流继电器一般是过量继电器。

当继电器的线圈通过电流I_r时产生磁通，经由铁心、气隙和衔铁构成闭合回路。衔铁被磁化以后，产生电磁力矩，如果通过的电流足够大，使得电磁力矩足以克服弹簧产生的反作用力矩和摩擦力矩时，衔铁被吸引，动合触点闭合，称为继电器动作。恰能使得继电器动作的最小电流称为继电器的动作电流，记为$I_{op \cdot r}$。减小继电器线圈通过的电流，当使得弹簧产生的反作用力矩大于电磁力矩和摩擦力矩之和时，动合触点打开，称为继电器返回。恰能使得继电器返回的最大电流称为继电器的返回电流，记为$I_{re \cdot r}$。电流继电器的返回系数K_{re}定义为

$$K_{re} = \frac{I_{re \cdot r}}{I_{op \cdot r}} \tag{8-1}$$

过电流继电器的返回系数一般小于 1，常用的电磁性过电流继电器返回系数一般为0.85。

（2）电压继电器

过电压继电器的触点形式、动作值、返回值的定义与过电流继电器相类似。

低电压继电器的触点为动断触点。系统正常运行时低电压继电器的触点打开，一旦出现故障，引起母线电压下降达到一定程度（动作电压），继电器触点闭合，保护动作；当故障消除，系统电压恢复上升达到一定数值（返回电压）时，继电器触点打开，保护返回。

（3）中间继电器

中间继电器的主要作用是在继电保护装置和自动装置中用以增加触点数量以及容量，该类继电器一般都有几对触点，可以是动合触点或者动断触点。

（4）时间继电器

时间继电器的作用是建立必要的延时，以保证保护动作的选择性和某种逻辑关系。对时间继电器的要求是：应能延时动作、瞬时返回。

（5）信号继电器

信号继电器用作继电保护装置和自动装置动作的信号指示，标示装置所处的状态或接通灯光（音响）信号回路。信号继电器动作之后触点自保持，不能自动返回，需由值班人员手动复归或电动复归。

2. 操作电源

各类继电器连接构成的继电保护装置需要获取能量以完成其各项功能并控制断路器的动作，其能量来源于操作电源。

操作电源指高压断路器的合闸、分闸回路以及继电保护装置中的操作回路、控制回路和信号回路等所需电源。常用的操作电源有三类：直流电源、整流电源和交流电源。

对于继电保护装置，操作电源一定要非常可靠，否则当系统故障时，保护装置可能无法可靠动作。

8.2 单侧电源辐射状网络相间短路的电流保护

工作环境决定了输电线路是电力系统中最容易发生故障的部分。当发生短路故障时，输电线路的主要特征之一就是电流增大，利用这个特点可以构成电流保护。对于单侧电源网络

的相间短路保护主要采用三段式电流保护，即第一段为无时限电流速断保护，第二段为限时电流速断保护，第三段为定时限过电流保护。其中第一段、第二段共同构成线路的主保护，第三段作为后备保护。

8.2.1 无时限电流速断保护

在保证选择性和可靠性要求的前提下，根据对继电保护快速性的要求，原则上应装设快速动作的保护装置，使切除故障的时间尽可能短。反映电流增加，且不带时限（瞬时）动作的电流保护称为无时限电流速断保护，简称电流速断保护。

1. 基本原理

对于反映于短路电流幅值增大而瞬时动作的电流保护，称为电流速断保护。为了保证其选择性，一般只能保护线路的一部分。以图 8-3 所示的网络接线为例，假定在每条线路上均装有电流速断保护，当线路 A-B 上发生故障时，希望保护 1 能瞬时动作，而当线路 B-C 上故障时，希望保护 2 能瞬时动作，它们的保护范围最好能达到本线路全长的 100%。但是这种愿望能否实现，需要具体分析。

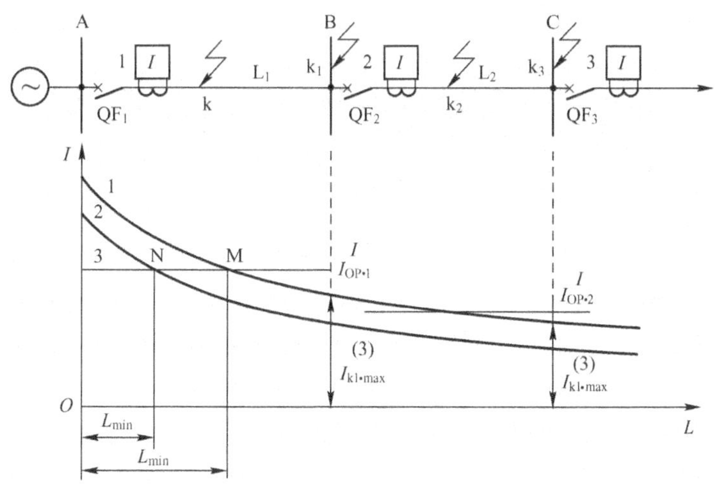

图 8-3 电流曲线

以保护装置 1 为例，当相邻线路 B-C 段的始端（习惯上又称为出口处）k_1点短路时，按照选择性的要求，速断保护 1 就不应该动作，因为该处的故障应由速断保护 2 动作切除。而当本线路末端 k 点短路时，希望速断保护 1 能够瞬时动作切除故障。但实际上，k 点和k_1点短路时，从保护装置 1 安装处流过的电流数值几乎是一样的。因此，希望 k 点短路时速断保护 1 能动作，而k_1点短路时又不动作的要求就不可能同时满足。

为解决这个矛盾可以有两种方法。通常都是优先保证动作的选择性，即从保护装置启动参数的整定上保证下一条线路出口处短路时不启动，在继电保护技术中，这又称为按躲开下一条线路出口处短路的条件整定。另一种方法就是在个别情况下，当快速切除故障是首要条件时，就采用无选择性的速断保护，而以自动重合闸来纠正这种无选择性动作。

对反映电流升高而动作的电流速断保护而言，能使该保护装置启动的最小电流值称为保护装置的整定电流，以I_{set}表示，显然必须是实际的短路电流$I_k \geq I_{set}$时，保护装置才能动作。保护装置的整定电流I_{set}，是用电力系统一次侧的参数表示的。它所代表的意义是：当在被保护线路的一次电流达到这个数值时，安装在该处的保护装置就能够动作。以保护 1 为例，为保证动作的选择性，保护装置的启动电流必须大于下一条线路出口处短路时可能的最大短路电流，从而保证在本线路末端短路时保护不能启动。保护不能启动的范围随运行方式、故障类型的变化而变化。在各种运行方式下发生各种短路保护都能动作切除故障的短路点位置的最小范围称为最小的保护范围，例如保护 1 的最小保护范围为图 8-3 中 N 点前面的部分。

2. 电流速断保护的整定计算原则

（1）动作电流的整定

为了保证电流速断保护动作的选择性，对保护 1 来讲，其整定的动作电流I_{set}^{I}必须大于k_1短路时可能出现的最大短路电流，即大于在最大运行方式下变电所 B 母线上三相短路时电流$I_{k.B.max}$，即

$$I_{set}^{I} > I_{k.B.max} = \frac{E_{\varphi}}{Z_{S.min} + Z_{A-B}} \tag{8-2}$$

式中，E_{φ} 为系统相电压。

动作电流为

$$I_{set}^{I} = K_{rel}^{I} I_{k.B.max} \tag{8-3}$$

引入可靠性系数$K_{rel}^{I}=1.2\sim1.3$是考虑非周期分量的影响、实际短路电流可能大于计算值、保护装置的实际动作值可能小于整定值和一定的裕度等因素。

计算出保护的一次动作电流后，还需要求出继电器的二次动作电流：

$$I_{op}^{I} = \frac{I_{set}^{I}}{n_{TA}} K_{con} \tag{8-4}$$

式中，n_{TA}为电流互感器的变比；K_{con}为电流互感器的接线系数，其值与电流互感器的接线方式有关，当电流互感器的二次侧为三相星形或两相星形接线时其值为 1，当二次侧为三角形接线时其值为$\sqrt{3}$。

无时限电流速断保护的动作时间取决于继电器本身固有动作时间，一般小于 10 ms。考虑到躲过线路中避雷器的放电时间 40 ~ 60 ms，一般加装一个动作时间为 60 ~ 80 ms 的保护出口中间继电器，一方面提供延时，另一方面扩大触点的容量和数量。

（2）保护范围的校验

在已知保护的动作电流后，大于一次动作电流的短路电流对应的短路点区域，就是保护范围。保护的范围随运行方式、故障类型的变化而变化，最小的保护范围在系统最小运行方式下两相短路时出现。一般情况下，应按照这种运行方式和故障类型来校验保护的最小范围，要求大于被保护线路全长的 15% ~ 20%。保护的最小范围计算式如下：

$$I_{set}^{I} = I_k L_{min} = \frac{\sqrt{3}}{2} \frac{E_{\varphi}}{Z_{S.max} + z_1 L_{min}} \tag{8-5}$$

式中，L_{min}为电流速断保护的最小保护范围长度；z_1为线路单位长度的正序阻抗。

3. 电流速断保护的主要优、缺点

电流速断保护的优点是简单可靠、动作迅速，因而获得了广泛的应用；缺点是不可能保护线路的全长，并且保护范围直接受运行方式变化的影响。

当系统运行方式变化很大，或者被保护线路的长度很短时，速断保护就可能没有保护范

围，因而不能采用。

8.2.2 限时电流速断保护

由于有选择性的电流速断保护不能保护本线路的全长，为快速切除本线路其余部分的短路，应增设第二套保护。为保证选择性和快速性，该保护应与下一线路的电流速断保护在保护范围和动作时限上相配合，即保护范围不超过下一线路电流速断保护的保护范围，动作时限比下一线路电流速断保护高出一个时限级差 Δt。这种带有一定延时的电流速断保护称为限时电流速断保护。

1. 基本原理

以图 8-3 中的保护 1 为例，说明限时电流速断保护的整定。对这个保护的要求，首先是在任何情况下能保证本线路的全长，并且具有足够的灵敏性；其次是在满足上述要求的前提下，力求具有最小的动作时限；在下级线路短路时，保证下级保护优先切除故障，满足选择性要求。由于要求限时电流速断保护必须保护线路的全长，因此它的保护范围必须要延伸到下级线路中去，这样当下级线路出口处发生短路时，它就要启动，在这种情况下，为了保证动作的选择性，就必须使保护的动作带有一定的时限，此时限的大小与其延伸的范围有关。为了使这一时限尽量缩短，照例都是首先考虑使它的保护范围不超过下级线路速断保护的范围，而动作时限则比下级线路的速断保护高出一个时间阶梯，此时间阶梯以 Δt 表示。如果与下级线路的速断保护配合后，在本线路末端短路灵敏度不足时，则此限时电流速断保护与下级线路的限时电流速断保护配合，动作时限比下级线路的限时电流速断保护高出一个时间阶梯。通过上下级保护间保护整定值与动作时间的配合，使全线路的故障都可以在一个 Δt（少数与限时电流速断保护配合时为两个 Δt）内切除。

2. 限时电流速断保护的整定

（1）启动电流的整定

设图 8-3 所示系统保护 2 装有电流速断，其启动电流按式（8-3）计算后为$I^{\mathrm{I}}_{\mathrm{set.2}}$，它与短路电流变化曲线的交点 M 即为保护 2 电流速断的保护范围，当在此点发生短路时，短路电流即为$I^{\mathrm{I}}_{\mathrm{set.2}}$，速断保护刚好能动作。根据以上分析，保护 1 的限时电流速断保护范围不应超出保护 2 的电流速断的范围。因此在单侧电源供电的情况下，它的启动电流就应该整定为

$$I^{\mathrm{II}}_{\mathrm{set.1}} \geqslant I^{\mathrm{I}}_{\mathrm{set.2}} \tag{8-6}$$

在式（8-6）中能否选取两个电流相等？如果选取相等，就意味着保护 1 限时电流速断的保护范围正好和保护 2 速断保护的范围重合。这在理想情况下虽是可以的，但在实践中是不允许的。因为保护 1 和保护 2 安装在不同的地点，使用不同的电流互感器和继电器，它们之间的特性很难完全一样。如果正好遇上保护 2 的电流速断出现负误差，其保护范围比计算值缩小，而保护 1 的限时速断是正误差，其保护范围比计算值增大，那么实际上，当计算的保护范围末端短路时，就会出现保护 2 的电流速断已不能动作，而保护 1 的限时速断仍然会启动的情况。为了避免这种情况的发生，就不能采用两个电流相等的整定方法，而必须采用

$$I^{\mathrm{II}}_{\mathrm{set.1}} > I^{\mathrm{I}}_{\mathrm{set.2}} \tag{8-7}$$

引入可靠性系数$K^{\mathrm{II}}_{\mathrm{rel}}$，一般取为 1.1～1.2，则得

$$I^{\mathrm{II}}_{\mathrm{set.1}} = K^{\mathrm{II}}_{\mathrm{rel}} I^{\mathrm{I}}_{\mathrm{set.2}} \tag{8-8}$$

（2）动作时限的选择

从以上分析中已经得出，限时电流速断保护的动作时限t_1^{II}，应选择得比下级线路速断保护的动作时限t_2^{I}高出一个时间阶梯 Δt，即

$$t_1^{\mathrm{II}} = t_2^{\mathrm{I}} + \Delta t \tag{8-9}$$

从尽快切除故障的观点来看，Δt 应越小越好，但是为了保证两个保护之间动作的选择性，其值又不能选择得太小。现以线路 B－C 上发生故障时，保护 1 与保护 2 的配合关系为例，说明确定 Δt 的原则：

1）应包括故障线路断路器 QF 的跳闸时间和灭弧时间（即从接通跳闸线圈带电的瞬时算起，直到电弧熄灭的瞬时为止），因为在这一段时间里，故障电流并未消失，保护 1 仍处于启动状态。

2）应包括故障线路保护 2 中时间继电器的实际动作时间比整定时间大的正误差（当保护 2 为速断保护时，保护装置中不用时间继电器，即可不考虑这一影响）。

3）应包括保护 1 中时间继电器可能比预定时间提早动作的负误差。

4）应包括如果保护 1 中的测量元件（电流继电器）在外部故障切除后，由于惯性的影响而不能立即返回的延时。

5）考虑一定的裕度。

6）对于通常采用的断路器和间接作用于断路器的二次式继电器而言，Δt 的数值在 0.3～0.5 s 之间，通常多取为 0.5 s。

3. 保护装置灵敏系数的校验

为了能够保护本段线路的全长，限时电流速断保护必须在系统最小运行方式下，线路末端发生两相短路时，具有足够的反应能力，这个能力通常用灵敏系数K_{sen}来衡量。对反映于数值上升而动作的过量保护装置，其灵敏系数的含义为

$$K_{\mathrm{sen}} = \frac{\text{保护范围内发生金属性短路时故障参数的计算值}}{\text{保护装置的动作参数值}} \tag{8-10}$$

式中，故障参数（如电流、电压等）的计算值，应根据实际情况合理采用最不利于保护动作的系统运行方式和故障类型来选定，但不必考虑可能性很小的特殊情况。

对保护 1 的限时电流速断保护而言，即应采用系统最小运行方式下线路 A－B 末端发生两相短路时短路电流作为故障参数的计算值。设此电流为$I_{\mathrm{k.B.min}}$，代入式（8-10），则灵敏系数为

$$K_{\mathrm{sen}} = \frac{I_{\mathrm{k.B.min}}}{I_{\mathrm{set.1}}^{\mathrm{II}}} \tag{8-11}$$

为了保证在线路末端短路时，保护装置一定能够动作，要求$K_{\mathrm{sen}} \geqslant 1.3 \sim 1.5$。

要求灵敏系数大于 1 的原因是考虑可能会出现一些不利于保护启动的因素，而在实际上存在这些因素时，为使保护仍能够动作，显然就必须留有一定的裕度。不利于保护启动的因素如下：

1）故障点一般都不是金属性短路，而是存在有过渡电阻，它将使得短路电流减小，因而不利于保护装置动作。

2）实际的短路电流由于计算误差或其他原因而小于计算值。

3）保护装置所使用的电流互感器，在短路电流通过的情况下，一般都具有负误差，因

此使实际流入保护装置的电流小于按额定变比折合的数值。

4）保护装置中的继电器，其实际启动数值可能具有正误差。

5）考虑一定的裕度。

当灵敏系数不能满足要求时，那就意味着将来真正发生内部故障时，由于上述不利因素的影响保护可能启动不了，达不到保护线路全长的目的，这是不允许的。为了解决这个问题，通常都是考虑降低限时电流速断的整定值，使之与下级线路的限时电流速断配合，这样其动作时限就应该选择得比下级线路限时速断的时限再高一个 Δt，此时限时电流速断的动作时限为 1 ~1. 2 s。即

$$t_1^{\text{II}} = t_2^{\text{II}} + \Delta t \tag{8-12}$$

可见，保护范围的伸长，必然导致动作时限的升高。

8. 2. 3　定时限过电流保护

作为下级线路主保护拒动和断路器拒动时的远后备保护，同时作为本线路主保护拒动时的近后备保护，也作为过负荷时的保护，一般采用过电流保护。过电流保护通常指其启动电流按照躲开最大负荷电流来整定的保护，当电流的幅值超过最大负荷电流值时启动。过电流保护有两种：一种是保护启动后出口动作时间是固定的整定时间，称为定时限过电流保护；另一种是出口动作时间与过电流的倍数关系，电流越大，出口动作越快，称为反时限过电流保护。过电流保护在正常运行时不启动，而在电网发生故障时，则能反映于电流的增大而动作。在一般情况下，它不仅能够保护本段线路的全长，而且能保护相邻线路的全长，可以起到远后备保护的作用。本节只介绍定时限过电流保护。

1. 工作原理和启动电流的计算

为保证在正常情况下各条线路上的过电流保护绝对不动作，显然保护装置的启动电流必须大于该线路上出线的最大负荷电流$I_{\text{L. max}}$；同时还必须考虑在外部故障切除后电压恢复，负荷自起动电流作用下保护装置必须能够返回，其返回电流应大于负荷自起动电流。一般考虑后一种情况时，对应的起动电流大于前一种情况，往往为保证可靠返回从而决定起动电流。例如在图 8-4 所示的系统接线中，当 k 点短路时，短路电流将经过保护 1、2、3、4，这些保护都要启动，但是按照选择性的要求应由保护 4 动作切除故障，然后保护 1、2、3 由于电流已经减小而立即返回原位。

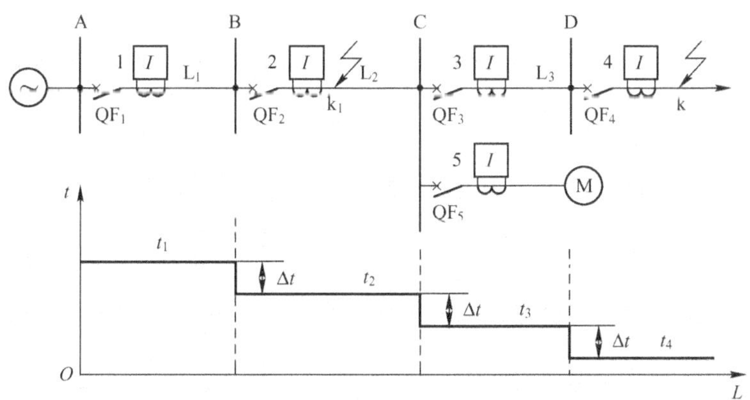

图 8-4　单侧电源放射性网络中过电流保护动作时限选择说明

实际上当 k 点故障切除后，流经保护 1、2、3 的电流是仍然在继续运行中的负荷电流。还必须考虑到，由于短路时电压降低，变电所 A、B、C 母线上所接负荷的电动机被制动，因此，在故障切除后电压恢复时，电动机要有一个自起动过程。电动机的自起动电流要大于它正常工作时的电流。引入一个自起动系数K_{ss}来表示自起动时最大电流$I_{ss.\max}$与正常运行时最大负荷电流$I_{L.\max}$之比，即

$$I_{ss.\max}=K_{ss}I_{L.\max} \tag{8-13}$$

保护 1、2、3 在各自起动电流的作用下必须立即返回。为此应使保护装置的返回电流（一次值）I'_{re}大于$I_{ss.\max}$。引入可靠性系数$K_{rel}^{\text{Ⅲ}}$，则

$$I'_{re}=K_{rel}^{\text{Ⅲ}}I_{ss.\max}=K_{rel}^{\text{Ⅲ}}K_{ss}I_{L.\max} \tag{8-14}$$

保护装置的启动电流和返回电流间存在如下关系：

$$I_{set}^{\text{Ⅲ}}=\frac{1}{K_{re}}I'_{re}=\frac{K_{rel}^{\text{Ⅲ}}K_{ss}I_{L.\max}}{K_{re}} \tag{8-15}$$

式中，$K_{rel}^{\text{Ⅲ}}$为可靠性系数，一般采用 1.15 ~ 1.25；K_{ss}为自起动系数，数值大于 1，应由网络具体接线和负荷性质确定；K_{re}为电流继电器的返回系数，一般采用 0.85 ~ 0.95。

由这一关系可见，当K_{re}越小时则保护装置的启动电流越大，因而其灵敏性就越差，这是不利的。这就是为什么要求过电流继电器应有较高的返回系数的原因。

2. 按选择性的要求整定过电流保护的动作时限

如图 8-4 所示，假定在每个电力元件上均装设有过电流保护，各保护的启动电流均按照躲开被保护元件上各自的最大负荷来整定。这样当 k 点短路时，保护 1 ~4 在短路电流的作用下都有可能启动，为满足选择性要求，应该只有保护 4 动作切除故障，而保护 1 ~3 在故障切除后应立即返回。这个要求只有依靠使各保护装置带有不同的时限来满足。

保护 4 位于电力系统的最末端，只要电动机内部故障，它就可以瞬时动作予以切除，$t_4^{\text{Ⅲ}}$即为保护装置本身固有的动作时间。对保护 3 来讲，为了保证 k 点短路时动作的选择性，则应整定其动作时限$t_3^{\text{Ⅲ}}>t_4^{\text{Ⅲ}}$。引入时间阶梯 Δt，则保护 3 的时限为

$$t_3^{\text{Ⅲ}}=t_4^{\text{Ⅲ}}+\Delta t \tag{8-16}$$

以此类推，保护 1、2 的动作时限均应比相邻各元件保护的动作时限高出至少一个 Δt，只有这样才能充分保证动作的选择性。

3. 过电流保护灵敏系数的校验

过电流保护灵敏系数的校验仍采用式（8-11）。当过电流保护作为本线路的近后备保护时，应采用最小运行方式下本线路末端两相短路时的电流进行校验，要求$K_{sen}\geqslant 1.3\sim1.5$；当作为相邻下一段线路的远后备保护时，则应采取最小运行方式下相邻线路末端两相短路时的电流进行校验，此时要求$K_{sen}\geqslant 1.2$。

此外，在各个过电流保护之间，还必须要求灵敏系数互相配合，即对同一故障点而言，要求越靠近故障点的保护应具有越高的灵敏系数。在单侧电源的网络接线中，由于越靠近电源端时，负荷电流越大，从而保护装置的定值越大，而发生故障后，各保护装置均流过同一个短路电流，因此上述灵敏系数应相互配合的要求是自然能够满足的，而在其他原理的保护配合时，则应当注意予以保证。

在后备保护之间，只有当灵敏系数和动作时限都相互配合时，才能切实保证动作的选择性，这一点在复杂网络的保护中尤其应该注意。

8.2.4 阶段式电流保护的配合及应用

电流速断保护、限时电流速断保护和过电流保护都是反映于电流升高而动作的保护。它们之间的区别主要在于按照不同的原则来选择启动电流。速断是按照躲开本线路末端的最大短路电流来整定；限时电流速断保护是按照躲开下级各相邻元件电流速断保护的最大动作范围来整定；而过电流保护则是按照躲开本元件最大负荷电流来整定。

由于电流速断不能保护线路的全长，限时电流速断又不能作为相邻元件的后备保护，因此为保证迅速而有选择性地切除故障，常常将电流速断保护、限时电流速断保护和过电流保护组合在一起，构成阶段式电流保护。具体应用时，可以只采用速断保护加过电流保护，或限时电流速断保护加过电流保护，也可以三者同时采用。现以图 8-5 为例来说明阶段式电流保护的配合。在电网最末端的线路上，保护 4 采用瞬时动作的过电流保护即可满足要求，其动作电流按躲过本线路最大负荷电流来整定，与电网中其他保护的定值和时限上都没有配合关系。在电网的倒数第二级线路上，保护 3 应首先考虑采用 0.5 s 动作的过电流保护；如果在电网中线路 CD 上的故障没有提出瞬时切除的要求，则保护 3 只装设一个 0.5 s 动作的过电流保护也是完全允许的；但如果要求线路 CD 上的故障必须快速切除，则可增设一个电流速断保护，此时保护 3 就是一个速断保护加过电流保护的两段式保护。而对于保护 2 和 1，都需要装设三段式电流保护，其过电流保护要和下一级线路的保护进行配合，因此动作时限应比下一级线路中动作时限最长的再长一个时限级差，一般要整定为 1 ~ 1.5 s。所以，越靠近电源端，过电流保护的动作时限就越长。因此必须装设三段式电流保护。

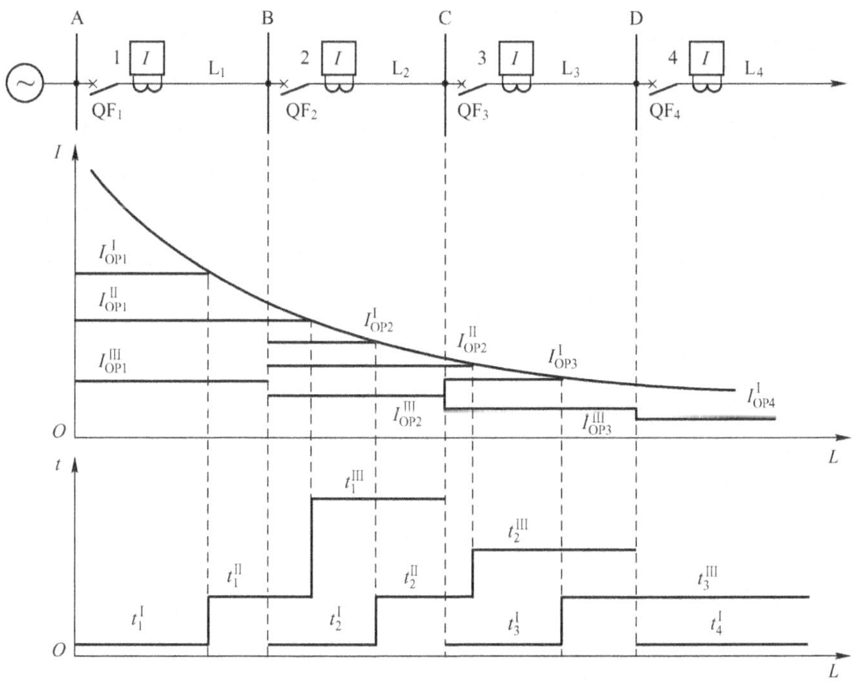

图 8-5　阶段式电流保护的配合说明图

【**例 8-1**】如图 8-6 所示网络，AB、BC、BD 线路上均装设了三段式电流保护，变压器装设了差动保护。已知Ⅰ段可靠系数取 1.25，Ⅱ段可靠系数取 1.15，Ⅲ段可靠系数取 1.15，自起动系数取 1.5，返回系数取 0.85，AB 线路最大工作电流为 200 A，时限级差取 0.5 s，系统等值阻抗最大值为 18 Ω，最小值为 13 Ω，其他参数如图中所示，各阻抗值均归算至115 kV 的有名值，求 AB 线路限时电流速断保护及定时限过电流的动作电流、灵敏系数和动作时间。

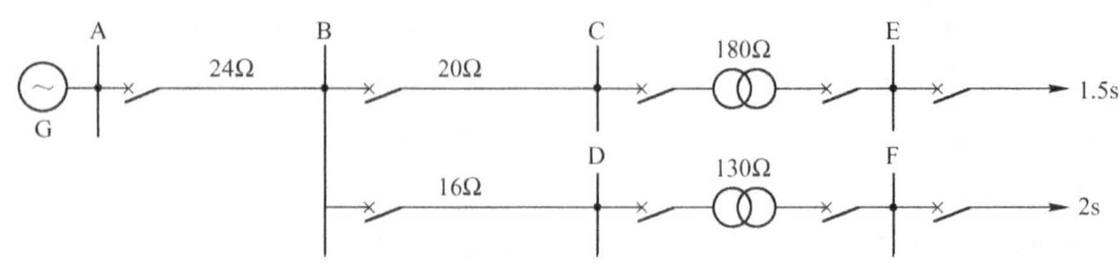

图 8-6　例 8-1 图

解：(1) 相邻线路Ⅰ段保护动作电流确定

由于 D 母线短路电流比 C 母线大，因此保护应与 BD 线路配合，D 母线最大短路电流为（理论上说 AB 线路的Ⅱ段既要与 BC 线路Ⅰ段配合，又要与 BD 线路Ⅰ段配合，由于 BD 线路的阻抗小于 BC 线路，所以瞬时电流速断保护的动作电流必定大于 BC 线路，因此与 BD 线路配合后，也会满足与 BC 线路配合的要求）

$$I_{\text{kD. max}}=\frac{115000}{\sqrt{3}\times(13+24+16)}\text{ A}=1254\text{ A}$$

BD 线路Ⅰ段动作电流为 $I_{\text{set2}}^{\text{I}}=1.25\times1254\text{ A}=1568\text{ A}$

AB 线路Ⅱ段动作电流为 $I_{\text{set1}}^{\text{II}}=1.15\times1568\text{ A}=1803\text{ A}$

被保护线路末端最小短路电流为$I_{\text{k. min}}=\frac{\sqrt{3}}{2}\times\frac{115000}{\sqrt{3}\times(18+24)}\text{ A}=1369\text{ A}$

灵敏系数为$K_{\text{sen}}=\frac{1369}{1803}<1$，不满足要求。

改与相邻线路Ⅱ段配合，则（注：同理，由于 BD 线路Ⅱ段限时电流速断保护动作电流大于 BC 线路，因此应与 BD 线路Ⅱ段配合。）

$$I_{\text{kF. max}}=\frac{115000}{\sqrt{3}\times(13+24+16+130)}\text{ A}=363\text{ A}$$

$$I_{\text{set1}}^{\text{II}}=K_{\text{rel}}^{\text{II}}I_{\text{set2}}^{\text{II}}=1.15\times1.15\times1.25\times363\text{ A}=600\text{ A}$$

$K_{\text{sen}}=\frac{1369}{600}=2.28$ 满足要求。

动作时间 $t_{\text{set1}}^{\text{II}}=t_{\text{set2}}^{\text{II}}+\Delta t$。

(2) 定时限过电流保护

$$I_{\text{set1}}^{\text{III}}=\frac{1.15\times1.5}{0.85}\times200\text{ A}=406\text{ A}$$

近后备灵敏系数：$K_{\text{sen}}=\frac{1369}{406}=3.37>1.3\sim1.5$ 满足要求；

远后备灵敏系数：$I_{kc.\min}=\dfrac{115000}{2\times(18+24+20)}\text{A}=927\text{ A}, K_{sen}=\dfrac{927}{406}=2.28$ 满足要求。

注：远后备 BC 线路满足要求，必然 BD 线路也满足要求，因 BC 线路阻抗大于 BD 线路。

动作时间 $t_{set1}=3.5\text{ s}$。

【例 8-2】 如图 8-7 所示网络接线，AB、BC、BD 线路上均装设三段式电流保护，变压器装设差动保护。图中所示电压为电网额定电压，单位长度线路阻抗为 0.4 Ω/km。已知可靠系数 $K_{rel}^{\text{I}}=1.25$，$K_{rel}^{\text{II}}=1.15$，$K_{rel}^{\text{III}}=1.15$，自起动系数 $K_{ss}=1.5$，返回系数 $K_{re}=0.85$，时限级差 $\Delta t=0.5\text{ s}$，其他参数如图示。变压器阻抗值为归算至 115 kV 的有名值。试对 AB 线路保护 1 的段式电流保护进行整定。

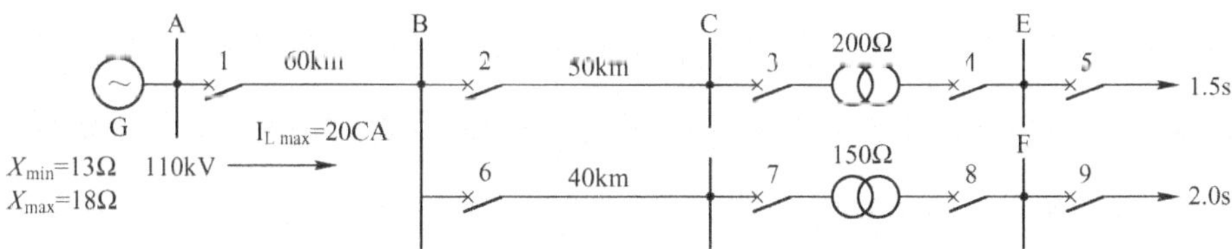

图 8-7　例 8-2 图

解：（1）无时限电流速断保护

动作电流：按照躲过被保护线路末端发生短路的最大短路电流的原则进行整定，则

$$I_{set1}^{\text{I}}=K_{rel}^{\text{I}}I_{kB.\max}^{(3)}=1.25\times\frac{115/\sqrt{3}}{13+0.4\times60}\text{kA}=1.25\times1.7945\text{ kA}=2.2431\text{ kA}$$

动作时限：只需考虑继电器本身固有的时延，$t_1^{\text{I}}\approx0\text{ s}$。

保护灵敏度校验：计算最小保护范围，判别灵敏度是否满足要求。

$$k_{p.\min}(\%)=\frac{1}{X_x l}\left(\frac{\sqrt{3}E_{ph}}{2I_{set.1}^{\text{I}}}-X_{\max}\right)=\frac{1}{0.4\times60}\left(\frac{\sqrt{3}\times115/\sqrt{3}}{2\times2.2431}-18\right)=31.8\%>15\%\sim20\%$$

可见，灵敏度满足要求。

（2）限时电流速断保护

动作电流：按照与相邻线路的无时限电流速断保护配合的原则进行整定，则

与 BC 线路配合，有

$$I_{set1}^{\text{II}}=K_{rel}^{\text{II}}I_{set2}^{\text{I}}=1.15\times\left(1.25\times\frac{115/\sqrt{3}}{13+0.4\times(60+50)}\right)\text{kA}=1.15\times(1.25\times1.1649)\text{ kA}$$
$$=1.15\times1.4561\text{ kA}=1.6745\text{ kA}$$

与 BD 线路配合，有

$$I_{set1}^{\text{II}}=K_{rel}^{\text{II}}I_{set6}^{\text{I}}=1.15\times\left(1.25\times\frac{115/\sqrt{3}}{13+0.4\times(60+40)}\right)\text{kA}=1.15\times(1.25\times1.2528)\text{ kA}$$
$$=1.15\times1.566\text{ kA}=1.8009\text{ kA}$$

取大者，$I_{set1}^{\text{II}}=1.8009\text{ kA}$。

动作时限：按照与相邻 I 段配合的原则考虑，$t_1^{\text{II}}=t_6^{\text{I}}+\Delta t=0+0.5\text{ s}=0.5\text{ s}$。

灵敏度校验：计算灵敏系数，判别灵敏度是否满足要求。

$$k_{s.min}=\frac{I_{k.B.min}^{(2)}}{I_{set1}^{II}}=\frac{\sqrt{3}I_{k.B.min}^{(3)}}{2I_{set1}^{II}}=\frac{\sqrt{3}}{2\times1.8009}\times\frac{115/\sqrt{3}}{18+0.4\times60}=0.76<1.5$$

可见，灵敏度不满足要求。

重新整定电流Ⅱ段。

动作电流：考虑相邻线路与变压器构成线路变压器组，相邻线路无时限电流速断保护整定时，短路点取在变压器末端。

与 BC 线路配合，有

$$I_{set1}^{II}=K_{rel}^{II}I_{set2}^{I}=1.15\times\left(1.25\times\frac{115/\sqrt{3}}{13+0.4\times(60+50+200)}\right)\text{kA}=1.15\times(1.25\times0.4846)\text{kA}$$

$$=1.15\times0.6058\text{ kA}=0.6967\text{ kA}$$

与 BD 线路配合，有

$$I_{set1}^{II}=K_{rel}^{II}I_{set6}^{I}=1.15\times\left(1.25\times\frac{115/\sqrt{3}}{13+0.4\times(60+40+150)}\right)\text{kA}=1.15\times(1.25\times0.5876)\text{kA}$$

$$=1.15\times0.7345\text{ kA}=0.8447\text{ kA}$$

取大者，$I_{set1}^{II}=0.8447\text{ kA}$。

动作时限：相邻元件保护为速断保护，故而 $t_1^{II}=0+0.5\text{ s}=0.5\text{ s}$。

灵敏度校验：计算灵敏系数，判别灵敏度是否满足要求。

$$k_{s.min}=\frac{I_{k.B.min}^{(2)}}{I_{set1}^{II}}=\frac{\sqrt{3}I_{k.B.min}^{(3)}}{2I_{set1}^{II}}=\frac{\sqrt{3}}{2\times0.8447}\times\frac{115/\sqrt{3}}{18+0.4\times60}=1.62>1.5$$

可见，灵敏度满足要求。

（3）定时限过电流保护

动作电流：按照保证被保护元件通过最大负荷电流时，过电流保护不误动，并且在外部故障切除后能够可靠返回的原则整定，则

$$I_{set1}^{III}=\frac{K_{rel}^{III}K_{ss}}{K_{re}}I_{L.max}=\frac{1.15\times1.5}{0.85}\times200\text{ A}=405.88\text{A}$$

动作时限：按照阶梯原则考虑，$t_1^{III}=\max\{2.0+0.5+0.5+0.5,1.5+0.5+0.5+0.5\}=3.5\text{ s}$。

灵敏度校验：计算灵敏系数，判别灵敏度是否满足要求。

近后备：$k_{s.min}=\frac{I_{k.B.min}^{(2)}}{I_{set1}^{III}}=\frac{\sqrt{3}I_{k.B.min}^{(3)}}{2I_{set1}^{II}}=\frac{\sqrt{3}}{2\times0.40588}\times\frac{115/\sqrt{3}}{18+0.4\times60}=3.37>1.5$；

远后备（BC）：$k_{s.min}=\frac{I_{k.B.min}^{(2)}}{I_{set1}^{III}}=\frac{\sqrt{3}I_{k.C.min}^{(3)}}{2I_{set1}^{II}}=\frac{\sqrt{3}}{2\times0.40588}\times\frac{115/\sqrt{3}}{18+0.4\times(60+50)}=2.28>1.2$；

远后备（BD）：$k_{s.min}=\frac{I_{k.B.min}^{(2)}}{I_{set1}^{III}}=\frac{\sqrt{3}I_{k.D.min}^{(3)}}{2I_{set1}^{II}}=\frac{\sqrt{3}}{2\times0.40588}\times\frac{115/\sqrt{3}}{18+0.4\times(60+40)}=2.44>1.2$。

可见，灵敏度满足要求。

8.2.5 电流保护的接线方式

上述的电流保护原理是以单相为例，实际的电力系统是三相系统，是否需要每相都安装

单相式保护才能保护任意相别的相间短路，有何优缺点，需要分析后决定。

电流保护的接线方式是指保护中的电流继电器与电流互感器之间的连接方式。对相间短路的电流保护，根据电流互感器的安装条件，目前广泛使用的是三相星形接线和两相星形接线两种接线方式。

1. 三相三继电器的完全星形接线

三相三继电器的完全星形接线如图 8-8 所示。

它是将三个电流互感器与三个电流继电器分别按相连接在一起，互感器和继电器均接成星形。三个继电器的触点并联连接，继电器线圈中的电流就是互感器的二次电流。在中线上流回的电流为$\dot{I}_a+\dot{I}_b+\dot{I}_c$，正常时，三相平衡，3 $\dot{I}_0=0$。当系统发生非对称接地故障时或发生相间短路时，三相电流不对称，3 $\dot{I}_0$大幅增加，使继电器动作。因继电器的触点是并联的，其中任何一个触点动作均可动作于跳闸或使时间继电器启动，所以可靠性和灵敏性较高，又由于在每相上均装有电流继电器，所以它可以反映各种相间短路和中性点直接接地电网中的单相接地短路。所以它主要用于中性点直接接地电网中进行各种相间短路保护和单相接地短路保护。

2. 两相两继电器的不完全星形接线

两相两继电器的不完全星形接线（也称 V 形接线或两相星形接线）如图 8-9 所示，与完全星形接线相比，就是在 B 相上不装设电流互感器和电流继电器（设备相对少了），所以不能反映 B 相中流过的电流（不能完全反映系统的单相接地故障）。这种接线方式中，中性线中流回的电流为$\dot{I}_a+\dot{I}_c$，所以可以反映各种类型的相间短路（其触点也是并联）。由于这种接线方式较为简单、经济，所以在中性点直接接地电网和中性点非直接接地电网中，广泛作为相间短路保护的接线方式。

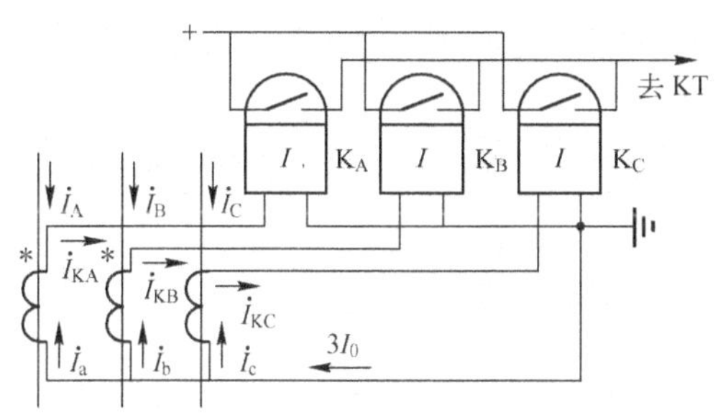

图 8-8　三相三继电器完全星形接线

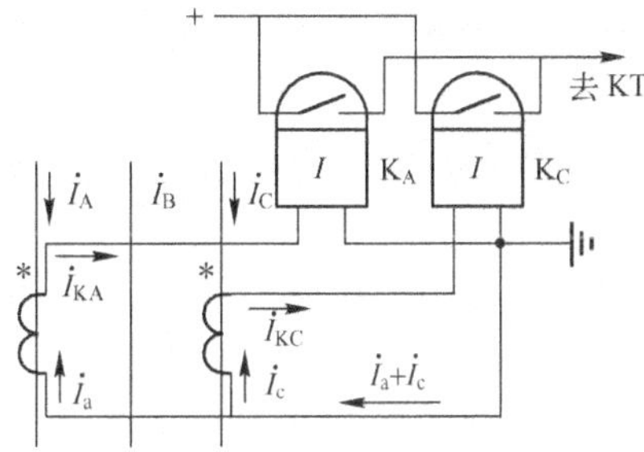

图 8-9　两相两继电器不完全星形接线

3. 三段式电流保护装置接线图

电力系统继电保护的接线图一般有框图、原理图和安装图三种。对于采用机电型继电器构成的继电保护装置，用得最多的是原理图。原理图又分为归总式原理图（简称原理图）和展开式原理图（简称展开图）。

原理图能展示出保护装置的全部组成元件及其它们之间的联系和动作原理。在原理图上所有元件都以完整的图形符号表示，所以能对整套保护装置的构成和工作原理给出直观、完整的概念，易于阅读。

但是由于原理图只给出保护装置的主要元件的工作原理，元件的内部接线、回路标号和引出端子等均未表示出来。特别是元件较多、接线复杂时，原理图的绘制和阅读都比较困难，且不便于查线和调试、分析等工作，所以现场广泛使用展开图。

8.3　输电线路的纵联保护

三段式电流保护仅利用被保护元件（如线路）一侧的电气量构成保护判据，这类保护不可能快速区分本段线路末段和对侧母线（或相邻线路始端）故障，因而只能采用阶段式的配合关系实现故障元件的选择性切除。这样导致线路末端故障需要Ⅱ段延时切除。这在220kV 及以上电压等级的电力系统中难于满足系统稳定性对快速切除故障的要求。研究和实践表明，利用线路两侧的电气量可以快速、可靠地区分本线路内部任意点短路与外部短路，达到快速地、有选择切除全线路任意点短路的目的。为此需要将线路一侧电气量信息传到另一侧去，安装于线路两侧的保护对两侧的电气量同时比较、联合工作，也就是说在线路两侧之间发生纵向的联系，以这种方式构成的保护称为输电线路的纵联保护。由于保护是否动作取决于安装在输电线路两端的装置联合判断结果，两端的装置组成一个保护单元，各端的装置不能独立构成保护，在国外又称为输电线路的单元保护。理论上这种纵联保护仅反映线路内部故障，不反映正常运行和外部故障两种工况，因而具有输电线路内部短路时动作的绝对选择性。

8.3.1　输电线路纵联保护的基本原理

输电线路的纵联保护两端比较的电气量可以是流过两端的电流、流过两端电流的相位和流过两端功率的方向等，比较两端不同电气量的差别构成不同原理的纵联保护。将一端的电气量或其用于被比较的特征传送到对端，可以根据不同的信息传送通道条件，采用不同的传输技术。以输电线路纵联保护为例，其一般构成如图 8-10 所示。

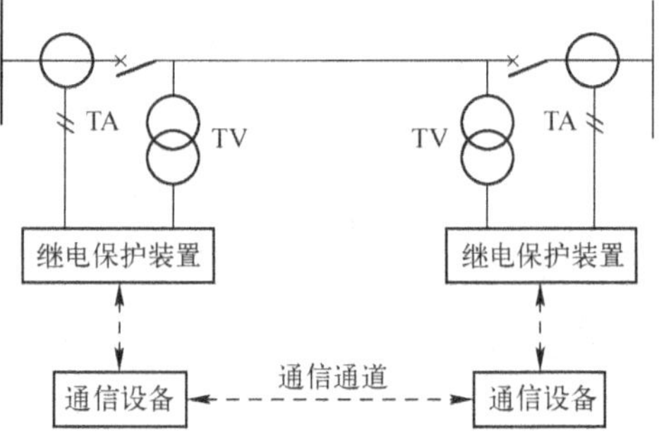

图 8-10　输电线路纵联保护结构框图

图中继电保护装置通过电压互感器 TV、电流互感器 TA 获取本端的电压和电流，根据不同的保护原理，两端保护分别提取本侧的用于两端比较的电气量特征，一方面通过通信设备将本端的电气量特征传送到对端，另一方面通过通信设备接收对端发送过来的电气量特征，并将两端的电气量特征进行比较，若符合动作条件则跳开本端断路器并告知对端，若不符合动作条件则不动作。可见，一套完整的纵联保护包括两端保护装置、通信设备和通信通道。

1. 纵联保护的分类

一般纵联保护可以按照所利用通道类型或保护动作原理进行分类。

纵联保护按照所利用信息通道的不同类型可以分为 4 种，有时纵联保护也按此命名。它们是导引线纵联保护、电力线载波纵联保护、微波纵联保护和光纤纵联保护。

通信通道虽然只是传送信息的条件，但纵联保护采用的原理往往受到通道的制约。纵联保护在应用下列通道时应考虑以下特点：

1）导引线通道。这种通道需要铺设导引线电缆传送电气信息量，其投资随着线路长度而增加，当线路长度超过 10 km 时就不经济了。导引线越长，自身的运行安全性越低。在中性点接地系统中，除了雷击外，在接地故障时地中电流会引起地电位升高，也会产生感应电压，所以导引线的电缆必须有足够的绝缘水平（例如 15 kV 的绝缘水平），从而使投资增大。一般导引线中直接传输交流二次电量波形，故导引线保护广泛应用于差动保护原理，但导引线的参数直接影响保护性能，从而在技术上也限制了导引线保护用于较长的线路。

2）电力线载波通道。这种通道在保护中应用最为广泛，不需要专门架设通信通道，而是利用输电线路构成通道。载波通道由输电线路及其信息加工和连接设备（阻波器、结合电容器及高频收发信机）等组成。输电线路机械强度大，运行安全可靠。但是在线路发生故障时通道可能遭到破坏，为此载波应在技术上保证在线路故障、信号中断的情况下仍能正确动作。

3）微波通道。微波通道是一种多路通信通道，具有很宽的频带，可以传送交流电的波形。采用脉冲编码调制方式后微波通道可以进一步扩大信息传输量，提高抗干扰能力，也更适合应用于数字式保护。微波通道是理想的通道，但是保护专用微波通道及设备是不经济的，电力信息系统等在设计时应兼顾继电保护的需要。

4）光纤通道。光纤通道和微波通道具有相同的优点，也广泛应用于脉冲编码调制方式。保护使用的光纤通道一般与电力信息系统统一考虑。当被保护的线路很短时，可架设专门的光缆通道直接将电信号转换成光信号送到对侧，并将所接收的光信号变为电信号进行比较。由于光信号不受干扰，在经济上也可以与导引线通道竞争，近年来光纤通道成为短线路纵联保护的主要通道形式。

按照保护的动作原理，纵联保护可以分为两类。

1）方向比较式纵联保护。两侧保护装置将本侧的功率方向、测量阻抗是否在规定的方向以及区段内的判别结果传送到对侧，每侧保护装置根据两侧的判别结果，区分是区内故障还是区外故障。这类保护在通道中传送的是逻辑信号，而不是电气量本身，传送的信息量较少，但对信息可靠性要求很高。按照保护判别方向所用的原理可将方向比较式纵联保护分为方向纵联保护和距离纵联保护。

2）纵联电流差动保护。这类保护利用通道将本侧电流的波形或代表电流相位的信号传送到对侧，每侧保护根据对两侧电流的波形和相位比较的结果区分是区内故障还是区外故障。可见这类保护在每侧都直接比较两侧的电气量，称为纵联电流差动保护。对于传送电流波形的纵联电流差动保护，由于信息传输量大，并且要求两侧信息同步采集，因而对通信通道有较高的要求。

2. 输电线路短路时两侧电气量的故障特征分析

纵联保护是利用线路两端的电气量在内部故障与非故障时的特征差异构成保护的。线路发生内部故障与其他运行状态（包括外部故障和正常运行）相比，电力线两端的电流波形、功率方向、电流相位以及两端的测量阻抗都具有明显的差异，利用这些差异可以构成不同原理的纵联保护。

（1）两端电流相量和的故障特征

电流相量不但能反映电流的大小而且能反映电流的方向。根据基尔霍夫电流定律（KCL）可知：对于如图 8-11a 所示的一个中间既无电源（电流注入）又无负荷（电流流出）的正常运行或外部故障的输电线路，在不考虑分布电容和电导的影响时，任何时刻其两端电流相量和等于零，数学表达式为$\sum \dot{I}=0$。当线路发生内部故障时，如图 8-11b 所示，在故障点有短路电流流出，若规定线路两端电流正方向为由母线流向线路，不考虑分布电容影响，两端电流相量和等于流入故障点的电流$\dot{I}_k$。区内、外短路及正常运行时线路两端电流相量和的特征如图 8-11 所示。

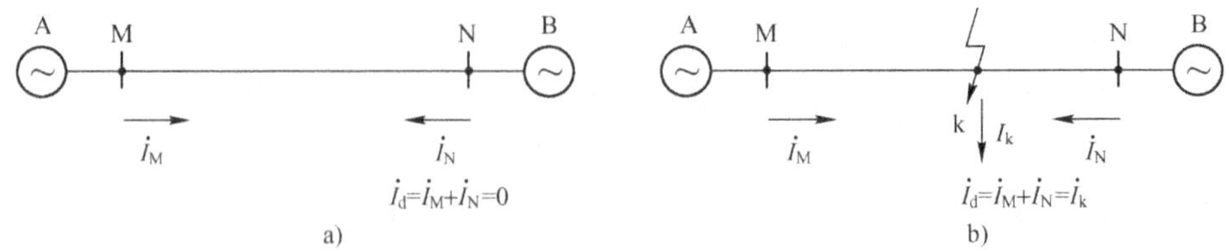

图 8-11　双端电源线路区内、外故障示意图

a）正常运行或外部故障情况　b）内部故障情况

（2）两端功率方向的故障特征

当线路发生区内故障和区外故障时输电线路两端功率方向特征也有很大区别，发生区内故障时，如图 8-11b 所示，两端功率方向（同电流方向）为由母线指向线路，两端功率方向相同，同为正方向。发生区外故障时，如图 8-11a 所示，远故障点端功率由母线指向线路，功率方向为正；近故障点端功率由线路流向母线，功率方向为负，两端功率方向相反。同样在系统正常运行时，两端功率方向相反，线路的送电端功率方向为正、受电端的功率方向为负。

（3）两端电流相位特征

如图 8-11 所示的双端输电线路，假定全系统阻抗角均匀、两侧电动势角相角相同，当发生区内短路时，两侧电流同相位；正常运行或者发生区外短路时，两侧电流相位差 180°。

（4）两端测量阻抗的特征

当线路区内短路时，输电线路两端的测量阻抗都是短路阻抗，一定位于距离保护Ⅱ段的动作区域内，两侧的Ⅱ段同时启动；当正常运行时，两侧的测量阻抗是负荷阻抗，距离保护Ⅱ段不启动；当发生外部短路时，两侧的测量阻抗也是短路阻抗，但一侧为反方向，至少有一侧的距离保护Ⅱ段不启动。

3. 纵联保护的基本原理

通过以上对输电线路两端电气量在正常运行、区外短路和区内短路时特征差异的分析，利用两端的这些特征差异可以构成不同原理的输电线路纵联保护。

（1）纵联电流差动保护

利用输电线路两端电流和（瞬时值或相量）的特征可以构成纵联电流差动保护。发生区内短路时（见图 8-11b），$\sum \dot{I}=\dot{I}_M+\dot{I}_N=\dot{I}_k$；在正常运行和外部短路时，$\sum \dot{I}=\dot{I}_M+\dot{I}_N=0$，但是由于受 TA 误差、线路分布电容等因素的影响，实际上不为零。因此实用的电流差动保护动作判据为

$$|\dot{I}_M+\dot{I}_N|\geq I_{set} \tag{8-17}$$

式中，$|\dot{I}_M+\dot{I}_N|$为线路两端电流的相量和；I_{set}为门槛值。

（2）方向比较式纵联保护

利用输电线路两端功率方向相同或相反的特征可以构成方向比较式纵联保护。当系统中发生故障时，两端保护的功率方向元件判别流过本端的功率方向，功率方向为负者发出闭锁信号，闭锁两端的保护，称为闭锁式方向纵联保护；或者功率方向为正者发出允许信号，允许两端保护跳闸，称为允许式方向纵联保护。

（3）电流相位比较式纵联保护

利用两端电流相位的特征差异，比较两端电流的相位关系构成电流相位比较式纵联保护。两端保护各将本侧电流的正、负半波信息转换为表示电流相位并利于传送的信号，送往对端，同时接收对端送来的电流相位信号与本侧的相位信号比较。当输电线路发生区内短路时，两端电流相位差为0°，保护动作，跳开本端断路器。而正常运行或发生区外短路时两端电流相位差180°，保护不动作。考虑电流、电压互感器的误差以及输电线分布电容等的影响，当线路发生区外故障时两端电流相位差并不等于180°，而是近似为180°，且故障前两侧电动势有一定相位差，在区内短路时两侧电流也不完全同相位。

（4）距离纵联保护

它的构成原理和方向比较式纵联保护相似，只是用方向阻抗元件替代功率方向元件，它较方向比较式纵联保护的优点在于：当故障发生在保护Ⅱ段范围内时相应的方向阻抗元件才启动，当故障发生在距离保护Ⅱ段以外时相应的方向阻抗元件不启动，减少了方向元件的启动次数，从而提高了保护的可靠性。一般高压线路配备距离保护作为后备保护，距离保护的Ⅱ段作为方向元件，简化了纵联保护（主保护），但也带来了后备保护检修时主保护被迫停运的不足。

8.3.2 纵联电流差动保护

1. 纵联电流差动保护的工作原理

电流差动保护原理建立在基尔霍夫电流定律的基础上，具有良好的选择性，能灵敏、快速地切除保护区内的故障，被广泛应用在能够方便取得被保护元件两端电流的发电机保护、变压器保护和大型电动机保护中。输电线路的纵联电流差动保护是该原理应用的一个特例。下面以图8-12所示线路为例简要说明纵联电流差动保护的基本原理。

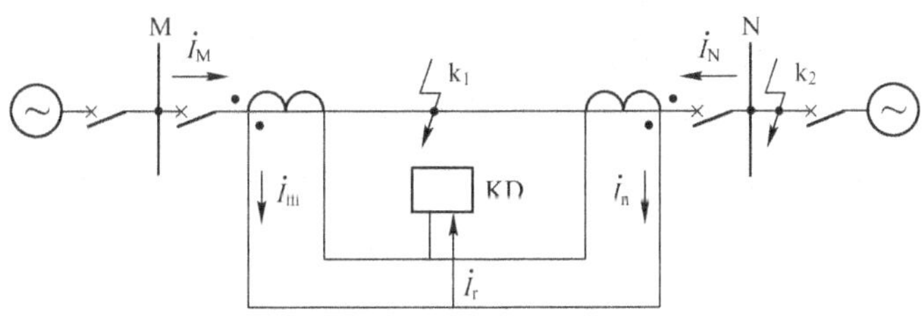

图8-12　纵联电流差动保护区内、外故障示意图

当线路MN正常运行以及被保护线路外部（如 k_2 点）短路时，按规定的电流正方向看，M侧电流为正，N侧电流为负，两侧电流大小相等、方向相反，即 $\dot{I}_M+\dot{I}_N=0$。当线路内部短路（如 k_1 点）时，流经输电线路两侧的故障电流均为正方向，且 $\dot{I}_M+\dot{I}_N=\dot{I}_k$（$\dot{I}_k$ 为 k_1 点短路电流），利用被保护元件在区内短路时流入差动继电器电流同两侧电流和成比例，为较大

的短路电流值，区间外短路或者系统正常运行时，流入差动继电器的电流几乎为0的差异，构成电流差动保护；利用被保护元件两侧在区内短路是几乎同相、区外短路几乎反相的特点，比较两侧电流的相位，可以构成电流相位差动保护。

在实际应用中，输电线路两侧装设特性和变比都相同的电流互感器（TA），电流互感器的极性和连接方式如图8-12所示，即电流互感器的一次侧同名端都接母线侧，二次侧同名端并联，图中KD为差动电流测量元件（差动继电器）。

流过差动继电器的电流是电流互感器的二次电流之和，由于两个电流互感器总是具有励磁电流，且励磁特性不会完全相同，所以在正常运行及外部故障时，流过差动继电器的电流不等于零，此电流称为不平衡电流。考虑励磁电流的影响，二次电流的数值为

$$\left.\begin{aligned}\dot{I}_{\mathrm{m}}&=\frac{1}{n_{\mathrm{TA}}}(\dot{I}_{\mathrm{M}}-\dot{I}_{\mu\mathrm{M}})\\ \dot{I}_{\mathrm{n}}&=\frac{1}{n_{\mathrm{TA}}}(\dot{I}_{\mathrm{N}}-\dot{I}_{\mu\mathrm{N}})\end{aligned}\right\}\tag{8-18}$$

式中，$\dot{I}_{\mu\mathrm{M}}$、$\dot{I}_{\mu\mathrm{N}}$分别为两个电流互感器的励磁电流；$\dot{I}_{\mathrm{m}}$、$\dot{I}_{\mathrm{n}}$分别为两个电流互感器的二次电流；n_{TA}为两电流互感器的额定变比。

在正常运行及区外故障时，$\dot{I}_{\mathrm{M}}=-\dot{I}_{\mathrm{N}}$，因此流过差动继电器的电流即不平衡电流为

$$\dot{I}_{\mathrm{unb}}=\dot{I}_{\mathrm{m}}+\dot{I}_{\mathrm{n}}=-\frac{1}{n_{\mathrm{TA}}}(\dot{I}_{\mu\mathrm{M}}+\dot{I}_{\mu\mathrm{N}})\tag{8-19}$$

继电器正确动作时的差动电流I_{r}应躲过正常运行及外部故障时的不平衡电流，即

$$I_{\mathrm{r}}=|\dot{I}_{\mathrm{m}}+\dot{I}_{\mathrm{n}}|>I_{\mathrm{unb}}\tag{8-20}$$

在工程上不平衡电流的稳态值采用电流互感器的10%误差曲线按下式计算：

$$I_{\mathrm{unb}}=0.1K_{\mathrm{st}}K_{\mathrm{np}}I_{\mathrm{k}}\tag{8-21}$$

式中，K_{st}为电流互感器的同型系数，当两侧电流互感器的型号、容量均相同时取0.5，不同时取1；K_{np}为非周期分量系数；I_{k}为外部短路时穿过两个电流互感器的短路电流。

差动保护判据（8-20）的实现有两种思路：其一是躲过最大不平衡电流$I_{\mathrm{unb.max}}$，此时式（8-20）变形为$I_{\mathrm{r}}=|\dot{I}_{\mathrm{m}}+\dot{I}_{\mathrm{n}}|>I_{\mathrm{unb.max}}$，这种方法可以防止区外短路的误动，但对区内故障则降低了差动保护的灵敏度；其二是采用浮动门槛，即带制动特性的差动保护，由式（8-21）可见区外故障时流过差动回路的不平衡电流与短路电流的大小有关，短路电流越小，不平衡电流也越小，因此可以根据短路电流的大小调整差动保护的动作门槛。外部短路时穿过两侧电流互感器的实际短路电流I_{res}可以按照式（8-22）~式（8-24）计算：

$$I_{\mathrm{res}}=0.5|\dot{I}_{\mathrm{m}}-\dot{I}_{\mathrm{n}}|\tag{8-22}$$

$$I_{\mathrm{res}}=0.5(|\dot{I}_{\mathrm{m}}|+|\dot{I}_{\mathrm{n}}|)\tag{8-23}$$

$$I_{\mathrm{res}}=\begin{cases}\sqrt{|\dot{I}_{\mathrm{m}}||\dot{I}_{\mathrm{n}}|\cos(180^{\circ}-\theta_{\mathrm{mn}})}, & \cos(180^{\circ}-\theta_{\mathrm{mn}})>0\\ 0, & \cos(180^{\circ}-\theta_{\mathrm{mn}})\leqslant 0\end{cases}\tag{8-24}$$

式中，θ_{mn}为两端电流$\dot{I}_{\mathrm{m}}$、$\dot{I}_{\mathrm{n}}$间的相角差。

在差动继电器的设计中差动动作门槛随着I_{res}的增大而增大，I_{res}起制动作用，称为制动电流；差动电流I_{r}起动作作用，称为动作电流。电流差动保护的动作方程为

$$I_r \geqslant K_{res} I_{res} \tag{8-25}$$

式中，K_{res}为制动系数，根据差动保护原理应用于不同的被保护元件（线路、变压器和发电机等）上取不同的值。

根据上述的分析，计算制动电流I_{res}的最基本要求是区外短路时，计算得到的制动电流应等于穿过线路的故障电流。这样在外部故障时都可以保证差动保护可靠不动作，但制动电流的不同计算方法在区内故障时灵敏度不同。当I_{res}采用式（8-22）计算时制动量是被保护线路两端二次电流的相量差，采用式（8-23）计算时制动量是被保护线路两端二次电流的标量和，统称为比率制动方式。当I_{res}采用式（8-24）计算时制动量是被保护线路两端二次电流相量的标量积，称为标积制动方式。区外故障及正常运行时 $\arg(\dot{I}_m/\dot{I}_n) \approx 180°$，$|\dot{I}_m - \dot{I}_n| \approx |\dot{I}_m| + |\dot{I}_n|$，采用式（8-22）和式（8-23）这两种制动方式效果相同，当按被保护线路在单侧电源运行内部最小短路电流校验差动保护灵敏度时，此两种方式也是相同的。但在双侧电源内部短路时 $\arg(\dot{I}_m/\dot{I}_n) \approx 0°$，有$|\dot{I}_m| + |\dot{I}_n| > |\dot{I}_m - \dot{I}_n|$，此时式（8-22）有更高的灵敏度。对于式（8-24）所示的标积制动方式，在单电源内部短路时，$\dot{I}_m$和$\dot{I}_n$两个量中有一为零，此时灵敏度最高。

2. 输电线路纵联电流差动保护特性分析

以下主要讨论输电线路纵联电流差动保护的动作特性。输电线路纵联电流差动保护常用不带制动作用和带有制动作用的两种动作判据，分述如下：

（1）不带制动特性的差动继电器特性

其动作方程为

$$I_r = |\dot{I}_m + \dot{I}_n| \geqslant I_{set} \tag{8-26}$$

式中，I_r为流入差动继电器的电流；I_{set}为差动继电器的动作电流整定值。

I_{set}值通常按以下两个条件来选取：

1）躲过外部短路时的最大不平衡电流，即

$$I_{set} = K_{rel} K_{np} K_{er} K_{st} I_{k.\max} \tag{8-27}$$

式中，K_{rel}为可靠系数，取1.2～1.3；K_{np}为非周期分量系数，当差动保护采用速饱和变流器时，K_{np}为1，当差动回路是用串联电阻降低不平衡电流时，为1.5～2；K_{er}为电流互感器的10%误差系数；K_{st}为同型系数，在两侧电流互感器同型号时取0.5，不同型号时取1；$I_{k.\max}$为外部短路时流过电流互感器的最大短路电流（二次值）。

2）躲过最大负荷电流。考虑正常运行时一侧电流互感器二次断线时差动继电器在流过线路的最大负荷电流时保护不动作，即

$$I_{set} = K_{rel} I_{L.\max} \tag{8-28}$$

式中，K_{rel}为可靠系数，取1.2～1.3；$I_{L.\max}$为线路正常运行时的最大负荷电流的二次值。

取以上两个整定值中较大的一个作为差动继电器的整定值。保护应满足线路在单侧电源运行发生内部短路时有足够的灵敏度，即

$$K_{sen} = \frac{I_r}{I_{set}} = \frac{I_{k.\min}}{I_{set}} \geqslant 2 \tag{8-29}$$

式中，$I_{k.\min}$为单侧最小电源作用且被保护线路末端短路时，流过保护的最小短路电流。

若不带制动特性的纵差保护不满足灵敏度要求，可采用带制动特性的纵差保护。

（2）带有制动线圈的差动继电器特性

这种原理的差动继电器有两组线圈，制动线圈流过两侧互感器的循环电流$|\dot{I}_m-\dot{I}_n|$，在正常运行和外部短路时制动功率增强，在动作线圈中流过两侧互感器的和电流$|\dot{I}_m+\dot{I}_n|$，在内部短路时制动功率减弱（相当于无制动作用），而动作的功率极强。其电磁型继电器的结构原理和动作特性如图 8-13 所示。

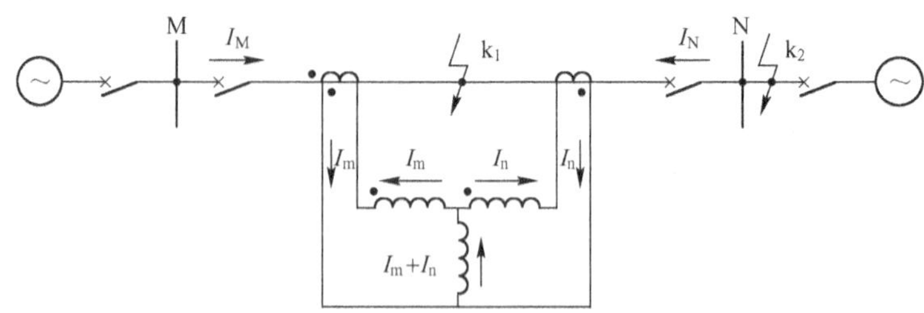

图 8-13　带制动线圈的差动继电器原理

继电器的动作方程为

$$|\dot{I}_m+\dot{I}_n|-K|\dot{I}_m-\dot{I}_n|\geqslant I_{op0} \tag{8-30}$$

式中，K 为制动系数，可在 0～1 之间选择；I_{op0}为一个很小的门限值，即克服继电器动作机械摩擦或保证电路状态发生翻转需要的值，远小于无制动作用时按式（8-27）或式（8-28）计算的值。

这种动作电流$|\dot{I}_m+\dot{I}_n|$不是定值而是随着制动电流$|\dot{I}_m-\dot{I}_n|$而变化，这种特性称为制动特性。它不仅提高了内部短路时的灵敏性，而且提高了在外部短路时不动作的可靠性，因而在电流差动保护中得到了广泛的应用。

3. 两侧电流的同步测量

对于小电流差动保护，最重要的是比较两侧“同时刻”的电流，利用导引线直接传递短路线（小于 10 km）两侧的二次电流，不存在两侧电流的“不同时刻”问题。但是，通过通信通道传递两侧电流时，首先要对各端电流的瞬时值进行数字化的离散采样，保护通常的采样速率为每工频周波 12～24 点，相差一个采样间隔则相差 30°～15°，保护必须使用两侧同步数据才能正确工作。两侧的“数据同步”包含两层含义：一是两侧的采样时刻必须严格同时刻，又称为同步采样；二是使用两侧相同时刻的采样数据计算差动电流，也称为数据窗同步。然而通常线路两端相距上百公里，无法使用同一时钟来保证时间统一和采样同步，如何保证两个异地时钟时间的统一和采样时刻的严格同步，成为输电线路纵联电流差动保护应用必须解决的技术问题。常见的同步方法有基于数据通道的同步方法和基于全球定位系统同步时钟的同步方法。以下介绍这两种方法的基本原理。

（1）基于数据通道的同步方法

基于数据通道的同步方法包括采样时刻调整法、采样数据修正法和时钟校正法，其中采样时刻调整法应用较多。图 8-14 所示的线路两侧保护中，任意规定一侧为主站，另一侧为从站。两侧的固有采样频率相同，采样间隔为T_s，由晶振控制，t_{m1}，t_{m2}，…，t_{mj}，$t_{m(j+1)}$为主站采样时刻点对应的主站时标，t_{s1}，t_{s2}，…，t_{sj}，$t_{s(j+1)}$为从站采样时刻点对应的主站时标。

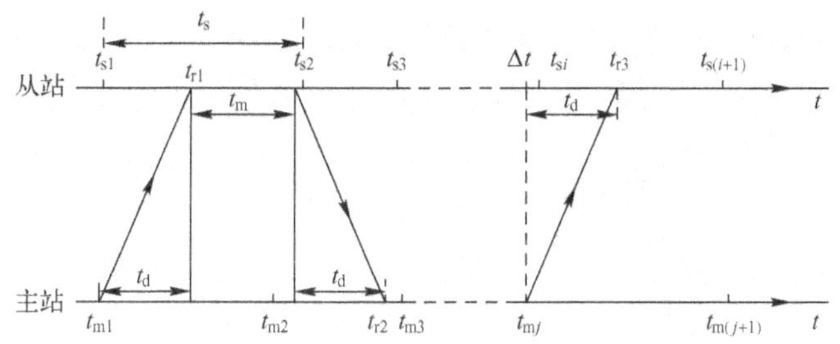

图 8-14　采样时刻调整法原理示意图

通道延时的测定：在正式开始同步采样前，主站在t_{m1}时刻向从站发送一帧信息，该信息包括主站当前时标和计算通道延时t_d的命令；从站接到命令后延时t_m时间将从站当前时标和延时时间t_m送给主站。由于两个方向的信息传送是通过同一路径，可认为传输延时相同。主站收到返回信息的时刻为t_{r2}，可计算出通道延时为

$$t_d = \frac{t_{r2} - t_{m1} - t_m}{2} \tag{8-31}$$

主站延时t'_m再将计算结果t_d及延时t'_m送给从站；从站接收到主站再次发来的信息后按照与主站相同的方法计算出通道延时t'_d，并将t'_d与主站计算送来的t_d进行比较，二者一致时表明通信过程正确、通道延时计算无误，则开始采样，否则自动重复上述过程。

主站时标与从站时标的核对：在上述通道延时的测定过程中，主、从站都将各自的时标送给了对端（也可以专门单独发送），从站可以根据主站时标修改自己的时标，与主站相同，以主站时标为两侧的时标，这种方法应用较多；也可以两侧都保存各自的时标，记忆两侧时标的对应关系。

采样时刻调整：假定采用以主站的时标为两侧实标方式，主站在当前本侧采样时刻t_{mj}将包括通道延时t_d和采样调整命令在内的一帧信息发送给从站，从站根据收到该信息的时刻t_{r3}以及t_d可首先确定出t_{mj}所对应本侧的时刻t_{si}，然后计算出主、从站采样时刻间的误差 Δt：

$$\Delta t = t_{si} - (t_{r3} - t_d) = t_{si} - t_{mj} \tag{8-32}$$

式中，t_{si}为与t_{mj}最靠近的从站采样时刻。

$\Delta t > 0$ 说明主站采样较从站超前，$\Delta t < 0$ 说明主站采样较从站滞后。为使两站同步采样，从站下次采样时刻$t_{s(j+1)}$应调整为$t_{s(j+1)} = (t_{si} + T_s) - \Delta t$。为稳定调节，常采用的调整方式为$t_{s(j+1)} = (t_{si} + T_s) - \dfrac{\Delta t}{2^n}$，其中$2^n$为稳定调节系数，逐步调整，当两侧稳定同步后，即可向对侧传送采样数据。

基于数据通道的采样时刻调整法，其主站采样保持相对独立，从站根据主站的采样时刻进行实时调整。实验证明，当稳定调节系数2^n选取适当值时，两侧采样能稳定同步，两侧不同步的平均相对误差小于 5%。为保证两侧时钟的经常一致和采样时刻实时一致，两侧需要定时地（一定数量的采样间隔）进行校验和采样同步控制（取决于两侧晶振体的频差），这将增加通信的数据量。

（2）基于具有统一时钟的同步法

全球定位系统 GPS 是美国于 1993 年全面建成的新一代卫星导航和定位系统。由 24 颗卫星组成，具有全球覆盖、全天候工作连续实时地为地面上无限个用户提供高精度位置和时间

信息的能力。GPS 传递的时间能在全球范围内与国际标准时钟（UTC）保持高精度同步，是迄今为止最为理想的全球共享无线电时钟信号源。基于 GPS 时钟的输电线路纵联电流差动保护同步方案如图 8-15 所示。

图 8-15 中，专用定时型 GPS 接收机由接收天线和接收模块组成，接收机在任意时刻能同时接收其视野范围内 4 ~8 颗卫星的信息，通过对接收到的信息进行解码、运算和处理，能从中提取并输出两种时间信号：一是秒脉冲信号 1PPS（1 Pulse Per Second），该脉冲信号上升沿与标准时钟 UTC 的同步误差不超过 1 μs；二是经串行口输出与 1PPS 对应的标准时间（年、月、日、时、分、秒）代码。在线路两端的保护装置中由高稳定性晶振体构成的采样具有 1 μs 的同步精度，在线路两端采样时钟给出的采样脉冲之间具有不超过 2 μs 的相对误差，实现了两端采样的严格同步。接收机输出的时间码可直接送给保护装置，用来实现两端的相同时标。

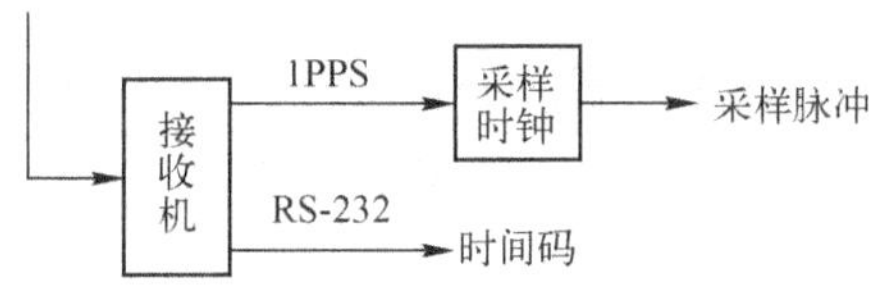

图 8-15　基于 GPS 的同步采样方案

8.4　自动重合闸

在电力系统的故障中，大多数是输电线路（特别是架空线路）的故障。运行经验表明，架空线路故障大都是“瞬时性”的，例如，由雷电引起的绝缘子表面闪络、大风引起的碰线、鸟类以及树枝等物掉落在导线上引起的短路等，在线路被继电保护迅速断开以后，电弧即行熄灭，外界物体（如树枝、鸟类等）也被电弧烧掉而消失。此时，如果把断开的线路断路器再合上，就能够恢复正常的供电。因此，称这类故障是“瞬时性故障”。除此之外，也有“永久性故障”，例如由于线路倒杆、断线、绝缘子击穿或损坏等引起的故障，在线路被断开以后，它们仍然是存在的。这时，即使在合上电源，由于故障依然存在，线路还要被继电保护再次断开，因而就不能恢复正常的供电。

由于输电线路上的故障具有以上性质，因此，在线路被断开以后再进行一次合闸就有可能大大提高供电的可靠性。为此在电力系统中广泛采用了当断路器跳闸以后能够自动地将断路器重新合闸的自动重合闸装置。

8.4.1　自动重合闸的作用及其基本要求

1. 自动重合闸的作用

在工程实践中，现场运行的线路重合闸装置并不判断是瞬时性故障还是永久性故障，只是在保护跳闸后经预定延时将断路器重新合闸。显然，对瞬时性故障重合闸可以成功（指恢复供电不再断开），对永久性故障重合闸不可能成功。用重合成功的次数与总动作次数之比来表示重合闸的成功率，一般在 60% ~ 90% 之间，主要取决于瞬时性故障占总故障的比例。衡量重合闸工作正确性的指标是正确动作率，即正确动作次数与总动作次数之比。根据 2001 年 220 kV 电网运行资料的统计，重合闸正确动作率为 99. 57% 。

在电力系统中采用重合闸的技术经济效果主要可归纳如下：

1）大大提高供电的可靠性，减小线路停电的次数，特别是对单侧电源的单回线路尤为显著。

2）在高压输电线路上采用重合闸，还可以提高电力系统并列运行的稳定性，从而提高传输容量。

3）对断路器本身由于机构不良或继电保护误动作而引起的误跳闸，也能起到纠正的作用。

在采用重合闸以后，当重合于永久性故障上时，也将带来一些不利的影响。例如：

1）使电力系统再一次受到故障的冲击，对超高压系统还可能降低并列运行的稳定性。

2）使断路器的工作条件变得更加恶劣，因为它要在很短的时间内，连续切断两次短路电流。这种情况对于油断路器必须加以考虑，因为在第一次跳闸时，由于电弧的作用，已使绝缘介质的绝缘强度降低，在重合闸第二次跳闸时，是在绝缘强度已经降低的不利条件下进行的，因此，油断路器在采用了重合闸以后，其遮断容量也要有不同程度的降低（一般降低到80%左右）。

对于重合闸的经济效益，应该用无重合闸时，因停电而造成的国民经济损失来衡量。由于重合闸本身的投资很低、工作可靠，因此，在电力系统中获得了广泛的应用。

2. 对自动重合闸的基本要求

对1 kV及以上的架空线路和电缆与架空线的混合线路，当其上有断路器时，就应装设自动重合闸；在用高压熔断器保护的线路上，一般应采用自动重合熔断器；此外，在供电给地区负荷的电力变压器上，以及发电厂和变电所的母线上，必要时也可以装设自动重合闸。对自动重合闸的基本要求如下：

1）在下列情况下不希望重合闸重合时，重合闸不应动作：

① 由值班人员手动操作或通过遥控装置将断路器断开时。

② 手动投入断路器，由于线路上有故障，而随即被继电保护将其断开时。因为在这种情况下，故障是永久性的，它可能是由于检修质量不合格、隐患未消除或者保安的接地线忘记拆除等原因所产生，因此再重合一次也不可能成功。

③ 当断路器处于不正常状态（例如操动机构中使用的气压、液压降低等）而不允许实现重合闸时。

2）当断路器由继电保护动作或其他原因而跳闸后，重合闸均应动作，使断路器重新合闸。

3）自动重合闸装置的动作次数应符合预先的规定。如一次式重合闸应该只动作一次，当重合于永久性故障而再次跳闸以后，不应该再动作；对二次式重合闸应该能够动作2次，当第二次重合于永久性故障而跳闸以后，不应该再动作。

4）自动重合闸在动作以后，一般应能自动复归，准备好下一次再动作。但对10 kV及以下电压的线路，如当地有值班人员时，为简化重合闸的实现，也可以采用手动复归的方式。

5）自动重合闸装置的合闸时间应能整定，并有可能在重合闸以前或重合闸以后加速继电保护的动作，以便更好地与继电保护相配合，加速故障的切除。

6）双侧电源的线路上实现重合闸时，应考虑合闸时两侧电源间的同步问题，并满足所提出的要求。

为了能满足第1、2项所提出的要求，应优先用由控制开关的位置与断路器位置不对应的原则来启动重合闸，即当控制开关在合闸位置而断路器实际上在断开位置的情况下，使重合闸启动，这样就可以保证不论是任何原因使断路器跳闸以后，都可以进行一次重合。

3. 自动重合闸的分类

采用重合闸的目的有两点：其一是保证并列运行系统的稳定性；其二是尽快恢复瞬时性故障元件的供电，从而自动恢复整个系统的正常运行。根据重合闸控制的断路器所接通或断开的电力元件不同，可将重合闸分为线路重合闸、变压器重合闸和母线重合闸等。目前在10 kV 及以上的架空线路和电缆与架空线的混合线路上，广泛采用重合闸装置，只有个别的由于受系统条件的限制不能使用重合闸的除外。例如，断路器遮断容量不足；防止出现非同期情况；或者防止在特大型汽轮发电机出口重合于永久性故障时产生更大的扭转力矩，而对轴系造成损坏等。鉴于单母线或双母线接线的变电所在母线故障时会造成全停或部分停电的严重后果，有必要在枢纽变电所装设母线重合闸。根据系统的运行条件，事先安排哪些元件重合、哪些元件不重合、哪些元件在负荷一定条件时才重合；如果母线上的线路及变压器都装有三相重合闸，使用母线重合闸不需要增加设备与回路，只是在母线保护动作时不去闭锁那些预计重合的线路和变压器，实现比较简单。变压器内部故障多数是永久性故障，因而当变压器的瓦斯保护和差动保护动作后不重合，仅当后备保护动作时启动重合闸。

根据重合闸控制断路器连续合闸次数的不同，可将重合闸分为多次重合闸和一次重合闸。多次重合闸一般使用在配电网中与分段器配合，自动隔离故障区段，是配电自动化的重要组成部分。而一次重合闸主要用于输电线路，提高系统的稳定性。后续讲述的重合闸，正是这部分内容，其他重合闸的原理与其相似。

根据重合闸控制断路器相数的不同，可将重合闸分为单相重合闸、三相重合闸、综合重合闸和分相重合闸。对一个具体的线路，究竟适用何种重合闸方式，要结合系统的稳定性分析，选取对系统稳定最有利的重合方式。一般来说有以下几种常见情况：

1）没有特殊要求的单电源线路，宜采用一般的三相重合闸。

2）凡是选用简单的三相重合闸能满足要求的线路，都应当选用三相重合闸。

3）当发生单相接地短路时，如果使用三相重合闸不能满足稳定要求，会出现大面积停电或重要用户停电，应当选用单相重合闸或综合重合闸。

8.4.2 输电线路的三相一次自动重合闸

1. 单侧电源线路的三相一次自动重合闸

三相一次自动重合闸的跳、合闸方式为无论本线路发生何种类型的故障，继电保护装置均将三相断路器跳开，重合闸启动，经预定延时（可整定，一般在0.5～1.5 s间）发出重合脉冲，将三相断路器一起合上。若是瞬时性故障，因故障已经消失，重合成功，线路继续运行；若是永久性故障，继电保护再次动作跳开三相，不再重合。

单侧电源线路的三相一次自动重合闸，由于下述原因实现简单：在单侧电源的线路上，不需要考虑电源间同步的检查问题；三相同时跳开，重合不需要区分故障类别和选择故障相，只需要在重合时断路器满足允许重合的条件下，经预定的延时发出一次合闸脉冲。这种重合闸的实现器件有电磁继电器组合式、晶体管式、集成电路式、可编程逻辑控制器式和与数字式保护一体化工作的数字式等多种。图8-16所示为单侧电源输电线路三相一次自动重合闸的工作原理框图，主要由重合闸启动、重合闸时间、一次合闸脉冲、手动跳闸后闭锁和手动合闸于故障时保护加速跳闸元件等组成。

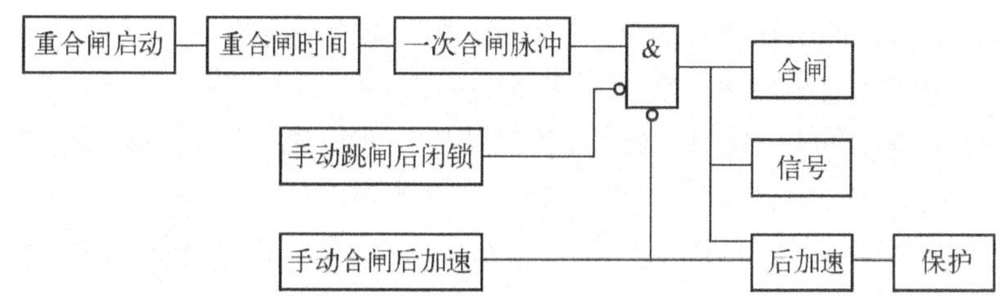

图 8-16　三相一次自动重合闸工作原理框图

重合闸启动：当断路器由继电保护装置动作跳闸或其他非手动原因而动作于跳闸后，重合闸均应启动。一般使用断路器的辅助动合触点或者用合闸位置继电器的触点构成，在正常运行情况下，当断路器由合闸位置变为跳闸位置时，马上发出启动指令。

重合闸时间：启动元件发出指令后，时间元件开始计时，达到预定的延时后，发出一个短暂的合闸脉冲命令。这个延时就是重合闸时间，是可以整定的，选择的原则见后述。

一次合闸脉冲：当延时时间到达后，它马上发出一个可以合闸脉冲指令，并且开始计时，准备重合闸的整组复归，复归时间一般为 15 ~ 25 s。在这个时间内，即使再有重合闸时间元件发出的命令，它也不再发出可以合闸的第二个命令。此元件的作用是保证在一次跳闸后有足够的时间合上（对瞬时性故障）和再次跳开（永久性故障）断路器，而不会出现多次重合。

手动跳闸后闭锁：当手动跳开断路器时，也会启动重合闸回路，为消除这种情况造成的不必要合闸，设置闭锁环节，使之不能形成合闸命令。

重合闸后加速保护跳闸回路：对于永久性故障，在保证选择性的前提下，尽可能地加快故障的再次切除，需要保护与重合闸配合（详见“重合闸与继电保护的配合”）。当手动合闸到带故障的线路上时，保护跳闸，故障一般是因为检修时的保安接地线未拆除、缺陷未修复等永久性故障，不仅不需要重合，而且要加速保护的再次跳闸。

2. 双侧电源线路的检同期三相一次自动重合闸

（1）双侧电源输电线路重合闸的特点

在双侧电源的输电线路上实现重合闸时，除应满足在 8. 4. 1 节中提出的各项要求外，还必须考虑如下的特点：

1）线路上发生故障跳闸以后，常常存在着重合闸时两侧电源是否同步，以及是否允许非同步合闸的问题。一般根据系统的具体情况，选用不同的重合闸条件。

2）线路上发生故障时，两侧的保护可能以不同的时限动作于跳闸，例如一侧为第Ⅰ段动作，而另一侧为第Ⅱ段动作，此时为了保证故障点电弧的熄灭和绝缘的恢复，以使重合闸有可能成功，线路两侧的重合闸必须保证在两侧断路器都跳闸以后，再进行重合，其重合闸时间与单侧电源的有所不同。

因此，双侧电源线路上的重合闸，应根据电网的接线方式和运行情况，在单侧电源重合闸的基础上，采取某些附加的措施，以适应新的要求。

（2）双侧电源输电线路重合闸的主要方式

1）快速自动重合闸。在现代高压输电线路上，采用快速重合闸是提高系统并列运行稳定性和供电可靠性的有效措施。所谓快速重合闸，是指保护断开两侧断路器后在 0. 5 ~ 0. 6 s 内使之再次重合，在这样短的时间内，两侧电动势角摆开不大，系统不可能失去同步，即使两侧电动势角摆大了，冲击电流对电力元件、电力系统的冲击均在可以耐受范围内，线路重合后很快会拉入同步。使用快速重合闸需满足的条件是：

① 线路两侧都装有可以进行快速重合的断路器，如快速气体断路器等。

② 线路两侧都装有全线速动的保护，如纵联保护等。

③ 重合瞬间输电线路中出现的冲击电流对电力设备、电力系统的冲击均在允许的范围内。

2）非同步重合闸。当快速重合闸的重合时间不够快，或者系统的功角摆开比较快，两侧断路器合闸时系统已经失步，合闸后期待系统自动拉入同步，此时系统中各电力元件都将受到冲击电流的影响，当冲击电流不超过《电力装置的继电保护和自动装置设计规范》GB50062—1992 中的相关规定值时，可以采用非同步重合闸方式，否则不允许采用非同步重合方式。

3）检同期的自动重合闸。当必须满足同期条件才能合闸时，需要使用检同期重合闸。因为实现检同期比较复杂，根据发电厂送出线路或输电断面上的输电线路电流间相互关系，有时采用简单的检测系统是否同步的方法。检同步重合有以下几种常用方法：

① 系统的结构保证线路两侧不会失步。电力系统之间，在电气上有紧密的联系时（例如具有 3 个以上联系的线路或 3 个紧密联系的线路），由于同时断开所有联系的可能性几乎不存在，因此，当任一条线路断开后又进行重合闸时，都不会出现非同步合闸的问题，可以直接使用不检同步重合闸。

② 在双回线路上检查另一线路有电流的重合方式。在没有其他旁路联系的双回线路上，当不能采用非同步重合闸时，可采用检定另一回线路上是否有电流的重合闸。因为当另一回线路上有电流时，即表示两侧电源仍保持联系，一般是同步的，因此可以重合。采用这种重合闸方式的优点是电流检定比同步检定简单。

③ 必须检定两侧电源确实同步后，才能进行重合。为此可在线路的一侧采用检查线路无电压先重合，因另一侧断路器是断开的，不会造成非同期重合闸；待一侧重合成功后，而在另一侧采用检定同步的重合闸，如图 8-17 所示。

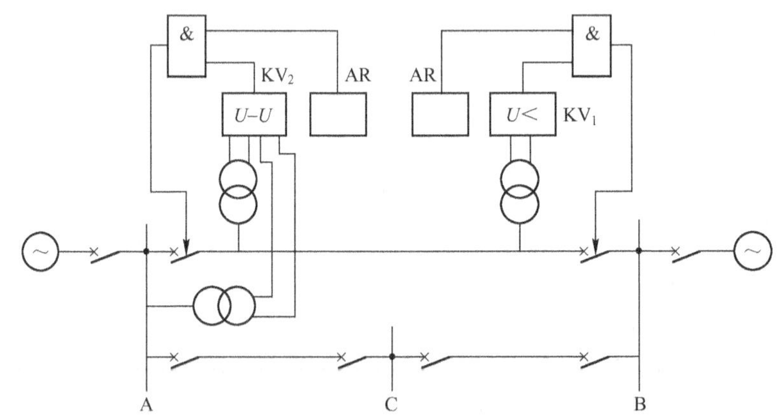

图 8-17　具有同步和无电压检定的重合闸接线示意图

（3）具有同步检定和无电压检定的重合闸

具有同步检定和无电压检定的重合闸的接线示意图如图 8-17 所示，除在线路两侧均装设重合闸装置以外，在线路的一侧还装设有检定线路无电压的继电器 KV_1，当线路无电压时允许重合闸重合；而在另一侧装设检定同步的继电器 KV_2，检测母线电压与线路电压间满足同期条件时允许重合闸重合，这样当线路有电压或者不同步时，重合闸就不能重合。

当线路发生故障，两侧断路器跳闸以后，检定线路无电压一侧的重合闸首先动作，使断路器投入，如果重合不成功，则断路器再次跳闸，此时，由于线路另一侧没有电压，同步检定继电器不动作，因此，该重合闸根本不启动。如果重合成功，则另一侧在检定同步之后，再投入断路器，线路即恢复正常工作。

在使用检查线路无电压方式重合闸的一侧，当该侧断路器在正常运行情况下由于某种原因（如误碰跳闸机构、保护误动作等）而跳闸时，由于对侧并未动作，线路上有电压，因而就不能实现重合，这是一个很大的缺陷。为了解决这个问题，通常都是在检定无电压的一侧也同时投入同步检定继电器，两者经“或门”并联工作。此时如遇有上述情况，则同步检定继电器就能够起作用，当符合同步条件时，即可将误跳闸的断路器重新投入。但是，在使用同步检定的另一侧，其无电压检定是绝对不允许同时投入的。

实际上，这种重合闸方式的配置原则如图 8-18 所示，一侧投入无电压检定和同步检定（两者并联工作），而另一侧只投入同步检定。两侧的投入方式可以利用其中的切换片定期轮换。这样可使两侧断路器切断故障的次数大致相同。

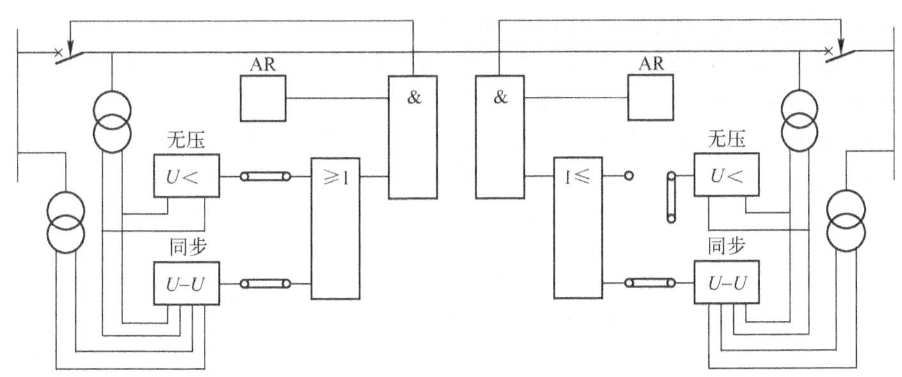

图 8-18　采用同步检定和无电压检定重合闸的配置关系

在重合闸中所用的无电压检定继电器，就是一般的低电压继电器，其整定值的选择应保证只当对侧断路器确实跳闸之后，才允许重合闸动作，根据经验，通常整定为 0.5 倍额定电压。

为了检定线路无电压和检定同步，就需要在断路器断开的情况下，测量线路侧电压的大小和相位，这样就需要在线路侧装设电压互感器或特殊的电压抽取装置。在高压送电线路上，为了装设重合闸而增设电压互感器是十分不经济的，因此一般都是利用结合电容器或断路器的电容式套管等来抽取电压。

3. 重合闸时限的整定原则

现在电力系统广泛使用的重合闸都不区分故障是瞬时性的还是永久性的，对于瞬时性故障，必须等待故障点的故障消除、绝缘强度恢复后才有可能重合成功，而这个时间与湿度、风速等气候条件有关。对于永久性故障，除考虑上述时间外，还要考虑重合到永久性故障后，断路器内部的油压、气压的恢复以及绝缘介质绝缘强度的恢复等，保证断路器能够再次切断短路电流。按以上原则确定的最小时间，称为最小重合闸时间，实际使用的重合闸时间必须大于这个时间，根据重合闸在系统中所起的主要作用，计算确定。

（1）单侧电源线路的三相重合闸的最小时间

单侧电源线路的重合闸的主要作用是尽可能缩短电源中断的时间，重合闸的动作时限原则上应越短越好，应按照最小重合闸时间整定。因为电源中断后，电动机的转速急剧下降，电动机被其负荷转矩所制动，当重合闸成功恢复供电以后，很多电动机要自起动，断电时间越长电动机转速降得越低，自起动电流越大，往往又会引起电网内电压的降低，因而造成自起动困难或拖延其恢复正常工作的时间。

重合闸的最小时间按下述原则确定：

1）在断路器跳闸后，负荷电动机向故障点反馈电流的时间；故障点的电弧熄灭并使周围介质恢复绝缘强度需要的时间。

2）在断路器动作跳闸熄弧后，其触头周围绝缘强度的恢复以及消弧室重新充满油、气需要的时间；同时其操作机构恢复原状态准备好再次动作需要的时间。

3）如果重合闸是利用继电保护跳闸出口启动，其动作时限还应加上断路器的跳闸时间。

根据我国一些电力系统的运行经验，重合闸的最小时间为0.3～0.4 s。

（2）双侧电源线路三相重合闸的最小时间

其时限除满足以上原则外，还应考虑线路两侧继电保护以不同时限切除故障的可能性。

从最不利的情况出发，每一侧的重合闸都应该以本侧先跳闸而对侧后跳闸来作为考虑整定时间的依据。如图8-19所示，设本侧保护的动作时间为$t_{PD.1}$，断路器动作时间为$t_{QF.1}$，对侧保护的动作时间为$t_{PD.2}$，断路器动作时间为$t_{QF.2}$，则在本侧跳闸以后，对侧还需经过$t_{PD.2}+t_{QF.2}-t_{PD.1}-t_{QF.1}$的时间才能跳闸。再考虑故障点灭弧和周围介质去游离的时间t_u，则先跳闸一侧重合闸装置的动作时限应整定为

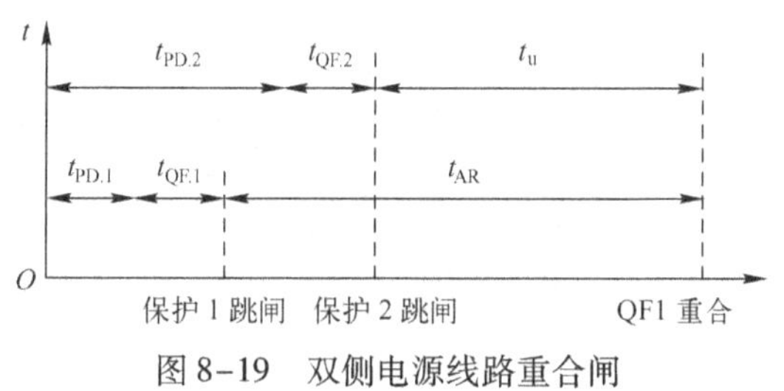

图8-19　双侧电源线路重合闸动作时限配合示意图

$$t_{AR}=t_{PD.2}+t_{QF.2}-t_{PD.1}-t_{QF.1}+t_u \tag{8-33}$$

当线路上装设纵联保护时，一般考虑一端快速辅助保护动作（如电流速断、距离保护Ⅰ段）时间（约30ms），另一端由纵联保护跳闸（可能慢至100～120 ms）。当线路采用阶段式保护作主保护时，$t_{PD.1}$应采用本侧Ⅰ段保护的动作时间，而$t_{PD.2}$一般采用对侧Ⅱ段（或Ⅲ段）保护的动作时间。

（3）双侧电源线路三相重合闸的最佳重合时间概念

重合闸对系统稳定性的影响主要取决于重合闸方式（故障跳开与重合的相数，如单相重合、三相重合、综合重合与分相重合等）和重合时间。前者根据系统条件在配置重合闸时确定，后者在整定重合闸时计算确定。

对于联系薄弱依靠重合闸成功才能维持首摆稳定的系统（一般在个别电厂投产初期或联网初期，线路尚未完全建成时），瞬时故障切除后重合时间越短，两侧功角摆开越小，重合成功后增大的减速面积越大，越能阻止系统的失步。如果两侧功角摆开到一定程度，即使

重合成功也不能阻止系统的失步。这种结构的系统，一般重合于永久性故障后是不稳定的，重合闸时间整定为最小时间，这个最小时间就是最佳时间。

对于故障切除后不重合首摆可以稳定的系统，线路较短，联系紧密。若重合成功系统肯定是稳定的；如果重合于永久性故障并再次被保护切除，不同的重合时间，会造成系统稳定和不稳定两种后果。合适的重合时间可以使不重合时稳定的系统变得更稳定，也可以使很大的摇摆幅度在重合后变得很小；不合适的重合时间，可以使不重合时稳定的系统因为不恰当时机的重合变得不稳定。

从理论和实际的计算都可以证明，重合闸操作存在最佳时刻。最佳重合时刻的条件是：最后一次操作完成后，对应最终网络拓扑下稳定平衡点的系统暂态能量值最小的时刻。最佳重合时刻是周期性出现的，并且最佳时刻的附近时次最佳，它使“最佳时刻”具有实际的可捕捉的应用意义。最佳重合时刻受故障前运行方式、状态和故障类型的影响，略有变化，但影响最大的是整个系统的等值惯性。最佳重合时刻可以由附加在重合闸元件中专门的环节来捕捉，但算法较复杂；也可以用专门的计算软件在给定运行方式、故障情况和重合闸方式后自动计算。但现场应用的重合闸时间元件是简单的计时元件，只能整定一个固定的时间，因此不能随故障情况实现最佳时刻重合。现在一般只能按照对稳定性影响最严重的故障条件计算并整定最佳重合时刻，保证在重合于严重的永久性故障时对系统的再次冲击最小，在其他故障形态下重合时尽管不是最佳，但可能是次佳，不会是最坏。

4. 自动重合闸与继电保护的配合

为了能尽量利用重合闸所提供的条件以加速切除故障，继电保护与之配合时，一般采用重合闸前加速保护和重合闸后加速保护两种方式，根据不同的线路及其保护配置方式选用。

（1）重合闸前加速保护

重合闸前加速保护一般又可简称为“前加速”。图 8-20 所示的网络接线中，假定在每条线路上均装设有过电流保护，其动作时限按阶梯型原则来配合。因而，在靠近电源端保护 3 处的时限就很长。为了加速故障的切除，可在保护 3 处采用前加速的方式，即当任何一条线路上发生故障时，第一次都由保护 3 瞬时无选择性动作予以切除，重合闸以后保护第二次动作切除故障是有选择性的。例如故障是在线路 A－B 以外（如 k_1 点故障），则保护 3 的第一次动作是无选择性的，但断路器 QF3 跳闸后，如果此时的故障是瞬时性的，则在重合闸以后就恢复了供电；如果故障是永久性的，则保护 3 第二次就按有选择性的时限t_3动作。为了使无选择性的动作范围不扩展得太长，一般规定当变压器低压侧短路时，保护 3 不应动作。因此，其启动电流还应按照躲开相邻变压器低压侧的短路（如 k_2 点短路）来整定。

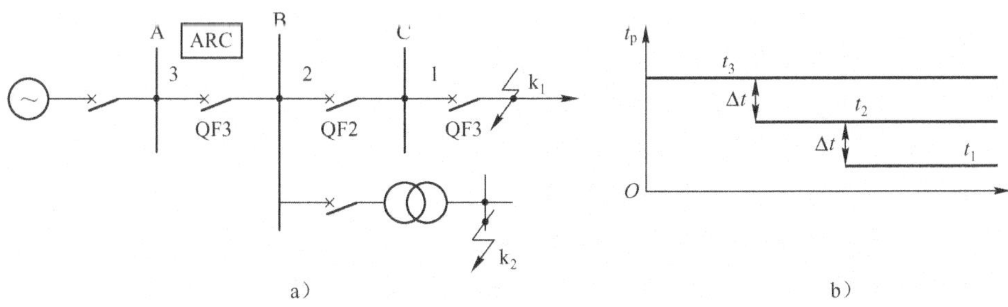

图 8-20　重合闸前加速保护的网络接线图

a）网络接线图　b）时间配合图

采用前加速保护的优点如下：

1）能够快速地切除瞬时性故障。

2）可能使瞬时性故障来不及发展成永久性故障，从而提高重合闸的成功率。

3）能保证发电厂和重要变电所的母线电压在0.6~0.7倍额定电压以上，从而保证厂用电和重要用户的电能质量。

4）使用的设备少，只需装设一套重合闸装置，简单，经济。

前加速保护的缺点是：

1）断路器工作条件恶劣，动作次数较多。

2）重合于永久性故障时，故障切除的时间可能较长。

3）如果重合闸装置或断路器QF3拒绝合闸，则将扩大停电范围。甚至在最末一级线路上故障时，都会使连接在这条线路上的所有用户停电。

前加速保护主要用于35 kV以下由发电厂或重要变电所引出的直配线路上，以便快速切除故障，保证母线电压。

（2）重合闸后加速保护

重合闸后加速保护一般又可简称为“后加速”。所谓后加速就是当线路第一次发生故障时，保护装置有选择性动作切除故障，然后进行重合闸操作。如果重合于瞬时性故障，系统恢复运行；如果重合于永久性故障，则在断路器合闸后，再加速保护动作瞬时切除故障，而与第一次动作是否带有时限无关。

后加速的配合方式广泛应用于35kV以上的网络及对重要负荷供电的输电线路上。因为在这些线路上一般都装有性能比较完备的保护装置，例如三段式电流保护、距离保护等，所以第一次有选择性地切除故障的时间（瞬时性动作或具有0.5 s延时）均为系统运行所允许的，而在重合闸以后加速保护的动作（一般是加速保护第Ⅱ段的动作，有时也可以加速保护第Ⅲ段的动作），就可以更快地切除永久性故障。

后加速的优点是：

1）第一次是有选择性地切除故障，不会扩大停电范围，特别是在重要的高压电网中，一般不允许保护无选择性地动作而后以重合闸来纠正（即前加速）。

2）保证了永久性故障能瞬时切除，并仍然是有选择性的。

3）和前加速相比，使用中不受网络结构和负荷条件的限制，一般来说是有利而无害的。

后加速的缺点是：

1）每个断路器上都需要装设一套重合闸，与前加速相比略微复杂。

2）第一次切除故障可能带有延时。

利用后加速元件所提供的动合触点实现重合闸后加速过电流保护的原理接线如图8-21所示。图中KA为过电流继电器的触点，当线路发生故障时，它启动时间继电器KTM，然后经过整定的时限后KTM_2触点闭合，启动出口继电器KM而跳闸。

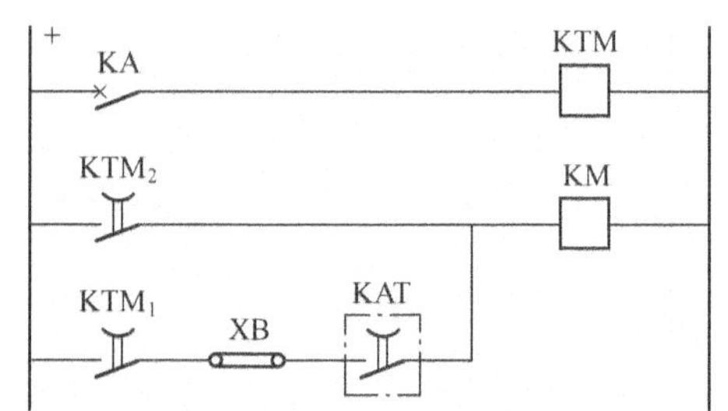

图8-21　重合闸后加速过电流保护的原理接线图

当重合闸启动以后，后加速元件KAT的触点将闭合1 s的时间，如果重合于永久性故障上，则 KA 再次动作，此时即可由时间继电器 KTM 的瞬时动合触点 KTM_1、压板 XB 和 KAT 的触点串联而立即启动 KM 动作于跳闸，从而实现了重合闸以后过电流保护加速动作的要求。

8.4.3 高压输电线路的单相自动重合闸

以上所讨论的自动重合闸都是三相式的，即不论送电线路上发生单相接地短路还是相间短路，继电保护动作后均使断路器三相断开，然后重合闸再将三相投入。

但是，运行经验表明，在 220 ~ 500 kV 的架空线路上，由于线间距离大，其绝大部分短路故障都是单相接地短路，2001 年全国高压输电线路单相接地短路占所有短路故障的比例：220 kV 为 92.05%，330 kV 为 98%，500 kV 为 98.87%。在这种情况下，如果只把发生故障的一相断开，而未发生故障的两相仍然继续运行，然后再进行单相重合，就能够大大提高供电的可靠性和系统并列运行的稳定性。如果线路发生的是瞬时性故障，则单相重合成功，即恢复三相的正常运行。如果是永久性故障，则再次切除故障并不再进行重合，目前一般是采用重合不成功时就跳开三相的方式。这种单相短路跳开故障单相经一定时间重合单相、若不成功再跳开三相的重合方式称为单相自动重合闸。

1. 单相自动重合闸与保护的配合关系

通常继电保护装置只判断故障发生在保护区内、区外，决定是否跳闸，而决定跳三相还是跳单相、跳哪一相，是由重合闸内的故障判别元件和故障选相元件来完成的，最后由重合闸操作箱发出跳、合断路器的命令。图 8-22 所示为保护装置、选相元件与重合闸回路的配合框图。

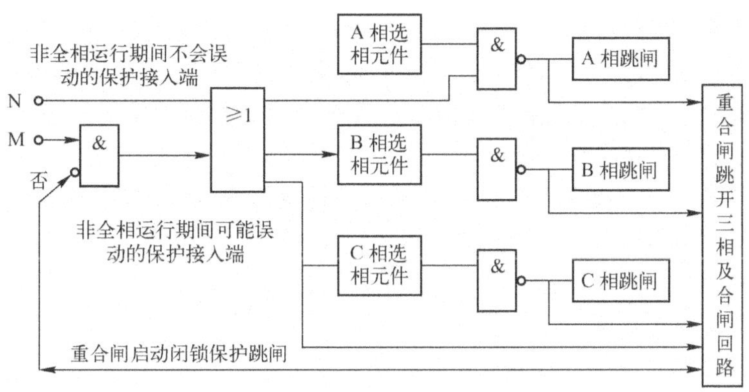

图 8-22 保护装置、选相元件与重合闸回路的配合框图

保护装置和选相元件动作后，经“与”门进行单相跳闸，并同时启动重合闸合闸回路。对于单相接地故障，就进行单相跳闸和单相重合。对于相间短路则在保护和选相元件相配合进行判断之后，跳开三相，然后进行三相重合闸或不进行重合闸。

在单相重合闸过程中，由于出现纵向不对称现象，因此将产生负序分量和零序分量，这可能引起本线路保护以及系统中其他保护的误动作。对于可能误动作的保护，应整定保护的动作时限大于单相非全相运行的时间以躲开之，或在单相重合闸动作时将该保护予以闭锁。为了实现对误动作保护的闭锁，在单相重合闸与继电保护相连接的输入端都设有两个端子，一个端子接入在非全相运行中仍然能继续工作的保护，习惯上称为 N 端子；另一个端子则接入非全相运行中可能误动作的保护，称为 M 端子。在重合闸启动以后，利用“否”回路即可将接入 M 端的保护跳闸回路闭锁。当断路器被重合而恢复全相运行时，这些保护也立即恢复工作。

2. 单相自动重合闸的特点

（1）故障相选择元件

为实现单相重合闸，首先就必须有故障相的选择元件（简称选相元件）。对选相元件的基本要求如下：

1）应保证选择性，即选相元件与继电保护相配合只跳开发生故障的一相，而接于另外两相上的选相元件不应动作。

2）在故障相末端发生单相接地短路时，接于该相上的选相元件应保证足够的灵敏性。

根据网络接线和运行的特点，满足以上要求的常用选相元件有如下几种：

1）电流选相元件：在每相上装设一个过电流继电器，其启动电流按照大于最大负荷电流的原则进行整定，以保证动作的选择性。这种选相元件适于装设在电源端，且短路电流比较大的情况，它是根据故障相短路电流增大的原理而动作的。

2）低电压选相元件：用三个低电压继电器分别接于三相的相电压上，低电压继电器是根据故障相电压降低的原理而动作的。它的启动电压应小于正常运行时以及非全相运行时可能出现的最低电压。这种选相元件一般适于装设在小电源侧或单侧电源线路的受电端，因为在这一侧如用电流选相元件，则往往不能满足选择性和灵敏性的要求。

3）阻抗选相元件、相电流差突变量选相元件等，常用于高压输电线路上，有较高的灵敏度和选相能力。

（2）动作时限的选择

当采用单相重合闸时，其动作时限的选择除应满足三相重合闸时所提出的要求（即大于故障点灭弧时间及周围介质去游离时间，大于断路器及其操作机构复归原状准备好再次动作的时间）外，还应考虑下列问题：

1）不论是单侧电源还是双侧电源，均应考虑两侧选相元件与继电保护以不同时限切除故障的可能性。

2）潜供电流对灭弧所产生的影响。这是指当故障相线路自两侧切除后，如图 8-23 所示，由于非故障相与断开相之间存在有静电（通过电容）和电磁（通过互感）的联系，因此，虽然短路电流已被切断，但在故障点的弧光通道中，仍然流有如下电流：

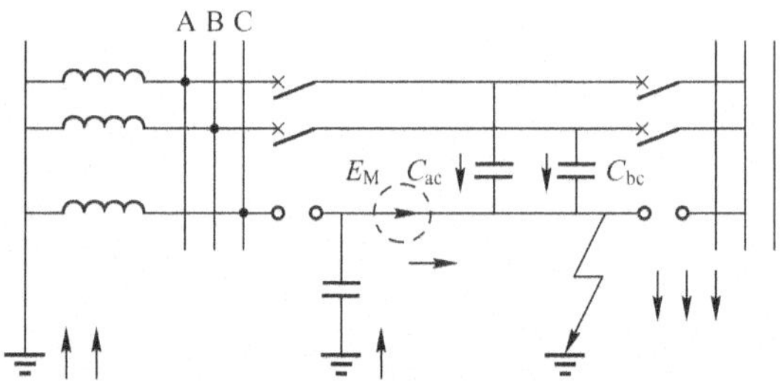

图 8-23　C 相单相接地时，潜供电流示意图

① 非故障相 A 通过 A、C 相间的电容C_{ac}供给的电流。

② 非故障相 B 通过 B、C 相间的电容C_{bc}供给的电流。

③ 继续运行的两相中，由于流过负荷电流$\dot{I}_{La}$和$\dot{I}_{Lb}$而在 C 相中产生互感电动势$\dot{E}_M$，此电动势通过故障点和该相对地电容C_0而产生的电流。

这些电流的总和就称为潜供电流。由于潜供电流的影响，将使短路时弧光通道的去游离受到严重阻碍，而自动重合闸只有在故障点电弧熄灭且绝缘强度恢复以后才有可能成功，因此，单相重合闸的时间还必须考虑潜供电流的影响。一般线路的电压越高，线路越长，则潜供电流就越大。潜供电流的持续时间不仅与其大小有关，而且也与故障电流的大小、故障切除的时间、弧光的长度以及故障点的风速等因素有关。因此，为了正确地整定单相重合闸的时间，国内外许多电力系统都是由实测来确定灭弧时间的。如我国某电力系统中，在220 kV的线路上，根据实测确定保证单相重合闸期间的熄弧时间应在0.6 s以上。

（3）对单相重合闸的评价

采用单相重合闸的主要优点是：

1）能在绝大多数的故障情况下保证对用户的连续供电，从而提高供电的可靠性；当由单侧电源单回路向重要负荷供电时，对保证不间断供电更有显著的优越性。

2）在双侧电源的联络线上采用单相重合闸，可以在故障时大大加强两个系统之间的联系，从而提高系统并列运行的动态稳定性。对于联系比较薄弱的系统，当三相切除并继之以三相重合闸而很难再恢复同步时，采用单相重合闸就能避免两系统解列。

采用单相重合闸的缺点是：

1）需要有按相操作的断路器。

2）需要专门的选相元件与继电保护相配合，再考虑一些特殊的要求后，使重合闸回路的接线比较复杂。

3）在单相重合闸过程中，由于非全相运行能引起本线路和电网中其他线路的保护误动作，因此，就需要根据实际情况采取措施予以防止。这将使保护的接线、整定计算和调试工作复杂化。

由于单相重合闸具有以上特点，并在实践中证明了它的优越性，因此，已在220～500 kV的线路上获得了广泛的应用。对于110 kV的电网，一般不推荐这种重合闸方式，只在由单侧电源向重要负荷供电的某些线路及根据运行需要装设单相重合闸的某些重要线路上，才考虑使用。

8.4.4 高压输电线路的综合重合闸简介

以上分别讨论了三相重合闸和单相重合闸的基本原理和实现中需要考虑的一些问题。对于有些线路，在采用单相重合闸后，如果发生各种相间故障时仍需切除三相，然后再进行三相重合闸，如重合不成功则再次断开三相而不再进行重合。因此，实践上在实现单相重合闸时，也总是把实现三相重合闸的问题结合在一起考虑，故称它为“综合重合闸”。在综合重合闸的接线中，应考虑能实现只进行单相重合闸、三相重合闸或综合重合闸以及停用重合闸的各种可能性。

实现综合重合闸回路接线时，应考虑的一些基本原则如下：

1）单相接地短路时跳开单相，然后进行单相重合；如果不成功则跳开三相而不再进行重合。

2）各种相间短路时跳开三相，然后进行三相重合；如重合不成功，仍跳开三相，而不进行重合。

3）当选相元件拒绝动作时，应能跳开三相并进行三相重合。

4）对于非全相运行中可能误动作的保护，应进行可靠的闭锁；对于在单相接地时可能误动作的相间保护（如距离保护），应有防止单相接地误跳三相的措施。

5）当一相跳开后重合闸拒绝动作时，为防止线路长期出现非全相运行，应将其他两相自动断开。

6）任意两相的分相跳闸继电器动作后，应联跳第三相，使三相断路器均跳闸。

7）无论单相或三相重合闸，在重合闸不成功之后，均应考虑能加速切除三相，即实现重合闸后加速。

8）在非全相运行过程，如又发生另一相或两相的故障，保护应能有选择性地予以切除。上述故障如发生在单相重合闸的脉冲发出以前，则在故障切除后能进行三相重合；如发生在重合闸脉冲发出以后，则切除三相不再进行重合。

9）对空气断路器或液压传动的油断路器，当气压或液压低至不允许实现重合闸时，应将重合闸回路自动闭锁；但如果在重合闸过程中下降到低于运行值时，则应保证重合闸动作的完成。

8.5 电力系统主设备的保护

8.5.1 电力变压器的保护

在电力系统中广泛地用变压器来升高或降低电压。变压器是电力系统不可或缺的重要组成部分。它的故障将对供电可靠性和系统安全运行带来严重的影响，同时大容量的电力变压器也是十分贵重的设备。因此应根据变压器容量等级和重要程度装设性能良好、动作可靠的继电保护装置。

1. 电力变压器的故障类型和不正常工作状态

变压器的故障可以分为油箱外故障和油箱内故障两种。油箱外的故障，主要是套管和引出线上发生相间短路以及接地短路。油箱内的故障包括绕组的相间短路、接地短路、匝间短路以及铁心的烧损等。油箱内故障时产生的电弧，不仅会损坏绕组的绝缘、烧毁铁心，而且由于绝缘材料和变压器油因受热分解而产生大量的气体，有可能引起变压器油箱的爆炸。对于变压器发生的各种故障，保护装置应能尽快地将变压器切除。实践表明，变压器套管和引出线上的相间短路、接地短路和绕组的匝间短路是比较常见的故障形式；而变压器油箱内发生相间短路的情况比较少。

变压器的不正常运行状态主要有变压器外部短路引起的过电流、负荷长时间超过额定容量引起的过负荷、风扇故障或漏油等原因引起的冷却能力下降等。这些不正常运行状态会使绕组和铁心过热。此外，由于中性点不接地运行的星形接线变压器，外部接地短路时有可能造成变压器中性点过电压，威胁变压器的绝缘；大容量变压器在过电压或低频率等异常运行工况下会使变压器过励磁，引起铁心和其他金属构件的过热。变压器处于不正常运行状态时，继电保护装置应根据其严重程度，发出告警信号，使运行人员及时发现并采取相应的措施，以确保变压器的安全。

变压器油箱内故障时，除了变压器各侧电流、电压变化外，油箱内的油、气、温度等非电量也会发生变化。因此，变压器保护分电量保护和非电量保护两种。非电量保护装设在变压器内部。线路保护中采用的许多保护如过电流保护、纵联差动保护等在变压器的电量保护中都有应用，但在配置上有区别。

2. 电力变压器的纵联差动保护

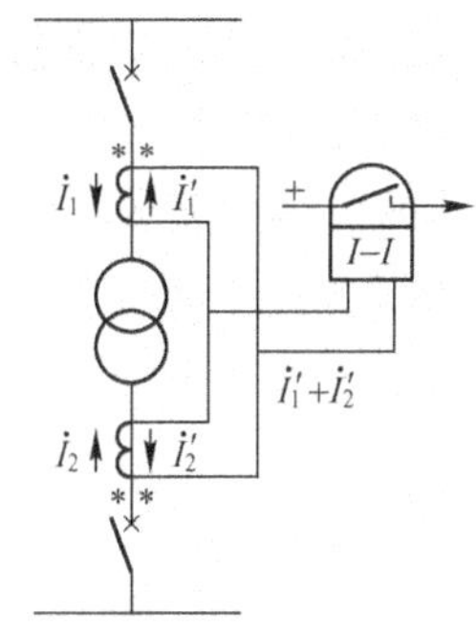

图 8-24 双绕组单相变压器纵联差动保护的原理接线图

电流纵联差动保护不但能够正确区分区内、外故障，而且不需要与其他元件的保护配合，可以无延时地切除区内各种故障，具有独特的优点，因而被广泛地用作变压器的主保护。图 8-24 所示为双绕组单相变压器纵联差动保护的原理接线图。

两侧电流互感器之间的区域就是差动保护的保护范围，保护动作于断开两侧断路器。$\dot{I}_1$、$\dot{I}_2$分别为变压器高压侧和低压侧的一次电流，参考方向为母线指向变压器；$\dot{I}_1'$、$\dot{I}_2'$为相应的电流互感器二次电流。流入差动继电器的差动电流为

$$\dot{I}_r = \dot{I}_1' + \dot{I}_2' \tag{8-34}$$

纵联差动保护的动作判据为

$$I_r \geqslant I_{set} \tag{8-35}$$

式中，I_{set}为纵联差动保护的动作电流；I_r为差动电流的有效值，$I_r = |\dot{I}_1' + \dot{I}_2'|$。

设变压器的变比为$n_T = U_1/U_2$，式（8-34）可进一步表示为

$$\dot{I}_r = \frac{\dot{I}_2}{n_{TA2}} + \frac{\dot{I}_1}{n_{TA1}} \tag{8-36}$$

变形为

$$\dot{I}_r = \frac{n_T\dot{I}_1 + \dot{I}_2}{n_{TA2}} + \left(1 - \frac{n_{TA1}n_T}{n_{TA2}}\right)\frac{\dot{I}_1}{n_{TA1}} \tag{8-37}$$

式中，n_{TA1}、n_{TA2}分别为两侧电流互感器的变比。

若选择电流互感器的变比，使之满足

$$\frac{n_{TA1}}{n_{TA2}} = n_T \tag{8-38}$$

这样式（8-37）可变形为

$$\dot{I}_r = \frac{n_T\dot{I}_1 + \dot{I}_2}{n_{TA2}} \tag{8-39}$$

忽略变压器的损耗，系统正常运行和区外故障时一次电流的关系为$n_T\dot{I}_1 + \dot{I}_2 = 0$。根据式（8-39），正常运行和变压器外部故障时，差动电流为零，保护不会动作；变压器内部（包括变压器与电流互感器之间的引线）任何一点故障时，相当于变压器内部多出了一个故障支路，流入差动继电器的差动电流等于故障点电流（变换到电流互感器二次侧），只要故障电流大于差动继电器的动作电流，差动保护就能迅速动作。因此，式（8-38）成为变压器纵联差动保护中电流互感器变比选择的依据。

实际应用中，电力系统都是三相变压器（或三相变压器组），并且通常采用 Yd11 的接线方式，如图 8-25a 所示（假定一次电流从同名端流入，二次电流从同名端流出）。这样的接线方式造成了变压器一、二次电流的不对称，以 A 相为例，正常运行时，$\dot{I}_{dA}$超前$\dot{I}_{da}$30°，如图 8-25b 所示。若仍用上述针对单相变压器的差动继电器的接线方式，将一、二次电流

直接引入差动保护，则会在继电器中产生很大的差动电流。可以通过改变纵联差动保护的接线方式消除这个电流，就是将引入差动继电器的星形侧的电流也采用两相电流差，这样就可以消除两侧电流不对应。由于星形侧采用了两相电流差，该侧流入差动继电器的电流增加了$\sqrt{3}$倍。为了保证正常运行及外部故障情况下差动回路没有电流，该侧电流互感器的变比也要相应地增大$\sqrt{3}$倍，即两侧电流互感器变比的选择应满足

$$\frac{n_{TA2}}{n_{TA1}}=\frac{n_T}{\sqrt{3}} \tag{8-40}$$

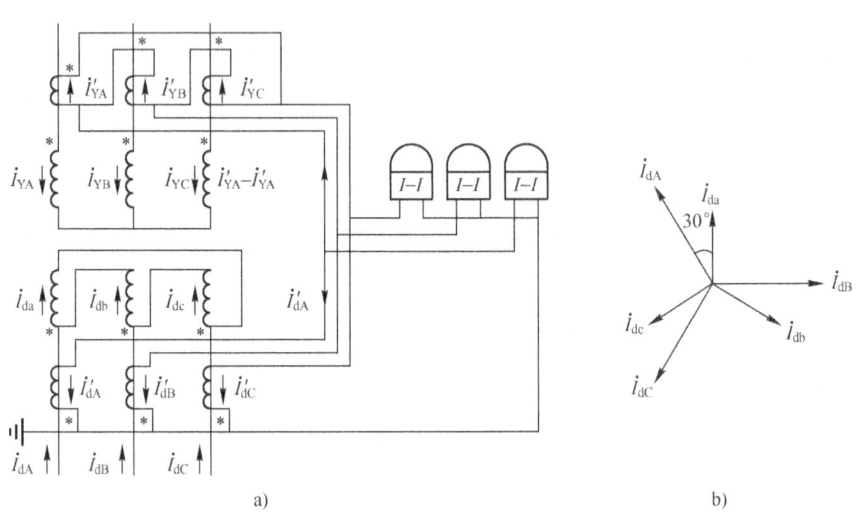

图 8-25　双绕组三相变压器纵联差动保护原理接线图

a）接线图　b）对称工况下的向量关系

为了使差动继电器的星形侧的电流采用两相电流差，变压器两侧电流互感器采取不同的接线方式，如图 8-25a 所示。三角形侧采用 Yd12 的接线方式，将各相电流直接接入差动继电器内；星形侧采用 Yd11 的接线方式，将两相电流差接入差动继电器内。模拟式的差动保护都是采用图 8-25a 所示的接线方式；对于数字式差动保护，一般是将星形侧的三相电流直接接入保护装置内，由计算机的软件实现其功能，以简化接线。

变压器的纵联差动保护同样需要躲过流过差动回路的不平衡电流。以双绕组单相变压器为例，其不平衡电流主要由以下几个原因产生：

1）计算变比与实际变比不一致产生的不平衡电流。

2）由变压器带负荷调压分接头产生的不平衡电流。

3）电流互感器传变误差产生的不平衡电流。

4）变压器励磁涌流产生的不平衡电流。

综合考虑以上暂态和稳态的影响，变压器的不平衡电流为

$$I_{unb.com}=(K_{err}K_{st}K_{np}+\Delta U+\Delta f_s)\frac{\sqrt{3}I_{k.max}}{k_{TA.d}} \tag{8-41}$$

式中，K_{err}为电流互感器的最大误差，取 0.1（10%）；$I_{k.max}$为流经变压器 Y 侧的最大短路电流；K_{st}为电流互感器同型系数，同型时取 0.5，不同型时取 1；K_{np}为非周期分量影响系数，不采取措施时取 1.5～2，采用速饱和变流器时取1～1.3；ΔU 为变压器的调压范围，不带负

载调压的变压器 $\Delta U = \pm 5\%$，有载调压的变压器的 ΔU 范围较大；Δf_s 为变比误差，取0.05；$k_{TA.d}$ 为变压器星形侧电流互感器的变比。

变压器差动保护的动作值应躲过此不平衡电流。变压器差动保护的关键就是如何减少不平衡电流。减少的方法有：尽量使得变压器两侧的电流互感器特性一致、采用特制专用的差动保护继电器、减少互感器侧负荷、平衡互感器阻抗和利用速饱和变流器等。

3. 电力变压器的瓦斯保护

上述介绍了电力变压器的纵联差动保护，其保护原理是反映电气量特征的，对于变压器内部的某些轻微故障，其灵敏度可能不能满足要求，因此变压器通常还应装设反映变压器油箱内部油、气和温度等特征的非电气量保护。

（1）瓦斯保护的基本原理

电力变压器通常是利用变压器油作为绝缘和冷却介质。当变压器油箱内部故障时，在故障电流和故障点电弧的作用下，变压器油和其他绝缘材料会因受热而分解，产生大量气体。气体排出的多少以及排出速度，与变压器故障的严重程度有关。利用这种气体来实现保护的装置，称为瓦斯保护。瓦斯保护能够保护变压器油箱内的各种轻微故障（例如绕组轻微的匝间短路、铁心烧损等），但像变压器绝缘子闪络等油箱外部的故障，瓦斯保护不能反应。规程规定对于容量为800 kV · A及以上的油浸式变压器和400 kV · A及以上的车间内油浸式变压器，应装设瓦斯保护。

瓦斯保护的主要元件是气体继电器，它安装在油箱和油枕之间的连接管道上，如图8-26所示。气体继电器有两个输出触点：一个反映变压器内部的不正常情况或轻微故障，通常称为“轻瓦斯”；另一个反映变压器的严重故障，称为“重瓦斯”。轻瓦斯动作于信号，使运行人员能够迅速发现故障并及时处理；重瓦斯保护动作于跳开变压器各侧断路器。气体继电器的具体结构在这里不做介绍，大致的工作原理如下：

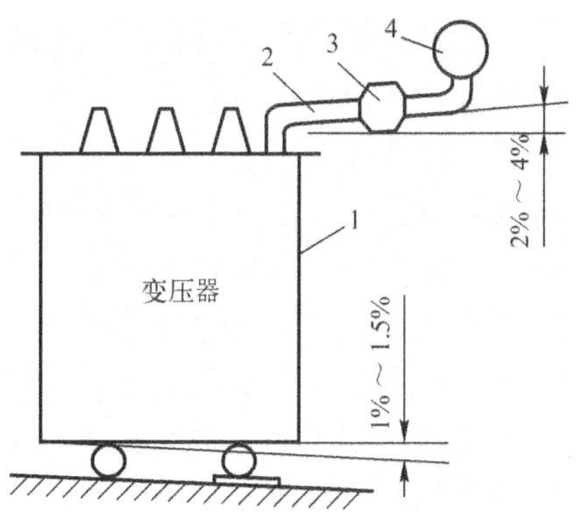

图8-26　气体继电器安装示意图

1—变压器油箱　2—联通管

3—气体继电器　4—油枕

变压器发生轻微故障时，油箱内产生的气体较少且速度慢，由于油枕处在油箱的上方，气体沿管道上升，使气体继电器内的油面下降，当下降到门槛时，轻瓦斯动作，发出警告信号。发生严重故障时，故障点周围的温度剧增而迅速产生大量的气体，变压器内部压力升高，迫使变压器油从油箱经过管道向油枕方向冲去，气体继电器感受到的油速达到动作门槛时，重瓦斯动作，瞬时动作于跳闸回路，切除变压器，以防事故扩大。

（2）瓦斯保护的运行与维护

1）变压器运行时瓦斯保护应接于信号和跳闸，有载分接开关的瓦斯保护接于跳闸。

2）变压器在运行中进行如下工作时应将重瓦斯保护改接信号：

① 用一台断路器控制两台变压器时，当其中一台转入备用，则应将备用变压器的重瓦斯保护改接为动作于信号。

② 滤油、补油、换潜油泵或更换净油器的吸附剂和开闭瓦斯继电器连接管上的阀门时。

③ 在瓦斯保护及其二次回路上进行工作时。

④ 除采油样和在瓦斯继电器上部的放气阀放气处，在其他所有地方打开放气、放油和进油阀门时。

⑤ 当油位计的油面异常升高或呼吸系统有异常现象，需要打开放气或放油阀门时。

3）在地震预报期间，应根据变压器的具体情况和气体继电器的抗震性能确定重瓦斯保护的运行方式。地震引起重瓦斯保护动作停运的变压器，在投运前应对变压器及瓦斯保护进行检查试验，确认无异常后，方可投入。

4）新装变压器或停电检修进行过滤油，从底部注油，调换瓦斯继电器、散热器、强迫油循环装置以及套管等工作，在投入运行时，须待空气排尽，方可将重瓦斯保护投入跳闸。但变压器在冲击合闸或新装变压器在空载试运行期间，重瓦斯保护必须投入跳闸。

5）瓦斯保护投跳闸的变压器，在现场应有明显的标志，跳闸试验用的探针其外罩在运行中不准旋下，须在外罩涂以红漆，以示警告。

6）户外变压器应保证瓦斯继电器的端盖有可靠保护，以免水份侵入。

（3）瓦斯保护动作后的处理措施

1）变压器重瓦斯保护动作的处理步骤：

对变压器外部进行全面检查，有无严重漏油、喷油现象；

取瓦斯，判断瓦斯性质；

检查二次回路是否有瓦斯保护误动；

测量变压器绝缘电阻；

经上述检查未发现问题，可对变压器进行零起升压试验，若良好则可投入运行；

若发现有明显故障，则由检修人员进行处理；

如明确系重瓦斯保护误动作，可停用重瓦斯保护，但恢复送电时，差动保护必须投入。

2）变压器轻瓦斯保护动作的处理步骤：

当变压器轻瓦斯保护信号动作后，应尽快查明原因，并做好记录，如信号动作时间间隔逐渐缩短时，说明变压器内部有故障，可能会跳闸，此时应将每次信号动作时间作详细记录，并立即向上级领导汇报。

8.5.2 同步发电机的保护

发电机的安全运行对保证电力系统的正常工作和电能质量起着决定性的作用，同时发电机本身也是十分贵重的电气设备，因此，应该针对各种不同的故障和不正常运行状态，装设性能完善的继电保护装置。

1. 发电机的故障、不正常运行状态及其保护方式

发电机的故障类型主要有定子绕组相间短路、定子一相绕组内的匝间短路、定子绕组单相接地、转子绕组一点接地或两点接地以及转子励磁回路励磁电流消失等。

发电机的不正常运行状态主要有：由于外部短路引起的定子绕组过电流；由于负荷超过发电机额定容量而引起的三相对称过负荷；由于外部不对称短路或不对称负荷（如单相负荷、非全相运行等）而引起的发电机负序过电流；由于突然甩负荷而引起的定子绕组过电压；由于励磁回路故障或强励时间过长而引起的转子绕组过负荷；由于汽轮机主汽门突然关闭而引起的发电机逆功率等。

针对以上故障类型及不正常运行状态，发电机应装设以下继电保护装置：

1）对 1 MW 以上发电机的定子绕组及其引出线的相间短路，应装设纵差保护。

2）对直接连于母线的发电机定子绕组单相接地故障，当单相接地故障电流（不考虑消弧线圈的补偿作用）大于规定允许值时，应装设有选择性的接地保护装置。

对于发电机变压器组，对容量在 100 MW 以下的发电机，应装设保护区不小于定子绕组串联匝数 90% 的定子接地保护，对容量在 100 MW 及以上的发电机，应装设保护区为 100% 的定子接地保护，保护带时限动作于信号，必要时也可以动作于切机。

3）对发电机定子绕组的匝间短路，当定子绕组星形接线、每相有并联分支且中性点侧有分支引出端时，应装设横差保护；200 MW 及以上的发电机有条件时可装设双重化横差保护。

4）对于发电机外部短路引起的过电流，可采用下列保护方式：

① 负序过电流及单元件低电压启动的过电流保护，一般用于 50 MW 及以上的发电机。

② 复合电压（包括负序电压及线电压）启动的过电流保护，一般用于 1 MW 以上的发电机。

③ 过电流保护，用于 1 MW 及以下的小型发电机。

④ 带电流记忆的低电压过电流保护，用于自并励发电机。

5）对于由不对称负荷或外部不对称短路而引起的负序过电流，一般在 50 MW 及以上的发电机上装设负序过电流保护。

6）对于由对称负荷引起的发电机定子绕组过电流，应装设接于一相电流的过负荷保护。

7）对于水轮发电机定子绕组过电压，应装设带延时的过电压保护。

8）对于发电机励磁回路的一点接地故障，对 1 MW 及以下的小型发电机可装设定期检测装置；对于 1 MW 以上的发电机应装设专用的励磁回路一点接地保护。

9）对于发电机励磁消失故障，在发电机不允许失磁运行时，应在自动灭磁开关断开时联锁断开发电机的断路器；对采用半导体励磁以及 100 MW 及以上采用电机励磁的发电机，应增设直接反映发电机失磁时电气参量变化的专用失磁保护。

10）对于转子回路的过负荷，在 100 MW 及以上，并且采用半导体励磁系统的发电机上，应装设转子过负荷保护。

11）对于汽轮发电机主汽门突然关闭而出现的发电机变电动机运行的异常运行方式，为防止损坏汽轮机，对 200 MW 及以上的大容量汽轮发电机宜装设逆功率保护；对于燃气轮发电机，应装设逆功率保护。

12）对于 300 MW 及以上的发电机，应装设过励磁保护。

13）其他保护：如当电力系统振荡影响机组运行安全时，在 300 MW 机组上，宜装设失步保护；当汽轮机低频运行会造成机械振动，叶片损伤，对汽轮机危害极大时，可装设低频保护；当水冷发电机断水时，可装设断水保护等。

为了快速消除发电机内部的故障，在保护动作于发电机断路器跳闸的同时，还必须动作于自动灭磁开关，断开发电机励磁回路，使定子绕组中不再感应出电动势，继续供给短路电流。

2. 发电机的纵联差动保护

发电机纵联差动保护作为发电机定子绕组及其引出线相间短路的主保护，在保护范围内发生相间短路时，快速动作于停机。

保护的动作电流整定如下：

1）躲过外部短路时差动回路出现的最大不平衡电流$I_{unb.max}$，即

$$I_{set}=K_{rel}I_{unb.max}=0.1K_{rel}K_{np}K_{st}I_{K.max} \tag{8-42}$$

式中，K_{rel}为可靠系数，取1.3；K_{np}为非周期分量系数，当采用具有速饱和铁心的差动继电器时取1；K_{st}为电流互感器同型系数，当电流互感器型号相同时取0.5，型号不同时取1。

2）躲过电流互感器二次回路一相断线时的差动回路出现的额定负荷电流I_{NG}，即

$$I_{set}=K_{rel}I_{NG} \tag{8-43}$$

式中，K_{rel}为可靠系数，取1.3。

发电机的纵联差动保护瞬时动作于跳闸。虽然它是发电机内部相间短路最灵敏的保护，但是在中性点附近经过渡电阻相间短路时，保护仍存在一定的死区。

3. 发电机定子绕组单相接地保护

由于发电机容易发生绕组线棒和定子铁心之间绝缘的破坏，因此发生单相接地故障的比例很高，占定子故障的70%～80%。由于大型发电机组定子绕组对地电容较大，当发电机端附近发生接地故障时，故障点的电容电流比较大，影响发电机的安全运行；同时由于接地故障的存在，会引起接地弧光过电压，可能导致发电机其他位置绝缘的破坏，形成危害严重的相间或匝间短路故障。

当中性点不接地的发电机内部发生单相接地故障时，接地电容电流应在规定的允许值之内。大型发电机由于造价昂贵，结构复杂，检修困难，且容量的增大使得其接地故障电流也随之增大，为了防止故障电流烧坏铁心，大型发电机有的装设了消弧线圈，通过消弧线圈的电感电流与接地电容电流的相互抵消，把定子绕组单相接地电容电流限制在规定的允许值之内。

发电机中性点采用高阻接地方式（即中性点经配电变压器接地，配电变压器的二次侧接小电阻）的主要目的是限制发电机单相接地时的暂态过电压，防止暂态过电压破坏定子绕组绝缘，但另一方面也人为地增大了故障电流。因此采用这种接地方式的发电机定子绕组接地保护应选择尽快跳闸。

在工程实践中，经消弧线圈接地可以补偿故障接地的容性电流。在大型发电机－变压器组单元接线的情况下，由于总电容为定值，一般采用欠补偿运行方式，即补偿的感性电流小于接地容性电流，这样有利于减小电力变压器耦合电容传递的过电压。

当发电机电压网络的接地电容电流大于允许值时，不论该网络是否装设有消弧线圈，接地保护动作于跳闸；当接地电流小于允许值时，接地保护动作于信号，即可以不立即跳闸，值班人员请示调度中心，转移故障发电机的负荷，然后平稳停机进行检修。

本章小结

本单元主要阐述了电力系统继电保护的基本原理、构成和基本要求等相关知识；介绍了常用的继电保护原理，如三段式电流保护、输电线路的纵联差动保护；自动重合闸及其与继电保护的配合；电力变压器、同步发电机等电力系统主设备的保护；工厂供电系统的保护。

对于电力系统继电保护的基本原理，要明确继电保护的定义及任务，了解继电保护的基本构成，熟练掌握对继电保护的基本要求，即可靠性、速动性、选择性和灵敏性，其中可靠性是继电保护的最基本要求。

单侧电源辐射状网络相间短路的电流保护又称为三段式保护，由无时限电流速断保护、限时电流速断保护及定时限过电流保护三个部分组成，无时限电流速断保护作为本段线路的主保护，能够瞬时动作于断路器跳闸，但是仅能保护线路的一部分；限时电流速断保护能够保护本段线路的全长及相邻下级线路的一部分，为保证保护的选择性，限时电流速断保护的动作具有一定的动作时限；定时限过电流保护不仅能够保护本段线路的全长，而且能够保护相邻下级线路的全长，它既是本段线路的近后备保护，又能作为相邻下一级线路的远后备保护，在实际的网络应用中，常采用三段式保护中的两段或者三段配合使用，从而保证继电保护的基本要求。

输电线路的纵联保护和其他保护相比较，最大的不同在于，纵联保护采用的是一段输电线路两端的电气量进行分析比较构成的保护，故在一段线路内，各点处发生故障，纵联保护的灵敏度基本相同，我们认为纵联保护具有绝对的选择性。

纵联保护根据原理的不同可分为纵联电流差动保护和方向比较式纵联保护；根据通信通道的不同可分为电力线载波纵联保护、导引线纵联保护、光纤纵联保护和微波纵联保护。其中较为常用的为纵联电流差动保护。

输电线路的自动重合闸装置介绍了重合闸装置的构成、基本要求及三相一次重合闸的基本概念，其中最为重要的是自动重合闸装置同继电保护的配合问题，在使用过程中，将自动重合闸同继电保护的配合分为自动重合闸前加度保护和自动重合闸后加速保护。

自动重合闸前加速保护是指输电线路发生故障时，保护装置的第一次动作是无时限的，自动重合闸装置所在保护装置瞬间动作于跳闸；后加速保护与之相反，故障时，保护装置的第一次动作按照保护的时限配合进行，若为瞬时性故障，自动重合闸重合，恢复供电，若为永久性故障，保护装置的第二次动作为瞬时性动作。

电力变压器的故障可分为油箱内和油箱外故障，常采用纵联差动保护和瓦斯保护相配合构成变压器的主保护，互相不可替代。纵联差动保护是本部分的重点与难点，需要掌握变压器接线组别对纵联差动保护的影响和补偿措施及差动保护的整定方法；瓦斯保护相较于之前学习的保护具有一定的特殊性，该保护属于非电气量保护，轻瓦斯保护主要反映的是变压器内部的轻微故障，动作于信号，而重瓦斯保护则反映的是变压器内部比较严重的故障，动作于断开断路器。

发电机保护部分首先介绍了发电机定子与转子故障，其故障类型主要有定子绕组相间短路、定子绕组匝间短路、定子绕组单相接地、转子绕组一点接地或两点接地、转子励磁回路励磁电流急剧下降或消失等。同步发电机的保护常采用纵联差动保护和定子绕组单相接地保护。

习题与思考题

8-1　继电保护的基本原理有哪些？

8-2　继电保护按其功用的不同可分为哪些类型？如何区分？常用的保护继电器有

哪些？

8-3　继电保护装置由哪几部分构成？对于继电保护装置有哪些基本要求？

8-4　什么是电磁继电器的返回系数？测量继电器具有什么特点？

8-5　三段式电流保护中，各段的灵敏度是如何校验的？为什么限时电流速断保护和定时限过电流保护的灵敏系数要大于1而不是等于1？

8-6　为什么反时限过电流继电器在一定程度上具有三段式电流保护的功能？

8-7　解释“动作电流”“返回电流”和“返回系数”，过电流继电器的返回系数过低或过高有何缺点？

8-8　在电流保护的整定计算中，为什么要引入可靠系数，其值考虑哪些因素后确定？

8-9　纵联保护的基本原理是什么？

8-10　纵联保护与阶段式保护的根本区别是什么？陈述纵联保护的主要优缺点。

8-11　输电线路纵联保护中通道的作用是什么？通道的种类及其优缺点、适用范围有哪些？

8-12　在超高压电网中，目前使用的重合闸有何优、缺点？

8-13　在超高压电网中使用三相重合闸为什么要考虑两侧电源的同期问题，使用单相重合闸是否需要考虑同期问题？

8-14　三相重合闸的最小重合时间主要由哪些因素决定？单相重合闸的最小重合时间主要由哪些因素决定？

8-15　什么是重合闸前加速保护？有何优缺点？主要适用于什么场合？

8-16　什么是重合闸后加速保护？有何优缺点？主要适用于什么场合？

8-17　变压器可能发生哪些故障和不正常运行状态？它们与线路相比如何？

8-18　关于变压器纵联差动保护中的不平衡电流，试问：

（1）与差动电流在概念上有何区别与联系？

（2）哪些是由测量误差引起的？哪些是由变压器结构和参数引起的？

（3）哪些属于稳态不平衡电流？哪些属于暂态不平衡电流？

8-19　同步发电机的故障及不正常运行状态有哪些？如何配置保护？

8-20　如图8-27所示，试计算保护1电流速断保护的动作电流、最小保护范围及动作时限。计算中取 $K'_{rel}=1.4$，线路单位阻抗 $z_1=0.4\,\Omega/km$，系统电压为110kV。

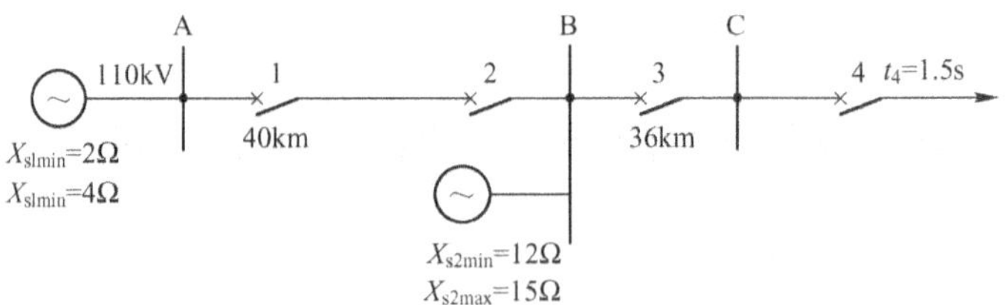

图8-27　习题8-20图

8-21　如图8-28所示中性点不接地系统，画出在线路 L_3 的k点发生单相金属性接地时电容电流的分布，并指出电压、电流有哪些特点？

8-22　如图8-29所示网络接线，装设方向过电流保护，动作时限级差取0.5s，分析说明哪些保护需要装设方向元件。

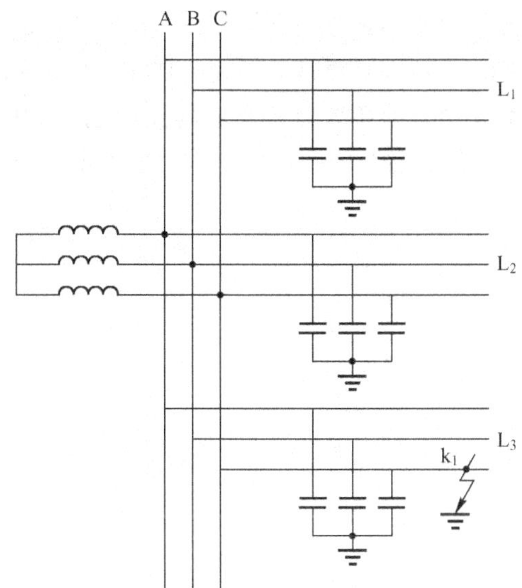

图 8-28　习题 8-21 图

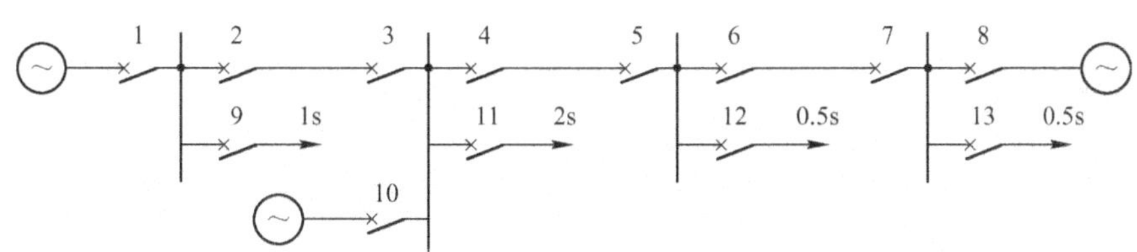

图 8-29　习题 8-22 图

8-23　如图 8-30 所示网络接线，试求保护 1 的无时限电流速断保护的动作电流并进行灵敏度校验。图中所示电压为电网额定电压，单位长度线路阻抗为 0.4 Ω/km，可靠系数 $K_{rel}^{I}=1.3$。如果线路长度加减少到 50 km、25 km，重复上述计算，分析计算结果，得出结论。

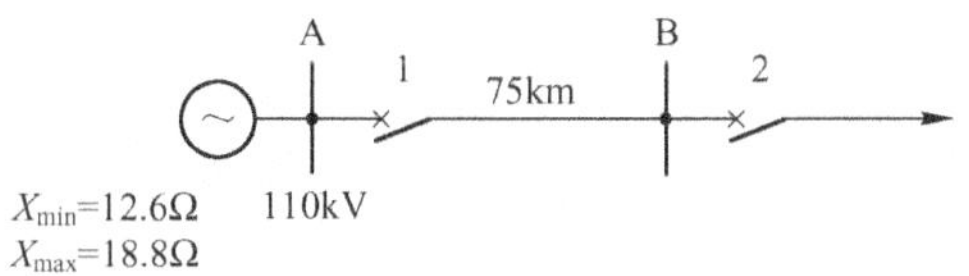

图 8-30　习题 8-23 图

8-24　如图 8-31 所示网络接线，线路装设阶段式电流保护，试对保护 1 的无时限以及限时电流速断保护进行整定计算。图中所示电压为电网额定电压，单位长度线路阻抗为 0.4 Ω/km，可靠系数 $K_{rel}^{I}=1.3$，$K_{rel}^{II}=1.1$，时限级差 $\Delta t=0.5$ s。

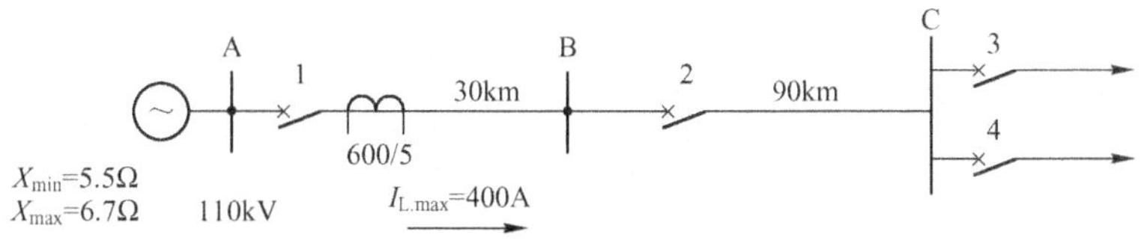

图 8-31　习题 8-24 图

8-25 某大型给水泵高压电动机的参数为：$U_N = 6$ kV，$P_N = 2000$ kW，$I_N = 230$ A，自起动系数 $K_{ss} = 6$。已知电动机端子处两相短路电流为6000 A，电动机自起动时间为8 s，拟采用电磁型电流继电器，按照不完全星形接线方式组成高压电动机的电流速断以及过负荷保护，电流互感器变比为400/5，整定上述保护的动作电流、动作时间并校验灵敏度。

第9章　电力系统的 MATLAB/SIMULINK 建模与仿真

电力系统一般由发电机、变压器、电力线路和电力负荷构成，电力系统的数学模型一般是由电力系统元件的数学模型构成。MATLAB 为电力系统的建模提供了简洁的工具，通过绘制电力系统的电路图，可以自动生成数学模型。

9.1　电力系统常用仿真软件简介

电力系统是一个大规模、时变的复杂系统，在国民经济中有非常重要的作用。电力系统数字仿真已成为电力系统研究、规划、运行和设计等各个方面不可或缺的工具，特别是电力系统新技术的开发研究、新装置的设计、参数的确定更是需要通过仿真来确认。

目前常用的电力系统仿真软件有：

1）博纳维尔电力局（Bonneville Power Administration，BPA）开发的 BPA 程序和 EMTP（Electromagnetic Transients Program）程序。

2）曼尼托巴高压直流输电研究中心（Manitoba HVDC Research Center）开发的 PSCAD/EMTDC（Power System Computer Aided Design/Electromagnetic Transients Program including Direct Current）程序。

3）德国西门子公司研制的电力系统仿真软件 NETOMAC（Network Torsion Machine Control）。

4）中国电力科学研究院开发的电力系统分析综合程序 PSASP（Power System Analysis Software Package）。

5）MathWorks 公司开发的科学与工程计算软件 MATLAB（Matrix Laboratory，矩阵实验室）。

电力系统分析软件除了以上几种，还有美国加州大学伯克利分校研制的 SPICE（Simulation Program with Integrated Circuit Emphasis）、美国 PTI 公司开发的 PSS/E、美国 EPRI 公司开发的 ETMSP、ABB 公司开发的 SYMPOW 程序和美国 EDSA 公司开发的电力系统分析软件 EDSA 等。

以上各个电力系统仿真软件的结构和功能不同，它们各自的应用领域也有所侧重。EMTP 主要用来进行电磁暂态过程数字仿真，PSCAD/EMTDC、NETOMAC 主要用来进行电磁暂态和控制环节的仿真，BPA、PSASP 主要用来进行潮流和机电暂态数字仿真。

近年来，MATLAB 由于其完整的专业体系和先进的设计开发思路，在多个领域都有广泛的应用。

在设计研究单位和工业部门，MATLAB 被认为是进行高效研究和开发的首选软件工具。如美国 National Instruments 公司的信号测量、分析软件 LabVIEW，Cadence 公司的信号和通信分析设计软件 SPW 等，它们直接建筑在 MATLAB 之上，或者以 MATLAB 为主要支撑。

又如 HP 公司的 VXI 硬件，TM 公司的 DSP，Gage 公司的各种磁卡、仪器等都接受 MATLAB 的支持。MATLAB 在全球现在拥有超过 50 万的企业用户和上千万的个人用户，广泛地分布在航空航天、金融财务、机械化工、电信和教育等各个行业。

1998 年 MathWorks 公司推出了 MATLAB 5.2 版本，针对电力系统设计了电力系统模块集（Power System Block，PSB）。该模块集包含大量电力系统的常用元器件，如变应器、线路、电机和电力电子等，功能也比较全面，逐渐被电力系统的研究者接受，并将它作为高效的仿真分析软件。

9.2 MATLAB/SIMULINK 的特点

9.2.1 MATLAB 的特点

自从 MathWorks 公司推出 MATLAB 后，MATLAB 以其优秀的数值计算能力和卓越的数据可视化能力很快在数学软件中脱颖而出。随着版本的不断升级，它在数值计算及符号计算功能上得到了进一步完善。

MATLAB 的特点可概括为以下 7 点：

1）提供了便利的开发环境。MATLAB 提供了一组可供用户操作函数和文件的具有图形用户界面的工具，包括 MATLAB 主界面、命令窗口、历史命令、编辑和调试、在线浏览、帮助、工作空间和搜索路径设置等可视化工具窗口。

2）提供了强大的数学应用功能。MATLAB 提供了包括基本函数、复杂算法和更高级的矩阵运算等非常丰富的数学应用功能，特别适合矩阵代数领域。它还具有许多高性能数值计算的高级算法，库函数极其丰富，使用方便灵活。

3）编程语言简易高效。MATLAB 提供了和 C 语言几乎一样多的运算符，灵活使用 MATLAB 的运算符将使程序变得极为简短。MATLAB 既具有结构化的控制语句（如 for 循环、while 循环、break 语句和 if 语句），又有面向对象编程的特性。MATLAB 程序书写形式自由，利用丰富的库函数避开了繁杂的子程序编程任务，压缩了一切不必要的编程工作。程序限制不严格，程序设计自由度大，并且有很强的用户自定义函数的能力。

4）图形功能强大。在如 FORTRAN 和 C 等一般编程语言里，绘图都很不容易。但 MATLAB 提供了丰富的绘图函数命令，使得用户数据的可视化非常简单。MATLAB 还具有较强的编辑图形界面的能力，用户可方便地在可视化环境下进行个性化图形编辑和设置。

5）提供了功能强大的工具箱。MATLAB 包含两个部分：核心部分和各种可选的工具箱。核心部分中有数百个核心内部函数。工具箱又分为两类：功能性工具箱和学科性工具箱。功能性工具箱主要用来扩充其符号计算功能、图示建模仿真功能、文字处理功能以及与硬件实时交互功能。功能性工具箱用于多种学科。学科性工具箱专业性比较强，如 control、signal processing、communication 和 powersys toolbox 等。这些工具箱都是由相关领域内的专家编写的，所以用户无须编写自己学科范围内的基础程序，直接可以进行高、精、尖的研究。

6）应用程序接口功能强大。MATLAB 提供了方便的应用程序接口，用户可以使用 C 或

FORTRAN 等语言编程，实现与 MATLAB 程序的混合编程调用。

7）MATLAB 的缺点。和其他高级程序相比，MATLAB 程序的执行速度较慢。由于 MATLAB 的程序不用编译等预处理，也不生成可执行文件，程序为解释执行，因此速度较慢。

9.2.2 SIMULINK 的特点

SIMULINK 是一种强有力的仿真工具，它能让使用者在图形方式下以最小的代价来模拟真实动态系统的运行。SIMULINK 具有数百种预定义系统环节模型、最先进有效的积分算法和直观的图示化工具。依托 SIMULINK 强健的仿真能力，用户在原型机制造之前就可建立系统的模型，从而评估设计并修补瑕疵。SIMULINK 具有如下特点：

1）建立动态系统的模型并进行仿真。SIMULINK 是一种图形化的仿真工具，用于对动态系统建模和控制规律的研究制定。由于支持线性、非线性、连续、离散、多变量和混合式系统结构，SIMULINK 几乎可分析任何一种类型的真实动态系统。

2）以直观的方式建模。利用 SIMULINK 可视化的建模方式，可迅速地建立动态系统的框图模型。只需在 SIMULINK 元件库中选出合适的模块并拖放到 SIMULINK 建模窗口，鼠标单击连接就可以了。SIMULINK 标准库拥有的模块超过 150 种，可用于构成各种不同种类的动态系统。模块包括输入信号源、动力学元件、代数函数和非线性函数以及数据显示模块等。SIMULINK 模块可以被设定为触发和使能的，能用于模拟大模型系统中存在条件作用的子模型的行为。

3）增添定制模块元件和用户代码。SIMULINK 模块库是可定制的，能够扩展以包容用户自定义的系统环节模块。用户也可以修改已有模块的图标，重新设定对话框，甚至换用其他形式的弹出菜单和复选框。SIMULINK 允许用户把自己编写的 C、FORTRAN 和 Ada 代码直接植入 SIMULINK 模型中。

4）快速、准确地进行设计模拟。SIMULINK 优秀的积分算法给非线性系统仿真带来了极高的精度。先进的常微分方程求解器可用于求解刚性的和非刚性的系统、具有事件触发或不连续状态的系统和具有代数环的系统。SIMULINK 的求解器能确保连续系统或离散系统的仿真高速、准确地进行。同时，SIMULINK 还为用户准备了一个图形化的调试工具，以辅助用户进行系统开发。

5）分层次地表达复杂系统。SIMULINK 的分级建模能力使得体积庞大、结构复杂的模型构建也变得简便易行。根据需要，各种模块可以组织成若干子系统。在此基础上，整个系统可以按照自顶向下或自底向上的方式搭建。子模型的层次数量完全取决于所构建的系统，不受软件本身的限制。为方便大型复杂结构系统的操作，SIMULINK 还提供了模型结构浏览的功能。

6）交互式的仿真分析。SIMULINK 的示波器可以动画和图形显示数据，运行中可调整模型参数进行 What - if 分析，能够在仿真运算进行时监视仿真结果。这种交互式的特征可帮助用户快速评估不同的算法，进行参数优化。

由于 SIMULINK 完全集成于 MATLAB，在 SIMULINK 下计算的结果可保存到 MATLAB 的工作区间中，因而就能使用 MATLAB 所具有的众多分析、可视化及工具箱工具操作数据。

9.2.3 SimPowerSystems 库的特点

SimPowerSystems 4.0 中含有 130 多个模块，分布在 7 个可用子库中。这 7 个子库分别为“应用子库”（Application Libraries）、“电源子库”（Electrical Sources）、“元件子库”（Elements）、“附加子库”（Extra Library）、“电机子库”（Machines）、“测量子库”（Measurements）和“电力电子子库”（Power Electronics）。此外，SimPowerSystems 4.0 中还含有一个功能强大的图形用户分析工具 Powergui 和一个废弃的“相量子库”（Phasor Elements）。这些模块可以与标准的 SIMULINK 模块一起，建立包含电气系统和控制回路的模型，并且可以用附加的测量模块对电路进行信号提取、傅里叶分析和三相序分析。应用子库中含有适合于普通风能发电系统的分布式能源模型、特种电机模型和 FACTS 模型。电源子库中含有交流电压源、直流电压源、受控电压源和受控电流源模型。元件子库中含有 RLC 支路和负载、线性和饱和变压器、断路器、传输线模型和物理端口模型。电机子库中包含详细或简化形式的异步电机、同步电机、永磁同步电机、直流电机、励磁系统、水力与蒸汽涡轮——调速系统模型。电力电子子库中含有二极管、简化/复杂晶闸管、GTO、开关、MOSFET、IGBT 和通用桥式电路模型。测量子库中含有电压、电流、电抗测量模块，以及万用表测量模块。附加子库中包含内容较多，主要和系统离散化、控制、计算和测量有关，包括 RMS 测量、有效和无功功率计算、傅里叶分析、HVDC 控制、轴系变换、三相 V－I 测量、三相脉冲和信号发生、三相序列分析、三相 PLL 和连续/离散同步 6/12 脉冲发生器等。

SimPowerSystems 库具有如下特点：

1）使用标准电气符号进行电力系统的拓扑图形建模和仿真。

2）标准的 AC 和 DC 电机模型模块、变压器、输电线路、信号和脉冲发生器、HVDC 控制、IGBT 模块和大量设备模型。

3）使用 SIMULINK 强有力的变步长积分器和零点穿越检测功能，给出高度精确的电力系统仿真计算结果。

4）利用定步长梯形积分算法进行离散仿真计算，为快速仿真和实时仿真提供模型离散化方法。这一特性能够显著提高仿真计算的速度，尤其是那些带有电力电子设备的模型。另外，由于模型被离散化，因此可用 Real－time Workshop 生成模型的代码，进一步提高仿真的速度。

5）利用 Powergui 交互式工具模块可以修改模型的初始状态，从任何起始条件开始进行仿真分析，例如计算电路的状态空间表达、计算电流和电压的稳态解、设定或恢复初始 电流电压状态和电力系统的潮流计算等。

6）提供了扩展的电力系统设备模块，如电力机械、功率电子元件、控制测量模块和三相元器件。

7）提供大量功能演示模型，可直接运行仿真或进行案例学习。

打开电力系统仿真工具箱有以下 3 种方法：

1）通过 MATLAB 命令窗口打开。在 MATLAB 命令窗口中输入“powerlib”，将弹出 SimPowerSystems（电力系统仿真）工具箱，如图 9-1 所示。

2）通过 Simulink 库浏览器打开。单击 SimPowerSystems 标题前的⊞按钮，可逐级打开电力系统仿真工具箱的模块库。

3）通过 MATLAB 菜单命令打开。在 MATLAB 窗口中单击 Start 按钮，选择“Simulink”→“SimPowerSystems”→“Block Library”命令，就会打开图 9-1 所示的电力系统仿真工具箱界面。

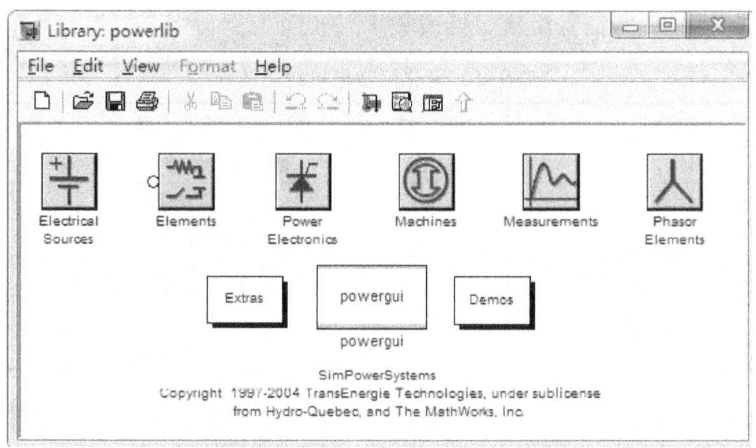

图 9-1 电力系统仿真工具箱界面

9.3 电力系统主要元件等效模型

进行电力系统仿真需要首先了解构成电力系统的各元件的等效模型。本节主要介绍同步发电机、电力变压器、输电线路和负荷的等效模型。

9.3.1 简化同步电机模块

简化同步电机模块忽略电枢反应电感、励磁和阻尼绕组的漏感，仅由理想电压源串联 RL 线路构成，其中 R 值和 L 值为电机的内部阻抗。

SimPowerSystems 库中有两种简化同步电机模块：标幺制单位（p. u.）下的简化同步电机模块（见图 9-2）和国际单位制（SI）下的简化同步电机模块（见图 9-3）。两种简化同步电机模块本质上是一致的，但参数所选用的单位不同。

图 9-2 标幺制简化同步电机模块　　图 9-3 国际单位制简化同步电机模块

简化同步电机模块有 2 个输入端子、1 个输出端子和 3 个电气连接端子。

第 1 个输入端子（Pm）输入电机的机械功率，可以是常数，或者是水轮机和调节器模块的输出。

第 2 个输入端子（E）为电机内部电压源的电压，可以是常数，也可以直接与电压调节器的输出相连。

注意：SI 型输入的机械功率和内电压的单位分别为 W 和 V（相电压有效值）；p. u. 型输入的为标幺值。

模块的 3 个电气连接端子（A、B、C）为定子输出电压。输出端子（m）输出一系列电机的内部信号，共由 12 路信号组成，见表 9-1。

表 9-1　简化同步电机输出信号

输　出	符　号	端　口	定　义	单　位
1~3	i_{sa}, i_{sb}, i_{sc}	is_abc	流出电机的定子三相电流	A 或 p. u.
4~6	u_a, u_b, u_c	vs_abc	定子三相输出电压	V 或 p. u.
7~9	E_a, E_b, E_c	e_abc	电机内部电源电压	V 或 p. u.
10	θ	Theta	机械角度	rad
11	ω_N	wm	转子转速	rad/s 或 p. u.
12	P_e	Pe	电磁功率	W

通过电机测量信号分离器模块（Machines Measurement Demux）可以将输出端子 m 中的各路信号分离出来，如图 9-4 所示。

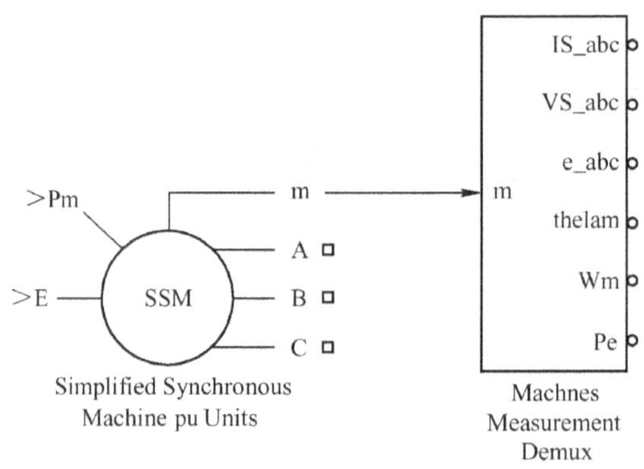

图 9-4　简化同步电机输出信号分离接线

双击简化同步电机模块，将弹出该模块的参数对话框，如图 9-5 所示。

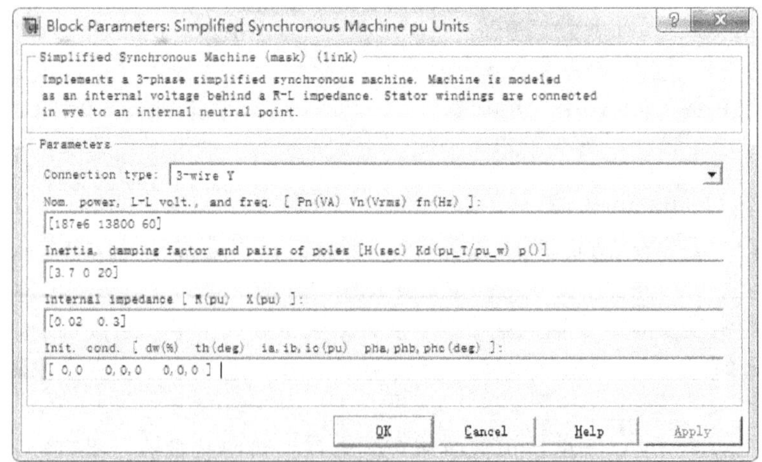

图 9-5　简化同步电机模块参数对话框

9.3.2 同步电机模块

SimPowerSystems 库中提供了三种同步电机模块，用于对三相隐极和凸极同步电机进行动态建模，其图标如图 9-6 所示。其中图 9-6a 为标幺制（p. u.）下的基本同步电机模块，图 9-6b 为标幺制（p. u.）下的标准同步电机模块，图 9-6c 为国际单位制（SI）下的基本同步电机模块。

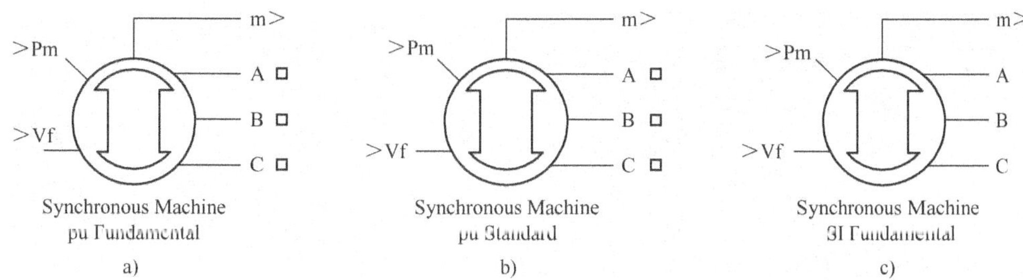

图 9-6 同步电机模块图标

a）p. u. 基本同步电机 b）p. u. 标准同步电机 c）SI 基本同步电机

同步电机模块有 2 个输入端子、1 个输出端子和 3 个电气连接端子。

模块的第 1 个输入端子（Pm）为电机的机械功率。当机械功率为正时，表示同步电机运行方式为发电机模式；当机械功率为负时，表示同步电机运行方式为电动机模式。在发电机模式下，输入可以是一个正的常数，也可以是一个函数或者是原动机模块的输出；在电动机模式下，输入通常是一个负的常数或者函数。

模块的第 2 个输入端子（Vf）是励磁电压，在发电机模式下可以由励磁模块提供，在电动机模式下为一常数。

模块的 3 个电气连接端子（A、B、C）为定子电压输出。输出端子（m）输出一系列电机的内部信号，共由 22 路信号组成，见表 9-2。

表 9-2 同步电机输出信号

输出	符　号	端　口	定　义	单　位
1～3	i_{sa}，i_{sb}，i_{sc}	is _abc	定子三相电流	A 或者 p. u.
4～5	i_{sq}，i_{sd}	is _qd	q 轴和 d 轴定子电流	A 或者 p. u.
6～9	i_{fd}，i_{kq1}，i_{kq2}，i_{kd}	ik _qd	励磁电流、q 轴和 d 轴阻尼绕组电流	A 或者 p. u.
10～11	φ_{mq}，φ_{md}	Phim _qd	q 轴和 d 轴磁通量	Wb 或者 p. u.
12～13	u_q，u_d	vs _qd	q 轴和 d 轴定子电压	V 或者 p. u.
14	$\Delta\theta$	d _theta	转子角偏移量	rad
15	ω_m	wm	转子角速度	rad/s
16	P_e	Pe	电磁功率	V·A 或者 p. u.
17	$\Delta\omega$	Dw	转子角速度偏移	rad/s
18	θ	theta	转子机械角	rad
19	T_e	Te	电磁转矩	N·m 或者 p. u.
20	δ	Delta	功率角	N·m 或者 p. u.
21，22	P_{eo}，Q_{eo}	Peo，Qeo	输出有功和无功功率	W，var

通过“电机测量信号分离器”（Machines Measurement Demux）模块可以将输出端子 m 中的各路信号分离出来，典型接线如图 9-7 所示。

同步电机输入和输出参数的单位与选用的同步电机模块有关。如果选用 SI 制下的同步电机模块，则输入和输出为国际单位制下的有名值（除了转子角速度偏移量 $\Delta\omega$ 以标幺值、转子角位移 θ 以弧度表示外）。如果选用 p. u. 制下的同步电机模块，则输入和输出量为标幺值。

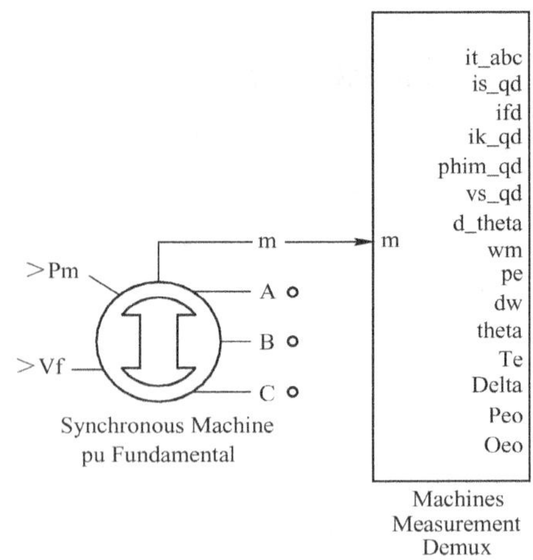

图 9-7 同步电动机输出信号分离接线

9.3.3 电力变压器模型

1. 双绕组三相变压器模块

SimPowerSystems 库中提供的双绕组三相变压器模块可以对线性或铁心变压器进行仿真，图标如图 9-8 所示。

变压器一次、二次绕组的连接方法有以下五种：

1）Y 形连接：3 个电气连接端口（A、B、C 或 a、b、c）。

2）Yn 形连接：4 个电气连接端口（A、B、C、N 或 a、b、c、n），绕组中线可见。

3）Yg 形连接：3 个电气连接端口（A、B、C 或 a、b、c）。模块内部绕组接地。

4）△（Dl1）形连接：3 个电气连接端口（A、B、C 或 a、b、c），△绕组超前 Y 绕组 30°。

5）△（Dl）形连接：3 个电气连接端口（A、B、C 或 a、b、c），△绕组滞后 Y 绕组 30°。

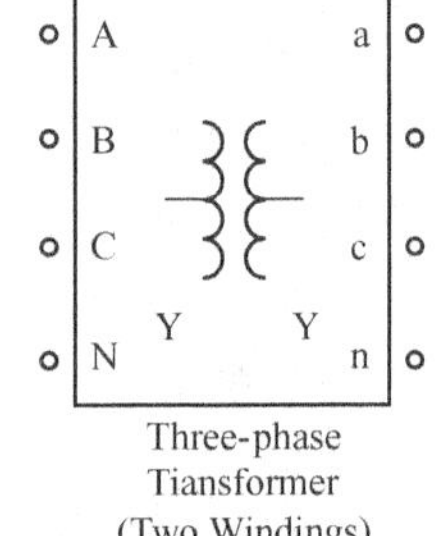

图 9-8 双绕组三相变压器模块图标

不同的连接方式对应不同的图标。图 9-9 为四种典型连接方式的双绕组三相变压器图标，分别为△－△、△－Yg、Yg－Yn 和 Yn－△形连接。

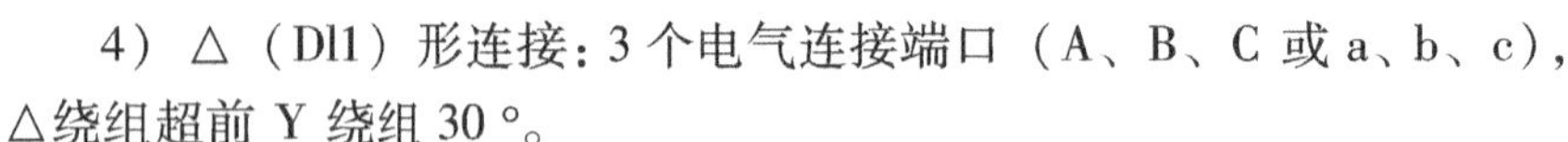

图 9-9 四种典型接线方式下的双绕组三相变压器图标

若对变压器的饱和特性进行仿真，模块的图标上将出现饱和标记，如图 9-10 所示。

该模块的电气端子分别为变压器一次绕组（ABC）和二次绕组（abc）。

SimPowerSystems 库提供的三相三绕组变压器模块图标如图 9-11 所示。

三相三绕组变压器模块实际上是由三个单相变压器模块根据不同的联结组别连接而成的，因此三相变压器的参数设置与三相双绕组变压器的参数设置类似。

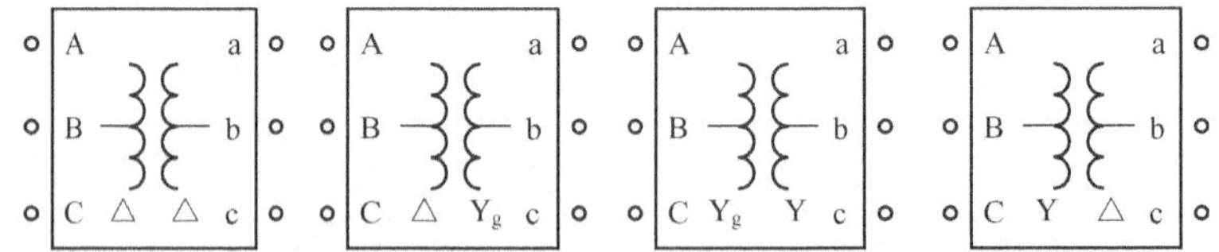

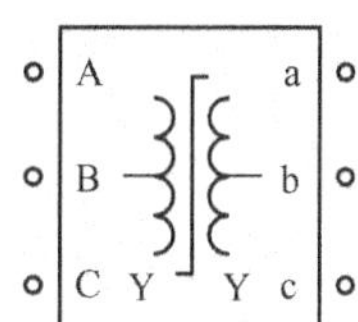

图 9-10　饱和双绕组三相变压器图标

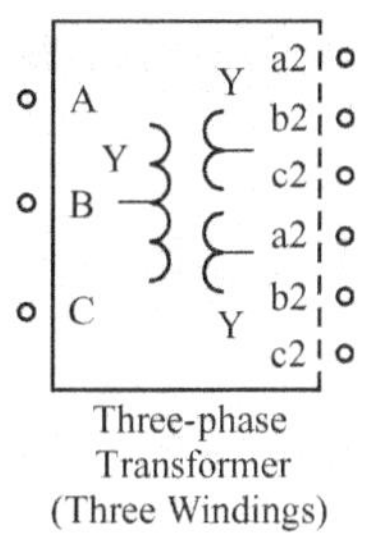

图 9-11　三相三绕组变压器模块图标

2. 互感线圈

SimPowerSystems 库中提供的互感线圈模块图标如图 9-12a 所示。如果不设第三个线 圈的自感，则模块成为两个有互感的线圈，模块图标变为图 9-12b 所示。

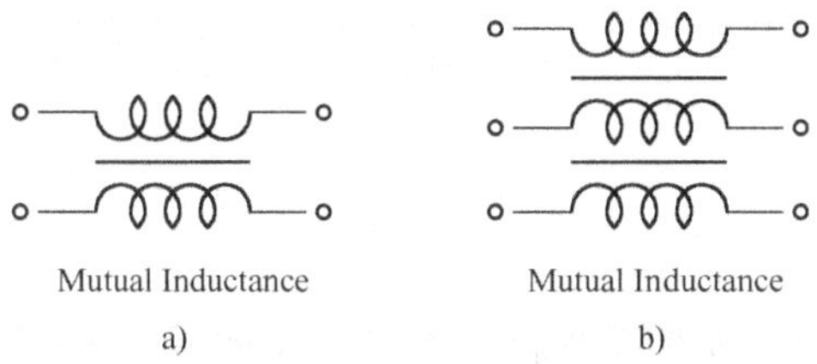

图 9-12　互感线圈模块图标
a）双线圈　b）三线圈

双击互感线圈模块，将弹出该模块的参数对话框，如图 9-13 所示。

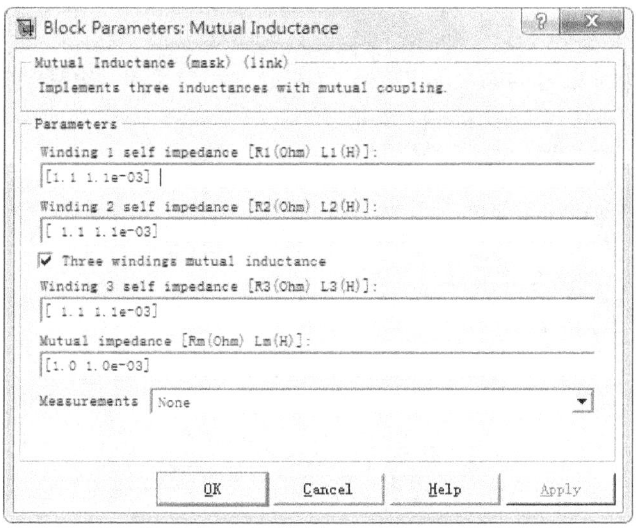

图 9-13　互感线圈模块参数对话框

3. 其他

除了三相双绕组和三绕组变压器外，SimPowerSystems 库中还提供了其他一些变压器模块，如图 9-14 所示。这些模块包括“单相线性变压器”（Linear Transformer）、“单相饱和变压器”（Saturable Transformer）、“三相 6 端口变压器”（Three - phase Transformer 12 Terminals）、“移相变压器”（Zigzag Phase - shifting Transformer）。其基本参数均与三相双绕组变

压器相似，读者可以根据自己的需要进行选择。

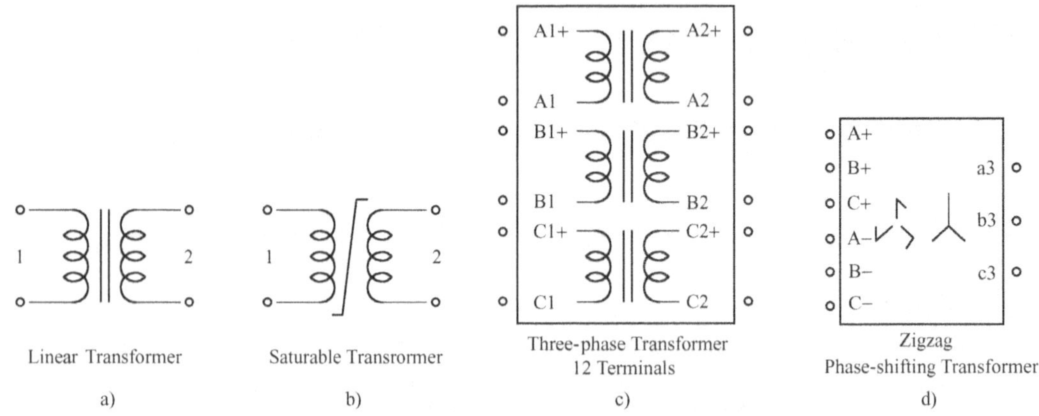

图 9-14　其他变压器模块图标

9.3.4　输电线路等效模型

1. RLC 串联支路模型

在电力系统中，对于电压等级不高的短线路（长度不超过 100 km 的架空线路，通常忽略线路电容的影响），可用 RLC 串联支路来等效。SimPowerSystems 库提供的 RLC 串联支路如图 9-15 所示。

Series RLC Branch

图 9-15　RLC 串联支路图标

双击 RLC 串联支路模块，将弹出该模块的参数对话框，如图 9-16 所示。

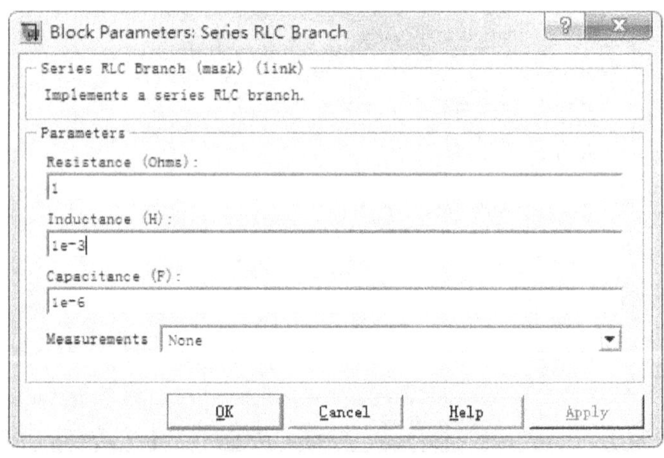

图 9-16　RLC 串联支路模块参数对话框

2. PI 型等效电路模块

在电力系统中，对于长度大于 100 km 的架空线路以及较长的电缆线路，电容的影响一般是不能忽略的。因此，潮流计算、暂态稳定分析等计算中常使用 PI 型等效电路模块。SymPowerSystems 库中提供的 PI 型等效电路模块的等效电路及单相和三相图标如图 9-17 所示。

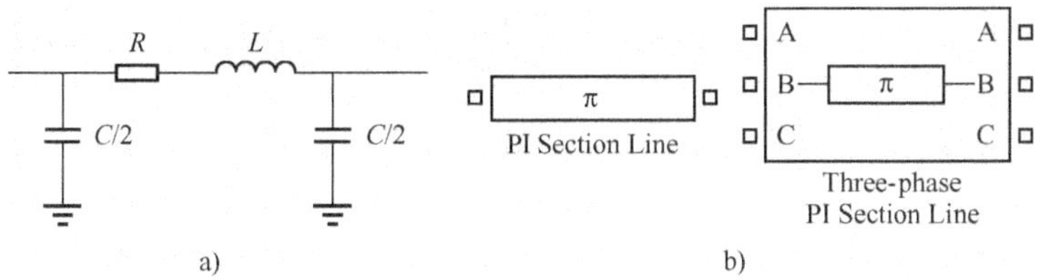

图 9-17　PI 型等效电路及其图标

a）PI 型等效电路　b）PI 型等效电路单相和三相图标

双击 PI 型等效电路模块，将弹出该模块的参数对话框，如图 9-18 所示。

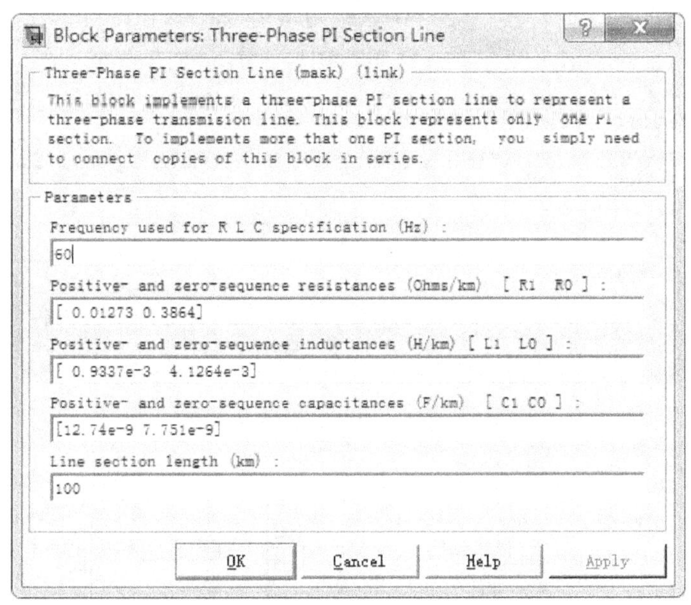

图 9-18　PI 型等效电路模块参数对话框

长度不超过 300km 的线路可用一个 PI 型电路来代替，对于更长的线路，可用串级连接的多个 PI 型电路来模拟。PI 型电路限制了线路中电压、电流的频率变化范围，对于研究基频下的电力系统以及电力系统与控制系统之间的相互关系，PI 型电路可达到足够的精度，但是对于研究开关开合时的瞬变过程等含高频暂态分量的问题时，就不能不考虑分布参数的特性了，这时应该使用分布参数线路模块。

3. 分布参数线路模块

当分析线路的波过程以及进行更精确的分析时，通常使用线路的分布参数模块。SimPowerSystems 库中的分布参数线路模块基于 Bergeron 波传输方法。三相分布参数线路模块图标如图 9-19 所示。

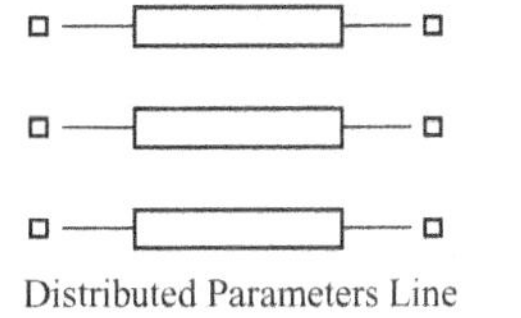

图 9-19　三相分布参数线路模块图标

双击分布参数线路模块，将弹出该模块的参数对话框，如图 9-20 所示。该对话框中含有以下参数：

1）“相数”（Number of phases N）文本框：改变分布参数线路的相数，可以动态改变该模块的图标。图 9-21 所示为单相和多相分布参数线路图标。

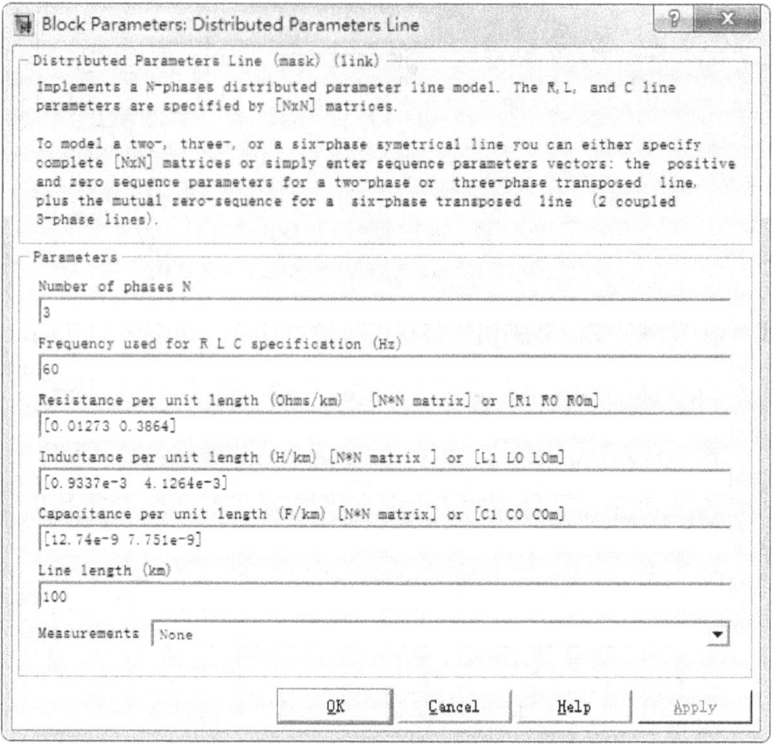

图 9-20　分布参数线路模块参数对话框

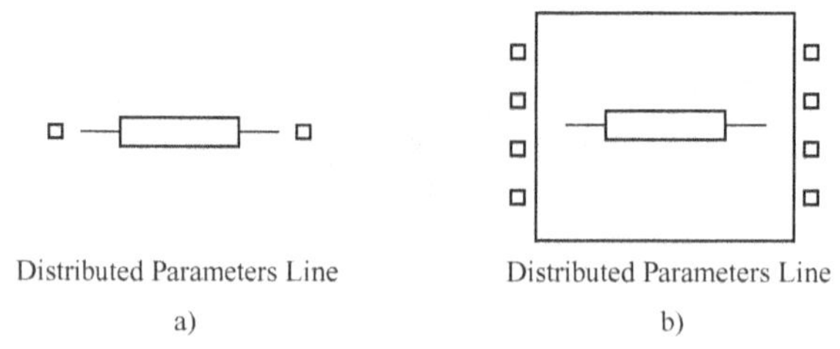

图 9-21　单相和多相分布参数线路模块图标
a）单相　b）多相

2）“基频”（Frequency used for RLC specification）文本框：基本频率用于计算 RLC 的参数值（单位：Hz）。

3）“单位长度电阻”（Resistance per unit length）文本框：用矩阵表示的单位长度电阻（单 位：Ω/km），对于两相或三相连续换位线路，可以输入正序和零序电阻［R1 R0］；对于对称的六相线路，可以输入正序、零序和耦合电阻［R1 R0 R0m］；对于 N 相非对称线路，必须输入表示各线路和线路间相互关系的 $N \times N$ 阶电阻矩阵。

4）“单位长度电感”（Inductance per unit length）文本框：用矩阵表示的单位长度电感（单位：H/km），对于两相或三相连续换位线路，可以输入正序和零序电感［L1 L0］；对于对称的六相线路，可以输入正序电感、零序电感和互感［L1 L0 L0m］；对于 N 相非对称线路，必须输入表示各线路间相互关系的 $N \times N$ 阶电感矩阵。

5）“单位长度电容”（Capacitance per unit length）文本框：用矩阵表示的单位长度电容

（单位：F/km），对于两相或三相连续换位线路，可以输入正序和零序电容［C1 C0］；对于对称的六相线路，可以输入正序、零序和耦合电容［C1 C0 C0m］；对于 N 相非对称线路，必须输入表示各线路和线路间相互关系的 $N \times N$ 阶电容矩阵。

6）“线路长度”（Line length）文本框：线路长度（单位：km）。

7）“测量参数”（Measurements）列表框：对线路送端和受端的相电压进行测量。

选中的测量变量需要通过万用表模块进行观察。

9.3.5 负荷模型

通常负荷模型分为静态模型和动态模型，其中静态模型表示稳态下负荷功率与电压和频率的关系。动态模型反映电压和频率急剧变化时负荷功率随时间的变化。常用的负荷等效电路有含源等效阻抗支路、恒定阻抗支路和异步电动机等效电路，负荷模型的选择对分析电力系统动态过程和稳定问题都有很大的影响。在潮流计算中，负荷常用恒定功率表示，必要时也可以采用线性化的静态特性。在短路计算中，负荷可表示为含源阻抗支路或恒定阻抗支路。稳定计算中，综合负荷可表示为恒定阻抗或不同比例的恒定阻抗和异步电动机的组合。

1. 静态负荷模块

SimPowerSystems 库中提供了四种静态负荷模块，分别为“单相串联 RLC 负荷”（Series RLC Load）、“单相并联 RLC 负荷”（Parallel RLC Load）、“三相串联 RLC 负荷”（Three－phase Series RLC Load）和“三相并联 RLC 负荷”（Three－phase Parallel RLC Load），其图标如图 9-22 所示。

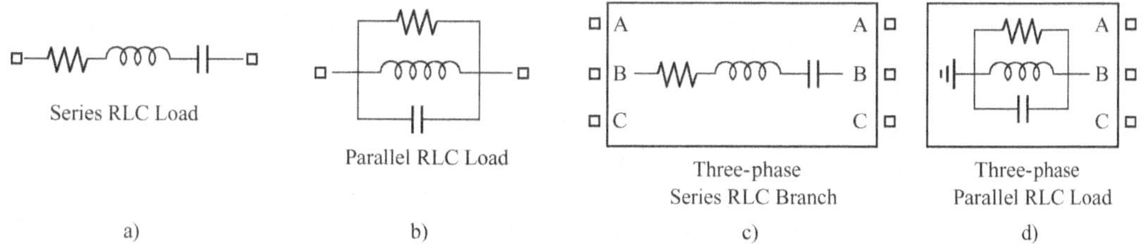

图 9-22 静态负荷模块图标

a）单相串联 RLC 负荷 b）单相并联 RLC 负荷 c）三相串联 RLC 负荷 d）三相并联 RLC 负荷

单相串联和并联 RLC 负荷模块分别对串联和并联的线性 RLC 负荷进行模拟。在指定的频率下，负荷阻抗为常数，负荷吸收的有功和无功功率与电压的平方成正比。

三相串联和并联 RLC 负荷模块分别对串联和并联的三相平衡 RLC 负荷进行模拟。在指定的频率下，负荷阻抗为常数，负荷吸收的有功和无功功率与电压的平方成正比。

静态负荷模块的参数对话框比较简单，这里不展开说明了。注意在三相串联 RLC 负荷模块中，有一个用于三相负荷结构选择的下拉框，说明见表 9-3。

表 9-3 三相串联 RLC 负荷模块内部结构

结 构	解 释
Y（Grounded）	Y形连接，中性点内部接地
Y（Floating）	Y形连接，中性点内部悬空
Y（Neutral）	Y形连接，中性点可见
Delta	△形连接

2. 三相动态负荷模块

SimPowerSystems 库中提供的“三相动态负荷”（Three－phase Dynamic Load）模块，其图标如图 9-23 所示。

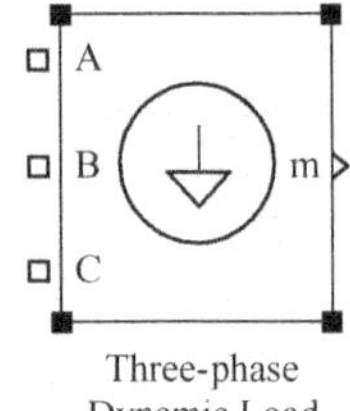

图 9-23　三相动态负荷模块图标

三相动态负荷模块是对三相动态负荷的建模，其中有功和无功功率可以表示为正序电压的函数或者直接受外部信号的控制。由于不考虑负序和零序电流，因此即使在负荷电压不平衡的条件下，三相负荷电流仍然是平衡的。

三相动态负荷模块有 3 个电气连接端子和 1 个输出端子。3 个电气连接端子（A、B、C）分别与外电路的三相相连。如果该模块的功率受外部信号控制，该模块上还将出现第 4 个输入端子，用于外部控制有功和无功功率。输出端子（m）输出 3 个内部信号，分别是正序电压 U（单位：p. u. ）、有功功率 P（单位：W）和无功功率 Q（单位：var）。

3. 异步电机模块

如图 9-24 所示，异步电机模块分为标么制（p. u. ）下和国际单位制（SI）下的两种模块。

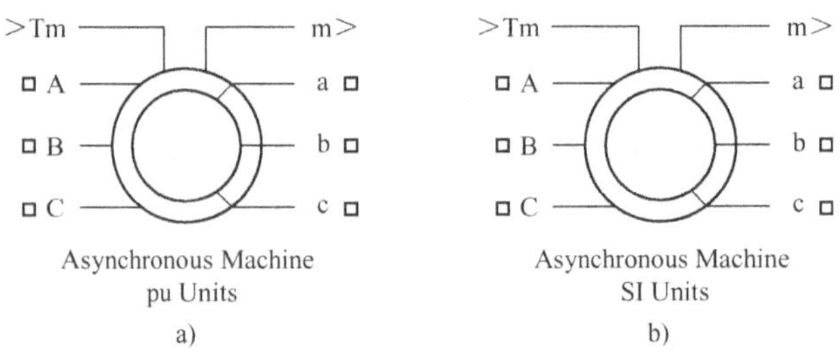

图 9-24　异步电机模块的图标

a）标幺制　b）国际单位制

异步电机模块有 1 个输入端子、1 个输出端子和 6 个电气连接端子。

输入端子（Tm）为转子轴上的机械转矩，可直接连接 SIMULINK 信号。机械转矩为正，表示异步电机运行方式为电动机模式；机械转矩为负，表示异步电机运行方式为发电机模式。

输出端子（m）输出一系列电机的内部信号，由 21 路信号组成，其构成见表 9-4。

表 9-4　异步电机输出信号

输出	符　号	端　口	定　义	单　位
1—3	i_{ra}，i_{rb}，i_{rc}	ir_abc	转子电流	A 或者 p. u.
4—5	i_d，i_q	ir_qd	q 轴和 d 轴转子电流	A 或者 p. u.
6—7	φ_{rq}，φ_{rq}	phir_qd	q 轴和 d 轴转子磁通	Wb 或者 p. u.
8—9	u_{rq}，u_{rd}	vr_qd	q 轴和 d 轴转子电压	V 或者 p. u.
10—12	i_{sa}，i_{sb}，i_{sc}	is_abc	定子电流	A 或者 p. u.
13—14	i_{sd}，i_{sq}	is_qd	q 轴和 d 轴定子电流	A 或者 p. u.
15—16	φ_{sq}，φ_{sq}	phis_qd	q 轴和 d 轴定子磁通	Wb 或者 p. u.
17—18	u_{sq}，u_{sd}	vs_qd	q 轴和 d 轴定子电压	V 或者 p. u.
19	ω_m	wm	转子角速度	rad/s
20	T_e	Te	电磁转矩	N · m 或者 p. u.
21	θ_m	Thetam	转子角位移	rad

双击异步电机模块，将弹出该模块的参数对话框，如图 9-25 所示。

Block Parameters: Asynchronous Machine pu Units

Asynchronous Machine (mask) (link)

Implements a three-phase asynchronous machine (wound rotor or squirrel cage) modeled in the dq rotor reference frame. Stator and rotor windings are connected in wye to an internal neutral point. You can specify initial values for stator and rotor currents or for the stator current only.

Parameters

Preset model: No

☑ ---------------- Show detailed parameters ----------------

Rotor type: Wound

Reference frame: Rotor

Nominal power, voltage (line-line), and frequency [Pn(VA),Vn(Vrms),fn(Hz)]:

[3730 460 60]

Stator resistance and inductance [Rs,Lls] (pu):

[0.01965 0.0397]

Rotor resistance and inductance [Rr',Llr'] (pu):

[0.01909 0.0397]

Mutual inductance Lm (pu):

1.354

Inertia constant, friction factor and pairs of poles [H(s) F(pu) p()]:

[0.09526 0.05479 2]

Initial conditions

[1,0 0,0,0 0,0,0]

OK Cancel Help Apply

图 9-25 异步电机模块参数对话框

4. 直流电机模块

SimPowerSystems 库中直流电机模块的图标如图 9-26 所示。

直流电机模块有 1 个输入端子、1 个输出端子和 4 个电气连接端子。电气连接端子 F+ 和 F- 与直流电机励磁绕组相连。A+ 和 A- 与直流电机电枢绕组相连。输入端子（TL）是电机负载转矩的输入端。输出端子（m）输出一系列的电机内部信号，由 4 路信号组成，见表 9-5。通过“信号数据流模块库”（Signal Routing）中的“信号分离”（Demux）模块可以将输出端子 m 中的各路信号分离出来。

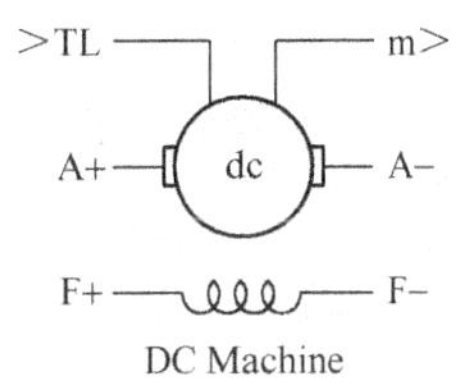

图 9-26 直流电机模块图标

表 9-5 直流电机输出信号

输　出	符　号	定　义	单　位
1	ω_m	电机转速	rad/s
2	i_a	电枢电流	A
3	i_f	励磁电流	A
4	T_e	电磁转矩	N·m

直流电机模块是建立在他励直流电机基础上的，可以通过励磁和电枢绕组的并联和串联组成并励或串励电机。直流电机模块可以工作在电动机状态，也可以工作在发电机状态，

这完全由电机的转矩方向确定。

双击直流电机模块，将弹出该模块的参数对话框，如图 9-27 所示。

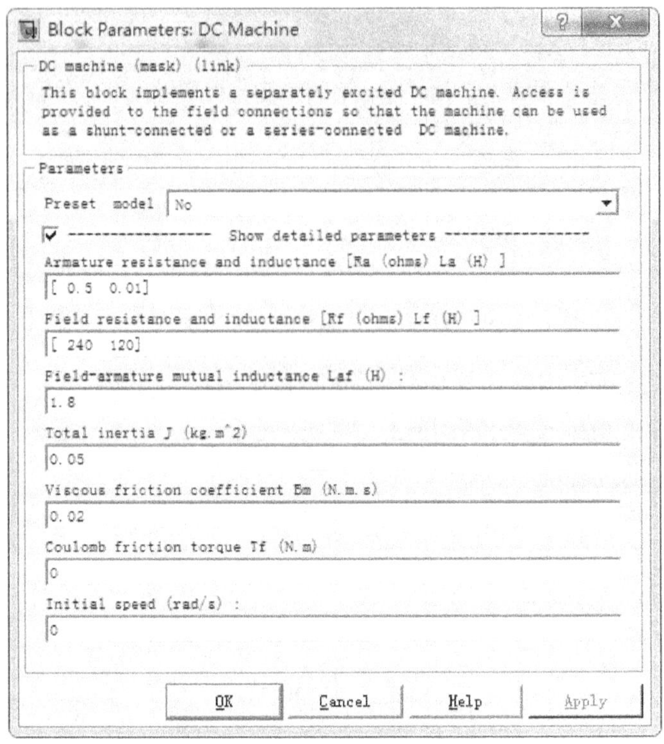

图 9-27　直流电机模块参数对话框

9.4　Powergui 模块

Powergui 模块为电力系统稳态与暂态仿真提供了有用的图形用户分析界面。通过 Powergui 模块，可以对系统进行可变步长连续系统仿真、定步长离散系统仿真和相量法仿真，并实现以下功能：

1）显示测量电压、测量电流和所有状态变量的稳态值。

2）改变仿真初始状态。

3）进行潮流计算并对包含三相电机的电路进行初始化设置。

4）显示阻抗的依频特性图。

5）显示 FFT 分析结果。

6）生成状态 - 空间模型并打开“线性时不变系统”（LTI）时域和频域的视窗界面。

7）生成报表，该报表中包含测量模块、电源、非线性模块和电路状态变量的稳态值，并以后缀名 . rep 保存。

8）设计饱和变压器模块的磁滞特性。

9.4.1　主窗口功能简介

MATLAB 提供的 Powergui 模块在 SimPowerSystems 库中，图标如图 9-28 所示。

双击 Powergui 模块图标将弹出该模块的主窗口，如图 9-29 所示。该主窗口包含“仿真类型”（Simulation Type）和“分析工具”（Analysis Tools）两块内容，简介如下：

powergui

powergui

图 9-28　Powergui 模块图标

1. 仿真类型

1）“相量法仿真”（Phasor simulation）单选框：单击该单选框后，在该单选框下方的“频率”（Frequency）文本框中输入指定的频率，进行相量法分析。若未选中该单选框，“频率”文本框显示为灰色。

2）“离散系统仿真”（Discretize electrical model）单选框：单击该单选框后，在“采样时间”（Sample time）文本框中输入指定的采样时间（$T_s > 0$），按指定的步长对离散化系统进行分析。若采样时间等于 0，表示不对数据进行离散化处理，采用连续算法分析系统。若未选中该单选框，“采样时间”文本框显示为灰色。

3）“连续系统仿真”（Continuous）单选框：单击该单选框后，采用连续算法分析系统。

4）“显示分析信息”（Show message during analysis）复选框：勾选该复选框后，命令窗口中将显示系统仿真过程中的相关信息。

2. 分析工具

1）“稳态电压电流分析”（Steady - State Voltages and Currents）按键：打开稳态电压电流分析窗口，显示模型文件的稳态电压和电流。

2）“初始状态设置”（Initial States Setting）按键：打开初始状态设置窗口，显示初始状态，并允许对模型的初始电压和电流进行更改。

3）“潮流计算和电机初始化”（Load Flow and Machine Initialization）按键：打开潮流计算和电机初始化窗口。

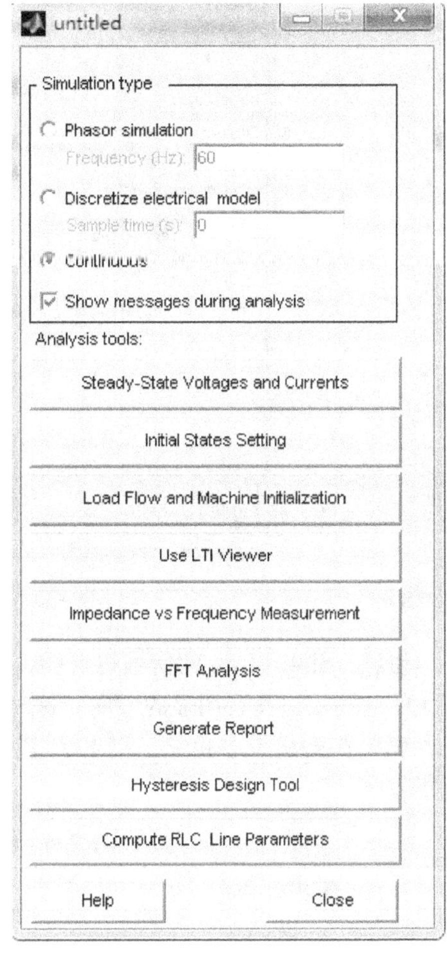

图 9-29　Powergui 模块主窗口

4）“LTI 视窗”（Use LTI Viewer）按键：打开窗口，使用“控制系统工具箱”（Control System Toolbox）的 LTI 视窗。

5）“阻抗依频特性测量”（Impedance vs. Frequency Measurement）按键：打开窗口，如果模型文件中含阻抗测量模块，该窗口中将显示阻抗依频特性图。

6）“FFT 分析”（FFT Analysis）按键：打开 FFT 分析窗口。

7）“报表生成”（Generate Report）按键：打开窗口，产生稳态计算的报表。

8）“磁滞特性设计工具”（Hysteresis Design Tool）按键：打开窗口，对饱和变压器模块和三相变压器模块的铁心进行磁滞特性设计。

9）“计算 RLC 线路参数”（Compute RLC Line Parameters）按键：打开窗口，通过导线

型号和杆塔结构计算架空输电线的 RLC 参数。

9.4.2 稳态电压电流分析窗口

打开“稳态电压电流分析”窗口如图 9-30 所示。

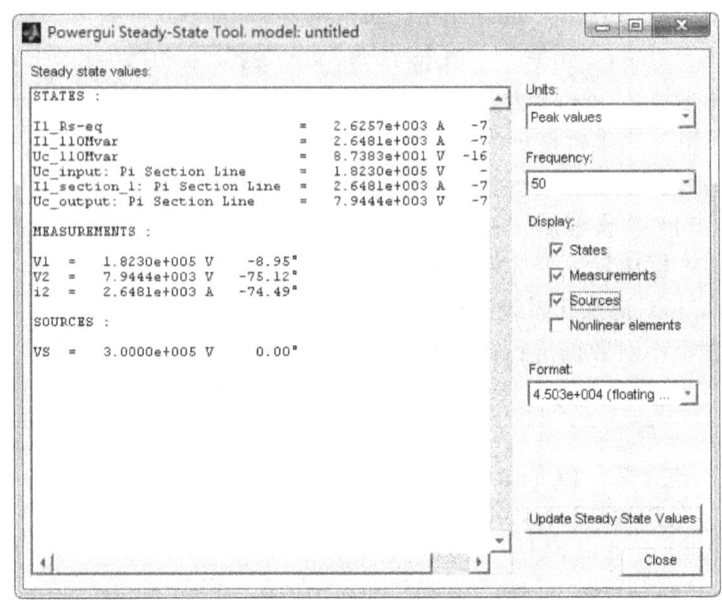

图 9-30 “稳态电压电流分析”窗口

注意：SIMULINK 的信号线有明显的输入输出方向，但是 SimPowerSystems 库中的物理模块的电气接口没有明显的方向。这时测量出的电压和电流的正方向由模块的方向决定。例如，表 9-6 列出了单相或三相 RLC 模块、避雷器模块和单相或三相断路器模块的电压和电流正方向。

表 9-6 电气模块电压和电流正方向

模 块 方 向	测量电流正方向	测量电压正方向
右	左→右	左→右
左	右→左	右→左
下	上→下	上→下
上	下→上	下→上

在 SimPowerSystems/Eememts 库中的模块的原始方向是从左到右（对水平放置的模块）和从上到下（对垂直放置的模块）。对于单相变压器模块，电压正方向总是从上侧端口指到下侧端口，电流正方向总是指向上侧端口。对于三相变压器，电压和电流正方向由万用表模块中信号的后缀决定。

9.4.3 初始状态设置窗口

仿真时，常常希望仿真开始时系统处于稳态，或者仿真开始时系统处于某种初始状态，这时，就可以使用“初始状态设置”按键，打开“初始状态设置”窗口，如图 9-31 所示。

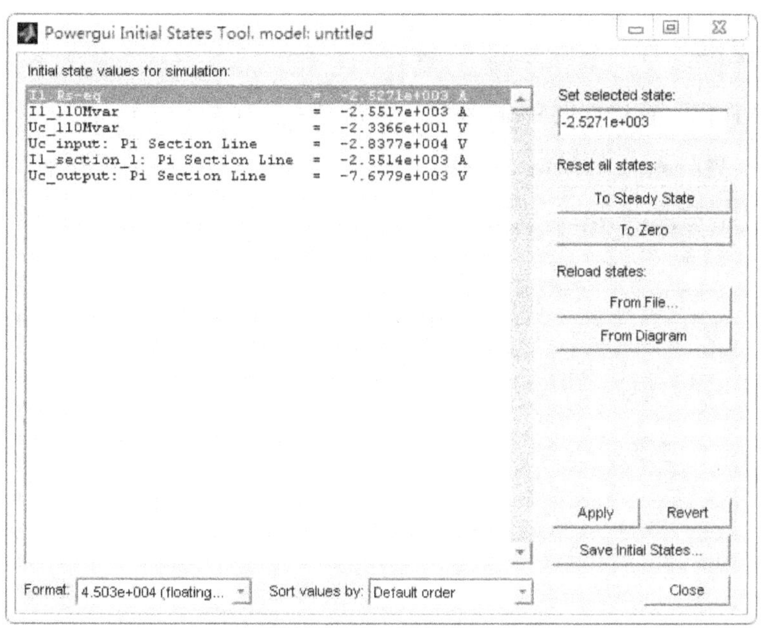

图 9-31 “初始状态设置”窗口

9.4.4 潮流计算和电机初始化窗口

打开“潮流计算和电机初始化”窗口如图 9-32 所示。

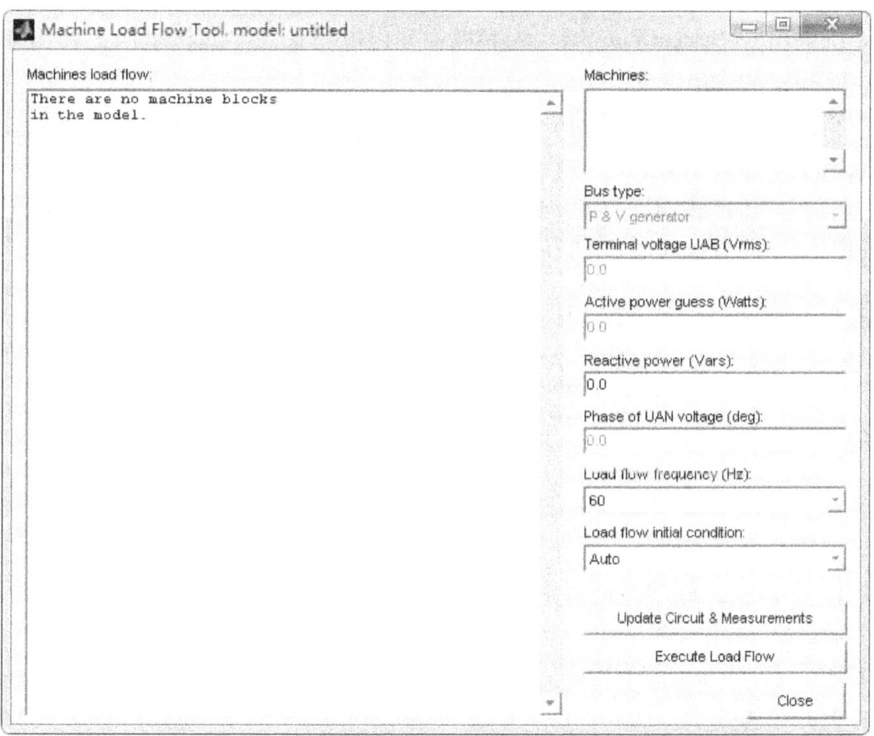

图 9-32 潮流计算和电机初始化窗口

9.4.5 LTI 视窗

打开“LTI 视窗”窗口如图 9-33 所示。该窗口中含有以下内容：

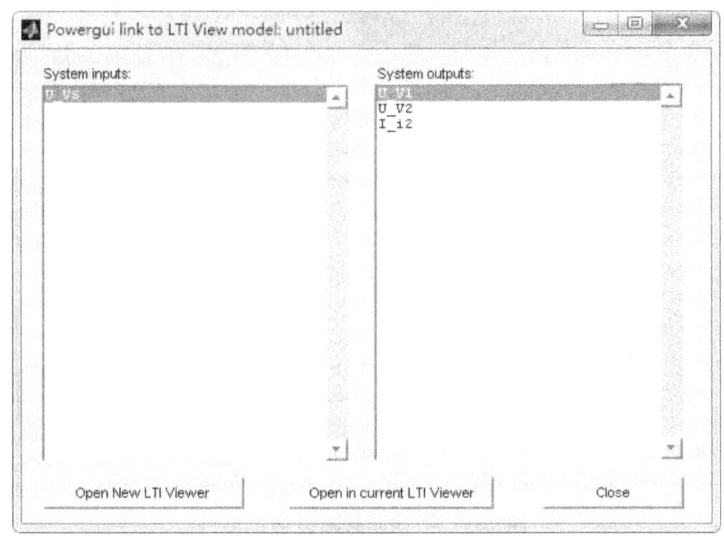

图 9-33 “LTI 视窗”窗口

1）“系统输入”（System inputs）列表框：列出电路状态空间模型中的输入变量，选择需要用到 LTI 视窗的输入变量。

2）“系统输出”（System outputs）列表框：列出电路状态空间模型中的输出变量，选择需要用到 LTI 视窗的输出变量。

3）“打开新的 LTI 视窗”（Open New LTI Viewer）按键：产生状态空间模型并打开选中的输入和输出变量的 LTI 视窗。

4）“打开当前 LTI 视窗”（Open in Current LTI Viewer）按键：产生状态空间模型并将选中的输入和输出变量叠加到当前 LTI 视窗。

9.4.6 阻抗依频特性测量窗口

打开“阻抗依频特性测量”窗口如图 9-34 所示。

9.4.7 FFT 分析窗口

打开“FFT 分析”窗口如图 9-35 所示。

该窗口中含有以下内容：

1）图表：窗口左上侧的图形表示被分析信号的波形，窗口左下侧的图形表示该信号的 FFT 分析结果。

2）“结构”（Structure）下拉框：列出工作间中带时间的结构变量的名称。使用下拉菜单选择要分析的结构变量。

这些结构变量名可以由“示波器”（Scope）模块产生。打开示波器模块参数对话框，单击“数据历史”（Data history）选项卡，如图 9-36 所示，在“变量名”（Variable name）文

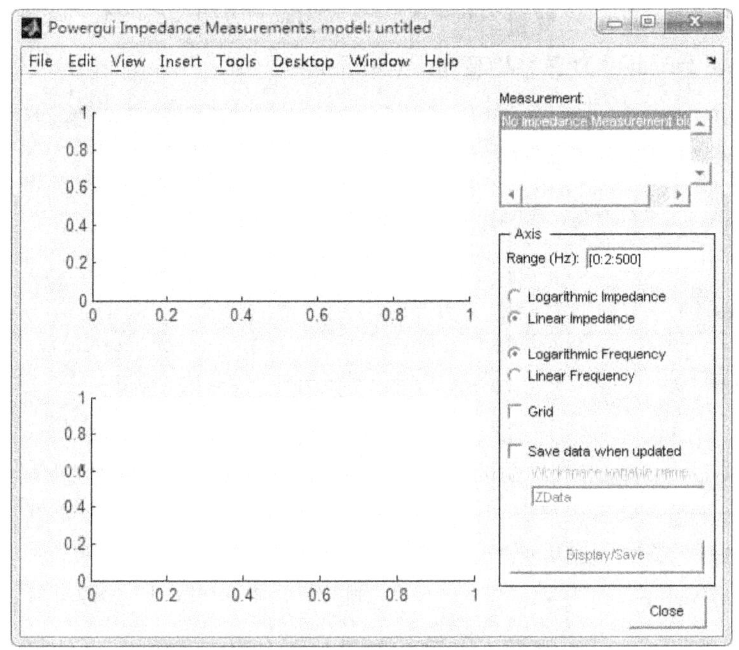

图 9-34 “阻抗依频特性测量”窗口

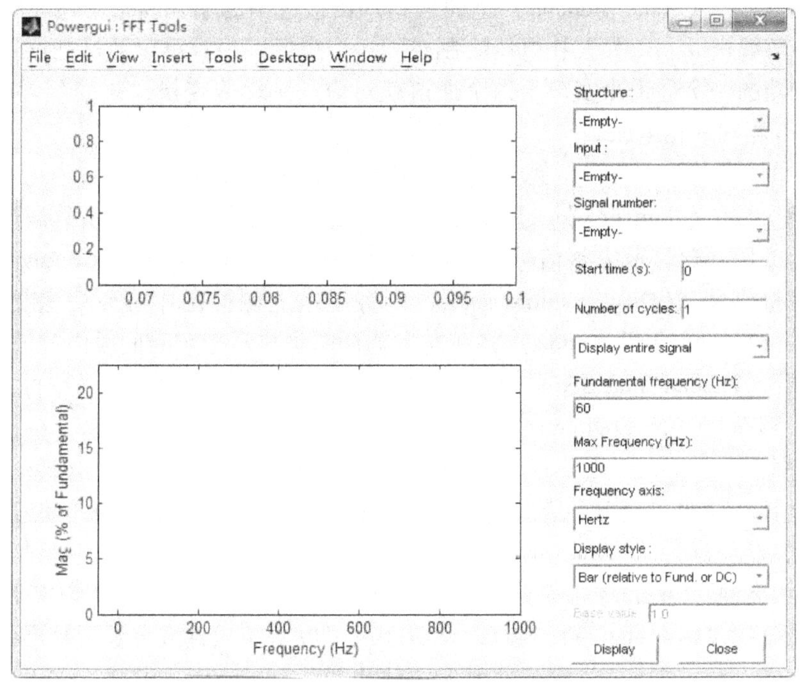

图 9-35 “FFT 分析”窗口

本框中输入该结构变量的名称，在“存储格式”（Format）下拉框中选择“带时间的结构变量”（Structure with time）。

这些结构变量名也可以由“到工作间”（To Workspace）模块产生，如图 9-37 所示。打开该模块的对话窗口，并在“变量名”（Variable name）文本框中输入该结构变量的名称，“存储格式”（Save format）为“结构变量”（Structure）。

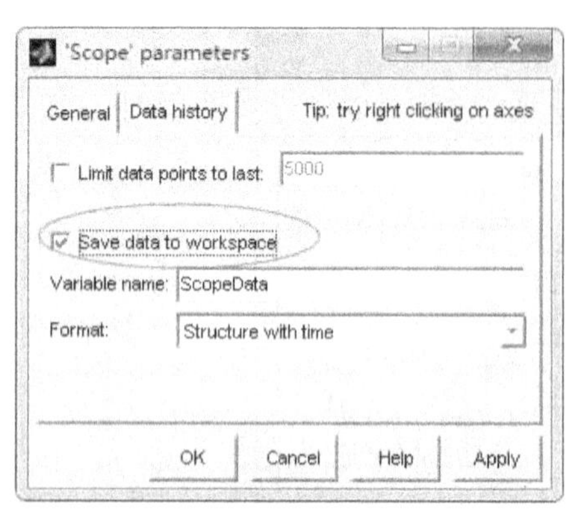

图 9-36　由“示波器”模块产生结构变量

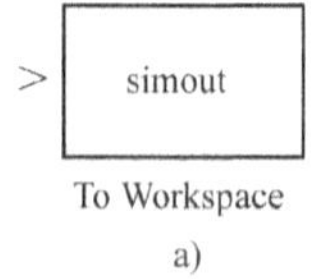

a)

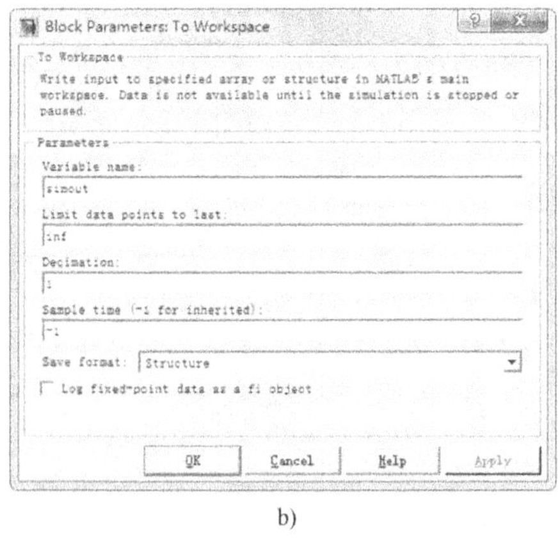

b)

图 9-37　由“到工作间”模块产生结构变量

a）“到工作间”模块图标　b）“到工作间”模块参数对话框

3）“输入变量”（Input）下拉框：列出被选中的结构变量中包含的输入变量名称，选择需要分析的输入变量。

4）“信号路数”（Signal number）下拉框：列出被选中的输入变量中包含的各路信号的名称。例如，若要把 a、b、c 三相电压绘制在同一个坐标系中，可以通过把这三个电压信号同时送入示波器的一个通道来实现，这个通道就对应一个输入变量，该变量含有 3 路信号，分别为 a 相、b 相和 c 相电压。

5）“开始时间”（Start time）文本框：指定 FFT 分析的起始时间。

6）“周期个数”（Number of cycles）文本框：指定需要进行 FFT 分析的波形的周期数。

7）“显示 FFT 窗/显示完整信号”（Display FFT window/Display entire signal）下拉框：选择“显示完整信号”（Display entire signal），将在左上侧插图中显示完整的波形；选择“显示 FFT 窗”（Display FFT window）将在左上侧插图中显示指定时间段内的波形。

8）“基频”（Fundamental frequency）文本框：指定 FFT 分析的基频（单位：Hz）。

9）“最大频率”（Max Frequency）文本框：指定 FFT分析的最大频率（单位：Hz）。

10）“频率轴”（Frequency axis）下拉框：在下拉框中选择“赫兹”（Hertz）使频谱的频率轴单位为 Hz，选择“谐波次数”（Harmonic order）使频谱的频率轴单位为基频的整数次倍数。

11）“显示类型”（Display style）下拉框：频谱的显示类型可以是“以基频或直流分量为基准的柱状图”（Bar（relative to Fund. or DC））、“以基频或直流分量为基准的列表”（List（relative to Fund. or DC））、“指定基准值下的柱状图”（Bar（relative to specified base））和“指定基准值下的列表”（List（relative to specified base））四种类型。

12）“基准值”（Base value）文本框：当“显示类型”下拉框中选择“指定基准值下的柱状图”或“指定基准值下的列表”时，该文本框被激活，输入谐波分析的基准值。

13）“显示”（Display）按键：显示 FFT 分析结果。

9.4.8 报表生成窗口

打开“报表生成”窗口如图 9-38 所示。该窗口中含有以下内容：

1）“报表中包含的内容”（Items to include in the report）：包括“稳态”（Steady state）复选框、“初始状态”（Initial states）复选框和“电机负荷潮流”（Machine load flow）复选框，这三个复选框可以任意组合。

2）“报表中的频率”（Frequency to include in the report）下拉框：选择报表中包含的频率。可以是 60Hz 或者全部，默认为 60Hz。

3）“单位”（Units）下拉框：选择以“峰值”（Peak）还是“有效值”（RMS）显示数据。

4）“格式”（Format）下拉框：与 9.4.2 节相关内容相同。

5）“报表生成”（Create Report）按键：生成报表并保存。

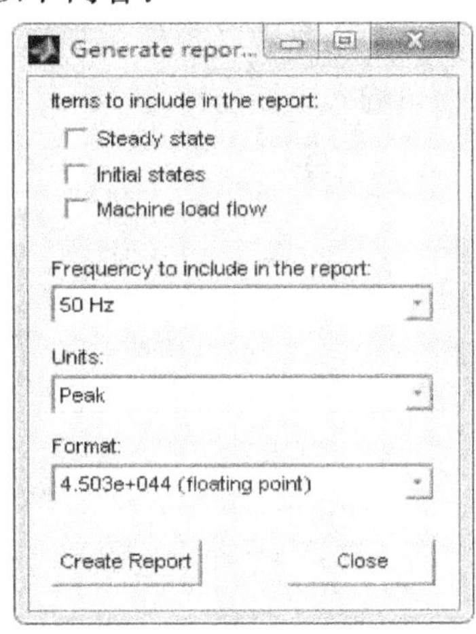

图 9-38 “报表生成”窗口

9.4.9 磁滞特性设计工具窗口

打开“磁滞特性设计工具”窗口如图 9-39 所示。

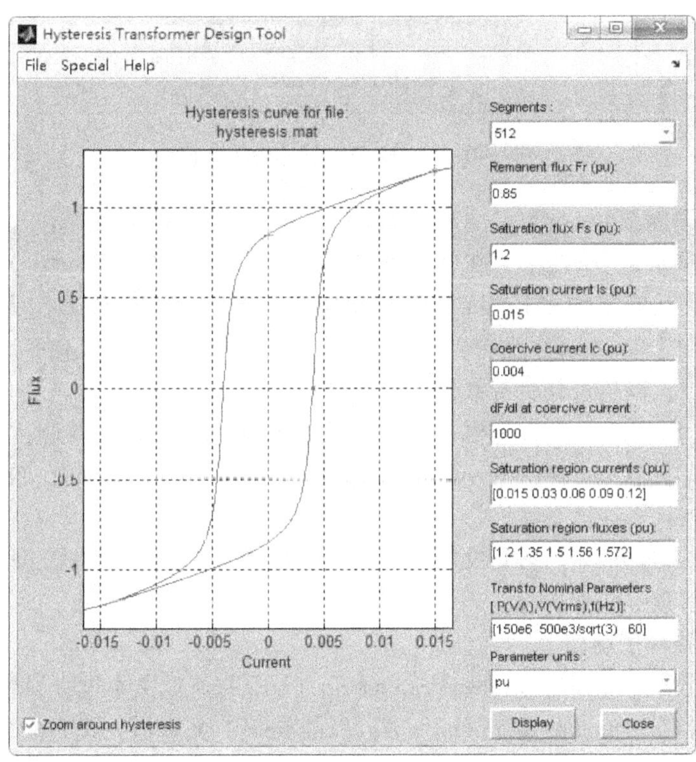

图 9-39 “磁滞特性设计工具”窗口

9.4.10 计算 RLC 线路参数窗口

打开“计算 RLC 线路参数”窗口如图 9-40 所示。该窗口可分为 3 个子窗口，左上窗口输入常用参数（单位、频率、大地电阻和文件注释），右上窗口输入线路的几何结构，下方窗口输入导线的特性。

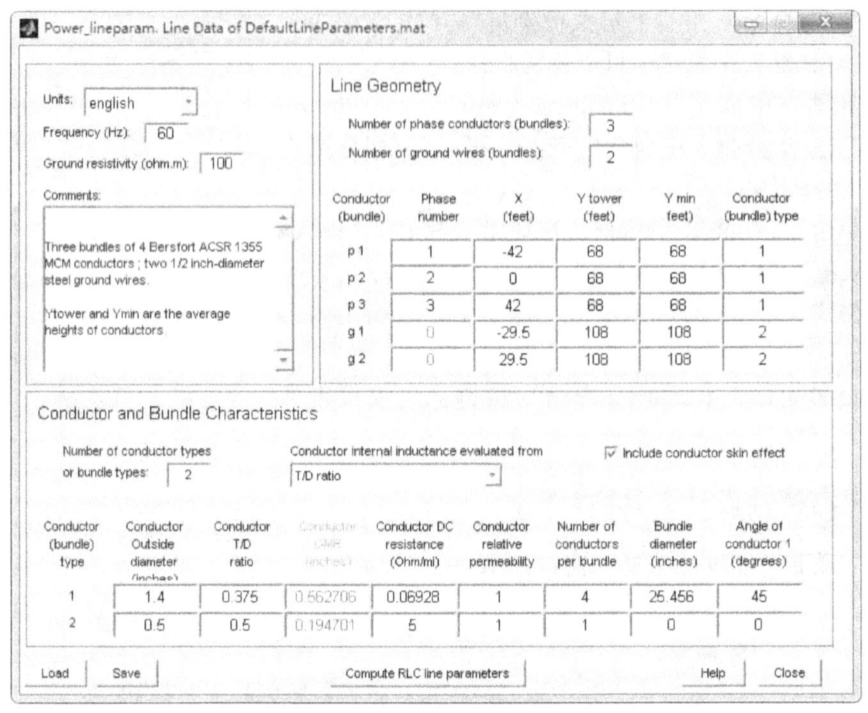

图 9-40 “计算 RLC 线路参数”窗口

1. 常用参数子窗口

1）“单位”（Units）下拉框：在下拉菜单中，选择以“米制”（metric）为单位时，以厘米作为导线直径、几何平均半径 GMR 和分裂导线直径的单位，以米作为导线间距离的单位；选择以“英制”（english）为单位时，以英寸作为导线直径、几何平均半径 GMR 和分裂导线直径的单位，以英尺作为导线间距离的单位。

2）“频率”（Frequency）文本框：指定 RLC 参数所用的频率（单位：Hz）。

3）“大地电阻”（Ground resistivity）文本框：指定大地电阻（单位：Ω · m）。输入 0 表示大地为理想导体。

4）“注释”（Comments）多行文本框：输入关于电压等级、导线类型和特性等的注释。该注释将与线路参数一同被保存。

2. 线路几何结构子窗口

1）“导线相数”（Number of phase conductors（bundles））文本框：设置线路的相数。

2）“地线数目”（Number of ground wires （bundles））文本框：设置大地导线的数目。

3）导线结构参数表：输入导线的“相序”（Phase number）、“水平挡距”（X）、“垂直挡距”（Y tower）、“挡距中央的高度”（Y min）和“导线的类型”（Conductor（bundle） type）共五个参数。

3. 导线特性子窗口

1）“导线类型的个数”（Number of conductor types or bundle types）文本框：设置需要用到导线类型（单导线或分裂导线）的数量。假如需要用到架空导线和接地导线，该文本框中就要填“2”。

2）“导线内电感计算方法”（Conductor internal inductance evaluated from）下拉框：选择用“直径/厚度”（*T/D* ratio）、“几何平均半径”（Geometric Mean Radius（GMR））或者“1英尺（米）间距的电抗”（Reactance X_a at 1 - foot spacing）进行内电感计算。

3）“考虑导线趋肤效应”（Include conductor skin effect）复选框：勾选该复选框后，在计算导线交流电阻和电感时将考虑趋肤效应的影响。若未勾选，电阻和电感均为常数。

4）导线特性参数表：输入导线“外径”（Conductor outside diameter）、“T/D”（Conductor *T/D* ratio）、“GMR”（Conductor GMR）、“直流电阻”（Conductor DC resistance）、“相对磁导率”（Conductor relative permeability）、“分裂导线中的子导线数目”（Number of conductors per bundle）、“分裂导线的直径”（Bundle diameter）和“分裂导线中1号子导线与水平面的夹角”（Angle of conductor 1）共八个参数。

5）“计算 RLC 参数”（Compute RLC line parameters）按键：单击该按键后，将弹出 RLC 参数的计算结果窗口。

6）“保存”（Save）按键：单击该按键后，线路参数以及相关的 GUI 信息将以后缀名 . mat 被保存。

7）“加载”（Load）按键：单击该按键后，将弹出窗口，选择“典型线路参数”（Typical line data）或“用户定义的线路参数”（User defined line data）将线路参数信息加载到当前窗口。

9.5 电力系统稳态仿真

9.5.1 连续系统仿真

【例9-1】 一条300 kV、50 Hz、300 km 的输电线路，其 $z=(0.1+\text{j}0.5)\Omega/\text{km}$，$y=\text{j}3.2\times 10^{-6}$ S/km。利用 Powergui 模块实现连续系统的稳态分析。

解：（1）系统仿真图

搭建图9-41 所示仿真单相电路图。各模块的名称及提取路径见表9-7。

表9-7　例9-1 各模块的名称及提取路径

模　块　名	提 取 路 径
交流电压源 Vs	SimPowerSystems/Electrical Sources
串联 RLC 支路 Rs - eq	SimPowerSystems/Elements
PI 型等效电路 Pi Line	SimPowerSystems/ Elements
串联 RLC 负荷 110Mvar	SimPowerSystems/ Elements
接地模块 Ground	SimPowerSystems/ Elements
电压测量模块 V1，V2	SimPowerSystems/ Measurements

（续）

模 块 名	提 取 路 径
增益模块 G	SimPowerSystems/Commonly Used Blocks
示波器 Scope	SimPowerSystems/Sinks
电力系统图形用户界面 powergui	SimPowerSystems
有功功率 – 无功功率测量模块 PQ	SimPowerSystems/Extra library/ Measurements
电流表模块 I2	SimPowerSystems/ Measurements

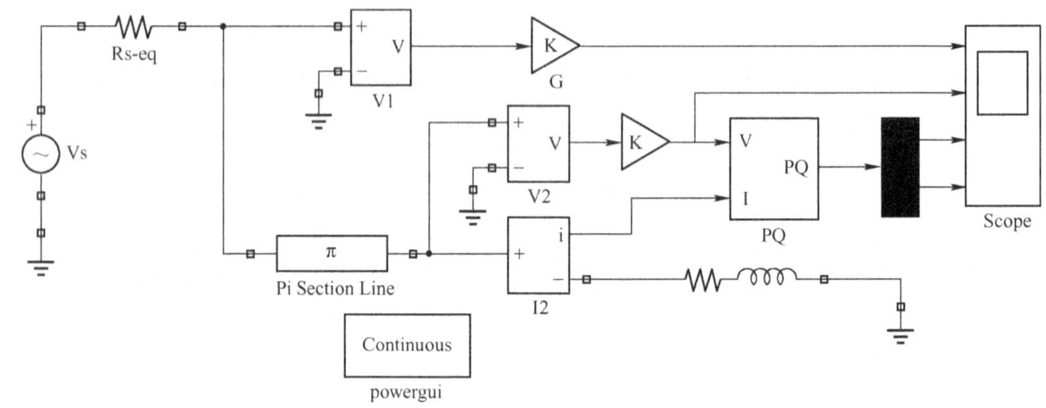

图 9–41　例 9–1 的系统仿真图

（2）Powergui 仿真

打开 Powergui 模块窗口，选中“连续系统仿真”（Continuous）单选框后，单击“稳态电压电流分析”按键，出现稳态电压电流分析窗口，如图 9–42 所示。

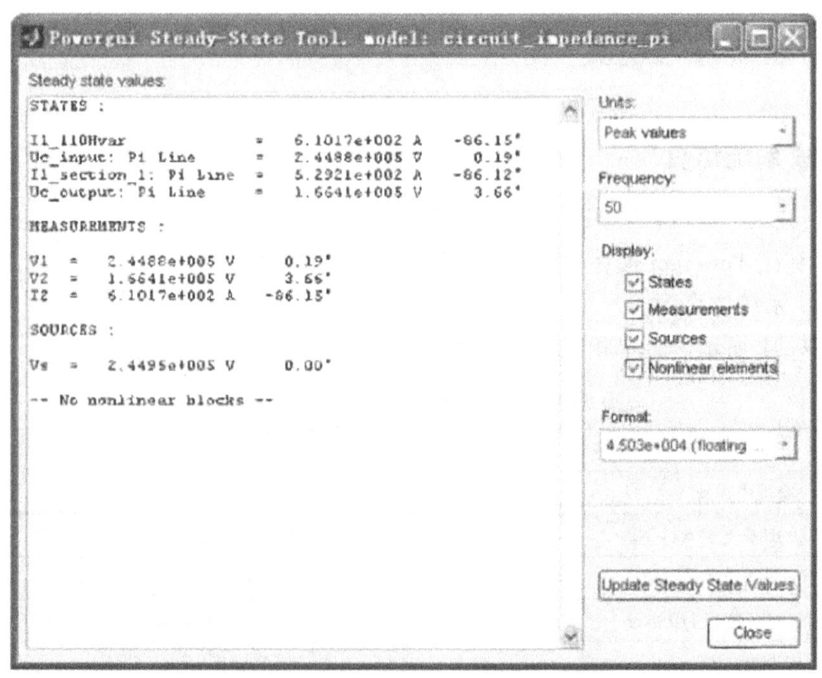

图 9–42　例 9–1 的稳态电压电流分析窗口

图 9-42 中，状态变量用电流和电压的符号加上电感或电容的模块名表示，例如“I1_110Mvar”表示 110 Mvar 复合上的电流大小，“Uc_input:Pi Line”表示 PI 形线路左侧并联电容器上的电压大小，“Uc_output:Pi Line”表示 PI 形线路右侧并联电容器上的电压大小，“I1_sectiong _1:Pi Line”表示第一段 PI 形线路串联电感上的电流大小。电压源上电压的名称与系统电压源名称一致，如“Vs”表示电压源 Vs 上的电压大小。测量模块测得的电压值用测量模块的名称表示，如“V1”表示电压表模块 V1 测得的电压大小（电源侧电压），“V2”表示电压表模块 V2 测得的电压大小，“I2”表示电流表模块 I2 测得的电流大小。

由图 9-42 可见，PI 形电路左侧的电压相量为 244.88∠0.19°kV，PI 形电路右侧的电压相量为 166.41∠3.66°kV，PI 形电路上的电流为 529.21∠-86.12°A。负荷侧电流为 610.17∠-86.15°A。

因此，负荷大小为

$$\begin{aligned} S &= \dot{U}\dot{I} = \frac{166.41}{\sqrt{2}} \times \frac{610.17}{\sqrt{2}} \angle(86.15° + 3.66°)\ \text{MV}\cdot\text{A} \\ &= 0.168 + 50.76\ \text{MV}\cdot\text{A} \end{aligned} \tag{9-1}$$

图 9-43 所示为直接通过测量模块得到的 PI 形电路两侧电压和实际负荷大小。图中波形从上到下依次为 PI 形电路左侧电压、PI 形电路右侧电压、负荷侧有功功率和负荷侧无功功率。该结果与 Powergui 所得结论一致。

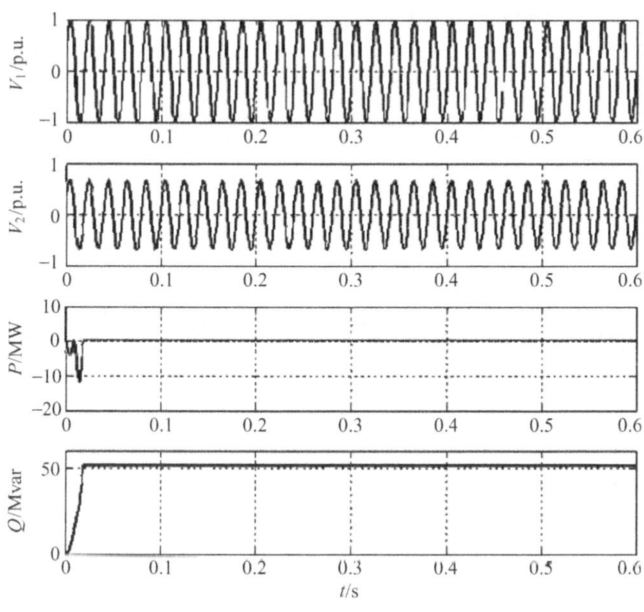

图 9-43　例 9-1 的仿真波形图

利用测量模块还可以得到电源侧电流的大小，这样就可以很容易求得线路各处的功率。

9.5.2　离散系统仿真

连续系统仿真通常采用变步长积分算法。对小系统而言，变步长算法通常比定步长算法快，但是对含大量状态变量或非线性模块（如电力电子开关）的系统而言，采用定步长离散算法的优越性更为明显。

对系统进行离散化时，仿真的步长决定了仿真的精度。步长太大可能导致仿真精度不足，步长太小又可能大大增加仿真运行时间。判断步长是否合适的唯一方法就是用不同的步长试探并找到最大时间步长。对于 50 Hz 或 60 Hz 的系统，或者带有整流电力电子设备的系统，通常 20 ~ 50 μs 的时间步长都能得到较好的仿真结果。对于含强迫换流电力电子开关器件的系统，由于这些器件通常都运行在高频下，因此需要适当地减小时间步长。例如，对运行在 8 kHz 左右的脉宽调制（PWM）逆变器的仿真，需要的时间步长为 1 μs。

【例 9-2】 一条 300 kV、50 Hz、300 km 的输电线路，其 $z=(0.1+j0.5)\Omega/\text{km}$，$y=j3.2\times10^{-6}$ S/km。分析用集总参数、多段 PI 形等效参数和分布参数表示的线路阻抗的频率特性。若 PI 形电路的段数为 10，对系统进行离散化仿真并比较离散系统和连续系统的仿真结果。

解：（1）系统仿真图

搭建如图 9-44 所示系统仿真图。

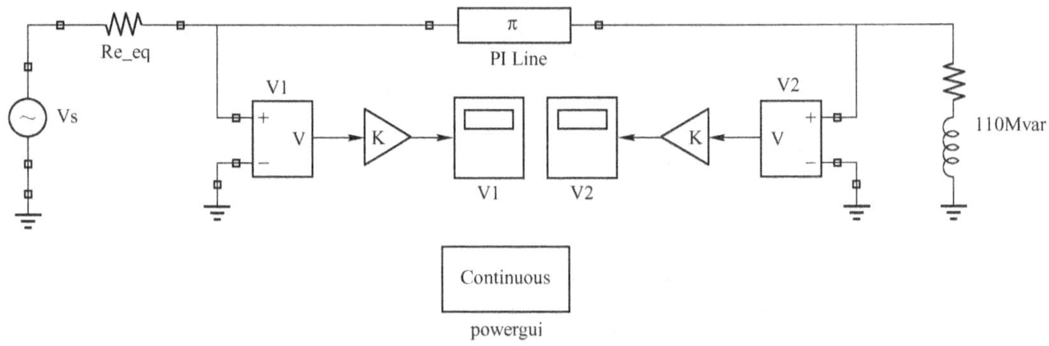

图 9-44　例 9-2 的系统仿真图

（2）参数设置

双击例 9-2 模型文件中 PI 形电路模块，打开参数对话框，将分段数设为 10，如图 9-45 所示。

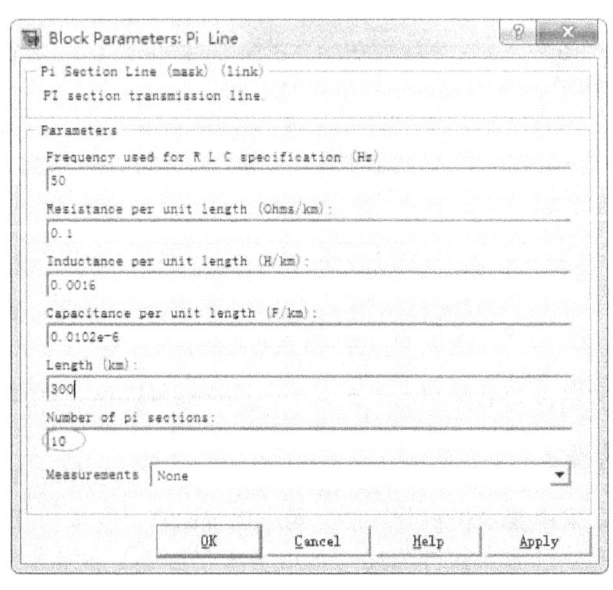

图 9-45　例 9-2 的 PI 形电路参数对话框

打开 Powergui 模块，选中“离散系统仿真”单选框，设置采样时间为 25e－6 s，如图 9-46 所示。仿真时该系统将以 25 μs 的采样率进行离散化。

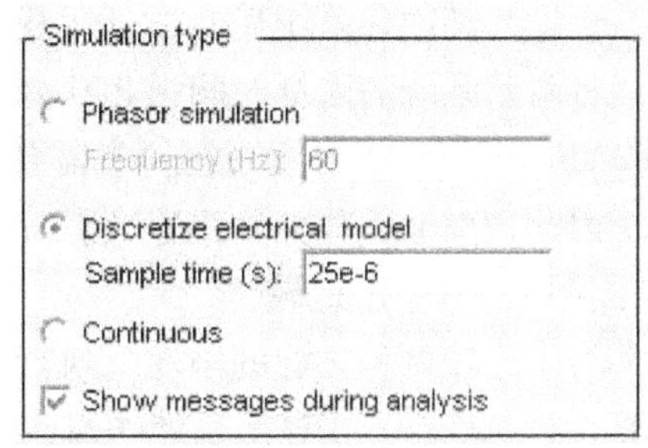

图 9-46　例 9-2 的 Powergui 模块参数对话框

由于系统离散化了，因此在该系统中无连续的状态变量，所以不需要采用变步长的积分算法进行仿真。打开菜单“Simulation”→“Configuration parameters”对话框，按图 9-47 设置仿真参数，选择“定步长”（Fixed－step）和“离散”（discrete（no continuous states））选项并设置步长为 25 μs。

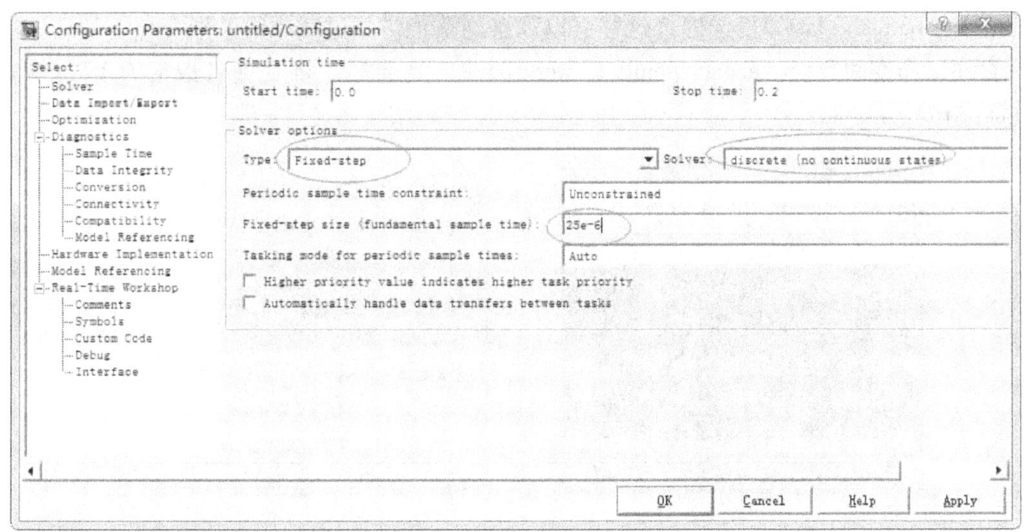

图 9-47　例 9-2 的仿真参数设置对话框

（3）仿真运行时间比较

为了得到仿真运行时间，在 MATLAB 命令窗口输入如下命令：tic；sim（gcs）；toc。

仿真结束后，仿真所用的时间将以 s 为单位显示在 MATLAB 命令窗口中，如图 9-48 所示。

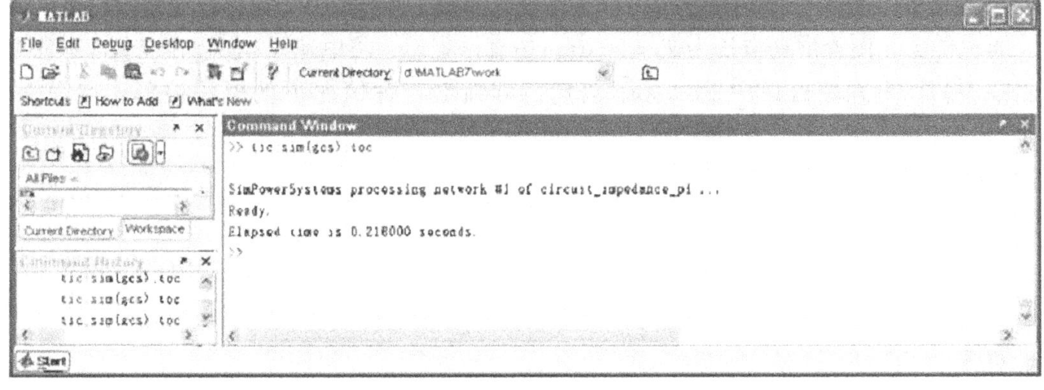

图 9-48　例 9-2 的仿真运行时间

可见，离散化系统后，仿真运行时间为 0.188 s。

将离散系统的采样时间设为 0 并回到连续系统的仿真状态，仿真算法改为连续积分算法 ode23tb。可以得到连续系统仿真需要的运行时间为 0.219 s。

因此，离散积分算法比连续积分算法更快。

（4）仿真精度比较

为了比较两种方法的精度，执行以下三种仿真：①连续系统仿真，$T_s=0\ \text{s}$；②离散系统仿真，$T_s=25\ \mu\text{s}$；③离散系统仿真，$T_s=50\ \mu\text{s}$。

如图 9-49 所示，双击并打开 V2 示波器模块，选择“参数”（Parameters）项，在打开的窗口中单击“数据历史”（Data history）选项卡，取消勾选“仅保留最新的数据点”（Limit data points to last）复选框，这样可以观察到整个仿真过程中的波形变化。勾选“将数据保存到工作空间”（Save data points to workspace）复选框，将变量名指定为 V2，格式为“列”（Array）。

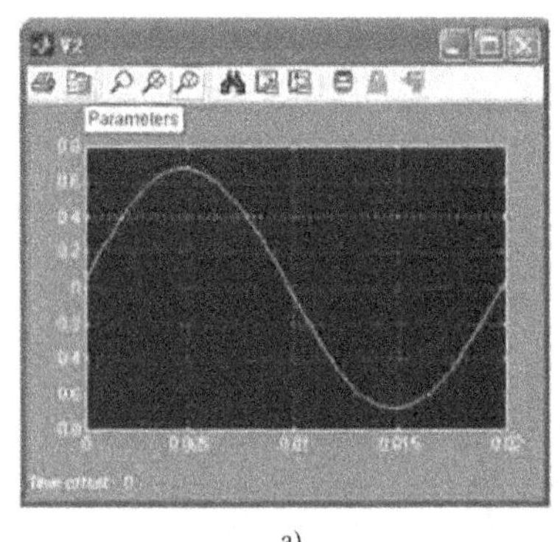

a)

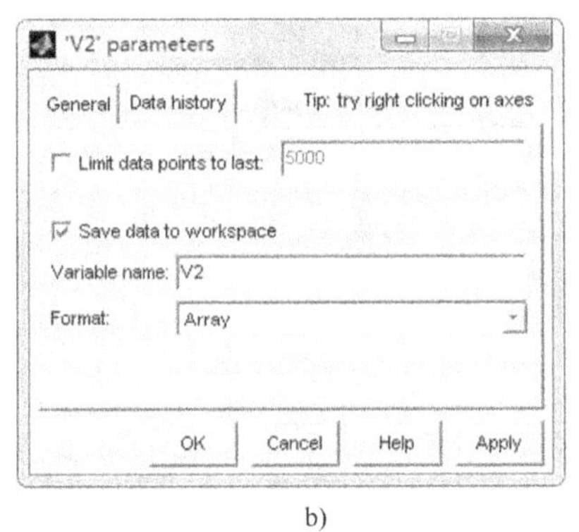

b)

图 9-49　例 9-2 示波器 V2 的参数设置

a）波形　b）参数对话框

开始连续系统仿真，仿真结束时间选为 0.02 s。仿真结束后，在 MATLAB 命令窗口中输入命令：V2C = V2；这样，电压 V2 被保存在变量 V2C 中。

重新开始仿真，将系统离散化，设置仿真步长 $T_s=25\ \mu\text{s}$，注意仿真参数中的步长设置也要改为 25 μs，仿真结束时间为 0.02 s。仿真结束后，将电压 V2 保存在变量 V2d25 中。

再次仿真，设置仿真步长为 $T_s=50\ \mu\text{s}$。仿真结束后，将电压 V2 保存在变量 V2d50 中。

在 MATLAB 命令窗口中输入如下语句，可画出三种情况下的电压波形，如图 9-50 所示：

```
Plot(V2C(:,1),V2C(:,2),V2d25(:,1),V2d25(:,2),V2d50(:,1),V2d50(:,2))
```

使用图形窗口中的放大功能，将目标集中到 0.0045 s 附近观察三种仿真的差别。如图 9-51所示，25 μs 下的仿真结果与 50 μs 的仿真结果一致。连续系统的仿真结果除了步长不同，结果也相同。可见，本例中，选择 50 μs 的步长不但可以提高计算速度而且不影响仿真的精度。

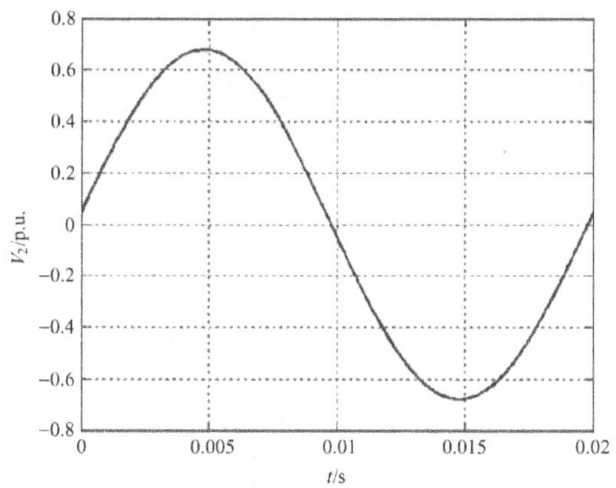

图 9-50　三种仿真方法波形比较

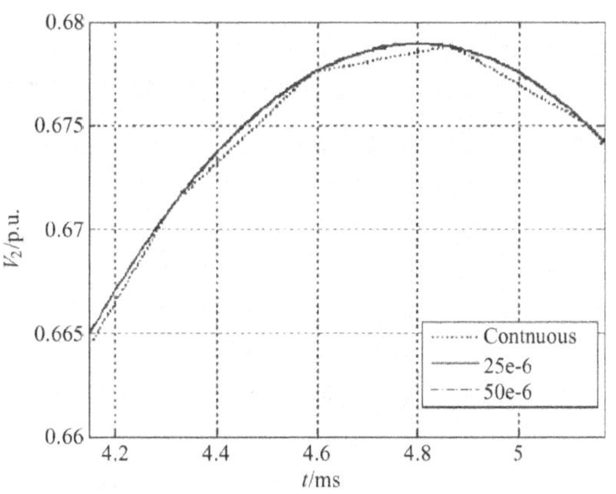

图 9-51　放大后三种仿真波形比较

9.5.3　相量法仿真

相量是代表特定频率下的正弦电压和电流的复数，可以用直角坐标或者极坐标表示。相量法是电力系统正弦稳态分析的主要手段。它只关心系统中电压电流的相角和幅值，不需要求解电力系统状态方程，不需要特殊的算法，因此计算速度快得多。必须清楚的是，相量法给出的解是在特定频率下的解。

【例 9-3】 用相量法分析例 9-2。

解：（1）参数设置

打开 Powergui 模块，选中“相量法分析”单选框，并在“频率”对话框中将频率改为 50 Hz。关闭 Powergui 模块，模型文件主窗口中的 Powergui 模块图标显示为“相量法”（Phasors）分析，如图 9-52 所示。

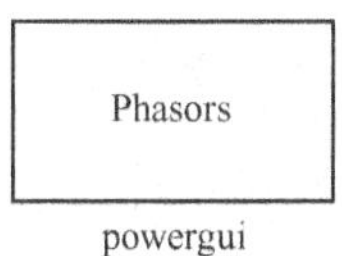

图 9-52　例 9-3 的 Powergui 模块相量法分析图标

打开电压测量模块 V1，选择“幅值 - 相角”（Magnitude - Angle）模式，图 9-53 所示的电压测量模块 V2 也选择幅值 - 相角模式。

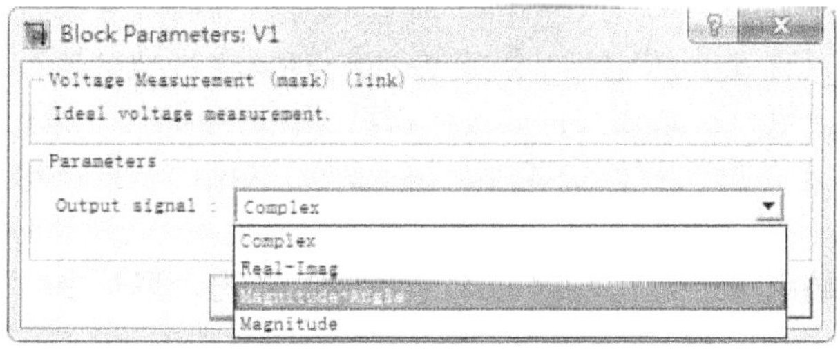

图 9-53　例 9-3 的电压测量模块 V1

注意：在用相量法进行分析时，电压、电流表模块可以有四种输出格式：复数（Complex）、实部 - 虚部（Real - Imag）、幅值 - 相角（Magnitude - Angle）和幅值（Magnitude）。如果希望对复数信号进行处理，则可以选择复数测量格式，但是示波器无法显示复数波形。

（2）仿真

开始仿真，得到输电线路送端 V1 和受端 V2 的电压幅值和相角，如图 9-54所示。

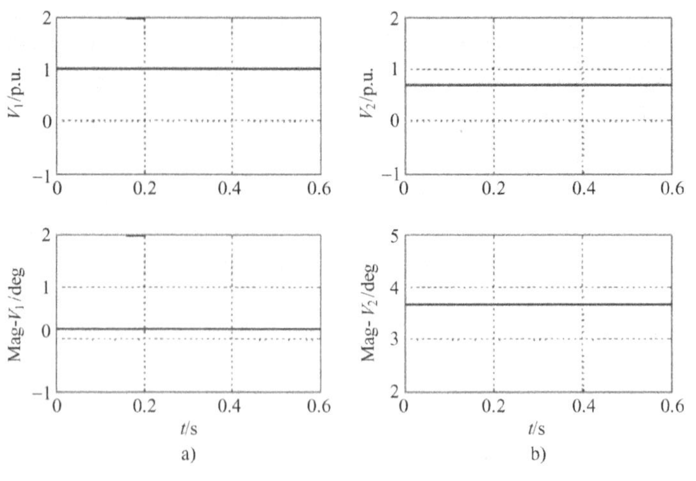

图 9-54　例 9-3 的仿真结果

可见，V1 侧电压幅值为 1 p. u.，相角为 0. 19°；V2 侧电压幅值为 0. 67 p. u.，相角为 3. 66°。

9.6　电力系统电磁暂态仿真

SIMULINK 的电力系统暂态仿真过程通过机械开关设备，如“断路器”（Circuit Breakers）模块或者电力电子设备的开断实现。

9.6.1　断路器模块

SimPowerSystems 库提供的断路器模块可以对开关的投切进行仿真。断路器合闸后等效于电阻值为 R_{on} 的电阻元件。R_{on} 是很小的值，相对外电路可以忽略。断路器断开时等效于无穷大电阻，熄弧过程通过电流过零时断开断路器完成。开关的投切操作可以受外部或内部信号的控制。外部控制方式时，断路器模块上出现一个输入端口，输入的控制信号必须为 0 或者 1，其中 0 表示切断，1 表示投合；内部控制方式时，切断时间由模块对话框中的参数指定。如果断路器初始设置为 1（投合），SimPowerSystems 库自动将线性电路中的所有状态变量和断路器模块的电流进行初始化设置，这样仿真开始时电路处于稳定状态。断路器模块包含 R_s-C_s 缓冲电路。如果断路器模块和纯电感电路、电流源和空载电路串联，则必须使用缓冲电路。

带有断路器模块的系统进行仿真时需要采用刚性积分算法，如 ode23tb、odel5s，这样可以加快仿真速度。

1. 单相断路器模块

外部控制方式、带缓冲电路和不带缓冲电路的单相断路器模块图标如图 9-55 所示。

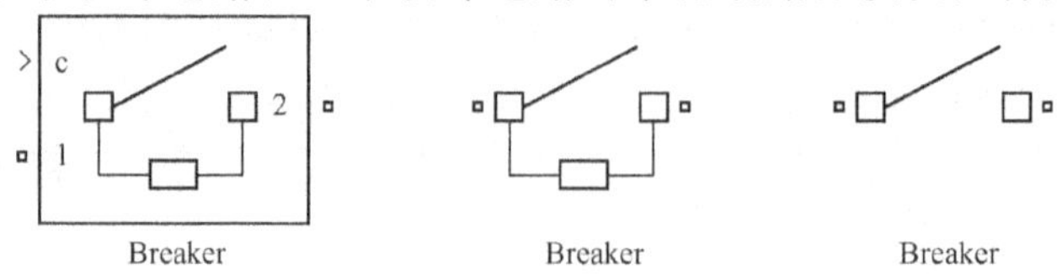

图 9-55　单相断路器模块图标

双击断路器模块，弹出该模块的参数对话框如图 9-56 所示。

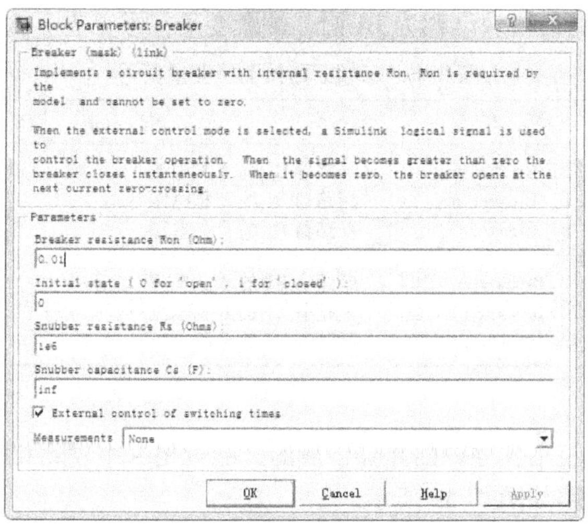

图 9-56　单相断路器模块参数对话框

2. 三相断路器模块

外部控制方式、带缓冲电路和不带缓冲电路的三相断路器模块图标如图 9-57 所示。

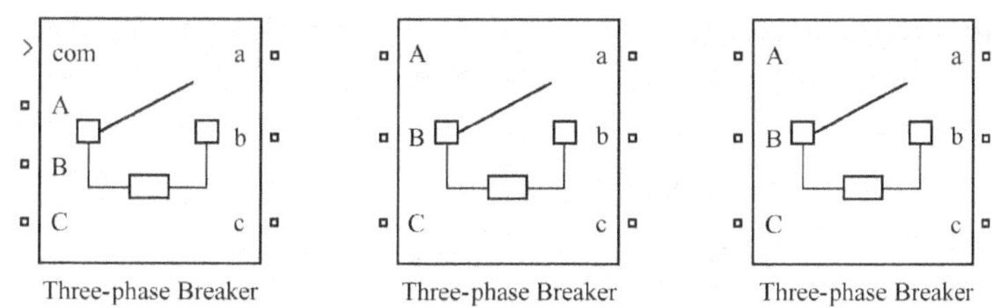

图 9-57　三相断路器模块图标

双击三相断路器模块，弹出该模块的参数对话框如图 9-58 所示。

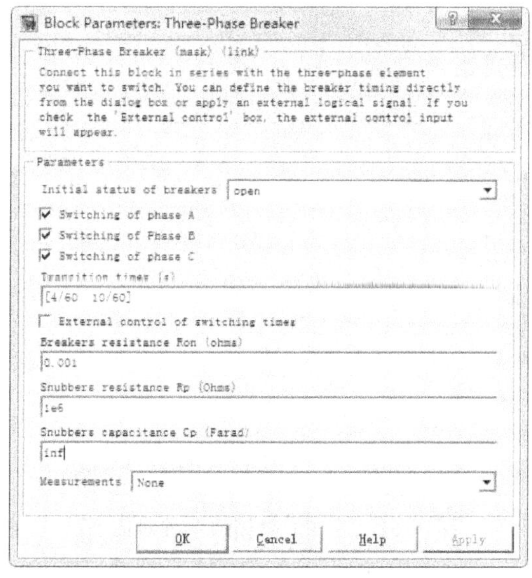

图 9-58　三相断路器模块参数对话框

选中的测量变量需要通过万用表模块进行观察。测量变量用“标签”加“模块名”加“相序”构成，例如断路器模块名称为 B1 时，测量变量符号见表 9-8。

表 9-8　三相断路器测量变量符号

测量内容	符　号	解　释
电压	Ub：B1/Breaker A Ub：B1/Breaker B Ub：B1/Breaker C	断路器 B1 的 A 相电压 断路器 B1 的 B 相电压 断路器 B1 的 C 相电压
电流	Ib：B1/Breaker A Ib：B1/Breaker B Ib：B1/Breaker C	断路器 B1 的 A 相电流 断路器 B1 的 B 相电流 断路器 B1 的 C 相电流

3. 三相故障模块

三相故障模块是由三个独立的断路器组成的、能对相－相故障和相－地故障进行模拟的模块。该模块的等效电路如图 9-59 所示。

外部控制方式和内部控制方式下的三相故障模块图标如图 9-60 所示。

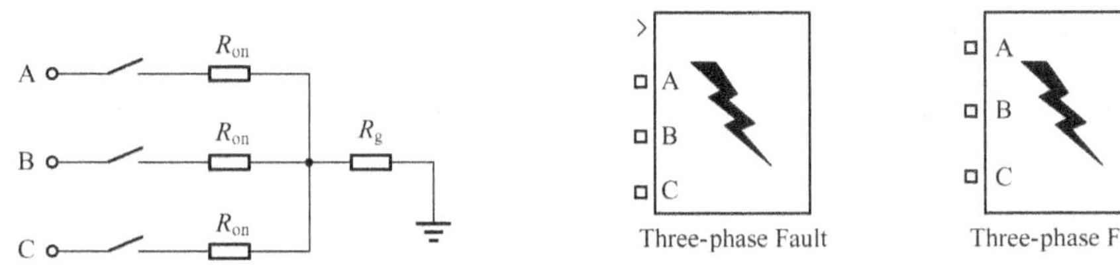

图 9-59　三相故障模块等效电路　　　　图 9-60　三相故障模块图标

双击三相故障模块，弹出该模块的参数对话框如图 9-61 所示。

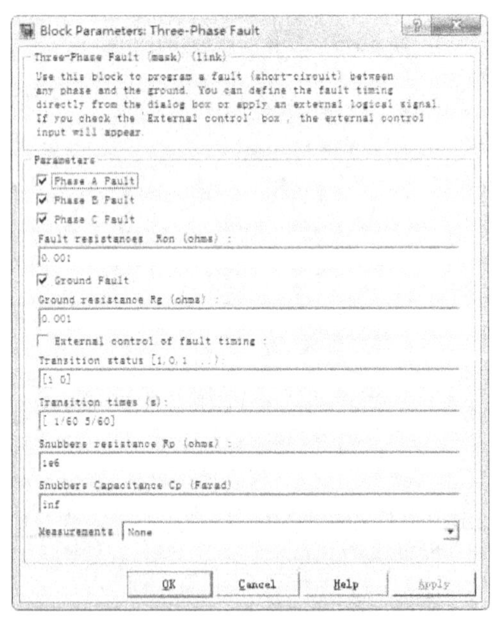

图 9-61　三相故障模块参数对话框

选中的测量变量需要通过万用表模块进行观察。测量变量用“标签”加“模块名”加“相序”构成，例如三相故障模块名称为 F1 时，测量变量符号见表 9-9。

表 9-9　三相故障模块测量变量符号

测量内容	符　　号	解　　释
电压	Ub：F1/Fault A Ub：F1/Fault B Ub：F1/Fault C	三相故障模块 F1 的 A 相电压 三相故障模块 F1 的 B 相电压 三相故障模块 F1 的 C 相电压
电流	Ib：F1/Fault A Ib：F1/Fault B Ib：F1/Fault C	三相故障模块 F1 的 A 相电流 三相故障模块 F1 的 B 相电流 三相故障模块 F1 的 C 相电流

9.6.2　暂态仿真分析

【例 9-4】 线电压为 300 kV 的电压源经过一个断路器和 300 km 的输电线路向负荷供电。搭建电路对该系统的高频振荡进行仿真，观察不同输电线路模型和仿真类型的精度差别。

解：（1）仿真电路图按图 9-62 所示搭建仿真单相电路图，选用的各模块的名称及提取路径见表 9-10。

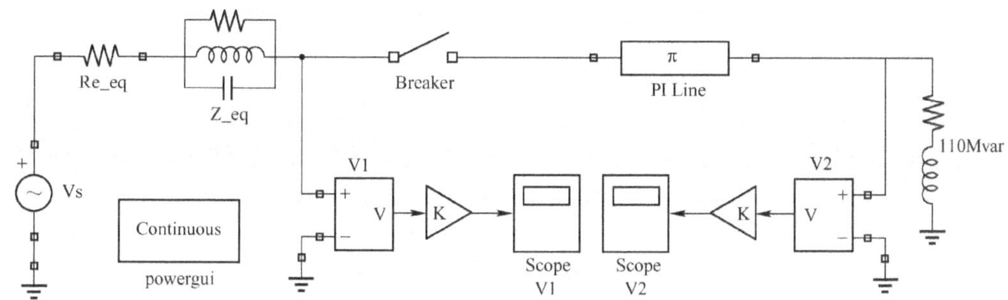

图 9-62　例 9-4 的仿真电路图

表 9-10　例 9-4 仿真电路模块的名称及提取路径

模　块　名	提 取 路 径
交流电压源 Vs	SimPowerSystems/Electrical Sources
串联 RLC 支路 Rs _eq	SimPowerSystems/Elements
并联 RLC 支路 Z _eq	SimPowerSystems/Elements
断路器模块 Breaker	SimPowerSystems/Elements
PI 型等效电路 PI Line	SimPowerSystems/Elements
串联 RLC 负荷 110Mvar	SimPowerSystems/Elements
接地模块	SimPowerSystems/Elements
电压表模块 V1、V2	SimPowerSystems/Measurements
增益模块	Simulink/Commonly Used Blocks
示波器模块 Scope V1、V2	SimPowerSystems/Sinks
电力系统图形用户界面 Powergui	SimPowerSystems

（2）设置模块参数和仿真参数

并联 RLC 模块 Z _eq 的参数设置如图 9-63 所示。断路器模块 Breaker 的参数设置如图 9-64所示。其余元件参数与例 9-2 相同，仿真参数的设置也与例 9-2 相同。仿真结束时间取为 0.02 s。

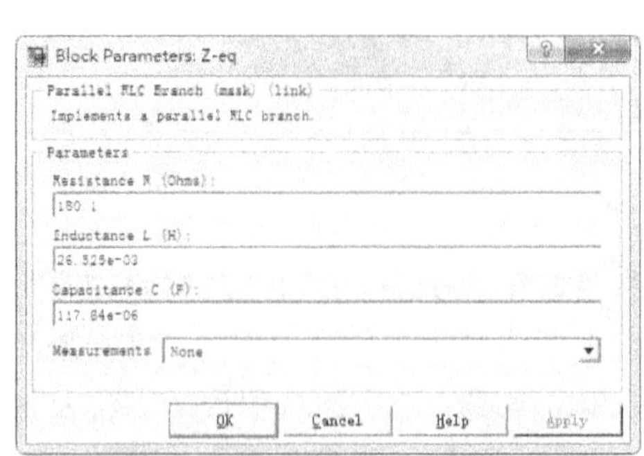

图 9-63　例 9-4 的 Z _eq 参数设置

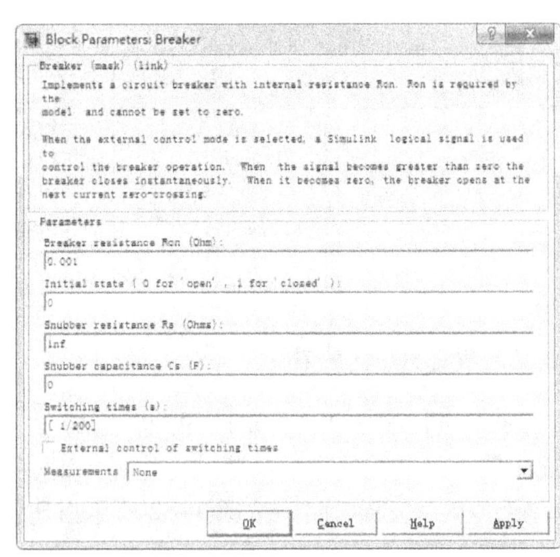

图 9-64　例 9-4 的 Breaker 参数设置

（3）不同输电线路模型下的仿真

按例 9-2 的方法，设置线路为 1 段 PI 形电路、10 段 H 形电路和分布参数线路，把仿真得到的 V2 处电压分别保存在变量 V21 、V210 和 V2d 中，并画出对应的波形如图 9-65 所示。

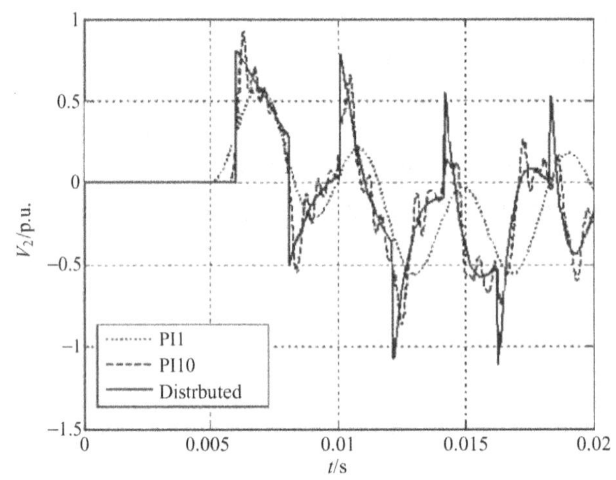

图 9-65　例 9-4 不同线路模型下的电压波形比较

由图 9-65 可见，断路器在 0. 005 s 合闸时，系统中产生了高频振荡。其中由 1 段 PI 形电路模块构成的系统未反映高于 206 Hz 的振荡，由 10 段 PI 形电路模块构成的系统较好地反映了这种高频振荡，分布参数线路由于波传导过程在断路器合闸后存在 1. 03 ms 的时间延迟。

（4）不同仿真类型下的仿真

用 10 段 PI 型输电线路按例 9-2 的方法，执行以下三种仿真：①连续系统仿真，$T_s = 0$ s；②离散系统仿真，$T_s = 25$ μs；③离散系统仿真 $T_s = 50$ μs。把仿真得到的 V2 处电压分别保存在变量 V2c、V2d25 和 V2d50 中，并画出对应的波形如图 9-66所示。

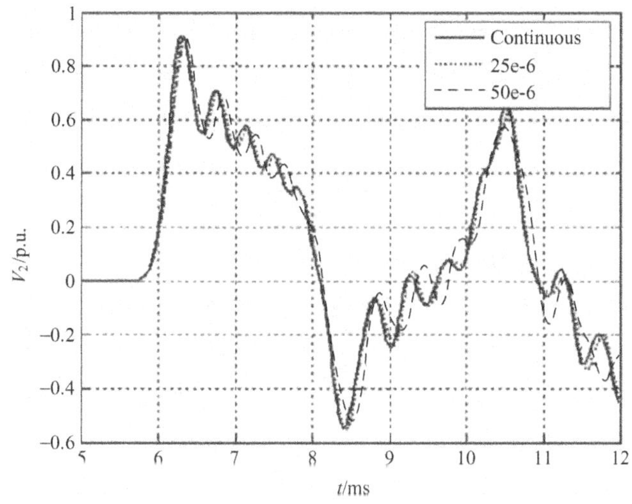

图 9-66　例 9-4 不同仿真类型下的电压波形比较

由图 9-66 可见，25 μs 步长下的仿真结果（短虚线）与连续系统的结果（实线）很接近，而 50 μs 步长下的仿真结果（长虚线）已经有误差了。三种仿真的运算时间分别为 0.25 s、0.17 s 和 0.15 s。因此，本例中选择 25 μs 的步长不但仿真精度满足要求，而且还可以提高运算速度。

9.7　电力系统机电暂态仿真

当电力系统受到大的扰动时，表征系统运行状态的各种电磁参数都要发生急剧的变化。但是，由于原动机调速器具有较大的惯性，它必须经过一定时间后才能改变原动机的功率。这样，发电机的电磁功率与原动机的机械功率之间便失去了平衡，于是产生了不平衡转矩。在不平衡转矩作用下，发电机开始改变转速，使各发电机转子间的相对位置发生变化（机械运动）。发电机转子相对位置，即相对角的变化，反过来又将影响到电力系统中电流、电压和发电机电磁功率的变化。所以，由大扰动引起的电力系统暂态过程，是一个电磁暂态过程和发电机转子间机械运动暂态过程交织在一起的复杂过程。如果计及原动机调速器、发电机励磁调节器等调节设备的暂态过程，则过程将更加复杂。

精确地确定所有电磁参数和机械运动参数在暂态过程中的变化是困难的，对于解决一般的工程实际问题往往也是不必要的。通常，暂态稳定性分析计算的目的在于确定系统在给定的大扰动下发电机能否继续保持同步运行。因此，只需研究表征发电机是否同步的转子运动特性，即功角 δ 随时间变化特性便可以了。这就是通常说的机电暂态过程，即稳定性问题。

本节将对一个含两台水轮发电机组的输电系统进行暂态稳定性的仿真演示。为提高系统的暂态稳定性和阻尼振荡的能力，该系统中配置了静止无功补偿（SVC）以及电力系统稳定器（PSS）。

打开 SimPowerSystems 库的 demo 子库中的模型文件 power_svc_pss，可以直接得到如图 9-67所示的仿真系统，以文件名 circuit_pss 另存。这样，用户可对该原始模型进行进一步的调整。

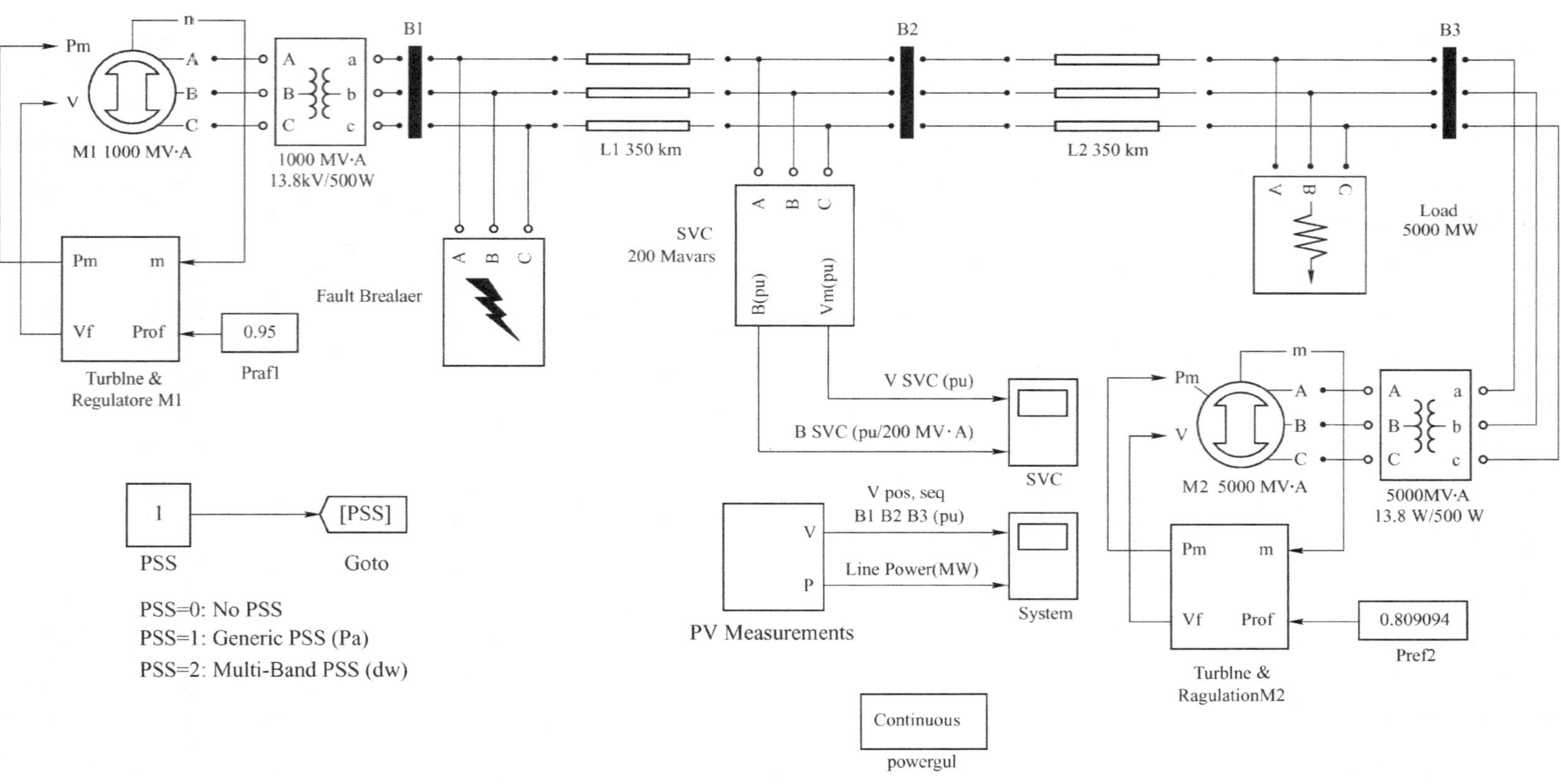

图 9–67　电力系统暂态稳定性分析的仿真系统图

9.7.1 输电系统的描述

图 9-67 是一个简单的 500 kV 输电系统图。图中，一个 1000 MV · A 的水轮发电机厂（M1）通过 500 kV 、700 km 输电线路与 5000 MW 的负荷中心相连，另一容量为 5000 MV · A 的本地发电厂（M2）也向该负荷供电。为了提高故障后系统的稳定性，在输电线路中点并联了一个容量为 200 Mvar 的静止无功补偿器。两个水轮发电机组均配置水轮机调速器、励磁系统和电力系统稳定器。

单击并进入“涡轮和调速器”（Turbine & Regulators）子系统，其结构如图 9-68 所示。

该子系统中，与励磁系统相连的稳定器模块有两种类型：一种是“普通 PSS”（Generic Power System Stabilizer）模块，另一种是“多频段 PSS”（Multi - band Power System Stabilizer）模块。这两种稳定器模块都可以从 SimPowerSystems/Machines 库中直接提取。

通过手动设置图 9-67 左下方的“开关”模块可以选择不同的 PSS，或者将系统设置为不含 PSS 的工作状态。

图 9-67 中的 SVC 模块是 SimPowerSysterms/Phasor Elements 库中的相量模块。打开 SVC 模块的参数对话框，在“显示”（Display）下拉框中选择“功率数据”（Power data）选项，将显示功率数据参数对话框（见图 9 - 72a），确定 SVC 的额定容量是 +/ - 200Mvar；若在“显示”（Display）下拉框中选择“控制参数”（Control parameters）选项，将显示控制参数对话框（见图 9 - 72b），在该窗口中，可以选择 SVC 的运行模式为“电压调整”（Voltage regulation）或“无功控制”（Var control），默认设置为“无功控制”模式。若不希望投入 SVC，直接将电纳设置为 $B_{ref} = 0$ 即可。

图 9-67 中的母线 B1 上连接有一个三相故障模块。通过该故障模块设置不同类型的故障，可观测 PSS 和 SVC 对系统稳定性的影响。

仿真开始前，打开 Powergui 模块参数对话框，选中“相量法分析”单选框以加快仿真速度。单击 Powergui 模块的“潮流计算和电机初始化”按键进行初始化设置。将发电机 M1 定义为 PV 节点（$U = 13800$ V，$P = 950$ MW），发电机 M2 定义为平衡节点（$U = 13800$ V，a 相电压相角为 0°，估计要送出的有功功率为 4000 MW）。潮流计算和初始化工作完成后，两个发电机参数对话框中的初始条件、两个发电机输入端口的参考功率都被自动更新，其中 $P_{ref1} = 0.95$ p. u.（950 MW），$P_{ref2} = 0.8091$ p. u.（4046 MW）。更新后发电机的初始状态如图 9-70所示。进入“涡轮和调速器”子系统，可以看见两个励磁系统输入端口上的参考电压被自动更新为 $U_{ref} = U_{ref1} = 1.0$ p. u. 。

9.7.2 单相故障

本节将对不使用 SVC 时的单相故障进行仿真，并观测系统的暂态稳定性。

电力系统中发电机经输电线路并列运行时，在扰动下会发生发电机转子间的相对摇摆，并在缺乏阻尼时引起持续振荡。此时，输电线路上功率也会发生相应振荡。由于其振荡频率很低，一般为 0. 2 ~ 2. 5 Hz，故称为低频振荡。电力系统低频振荡在国内外均有发生，常出现在长距离、重负荷输电线路上，在采用现代快速、高顶值倍数励磁系统的条件下更容易发生。这种低频振荡可以通过电力系统稳定器得到有效抑制。

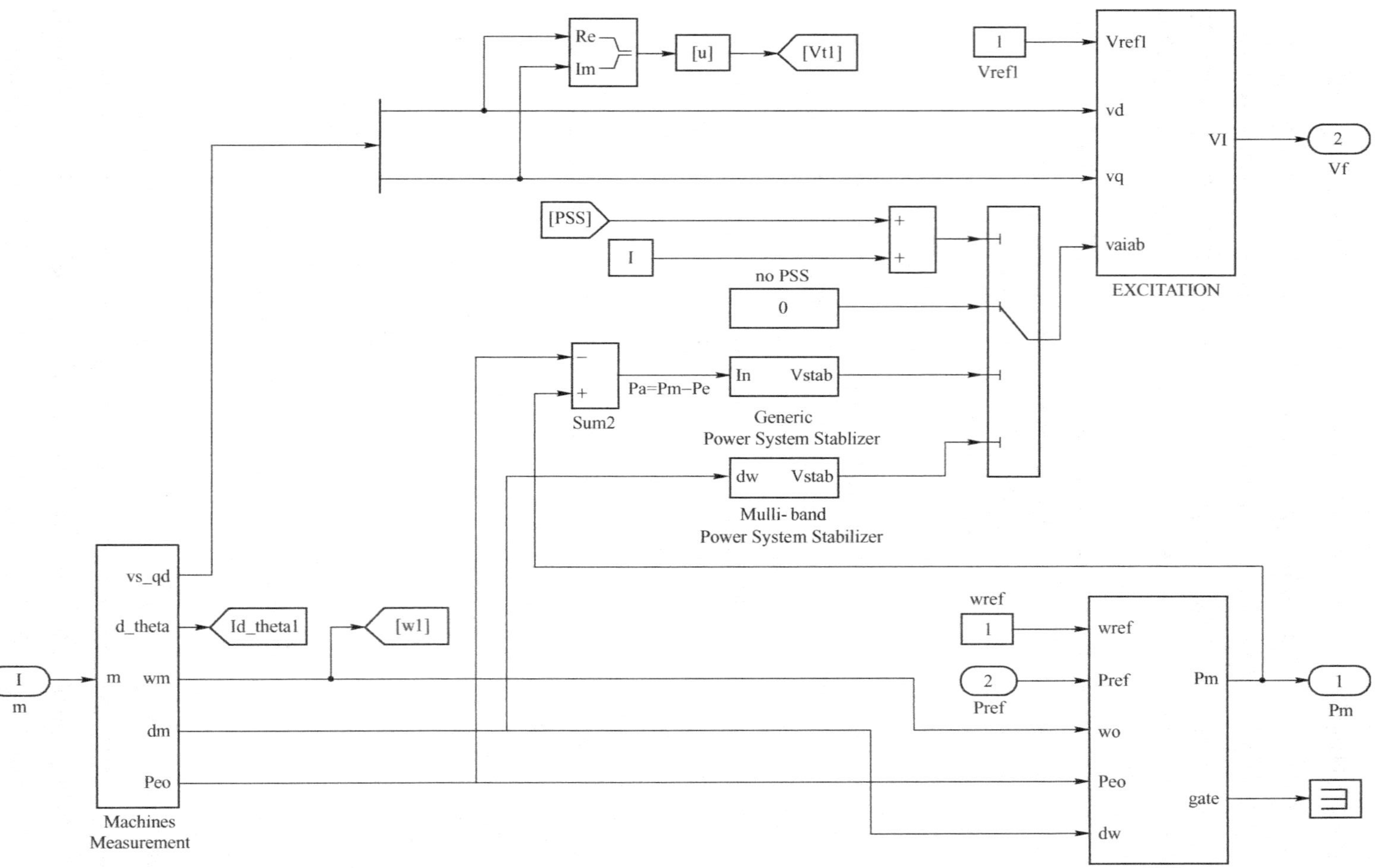

图 9-68 “涡轮和调速器”子系统结构图

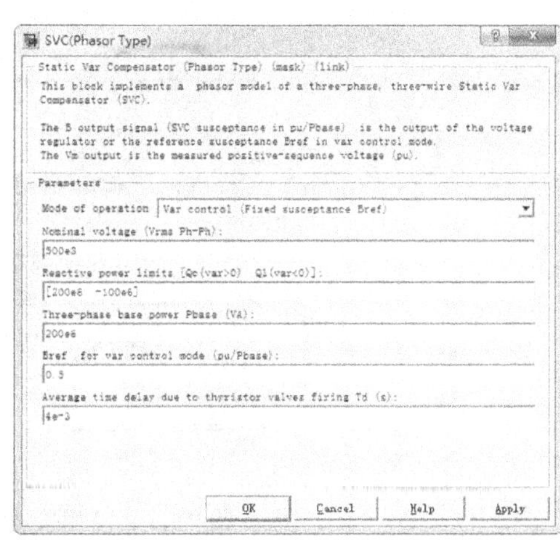

a)　　　　b)

图 9-69　SVC 模块参数对话框

a）SVC 功率数据　b）SVC 控制参数

a)

b)

图 9-70　更新后的发电机初始参数

a）发电机 M1　b）发电机 M2

此外，从理论分析上可知，当转子间相角差为 90°时，发电机输出的电磁功率达到最大值。若系统长期在功角大于 90°的状况下运行，发电机将失去同步，系统不稳定。

设置 SVC 的参数 $B_{ref}=0$，即不使用 SVC。设置三相故障模块在 0.1 s 时发生 a 相接地故障，0.2 s 时消除故障。分别对投入普通 PSS、投入多频段 PSS 和退出 PSS 三种情况进行暂态仿真。将这三种情况下的仿真结果叠加比较，如图 9-71 所示。图中波形从上到下依次为转子间相角差、发电机转速和 SVC 端口上的正序电压幅值。

从图中可见，在故障期间，由于发电机 M1 的电磁功率小于机械功率，因此发电机 M1 的转速增大。未安装 PSS 时，转子相角差在 3.8 s 时超过 90°，并且振荡失稳，因此系统是暂态不稳定的。普通 PSS 和多频段 PSS 下，最大转子相角差分别为 62.5°和 57.8°，5 s 时，相角差在 53°左右重新达到平衡，因此系统具有暂态稳定性。本例中，普通 PSS 有效抑制了

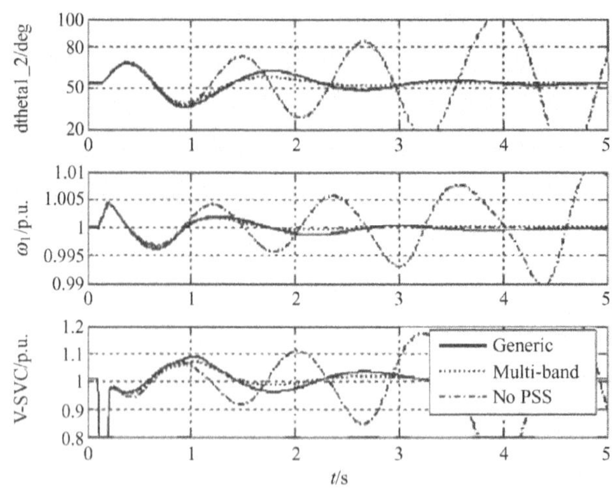

图 9-71　单相接地故障时的暂态仿真波形

0.6 Hz 的低频振荡，但对 0.025 Hz 的低频振荡作用不明显。若将仿真时间延长到 50 s，则可以很清楚地观察到故障清除后发电机发生了 0.025 Hz 的低频振荡，而多频段 PSS 有效抑制了 0.6 Hz 和 0.025 Hz 的低频振荡。

可见，发生单相接地故障后，尽管未使用 SVC，发电机之间仍然能够重新恢复同步运行，因此具有暂态稳定性。故障清除后，0.6 Hz 的低频振荡迅速衰减。

9.7.3　三相故障

本节对 SVC 和 PSS 均投入使用时的三相故障进行仿真，并观测系统的暂态稳定性。

设置三相故障模块在 0.1 s 时发生三相接地故障，0.2 s 时故障消失。打开 SVC 参数对话框，选择显示“控制参数”参数对话框，将 SVC 的运行模式改为“电压调整”，将“参考电压 V_{ref}”（Reference voltage V_{ref}）文本框中的值改为 1.009（1.009 p.u. 为未投入 SVC 时 SVC 端口的电压稳态值），其余参数不变。开始仿真，仿真结果如图 9-72 所示。

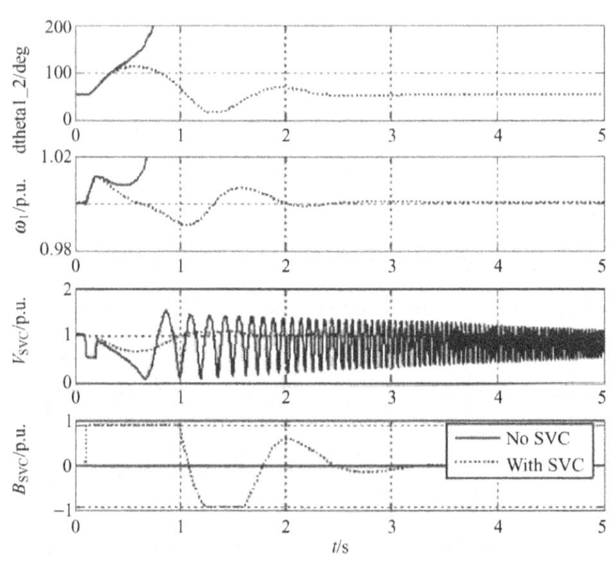

图 9-72　三相接地故障时的暂态仿真波形

图中波形从上到下依次为转子间相角差、发电机转速、SVC 端口的正序电压和从 SVC 端口看入的等效电纳。为了方便比较，将投入普通 PSS 和未投入 SVC（$B_{ref}=0$）时的三相接地故障仿真波形叠加到图 9-72 中。

由图 9-72 可见，未使用 SVC 时，两个发电机在 0.3 s 时迅速单调失去同步，发电机转速单调增大，SVC 等效电纳为 0，表示不向系统吸收无功，也不向系统发送无功。安装 SVC 后，SVC 的等效电纳在正值和负值间波动，正的电纳表示向系统发送无功，负的电纳表示从系统吸收无功。转子间相角差虽然有短暂时间超过了 90°，但最终以衰减振荡的形式稳定在 53°附近。因此，尽管发生了最为严重的三相接地故障，但系统仍然具有暂态稳定性。

习题与思考题

9-1　按图 9-73 所示设计交流电压源的叠加电路，分析线路首端电压的变化情况。两个单相交流电压源分别为 $v_1=100\sin(120\pi t+\pi/6)$ V 和 $v_2=75\sin(100\pi t+\pi/3)$ V。

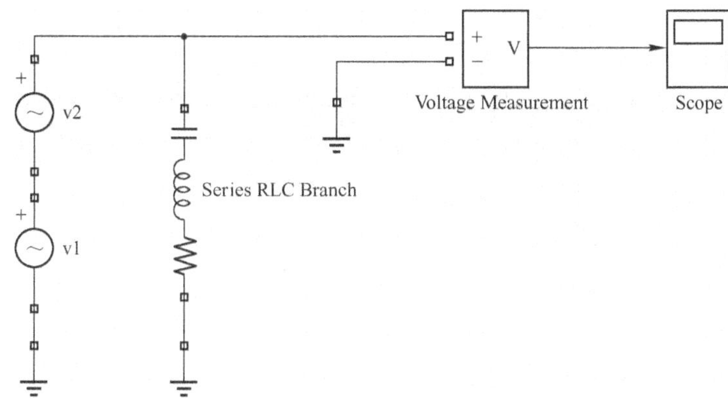

图 9-73　习题 9-1 图

9-2　供电系统如图 9-74 所示，其中线路 L 的参数为长 50 km，$r=0.17\ \Omega/\text{km}$，$x=0.402\ \Omega/\text{km}$，变压器 T 的参数为 $S_N=10$ MV·A，$U_s\%=10.5$，$k_T=110/11$。假定供电点电压 U_1 为 106.5 kV，保持恒定，当空载运行时变压器低压母线发生三相短路。试构建系统进行仿真，并观察短路电流周期分量和冲击电流大小。

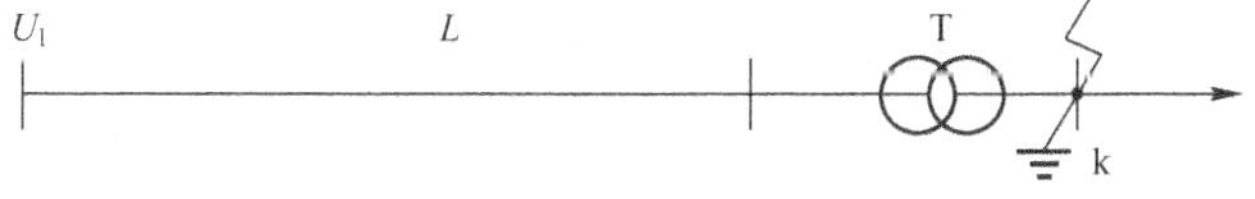

图 9-74　习题 9-2 图

附　　录

附表 1　部分常用高压断路器的主要技术数据

类别	型号	额定电压/kV	额定电流/A	开断电流/kA	断流容量/(MV·A)	动稳定电流峰值/kA	热稳定电流/kA	固有分闸时间/s	合闸时间/s	配用操作机构型号
少油户外	SW2－35/1000	35(40.5)	1000	16.5	1000	45	16.5(4s)	0.06	0.4	CT－2－XG
	SW2－35/1500		1500	24.8	1500	63.4	24.8(4s)			
少油户内	SN10－35Ⅰ	35(40.5)	1000	16	1000	45	16(4s)	0.06	0.2	CT10
	SN10－35Ⅱ		1250	20	1250	50	20(4s)		0.25	CT10Ⅳ
	SN10－10Ⅰ		630	16	300	40	16(4s)	0.06	0.15	CT7、8 CD10Ⅰ
			1000	16	300	40	16(4s)		0.2	
	SN10－10Ⅱ		1000	31.5	500	80	31.5(4s)	0.06	0.2	CD10Ⅰ、Ⅱ
	SN10－10Ⅲ		1250	40	750	125	40(4s)	0.07	0.2	CD10III
		3000	40	750	125	40(4s)	40(4s)			
			40	750	125	40(4s)	40(4s)			
真空户内	ZN12－40.5	35(40.5)	1250、1600	25	—	63	25(4s)	0.07	0.1	CT12 等
			1600、2000	31.5	—	80	31.5(4s)			
	ZN12－35		1250～2000	31.5	—	80	31.5(4s)	0.075	0.1	
	ZN23－40.5	10(12)	1600	25	—	63	25(4s)	0.06	0.075	CD10 等
	ZN3－10I		630	8		20	8(4s)	0.07	0.15	
	ZN3－10II		1000	20		50	20(2s)	0.05	0.1	
	ZN4－10/1000		1000	17.3		44	17.3(4s)	0.05	0.2	
	ZN4－10/1250		1250	20		50	20(4s)			
	ZN5－10/630		630	20		50	20(2s)	0.05	0.1	CT8 等
	ZN5－10/1000		1000	20		50	20(2s)			
	ZN5－10/1250		1250	25		63	25(2s)			
	1250 ZN12－12/1600 2000	10(12)	1250 1600 2000	25		63	25(4s)	0.06	0.1	CT8 等
	ZN24－12/1250－20		1250	20		50	20(4s)	0.06	0.1	CT8 等
	ZN24－12/1250、2000－31.5		1250、2000	31.5		80	31.5(4s)			
	ZN28－12/630～1600		630～1600	20		50	20(4s)			
六氟化硫户内	LN2－35Ⅰ	35(40.5)	1250	16	—	40	16(4s)	0.06	0.15	CT12II
	LN2－35Ⅱ		1250	25	—	63	25(4s)			
	LN2－35Ⅲ		1600	25	—	63	25(4s)			
	LN2－10	10(12)	1250	25	—	63	25(4s)	0.06	0.15	CT12I、 CT8I

附表 2 架空裸导线的最小截面

线路类别		导线最小截面/mm^2		
		铝及铝合金线	钢芯铝线	铜绞线
35 kV 及以上线路		35	35	35
3 ~ 10 kV 线路	居民区	35	25	25
	非居民区	25	16	16
低压线路	一般	16	16	16
	与铁路交叉跨越档	35	16	16

附表 3 绝缘导线芯线的最小截面

线路类别			芯线最小截面/mm^2		
			铜芯软线	铜芯线	铝芯线
照明用灯头引线下	室内		0. 5	1. 0	2. 5
	室外		1. 0	1. 0	2. 5
移动式设备线路	生活用		0. 75	—	—
	生产用		1. 0	—	—
敷设在绝缘支持件上的绝缘导线（L 为支持点距离）	室内	$L \leqslant 2$ m	—	1. 0	2. 5
	室外	$L \leqslant 2$ m	—	1. 5	2. 5
		2 m $\leqslant L \leqslant$ 6 m	—	2. 5	4
		6 m $\leqslant L \leqslant$ 15 m	—	4	6
		15 m $\leqslant L \leqslant$ 25 m	—	6	10
穿管敷设的绝缘导线			1. 0	1. 0	2. 5
沿墙明敷的塑料护套线			—	1. 0	2. 5
板孔穿线敷设的绝缘导线			—	1. 0	2. 5
PE 线和 PEN 线	有机械保护时		—	1. 5	2. 5
	无机械保护时	多芯线	—	2. 5	4
		单芯干线	—	10	16

附表 4 LJ 型铝绞线和 LGJ 型钢芯铝绞线的允许载流量 （单位：A）

导线截面/mm^2	LJ 型铝绞线				LGJ 型钢芯铝绞线			
	环境温度/℃				环境温度/℃			
	25	30	35	40	25	30	35	40
10	75	70	66	61	—	—	—	—
16	105	99	92	85	105	98	92	85
25	135	127	119	109	135	127	119	109
35	170	160	150	138	170	159	149	137
50	215	202	189	174	220	207	193	178
70	265	249	233	215	275	259	228	222
95	325	305	286	247	335	315	295	272
120	375	352	330	304	380	357	335	307
150	440	414	387	356	445	418	391	360
185	500	470	440	405	515	484	453	416
240	610	574	536	494	610	574	536	494
300	680	640	597	550	700	658	615	566

注：1. 母线正常工作温度按 70℃ 计。

2. 本表载流量按室外架设考虑，无日照，海拔高度 1000 m 及以下。

附表 5　LMY 型矩形硬铝母线的允许载流量　　(单位:A)

每相母线条数		单条		双条		三条		四条	
母线放置方式		平放	竖放	平放	竖放	平放	竖放	平放	竖放
母线尺寸 宽×厚 /mm×mm	40×4	480	503	—	—	—	—	—	—
	40×5	542	562	—	—	—	—	—	—
	50×4	586	613	—	—	—	—	—	—
	50×5	661	692	—	—	—	—	—	—
	63×6.3	910	952	1409	1547	1866	2111	—	—
	63×8	1038	1085	1623	1777	2113	2379	—	—
	63×10	1168	1221	1825	1994	2381	2665	—	—
	80×6.3	1128	1178	1724	1892	2211	2505	2558	3411
	80×8	1274	1330	1946	2131	2491	2809	2863	3817
	80×10	1427	1490	2175	2373	2774	3114	3167	4222
	100×6.3	1371	1430	2054	2253	2633	2985	3032	4043
	100×8	1542	1609	2298	2516	2933	3311	3359	4479
	100×10	1728	1803	2558	2796	3181	3578	3622	4829
	125×6.3	1674	1744	2446	2680	2079	3490	3525	4700
	125×8	1876	1955	2725	2982	3375	3813	3847	5129
	125×10	2089	2177	3005	3282	3725	4194	4225	5633

注：1. 本表载流量按导体最高允许工作温度 70℃、环境温度 25℃、无风、无日照条件下计算而得。如果环境温度不为 25℃，则应乘以下表的校正系数：

环境温度/℃	+20	+30	+35	+40	+45	+50
校正系数	1.05	0.94	0.88	0.81	0.74	0.67

2. 当母线为四条时，平放和竖放时第二、三片间距均为 50 mm。

附表 6　10 kV 常用三芯电缆的允许载流量及其校正系数

a) 10 kV 常用三芯电缆的允许载流量

项　　目		铝芯电缆允许载流量/A							
绝缘类型		黏性油浸纸		不滴流纸		交联聚乙烯			
钢铠护套						无		有	
缆芯最高工作温度/℃		60		65		90			
敷设方式		空气中	直埋	空气中	直埋	空气中	直埋	空气中	直埋
缆芯截面 /mm²	16	42	55	43	59	—	—	—	—
	25	56	75	63	79	100	90	100	90
	35	68	90	77	95	123	110	123	105
	50	81	107	92	111	146	125	141	120
	70	106	133	118	138	178	152	173	152
	95	126	160	143	169	219	182	214	182
	120	146	182	168	196	251	205	246	205
	150	171	206	189	220	283	223	278	219
	185	195	233	218	246	324	252	320	247
	240	232	272	261	290	378	292	373	292
	300	260	308	295	325	433	332	428	328
	400	—	—	—	—	506	378	501	374
	500	—	—	—	—	579	428	574	424
环境温度/℃		40	25	40	25	40	25	40	25
土壤热阻系数 /(℃·m·W⁻¹)		—	1.2	—	1.2	—	2.0	—	2.0

注：1. 本表系铝芯电缆数值。铜芯电缆的允许载流量应乘以 1.29。

2. 当地环境温度不同时的载流量校正系数见附表 6b。

3. 当地土壤热阻系数不同时（以热阻系数 1.2 为基准）的载流量校正系数见附表 6c。

4. 本表据 GB50217－1994《电力工程电缆设计规范》编制。

b）电缆在不同环境温度时的载流量校正系数

电缆敷设地点		空　气　中				土　壤　中			
环境温度/℃		30	35	40	45	20	25	30	35
缆芯最高工作温度/℃	60	1.22	1.11	1.0	0.86	1.07	1.0	0.93	0.85
	65	1.18	1.09	1.0	0.89	1.06	1.0	0.94	0.87
	70	1.15	1.08	1.0	0.91	1.05	1.0	0.94	0.88
	80	1.11	1.06	1.0	0.93	1.04	1.0	0.95	0.90
	90	1.09	1.05	1.0	0.94	1.04	1.0	0.96	0.92

c）电缆在不同土壤热阻系数时的载流量校正系数

土壤热阻系数 /(℃·m·W^{-1})	分类特征(土壤特性和雨量)	校 正 系 数
0.8	土壤很潮湿，经常下雨。如湿度 >9% 的沙土；湿度 >14% 的沙－泥土等	1.05
1.2	土壤很潮湿，规律性下雨。如 7% <湿度 <9% 的沙土；湿度为 12% ~14% 的沙－泥土等	1.0
1.5	土壤较干燥，雨量不大。如湿度为 8% ~12% 的沙－泥土等	0.93
2.0	土壤干燥，少雨。如 4% <湿度 <7% 的沙土；湿度为 4% ~8% 的沙－泥土等	0.87
3.0	多石地层，非常干燥。如湿度 <4% 的沙土等	0.75

附表 7　绝缘导线明敷、穿钢管和穿塑料管时的允许载流量

（导线正常温度为 65℃）

a）绝缘导线明敷时的允许载流量　　　　（单位：A）

芯线截面/mm^2	橡皮绝缘线								塑料绝缘线							
	环境温度/℃															
	25		30		35		40		25		30		35		40	
	铜芯	铝芯	铜芯	铝芯	铜芯	铝芯	铜芯	铝芯	铜芯	铝芯	铜芯	铝芯	铜芯	铝芯	铜芯	铝芯
2.5	35	27	32	25	30	23	27	21	32	25	30	23	27	21	25	19
4	45	35	41	32	39	30	35	27	41	32	37	29	35	27	32	25
6	58	45	54	42	49	38	45	35	54	42	50	39	46	36	43	33
10	84	65	77	60	72	56	66	51	76	59	71	55	66	51	59	46
16	110	85	102	79	94	73	86	67	103	80	95	74	89	69	81	63
25	142	110	132	102	123	95	112	87	135	105	126	98	116	90	107	83
35	178	138	166	129	154	119	141	109	168	130	156	121	144	112	132	102
50	226	175	210	163	195	151	178	138	213	165	199	154	183	142	168	130
70	284	220	266	206	245	190	224	174	264	205	246	191	228	177	209	162
95	342	265	319	247	295	229	270	209	323	250	301	233	279	216	254	197

（续）

芯线截面/mm²	橡皮绝缘线								塑料绝缘线							
	环境温度/℃															
	25		30		35		40		25		30		35		40	
	铜芯	铝芯	铜芯	铝芯	铜芯	铝芯	铜芯	铝芯	铜芯	铝芯	铜芯	铝芯	铜芯	铝芯	铜芯	铝芯
120	400	310	361	280	346	268	316	243	365	283	343	266	317	246	290	225
150	464	360	433	336	401	311	366	284	419	325	391	303	362	281	332	257
185	540	420	506	392	468	363	428	332	490	380	458	355	423	328	387	300
240	660	510	615	476	570	441	520	403	—	—	—	—	—	—	—	—

b）橡皮绝缘导线穿钢管时的允许载流量　　（单位：A）

芯线截面/mm²	芯线材质	2根单芯线				2根穿管管径/mm		3根单芯线				3根穿管管径/mm		4~5根单芯线				4根穿管管径/mm		5根穿管管径/mm	
		环境温度/℃						环境温度/℃						环境温度/℃							
		25	30	35	40	SC	MT	25	30	35	40	SC	MT	25	30	35	40	SC	MT	SC	MT
2.5	铜	27	25	23	21	15	20	25	22	21	19	15	20	21	18	17	15	20	25	20	25
	铝	21	19	18	16			19	17	16	15			16	14	13	22				
4	铜	36	34	31	28	20	25	32	30	27	25	20	25	30	27	25	23	20	25	20	25
	铝	38	26	24	22			25	23	21	19			23	21	19	18				
6	铜	48	44	41	37	20	25	44	40	37	34	20	25	39	36	32	30	25	25	25	32
	铝	37	34	32	29			34	31	29	26			30	28	25	23				
10	铜	67	62	57	53	25	32	59	55	50	46	25	32	52	48	44	40	25	32	32	40
	铝	52	48	44	41			46	43	39	36			40	37	34	31				
16	铜	85	79	74	67	25	32	76	71	66	59	32	32	67	62	57	53	32	40	40	50
	铝	66	61	57	52			59	55	51	46			52	48	44	41				
25	铜	111	103	95	88	32	40	98	92	84	77	32	40	88	81	75	68	40	50	40	—
	铝	86	80	74	68			76	71	65	60			68	63	58	53				
35	铜	137	128	117	107	32	40	121	112	104	95	32	50	107	99	92	84	40	50	50	—
	铝	106	99	91	83			94	87	83	74			83	77	71	65				
50	铜	172	160	148	135	40	50	152	142	132	120	50	50	135	126	116	107	50		70	
	铝	135	124	115	105			118	110	102	93			105	98	90	83				
70	铜	212	199	183	168	50	50	194	181	166	152	50	50	172	160	148	135	70		70	
	铝	164	154	142	130			150	140	129	118			133	124	115	105				
95	铜	258	241	223	204	70	—	232	217	200	183	70	—	206	192	178	163	70	—	80	—
	铝	200	187	173	158			180	168	155	142			160	149	138	126				
120	铜	297	277	255	233	70	—	271	253	233	214	70	—	245	228	216	194	70	—	80	—
	铝	230	215	198	281			210	196	181	166			190	177	164	150				
150	铜	335	313	289	264	70	—	310	289	267	244	70	—	284	266	245	224	80	—	100	—
	铝	260	243	224	205			240	224	207	189			220	205	190	174				

（续）

芯线截面/mm²	芯线材质	2根单芯线 环境温度/℃				2根穿管管径/mm		3根单芯线 环境温度/℃				3根穿管管径/mm		4～5根单芯线 环境温度/℃				4根穿管管径/mm		5根穿管管径/mm	
		25	30	35	40	SC	MT	25	30	35	40	SC	MT	25	30	35	40	SC	MT	SC	MT
185	铜	381	355	329	301	80	—	348	325	301	275	80	—	323	301	279	254	80	—	100	—
	铝	295	275	255	233			270	252	233	213			250	233	216	197				

注：1. 穿管线符号：SC—焊接钢管，管径按内径计；MT—电线管，管径按外径计。

2. 4～5根单芯线穿管的载流量，指低压TN－C系统、TN－S系统或TN－C－S系统中相线载流量，其中N线或PEN线中可有不平衡电流流过。

c）橡皮绝缘导线穿硬塑料管时的允许载流量　　（单位：A）

芯线截面/mm²	芯线材质	2根单芯线 环境温度/℃				2根穿管管径/mm	3根单芯线 环境温度/℃				3根穿管管径/mm	4～5根单芯线 环境温度/℃				4根穿管管径/mm	5根穿管管径/mm
		25	30	35	40		25	30	35	40		25	30	35	40		
2.5	铜	25	22	21	19	15	22	19	18	17	15	19	18	16	14	20	25
	铝	19	27	16	15		17	15	14	13		15	14	12	11		
4	铜	32	30	27	25	20	30	27	25	23	20	26	23	22	20	20	25
	铝	25	23	21	19		23	21	19	18		20	18	17	15		
6	铜	43	39	36	34	20	37	35	32	28	20	34	31	28	26	25	32
	铝	33	30	28	26		29	27	25	22		26	24	22	20		
10	铜	57	53	49	44	25	52	48	44	40	25	45	41	38	35	32	32
	铝	44	41	38	34		40	37	34	31		35	32	30	27		
16	铜	75	70	65	58	32	67	62	57	53	32	59	55	50	46	32	40
	铝	58	54	50	45		52	48	44	41		46	43	39	36		
25	铜	99	92	85	77	32	88	81	75	68	32	77	72	66	61	40	40
	铝	77	71	66	60		68	63	58	53		60	56	51	47		
35	铜	123	114	106	97	40	108	101	93	85	40	95	89	83	75	40	50
	铝	95	88	82	75		84	78	72	66		74	69	64	58		
50	铜	155	145	133	121	40	139	129	120	111	50	123	114	106	97	50	65
	铝	120	112	103	94		108	100	93	86		95	88	82	75		
70	铜	197	184	170	156	50	174	163	150	137	50	155	114	133	122	65	75
	铝	153	143	132	121		135	126	116	106		120	112	103	97		
95	铜	237	222	205	187	50	213	199	183	168	65	194	181	166	152	75	80
	铝	184	172	159	145		165	154	142	130		150	140	129	118		
120	铜	271	253	233	214	65	145	228	212	194	65	219	204	190	173	80	80
	铝	210	196	181	166		190	177	164	150		170	158	147	134		
150	铜	323	301	277	254	75	293	273	253	231	75	264	246	228	209	80	90
	铝	250	233	215	297		227	212	196	179		205	191	177	162		

（续）

芯线截面/mm^2	芯线材质	2 根单芯线				2 根穿管管径/mm	3 根单芯线				3 根穿管管径/mm	4～5 根单芯线				4 根穿管管径/mm	5 根穿管管径/mm
		环境温度/℃					环境温度/℃					环境温度/℃					
		25	30	35	40		25	30	35	40		25	30	35	40		
2.5	铜	364	339	313	288	80	329	307	284	259	80	299	279	258	236	100	100
	铝	282	263	243	223		255	238	220	201		232	216	200	183		

附表 8　垂直管形接地体的利用系数值

a）敷设成一排时（未计入连接扁钢的影响）

管间距离与管子长度之比 a/l	管子根数 n	利用系数 η_E	管间距离与管子长度之比 a/l	管子根数 n	利用系数 η_E
1 2 3	2	0.83～0.87 0.90～0.92 0.93～0.95	1 2 3	5	0.67～0.72 0.79～0.83 0.85～0.88
1 2 3	3	0.76～0.80 0.85～0.88 0.90～0.92	1 2 3	10	0.56～0.62 0.72～0.77 0.79～0.83

b）敷设成环形时（未计入连接扁钢的影响）

管间距离与管子长度之比 a/l	管子根数 n	利用系数 η_E	管间距离与管子长度之比 a/l	管子根数 n	利用系数 η_E
1 3 2	4	0.66～0.72 0.76～0.80 0.82～0.86	1 2 3	20	0.44～0.50 0.61～0.66 0.68～0.73
1 2 3	6	0.58～0.65 0.71～0.75 0.78～0.82	1 2 3	30	0.41～0.47 0.58～0.63 0.66～0.71
1 2 3	10	0.52～0.58 0.66～0.71 0.74～0.78	1 2 3	40	0.38～0.44 0.56～0.61 0.64～0.69

注：灯泡额定电压为 220 V，平均使用寿命为 1000 h。

附表 9　部分电力装置要求的工作接地电阻值

序　号	电力装置名称	接地的电力装置特点	接地电阻值
1	1 kV 以上大接地电流系统	仅用于该系统的接地装置	$R_E \leqslant \frac{2000V}{I_k^{(1)}}$ 当 $I_k^{(1)} > 4000 A$ 时 $R_E \leqslant 0.5\,\Omega$
2	1 kV 以上小接地电流系统	仅用于该系统的接地装置	$R_E \leqslant \frac{250\,V}{I_E}$ $R_E \leqslant 10\,\Omega$
3		与 1 kV 以下系统共用的接地装置	$R_E \leqslant \frac{120V}{I_E}$ $R_E \leqslant 10\,\Omega$

（续）

序　号	电力装置名称	接地的电力装置特点		接地电阻值
4	1 kV 以下系统	与总容量在 100 kV · A 以上的发电机或变压器相连的接地装置		$R_E \leqslant 10\ \Omega$
5		上述（序号 4）装置的重复接地		$R_E \leqslant 10\ \Omega$
6		与总容量在 100 kV · A 及以下的发电机或变压器相连的接地装置		$R_E \leqslant 10\ \Omega$
7		上述（序号 6）装置的重复接地		$R_E \leqslant 30\ \Omega$
8	避雷装置	独立避雷针和避雷器		$R_E \leqslant 10\ \Omega$
9		变配电所装设的避雷器	与序号 4 装置共用	$R_E \leqslant 4\ \Omega$
10			与序号 6 装置共用	$R_E \leqslant 10\ \Omega$
11		线路上装设的避雷器或保护间隙	与电机无电气联系	$R_E \leqslant 10\ \Omega$
12			与电机有电气联系	$R_E \leqslant 5\ \Omega$
13	防雷建筑物	第一类防雷建筑物		$R_E \leqslant 10\ \Omega$
14		第二类防雷建筑物		$R_E \leqslant 10\ \Omega$
15		第三类防雷建筑物		$R_{sh} \leqslant 30\ \Omega$

注：R_E 为工频接地电阻；R_{sh}为冲击接地电阻；$I_k^{(1)}$ 为流经接地装置的单相短路电流；I_E 为单相接地电容电流。

附表 10　土壤电阻率参考值

土 壤 名 称	电阻率/(Ω · m)	土 壤 名 称	电阻率/(Ω · m)
陶黏土	10	砂质黏土、可耕地	100
泥炭、泥灰岩、沼泽地	20	黄土	200
捣碎的木炭	40	含砂黏土、砂土	300
黑土、田园土、陶土	50	多石土壤	400
黏土	60	砂、沙砾	1000

参考文献

[1] 张铁岩．电气工程基础[M]．北京:人民邮电出版社,2012.
[2] 刘介才．工厂供电[M]．北京:机械工业出版社,2013.
[3] 孟祥忠．现代供电技术[M]．北京:清华大学出版社,2006.
[4] 王玉华．供配电技术[M]．北京:北京大学出版社,2012.
[5] 唐志平．供配电技术[M].3 版．北京:电子工业出版社,2014.
[6] 苏文成．工厂供电[M].2 版．北京:机械工业出版社,2012.
[7] 住房和城乡建设部 GB50054—2011 低压配电设计规范[S]．北京:中国计划出版社,2011.
[8] 何仰赞,温增银．电力系统分析[M].3 版．武汉:华中科技大学出版社, 2002.
[9] 胡安民．架空电力线路计算[M]．北京:中国水利水电出版社,2014.
[10] 夏新民．电力电缆选型与敷设[M].2 版．北京:化学工业出版社,2012.
[11] 狄富清,狄晓渊．配电实用技术[M]．北京:机械工业出版社,2012.
[12] 黄纯华,刘维仲．工厂供电[M]．天津:天津大学出版社,1988.
[13] 唐志平．供配电技术[M].2 版．北京:电子工业出版社,2008.
[14] 居荣．供配电技术[M].2 版．北京:化学工业出版社,2004.
[15] 胡孔忠．供配电实用技术[M]．合肥:合肥工业大学出版社,2012.
[16] 何首贤,葛廷友,姜秀玲．供配电技术[M]．北京:中国水利水电出版社,2005.
[17] 陈珩．电力系统稳态分析[M]．北京:中国电力出版社,1985.
[18] 华智明,岳湖山．电力系统稳态计算[M]．重庆:重庆大学出版社,1991.
[19] 温步瀛,唐巍．电力工程基础[M]．北京:中国电力出版社,2006.
[20] 刘学军．继电保护原理[M]．北京:中国电力出版社,2004.
[21] 贺家李,宋从矩．电力系统继电保护原理[M]．北京:中国电力出版社,2004.
[22] 孙树勤．电压波动与闪动[M]．北京:中国电力出版社,1999.
[23] 赵德申．供配电技术应用[M]．北京:高等教育出版社,2004.
[24] 王晶,翁国庆,张有兵．电力系统的 MATLAB/SIMULINK 仿真与应用[M]．西安:西安电子科技大学出版社,2008.